生态学名著译丛

Road Ecology

Science and Solutions

道路生态学

——科学与解决方案

Richard T. T. Forman Daniel Sperling John A. Bissonette
Anthony P. Clevenger Carol D. Cutshall Virginia H. Dale
Lenore Fahrig Robert France Charles R. Goldman
Kevin Heanue Julia A. Jones Frederick J. Swanson
Thomas Turrentine Thomas C. Winter
李太安 安黎哲 译

高等教育出版社

内容提要

生态概念和理论与交通规划、工程、旅游和行为相互联系。道路运输的中心目标是以最低的环境影响提供安全、有效的服务，但道路对环境的影响越来越大，而对这一领域仍缺乏了解。本书针对这个问题，汇集14位美国生态专家对运输－道路生态科学原则的阐述，并提出了具体的例子来说明如何实施这些原则。

主要内容包括：基础生态学概念，道路、车辆、交通规划回顾，植被和路旁生态，野生动植物保育，水、沉积物、化学物质，水生生态系统，风、噪声、空气的影响，道路网和景观。本书用100多个实例说明世界各地的研究成果和经验教训，是生态学前沿领域的一个创举，对生态规划、交通研究和专业人员非常实用。

图字：01－2007－1062号

图书在版编目（CIP）数据

道路生态学：科学与解决方案/（美）福曼（Forman，R. T. T.）等著；李太安，安黎哲译．—北京：高等教育出版社，2008.6
书名原文：Road Ecology：Science and Solutions
ISBN 978－7－04－022038－4

Ⅰ．道… Ⅱ．①福…②李…③安… Ⅲ．公路生态学 Ⅳ．U418.9 X171

中国版本图书馆CIP数据核字（2008）第059888号

策划编辑 李冰祥 **责任编辑** 陈正雄 **封面设计** 张 楠
版式设计 余 杨 **责任校对** 张 颖 **责任印制** 张泽业

出版发行	高等教育出版社	**购书热线**	010－58581118
社　　址	北京市西城区德外大街4号	**免费咨询**	800－810－0598
邮政编码	100120	**网　　址**	http://www.hep.edu.cn
总　　机	010－58581000		http://www.hep.com.cn
		网上订购	http://www.landraco.com
经　　销	蓝色畅想图书发行有限公司		http://www.landraco.com.cn
印　　刷	中国农业出版社印刷厂	**畅想教育**	http://www.widedu.com
开　　本	787×1092 1/16	**版　　次**	2008年6月第1版
印　　张	28.5	**印　　次**	2008年6月第1次印刷
字　　数	530 000	**定　　价**	45.00元

物料号 22038－00

译 者 简 介

李太安，1989 年大学毕业后参加工作，先后在林业和交通部门工作 19 年，对道路廊道生态问题有着浓厚兴趣。2002 年考入西北师范大学，并取得自然地理学硕士学位，随后考入兰州大学生态学专业攻读博士学位，硕士以及博士阶段一直致力于道路生态学研究。曾经出访过 20 多个国家，参与过国家级课题研究，并创办国内首家道路生态学网站：www. roadecology. com。

安黎哲，博士，教授，博士生导师。现任兰州大学副校长。兰州大学生物系学士（1986），生态学博士（1997）。曾在以色列巴伊兰大学从事博士后研究。兼任甘肃省植物学会理事长、中国植物学会常务理事，《Journal of Integrative Plant Biology》、《兰州大学学报（自然科学版）》副主任委员，《植物学通报》和《冰川冻土》杂志编委。长期从事植物分子生物学、环境植物学和生态学方面的教学和科研工作。

2006 年获国家杰出青年科学基金，还主持了教育部"跨世纪优秀人才"基金、中国科学院"百人计划"项目、教育部科技基础资源数据平台建设项目、国家自然科学基金委"中国西部环境和生态科学重大研究计划"、国家自然科学基金面上研究项目。编写专著 4 部，在国内外学术刊物上发表论文 160 余篇，其中 SCI 刊物收录 50 余篇，以第一作者和通讯作者发表 SCI 论文 42 篇。获得发明专利 2 项。获教育部高等学校科学技术奖一等奖 1 项。多次到国外进行学术交流和讲学。2002 年被评为"中国科学院优秀博士后"，2006 年被中共中央组织部、中国科学院授予"西部之光优秀学者"荣誉称号。2005 年享受国务院政府特殊津贴。

Preface for Chinese Version

Taian Li and his colleagues are to be congratulated on this pioneering translation of **Road Ecology** into Chinese. This new book represents a very important milestone in the field of road ecology. China has one of the highest GDP growth rates in the world. In parallel with this soaring economic prosperity, road construction, vehicle use, and the entire transportation sector have all increased dramatically in the past two decades. As described in this book, road networks and vehicular traffic create barriers to wildlife movement, release contaminants that wash onto nearby land and into waterways, emit pollutants in the air that damage human and ecological health, produce a significant share of greenhouse gases, and create noise and other disturbances that can disrupt natural processes. Road ecology is a topic of emerging interest in China. The availability of the Chinese version of the text will provide a valuable resource for scientific researchers, transportation planners, and natural resource managers, so that environmentally-sustainable solutions for future transportation planning can be achieved. Many thanks to everyone who has contributed to this book project.

Alison M. Berry, Professor and Director
Road Ecology Center
Institute of the Environment
University of California, Davis CA 95616 U. S. A.

Daniel Sperling, Professor and Director
Institute of Transportation Studies
University of California, Davis CA 95616 U. S. A.

中文版序一

李太安与他的老师和同学们首创性地将《道路生态学》翻译成中文，实在可喜可贺。这本新书是“道路生态学”研究领域的一个非常重要的里程碑。中国目前是世界上GDP(国内生产总值)增长率最高的国家之一。在过去的20年间，伴随着经济的迅速繁荣，道路的建设、车辆的使用乃至整个交通部门都获得了快速发展。同时，正如这本书里所描述到的，路网和车辆交通阻碍了野生动物的迁徙，并释放出可以被冲刷到附近土地和水路中的污染物，向大气排放损害人体和生态健康、并占温室气体相当比重的大气污染物质，同时还产生破坏自然过程的噪声污染和其他扰动。道路生态学在中国是一项新兴的课题。该书中文版的出版将为科研人员、交通规划部门、自然资源管理部门提供可贵的参考书，最终可以使未来交通规划的环境可持续方案得以实现。非常感谢每一位为该书汉化工作做出贡献的人士。

美国加州大学戴维斯分校John Muir环境研究院
道路生态研究中心教授、主任
Alison M. Berry 博士

美国加州大学戴维斯分校交通运输研究所教授、主任
Daniel Sperling 博士

中文版序二

道路是陆地生态系统中最为重要的人文景观之一，建设与自然相和谐的道路生态系统是公路建设者和环境保护者所追求的目标。近年来，我国的道路建设尤其是高等级公路建设取得飞速发展，道路设施在方便人们出行的同时，也对生态环境造成了影响，所引起的生态分割、土地占用、植被破坏、水土流失、空气污染等已引起相关部门的高度重视，目前已开展的一些研究和实践，不断推动着我国公路生态环境建设走向深入。但由于起步晚，我国对道路生态系统化研究不足。美国在此方面研究较早，技术较为成熟，如今，道路生态学已成为生态科学的独立分支而得到充分发展，道路景观生态研究已成为景观生态学的热点研究问题之一。

1999年，笔者对美国联邦高速公路生态环境保护进行了考察，他们在野生动植物保护利用、水土流失防治等方面所做的工作给我留下深刻的印象。哈佛大学的 Richard T. T. Forman 博士是道路生态学科的开拓者之一，同时也是这门科学的奠基人。他结合美国400万英里道路生态建设为我们介绍了这些卓有成效的工作，并总结了全球近10年的研究成果，编写成这本《道路生态学》。

本书汇集了包括 Richard T. T. Forman、Daniel Sperling 两位教授在内的14位著名生态学家和交通专家的工作。书中阐释了道路及其环境的相互关系，内容涵盖道路、车辆与交通规划，植被和道旁，野生动物种群和减灾防灾，水和沉积物，化学污染以及水生生态，风、噪声及大气效应，路网和景观道路生态学，生态学理论、概念和交通规划等内容，为道路交通政策制定、规划设计和项目管理指引了生态学和可持续发展的方向。相信此书的翻译与出版对我国道路、生态和环境领域的从业人员以及国家和省交通部门的决策、规划、研究及教学人员具有一定参考与借鉴作用。

交通部科学研究院

交通可持续发展研究中心　主任

江玉林　博士

中文版序三

生态建设和环境保护是21世纪全人类高度关注的热门话题，也是世界各国政府和人民不懈努力，争取解决的焦点问题。大规模的公路建设与发展，在促进经济增长和方便人们出行的同时，也诱发了生态环境问题，制约了人与社会和环境的和谐发展及经济社会的可持续发展。

道路生态学目前在国内还是一个较为前沿的学科，它整合了交通工程学、水文学、野生生物学、植被与种群生态学、土壤科学、水化学和水生生物学等学科知识，目的是实现道路和车辆与生态环境的和谐与可持续发展。本书从生态学的点效应和廊道效应出发，引入道路生态网络的理论，从道路、车辆和生态，植物和野生动物，水、化学物质和大气；以及道路系统和未来展望四个方面阐述了什么是道路生态学，研究道路生态学的根源和紧迫性，道旁和动植物，野生动物种群，如何缓解对野生动物的影响，水生生态系统、大气影响、道路系统与周边环境以及交通规划等内容。总结包括 Richard T. T. Forman、Daniel Sperling 两位教授在内的14位著名生态学家和交通专家的辛勤工作成果，引入新方法与理论开展前沿领域研究，以美国、加拿大道路系统为实例，通过开展深入细致的景观调查、路线优选等工作，以期公路交通行业重视前期道路景观选线与后期景观设计工作，为道路工程设计与建设中集约利用资源、保护环境、美化环境，实现可持续发展提供参考。

公路建设与自然环境密切相关。其工程规模大、线路长、涉及面广，道路封闭阻隔野生动物的穿越，土石填挖工程形成的大量土石裸露边坡，导致原有植被破坏、水土流失等一系列生态和工程问题。我国学者已经做了大量的工作，但仍缺乏对路域植被种类的详细普查，以及侵入物种的扩散机制、营建路域植被－动物－无机环境这一自然生态系统机理、路域栖息地与动物生境、路域植被的美学设计等方面的系统研究。本书的翻译并出版，相信对我国的道路、生态和环境行业遵循自然规律，合理利用自然资源和环境容量，积极保护自身生存环境，使道路系统和谐地纳入到自然生态系统的物质循环过程中，实现道路建设的生态化，进而指导项目前期可行性研究、设计，以及工程建设、竣工验收和运营管理具有十分重要的意义。

甘肃省交通厅

李睿　博士

译　者　序

Richard T. T. Forman 的《道路生态学》是世界上第一部关于道路生态的专著，而这一研究领域也是美国在20世纪七八十年代形成完备公路体系之后过了许久才刚刚开始引起关注的一个领域，人们发现“道路系统和生态系统就像两个相互缠绕和厮打在一起的巨人”。于是在Forman先生和他的团队的积极努力下才出现了这门“新兴的科学”（Newly-Emerged Science）。

目前，在世界范围内，道路生态学的研究正在蓬勃发展，2006年和2007年达到了高潮，每年有1 000多篇文章发表；在美国、澳大利亚、瑞士、加拿大、荷兰等国家也都相继有了专门从事道路生态研究的团队和机构，如美国加州大学戴维斯分校道路生态研究中心、荷兰交通部道路生态研究小组、澳大利亚新南威尔士大学道路生态研究中心等。在中国，道路生态也越来越受到国家的重视，但学术研究相对滞后，道路生态研究大多停留在道旁绿化，以及传统环境指标的评价上，远没有将这一领域的研究全面重视和开展起来，更没有一个专门的科研团队开展这方面的工作，文章寥寥，基本处于空白。

正是基于这样的背景，我们委托朋友从美国买到了这本书。读完该书发现内容让人心潮澎湃。全书共四篇十四章，涵盖“道路、车辆和生态”；“植被和野生动物”；“水、化学物质和大气”以及“道路系统及未来展望”。包括Forman在内的14位作者均为美国国内及世界具有一定声望的生态学家或交通专家，他们以科学家的敏锐视角和细腻思维，用平实朴素的语言向关心道路生态学的学者们讲述了14个关于道路和我们所生存的脆弱生态系统之间的故事。Forman在美国也是披星戴月，一早就出发，前往附近社区给当地老百姓讲述道路和生态的有关知识。因此，我们决心要将此书译为中文，供关心道路生态问题的学者，官员，道路规划、工程从业人士，生态学家们阅读，希望在国内能早日掀起关注道路生态学研究的热潮。

兰州大学生命科学学院的领导是该书翻译工作的热情倡导者和直接参与者，从2006年开始翻译书稿，就一直在技术和精神上给我们以极大的关心和支持。在翻译过程中，我的众多师兄师妹也参与了初稿翻译，如当时在耶鲁大学访问的王建辉博士，加拿大的杨大群博士，法国的牛克昌博士，意大利西西里岛的宗丽博士，兰州大学叶建圣博士，兰州商学院硕士研究生李鲁同学，西北师范大学杜鹏博士和硕士研究生吴佳同学。另外，兰州理工大学外语学院的韩立俊老师和兰州交通大学外语学院的余莉教授也给了我们许多的帮助和支持。在这里我们要对他们表示谢意。

另外，要特别感谢加州大学戴维斯分校道路生态中心主任、教授 Alison Berry博士，她始终以极大的热情支持这项“为道路生态学做出贡献”的《道路生态学》中文版的出版工作。她还指派在中心做助理工作的华裔学生 Jeffery Wu 认真对译稿全文做了严谨的校对。在这里我们还要对加州大学戴维斯分校道路交通研究所所长、教授 Daniel Sperling 博士，瑞士联邦工学院（ETH）/加拿大康克迪亚大学（Concordia University）道路生态学教授 Jeager Jechen 博士，中国高等教育出版社李冰祥博士和美国岛屿出版社 Angela Osborn 女士一并表示衷心感谢，感谢他们在我们翻译、统稿过程中给予的支持和鼓励。

限于水平，翻译中可能会有遗漏或错误，敬请老师和广大读者批评指正。

李太安

2008 年 1 月 1 日

目　录

前　言

在北美，整整一代人在同时追求着一对自身相互矛盾的目标。一方面，他们寻求从日益扩展的道路网中获取多种利益，包括强大的经济、更多的工作机会，供求学、访友、回家、娱乐的更为便捷的通道；用地价更为便宜的土地建造更大的房屋。另一方面，人们也开始日益关注这一切给自然环境所带来的威胁，这里包括了大气和水、野生生物栖息地、物种丧失，城市化扩张对乡村景观的破坏等。为了追求第一个目标，人们驾驶越来越宽敞的汽车，根据不断增长的需求建造越来越多的道路。而为了追求第二个目标，却要制定出更多针对汽车的规则，采用一些鼓励使用公共交通工具而非私人汽车的政策，对局部土地开发也开始实行更为严格的控制。显然，无论是联邦层次还是在局部水平上，要做出交通运输方面的一些决策就会触发这些不同利益造成的矛盾，从而导致分析无力，并陷入僵局。

身陷昏暗的时候，有些人只会诅咒，而有些人却在寻求点燃一盏明灯的途径。Richard T. T. Forman，Daniel Sperling 以及他们的同事选择了后者。于是，他们开始组织起这一混乱局面所涉及的各领域的专家，并形成了一个团队。事实上，目前轿车、卡车已经很多，道路也可能会随着人口持续增长而增多，基于对这一问题的认知，专家们巧妙地避过了大部分庞杂无序的棘手争论，进而考虑如何去缓解一些比较严重的问题，这些问题有的是由现有路网引起的，而有些可能会由将来路网的扩增而被触发。作者们描述了密如触须般的路网，与大地以一种不自然的姿势相互拥抱、相互缠绕。自然影响着道路，道路也以数不清的方式影响着自然。

一个多世纪以来，交通行业通过更为合理的规划、设计、选材和施工，一直都在致力于积累防御自然灾害的知识。然而，我们才刚刚开始认识到道路在许多方面是危害自然的，进而还需要进一步理解这些现象，并着手缓解诸如此类负面影响的发生。

该书展示了这一方面的需求，并清晰地发出了开辟一个新的研究领域的呼吁。这一新的研究领域被作者称为“道路生态学”。曾有一段时间，新项目在建设之前要求开展环境影响评价，这一工作造就了一批专门独立潜心于拟建项目环境分析的富有经验的专家。他们的努力产生了一系列有用的文献，毫无疑问这将对许多考虑欠佳的方案设计起到完善作用。该书明确了在针对单个道路项目制定环境缓解措施时，我们专门的环境分析还有诸多的不足，这对于制定出有效缓解不断增长的道路网带来的宏观影响方面显然是不够的。

通过透视道路引起的植被、野生动物、水生生态系统、风与大气效应、水流、沉积物、化学物质等方面的问题，本书的各位作者已经将现有的问题和许多体现他们研究努力的研究领域展现给了读者。目前，道路生态学研究的时机业已成熟，而劳作者寥寥。让我们期待着该书将激励并引领大家，造就出新一代致力于为这些急迫的问题寻求答案的领导者与专家。

美国国家科学院运输研究委员会执行董事

美国国家工程院院士

托马斯 B. 迪恩

序

人类已经在这片土地上布下了一张巨网。作为地球上最大的人工构筑物，这一巨型的、总里程接近500万英里(800万km)、供2.5亿部车辆通行的道路网络实际上已经渗透到了北美大陆的每个角落。道路网既是工程奇迹，也是经济成功的范例，它为人类提供了史无前例的机动性，极大地促进了商品流通，同时也拓展了社会交往的疆域。实际上，道路和车辆已构成为了现代经济和社会的核心要素。

许许多多的道路或穿越山脉峡谷，或跨过平原河流，其间充满着自然流。溪流和地下水流经土地。种子、孢子及沉积物随风迁移或沉降。野生动物四处觅食、扩散或迁徙。鱼类同样如是。实际上，自然的这种生生不息的水平流与迁移塑造了土地的千姿百态和生物多样性格局。

大地和路网这两个"巨人"以并不太自然的方式彼此交错缠绕在一起。道路系统为我们将土地捆绑在了一起，还将自然界分割成了条块。一方面，自然界的各种过程侵害和干扰道路或车辆，使得我们要不断地对坚固的道路系统进行养护和修复。另一方面，道路系统也在削弱或扰动自然格局和自然过程，这同样要求我们开展自然管理并采取缓解措施。自然与道路彼此相互削弱而产生的影响对整个社会而言代价颇高。这一现象已经日益引起公众的关注。

在1970年"地球日"和现代生态学产生之前，巨大的路网就已成规模。那个时代交通设计者们关注的是提供安全、高效的运输能力，对生态的考虑相对较少。现在事情正在发生着变化，交通部门和生态学家们正在不断探寻能够挽回曾经的重大失误和预防类似错误在未来重演的方法。随着各地出行量增加和城市周边道路的扩张，一些重要的生态区通常会受到侵扰，从而呼唤新知识和新技术的声浪也越来越高涨。

或许时机成熟，一种解决方案在我们面前应运而生。这一方法根植于众多的知识领域，包括运输、水文、野生生物学、植物生物学、人口生态学、土壤科学、水化学、水生生物学及渔业等。以上学科相互交叉就形成了这门凸现实用性的科学——道路生态学。景观生态学的出现可以让我们在辽阔区域进行空间格局、生态流和景观变化方面的阐述，从而成为构建道路生态学的重要成分，或者说是黏合剂。尽管景观生态学的原理主要是应用于林业、生育保护学和景观设计等领域，但是将这些原理用于交通规划仍然是比较理想的。道路网、车辆流、生物多样性格局以及生态流的分布和运行都是在相同的尺度上。实际上,将景观生态学原理与道路、汽车工程、旅行行为和交通规划进行整合就可以为交通业界和社会提供一个装有各种新方法的“百宝箱”。

本书的核心宗旨是要将道路生态学涉及的一些分散但重要的理论、原理、模型和概念整合到一起,从而构建统一的科学研究框架和在交通规划、实践和政策中有用的一系列原理。在此过程中,我们列举出了一系列实例、应用情况和案例,主要是为了提供多种途径启发读者思考。案例方面并不局限于北美(美国和加拿大),作为补充还引用了世界上其他地区的案例。研究主要集中在土地、水、植物和动物,也简单涉及大气。对道路生态学的整合以及这一引人注目的新学科的形成,显然会拓展自然科学和工程学研究的新的前沿领域。本书并没有过于详细地展开论述,而是运用原理、应用例证以及充足的资料为读者开启一道进一步思考和探索之门。

交通部门的工程师、规划师、环保专家、经济学家及社会科学家是本书的主要读者群。生态科学家次之。同时,本书也是为政策制定者、公共利益团体以及知识广博的市民而撰写。各州和省的交通部门、联邦机构、非赢利组织以及其他国家相应部门的专家、实践者和规划师们都会发现本书的重要性。尤为重要的是本书将会激励在校学生去探寻新的思路来改变我们的世界。

实质上,道路生态学是运用生态学和景观生态学的原理来探索、理解和解决道路、车辆与其周边环境之间的相互作用的科学。全书主要有四部分内容:① 道路、车辆和交通规划;② 道旁、植物、野生动物和减缓措施;③ 水、沉积物、化学物质、水生生态系统和大气;④ 道路系统、主要景观类型和未来展望。

两个“巨人”——道路系统和大地,以不很自然的方式相互拥抱,是道路生态学一个尤为有用的比喻。另外,还有一些其他方面也是富有价值的。例如,路上的旅途就像人生,会遇到一系列的机会、惊奇、岔道、喜悦以及忧伤。旅行者们沿着鼓点般的点线行进,又会不时遇见如同标点似的实线,这些都是途中的可预见的和不确定性的写照。在岔口你可能会驶向一条车辆稀少的岔路。66 号公路或 1 号公路可能成了一条文化走廊。你也可能会沉浸在沿途的风景当中。乌龟要穿越车来车往的道路时也要注意观察穿越时的危险。四边形的路网栅格起到了封闭和控制作用。道路是发展的催化剂。道路是冰冷的混凝土。道路是海市蜃楼。道路是人们退避三舍的噪声和危险廊道。道路是社区的缔造者,也是社区毁灭者。道路意味着对环境的不公。道路意味着机动和自由。每个观点都会凸显出工程、科学及社会相结合的某块领域。实际上这些观点提出了道路生态学的许多科学命题。

通过 14 位作者(4 位交通专家、1 位水文专家和 9 位生态学家)的合作,耗时 27 个月,最终将书稿完成。这是一个复杂并需要通力协作的历程。最初,考虑到道路修建会对环境造成负面影响，我们中间有人认为道路系统是绝对“不好”的；鉴于道路体系虽然存在一些环境方面的问题，但它是社会的基本需求，因此就又有人认定它是“好”的。我们曾两次在同一团组中见面(2000 年在华盛顿特区召开的交通研究协会的年会和在犹他州举行的美国生态学会的年会上)，每一次都会有一些演讲，以及和交通领域的知名专家展开讨论机会。其中一部分作者还在一些重要的会议上见过面，如 2001 年的美国塔霍湖(Tahoe Lake)规划会议，2001 年在凤凰城(Phoenix)举办的景观生态学国际联合会年会；2001 年威斯康星州的麦迪逊举行的美国生态学会年会。同时，本书的作者们还在 2001 年美国科罗拉多州举行的“生态与交通运输”国际会议上发表了有关道路生态学的论文，并参加了 2002 年在华盛顿特区举行的交通研究协会年会。

本书开始撰写时，一般先由各位作者写出各自章节的草案简本，再交给其他作者审校和修改，而后合并形成书稿。所有作者都参与了审阅和充实相关材料的工作，合力完成了该书。本书中几乎所有的章节都是由来自作者群以外的专家进行审阅的。Richard Forman 负责带领大家完成了该书的撰写、审阅、修正和统稿的整个过程，Daniel Sperling 推动了成书的整个过程，并在每一阶段帮助与交通运输部门进行协调。我们还计划将有关成书过程的关键材料归入美国生态学会的档案之中。

作为合作完成本书的交通专家和生态学家，我们对环境现状以及即将面临的环境挑战都满怀敬畏。面对未来 30 年北美大陆预计将有 6 000 万的人口增幅，社会应该如何来满足它们对空间和通行的需求？社会能够阻止由于越来越多的道路和车辆造成的环境恶化吗？甚至使环境状况逐渐好转？作为共同撰写本书的作者，我们意识到会有一种很有前途的解决办法。道路生态科学的出现，以及运输专家和生态学家对它的应用，给人口日益增加的社会提供了唯一可以大力改善那些与道路和交通相关的环境的机会。

我们设想有一种交通体系能够：① 有效地保护自然过程和生物多样性；② 满足人类对安全高效机动性的需求。没有道路生态学，人类和自然的契合将无法实现。明智的方法源自于细心领会。时间之窗展现给了我们一个最佳的时机。整个社会将会体会到它带来的益处，一条在大地上留下轻柔足迹的道路。

我们 14 位作者在此要向美国联邦公路局、加利福尼亚州交通局以及大自然保护协会给予编撰本书的赞助深表致谢。要编织自然与道路的美丽图景完全依赖于这些组织的全力参与。他们将与大众携手并进，用远见卓识与领导智慧着力塑造未来的美好远景。谨以此书献给他们并感谢他们所做出的努力。

本书内容仅代表作者观点，引用资料及数据的准确性由作者负责。内容并不一定反映美国交通部、联邦公路局、加州交通局,或大自然保护协会的官方政策。

Richard T. T. Forman, Daniel Sperling, John A. Bissonette,
Anthony P. Clevenger, Carol D. Cutshall, Virginia H. Dale,
Lenore Fahrig, Robert France, Charles R. Goldman,
Kevin Heanue, Julia A. Jones, Frederick J. Swanson,
Thomas Turrentine, Thomas C. Winter

致　谢

真诚地感谢交通和生态领域的众多朋友和同事们帮助我们完成此书！特别是：Robert E. Skinner Jr. 和 Jon Williams（两位都来自美国国家科学院交通研究协会）在开始给予我们鼓励。交通研究协会的4个委员会和小组在编撰过程中给予我们帮助。Fred G. Bank（美国联邦公路局），Davis G. Burwell（陆地运输政策项目），Micheal Cameron（大自然保护协会），Mark A. Delucchi（加利福尼亚大学戴维斯分校），Judith M. Espinosa（新墨西哥大学），Gary L. Evink（曾就职于佛罗里达州交通局），Martin Lee-Gosselin（加拿大拉瓦尔大学），Leslie M. Reid（美国农业部林务局）在本书作者参加的会议中分享他们在交通运输方面的专业知识。下面各位同事对相关章节做了关键性的审阅：Fred G. Bank，G. J. Hans Bekker（荷兰运输部），James R. Brandle（内布拉斯加大学），David G. Burwell，Steven S. Cliff（加利福尼亚大学戴维斯分校），Thomas R. Crow（美国农业部林务局），Gary L. Evink，Kerry R. Foresman（蒙大拿大学），David R. Foster（哈佛大学），Anne M. Hersperger（苏黎世联邦工学院），Louis R. Iverson（美国农业部林务局），Scott Jackson（马萨诸塞州大学），James R. Karr（华盛顿大学），Wayne W. Kober（美国各州公路与运输工作者协会，曾就职宾夕法尼亚州交通局），Kenneth Kurani（加利福尼亚大学戴维斯分校），P. Spencer（Sam）Lake（莫纳西大学），Martin Lee-Gosselin，Thomas Linkous（俄亥俄州交通局），David Montgomery（华盛顿大学），John F. Morrall（卡尔加里大学），Barbara Petrarca［罗得岛（州）交通局］，John Poorman（奥尔巴尼交通委员会资本管理处），Leslie M. Reid，Hein van Bohemen（荷兰运输部）和 William E. Winner（俄勒冈州立大学）。Fred G. Bank 和 Cynthia Burbank（美国联邦公路局），Jeff Morales（加利福尼亚交通局），以及 Bruce Runnels 和 W. William Week（大自然保护协会）热情地为本书安排赞助。Richard Forman 在此感谢提供过特殊帮助的 Lauren E. Alexander，Lawrence Buell，Wayne Franklin，John H. Mitchell，Kent Ryden 和 Barbara L. Forman。

Taco Iwashima Matthews 热情而高效地准备插图，使得本书阅读起来更为明了、连贯和富有趣味。最后我们要向 Fred G. Bank，G. J. Hans Bekker，Micheal W. Binford，David G. Burwell，Gary L. Evink，Wayne W. Kober，Martin Lee-Gosselin，C. Ian MAcGillivray 和 Hein van Boheman 对该书总体上所做出的特殊贡献致以深深的谢意。

北 美 公 制

问与答

1. 您的一步有多长？女士一般是 2 英尺，男士一般是 2.5 英尺。那么，一大步呢？1 m 左右。

2. 1 m 有多长？约为 3 英尺加上 3 条健康的尺蠖（译注：一种昆虫）的长度。

3. 1 英亩有多大？足够建造一幢四面墙的长度为 200 英尺的房子；换言之等于 0.4 hm^2。

4. 1 hm^2 有多大（简写为“ha”）？足球场那么大，也就是足球运动员可在 2.5 英亩大的场地上跑动。

5. 1 英里有多长？最典型的是 20 分钟步行的距离，或者 1.6 km。以 60 英里/小时的速度（mph）行驶一分钟。最简单莫过于英里界桩之间的距离。

6. 1 km 有多长？最典型的是 12 分钟步行的距离，或者等于里程表上的 0.6 英里。或者是千米界碑之间的距离。

7. 1 平方英里有多大？和美国中西部方格型广场一样大。为 640 英亩或 2.5 km^2。

常用换算公式

1 米（m）=3.28 英尺（ft）	1 英尺 =0.304 米
1 公顷（hm^2）=2.47 英亩	1 英亩 =0.405 公顷
1 千米（km）=0.621 英里（mi）	1 英里 =1.609 千米

1 平方千米（km^2）=0.386 平方英里（mi^2）=247 英亩

1 平方英里 =2.59 平方千米 =640 英亩

1 千米 =1 000 米，1 平方千米 =100 公顷

1 公顷 =10 000 平方米（m^2）

1 千米/平方千米 =1.609 英里/平方英里

1 英里/平方英里 =0.621 千米/平方千米

第一篇

道路、车辆和生态

第1章　道路生态学基础

如果我们没有选择一条正确的道路，那么跑得再快又有何用？

——**德国谚语**

……19世纪路面结构和面层技术突飞猛进。几乎在同一时间，这种发展大大促进了汽车业的发展……社会最终呈现出来的却是另外一番景象，日常生活里充满了泥巴、臭气、尘土和噪声。

——**M. G. Lay，《世上的路》，1992**

交通运输业处于社会的核心地位，连接着你、我、他。我们的事业和个人生活都依赖于这种安全有效的机动能力。在过去的一个世纪里，北美的道路和车辆将人们之间的交往和行动编织成了蜘蛛网般的网络。人们开车上路去探望亲朋、购物、上学、外出就餐，这些已经成为了日常生活的一部分。

但是，这种对道路和车辆的依赖却造成了对环境深刻而广泛的损害。[674,675]最终，在交通运输政策和决策过程中环保开始起关键性的作用了。不断增长的资源投入旨在将道路和车辆对物种和生态环境的负面影响降至最低。

环境保护可以从许多不同的角度审视和切入。工程师寻求的是技术方案和一些工程设施的设计来降低损害。经济学家则寻求社会资源的最佳配置，并确定出能够创造最高回报的行为。立法者和律师们极其谨慎地制定出各种精确的律条来约束人们的行为。生态学家们强调在我们对动物和植物的重要性开展评价，并有所响应的时候，人类表现得过于本位主义。人们在探索保持完整的或退化的自然多样性的特点和服务功能，在布满人类足迹的地方对相对自然的生态系统进行重建和恢复。但是，鉴于繁忙的道路上的各种社会和经济行为，要实现这一目标，留给我们的是一个令人生畏的挑战。

在市场经济条件下，价格成为分配资源和指导行为的主导机制。而环境影响很大程度上游离于市场之外。[200]我们驾车的同时也在降低着每个人的空气质量，但我们没有对这种损害植被和健康的行为支付一分钱，另外，如果付了，也许我们会减少一些污染。虽然概念模型业已存在，但尚无一种社会性的有效机制来确保洁净空气供和需之间的适度平衡。在噪声、水污染、气候变化、美学、湿

车流繁忙的公路附近自然环境是怎样的?

假如我们沿着一条繁忙的两车道公路在一片林地边信步或是观赏自然。[675]那种闲适的感觉会很快在一片交通噪声中荡然无存。飞驰的车辆还会让你感到无比的危险。你还会不时地踩到人们在路边丢弃的垃圾上而无法挪动脚步。看来车流繁忙的道路和田园牧歌般的室外景致的确是不兼容的。

你向林缘走去,就近在那里观察。你发现许多林中的原生鸟类都已经不见了——并且在进入林子很长一段距离后也不能见到它们的踪迹,很显然这里太嘈杂了。实际上,你也很少能见到其他脊椎动物,如哺乳动物、青蛙、龟或者蛇,这里叫做它们的道路避让区。如果你冒险在路上走一走,你还可能会见到被车辆撞死的动物,虽然它们的尸体可能很快会被猎食道路死亡动物的食腐动物吃得精光。道路避让区和道路撞死撞伤带结合起来,会让我们感到道路是一个何等的障碍物,况且道路也分割较大的自然种群,将其分成一个个的小块,导致局部地区生物出现灭绝倾向。另外,在景观尺度下将远距离的缀块连接起来的野生动物迁移廊道也可能会遭受更加严峻的考验。你会问,这是否是人类在不经意间对生物多样性发动的一次集体性袭击。

与相互连通的森林内部不同,林缘地带长满了博物学家眼中的杂草,中间还夹杂着一些非本地外来种,在经常剪草的道路两边开放环境边缘,它们顽强地生存着。在道路施工过程中被均质化和填平后的土壤上生长的路边植物看上去也是均质的,大大地降低了自然异质性和植物丰度。有个别草种,以及一些非本土植物种有成为优势种的趋势,而代价则是本土野花的多样性逐渐被丧失。开放和笔直的路边排水沟渠中流淌着被加热的路面水,随着雨水的脉动发生着变化,流到了狭窄的林间小溪中去,而这些小溪在公路施工中也失去了它们珍贵的曲线。在公路边或者林子中有一系列的无法观察到的化学物质沉积,典型的如氮氧化物、烃类、除草剂、盐,还有锌、镉等重金属。这些物质进入到你周围的溪流、湿地和地下水中则会抑制所有的自然过程,并会对一些物种产生毒害。

繁忙道旁会是怎样的呢? 你无法在邻近区域散步,或者像公园中的小径,或者甚至会有自然保育区。在这里自然既受到关照,又同时被剥夺。我们需要道路生态学。

地和生物多样性损失方面也有类似的问题存在。价格机制的缺失产生了许多政策和制度方法。

环境保护是一个极为复杂的问题,但因为运输网络大都建在公共土地上,因此在运输行业中要制定出相应的政策,会比其他大多数社会部门要容易一些。大多数道路都是由各级政府来建设和养护的,政府大量拥有、运营并补贴运输服务。许多建有公共道路和具有重要生态意义的土地也归政府所有和管理(图1.1)。公共土地上的运输环境意味着如环境保护这样的公共目标,在投资和制度行为中会起到更加直接的作用。公众压力会直接在领导人和官员的选举中体现出来。

图1.1　在政府土地上,一条由州和联邦出资修建的穿越国有森林的道路,以及那些行驶在它上面的非政府车辆与周围一系列物种和生态系统都在发生着交互影响。道路设计中包括改变林缘线来减少直线;放小坡角、改变各种填挖边坡来减少道路的平面化;营造突兀的石块来模仿自然;栽种一些仅仅用来防止水土流失的禾草以使自然植被演替紧随其后。华盛顿州 Snoqualmie 国家森林,410 号州际公路。该图经美国联邦公路局许可

20世纪60年代,环境保护成为公众议论的热点。一些环境灾难,如伦敦"杀人烟雾"曾经杀死过几十人,美国俄亥俄州曲河(Cuyahoga)的火灾都曾经引起过世界性的关注。人们认识到化学品的开发和广泛使用可以在更宽的尺度上摧毁许许多多的生态系统,并会毒害到人类本身。Rachel Carson 的《寂静的春天》使得人们更进一步地加深了这种认识并激发公众采取行动。

在交通行业中,大气污染防治被证明是最初和最具强制性的,被倡导要采取行动的领域,先是在加利福尼亚,而后发展到了其他地方。[674] 遍及美国的污染最终催生了1970年的《联邦洁净空气法案》,这一法案促进了汽油降铅的过程,

从而降低了汽车的污染。紧随其后的是20世纪70年代中叶出台的燃料经济条例和不鼓励“油囊”政策。日本为减少排放和降低油耗也简单地仿效了这样的方法，后来在欧洲类似的法律也被制定了出来。

总的来讲，很多国家在20世纪60年代末环境意识就已经有了不断的提高。旨在减少噪声和降低大气和水污染的一系列法律法规出台。对美学的关注也日益高涨。在美国，《国家环境政策法案》(NEPA)成为法律，它要求那些使用联邦资金的新项目要编撰各自的有关环境影响评价的文件。20世纪70年代，人们对先前常常被忽视的环境、美学开始关注，并在道路设计、施工和运营中开始起到重要的作用。

即使环境意识不断增长，但认识与政治方面总是会落伍一些。老问题解决后，新问题又会出现。[675]随着道旁美学得到了较多的关注，人们对非本地种和入侵种的关心程度也有所增加。大量出现的新法令和机构对详细规定的一系列大气与水的污染物开始进行控制。但是来自新污染物的新威胁却继续出现着。四轮驱动和高底盘汽车具有了替代小轿车的趋势，那些边远原生地区的通达性于是得到了改善，人们可以在那里开展娱乐性驾驶。在乡下的家里通过使用与工作单位连接的计算机终端，远距离工作的方式也变得更加富有吸引力。于是生态敏感区经受了更大的威胁。

另外，自然界受到的环境影响通过生态压力叠加和累积，以及地球系统本身的生态交感已经变得越来越全球化了。[428,674]遍布每个角落的道路网和它们对环境的影响使得人们越来越多地开始关注栖息地破碎化、稀有物种和水生生态系统方面的问题。

1.1 什么是道路生态学？

1994年，一位生态学家独自一人缓慢地在落基山峡谷蜿蜒的山路上驾驶，眼前景色就像是一部描写古代历史的电影，时而是巨塔般的花岗岩悬崖，时而是布满森林的陡峭山坡，连续不断地在眼前闪现。汽车在山体坍塌物的痕迹上横跨而过。旅行的目的地是美国生态学会的会址，届时将有2 500名生态学家云集山谷。这位感到道路生态学可能会很重要，但从未在任何一次会议上听到有关这方面内容的驾驶员一到目的地，就开始仔细阅读有2 000多个发言的会议议程。“道路”这一词汇仅仅出现在一个发言的题目中。他与周围的人们开始交谈，他们中有世界级的权威，也有踌躇满志的学子。每个人的谈话都颇具见地，甚至充满激情。话题有涉及周围稀有鸟类的，也有讨论如何量度植被、水流、侵蚀模式、野生动物踪迹和数学模型的，但没有一个人提及那些穿越山谷、无所不在的道路。

这位生态学家于是继续沿着峡谷向上走去，想更近地观察。穿越山谷心脏地带的道路宛如一条蜿蜒的蛇，它基本上具有安排人类所有活动的力量。早期的一群群矿工利用这些道路通向他们的富裕之梦，成百上千的羊群也一定是一年一年沿着这条唯一的道路在峡谷中来回吃草，甚至连那些盗贼和肉食动物也是经常出现和分列于两旁。现在这里的旅馆和游客、滑雪场、家园，以及其他任何事情全都指望着这条生命线。但是这里的鸟儿、植被、水流、侵蚀模式和野生动物的迁徙到底发生了什么样的变化呢？它们影响道路吗？或者说道路是否影响它们？实际上我们要问的问题是动植物这些生命体在道路和交通流的附近会发生什么样的变化？

要回答这些问题，或来自任何局部地区的类似问题都无法回避地要引出道路生态学这样一个话题。实际上，是一些关键性的概念和术语帮助我们对一幅巨大的场景形成了聚焦。

道路是供车辆通行的开放通道，[1015,532]生态学是研究有机体与其周围环境之间互动关系的科学。[856,776]因此，两者的结合便能描绘出道路生态学的本质，即与道路及车辆相关的有机体和环境之间的互动关系。一般地讲，是道路基础设施和行驶于其上的交通流，以及相关的设施形成了道路系统。因此，道路生态学致力于探究和解决道路系统和自然环境之间的关系问题。

让我们进一步研究一下有关概念以便了解更多的内容。道路有各种各样，有多车道公路，也有郊区道路，有伐木道，也有机耕道（图1.2）。所有的道路都是道路生态学需要关注的。有时“道路”或“路线”是指排水沟之间路基范围内的道路；而另一些时候，道路或道路廊道则指一个更宽泛的带状区域，那里的地表因为道路的建设，养护和管理模式而发生了改变。一般情况下，这一宽带中包含了路面、路肩、排水系统和外围路旁区域。在山坡上出现挖方路段时，典型的道路廊道一般是上面为挖方边坡，而下面的则为填方边坡。[2]各种各样的工程结构物，比如控制水流和积雪的结构物都可能包含在这一较宽的道路条带中。道路廊道也常常会在道路条带开发中包括进一些和公路有关的文化构筑物地带。[995]

随后我们还将更多地讨论有关这些属性的问题，这种讨论在描写道路的处所和位置时会很有帮助。道路生态学也会关注路段，即在两点之间延伸的一段道路，例如，两个交叉点或两个城镇之间的一段道路，路段切割异质性景观（图1.2）。因此，道路两侧成对的相邻生态系统或者土地利用会不断沿着路段发生变化。目前对这些成对生态系统序列上的研究很少，但这对路段来讲可能会有重要的生态学意义。

另外，路段相连形成路网，连同行驶于其上的车辆我们称之为道路系统，前面我们曾提到过。[568,302]道路系统连接节点，即那些重要的地点，如较大、或区域尺度上的城市，较精细、或局部尺度上的校园或成串的商店。在整个路网中，日

图 1.2　城市连接线将主要公路干线和市区街道联系在一起。这些 6～8 车道，建有中间隔离带的道路拥有穿越不断变化的居民区和商业区的较高交通量。它们安装有路缘带、中央隔离带栽有植物，有砖砌的防泥墩、步行道、隔音墙和高质量的照明设施。图为美国马里兰州巴尔的摩市海港区大道(720 号州际公路)。该图已得到美国联邦公路局许可

交通量可以从几乎为 0 变大到 200 000 多车次，并且会在一天当中，一周之内或者季节更替中发生显著变化。

事实上，道路系统将社会的每一块土地都维系在了一起。但同样是路网，也会让自然出现片断化，路网的筛格将自然围出了一个个小的多边形。这样的路网会给景观带来重大的生态影响。

道路密度，即单位面积景观中的道路平均总长(例如，千米/平方千米，或英里/平方英里)，是一个地区道路数量或路网便捷与否的量度指标。[898,754,310] 许多生态学现象，从野生动物到洪水，再到生物多样性都和道路密度相关。[288,320] 筛格尺寸是指由路网围成的多边形的平均面积或直径，如同渔网一般，它和路网密度成比例，但它关注的是被道路所围的地块而非道路。[302,450] 对渔网而言，网格平均大小是要慎重对待的，因为一旦有大窟窿所有的鱼儿都会跑掉。平均路网密度或者筛格尺寸，仅仅提供一个总体上的观察指标。将筛格尺寸的平均大小和它的变化程度结合在一起会告诉我们许多生态学的信息。

但更重要的还是网络形式，即道路和交叉点明显的空间分布(连接和节点)。网络形式决定了被包含缀块的相对尺寸、形状和分布。[304] 就像鱼一样，植物和动物也许较少受到栖息地的平均大小和变化度的影响，而对大小、形状和布局则更为敏感。

1.2　土料、填方和土壤

古代的人们虽然敬畏和惧怕宇宙中的四种基本元素:土、水、气、火,同时也和它们打着交道。其中前两个——土和水,已经是道路工程实际施工当中的核心部分了。土被转运到工地,并在那里用模具筑成道路,经历岁月的变迁和激流的冲刷。道路工程师们日常要应对的是土料和填挖方,而生态学家则是与土壤打交道。这一部分旨在将两者结合起来。

石头,不论是就地风化的或是用机械力粉碎的,最后都会变成各种较小的岩石、砾石、沙砾和更细的颗粒。这些土或土质材料会被作为填方料,运输并堆积到道路施工现场来建造大部分下方的路基、路基表层和路肩,同时也覆盖一部分道旁区域[2](图1.3)。填方区域一般会在覆盖上表土之后栽种植物。道旁植物,不论是自然原生的,还是种子繁殖的,都有助于形成含有黑色有机质的薄层土壤,并分布于填方上部。[455]

图1.3　填挖方、土壤、滑坡和道路。道路挖方边坡(右上)土质材料的表面坡度较陡但相当稳定,覆盖表面的薄土层中分布着许多植物根系。道路下方的土料填方边坡(中)的坡度有所减缓,但表面不太稳定。本案例中已有冲沟槽和泥石流面出现。图中最右面的冲沟有一条较长的浅层滑坡面,因此3个高程上的道路都采用了钢柱、木焦油板和土石锚固挡墙技术进行加固。从坡顶开始施工,未产生挖方。上图为北卡罗来纳州的蓝色山脊园林道路(Blue Ridge Parkway)(可在图的上方看到)附近的226号州际公路的一段路段。该图已得到美国联邦公路局许可

填方中的颗粒大小从漂石到黏土变化较大。[455,186]尤其是砾石(2～75 mm 直径)用途较大,因为颗粒之间的间隙可以让大量流速较快的水流通过。沙石(0.05～2.0 mm 直径)、粉沙(0.002～0.05 mm 直径)和黏土(小于 0.002 mm 直径)属于细土和黏性土。[455,186,516]沙子的透水性最好(最快),粉沙次之,黏土差(慢)。黏土的上面易形成水洼和泥巴。

路基支撑路面和路肩,大多数情况下这部分是被夹在两个边沟之间。为了减少路基和车辆所面临的洪水威胁,路基一般要高出周围地表。路基是由一层层沙石料或砾石料填筑而成的,主要是为了支撑路面交通。[184,2]当水流下渗进入路基,这些空隙层将使水流更快排入到较深的基层或者排向邻近的水渠。

相比较而言,边沟可能会在底部沉积一些泥沙,局部用非透水性材料砌衬主要是为了便于水平方向上快速畅通的水流。在平坦的地形上,道路边沟外围区域经常用混合级配的材料覆盖,那里的孔隙度和排水性能都属于中等水平。在山岭重丘地区,道旁在孔隙度方面变率较大,因为一些自然地表并没有被填方所覆盖。

当一条道路路面高出周围地表 1 m 时,也许不再会设边沟,因为道路雨水径流会简单地流下,并流向道旁路基边坡的外围区域。这些由堆积的土方料建成的外边坡或路基表面叫做填方边坡(图 1.3),由于填方边坡的填料颗粒只有部分会随着时间的推移变为自我压实,因此边坡被侵蚀的可能性较高。[516]

在山岭重丘区,下坡一侧边坡可能会长于上坡一侧,[2]正好形成对比,那里的土壤、石块或两者都被统统移走,或用来修筑了道路。挖方边坡的表面被保留了下来。正常情况下,一条集水和排水的边沟会将挖方边坡与路基分开。挖方路段通常在道路两侧都会有开挖边坡和边沟。挖方边坡可以是一个完全土质的边坡,其中的颗粒随着时间的推移会自然压实,也可以是上面覆盖有一层土岩面。对于旅行者来说挖方边坡很醒目,而填方边坡却很少能被注意到。

沿着某一路段,与周围相邻土壤的异质序列相比,道旁的泥土呈现出更为一致的现象。在道路建设中,来自邻近不同地方的岩石颗粒被相互混合在一起,形成了均一的填方材料,或者填料是用卡车从同一个地点拉来的。一些填料被堆积起来,修筑成一个相对平整的表面。同样,土壤物质的化学组成在这个混合的过程中也被均匀化了,它在生态学上的净效应则是道路两边微生物生境的异质性迅速减少。土壤搬运设备的作用范围常常要比土壤和植被的自然过程更为广泛,结果是道路两边的植物物种和自然群落的组成被简单化了。

同时,挖方边坡、敞开的沟渠、路肩和填方边坡都成了自然景观中新的微生物栖息地。它提高了自然景观的总体生境异质性,然而对某个郊区或农业景观异质性的贡献却很少。

上层土壤会因为植物和其他有机体的不同而改变,土壤是由矿物颗粒、根、空气、水、死亡(黑色)有机质、细菌、真菌和土壤动物组成的肥沃的动态复合体[455,186]

(图 1.3)。根的生长、蠕虫的运动和根的死亡导致土壤孔隙度加大,孔隙中空气组成也会发生变化。土壤中不只有水分上下移动,还有小型土壤动物、矿物营养和有机物质。和土壤中的这些活动相比,填料和填方看上去几乎是无活动可言的。

随着时间的推移,土壤会形成明显的土壤水平层,或者土壤层。[455,186]最上面是 A 层土壤,有枯枝落叶和腐殖质(两者都是死亡的有机物质),下面则由矿物土壤(岩石颗粒)和黑色有机物质混合而成。雨水通过淋溶上面的 A 层土壤使化学物质溶解或滤出。在 A 的下层是 B 层,由矿物土壤组成。总的来说 B 层虽然营养相对贫乏,但有一些化学物质会从上一层滤下,如铝和铁,并会积累于此。由于黑色有机物富含营养,较厚的 A 层就能表明是高生产力的土壤(假定它不是极端酸性、寒冷或潮湿)。至少在中等降雨量的草地,就可能有较深、较厚、营养丰富的黑色 A 层。

环境工程中有 4 条基本原则,它们会有助于引导道路两侧的施工活动向富有价值的生态化方向迈进[184,267]:

① 修整挖方边坡尤其是填方边坡,将其侵蚀量降至最小;

② 不能留下极度压实区域;

③ 使化学物质释放量最小化;

④ 用岩石和填方营造多样化的道旁微地貌。

1.3　生态学概念介绍

一个世纪的研究为生态学发展打下了宽厚的基础,并推动着这一学科向前发展。当人们发现生态学可以提供解决环境问题的基础性理论和原则时,在过去的 40 年间,这一领域有了巨大的发展。[691,856,620,776]道路系统几乎与所有生态领域都有交叉。[674]然而现阶段,以理解道路生态学和寻求解决方案为中心目标而出现,从生态学中发展起来的现象和概念(我们将会在下面介绍)还是数量有限。正如交通专家会忽略生态学部分一样,生态学家也会忽略道路这一部分。然而,如果一些重要的生态学概念在这里就得以吸纳,后面的章节会让我们有更深的领悟。

下面让我们从水和水流开始来对道路生态学的一些基础概念进行介绍,接着会涉及小气候、风和大气效应,植被与生物多样性,种群和野生动物,最后是景观生态学和生境破碎化问题。

降水,或形成道路表面径流,或直接落入道路两边,都会遵循三条途径中的一条。[231,856]植物通过蒸腾作用将水垂直泵入大气;有些水将渗透到土壤并流入土壤当中,也有些可能会进入地下水或河流;最后是有些在土壤表面形成径流的水,特别是在大雨天。只有最后一种情况才会导致土壤侵蚀,或从土壤或地表移走一些颗粒物质。[455]被侵蚀的物质会以泥沙搬运的形式被水流搬运到远处,然后会在水流速度降低时发生沉积作用,比如在一些相对平坦的沟渠、湖泊或是平静的水湾。

水文学涉及现有水或水流的流量,[231]水流动主要是受重力驱动。地下水充满了岩石颗粒间的空隙,饱和层的上表面是水位。位于沙子和岩石空隙内的地下水层叫做蓄水层。[231]水位在(或)高于土壤表层,并持续较长时间就会形成湿地(图1.4)。然而水位也有可能位于地下数米的地方。[641,856]地表水包括溪水与河流,还有地形封闭的下陷区里的湖泊和池塘。土壤上形成的地表径流不但运输泥沙沉积物,也运送天然或人为的一系列化学物质,这些化学物质大多数都以溶液形式存在,并且在流动时是不能被肉眼所观察到的。

图1.4 采取缓解措施之后的潟湖入海口潮间带湿地生态系统。潮水涨落和径流已经受到了由于住宅的开发而修建的堤道、小面积填方(中),道路坍塌物和填方(左和中)的限制。数量可观的土料和沉积物被移除(左下),填料中受污染的含铅及烃类物质也被剔除,并栽种了桤木(*Alnus*),道路上边坡(左)为了减少水土流失还栽种了本地植物。异质性坡地和湿地上的植被区域发育有多样性植物群落,有众多的物种在这里栖息,是野生动物迁徙的场所。穿越景观嵌块的道路在这里发挥了若干重要的生态作用。图为加州 Marin 县的 1 号州际公路。该图已得到美国联邦公路局许可

水质用来描述水的物理、化学和生物特性。[1022,423,856]温度、混浊度和流速是它的物理性质;化学性质则包括氮、磷、pH(酸碱度)、含氧量和有机有毒物质。水有很广泛的生物学性质,从水中的绿藻浓度到有根植物、水生昆虫、泥土蠕虫和鱼种

群。水生生态系统是指湖泊、溪水、河流和海水中一系列生物与环境间的相互作用,并深受水质影响。另外,栖息地结构,特别是水底的岩石、木头、砾石、泥和坡度的复杂性,有助于造就水生生态系统[1022,856](图1.4)。既然所有的物理、化学和生物性质都会实际地影响到鱼,[470,159]本地鱼种群或是那些供垂钓的鱼的丰度有时被用来作为水质或栖息地结构的一项全面量度指标。实际上,在一些地方,虽然渔民只是捕捉引进种而不是当地种,但渔民的多少也是水质的一项合理指标。

道路周围的小气候(局部近地表气候)经常和毗邻区域中的气候有明显的不同[343,794,11](图1.1)。道路的黑色路面会从太阳辐射中吸收相当多的热量,而在天气较凉的时候,路面则较为温暖,足以吸引包括两栖类和蛇在内的动物。从道路上升腾的热空气会吸纳周边地区的凉空气。当一段道路呈东西走向时,太阳高度角(由太阳和地面的相对高度决定)会使道路廊道的温度在北坡和南坡之间发生很大的变化。[241]而且,相对于风向的道路走向或方向会给风速、空气涡流的形成、相对湿度和土壤干燥格局带来重大影响。实际上,一系列不同的小气候环境都会集中在一条狭窄的道路廊道内,这种格局有利于为植物和动物营造微环境的多样性。

与交通有关的风和大气效应在全球和区域尺度上发挥着作用。温室气体(吸收来自地球的红外辐射,导致大气变暖),包括燃料燃烧排放的二氧化碳(CO_2),会在平流层中积累,并对全球变化发挥作用,反过来又对植物、动物和生态系统产生重大的影响。[11,428]同样的,来自车辆排放的臭氧和氮氧化物(NO_x)会在大气底层聚集,对植物产生各种生态影响。污染物颗粒和气溶胶(漂浮于大气中的微小液状颗粒)在从全球到区域的尺度上都会有所积累。土壤和其他颗粒的风蚀,土壤和雪的沉积,有许多地方是与道路和汽车有关联的。[110]

植被主要指覆盖于一个地区的植物种类、密度及其分布[483,856](图1.4)。某种程度上自然群落的概念则更为具体一些,它指一些优势本土动物种和植物种的集群,如鸟类群落或草本植物群落。[653]植被或自然群落在时相上的变化叫做演替或生态演替。[723,59,856,923]生物多样性广义上讲是指生命形式的多样性,包括现有的基因型、物种和自然群落。[434,620,776]而物种多样性或物种丰度则更多地专指现有物种的数目,是大多数生态学家用来测量生物多样性的主要指标。非本地种(有时也叫"外来种"、"引入种"或者"外源种")是指在有意无意间引入的来自其他地方的物种。有些非本地种会成为入侵种,这是指它们在自然群落中成功入侵并得以扩散。

种群是指在特定的区域内生活的一个物种的全部个体,如蝴蝶种或人类。[148,856,653,776]出生率、死亡率和物种的迁入迁出是种群增长和衰退的关键因素,这对于徘徊于局部灭绝(从局部地方消失)边缘的小种群来说尤为重要。当某个较大区域的整个物种处在灭绝边缘时,它们会被列入州、省或国家一级受胁迫或濒危物种的清单。道路撞死(动物死亡事故或道路死亡率)是指被汽车撞死的动物,如捕食一样,代表突然降低种群数量的一种方式。[248,250,251,139]然而,道路撞死总效应还应该与出生率,或产仔率以及其他死亡引发因素平衡考虑。

在北美,野生动植物与道路相联系已经是一个根深蒂固的概念了,事实上"野生生物"这一术语具有广泛的意义,它可以指从供捕猎的动物到自然界中所有生命的有机体。本书采取中间立场,将所有非驯养的陆地脊椎动物(再加上一些具有鲜艳颜色的无脊椎动物,如色彩艳丽的蝴蝶和大型蜗牛)作为野生生物。[434,148]这一概念排除了植物、微生物、驯养动物和多数昆虫,同时强调非狩猎物种组成了野生生物的绝大部分。鱼类未被列入,和野生生物有所区分。

野生生物需要活动领域,也就是它们日常捕食的活动范围。动物的扩散是指动物的活动范围大大超出其活动领域并出现定居,最终建立新领域的过程。迁徙通常指为逃避寒冷和干旱而发生在不同区域间周期性的迁移。野生生物物种已经更多地引起了公众的兴趣,常常被作为土地利用规划的一个重要基础。

最后,从景观生态学中引申了景观镶嵌体这一概念,是指航片上的任意一点或从飞机窗口看到的景色或是斑块、廊道(条带),或是背景基质(图 1.3 和图 1.4)。[299,302,935,441,675,1033]这种简单的斑块-廊道-基质模型促进了生态学分析和对高度多样性景观类型的深刻理解。栖息地破碎化,是指将一个栖息地类型分割为片段的过程(后果是丧失了连通性),踏脚石是指一排不连通的栖息地斑块,但动物可以通过这些踏脚石进行迁移。这是帮助我们理解景观镶嵌体的两个重要例子。

包括大小和形状在内的斑块特征具有重大的生态学重要性。[816,434,302,620]边缘物种主要生活在斑块的周边区域,在那里有较高的密度和多样性(被称为边缘效应)。相比较而言,内部种则避免在边缘地区定居,依靠较大的生境斑块,而且这些斑块通常具有保育意义(图 1.1)。廊道有很多种类型,有宽有窄,有曲有直,但都会表现出 5 个一般性的廊道功能:屏障、导管、源、汇和栖息地[815,73](图 1.4)。屏障或者过滤器效应在道路生态学中具有特殊意义。在这种情况下,水、动物和人一般会遇在一起,或者可能会部分或完全被道路廊道所阻隔。

另外,土地镶嵌体的空间格局会随着时间而变化,会给自然和社会带来巨大影响。[1074,720,257,935]最终,土地镶嵌体的观点极大地促进了自然资源的管理、生态保育和土地利用规划。[815,571,130,199,379,93,417,697,560]

1.4 道路生态学的根源和紧迫性

由于常有前辈存在和所谓的发现者"站在巨人的肩膀上",当一个学科或一种努力出现时通常不会太清晰。我们强调将 20 世纪 80 年代作为道路生态学的开端,是基于一个这样的考虑——从那个时候开始,研究活动和政府项目已经停止了以往只反映单方面利益以及具体的或局部的道路问题的做法。20 世纪 80 年代这一趋势仍旧继续着，同时也出现了一些综合性和持续性较强的项目，并且时至今日仍在继续。在整个演变过程中，“热点问题”、开放的“政策窗口”和“临界量”（Critical Masses）的尝试无疑推动了道路生态学的向前发展。

1.4.1　早期阶段

或许道路生态学的最深根基是在泥土当中。从最早时期到 20 世纪初期，侵蚀、沉积物搬运、排水不畅和泥泞的道路构成了北美日常生活的中心部分。[532] 在那些被马车轮碾出道道深辙的土壤中，降雨和融化的雪水很难排出。填挖边坡加剧了泥石流和滑坡（图 1.3）。道路的安全隐患、高强度和高频度的养护、螺旋式上升的费用都是长期面临的，需要研究和寻找解决方案的问题。法国人在 19 世纪就开展了对道路表面设计的系统研究，苏格兰人 MacAdam 和其他一些人专注于寻找解决长期存在的泥泞、侵蚀和沉积物流动的方法。[532] 相对而言，出现不久的道路表面硬化技术的确消除了道路泥泞这一交通领域的中心问题。

道路撞死也是道路生态学的另一根基，这种情况在加拿大、美国和斯堪的纳维亚半岛也许会特别明显，这些地方有着丰富的大型哺乳动物。对道路撞死率的量测和计算从至少 20 世纪 20 年代以来得以广泛开展，虽然这些研究经常缺乏现代生态学研究方法的严格性。汽车和鹿（*Odocoileus*）以及其他大型哺乳类，如驼鹿（*Alces*）和麋鹿（*Cervus*）相撞，经常驱使开展类似的研究。人的死伤、车量的损坏与维修、医疗开支和保险费用已经引起公众的关注并促进了这方面的研究。一些提倡的解决办法，包括一系列对动物的警戒措施，到目前为止证明只起到了有限的作用（第 6 章）。

在 20 世纪 20 和 30 年代，许多景观道路和园林式道路被建造了出来。位于北卡罗来纳州和弗吉尼亚州的“蓝色山脊”（Blue Ridge Parkway），弗吉尼亚州的“穿越地平线”（Skyline Drive），缅因州的“山地沙漠岛”（Mount Desert Island），蒙大拿州的“追逐太阳”（Going-to-the-Sun）等多条道路成为专供有车族在广阔的自然环境中欣赏狭长美景和休闲的好去处（图 1.3）。纽约地区的园林道路网将旅行、上下班和欣赏自然美景以及娱乐结合了起来。[532] 这些工程给生态带来了很大的影响，在大众环境意识爆发以及现代生态学出现之前，[691] 生态学家对这些乡村和城市园林式道路关注很少。令人惊讶的是，即使在现代生态学出现以后，美国在 20 世纪 60 和 70 年代修建的长达 74 500 km（46 300 英里）的州际公路网也并没有给生态学家们带来多少专业上的兴趣。

20 世纪 60 年代，在法国蔓延的道路建设与法国的捕猎者之间产生了冲突。于是达成了一个最早的协定，协议规定通过建造狩猎桥（game bridge），可以让被捕猎的动物穿过高速公路[41,135](F. G. Bank 和 G. L. Evink,个人交流)。已建成的 150 座桥当中有许多窄桥,5 ~ 10 m(16 ~ 33 英尺)宽的结构物还将地方道路和农民的通道包含了进去。这些供被捕猎动物专用的桥梁,很可能在后来激发了国家修建野生动物上行通道,或"绿桥"。

20 世纪 70 年代,人们开展了大量有关鹿与道路关系的研究,特别是沿着宾夕法尼亚州的收费路,在美国这是一条新潮、高速的多车道公路。[142]北美的第一个野生动物上行通道出现在 1978—1979 年间。犹他州西南一个较窄通道(宽度为 8 m)改善了迁徙鹿群沿山脊的活动。1985—1986 年新泽西州北部建造的两个更宽的通道(每个为 30 m),其目的是在一条被多车道州际公路分割成两半的公园中,保持驾车者和鹿的连通性。[513]这些仍然是美国仅有的野生动物上行通道。加拿大在不列颠哥伦比亚省曾建造过一处(宽度为 5 m),并且最近又在艾伯塔省建造了两处(每个宽度约为 30 m)。[611,359]另外对搭建在溪水、河流或漫滩地上的临时桥梁的设计无疑也做了完善,旨在促进陆地野生动物的活动。

同时在 20 世纪 70 年代,社会中环境意识达到了高潮。许多环境问题成为焦点并被着手解决,然而,除了大气污染,许多水陆运输方面的问题并没有被环保人士所重视。

20 世纪 70 年代,在若干个工业化国家,包括德国和美国的一些地方,大气污染作为道路生态学的一个新出现的内容,成为一个重要的议题。酸雨主要来源于燃烧煤炭,很早就被关注,特别是在美国的东北部地区。但交通运输所起的主要作用,特别是车辆排放,变得更为清晰,并需要开展研究和寻找解决问题的方法。[674]各种各样的气体和颗粒物质威胁人类健康、毁坏农作物,使城市上空布满棕色云层。建立于 1970 年的美国环境保护局被授权制定了空气质量标准,并要求新生产的车辆要减低排放。10 年后,美国人可以更好地呼吸,更清楚地欣赏景色。

1.4.2 近期阶段

20 世纪 80 年代,道路生态学的研究领域被进一步拓宽,研究力度也在加大,人们有了更多的信息。在德国,一位生态学带头人率先开展了有关道路生态学众多专题的综述。[241]在荷兰的交通、公共工程和水管理部内设立道路生态办公室更是一个尤为重要的进步。[63,952,339]实际上这一行动的背后还有一个有趣的故事。

荷兰人三分之一的土地是通过建造堤防并向海洋延伸获得的。在 1953 年,来自北海的一次强风暴冲垮了一处堤防,有 2 000 人溺水。后来在恢复阶段,自然保护和道路以及堤防之间的联系就变得尤为重要了。在以后的 1979 年,有一条拟建公路要砍掉一批古树,引发了全国民众抱怨。在一个长期营造,甚至已经形成的文化氛围中,人们感受到了自然,这两个事件最终催化了政府建立和资助生态学家以及其他相关专家形成团队,为相应的国家部委工作。(H. D. van Bohemen和 H. Bekker,私人交流)。这一生态团队至今仍然是世界上最主要的组织之一,他们开展研究、进行试验、缓解道路危害、开展补偿、并从事监测和公众教育。[1,63,953]这一团队向人们推广新方法,在所有重要的公路项目中起着积极的作用。在应用道路生态学领域取得了骄人的业绩。

德国、瑞士和其他几个欧洲国家已经有在道路、汽车和野生动物的相互关系方面解决问题的传统。[476,722,474]德国有一套严格的法律,特别是在保护机动车驾驶员的安全方面。由于许多公路无速度限制,因此在公路沿线采取措施缓解野生生物与汽车相撞事件就显得特别重要(F. G. Bank 和 G. L. Evink,私人交流)。目前在护栏、标志标线、下行通道、许许多多绿桥和土地保育方面的投资得以广泛开展(图1.5)。虽然这些成果主要使道路使用者获益,但也改善了景观的连通性。在德国,自然和野生动物得益于广泛的公众支持。在瑞士,交通不仅要关注驾驶员安全,还要为保护野生动物以及为方便农村人口来维持景观的连接度提供服务(A. M. Hersperger, F. G. Bank 和 G. L. Evink,私人交流)。科学执行项目已经为我们提供了一系列缓解措施。这些措施包括野生动物的上行通道,这样的通道已经被发现为许多物种提供了最好的景观连接。如此的“景观连接器”在其他欧洲国家也能够见到,包括意大利和西班牙(见第6章,图6.4)。很显然是

图1.5　连通景观的上行通道。这样的“绿桥”有供野生动物迁徙的连续植物带,还有供当地车辆通行的小道,在这一路段共有5座这样的结构物,它们的表面植有草皮、间或还栽种个别树木,另外在横向结构物的两侧边缘防护栏附近还栽种有灌木和小型树种。德国 Nesselwangen 的 B31 号道路。经 A. M. Hersperger 许可

法国人第一个建造了绿桥,并且建造数量也最多。

在 20 世纪 80 年代,出现了大批对两栖类与道路的研究和项目。[522] 西欧的好几个国家都建造了成百上千的两栖类通道,动物像过漏斗一般通过道路,进行它们的季节性生殖迁徙。这样做大大降低了被轧死和相关的汽车事故的发生。在过去的几十年中,西欧的研究集中于人们所关注的安全、效率和成本。但到了 20 世纪 90 年代,研究、科技和政府中也加强了自然保育。

在北美,所有的州和省都有环境交通项目,并在 20 世纪 80 年代取得一些成果。然而,在连续性研究工作的支撑下,佛罗里达州相继完成了一系列给人留下深刻影响的道路生态项目,无疑是业绩最为辉煌的。[250,251,248] 当今,佛罗里达继续着她的旗舰项目,当然许多其他项目可能会增加得更快。

特别令人关注的是在 20 世纪 80 年代和 90 年代沿着鳄鱼小道(现在的 75 号州际公路)建造的 23 个下行通道和 13 座桥梁的拓宽项目,它们既有助于水向湿地国家公园流动,也降低了道路相撞事故对佛罗里达黑豹(*Puma concolor coryi*)的威胁。[324,251] 这一规模宏大的项目与先前在某一单独点段上开展的大量研究和工作形成明显对比,它一直延续了 64 km(40 英里)长的路段。这需要有联邦和州在许多方面开展合作、进行规划和提供资金。佛罗里达的下行通道吸引了美国公众的兴趣并激发了他们的想象力,即便如此,却很少有人看到过一只佛罗里达黑豹。甚至本书的 14 位作者中,也只有一位看到过黑豹,另外一位则沿着一条公路下的野生动物通道跟踪过黑豹的踪迹。佛罗里达州交通厅的环境管理小组,与荷兰的道路生态机构一样,以协调、持续的视角提出了涉及范围很广的生态学问题。

广泛存在的动物 - 汽车相撞事故,再加上某些引人瞩目的案例帮助催化了加拿大人在道路生态学方面的兴趣。[1054,535,170] 许多驼鹿 - 汽车相撞事件导致了人员死亡,加拿大许多地方似乎都会有驼鹿在转弯处出现,也有麋鹿、鹿和熊(*Ursus*)经常被撞。理解种群动态和这些动物的活动不仅对于省交通厅的各个部门,而且在公众眼中仍然是个饶有兴趣的话题。

在 20 世纪 90 年代,许多趋势继续发展并有所高涨。在美国,沉积物搬运、湿地、大气污染和气候变化成为交通领域吸引眼球的关注点。[674] 虽然人口、车辆和出行有了显著增长,但底层大气质量的一些关键成分还是在总体上有所改善(图 1.6)。一氧化碳和近地面臭氧(或烟雾)水平超过国家标准的违法事件有所下降。然而,这些污染物,特别是臭氧,在特定的地理区域仍然是一个严重的问题(图 1.6)。使用汽车产生的氮氧化物和颗粒物质(PM_{10},$PM_{2.5}$)越来越多地被认为不单单是一个生态问题,它还涉及人类健康。同时,交通的焦点也不断转向汽车排放物的明显增加,如二氧化碳和其他温室气体,它们在平流层聚集并会威胁全球气候。[674]

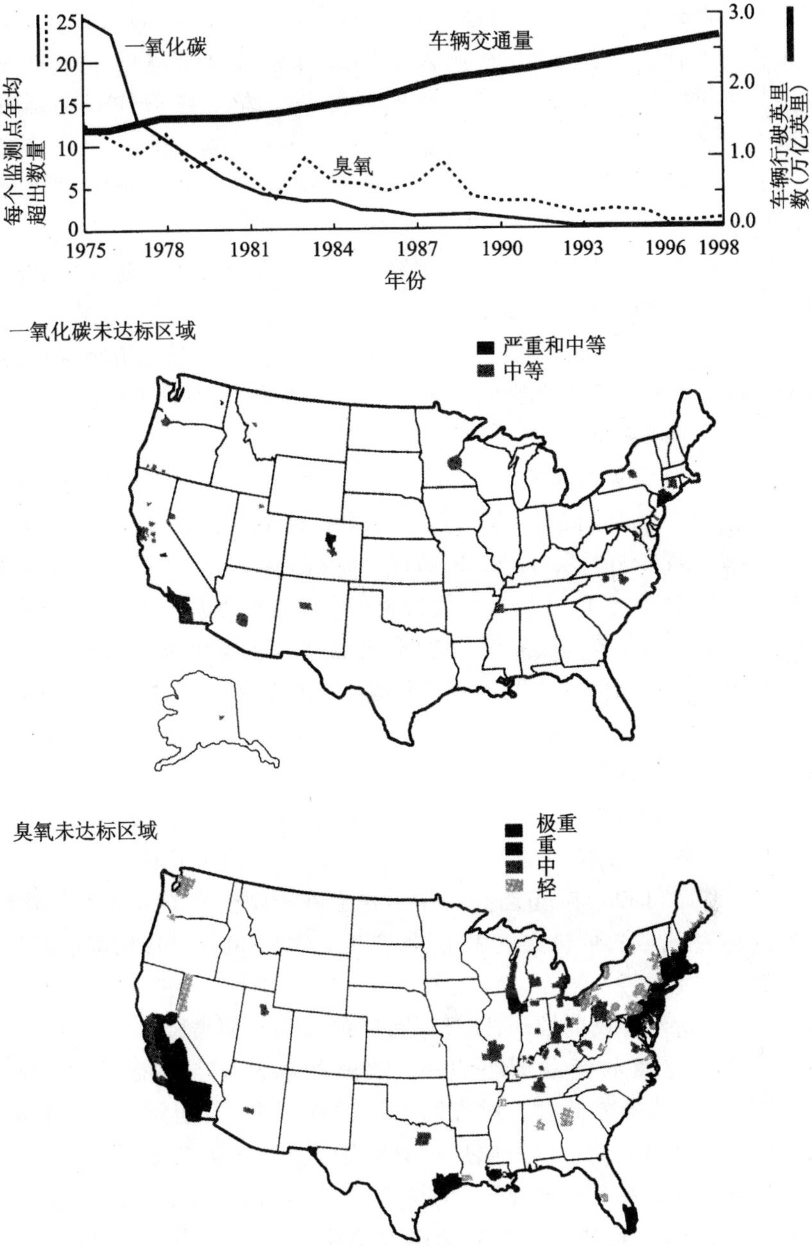

图 1.6　空气质量趋势及空间格局(1 英里≈1.6 km)。数据为美国道路的年相车辆行驶英里数和一氧化碳及臭氧浓度对联邦 1 小时大气污染标准的超标次数(美国联邦公路局,2000a)。违反《联邦洁净空气法案》的情况被分为从轻微到严重若干等级;图中未达标地区依据的是 1995 年的数据(美国联邦公路局,1996c)

荷兰人则致力于通过增强道路廊道对野生动物活动的通透度，来提高栖息地的连通性。[952,139]澳大利亚人则通过管理其巨型绿网来保护生物多样性。[815,887]热带地区新建道路一直被认为是引发毁林事件和生态退化的主要诱因。[260,198,525,750]在美国，伴随着“不在我家后院”和对“生活质量”的关注，20世纪90年代公众对道路和汽车给环境造成的影响的关注度有了明显提高。

虽然道路常常是景观中一个明显的特征，但在景观生态学迅速发展的20世纪80~90年代，它们却一直逃逸于研究视野之外。[317,816,934,302,695]最终，在20世纪90年代后期，人们开始仔细研究道路和道路系统，不仅仅是道路本身，它们还被作为景观模式和功能的重要成分来研究。[674,760,310,463]回顾道路生态学文献的综述文章也开始越来越多。[72,310,930,862,944]

就在最近，加拿大联邦资金支持的两个宽度为52 m(171英尺)的野生动物上行通道刚刚完成，其目的在于降低道路撞死事件的发生，以及为麋鹿、狼、黑熊、灰熊(*Cervus elaphus*, *Canis lupus*, *Ursus americanus*, *U. arctos*)和其他物种的活动改善连通度(第6章)。[611]与此同时，美国农业部林务局开始在较大尺度上关闭某些地区建设了半个世纪的森林道路，并且还要确定出需要保持无路状态的偏远地区。[376]经济方面的原因包括降低道路养护成本和人类通行带来的影响。而生态方面的原因则包括诸如减少河流中沉积物问题和为野生动物保育保护大片偏远区域，这些工作都是重要的。

同时，在20世纪90年后期和21世纪初，在荷兰，和美国的佛罗里达州(两次)、蒙大拿州和科罗拉多州举行过5次重要的道路生态学国际会议。[139,250,251,248,150]1998年，道路生态学讨论会在美国生态学会和地球物理学联盟的年会上举行，收集的论文发表在《保育生态学》(2000)和《地表过程与地形》(2001)等杂志上。

因受到了荷兰会议的推动，欧洲同行间的互动不断增强，[139,953]并建立了一个松散但颇具建树的泛欧洲组织——欧洲基础设施与生态网络(Infra Eco Network Europe)。接着促成了对道路系统的规划方法(包括一个“高成本”项目)，出现了各种研究活动以及随后的研究论文，同时也加速了政府对“生态敏感性是交通建设的一个关键部分”的认识。[725]其他地方，如在世界银行和印度学者的共同努力下，促成了一本有关南亚道路、栖息地和野生动物的书。[750]在美国，有两个国家科学研究委员会(NRC)的交通研究委员会曾在国家科学院与地表交通、环境、大气、研究、规划和政策有关的书籍中强调了道路生态学。[674,675]

结论

今天,道路系统的生态学研究、规划和缓解措施给我带来的真正信息是什么?虽然还有很多地方尚未涉及,但正在进展的研究项目需要在一个相对宽幅的范围中解决重要的道路生态学的课题和问题。虽然在一些地方也在努力开展多维研究,但人们所了解的知识大多数都是来自于各种分散的地理和科学方面的项目。考虑到庞大的道路系统及其生态学效应以及许多来自于公众的环境争议,研究的总量是极其微小的。

为了阐明这种挑战,我们以第一作者来检索100本生态学书籍(1973—2002):其中28%包含了"道路"这一词汇,11%含"道旁",10%含"交通或运输",5%含"道路撞死"或"道路伤亡",3%含"汽车",3%含"车辆",3%含"交通",2%含"卡车"或"卡车运输",2%含"街道"或"街景",1%含"轿车",没有含"行车道"、"路肩"、"道路用地"、"道路死亡率"、"汽车"和"卡车"的。或者考虑最近用计算机检索"生态学"这个词,会得到82 757条结果,但是若将"道路和生态学"组合起来,只是这一数字的0.03%。研究的差距和前沿问题到处都是,生态学家和交通运输行业要敢于勇往直前,成为引领社会的力量。

开创性研究经常在一些不经意的地方进行着,例如,某位学者有了某种研究假设,然后在道路附近开展他的生物实验。作为这一研究的副产物,我们得到了很多关于道路生态学的知识。这样的研究潜伏于广泛的学术研究领域中,虽然有限,但可以不断地丰富该领域,并且还会定期地在理解方面取得跨越性进步。虽然很多特定概念、原理和模型已经出现,并且还有一些如交通节点和连接网络理论、连续过程种群减少理论的范例,[144,139,304]但道路生态学才刚刚开始受到关注。

多年的研究项目和一些主要研究机构或组织的项目经常具有更大的累积性影响,它们主要受到州、省或国家政府的资助。这些项目通常包含与特定路段或车辆项目有关的环境缓解措施,而且通过会议和出版物,它们会被交通运输和生态学界很好地了解,但现在这样的项目已经很少了。

这些多年研究项目和计划连同相关的缓解措施所具有的重要效益是在当地社区中开展知识传播。然而,只有很少量有关道路生态规划的信息被发表出来,以便大家广泛获取。[139,247,851,603]缓解措施和规划至少在美国是典型的通过事对事模式来解决具体局部问题的。慢慢地,我们也会看到了受多年资助的项目也开始解决涉及道路生态学政策方面的问题了。

这本《道路生态学:科学与解决方案》力图将分散的源汇聚到一起,提出道路生态学。该书突出了主要模式和趋势,构建了各种原理。虽然一系列应用的可能性和解决方案丰富了该书的内容,但作者并没有推荐特定的解决办法。这本书不是一本教人如何去做的指南。在各章节中探讨的是那些已经开展过的,或还需要开展的研究,然后以有益的方式将发现展示给读者。社会应该从这种综合中获益,但最终还应该是交通运输、是我们身边的土地和水给予了我们最多的东西。

第2章 道　　路

一条国道……在以通航极限著称的波多马克河开始……(几乎)直达圣路易。从1820年至1840年期间,这一路段上的通行量曾达到过顶峰……可用于道路养护的资金不足……当地居民……甚至偷窃路基碎石……它是北美历史上迄今为止建得最好的道路。

——M. G. Lay,《世上的路》, 1992

……四通八达,连通各方。

——Melvin Webber,《机动车的快乐》,1992

道路促进了人类和货物的转移,在城市和经济发展的过程中起到了核心作用,同时也强化了数不清的社会联系(图2.1)。如果没有道路或其他交通形式,矿产资源将毫无价值,农产品只能局限于供应近处的消费者使用,工人也只能在他们工作的地方就近扎下根来。

图2.1　繁忙公路的下方空间可以成为联系邻里的场所。景观设计师们使用木制挡墙开辟了一些独特的区域,可供开展场地游戏或休憩之用,林立的桥柱上还被涂上了明快的颜色。本图为明尼苏达州德卢斯市53号州际公路。该图已得到美国联邦公路局许可

最初的道路是人类和牲畜自然踩踏出来的小径或小道。最早由人类建造的道路可以追溯到公元前4000年,那是在中东、印度和不列颠的城市里。[532]为了适应和承载较重的马车,早期的筑路者们专门选择那些有车辙的道路,这些道路一般有两个方向的车道。建造道路成本昂贵,主要是出于运送军队、奴隶或其他应征劳役的考虑。古希腊人、波斯人、亚述人、罗马人、中国人、日本人及印加人都曾经注巨资修建过道路。到公元200年,罗马人在地中海周围地区建造了一个8万km(5万英里)的一流水泥和石料道路网,他们使用的水泥和路基设计技术后来失传长达千年之久。

一直到了18世纪,欧洲后罗马时代的道路还是未经改良的土路。倒是铁路、轮船、电报、电话的出现第一次使人们克服了距离的障碍。[111]18世纪晚期,少数几个国家开始修建高质量的道路,有时还收取通行费。但直到20世纪汽车诞生以后,对城市以外的区域内及区际道路网方面的大规模投资才真正开始。

在美国汽车大量涌现,发展速度比其他任何地方都快。宽阔的活动空间和充满活力的城乡经济,都为小型个人汽车在美国的使用做好了铺垫,而亨利·福特大批量生产的一款小型、轻便、价格低廉的客货两用车恰恰响应了这种要求。福特T型车在1914年全面批量生产,1915年,这一款车每辆售价为440美元,销售数量竟达到了40万辆。[840]截至1920年,美国汽车拥有量已经与马车数量相当,[532]平均每13人就拥有一辆汽车。[681,265,273]到1929年,平均每5个美国人就拥有一辆汽车,而欧洲达到这一水平的时间一直被推延到20世纪60年代。[553]汽车改变了美国人生活的各个层面,从朋友和家庭到礼拜的地点,以及工作和娱乐。汽车出行的需求也重塑并拓展了美国的道路网络。

2.1 美国道路系统的历史

当汽车在美国迅速涌现的时候,一个实际上已经延伸到了每一寸美国土地的道路网业已形成。但这一系统仅仅由一些简单的道路组成,城市以外的地区更是如此。大多数道路为土质或者沙砾路面。那时候道路服务于农场,州之间仅有为数不多的区际道路便于人们的出行。这些道路中铺油道路只占4%。[262]这些道路很窄,完全顺地形地貌而建,并且路面一般没有设计排水。因而一到雨季,车轮常会陷入泥泞,道路经常无法通行。

1900年以来,美国道路网总里程增长了将近两倍。[262]同时发生的改变还有道路的质量和承载能力。路面的完善、全封闭营运(高速公路)和其他革新内容使得最初汽车出现前的通行路网转型为一个高效的个人和商业网络。按照Melvin Webber的话来说,叫做“四通八达,连通各方”。

时至今日，美国的城市和乡村的所有的道路实际上都是由地方（图2.2）、州或联邦政府建设和运营的。当然也有例外，例如，部分私家区域和通往购物中心的道路、私人林地上的林间道路、家宅内的车道、农场里的农道和一些现代化的收费道路。在本章以及本书其他章节中，我们尤其会关注那些城郊通往遥远区域的道路，这些道路及其车辆大都严重地影响着自然环境。

图2.2 地方政府于1879年在河流洪涝期建造的盖顶桥梁。桥梁的橡木桥面、谷仓红侧面和板式屋顶等特征可以防止冬季危险的冰雪。图为佛蒙特州布兰特保罗。该图已得到美国联邦公路局许可

2.1.1 殖民道路和早期收费道路

今天的道路大多还是沿袭一个世纪以前乃至更早时期的路线和模式。美国殖民时期的经济主要属于资源消耗型和出口导向型。因而早期的路网沿东部沿海城市向外辐射。大部分道路几乎都是自然地表和路径，稍加改善便可供马车通行。这些道路是由从当地地主那里招募来的劳工，有时候也有奴隶及合同工人修建和改善的。[262]

美国独立战争后，为偿债和克服战后萧条，新独立的州特许私营公司修建收费道路（和运河）。[262]这些早期的道路和运河互为补充，道路将当地与长距离航运联系在一起，也为运河未及地区提供运输。道路和航运很少竞争。此时美国的所谓的收费道路都是依照当时道路工程和养护标准中普遍认可的引领性的技术规范——成形于法国的规范而修建的。[262]在碾压过的有路拱的路基上，用长约18 cm（7英寸）的石头铺筑边缘，并以小石块塞紧；路面上接着铺筑约几厘米厚的较细的手工碎石，压紧夯实。这种方法后来在19世纪20年代被MacAdam及其他的苏格兰工程师的新法所替代。[262]MacAdam的方法强调使用当地土方，

并且在压实后，用较有棱角的小石块铺筑 15～25 cm（6～10 英寸）左右的厚度。这种貌似路面的表层在受压后会锁得更紧，并且可以渗透雨水，还可以保护基层免受雨水冲刷，也很少有泥泞。

截至 1808 年，康涅狄格州已特许了 50 家公司修建 1 240 km（770 英里）的道路。[262]纽约州也特许 67 家公司修建了长达 5 000 km（3 110 英里）长的道路，并有 21 家公司建设收费桥梁。到 1812 年，从费城通往纽约的道路全线用手工碎石铺成（第一台机械压碎机直到 1858 年才获得专利）。收费公司主要将目光定在大城市间车流量很大的线路上。

美国新政府对通过修建道路帮助发展国内邮政服务、开发内陆地区、保卫偏远地区领土充满了兴趣。[262]政府在 1803 年购买了俄亥俄河以北和以西的大片土地，并且在这些地区修建道路鼓励移民。购买土地为经济拮据的联邦政府创造了收入，并且成为人口稀少地区道路建设和养护的重要资金来源。

1806 年，联邦政府启动了它最为宏伟的项目：不惜一切代价建设从内陆地区马里兰州坎伯兰的波多马克河及其他至俄亥俄河的国家道路，或称为坎伯兰道路。[262]道路建设用地宽度为 20 m（66 英尺），包含用于排水的边沟。路基宽度为 9 m（30 英尺），中间 6 m 采用法国方法建设，使用 18 cm 的基石。该段道路的总成本达 175 万美元，平均每千米造价约 8 700 美元（每英里 14 000 美元）。

联邦政府修建道路的兴趣很快就过去了。到了 1831 年，坎伯兰道路已完成的路段被移交给了沿线的州政府（见章节开始时的引文）。联邦政府也停止了向所有道路的投资。由于各州对修建道路都没有多少兴趣，所以在 19 世纪 30 年代至 20 世纪 20 年代这段时期，是由当地政府负责建设所有的道路（图 2.2）。直到 20 世纪初，在联邦政府的激励下，各州政府才开始组织起公路部门，认真投身于道路建设当中。

19 世纪 30 年代至 20 世纪初这段时期，铁路扩建占主导地位。铁路布线常沿着收费道路展开，与其直接竞争。截至 1850 年，数以百计的收费道路公司相继破产，从而影响了数千千米的道路。收费道路陷入失修的困境，收费道路公司通常将其资产转交给当地政府，大部分道路成了当地农场专用通道。铁路承担大部分长途客货运输，这种状况一直持续到第一次世界大战以后。

2.1.2 好路运动

如前所述，美国大部分道路都建成于 20 世纪初之前，多为农村道路，受地方政府管辖。总的来讲，这些道路没有压实路面、尘土飞扬（尤其是汽车和卡车通过后）、损毁严重，大雨过后经常无法通行。这些道路被作为向市场运输农产品或最近谷物升降机设备的通道。升降机设备一般沿铁路线有间隔布置,设置地点主要按照从农场到升降机的距离刚好够一天内骑马往返为原则。这些道路到了冬季基本不用。

改善道路状况的兴趣源于19世纪末自行车的流行。为便于乡村骑车,骑车爱好者们呼吁建设路面平整结实的“好路”。[262]随着汽车日益普遍,以及旅行俱乐部的建立,所谓“好路运动”得以加强和推广。小汽车驾驶者们讨厌由于高速行驶造成的尘土飞扬,他们寻求路面平整、没有尘土,并可以全年通车的道路。

最初农民们反对城市驾车者们有关建造更好道路的要求,但随着这些农民拥有了自己的汽车,他们也加入到了呼吁改善道路的行列中来。改善路况的第一反应是道路的油面,后来人们使用了沥青路面。

汽车俱乐部很快就开始推广州际旅行,并随后开拓了他们遍及美国的“小道”。这些路线基本上都是由多条道路特别组合而成,将它们连接起来可用于长途旅行。这些“小路”曾在两次世界大战期间发挥了更重要的作用,那时工厂转产生产军需用品并且往港口的运输也变得相当紧迫。

第一次世界大战后,美国掀起了修建道路的热浪。农民和旅行俱乐部在政治上支持道路建设,最初的目标是“让农民走出泥泞”。基本的融资机制是燃油税。燃油税发端于美国的俄勒冈州,该州于1919年为筹集用于道路建设和改善的巨额资金开始加收燃油税(和车辆购置登记费)。由于是对道路使用者的收费,燃油税便成了首选。从此,道路使用者们开始为道路的改善和扩建买单。截至1923年,美国已有33个州加收了燃油税,到1929年所有州都开始加收燃油税。

道路建设扩张和组织化的另一重要因素是城市美化运动。[553]芝加哥世界博览会,以及巴黎和其他欧洲城市的旅游参观触动了人们,很多美国人开始对道路另眼相看。20世纪初,精心设计的林荫大道开始在多数美国大城市出现,接着是20世纪20年代出现的精心设计的园林道路。同一时期,美国政府修建了一系列景观道路,用以为刚刚出现的国家公园系统和一些森林提供诱人的通道。这一系列的通道包括:蒙大拿州的“追逐阳光”道路(Going-to-the-Sun Road),北卡罗来纳州和弗吉尼亚州山脉中的“蓝色山脊”园林道路(Blue Ridge Parkway)和“穿越地平线”道路(Skyline Drive)。这些国家公园,如加利福尼亚的约塞米蒂国家公园(Yosemite)和犹他州的宰恩公园(Zion)也修有通道。为这些项目融资其实是出于意识到日益增长的休闲驾驶的需求,但建设的正当理由常被认为是萧条时期的公共工程投资。这些园林式道路项目的建设动议因为二战的到来戛然而止,并且从此以后,再也没有重新考虑过大规模地修建此类道路。

2.1.3 联邦参与及国道建设

1893 年,随着美国农业部道路咨询办公室的设立,联邦政府在道路方面的兴趣开始重新被点燃。但第一次真正热忱地接受道路建设还要到 1916 年,就在这一年美国国会制定了“联邦道路援建规划”(Federal-Aid Highway Program),这一规划至今仍是联邦政府支持道路建设的基本规划。[353]它对各种条件下每个州作为联邦资金接受人做了具体的说明。尽管 20 世纪 60 年代初以来,各县市的地方官员也开始扮演更为重要的角色,但规划中依靠各州作为联邦道路计划的高级合作伙伴这种状况却能一直维系至今。1916 年的法案鼓励各州设立州一级的机构,以此来统筹县一级政府道路管辖方面的分散局面。这些应运而生的各州道路部门具有一个重要特点:技术导向型,工作人员由工程师组成,按照科学的管理原则进行管理。[353]法案要求各州设立州公路局作为联邦计划的合作单位,并且应享有充分的权力监督资金的支出。联邦资金不得简单地划拨地方。另外法案还要求各州政府为联邦计划提供一对一的资金配套。

1932 年,经联邦政府批准的第一个全国性的燃油税方案生效了,随后联邦将税款转变为“专用信托资金”用于道路建设。联邦参与道路建设在法律上是为了促进邮电业的发展和服务于军事需要。但燃油税也只有每加仑 0.1 美分。在 20 世纪 30 年代的经济萧条和第二次世界大战期间,除了一些政府支持的公共工程和重要军事项目外,农村道路建设的热浪开始减弱。

从事军事规划的人们也注意到了改善道路的必要性。[262]追溯到罗马时代甚至更早的时期,道路的战略重要性就早已被深刻理解。1812 年战争期间,由于英国海军封锁了港口,新建成的海岸道路成了沿大西洋各州南来北往运输货物的不可缺少的重要通道。此后,军队指导建设了许多一直可以深入到西部边境的道路。但在 20 世纪最重要的还是对建设可以运送大吨位设备的较好道路的需求。第一次世界大战期间国家的经验尤其关键,因为在此期间,证明了铁路无法有效地将设备和军需物资运至港口以便发往海外。所以,1918 年春天刚解冻,卡车就被大量用来运输军用设备。当时道路不堪重压,损坏严重。

1922 年,在见证了第一次世界大战期间军用设备和士兵运往大西洋沿岸港口的艰辛以后,潘兴将军(General Pershing)将一项具有重要战略价值的国家道路系统计划公之于众。[353]该计划继而成为随后在 20 世纪建设的州际公路网的“先驱”。同时也为联邦政府广泛参与道路建设奠定了基础。

2.1.4 州际公路系统

第二次世界大战以后,汽车拥有量大幅度提高,与此同时郊区也开始繁盛起来。公共交通工具使用减少,市内拥堵现象严重起来。1956 年,美国国会批准了一项雄心勃勃的计划,融资建设州际和国防国家道路系统(the National System of Interstate and Defense Highways),也就是现在的州际公路系统。[262]

州际道路项目是由最初服务于汽车、卡车及战略军事需要的国家道路系统演化而来的。并且在一定程度上受到了 20 世纪 30 年代罗伯特·摩西(Robert Moses)建设的纽约园林道路、德国封闭式高速道路以及第二次世界大战以后的宾夕法尼亚州收费道路的启发。[262]封闭式道路方面的早期研究表明,与传统道路相比,这一形式的道路每个车道的通行量是传统道路的三倍,而事故率却只有传统道路的很小一部分。宾夕法尼亚州收费道路提供了一个现代高速道路的实例,但是否能作为国内通用模式却存有争议,因为美国许多地区的交通量不足,从而无法分期收回足够的通行费。

经过多年的争论,该计划最终于 1956 年得以批准生效。整个道路系统总里程为 68 400 km(42 500 英里),采用四车道、中央分隔带、全线封闭模式建设,联邦政府资助比例为总投资的 90%。考虑到军用车辆通行的要求,如运输坦克的重型卡车,建设标准中涵盖了桥梁净空和路面强度方面的要求。资金方面是靠燃油、轮胎及其他汽车零部件税费筹集。考虑到 1990 年该计划即将完成,联邦政府认为道路系统是可以扩大的,但要求是所有州的拟纳入道路须全部用自有资金按州际公路标准建设,并提请联邦政府批准后方可纳入到州际道路系统当中。

州际公路系统最初的设想是城市间的连接网络。但随着城市交通堵塞情况的日趋严重,许多城市也竞相要求将自己纳入项目范围。城市联合会和市长委员会等机构的成功疏通终于使得许多大城市被纳入到了这一系统当中。最终的州际公路系统包含了城市(含郊区在内)这一主要部分,并涵盖了城市环线和一些大城市的支线。目前 74 551 km(46 334 英里)总里程当中,28% 都穿过市区。尽管州际公路系统只占到全国公共道路总里程的 1.2%(图 2.3),但是它的承载能力却占到了全国总量的 22.8%。[276]

2.1.5 后州际公路时代

州际公路系统建设完成的同时,人口数量和交通需求也在日益增长,人们呼吁新项目和新思路。后州际公路时代始于 1991 年,这一年美国国会通过了《陆

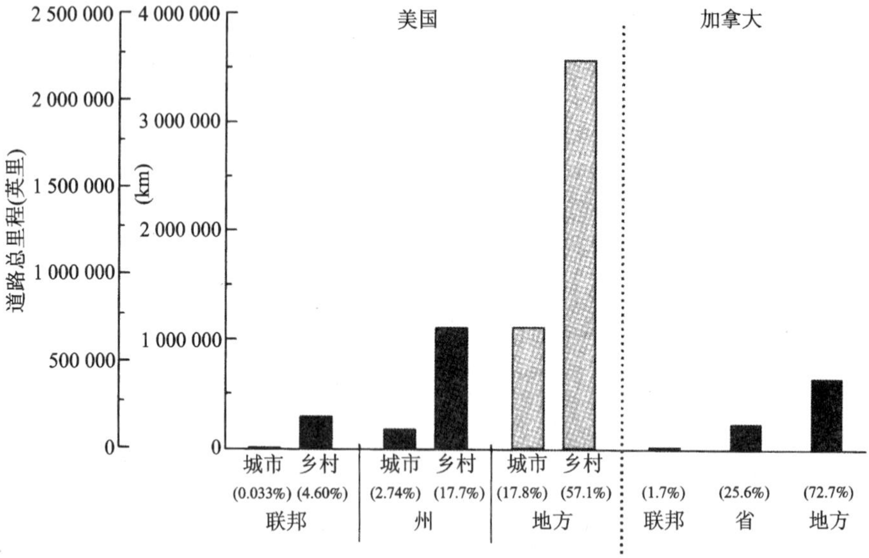

图 2.3 美国和加拿大的道路管辖范围。城市 = 人口不少于50 000的地区;乡村 = 所有其他地区。美国:联邦有 291 055 km (180 745 英里);州有1 286 625 km(798 994 英里);地方有4 706 359 km(2 922 649 英里)(美国联邦公路局,1995b)。加拿大的数据来源于加拿大交通协会(2000)

地联合运输效率法案》(Intermodal Surface Transportation Efficiency Act,简写为ISTEA)。该法案制定出了道路和运输决策的新方针。投资从国道转移到了地方需要修建的道路,责任也从联邦政府转移到了州政府和地方政府,使他们拥有了更多的权力,完全有半数资金被合格地用来支付公路或公共运输体系,与过去的公共运输体系大多不能被合格支付相比,这是一个重大转变。但是公路方面的花费依然占主导。虽然用于环境缓解和改善的资金只占整体投资的一小部分,但已经给予了高度关注。有一些新的投资被用来建设自行车道、行人设施,或者用来恢复历史性的交通设施,如运河和牵道、废弃的火车站和城市的滨水区域。在后来 1998 年的主要运输法《21 世纪交通运输公平法案》中,国会重申了它对《陆地联合运输效率法案》(ISTEA)中的原则和计划的义务,只做了细微的修正,仍然保留了该计划的基本结构。

在美国,城市和乡村的道路是由不同层次的政府和管理机构来拥有、投资和养护的(图 2.3)。每个责任实体的法律、融资结构和对道路系统的看法都不尽相同。

2.2 加拿大道路系统

尽管加拿大与美国具有类似的汽车文明，并且与美国之间有着很长的开放性边界，但在涉及道路时，两国的地理、管理和历史却迥然不同。加拿大是一个由10个省组成的联邦，人口约为3 000万，相当于美国人口的十分之一。三个主要的大都会区为蒙特利尔、多伦多和温哥华，每一区域的人口都在300万人以上，其他人口则较为零落地散布在比美国稍大的广袤土地上。另外，1975年以来，所有大都会区的人口增幅都超过了城市人口的平均增长速度（图2.4）。加拿大和美国的城市边缘都在不断地蔓延和扩展着。同它南面的邻居美国一样，加拿大享有很高的生活水准，并依赖于出口导向型经济，同时与整个联邦和美国密不可分。加拿大的人均拥有道路里程数高于世界上任何其他国家。[271]

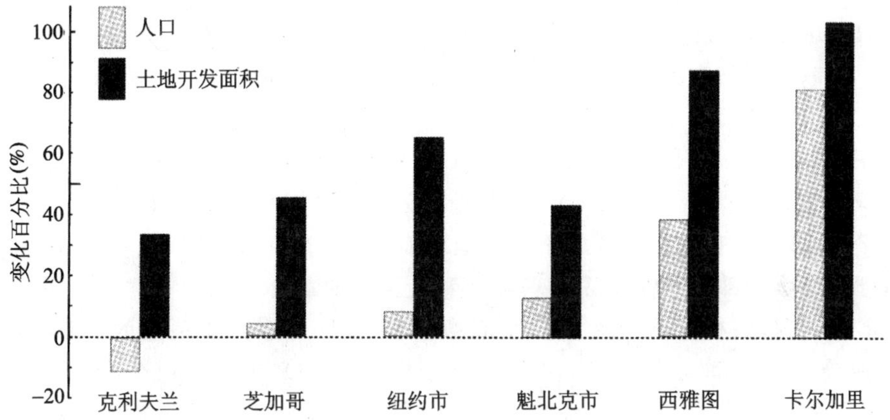

图2.4　过去20年间大都市区域人口规模和土地开发面积的变化情况。美国数据（1970—1990年）（Diamond和Noonan，1996）。加拿大数据（1976—1996年）：人口数据来源于加拿大统计局；魁北克市（加拿大统计局）和卡尔加里市（卡尔加里市政府）的面积由估算所得

2.2.1 道路系统的发展

在加拿大殖民早期，大多数道路的资金是由各地方负责筹措的（加拿大交通网，2001）。[415]道路的最初功能是为了满足移民的短程需求，很少有超过各殖民区界的道路。这些道路基本上是为了给当时的主要交通设施，如水路、铁路提

供通道而建设的。道路的发展是在“法定劳动”(statutory labor)框架下进行的，在该框架下，每个居民都被认为应该负责养护其宅邸附近的道路，或者每年要用一定的天数开展道路养护。随着时间的推移，这种“法定劳动”下实际的养护工作开始由交纳一笔所谓“罚金”的形式代替，而这便是用于道路拓展的最初资金来源。由于对道路发展的需求超出了当地经济所能够承受的范围，于是收费道路开始被引入。

汽车的诞生改变了道路的未来。那些适合骑乘的马匹或马车通行的道路在多年以后被证明其宽度、结构及强度都不能满足汽车通行的要求。1902—1912年，汽车数量由 2 131 辆增加到了 5 万多辆。由于汽车使用量的增长，区域间道路的重要性也在不断提高。随着安大略省和魁北克省最先设立公路局，建设道路已越来越成为各省的主要事业。随后人们开始建设主要道路，1929—1969 年间，整个加拿大的铺油道路数量增加了 10 倍。

加拿大宪法规定公路要由各省负责。与美国的模式相比，加拿大联邦政府在道路发展和融资方面参与较少[415,924](图 2.3)。在整个加拿大道路体系中，各省、市的公路占到 98.3%，而联邦政府的公路仅占总量的 1.7%。(J. F. Morrall，个人交流)。并且，所有道路资金几乎都来源于各省、市。

与联邦道路有关的一些活动可归结为以下三个领域：

① 军用道路。包括 1942—1946 年间建成的位于不列颠哥伦比亚省的鲁珀特王子港(Prince Rupert)至锡达韦尔(Cedarvale)之间的道路和连接不列颠哥伦比亚省道森河(Dawson Creek)至阿拉斯加的费尔班克斯(Fairbanks)市的阿拉斯加公路，该公路在加拿大授权下由美国政府在 1942—1943 年间出资修建，其中属于加拿大的部分 80% *已于 1946 年移交给了加拿大。

② 联邦路权。含自然保护区道路、国家公园等联邦土地上的公路、阿拉斯加公路、首都地区的公路，共计总里程为 15 080 km(9 365 英里)(图 2.2)。

③ 对各省及地区内道路建设的财政支持。

联邦政府对各省道路建设的支持开端于 1919 年通过的《加拿大公路法》。[415,924]20 世纪 30 年代，各省与联邦政府共同出资建设道路的模式迎来了道路建设大发展时期，公路建设一般与采矿业、旅游业和一些立项路段有关。1949 年，一项关于出台加拿大道路系统规划的法案得以通过，该规划旨在将加拿大的太平洋沿岸和大西洋沿岸地区通过公路连接起来[654,611](图 2.5)。该项目由各省按照联邦标准负责实施建设。虽然最初的设想是两车道公路，但是在一些主要的城市中心区域和其他一些地方，由省或市出资增加了车道，

* 译者注：其中 80% 属于加拿大的部分已于 1946 年移交给了加拿大。

联邦管辖土地上的公路也由联邦政府出资增加了车道。该项目无论是从里程还是成本规模上都是加拿大史无前例的，建设总里程长达 7 821 km（合 4 860 英里），从纽芬兰至温哥华岛，前后共经过全部 10 个省份。它成为世界上最长的铺油道路。

图 2.5 加拿大一号公路（Trans-Canada Highway）是世界上最长的铺油公路。图中反映的是这条公路横穿班夫国家公园的景象，该路段受加拿大联邦政府控制。由于这条公路将这座加拿大旗舰国家公园横切而过，所以有许多主要的野生动物研究以及减缓措施集中于这一地区，A. P. Clevenger 拍摄

2.2.2 道路网

与许多其他道路发达的国家相比，加拿大道路网的独特性显而易见（图 2.6）。加拿大拥有世界上最低的道路密度（0.10 km/km^2，合 0.16 英里/平方英里），比墨西哥（0.13 km/km^2）稍低。[271] 但是考虑到总人口数，加拿大的人均道路里程却是世界上最长的，合 19.93 km/千人，比占世界第二的美国要高出 25%。按人均水平计算，加拿大的道路网是法国的 2 倍、英国的 4 倍。平均起来，每百平方千米的土地上只有 9 km（5.6 英里）的道路。

其中的原因是显而易见的。加拿大土地广袤，横跨六个时区，领土面积约为 1 000 万 km^2（390 万平方英里）。而人口总数却只有 3 000 万（与加利福尼亚州相差无几），并且大部分人口集中在南部与美国接壤的 400 km（248 英里）边境线附近。因此，这个国家需要较大规模的路网连接起广而分散的城市和村镇。按两车道当量统计，加拿大的道路总里程为901 903 km（560 082 英里）。两车道当量指计入的道路全部作为两车道道路计算里程。整个道路

网中铺油道路(317 920 km)占到了三分之一(图 2.7)。铺油道路网,即沥青混凝土或水泥混凝土路面道路增长显著,从 1959 年的 10 万 km(62 000 英里)增长到 2001 年的 30 多万 km。对交通和环境可持续性的关注开始出现。[654,611]

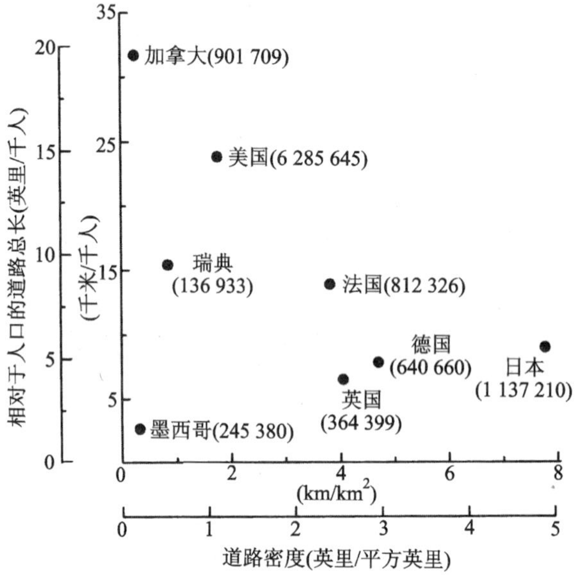

图 2.6 不同国家的道路密度图。括号内是不同国家的道路总里程。资料来源:美国联邦公路局(1996)

加拿大的整个道路网中,联邦政府管辖的道路约占 2%,各省或地区管辖的道路约占 25%,其余由地方管辖,约占 73%(图 2.3)。路网中约有一半的道路是碎石路面(49.1%),19.6% 为铺油乡村路,13.8% 为铺油城市道路(图 2.7)。图 2.7 中所列的"冬季道路"(将近为道路网的 0.6%)指冬季使用冰雪建造于冰封河流、湖泊及青苔沼泽地(muskeg)上的道路(第 13 章)。

道路网在各省及地区间差异较大,萨斯喀彻温省 5 人就拥有 1 km 道路,到安大略省 66.3 人才 1 km。在萨斯喀彻温省,两车道当量上每千米注册车辆数最低,仅有 3.5 辆。与之相比,最高的不列颠哥伦比亚省每千米的注册汽车数量却达到了 40.5 辆。加拿大的总汽车通行里程(VKT)据估算每年可达到了 2 150 亿到 2 500 亿 km。

1989 年,加拿大在交通方面的年度投资达到了 1 031 亿加元,相当于当年国内生产总值(GDP)的 16%,远远高于其在医疗卫生方面的花费(占 GDP 的 9%)。[800]

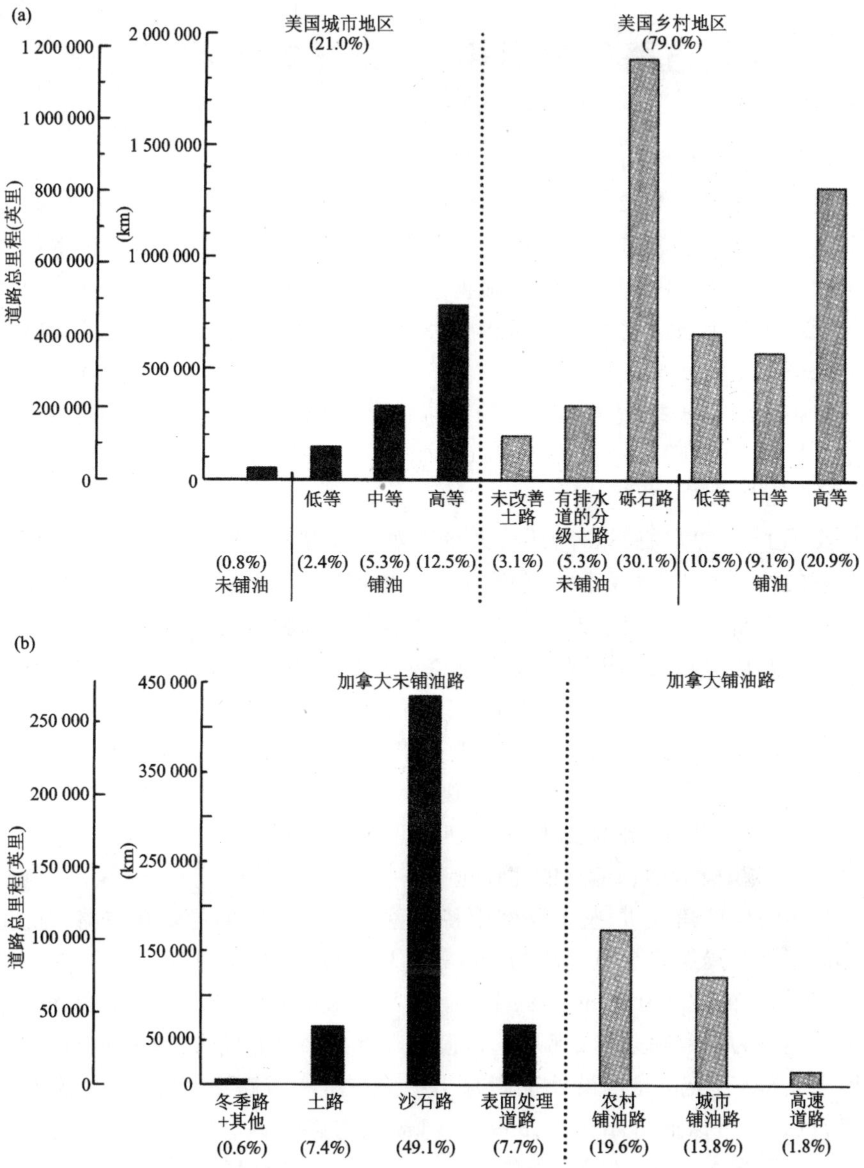

图 2.7　加拿大和美国的路面类型。美国：城市道路为1 318 907 km (819 041 英里)；农村道路为 4 975 865 km(3 090 012 英里)(美国联邦公路局，1996c)；加拿大：未铺油道路为 574 400 km (356 700 英里)；铺油道路为 312 000 km(193 750 英里)；冬季道路及其他为 5 400 km (3 350英里)；高速道路为 16 000 km(9 940 英里)(加拿大交通协会，2000)

2.3 美国道路网的规模、增长与格局

美国现有总里程为630万km(390万英里)的公共道路(图2.7)。[265,127,730]按车道长度计则为1 320万km(820万英里)。尽管多车道公路也很普遍,但还是明显反应出了多数道路为两车道的事实。大部分道路位于乡村:根据中心线千米数(center-line)算占到80%,根据通行车道千米数(lane)算则占到76%。

近些年整个道路网的扩展缓慢,1987—1997年10年间的新增千米数仅为88 000 km(55 000英里),年增长率为0.2%。鉴于道路的车辆通行能力,道路的增长主要源自于拓宽道路——约占道路增长量的80%。按车道千米(或英里)数计,这十年间年增长幅度为0.3%。1997年一年的新增车道千米数为98 000 km(61 000英里)。[126]

除了上述公用道路以外,还有大量未对公众开放的道路,包括军用道路、许许多多的林业道路、牧场道路、购物中心专用道、私人车道等。另外,一些道路在联邦政府控制下不对公众开放,尤其是美国农业部林务局土地上的道路。美国未对公众开放道路的总里程数尚不清楚。最近通过对一组威斯康星州北部地区的航片的研究发现该地区有很多私人道路和政府林地。还发现可以观察到的道路密度要比联邦公路局的官方统计数据高出大约60%(T. J. Hawbaker,个人交流)。这也表明,在某些景观中私人道路和非官方道路的数量是相当可观的。20世纪90年代以来,竞技比赛车辆、四轮驱动车辆及越野汽车的日益盛行(第3章),可能在积极地推动道路的建设进程。

从生态学的角度讲,整个路网中特别重要的一部分便是森林道路。美国农业部国家林务局拥有总里程约为600 300 km(373 000英里)的路网,它们服务于1.92亿英亩(7 780万hm^2)的土地。[175,273,93]在如此广袤的土地上,3 400万英亩的土地仍为"原生区域",那里道路很少或者几乎没有路;1.17亿英亩是"普通林区";4 000万英亩目前尚处于调查当中。在所有道路中,138 000 km(86 000英里)的道路可以通行小客车,339 000 km的道路可以容许净空要求较高的车辆通行。另有122 000 km的道路允许净空要求较高的车辆通行,但不对公众开放。(联邦公路局的统计数据不包含这些未对公众开放的道路。[271]因此联邦公路局的数据显示只有554 400 km(343 200英里)的公共道路处于联邦政府的管辖之下,[273]其中涵盖了公园通道、军事道路、土地管理局和美国农业部国家林务局向公众开放的道路。)

美国农业部国家林务局所拥有的道路多数是为了伐木所建,也有一些是为了采矿和休闲旅游。林区比较典型的是暂时性的滑道和越野式伐木车辆形成的

林中小道,但这部分道路并未计入前面的统计数据当中。同样,没有统计的还有一些越野车的车道和其他非法的或非官方的道路,这部分道路总里程可能长达上万千米。“非系统性道路”(不作为美国农业部国家林务局的道路系统中的一部分来开展养护),[175]或被形象地称为“逃出政府资产的鬼道”,[93]据有人估算可以长达96 500 km(60 000英里)。另外,私人林地中的道路由于缺乏数据也未进入统计。一般而言,私人林地的道路密度要比国有土地大。[175]

一项关键性统计显示,持续的道路生态影响就是大都市扩张时对土地的消耗量。大都会空间扩张的速度远远超过了人口的增长速度(图2.4)。这种类型的扩张也正在一些乡村和小城镇“上演”。据美国农业部的一项研究,20世纪90年代,美国每年转变为开发用地的开放土地面积达89万 hm^2(220万英亩),或说每小时达102 hm^2(252英亩),这一数据比20世纪80年代高出50%。

尽管美国领土广阔,目前尚未处于“耗尽”土地资源的险境当中,但是有大面积的土地属于荒漠和山地,那里人烟稀少。最易受到昂贵开发行为的规模和速度影响的土地大多靠近现在的都市、乡镇和农场——这些地方很可能也会影响交通发展的趋势。开发的蔓延威胁着道路功能的有效发挥,而且还会威胁到生态系统、耕地、景观和历史资源,甚至影响对一个地方和社区的感觉。

2.3.1 道路密度

道路密度是评价道路对当地环境潜在影响的一种重要但较为粗略的方法。根据美国平均道路密度约为0.75 km/km^2(1.2英里/平方英里)的事实,美国领土中道路用地约占0.45%。[126]如果考虑到这些道路的用地范围,大约会使道路用地高出一倍。但这一粗略估计可能会出现明显的低估,因为城郊地区的私人道路及一些车道和停车场并没有被包含在内。

显而易见,道路密度在不同国家和地区会有显著差异(图2.6)。日本的道路密度大约是美国的4倍,德国、法国和英国的道路密度是美国的2.5倍以上。但这些总体测算掩盖了一些大的差异,例如,日本和美国的新泽西州道路密度基本相同,而在德国人口密集地区的铺油道路密度甚至超过了3.6 km/km^2。[584]

2.3.2 道路类型

人们依照各种法律与功能标准,对道路进行分类,但没有哪一种单一方法适合于分析景观生态方面的问题。世界上许多地方的道路规划者们一般使用的是功能分类。[2]在美国,这种功能类型的分级包括封闭式公路(大多数是州际公路)、主干线路、连接线和地方道路。这种分级方法和道路提供给人们的服务有关。地方道路主要起到通达至某一较小地区的作用，而封闭式州际公路主要是用于远距离通行。另外，这种功能分级方法在城市和乡村之间又有所不同（图2.7）。城市道路一般与居民区、商业区或工业开发区毗邻。而农村道路往往与农场、森林或无林山地和沙漠地形相联系。如果能设计一种更多地注重生态的全新的道路功能分类方法可能会大有用处，但应注意到，交通领域广泛采用目前的功能分类方法，并且已经建立了丰富的数据库。

道路规划的分级分类方法源于20世纪40年代和50年代的各州公路需求方面的研究。[262]为确定一个更为合理的投资基础，许多州对他们的道路系统进行了综合性的调查和评估。这些研究包含了完整的路产路权的细目，该细目下包含了许多关键性的内容，如对路况、交通量（车辆使用水平）以及道路所有权方面的评估。美国国会也在20世纪60年代开展了若干次国家道路需求评估。1968年，美国国会要求每两年提交一份有关“全国公路路况及绩效”方面的报告。

在地形图上叠加道路类型图层可以为我们研究道路系统对生态环境的潜在影响提供一份较为清晰的图片资料。这种方法还能展示给我们哪里有机会采取措施来缓解影响，或改变设计特点以提高生态功能。所有道路中几乎70%的道路都是地方道路，这些路的功能基本上是地方通道作用[3]（图2.2）。这些地方道路主要是提供通往居民点、农场、商业区域或临近建筑的通道，而不是服务于车辆穿行。其设计主要服务于当地居民或熟悉道路的经常在这条路上驾车的人。美国道路中的近乎80%的道路属于每天通行量不超过400辆的“交通量很低”路段。[3]

连接线占到全国道路总里程的20%，除了提供通道以外，主要是为主干线及封闭式公路提供连接。[2]一些主干道和小型干道（一般用于城市与主要的县、市之间的远距离通行），和州际公路系统仅占到全国道路总里程的11%，但却承担了全国72%的交通。1983—1993年间，干线交通增长了39%。1993年，主要由主干道和州际公路（约占国家公共道路的4%，承担42%的车辆行驶里程）组成的“国家公路网”经美国国会决议通过。[265]

功能分级体系掩盖了道路的许多差异，尤其是从美国全境范围来看（图2.8）。美国东海岸各州的道路密集，这主要是为了当时服务于殖民地小农场。而南部各州早期是大面积的种植园，因此路网密度较小。平原地区各州的道路与平方英里地块（2.59 km^2）相适应，形成了大量的栅栏路网。每一个与地块面积相当的农场都会被道路所环绕。甚至那些只有标准地块四分之一大小的农场（65 hm^2）也通常在两侧修有道路，是其周长的一半。考虑到人口较少的因素，这些地区的道路相当稠密。而西部高山和荒漠区的各州道路系统较为单一，因为这些州人口更加稀少，甚至荒无人烟。西部地区的许多道路在城市周边环绕，或被用来作为城市间的连接线。

干线道路体系在全国各地也具有各自的不同的特征。由于总体发展水平的原因,东部的干线道路交通量较高。[2]而与东部相比,西部干线道路的平均交通量较低。同时,西部干道的车速较快,可以克服个人或商业远距离旅行带来的不便。

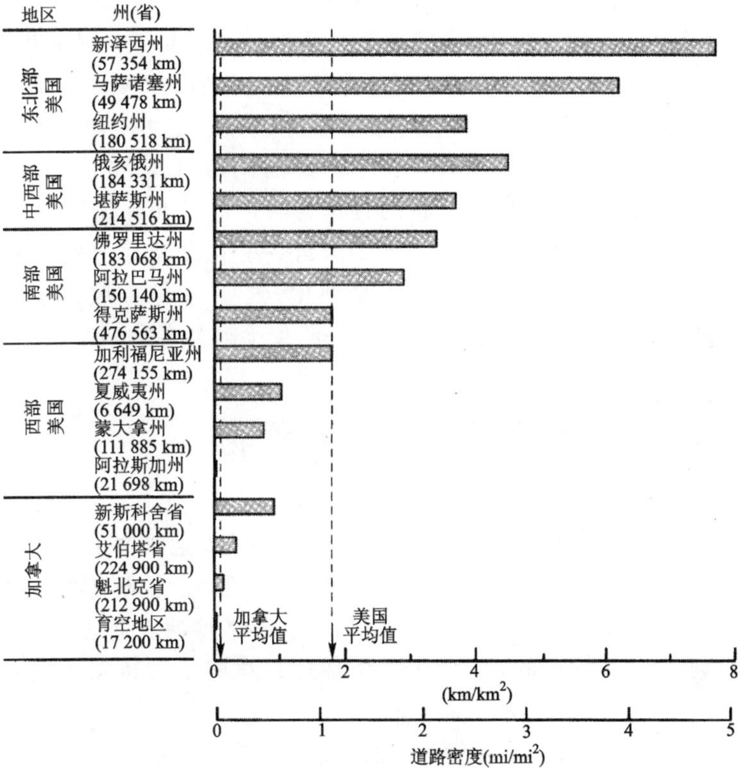

图 2.8　北美一些典型州或省的道路密度。括号中的数据是各州或省的道路总里程。资料来源:美国联邦公路局(1996)

整体而言,乡村路网密度要比城市路网密度低、交通量小、连通性较差、行车的平均速度较快。在美国东部的乡村地区,农村道路多数按照自然边界修建而成;而在西部多数地区,农村道路则是沿着实地勘探的一些法律边界而修建。而中西部地块栅格和西部农业用地上的道路系统,体系庞大,几何特点明显,但交通量却是最小的。沿栅格线路的道旁路域面积相对宽阔,有些适合的点段也许可以是野生动物很好的廊道。

在一些城市蔓延地区的新型低密度道路(如服务于5英亩左右的小型牧场、休闲农场)又有不同的特点,包括路基较宽、密度大(与原有农村发展水平相比较),与较高车速的主干线和其他多车道道路的连通性更好。这些公用道路也经常与私人道路相连。郊区路网的特点是交通密集、多为宽阔的干道和封闭式高速道路。

2.3.3 路面

在美国630万km(390万英里)的道路中,大约有365万km(230万英里)为铺油道路(图2.7)。约5%的铺油道路都采用波特兰混凝土。其余几乎都是沥青混凝土路面,这种路面材料基本上都采用92%的集料与8%的沥青混合而成。混合物通常被加热到175 ℉(79.4 ℃)后搅拌,摊铺碾压、再冷却。

最初,所使用的多数沥青来自于特立尼达岛(Trinidad)和委内瑞拉的湖泊中,但从20世纪初开始,人们开始将沥青作为石油产品在炼油厂中加工生产。美国的沥青年产量为500 000 t左右。另外,每年从现有道路要移除掉约100 000 t的沥青,其中80%可以被回收利用,这些沥青通常用于路面再铺筑。[268,274]对沥青路面的州际公路而言,这一回收比例大约为65%。

2.4 道旁、桥梁和其他工程结构物

道路是在法律界定的路域范围内修建的,铺油路面通常位于路域中间部分。大多数联邦政府勘查过的原东部土地以西地区,一般是沿着栅格线提供66英尺(20 m)宽的道路用地。这些路域在中西部和西部平整的农业区大多数道路建设过程中,成为阻力最小的通道,直至今日还是这些地区道路中的重要组成部分。

在美国的西部地区,据华盛顿州交通局的报告称,运输局管理着7 000英里(11 300 km)州际公路(该州的道路总里程为79 428 km)沿线有面积多达100 000英亩(40 000 hm^2)的"道旁"土地。这相当于每英里道路的道旁有14英亩(3.5 hm^2/km)。加利福尼亚州交通局指出,该局养护着15 000英里(24 000 km)公路沿线面积达230 000英亩(93 000 hm^2)的"道旁"土地。这相当于每英里道路的道旁有15英亩(4.2 hm^2/km)。与之形成对照,在美国西部山区、东部乡村地区,以及城市地区,一些小路的道旁则比较狭窄。

显然,没有人详细计算过美国境内路面、道旁、路域、道路廊道或一些简单道路总体占地面积。美国国家研究委员会的报告(The National Research Council, 1997)显示,包括铺筑路面道路、道旁和中央隔离带在内的所有道路、街道和邻近路域,按道路总里程400万英里(625万km^2)乘以平均5英亩/英里(1.4 hm^2/km)来计算,总面积大约为2 000万英亩(约800万hm^2)。这一总面

积相当于南卡罗来纳州的规模,或美国领土面积的1%。在美国有“1 200万英亩的道路廊道”的数据也曾被提及。[393]据估计,约占美国领土总面积1%的路网对占美国总面积1/5的区域产生了直接的生态影响。[306]

如果要对美国路面和道旁的面积做出较为精确的估计,以下一组数据将会很有用:① 公共道路总里程为3 950 000英里(6 250 000 km);② 西部地区(新墨西哥州至怀俄明州和阿拉斯加州)道路里程约占全国道路总里程的20.5%,中西部地区(得克萨斯州至内布拉斯加州和密歇根州)占41%;南部地区(佛罗里达州至阿肯色州和弗吉尼亚州)占17%,东北地区(肯塔基州至纽约州和缅因州)占18%;[280] ③ 美国75%的道路分布在乡村地区;[674] ④ 政府在中西部和西部地区的土地勘探中指出,这些地区的路面和道旁总宽度为66英尺(20 m);⑤ 两车道道路最小宽度为20英尺(6 m);[268,2,3] ⑥ 中西部和西部地区乡村道路的道旁宽度比南部和东北部地区要宽;⑦ 乡村地区的道旁比城市地区宽。

结合以上信息,对不同地区乡村道路和城市道路所占比例、不同地区乡村道路和城市道路道旁的宽度进行粗略估计,可以增进对美国国内道路所用土地面积的认识。美国国内道路(公共)及道路廊道所占土地面积达2 700万英亩,其中路面面积为1 500万英亩,道旁面积为1 200万英亩。这表明,道路及廊道占美国领土的1.1%,其中路面占0.6%,道旁占0.5%。这些近似的数据和上面的估算是基本一致的。须指出,以上估算不含私人道路、非官方道路以及公共用地上的未开放道路。

2.4.1 道路沿线障碍物

除道路本身及道旁以外,道路系统还包括许多工程构造物。如本节所要涉及的混凝土护墩、防护栏、防噪墙以及在下一节将要讨论的桥梁、涵洞及管道。

置于道路中央用来隔开道路的多个车道的防撞护墩通常是用混凝土制成的,在美国这种护墩被称为“泽西护墩(Jersey barriers)”。[2]它们一些被用在高速公路和多车道州际公路上以便分隔来往通行的车辆,也有很多属于临时性的,并且还可以移动,主要用于提高项目施工期间的安全性。最初泽西护墩高度为1 m(32英寸),但特殊情况下人们用近1.5 m(57英寸)高的护墩来遮挡逆行车辆的探照灯光。泽西护墩连在一起后形成一道很长的墙,成为大多数野生动物无法逾越的障碍。因此,跑入路面的某些动物可能由于来往车辆及灯光照射而身陷囹圄,迷失方向,从而导致路上较高的动物死亡率。很显然,对各种留有小孔(这令人联想到船舷上的排水孔)便于野生动物的迁徙和水流通过的泽西护墩的检验是很有限的,所以在北美的公路上,这种类型的护墩分布稀疏,数量颇少(第6章)。

道旁和中央隔离带处所布置的各种类型的水平防护栏随处可见,无论大、中、小型野生动物都可以容易地越过。限制失控卡车的重型三波形护栏和三垄形防护栏通常在护栏上方和下方都留有空隙,可以让野生动物穿越。多车道道路的两侧路域中的防护栏也会阻挡大型哺乳动物走到路上和穿越道路。

道路近期的一个新特点是防噪墙或隔声墙的产生。[272]设计防噪墙主要是要将居民区与噪声源隔离。考虑到新建道路以及现有道路翻修的需要,1986 年以后美国几乎建设了所有要建的隔声墙。这些防噪设施中 2/3 是用预制混凝土和石块建成的,其他一些是用木材、土埂或金属材料建成的。虽然有 4% 的墙体高度超过了 7 m(23 英尺),但一般高度都在 3 ~ 5 m 之间(10 ~ 16 英尺)。联邦政府投资了 2 120 km(1 317 英里)的声障,其中几乎有 30% (701 km)都位于加利福尼亚州。另外 1/3 按照由多至少的次序分别在弗吉尼亚、新泽西、明尼苏达、科罗拉多、纽约、宾夕法尼亚、华盛顿、俄勒冈州、密歇根诸州。[272]

声障主要设置在郊区。尽管多数隔声墙是阻碍动物迁徙的主要障碍物,但一些野生动物能够很容易地穿越一些低矮平坦的土梁,而这种隔声墙从审美角度讲通常也更受游客的欢迎。所以,可以将各种土梁、隔声墙和低等级道路结合使用。例如,可修建一些宽约 2. 5 m(8. 2 英尺)的等外路面,同时在道旁上修建高约 2. 5 m 的狭长土梁,这既能满足审美需要,又满足了野生物迁徙的需求,还能减缓噪声。

2. 4. 2 桥梁、涵洞及管道

美国道路体系中超过 6 m(20 英尺)长的桥梁有 582 976 座。这些设施主要是用于将公路同与之平面交叉的水路、铁路及其他道路分开。[278]在全部桥梁中有 83% ,即 481 000 座桥梁,属于水上桥梁(图 2. 3)。尽管存在一些对水道的具体影响,但这些桥梁的建设总体上保持了水道不受道路的影响。1998 年近 30% 的桥梁被定为“不完善”等级(其中 16% 为结构不完善,13. 6% 为功能陈旧),但建设这些“不完善”的桥梁为解决和减缓其重要的生态问题提供了独一无二的机会。

据联邦公路局估计,另有 1 250 万个小型的工程构造物,多数是大量集中在乡村地区箱涵和管涵,用于道路一侧向另一侧排水(联邦公路局桥梁技术办公室,个人交流)。这相当于每 0. 25 英里(400 m)有一座小型的道路构造物。作为排水构造物的管涵通常最小直径为 60 cm(24 英寸)。

排水系统和管涵的设计要求严格,主要考虑排水。许多结构物也为鱼类和其他野生动物提供迁徙通道。在一些特殊的水域上,结构物得以专门设计以便促进鱼类迁徙和水流通过(第 8 章)。尽管道路结构物为我们提供了一些很好的机会，但是关注野生物种迁徙通道的设计在美国还不常见。目前，关于道路附近野生栖息地和野生物种迁徙方面的资料还比较缺乏。如果有关于这方面的更多、更详细的信息和分布图纸，现有的 1 300 万道路设施将会逐渐得以改造，以适合于鱼类和陆地生物的迁徙，同时新设计的构造物也会极大地提高鱼类和其他野生动物的通行。

结论

许许多多的道路编织的“网格”星罗棋布，遍及各地。人类借此走出家门，到达农场、林地、公园和其他自然区域。总的来讲，除城市边缘的道路扩张较为迅速以外，整个路网的发展比较缓慢。一些地区，尤其是城区、郊区、农田、林地，路网密度较大。

许多道路一方面是各种生命形式的障碍，另一方面，路网中可以包含较宽阔的道旁，为野生生物提供栖息地；上行通道、桥梁、涵洞和管道可以促进，甚至还可以引导水流和种群迁徙。通过本章内容，我们考查了这些道路对生态系统的影响，同时也提供了一个道路系统与生态系统协调发展的框架。

第3章　车辆与规划

66号公路表达了我们是谁，我们生在何处，我们在做什么，以及我们会成为什么的问题。

——**Michael Wallis，《66号公路：母亲路》，2001**

生命中的一切都是在别的地方，我们驾着车儿驶向那里。

—— **E. B White，"Fro - Joy"，《男人所爱》，1944**

道路和车辆紧密相关，相辅相成。道路越便捷、路况越好就会有越多的车辆在上面行驶。实际上，当我们环顾四周，车辆和交通的饱和已经无处不在。目前，我们远未接近交通出行需求的上限。设想一下如果我们的时速可以达到10 000英里，而且通行费几乎全免时，难道我们不会增加驾驶次数吗？那时我们会时不时地去巴厘岛吃顿饭；更加频繁地开车去父母或孩子居住的城市；或者在心血来潮时去纽约或伦敦看场比赛。驾车出行实在是件有意义的事情，令人渴望。即便如此，人们还是在限制自己的出行，原因是太费时间和金钱了，在某些情况下也不够舒适或安全。社会也在通过各种方式进一步限制驾车出行，如限制行车速度、增加燃料税、设立步行区和控制道路建设。社会及其领导人所提出的这些限制反映出了社会普遍认同某些不利影响是和道路与车辆有所联系的。

本章中我们不去探求出行行为的动因，而是提供出一些出行趋势和行为的背景信息，并将这些趋势同道路投资决策及其生态影响联系到一起。

3.1　汽车的使用及其挑战

汽车数量的增长是规划者们面临的主要挑战。[674]一旦把拥有汽车作为富裕奢华的象征，那些在美国达到法定驾龄的人几乎都能拥有一部汽车。[280]现在每位持有驾照的司机平均拥有1.1辆汽车。[280]汽车使得生活方式更加便利，居家、购物、工作以及娱乐活动可以在广阔的区域内得以实现。拥有驾照和汽车也已成为现代版的"成人礼"。

3.1.1　道路驾驶与 VMT/VKT

美国机动车保有量为 2.3 亿部，全天通行的 89 % 和超过 100 英里(161 km)的长途出行的 79% 都是依靠使用这些车辆来实现。[126]驾驶小轿车出行继续以超过人口或经济增长的速度而发展。车量越来越多，驾驶员数量不断增加。人均道路里程也在逐年递增(图 3.1)。[674,675]所有主要类型的道路的通行距离都在不断增长。1993—1995 年期间，随着郊区化的日益发展，平均通勤距离从 13.7 km 增加至 18.7 km(相当于 8.5 英里至 11.6 英里)。[204]休闲和观光旅游则发展更快。现在尚无证据表明，日益加重的郊区化以及与此相关的出行数量的增加能够很快被扭转过来或被其他的方式所替代。

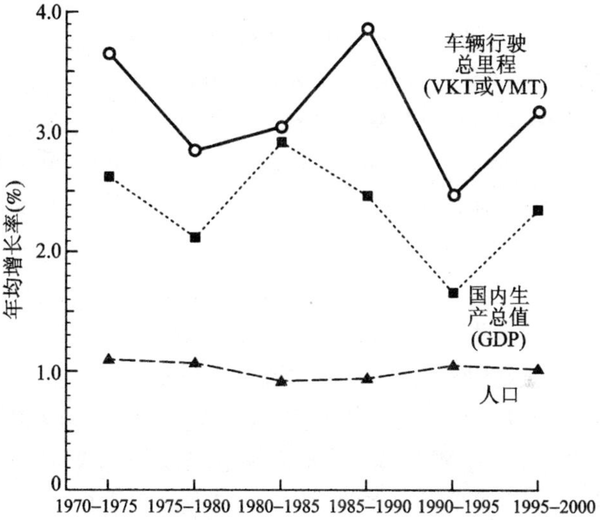

图 3.1　美国的人口、国内生产总值和车辆通行距离的年均增长率。VKT = 车辆行驶千米数，VMT　= 车辆行驶英里数。资料来源：Davis(2000)和美国联邦公路局(2002)

这种由汽车促成的文化与生活方式的转型目前正在全世界范围内展开。虽然美国在机动性方面引领着世界潮流，但是其他国家用同样的模式紧随其后。处于工业化进程中的中等收入国家，如中国、印度和墨西哥的车辆增长尤为迅速。这些国家收入每增长 1% ，汽车采购也相应地增长 1% 。[202]重型卡车也表现出与此相似的增长趋势。[1052]如果这种趋势继续下去，我们可以预见美国和全世界其他地区将会有更多的汽车以及车辆通行量。[178,867]

通行一般是以车辆和乘客行驶距离来量算的。20 世纪 50 年代，美国年行车里程增加约为 4.5% 。[273]这种增长随后在 20 世纪 90 年代显著下降，年均增长保持在小于3%的水平(图3.1)。尽管增长速度在下降,但是由于基数很大,所以绝对数量的增加仍然很大。例如,在1950—1960年间,年度行车里程(用车辆行驶英里数(VMT)衡量)增长了2 605.16亿英里(合车辆行驶千米数(VKT)4 191.7亿km)。1990—2000年间,尽管增长率仍然处在下降阶段,但绝对增长量更大,超过了6 600亿英里(10 620亿km)。

自汽车诞生以来,美国和所有其他一些国家的VMT实际上都超过了人口增长速度(图3.1)。这种增长是由于人们从公共交通转向了私家汽车,从而更多的是自驾出行,合用车辆的情况少了。车辆通行的增长以及汽车使用的增加可用以下因素来解释[273,674,204,127,730]:

① 人们更多地向通行集中地区迁移。在美国,人们一直在从东部和中西部向南部和西部迁移,东部和中西部车辆通行数量相对较少,而南部和西部的人均VMT要高出5%左右。

② 汽车小型化。随着工作地与居住地的日益分散及固定时间工作制的变化,合用车辆和传统的公共交通服务越来越不方便。随着小家庭和更多汽车的出现,个人汽车通行更为普遍。合用车辆在全部汽车通行中的使用比例从1977年的15%下降到了1995年的10%,平均每次通勤采用合用车辆的人数也从1970年的1.18人减少到1980年的1.15人,再到1990年的1.09人。[728]

③ 通勤距离增加。随着郊区化发展,通勤距离也有了增加,从1983年的13.7 km(8.5英里)增至1995年的18.7 km(11.6英里)。但是通勤时间却并未随着通勤距离的增加而增加很多,这是因为通勤增加部分多集中于交通较少拥堵的郊区,而不是交通拥挤的城市。平均通勤速度从1983年45 km/h(28英里/小时)增加到1995年的55 km/h(34英里/小时)。

④ 燃油成本降低。燃油成本(1996年的美元价格)从1936年的10美分/千米(每英里16美分)减少至现在的少于3.7美分/千米的水平。

⑤ 家庭平均拥有汽车数量增加。不仅每个汽车的平均载人数量在下降,而且每个家庭平均拥有汽车数量也在增加。现在美国汽车保有量比获取驾照人数要多。

⑥ 获取驾照人数的增加。由于受女性驾车人数增加、人们寿命提高和驾车年限延长、更多的人变得富裕、人口密度较高的城市中心居住人数相对下降等多种因素的影响,持有驾照的人数在持续增加。

未来美国的出行增长很可能会放缓。多数女士现在已经持有驾照,而且总人口中年龄超过65岁的比例正在增长,这个年龄段人们一般会减少驾车次数。但由于人口与经济的持续增长,在可预见的将来交通绝对量仍会增长,而这种车辆通行量的继续增长不仅会导致更多的大气污染、道路拥堵、噪声和水污染,还会引起交通堵塞。同时也会削弱技术进步在车辆排放、能源效率和安全等诸多方面带来的效果。

许多年以来,交通出行的快速增长是与道路系统的迅速扩张和完善齐头并进的。交通行业的核心任务就是满足公众对通行方面的更多需求,而要实现这一目标主要是通过改善路网承运能力,其次还要加快道路上的车辆运行速度。目前这种状况已经发生了改变。道路承运能力飞速扩张的时代已经结束。自20世纪70年代中期以来,交通行业的关注焦点已经从道路建设转向了需求管理以及减少车辆使用带来的负面影响上。

公共政策的现有目标是车辆减排,以及鼓励更加小型化的郊区开发和限制通行高峰。[675]影响需求的最大因素是收入水平,其次还有其他一些因素。这些其他的影响变量包括了收入的分配、所处的地位、经济生产力及社会发展趋势,如女性参与经济活动、经济发展模式、国内能源状况和汽车工业现状、交通基础设施投资模式、在环保方面承担的义务以及多边借贷组织的贷款政策等。政府能够也的确在影响许多这样的因素。

虽然美国的交通通行量在不断增长,但道路安全状况却得到了提高。由于更为严格的车辆安全标准的采用、道路安全状况的改善以及更为严厉的针对酒后驾车的执法,交通人员伤亡事故的比例和绝对数量多年来一直在稳步下降和减少。1997年发生6 624 000起客运车辆交通事故,死亡42 013人,致伤3 383 000人。死亡率从1960年的4.7人/百万英里下降到1997年的1.4人/百万英里。但车辆通行过程中与野生动物相撞所造成的伤亡率却有增无减。

道路生态学家尤其关注休闲旅行。同其他类型的旅行一样,休闲旅行也在快速增长。汽车特别是休闲越野车可以更加方便地到达海边、山区和其他娱乐休闲区域的,这使得通行距离和外出频率都发生了改变。例如,在约塞米蒂国家公园(Yosemite National Park)中,可以在那里过夜的住宿条件受到了限制,但游客的数量却在持续增长,最后附近地区的人们只好在白天乘坐着小轿车和观光巴士从来到这里。事实上,随着中心大峡谷附近(Central Valley)人口的增加,周末和白天对加利福尼亚整个内华达山脉地区的造访数量也在快速增长。尽管内华达山区的道路交通承载能力并没有提高,车辆却是在增加。交通会在高峰期变得极为拥塞,而且逐渐扩展到非高峰期和旺季前后一段时间。此外,全轮和四轮驱动的车辆的增加使人们在冬季可以偏离主要公路前往山区旅行。便携式手机和全球定位系统导航系统也鼓励了人们对偏远地区的造访。

3.1.2 越野车辆的使用

以旅游和娱乐为目的的越野车辆的使用备受关注(图3.2)。越野车辆的使用威胁到脆敏生境和生态过程,可是这方面现有的数据很少。现存的数据都来自各州政府,他们被要求向联邦政府报告消耗在越野车辆上的燃料数量。这些估算被用来确定给政府相关机构划拨燃料税收入量,这些政府机构承担管理此类旅行所使用的公共土地的职责。对越野活动的估算不包含私人道路,如私人花园和林地中的道路。越野车辆可分为以下 4 种类型:

图 3.2 沼泽地带由于越野车的行驶形成的轨迹网络。威力巨大的地中海水流和风暴造就了大沙丘区(左边),葡萄种植区(右边),葡萄园(中间),被海盐和散发浓厚盐味儿的盐沼所包围的独立的沙丘上面的灌木、松树(底部)。法国南部的 Petite Camargue 地区。照片经法国政府许可

① 管理用车,如美国农业部林务局的工作用车;

② 驶入旷野的持有街道行驶执照的车辆;

③ 登记注册的越野车辆,如小道自行车,轻型越野摩托车、全地式车辆,沙地车、特制四轮驱动吉普车、卡车和雪地车;

④ 以上三类中未登记注册的越野车辆。

对于这些越野车的数量和使用方面的估算是基于间接的测量方法,几乎没有直接的观察,同时也有许多假设,因此这些数据不是特别准确。一份橡树岭国家实验室的研究估测表明,1997 年美国私人拥有的小型卡车和休闲型越野车(SUV)的行使总里程达到了 362 亿 km(225 亿英里)。[205]

在美国,摩托车行业估算大约有占美国摩托总量 1/3 的 2 319 500 辆摩托车,有时会在没有道路的野外区域行驶。这包括了登记和未登记的轻型越野摩托车、竞技用轻型越野摩托车、两用摩托车和公路摩托车。橡树岭国家实验室的

研究估算每辆摩托车平均每年在野外行使超过 50.4 天，行驶里程达到 1 321 km (821 英里)。这些数据表明，1997 年摩托车在野外的行使路程是 31 亿 km 左右(约为 19 亿英里)。

美国消费者产品安全委员会还有野外驾驶的更多证据。基于 1989 年的一项调查，美国消费者产品安全委员会推测，美国有 390 万辆全地式车量(包括三轮和四轮)，其中 60% 在南部和中西部地区，有 27% 被限定在私人土地上使用。每年每辆车平均使用时间为 170.9 小时，这一数字还不包括远距离的驾驶。

雪地车是另一种类型的越野车辆。在美国大约有 37 万 km(23 万英里)的雪地车小路和 156 万辆雪地车。据 1992 年国际雪地车联合会所做的调查，80% 的雪地车是用来娱乐的，15% 用于冰面垂钓，5% 用于工作。联合会推测雪地车每年大约要行驶 2 446 km(1 520 英里)，这使得美国雪地车每年的总行程达到了 38.1 亿 km。

3.2　车辆大小、燃料和技术趋向

20 世纪 80 年代早期以来，汽车显得更为咄咄逼人。不仅因为它更有能力在野外营运，而且它的尺寸变得越来越大并且更具威力。但正因如此，汽车消耗了更多的燃料。随着 1979—1980 年石油价格飙至峰值之后实值油价的稳定下落和联邦公司平均燃料经济体(CAFE)的标准有意无意间鼓励生产厂家由小汽车向轻型卡车转型，汽车市场产生了变化。[674] 首先，20 世纪 80 年代初引进了小型面包车，然后到了 20 世纪 90 年代，运动型多用途车辆(SUV)开始流行。2002 年，包括运动型多用途车辆在内的小型卡车($<6\ 000$ 磅)的销售量基本上与小轿车销售量持平。同时，为满足运输货物的需要，重型卡车的销售和使用量也在不断增长，燃油的总消费量继续增加。

更大型、数量更多的车辆和更多的通行量造成的综合效应是燃料使用量的大幅度增加，这些燃料基本上全为石油。目前，整个美国交通要消耗掉石油使用量的 96.9% 和所有能源使用量的 27.4% 。[204] 汽车、巴士和轻型卡车消耗了交通燃料的 60% (图 3.3)。大型卡车消耗了 16.0% ，非公路运输模式，包括航空、铁路、管道和水路消耗 21.1% ，农业和建筑业在越野车辆的燃料消耗方面占 2.9% 。所有交通运输模式中汽油的消耗量为 15 303 万亿 BTUs(英制热量单位)，柴油为 5 275 万亿 BTUs，其中重型卡车的燃料使用量为 3 619 万亿 BTUs，而用于铁路、农业、建筑和大型轮船的数量为 1 656万亿 BTUs。

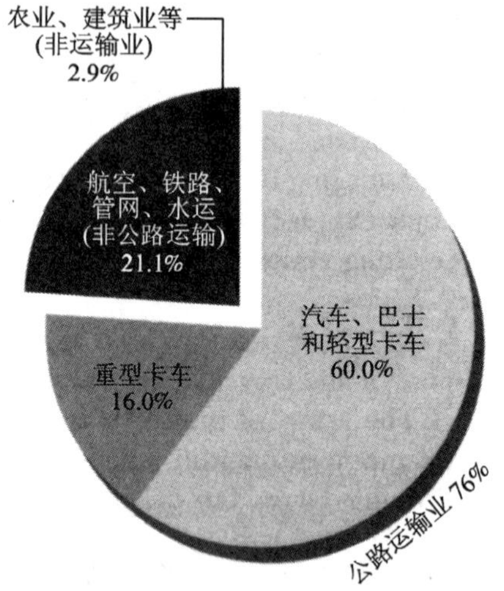

图 3.3 美国道路和其他交通模式的石油年度使用情况。自 Davis (2000)和交通统计局(2001)

因为石油燃料具有许多如高能密度和运输便捷的优点,因此它仍占具市场主导地位,但同时它也具有某些较大的负面效应。对燃料需求的持续增长意味着更多的燃料将通过船只、管道和卡车来输送,并且这些燃料会被保存在大型油罐和当地的服务站内。但更多燃料运输和存储意味着有更高石油泄漏的可能性。石油燃料在泄漏后对人类健康和生态会产生严重的威胁。

石油燃烧造会释放大量二氧化碳,它是一种主要的温室气体,同时造成大量大气污染。二氧化碳和其他的温室气体的不断增长,产生了对气候变化的更大威胁[428](第 10 章)。在美国,虽然政府已出台了相关条例,并且汽车工业也在排放方面有大量投资,但大气污染仍是一个严重的问题。总体来讲,这些努力完全能够抵消掉运输和燃料使用的增加量所带来的负面效应。但尽管如此,一些污染物还是在继续增加,并且那些在全国尺度上下降了的污染物在某些特定的地理区域内仍是很大的问题(第 10 章和第 1 章图 1.6)。

对石油燃料利用的巨大增长以及带来的不利影响,给寻找清洁替代燃料的工作带来了更大压力。加拿大、意大利、阿根廷、俄罗斯和其他许多国家开始在以天然气为燃料的车辆研究方面进行了大量投资。[866]巴西走得更远,在 20 世纪 80 年代几乎完全替换为了乙醇(利用甘蔗生产),尽管也曾出现过大的倒退。而美国已经逐渐增加了对乙醇(玉米生产)的利用,并在 2000 年占到汽油销售量的 2%,目前还在继续增加。但所有这些例子都不是因为环境影响方面的考虑所促成的。

也许 1990 年加利福尼亚州采用零排放车辆(ZEV)标准才是一个更为关键的事件。零排放车辆在汽车所在地是不会产生燃烧和蒸发性排放的。如果使用电作为动力,倒是会在电厂所在区域造成排放污染,但大多数情况下,因为这些排放都位于偏远地区和夜间(很少有人暴露在排放物中),因而危害较小,而且可以利用集中的设施较为容易地加以控制。[865]造成的排放影响趋于集中而并非广泛分散。电瓶汽车同样也会减少或消除许多冷却剂和润滑剂,而这两者是普遍存在的泄漏和污染物源。但缺点是我们需要分解并回收在电池使用后常常产生的有毒废物。零排放车辆标准的主要影响在于对原来低排放的汽车在收益和投资上进行扶植。电瓶车曾经成为第一个目标,但由于电池成本过高限定了它的前景。

现在有两种新技术引起了广泛关注。[865,674,675]混合电动汽车有一个小型内燃机与电动马达和电池相配。燃料电池电动汽车有一个车载的利用氢气或其他燃料发电的电池。1997 年,丰田汽车在日本将第一款混合电动汽车批量引入市场。2000 年,本田和丰田开始在世界范围内将他们的混合电动汽车大量上市,而且多数其他主要汽车公司也都宣布在 2005 年前要推出各自的混合电动汽车计划。最初的混合电动汽车全都以汽油作为动力,但比仅仅使用内燃机的车辆有效得多。

而更加引人注目的变化可能是来自燃料电池汽车。这种在许多书本中被清楚地表述出来,并被许多大的汽车制造公司和一些美国政府的领导人所支持的设想是汽车有朝一日会以利用太阳能从水中分解氢的燃料电池作为动力,并且这种燃料电池只会排放出水蒸气。尽管丰田和本田已经宣布将从 2003 年年初在日本限量出售燃料电池汽车,戴姆勒 - 克莱斯勒也宣布将在 2003 年在全球销售燃料电池公交汽车,但燃料电池汽车大规模使用的图景还是过于遥远。这种很有潜力成为今后主导技术的燃料电池汽车也更具环境友好性。他们零排放或近乎零排放,比起内燃机和混合电动汽车在能源利用方面更具效率,并且还提供了一个使用太阳能和氢气的途径。

除了在燃料和驾驶系统方面的许多变化外,人们还想努力改变当地使用车辆的外形尺寸。在许多名胜地区和城市区域,规划者正在测试和鼓励使用小型车。[865]范围已经从瑞士许多州以及美国许多退休人士聚居区的微型电动车发展到了许多城市中供 2 人和 4 人乘坐的小型化汽车。这些车辆对基础设施方面有特殊的要求,要有专门的设计,如特殊的路权和停车优先权。

在美国和欧洲的城市地区,许多现有计划鼓励人们步行、骑车、拼车和使用公交来减少对小轿车的使用。在过去的数十年间,美国供行人、公交和自行车使用的基础设施几乎要消亡殆尽了,但从 20 世纪 90 年代初以来又开始享受国会的资助。在数十年滑落之后的 1999 年,公交提供了超过 90 亿趟的承运纪录,这代表了 40

年以来最高的乘车人数,这一增长比率超出道路上的车辆通行英里数(VMT)的增长率。[16]实际上,自1995年以来,公交承运人数的增长就达到了20%。

3.3 规划和项目开发程序

由于受到道路方面大规模投资的驱动,运输增长幅度在全世界范围内几乎是爆炸性的。即使今天道路建设有所减缓,美国每年在道路新建、改善、养护以及运营方面的花费仍然高达1 000亿美元。其中,绝大部分资金是通过燃油税方式从道路使用者那里征收的,并被存入交通信托基金当中。

每个国家都形成了各自不同的方法来决定用于道路的资金数量,以及在某段道路或其他一些交通基础设施上面如何决定资金投入的优先顺序。在本章的其余小节中,我们将审视美国用于筛选和投资项目的方法和规划过程。这一对于道路生态来说很重要的复杂题目的重要部分我们会简要介绍,但是,对准备相关文件和理解这些程序来说最为基本的一些法律、法规和程序也将进行探究。

3.3.1 程序演化

在精心规划设计和地方分权加剧的背景下,美国的项目规划和筛选程序成了集中投资模式强加于地方分权政府体系之上的产物。在完成联邦政府资助的公路工程过程中有5个“玩家”以不同的方式开展互动。他们是联邦政府、州政府、城市规划单位、当地政府和社会公众。

如前一章所指出的,联邦政府在美国道路系统的发展中起着核心作用。联邦政府在参与项目方面经历了3个阶段。首先在20世纪初,由于许多联邦资助的道路都要穿越州与州的边界,从而联邦政府的协调就变得十分必要。接着在第二次世界大战以后,联邦政府越来越多地参与到了那些穿越城市公路的投资中,这使得协调许多方地政府参与的工作很快变得非常必要。例如,今天的旧金山海湾地区包括至少100个市,9个县和400多个特殊的地方政府,如防火区和公交区。最后,从20世纪60年代初开始,联邦政府在保护环境质量方面更加专注于自身的作用,并且把一系列的目标和交通规则联系起来。

早在1921年,联邦政府就参与到了交通规则当中。[353]1916年,美国国会拨出2 500万美元用于公路建设,并且形成了根据各州的人口数量和邮政路线里程数确定对各州的拨款比例的方法。[262]但很快就明显发现各州在修建各种不同标准的道路而不是在国家层面协调各自的行动。于是国会在1921年以《公路法》作为回应,这一法案限定了联邦政府对于需要在国家层面上进行协调的特定项目的资助数额，并规定新项目的路面最小宽度为5.5 m（18英尺）。1934年，国会开始对各州拨款采取预留1.5%储备金的方式来开展规划和研究，从而进一步介入到了规划过程中。[1016]另外还编制了公路地图、进行了交通量统计、发展了卡车称重技术。实践标准被广泛采用，这些标准也用于开展研究，为设计和筛选项目奠定了基础。

20世纪30年代，美国政府开始向各城市道路建设注入资金，当时各地尚未从经济萧条后面临的可怕财政困境中解脱出来。[262]联邦资金第一次用于城市道路建设。这种最初只参与城市道路建设的状况，在1956年"州际公路规划"出台后得到了进一步扩大。这一法案规定了要向城市间和市区连接线的建设提供90%的资金（图3.4）。城市公路当时备受争议。为了给公路腾出空间，大片城市土地被征用，许多城市引发了大规模抗议浪潮。"对高速公路的抗争"曾成功地在波士顿、旧金山和其他许多地方阻止了当时的施工，并且使联邦政府最后要求在项目规划中要有公众参与，这些要求一直在联邦的项目和工作中得以执行。再如，他们还直接促使了重要的1962年的法案被国会通过。

图3.4　4个层次的公路互通式立交取代了20世纪50年代的苜蓿叶形互通立交，这是城市规划单位的交通运输模型带来的结果。这种设计旨在减少交通延误和交通事故，并满足交通需求。佐治亚州亚特兰大市的85号和285号州际公路。美国联邦公路局许可

1962年的《公路法》对区域规划来说是一件里程碑式的事件。[1016]考虑到大都市区域中各市、县在联邦政府资助的州际公路的规划和建设中并没有精诚合

作，于是国会第一次要求在每个大都市区成立一个区域性机构来开展“连续、全面、协调”(Continuing, Comprehensive, Coordinated)的道路规划工作。“3C”要求要适用于每一个超过 50 000 人口的城市，它包含了公共运输和道路两大方面。为完成这项任务，各城市迅速成立了大都市区域规划组织(MPO)。

1962 年以来，国会一次次地强化它的大都市规划的程序。首先，通过“3C”要求，它使得一批由地方选举的官员参与到了制定规划的环节当中，逐渐削弱了州政府主宰的局面。随后，项目分析范围也超出了原有的仅仅着眼于通行需求的分析，而将范围扩展得更广，涵盖了社会、经济和环境等内容。而后，又以 1991 年的《陆地联合运输效率法案》(ISTEA)使得这项工作达到了高潮，该法案将决策权自上而下直接授予了大都市。地方官员与其所属大都市中的其他人士相互协作，有效地对其所属地区的交通运输投资进行管理。以前的拨款是按公式来计算的，同时受到极大的约束。而现在联邦的公路和公共运输资金几乎被整合到了同一程序当中，地方官员在资金使用方面享有了极大的自主权。

在美国，重大交通项目的形成过程可以归纳成三个阶段：第一，包含具体道路的区域交通规划得以批准通过。第二，作为一揽子项目中的一部分，编制项目的投资时间表。第三，如果该项目需要联邦采取重大行动，则必须要编纂适合的环境影响评价文件并获得批准。

这一程序包括两个基本组成——农村与城市。农村项目是以州为单位，但必须涵盖广泛的基本性分析，听取地方官员的意见，并通过听证或其他讨论形式保证公众参与。一般情况下，州政府每年都要在全州各地举行听证，搜集群众对将来交通运输投资项目的意见。经常出现的情况是许多要求出现后，需要新增和完善的地方增多并超出了原有预算范畴。国家交通运输委员会或者有时会是国家立法机构来决定哪个拟建项目可以开始项目立项程序。在规划阶段生态问题一般并非是主要考虑的内容。

交通运输规划程序是 1962 年应联邦政府要求制定的，这一程序目前一直处于支配地位，实际上所有重大交通运输基础设施方面的投资都要通过这一规划程序。除社区道路(Neighborhood Street)以外的几乎所有道路，一旦有联邦投资的改善项目需要通过，都必须发端于下面描述到的详细交通运输规划程序。甚至一些没有得到联邦资助的交通项目一般也要通过这一程序审定。因为项目在某些区域可能会违反大气质量标准，或者因为有些出资人(当地或州一级政府，或者私营公司)有意使项目在需要联邦援助或类似机会降临时成为合格的援助对象。

当地社区道路一般不需要经过大都市地区规划单位精心设计的区域性程序。这种道路遍布于目前各地郊外或充斥于其间。一般情况下，开发商向地方政府申请通过他们的分区规划，规划中拟建道路是很重要的组成部分。批准申请完全在地方政府的职权范围内。但如果项目涉及湿地，则会使用美国军队湿地批准程序，并且不仅要针对道路，还要针对开发中任何填埋湿地的方方面面。由于湿地条款如此严格，如果要动用这一程序，开发商一般会避免使用湿地。但也有例外，如对那些为迎合高层次消费者在沿海地区开发休闲度假胜地，且在缓解措施方面投入巨大的拟建项目。

发端于1962年出台的《公路法》，针对城市区域的程序目前已经高度规范化，程序要求联邦资助的每个城市交通项目都要征得地方选举官员的同意。[1016]地方官员通过大城市规划机构来采取行动，这一机构在全国范围内是由各州州长为每个城市化区域指派的（只要人口超过50 000的地区）。目前美国有380多个大城市规划机构。

在这一程序中，对一个地区的道路和公共运输系统的任何新增部分提交的建议书都将得分析和研究（图3.4）。如果拟建项目被认为具有意义，该拟建项目将被作为一部分纳入长期（20年）系统规划，这一规划包括区域内所有现有道路和拟建的主要道路，同时要得到大都市区域规划机构的正式批准。在实际施工前相当一段时间里（一般需要6年），单个主项目将被列入在全州的正式规划当中，如果合适，将被列入大都市区项目规划。拟建主项目将在项目立项进程中，按照《国家环境政策法案》的规定受到更加严格的评价。

大都市区域规划机构一般会有一位执行主任和一些工作人员，他们负责向大都市区域规划机构董事会中当地选举的官员报告。该组织监测道路及公共运输状况；跟踪人口、就业和土地利用变化；同时对未来的土地利用和交通情况在不同的情景假设下开发模拟模型并开展预测。自《清洁空气法案》出台后，尤其是1990年的修正案实施以后，空气质量未达标区域的大都市区域规划机构已经开始对空气质量进行深入的分析。[1016]作为1990年提出的一致性要求的一部分，该组织必须保证地区运输规划和地区规划相一致，以使周边空气质量符合标准。目前还没有提出类似的要求来保证交通规划与项目要和其他环境问题的区域质量相一致，如水文条件、水质量、野生动物迁徙和生物多样性。

由大都市区域规划机构编纂并批准的大都市区域运输规划和方案会包括所有的项目，并涵盖从资金到执行各方面的内容，最后形成建议书申请联邦资助。规划一般涵盖20年预测期，并包含6年的项目投资计划。批准后的项目规划与方案在财务上被限定在已经提出的可以使用的政府或者机构投入的资金上。

换句话说，通过区域规划机构开展工作的地方选举官员决定哪些联邦政府资助的项目将得以实施。在联邦运输法中将职责委托给了区域规划机构的这一单独条款，1962年开始执行，在随后的立法中又得以加强，在很大程度上减少了交通运输引发的争议。环境审议的正规化确保了环境影响评价的过程，进一步减少了交通建设引发的争议。1990年提出的交通运输和空气质量计划要保持一致的要求，连同联邦对环境影响报告的要求（或 EIS，下面我们还会讨论到）为环境审议提供了方法和框架。地方选举产生的官员们，不论服务于规划机构的董事会与否，都可以通过规划机构中已经建立的程序，审查和参与到项目设计和投资计划当中去。大都市区域的道路生态问题一般会在规划过程中和环境影响评价（NEPA/EIS）过程中被提出来。如果项目的环境问题比较严重，至少在批准开始道路用地征迁之前，地方选举出的官员们是可以行使其投票权来阻止项目执行的。

在美国的许多大都市区域，大多数公路项目的位置基本上已经确定。因此，道路生态在环境影响缓解措施、现有基础设施管理、当地土地利用规划与项目、城市边缘的外扩以及包括外扩和附近农村地区在内的区域规划方面有很多事要做。这些重要的工作远远超过了规划单位所关注的范围。最后在这些竞技场上，州环境质量法、地方政府的环境利益，还有州交通厅和自然资源局都会出现。这种情况在某些州促成了重大的进展，而在另一些州却成了拦路虎。

3.4 交通规划和空气质量模型

我们在交通项目的规划和分析方面投入了大量的精力。与其他的公共规划过程相比，交通规划也许更多地依赖于一套复杂的标准化的数学模型，同时还要有大量翔实的调查数据作支撑。[1016]

在农村地区，项目数据依靠各种方法收集沿线的车辆计数资料，这种方式略欠正规和详尽。20 世纪 30 年代以来，许多地方都在这样收集数据，它为我们提供了按道路和土地利用类型的交通出行量增长趋势的基础数据。为了预测乡村地区道路的未来模式，公路规划师们要回顾交通量的历史趋势，并要与农村官员合作，共同预测土地利用变化趋势，根据拟建项目的性质来预测可能的诱增交通量。规划者然后计算出预测期的交通量水平，预测期一般为 20 年。

与此形成对比，城市地区有详尽的计划和精确的预测工具。这些可以追溯到 20 世纪 50 年代就在底特律和芝加哥使用的模型，被开发出来之后为那些大都市区域提供了预测交通需求和对新规划道路进行选址的分析基础，并从此成为制度化的预测方法。几乎世界上的每一个大城市都在实际工作中使用它，包括那些发展中国家的大城市。出现这些现象的原因很简单：1962 年，美国的《公路法》提出了“3C”的要求（本章在前面内容中曾有描述），当时的底特律和芝加哥开发出来的模型是用于预测大城市区域廊道交通需求量和分析拟建道路项目交通出行影响的唯一可靠的现成模型。

这些模型被称为城市交通规划系统（UTPS）。他们由四套模型构成，即旅次发生、旅次分布、运具分配及路网指派，这四套模型一般按这种顺序运行。这些模型中的出行数据来自大范围的对住户的调查。家庭成员被要求记载下前一天或前几天全部出行的详细情况。对这些从家庭访问中收集到的数据进行汇总，并作为输入代入到四个 UTPS 系列模型中去。四步模型系统将根据可预见的土地利用变化和人口数量变化，预测城市地区的廊道交通。也许令人感到幸运的是这些复杂的建模发展过程以及决策过程是与计算机的发展相互联系的。

土地利用的输入对这些模型的演练是最为基本的。在实际中，运输需求模型的开发和运行与土地利用分析是相互分离的。对土地利用模式的预测先是独立地运行，然后再纳入到运输预测模型当中。这一过程本质上是将土地利用和交通运输的关系定义为因和果的关系。20 世纪 90 年代几个公共利益维权小组开始质疑这种方法，声称交通规划和项目会导致城市化蔓延。一些较大的都市区域开始将土地利用模型整合到交通模型中，以便使得潜在的相互影响得以彰显并可加以分析。

除了对土地利用和交通之间的关系建模存在困难以外，各州的实际现状模型同样也对小型和中型项目，以及绝大多数交通政策动议带来的影响不够敏感。最基本的问题是这些模型最初是在为新的主要公路工程定位和进行分析的过程中开发出来的，如果用在目前正在酝酿的交通项目和政策上，在绝大多数地区不是特别适合。开发新一代交通建模程序的研究动议目前已经着手实施，但在近期还不可能会有重大突破。

在联邦政府要求区域交通规划要和区域大气质量规划一致的前提下，目前的“城市交通规划系统模型”的缺点就显得格外显眼。这种一致性要求是在 1977 年作为美国空气洁净法修正案的一部分首次出台的，并在 1990 的修正案中被进一步强化，紧随其后的便是《陆地联合运输效率法案（ISTEA）》。一致性要求成为了政府可以将道路项目的资助同空气质量目标正式联系起来的一种机制。一致性程序要求新建的交通设施或活动不可以导致新的违反空气质量的行为发生，不可以在现有超标水平上进一步增加违反标准的频率和严重性，也不能推迟对标准的执行。美国环境保护局和交通部联合监管对一致性程序的落实。[947,281] 在一致性分析中，空气质量规划部门使用的车辆排放和空气质量模型要与 UTPS 模型联系在一起。

许多人认为这些模型就新的交通设施给空气质量带来的影响所作的估计是不够准确的。实际上，和一些交通模型一样，空气质量和排放模型被认为也存在着许多较大的误差。一致性程序最终被建立在了一个不稳定的分析框架之下。承认对模型关注的有效性，分析员设计出了承认模型具有局限性的方法，例如，根据特定未来拟建交通体系来计算污染负荷，随后对交通系统模型进行一些有限的变化，用来对数量有限的需要评价的项目定性，这些模型在被重新运行时其他方面均保持不变,并再次计算污染负荷。用这种方式,与项目有关的排放变化可以被粗略地估算出来。

目前除了大气质量以外,还没有解决道路生态问题的区域性要求和建模方法存在。因此水文条件、水质、野生动物迁徙,生物多样性和其他在景观或区域尺度上的关键性因素必须按照 NEPS/EIS 程序分头解决、一个项目接一个项目地做。再者,大部分美国道路系统都位于农村(第 2 章),在大约 380 个设立 MPO 的,总人口在 5 万或以上的城市以外。实际上,大量的美国道路系统(大约 80%)车流量低到每天只有 400 辆左右的水平,系统的 70% 属于地方道路。这些道路会很大程度上由于现有规划过程中的缺陷而落空,即使是这一过程能扩展到涵盖那些覆盖乡村土地的庞大道路系统。这也许需要新的规划和项目开发方法来有效地解决社会面临的道路生态和景观生态方面的问题。

3.5 项目开发、环境和《国家环境政策法案》

《国家环境政策法案》(NEPA)是一部除了空气质量之外,还针对各种道路生态问题的现有关键性立法。NEPA 中的相应条款也涵盖了比交通一家更为广泛的范畴,该法案由美国农业部、商务部、国防部、内务部、司法部、交通部,另外还有环境质量协会、环保署和联邦应急事务管理局来负责执行。

美国交通部已经将 54 项与 NEPA 相关联的法律进行了确认,而且在 2000 年 5 月 25 通过美国国会的联邦公报(pp. 33978 – 33979)刊印了出来。这表明了一旦拟建项目和行动适用于 NEPA 法律程序时,联邦政府的责任必须得以明确。这些法律被归纳成五类:① 6 项涉及个体权利;② 13 项涉及社区和社区资源;③ 13 项涉及文化资源及审美;④ 10 项涉及水和与水相关资源;⑤ 12 项涉及野生动物、植物和自然区域。

所以 NEPA 并非是孤立存在的。许多的法律、联邦机构、州一级机构以及先前的法律案例,一起联动才可以保证程序的有效性。在进一步研究 NEPA 程序和它与当地土地利用之间的关系之前,先让我们对它的重要组成部分做一番简要介绍。

3.5.1 交通项目与环境

1969 年颁布的《国家环境政策法案》和 1970 年颁布的《空气洁净法案》修正案,以及随后的一些修正案要求交通规划和项目设计必须考虑环境因素。[1048]州或者大都市区域规划中的所有工程,一旦涉及重大的联邦行动都应该服从于

NEPA 的规定。

《国家环境政策法案》指南要求项目开发单位应该和联邦及州的环境资源部门及早开展协调。NEPA 指南和部门规章要求如果一个项目被预见到在开发阶段会造成一些环境后果，则需要在《联邦公报》中刊登公告。牵头的联邦部门必须编写一份“目的及需求声明”，声明中应指出项目修建的区域、项目一般的布线情况和拟建项目的目的。

1991 年《陆地联合运输效率法案》(ISTEA)颁布后，地方官员们通过大都市规划组织履行责任，发起项目选择动议，激活了大多数在道路或公共运输领域的联邦投资，这进一步提高了“目的及需求声明”的重要性。城市项目的目的一般无法实现公路和运输的需求，但必须是可以满足运输需要的。这就确保了作为每一个拟建项目一部分的公共运输方案都会得以审查。在规划阶段中的环境分析一定要展示出对交通需求的满足。例如，在俄勒冈州波特兰市的一个交通规划项目就曾经促成了轻轨、公路和地方路的融合开发(图 3.5)。

图 3.5　城市郊区围绕轻轨车站的新规划小区中的商铺和写字楼。在摄影者的身后，有一片环境友好型的居住社区正在形成。在远处可见的树林附近建有易行走的轻轨站台。俄勒冈州波特兰，R. T. T. Forman 拍摄

此外，《陆地联合运输效率法案》(ISTEA)规定，在空气质量未达标地区，交通规划必须依照空气质量规划来进行。如果有违空气质量标准，可对新的交通投资予以取消。作为一致性要求的一部分，在无法证明高乘坐率车辆(HOV)的行驶通道无法使用之前，ISTEA 不允许考虑进行新车道的建设。ISTEA 不但平衡了公路和公交之间的地位问题，还开始了对相对于一般公路车道而言的高乘坐率车道更加青睐的时代。

早期的对《国家环境政策法案》(NEPA)的协调工作常常需要召集由联邦和州资源部门参加的会议。州交通厅(DOT)在会议开始时先说明其提案，包括对

项目目的和需要的简要陈述,以及在目前的进展和了解深度下,能够预测到的环境影响问题。州交通厅(DOT)的工作人员通常也会针对拟建项目所涉及的对每一处环境资源点(人文和自然)可能引发的不利影响,对将要进行的调查和分析进行一番陈述。

《国家环境政策法案》(NEPA)程序要求,所有可行性比选方案都要和"无项目"的情景进行对比审查。一般情况下对大量项目经过筛选后,提交 4 ~6 种方案进行全面和公平的分析。环境资源专家会对州政府提议方案的完善性进行考量,并制定出按工作进展开展定期检查的计划。某些环境资源的评估方法,如空气质量,是定义明确的。而其他一些资源,如濒危种类,则需要在野外获得调查数量来认定是否存在问题。如果会有问题出现,则必须制定缓解计划并上报相应的州资源部门进行批准。较大的州的交通厅就有环境专家团队,而在小一些的州里这些问题常常要依靠咨询商,然而在大一些的州里雇佣咨询专家去解决复杂的环境问题的现象也并不罕见。

1966 年美国国会对公路建设占用公共绿地制定出了严格的标准。《运输法》规定,如果存在任何"可行和明智的比选方案",任何使用联邦公路援助资金的项目都不可以占用公共绿地。一系列的法庭裁决导致了对这一表达的严格的解释,因此在公共绿地上建设公路的唯一可能就是拟建公路穿过的是线形公共绿地。同一部法律对公路建设经过历史考古地区的情况也做了严格的限制。

3.5.2 NEPA 程序详解

NEPA 程序是已经建立的确保道路生态影响受到关注的最重要程序。道路项目环境影响的审查程序是建立在《国家环境政策法案》,以及联邦公路局(FHWA)和联邦公共交通局(FTA)联合规定之上的。[947,1048,281] 超过全国 90% 的运输项目由州交通厅决定其环境影响为较小还是不会产生影响,这被称为类别排除。其他 3% ~4% 被标上环境评估标记,州交通厅要编写影响轻微的简短报告。其余项目(5% 或更少)被确定为对环境有潜在的重大影响,在它们得到拨款前必须准备一份环境影响报告。

对需要环境影响评价项目的审查过程包括 6 个关键步骤:① 意向通知;② 范围界定和协调;③ 环境影响评价草案;④ 公众听证;⑤ 环境影响评价终稿;⑥ 决议记录。

一旦决定准备环境影响评价,美国联邦公路局和联邦公共交通局(这两个单位为美国交通部的组成部分)就开始和相应的州交通厅一起准备将要在《联邦公告》上发表的正式意向通知。这份通知将向公众和其他部门公布,告知他们某一个具体项目的环境影响评价报告已被列入日程。随后联邦公路局将与州和资源部门协作进入范围界定与协调阶段来确定一个环境分析工作的适当范围。

紧随于意向通知之后6个月到1年,甚至更长的时间内会完成环境影响报告草本。一个解决具体交通问题的项目形成立项需遵循联邦法律条令中部分已经规定的程序。在这个程序里,州交通厅和美国联邦公路局或者联邦公共交通局(或两者)、环境部门,受影响辖区以及公众一起工作,寻找解决问题的比选方案,并且分析这些比选方案是否可以达到确定项目的目的并满足其需要。这一评估考虑受影响环境(人文和自然),分析和平衡各种受影响资源,同时还要考虑对那些资源的任何潜在影响。这个评估同样寻求把对环境影响降到最低限度的方法并分析那些缓解措施的潜在影响。

在美国联邦公路局州分部办公室对环境影响报告中阐述的满足联邦政府的要求的信息感到满意之后,它将批准草本报告并开始传阅,征求公众和其他部门的意见。州交通厅则发表一项公众查阅和召集听证会的通知,30天后,主持召开公众听证。EIS草案至少要公示45天。在这一过程中利用EIS草案和公众听证给各利益方提供有关工程的最新消息,同时也给公众、各利益方和其他政府机构一个能够各抒己见来帮助开发项目的机会。

州交通厅将与联邦公路局、联邦公共交通局一道分析和考虑一些重大的对环境影响报告草案的评论和听证会上反映的意见。交通部将利用这些评论来选择出一个推荐方案,并将其包含到环境影响报告的终稿中去。这一推荐方案要遵循适用的环境法律,同时还要考虑到不同环境法律保护不同的资源,还必须要考虑资源之间的平衡以及对资源的影响。其他决定还包括为拟建项目制定出缓解措施。这一信息在EIS终稿中会被反映出来。EIS终稿在公众听证举行后15天内准备就绪,而且还必须由美国联邦公路局、联邦公共交通局批准通过。一旦批准,将在《联邦公告》上发表报告可以审阅的通知。这份完稿通知将指明在哪里可以获取EIS的最终版本或者审阅这些材料。

决议记录(ROD)是载明联邦机构(FHWA/FTA)决定的政府公文。只有当环境影响评价完成终稿30天以后,这份决议记录才能被批准通过,并且只有在这之后未来的任何项目行动或审批程序方可启动。决议记录包括:① 陈述决议的基础;② 鉴别所有被考虑的比选方案,最终中选的方案,并说明选中的方案是否是“环境优先方案”;③ 陈述是否所有可以规避和最小化推荐方案带来的环境危害的可行方法都已被采用,如果没有,原因何在。这份决议记录同样也会说明什么样的环境缓解措施最终会被落实到拟建项目当中。这些措施于是便成为了州交通厅的一项法律义务。

NEPA程序同样也鼓励与其他环境机构之间的协调。这些机构需要签发环境许可或对项目的某些方面进行审批。在这个意义上讲,这样的许可或批复所需的信息可以在环境文本中加以阐明和涵盖。这样会有助于我们在收集和陈述决议信息时避免一些重复工作的发生。

3.5.3 地方土地利用与 NEPA

1962 年的《公路法》下达了交通规划过程要做到“连续、全面和协调”，同时要求交通规划要和地方土地利用规划相协调。这个做过很大变动的要求仍然关注交通政策对土地利用的影响，以及“交通规划和项目同所有适用的短期与长期土地利用及发展规划中的条款的一致性问题”。地方政府通过大都市区域规划单位提供土地利用、人口、就业数据和预测统计。各州则以大都市区域土地利用规划作为基础来进行所有的大都市交通规划。

有一个棘手的问题常常出现。认为交通规划和项目会造成城市化蔓延，环境组织对目的和需要陈述越来越多地提出质疑。联邦自然资源部门同样也争论说用联邦资助满足新郊区开发的交通投资是不恰当的。交通规划部门则回敬说，城市区域的土地规划是批准过的，根据法律他们没有别的选择。

现在的交通规划基金是唯一由联邦政府出资协助城市考虑未来发展影响的资源。基础设施是区域发展的依托，包括给水系统、排水系统、公共设施、道路等，在这些基础设施中只有交通设施受到联邦政府的资助（图 3.4）。因此交通项目，由于 NEPA 这一司法机制的存在，便成为了那些不快乐人士关注的热点，城市开发过程中的情况也是如此。NEPA 是一部程序法，大部分成功质疑交通的例子都是源于项目对程序的违背。但没有哪一部法律或者法律标准可以断定发展的质量或者这块土地上的生态状况。

同时，联邦政府对交通规则的资助也能够协助州和地方官员们制定完善的规划。一些州已经通过一些诸如增加公共设施（水、下水管道、道路和学校）的条例、精明增长政策、城市增长边界、自行车道和人行道等措施建立起了对当地发展的监管（图 3.5）。联邦政府援助的交通规划必须与那些地方土地利用规划和政策相一致，同时还可以完善这些规划和政策。

结论

车辆和道路继续扩充。在美国，道路扩张已经减缓，而车辆使用却持续增长。结果是每天中大部分时间对道路的超负荷使用和对道路系统的进一步扩张。城市外围、乡村地区和越野汽车行驶区持续增长的车辆使用造成了生态的进一步恶化。

一套详尽的制度和规划方法已经被创造出来,它可以精确地判定出交通资金怎样、在哪里、在什么时候开支。在美国,规划过程很显然通过联邦政府要求的环境影响报告来考虑对环境的影响。总的来说,这些分析与这本书中强调的道路生态的问题相比显得无序和零乱。

涉及空气污染的模型和分析则不是无序和零乱的。作为不断强烈要求的结果,最终在1990年的条例中要求城市交通规划和空气质量规划之间要保持一致。一套详尽草案和制度开始付诸实施,旨在保证任何交通扩展中空气污染问题能得以充分考虑。

实质上,空气质量模型和一致性程序的开发也许对于解决其他关键生态问题可以成为一个有用的方法或模型,它可以帮助我们营造社会中交通和生态的有效的栅格。在过去的20年间,交通规划者和空气质量专家在系统规划和项目开发中精诚合作,保证了交通投资和空气质量要求之间不仅是关系协调,还相互支撑。这些成就同样在如何建立一个坚实的分析和科学决策框架方面为我们提出了巨大的技术挑战。

许多生态学家在交通领域工作,但是除了交通规划领域中的空气质量外,只有小部分在交通规划部门工作。大多数生态学家把注意力集中在项目开发上,因为那里能够对某个交通拟建项目带来的影响进行评价,或已经在开展这方面的评价。这些重要的工作为交通项目按照NEPA程序推进奠定了基础。另外一些人在与交通设施管理和营运相关的领域工作。那里,如果能够将正在发生的负面影响降至最低,或者制定出可以使环境受益的具体措施都是非常重要的。

交通规划和道路生态有许多相似点。两者都从广处入手。交通规则考虑所有模式,包括现有的和拟建的,也涉及土地利用、出行行为、社会、经济以及环境后果。在对最具环境效益的交通政策和实践的挑选余地和推介机会最多的情况下,才能被称为规划。

与交通规划类似,道路生态从定义看也是交织性的。多系统——如流域,气域,物种栖息地、迁移路线以及物种保护,都要从整体或全盘加以考虑。如果一个区域的生态被了解了以后——也可能是一个流域、景观或政治辖区——那么交通规划者和生态学家之间就可以展开一番内容丰富的对话,同时良性互动的潜力也最大。

20世纪90年代,在联邦政府的资助下执行的试验性质的生态管理已表明存在着良性互动的重大机遇,交通和环境同时获得巨大收益也是可能的。交通规划者和生态学家需要携手并进,促进形成更合理和更持续的土地利用规划。开发性土地消耗,特别是在城市郊区的土地消耗,驱动了对以汽车为主要运输模式的需求。同时也吞噬了大量珍贵的自然资源。

第二篇

植物和野生动物

第4章　道旁和植物

在车辙上颠簸……加油站、编号的道路、甚至“蓝皮书”还没有带来效益，“无需马拉的马车”在大草原的表面穿越，拽出了道路网的第一条线，随后路网如同绳索，宽度、数量和强度都在增加，并且缠住了越来越多的外来种，动物植物都有。

——May Theilgaard Watts，《阅读美洲景观》，1975

道路的故事。最初——一条由人踏出的小路，那里有糖枫、蹄盖蕨、延龄草、灶巢鸟、狐狸。很快——一条乡间小道，那里有山楂、野李子、欧洲蕨、紫罗兰、褐噪鸫、美洲旱獭。现在——一条乡间公路，那里有枫树、白松、接骨木、兔子、野草莓、野云雀。然后——乡村边缘，那里有银枫、挪威枫、挪威杉、蒲公英、知更鸟、鹿鼠。再然后——城市的边缘，那里有三叶杨、梓树、梣叶枫、车前草、八哥鸟、家鼠。最后——城市，那里有臭椿、英国麻雀、挪威老鼠、鸽子、德国蟑螂、美洲紫罗兰。

——《阅读美洲景观》

大多数驾驶小车的人出于节省时间和安全方面的考虑，会表情茫然地透过梯形车窗玻璃紧紧盯着前方的目标。透过挡风玻璃，那些狭窄的近景和宽阔的远景形成了辽阔天空下道路的景致。左右两面的银色路面一直通向前方，再往两侧则隐现着毗连的不同利用类型的地块。一般情况下，这些三角形的银色路面会在驾车人的思想中渐渐淡出，任何与之相邻的景致都会因此而被突出。道路两侧看起来应该是地球上最为枯燥的景观，它们一成不变、无休无止。可事实上没有人对路边的情况做过清晰的观察，就是因为它的确好像没什么可看的缘故。

但在小车乘客的眼里呈现的却会是另外一番景象。这些乘客看到的不仅是两个挡风玻璃中小三角形的空泛路面，他们可以透过侧窗玻璃观察到窗外的全景，实际上是变化着的路边景观。为了更好地理解这种展示，让我们去留意那里的植物及其主要特点。这些显眼的绿色展现给我们的是复杂的生命形式，它们成长、摇曳着，开放出五颜六色的花朵，吸引蜂蝶翻飞，与邻近植物展开竞争，它们还会被昆虫吸吮、会被有毛哺乳动物采食，也会从土壤中吸收营养矿物，输送土壤水分向天空蒸散，或就地枯萎死亡变为黑色有机质，最终为后续替代植物创造好的条件。

4.1 解读道旁

展示开始了。让我们先不去考虑道路周边的景观问题，[1007]而是利用图4.1中为我们提供的认识路侧自然的线索来审视路边（Verge），并将这些线索作为我们第一次野外行动的指南。实际上，作为景观观察者，或是路边观察者他们会看到更多的东西，包括：

① 道路边 0.5～1 m（2～3 英尺）范围内成排的弱小植物。这些“顽强”的植物有较强的干扰耐受性，它们能够在各种化学物质和颗粒覆盖的环境中存活，能够在轮胎压实过的土壤中生长，还能够抵御养护设备的刮擦。

② 多样化的路边色调。在没有肥料、除草剂和其他化学物质时或者接近这种状态时，管理才是自然的。这时就有可能出现大量彩蝶和其他传粉者。

③ 有明显界线的野花斑块和一两种开花物种。这些多是人工栽种的。

④ 裸露的沙地和岩石斑块。生长着相对不同的植物物种。

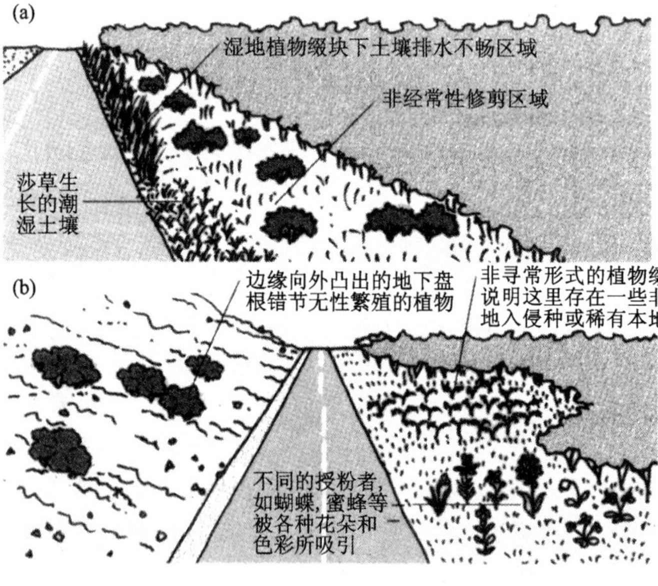

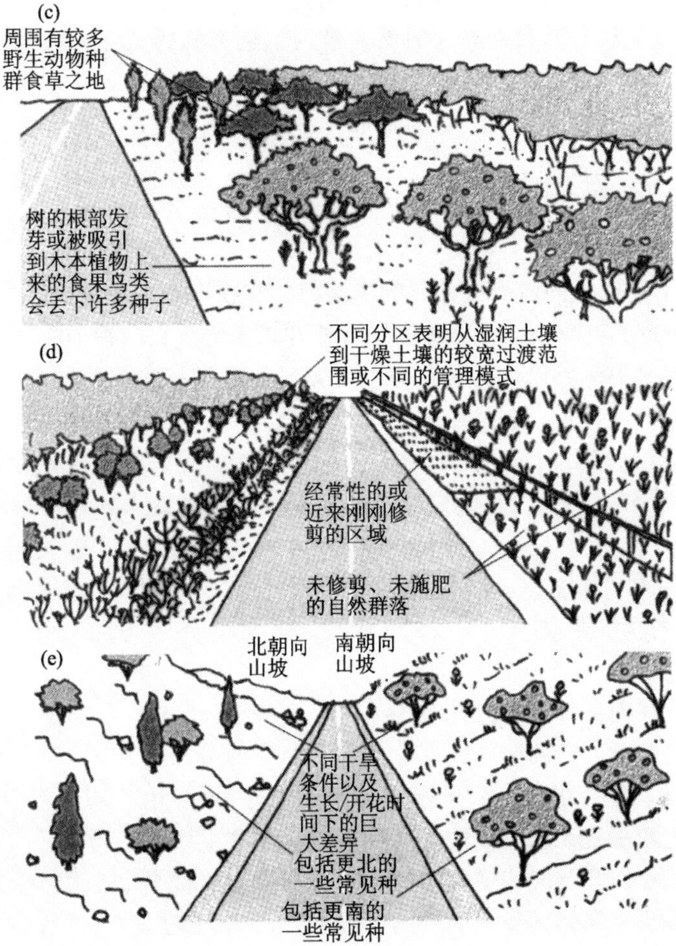

图4.1　阅读道旁的生态线索

⑤ 路外卵圆形的凹地。可能是短暂的积水坑(如春池),这些坑池在一年中的干涸期长出了繁盛一时的、与其周围植被迥然不同的植物群落。

⑥ 分散的灌木和灌木缀块。这些地方鸟类密度、多样性和筑巢数量都较高,也为地上动物提供了保护层。

⑦ “通透”的种植树木或植被(无灌木或幼树层)。这些地方与天然林地比较,野生动物的密度和多样性都要低出许多。

⑧ 老一些的树。树上长有苔藓、地衣,树皮中生活着昆虫,还有以这些昆虫为食的鸟类。

⑨ 老树上的孔穴。穴居鸟类和哺乳动物可能会出现在这里。

⑩ 路旁及外围的标志牌背面和杆柱上的人工鸟箱。路边管理使得蓝鸟、红隼或其他物种数量增多,常会在路边出现。

⑪ 含有集约农业和建成区的周遭景观。道旁几乎成了唯一长有自然植被的区域。

⑫ 在开阔的牧场上高大植物形成排排屏障。一边是逃脱了割草机的植物物种,另一边是牲畜。

⑬ 在干旱区的道路边上物种生长繁盛。部分要归因于来自路面的雨水灌溉。

⑭ 干旱区球状的看上去枯死的风滚植物常在道路上翻滚(还经常会被防护栏和水沟阻截)。"风滚草"就是依靠这种方式来传播它的种子的。

在上班途中你可以认真观察一下道旁。如果是长途旅行的乘客,还可以带上这一路旁野外指南,看看有多少线索已被列入,是否还会有更多的新发现?(但驾驶一定要相当谨慎,路边线索越丰富的地方也隐藏着越多的道路安全隐患)。景观观察者们会为自己发现了一连串其他大多数人视而不见的东西而深感欣慰。

4.1.1 植物类型

现在让我们更加系统地来观察植被。道旁典型的主要植被类型到底是什么?植被类型是怎样随时间而变化的?它的空间分布如何(就局部和某段道路沿线而言)?当然,在数百万千米或英里的道路沿线,由于阳光照射的多与寡,植物的变化几乎是无限的。这里我们只讨论那些主要的格局。

植物学家们开始时将道旁植物物种确定为开花植物,这就意味着这些植物拥有用来传输水和化学物质的内部维管系统,它们能够开花,并且还有可见的繁殖器官。[941, 942] 多数物种是草本,也就是说,它们没有木质茎干,以及茎端的分生细胞。所以说砍伐这些植物会引起严重后果。另一方面,禾草在茎生长处却是有分生细胞的,所以割草反而会刺激植物的生长。一年生草本在一个生长季中完成从种子到开花,再到死亡的生活史过程,它们在路边是很常见的。而多年生草本,一年接一年地生长着,会成为路边的优势种。

生态学家看到的道旁植物多广布种,少特有种。这些道旁植物有着宽泛的对干、湿,或冷、热等环境条件的遗传耐受性。[59, 856, 923] 这些物种大多都属"喜光型"的,在密集遮阴条件下生长缓慢或在竞争下会被淘汰出局。道旁物种一般耐干扰性强,这反映了它们在面对持续的扰动,如刈割时所经历的存活或获利的生活史。[724, 1]

自然植物群落,主要是生长在一起的本地植物的集合,在道旁极为常见。[241, 815, 942]然而,在重污染和强刈割点,或非本地(有时也称为外来、引入或入侵)种繁盛的地点,自然群落被毁坏或不能辨出。非本地种在道旁极为广布,尤其是接近建成区这样的区域。虽然不是常常可以见到许多外来种在路边出现,但一些物种——包括美国东南部的蛇麻草(*Pueraria thunbergiana*)和更北面一些的紫色珍珠菜(*Lythrum salicaria*)——入侵并在路边形成显著单一群落,即只有一个物种覆盖地面。

自然群落间在物种的数量上差异显著。与自然植物群落相比,道旁群落因失去不能适应道旁条件的当地种而多样性较低。另一方面,非本地物种的拓殖或种植增加了现有物种的总量。但非本地物种被整合到食物网中的能力是有限的。对于典型自然群落,极端的选择是形成它们自己的单一群落结构。道旁的单一种多是外来入侵种、栽植的或常常被割的禾草,或是当地湿地物种。

道旁多数是常见物种。尽管这方面的研究很少,但有研究表明,对于小城镇来说稀有物种也常会出现在道旁。[337, 356]州或国家级稀有物种有时也会依稀地出现在道旁(图 4.1),而未铺砌的道路两边,可能会成为稀有种避难所。然而常见种会因得益于交通带来的氮的营养而在挖掘后的路边成为优势种。简而言之,因为路边覆盖了相当大的面积,因此它会包含陆地总植物区系中很大的一部分物种。[1008, 897]然而,如果从车中观察道旁,你会发现有一系列明显的优势植物类型。

4.1.2　时间上的植物演替

修建道路会产生一条很长的裸露地面,在那里的植物演替,即植被在时间上的序列,便从零开始了。[1064, 856, 923]为减少侵蚀,人们在这些地表常会栽植一些一年生植物。即使没有这些,藻类、苔藓、地衣和开花植物的孢子或种子也会迅速被风吹入。除局部地点以外,有网状根和层叶的开花植物经常在数周内会形成大片绿色覆盖物。然而在这个过程中,填方区域的土壤依然会面临侵蚀的威胁。

种子会萌发,它的根会朝下固定,从基本上没有多少腐殖质(一种较细的黑色有机物)的填方土壤中汲取水和微量营养,以便在近地面保持住营养。太阳和风很容易将表面层变得干燥,径流也很容易会将它冲走。植物会因此而死。如果出苗可以存活下来,莲座状的叶就能在土壤表面形成。植物光合作用开始固定太阳能,根再往深处延伸,茎和叶向上生长,形成密集植被,这些植被能迅速地减少由雨水能量引发的侵蚀。

在自然演替中,大多数萌发的种子只能产生很小的莲座状叶,所以起初的物种丰富度可能较高。[59, 923]当不断扩展的莲座状叶彼此撞在一起时，竞争有利于适合度最高的植物。在刚刚形成完全的植被覆盖时，物种丰富度（物种数量）降低，只有少数物种会占据优势。这使得“喜光”植物迅速生长。大多数会是那些快速开花和结出风媒种子的一年生杂草，这种植物几乎可以在任何受到扰动的裸露地表蔓延生长。

道旁的植物演替一般会发展到多年生草本植物形成覆盖的程度。[941, 942]在干旱气候条件下，这些覆盖植物可能会和灌木混杂，或全部被灌木所替代。在湿润条件下，覆盖的多年生草本常会被灌木、树苗，或二者所替代，然后再被树替代。然而，在道旁具体地点之间演替速度会有所不同，因此，在不同演替阶段，道旁任何点段的植物都会形成更小尺度上的景观镶嵌体。[316]

从起初一年生、生物多样性较低的阶段开始，植物物种的丰富度一般会不断增加。[856, 59, 723]随着更多物种的拓殖，演替阶段的镶嵌体丰富度提高，物种缓慢消失。持久度较高的物种，如某一种多年生禾草或木本植物，便会趋于成为优势种。物种多样性偶尔会保持不变或略微降低。不论如何，在演替初期土壤的形成和死亡有机物的积累能明显起到稳定路边生态系统的作用。道旁灌木和树木也能提供较好的遮阴和较稳定的小气候。

正如本章后面将要讨论到的，像刈割这样的道旁管理活动会以多种方式改变这种演替次序。例如，为减少侵蚀，新修的路边常会被栽种上速生禾草或禾草－豆科混合草。这能够使降雨直接影响土壤并产生表面颗粒侵蚀的时间得以缩小。

栽种的禾草覆盖物能产生遮阴，还可以冷却地表。这些植物以脱落死亡叶和根的方式产生如同花园中的腐殖质一类的黑色死亡有机质，来加快土壤的形成过程。反过来，这些土壤有机质对保持植物生长过程所需的营养极为有效。遮阴保证了风吹来的种子落入之后，只有那些耐阴物种能够在拓殖中得以繁盛。而且，拓殖的物种还要与业已建植的网状根展开竞争。如果栽培的是一年生植物，它的根和茎会在数月内凋亡，那些在初始阶段草覆盖形成过程中首先拓殖成功的物种，将大大领先后面植物的拓殖。

在演替的过程中，动物的构成是植物变化的极好反馈。[856, 653, 923, 776]例如，食果鸟类和其他动物携带木本植物的种子，这些种子拓殖并增加道旁植物的丰富度。所以，浆果植物越多，前来觅食的食果鸟类就越多，从而可能会使浆果植物越来越多。大量艳丽的道旁开花植物会吸引飞舞的蜜蜂和蝴蝶。一旦有许多蜜蜂和蝴蝶传粉给更多的花，这就意味会产生更多的花和种子，这些种子可能反过来会产生更多的路边开花植物。

有的草食动物取食叶和茎。与花店中的植物不同，自然植被由于昆虫对叶面的啃嚼，常常会出现一个个孔洞，被称为昆虫留下的“大印”。更多的昆虫可能吸引更多的鸟类和其他道旁动物，这些动物反过来也会影响昆虫。较少的昆虫意味着较少的鸟类，较少的鸟类又会使昆虫的数量增加。

演替中更为显著的反馈效应来自于哺乳类食草动物。所有动物的食草并非随机，都具有偏食性。[653, 776, 923] 所以，尽管面对大量丰富的植物，鹿还是要选择对它而言既美味又富有营养的植物。这会利于非“美味”物种的传播，并可能改变物种的丰富度。如果食草动物主要取食优势种，植物多样性会因其他物种在新的可利用空间中的拓殖而得以提高。然而，如果取食目标为美味的稀有物种，多样性会因此而降低。当然，如果食草动物密度极高，许多植被将被食光，并且一些植物种可能会因此而消失。

4.1.3　植被的空间格局

从路面到相邻两侧的土地利用类型，[941, 942] 也许最显著的就是植被分区，即一系列的条带或分区。[1026, 653] 和路面相接的松软路肩较少。一般路基上的路肩会被车辆和重型养护机械压实。除草剂可能会被用来灭除拓殖植物。因此，路肩上通常植被稀少，一般情况下都是一些抗逆性强、耐旱和生长缓慢的植物。[640]

与此相反，来自相对透水性较差路面的雨水径流常常会浇灌道路边沟。除了来自坡面的水，道路边沟的水也有可能来自于路边外围区域或高出路边的临近地带。沟中的优势植被因此也通常是一些喜湿的植物，例如类似于禾草的莎草类植物（图 4.1）。沿着沟边，湿地植物包括香蒲（*Typha*）可能形成明显的线形分布（图 4.2）。在干旱气候条件下，道路边沟中常生长有稀有植物和大型植物。[422] 常见植物，如美国西部的山艾树（*Artemisia tridentata*）也会更加趋于茂盛。

边沟上方的路边区域，土壤条件通常介于路肩和边沟之间，植被是那些很典型的在景观中其他排水良好的开阔区域可以常常见到的。因此可以假设这里的刈割不是很频繁，因为刈割机械通常会压实土壤，同时刈割本身也会显著改变植被。[356]

在边沟上方，较长和较陡的道旁区域的植物分区会更为明显，例如，可以反映出更加宽泛的土壤湿度范围（图 4.1d）。相邻区域的植被类型与高度也会产生很大的影响。周围植被类型影响道旁种子、动物、风和火的种类以及丰富度，尤其是与植被相连的外部区域。[815] 如果临近的植被，如森林高出道旁植被许多，就可能会影响到太阳的辐射量。东西走向的道路在赤道一侧的森林能够为道路遮阴并冷却道旁区域。而如果森林是在靠极地一侧，道旁的热量水平将趋于升高（图 4.1e）。在道旁外围与森林连接处，植被与临近边沟的植被会看上去常常很不相同。

图 4.2　公路中央隔离带面积小并且狭长的湿地沼泽中的香蒲属植物。图中可以观察到中央隔离带中的树木(顶部),大面积刈割单一种草地要经受冬季大量使用的路盐;还有那些与公路相关的各种结构物,包括边沟、护栏、各种标志标牌、手机微波塔。同时还可以看到在这条繁忙公路附近享受自然、欣赏香蒲的家庭,然而这并不是太相容的景象(第 1 章)。图为马萨诸塞州 Phillipston 2 号道路。摄影:R. T. T. Forman

通常叠加在两侧分区上面的是一些较小的,特点明显的植物斑块(图 4.1 和图 4.2)。一些是由于微生境中的特殊土壤条件,如排水不畅产生的香蒲或芦苇草(*Phragmites*)斑块,或产生与某块沙地或被掩埋混凝土有关的不常见植物斑块。其他显著的圆形或椭圆形植被斑块常常产生单个植物无性系,这些植物在其延长期内仍然保持着地下茎,如漆树(*Rhus*)。某处的动物活动、火或人类干扰也会在道旁带中产生小而明显的植物斑块。

现在,请在驱车沿公路穿越景观的时候,考虑一下道旁的植被格局。巨大的斑块有次序地从车旁掠过,反映出了坡角、朝向、地表长度、土壤基质以及邻近土地利用类型等诸多方面的差异。如同电影一般,这些迷人的各色景致通常会沿着道路飞快地彼此交替而过。另外,有些线形狭长带在斑块里会如箭一般,偶尔还会穿越若干斑块。

最后,在一个更广的区域尺度下[302](见文章开头引文),比如爬一座山,或是在从城市到乡村的路上,通过细致观察常常会为我们揭示出一个植被梯度。在途中,这种不断重复的板块形簇群会逐渐地发生变化。

4.2　植被

在景观中,道路会穿越大多数生态系统或植被类型。[974] 每一个植被类型都是由相对清晰的若干物种组成,并会作为物种源"大量散落"于邻近的道旁区域。某个路段的道旁会包含有大量本地种,这不足为奇。另外,道路也穿越大多数人为的土地利用类型。这些不仅包括斑块,像农田和居民区,还包括廊道,如电力线、铁路和其他与之平交的道路。这些土地利用类型中有明显的物种组分,通常包含有丰富的可以拓殖到路边的非本地种。净效应则会产生一段物种丰富的穿越土地的道路。

在英国的道旁,发现了该国植物区系总数 2 000 种植物中的 871 种。[1008] 在荷兰的一个多车道公路道旁发现了将近 800 个植物物种,这相当于全国总数的一半。[897, 640] 在荷兰,道旁有很多"非常稀有"的物种。物种的 20% (160) 即使在拥有适当的生境的其他地方也并不常见。将公路沿线的样本同周围农业土地上面同等数量的样本进行比较后发现,路边的物种总数要稍高一些(245 比 200)。[897, 640]

然而在较精细的尺度下,它的模式则会非常不同。将路边平均 100 m^2 地块中的植物多样性与周围土地进行比较显示,道路边上的当地多样性要高出 3 倍之多。换句话说,如果道旁植物平均有 32 个物种,那么相比之下非道旁土地只会有 11 个种。于是,尽管道路沿线的多样性与周围景观相比相差不大,或者稍高一点,但道路两旁的本地多样性似乎要比周围高出许多。(这意味着路边具有较高的 α 多样性,周围地区则有着较高 β 多样性。[1026])

上述各观点来自许多国家对道旁植物多样性的研究,选择这些资料是为了进一步说明这一宽泛的模式。[72, 626, 972, 955, 941, 942, 547, 944] 现在,我们需要更进一步讨论植被格局和植物格局了。

对道旁植被类型最简单的描述可能经常是基于能观察到的情形:如林地、灌木、草本植被和湿地。前三项分布在排水条件较好的土壤当中,林地以树木为主;灌木以灌木、小树或者二者兼有的植被为主;草本植被则以非木本植物为主,通常会高达 1 m。湿地可以以任何高度的植物为优势种,这些地方在许多年内地表附近或土壤表面以上部分都会有积水。

道旁的集约管理区域完全被草本植被所覆盖,正如本章后面将要讨论到的,这主要是为了驾驶员的安全。一般在演替过程中灌木通常是出现在草本植物之后的,因此灌木常会出现在较陡的斜坡上、较宽道旁的外侧或者管理强度不大的区域。林地在上述三种情形以及在交通量较低的道路沿线都是最为常见的。同时在失控车辆(意外地脱离路面并驶入道路两侧的车辆)不大可能撞到的区域也较为常见。

具体的植被类型或植物群落会由于区域或气候缘故存在很大变化。尽管各国都还没有对道路两侧开展详尽的研究。但是,有关道旁植被类型的信息在许多国家和地区都有:日本,[469]新西兰,[1043,941,547,942]澳大利亚,[521,71,18,701,815]中东,[53]欧洲,[108,940]捷克斯洛伐克,[813,435,504]德国,[915,241,807,665,943,884]芬兰,[916]瑞典,[488]丹麦,[384,385]英国,[54,717,1008,796,828,23]比利时,[903,1076,1078]荷兰,[1021,897]法国[410]和加拿大。[530]在美国[393]曾经有过研究的区域包括:夏威夷,[1020]阿拉斯加,[530]加利福尼亚,[337,123]俄勒冈,[702,703]蒙大拿,[937]及中西部地区。[394]

还有许多其他对道旁植被的研究,尤其是在德国及其周边区域。然而,对所列内容抽样阅读以后你会发现,这些研究具有一定局限性,主要是突出了当地的特点。对整个道路网,甚至某一路段的系统研究相对来说都是很难找到的。[1043,941,942]

木本植被通常长在一条狭长带中,如道路外侧沿防护栏一线,或中间隔离带区域。比较大的斑块主要限定在某些特殊区域,如公路的互通立交区、休息区和较宽的中央隔离带内。总之,包括少量森林内部物种的道旁区域需要的是较大的森林斑块。林缘(森林边缘的灌木或者树苗分布层)在朝向赤道的一边[987,317]与朝向极地的一边相比,由于太阳角度的不同,灌木层要更加密集一些。另外,紧挨路上的植被类型无疑也会影响到路边的植被。[684,973,974,944]灌木带通常也被用来最小化迎面行驶车辆的前灯光线,有时候还吸收失控车辆的能量。

在包括开放的和长有树木的沼泽地中分布的湿地群落,在路边有着许多存在形式。沟渠可以被当作湿地窄带。在道路两旁的外侧区域几乎随处可见小块的排水不畅区域,例如,由于黏土、石头或混凝土回填所引起。一些小型湿地区域也会出现在涵洞或管道两端(图 4.2)。一些河流、小溪、间隙性水渠常常会穿越公路,可能会和湿地发生联系,并且道路边上还通常存在和伴有与湿地、小溪,河流,湖泊和河口相邻的情况。

除此之外,一些小型且醒目的植物群落通常会借助路边工程结构物来生长,这些结构物涉及涵洞、桥梁、排水结构物、防噪墙、挡雪网和防护栏。小气候和从结构物中渗滤出来的化学物质有助于营造这些植被点,并可以通过累积来增加道旁的生物多样性。另外,这些小而醒目的群落也会在割草机经常漏割的地方出现。

在割草和土壤压实的环境中依然存活的道旁草本植被具有较强的抗干扰能力。它要受到一系列来自车辆排放、车辆零件磨损、道路以及诸如除草和撒盐等管理行为的影响(第 8 章)。[639]裸露土壤斑块的出现会促进植物的拓殖。充足的阳光加上长时间较为适合的土质,以及湿润条件意味着生长量和演替是相对快速的。来自交通排放的氮氧化物可能会使路边区域肥沃起来。[23]

另外,还有两种类型的路边植被是值得注意的:大草原廊道和路边自然带(道路保育区)。北美的大草原廊道是指在道路和铁路两边的本地植物占优势,由天然、高大或中高的草本植被形成的条带。[541, 759, 655, 394, 827, 777]相对于目前广为分布的路边草本植被,本地草原廊道似乎包括了可以与杂草展开很好竞争的植物种,同时也形成了有效控制侵蚀的植被覆盖,并且具有耐旱性,刈割量也最小。[777]

道旁自然带或道路保育区都是道路沿线的自然植被带。人们发现在澳大利亚的农业景观中它具有优势地位。[815,701,133,302,887]同时在南非凡波斯(Fynbos)地区也是如此。[207]大多数是林地植被带。类似称呼还有"美化带"或者缓冲区,这些狭长条带中的树木在某段公路上极大地遮挡了它们后面的木材清伐场景。澳大利亚路边自然带一般在道路两旁的宽度可以达到 10 ~ 40 m 不等(33 ~ 131 英尺)。狭长带有时还可以达到 100 m(328 英尺)宽,并且在特定区域(例如新南威尔士州)狭长带有时竟然可以达到几百米宽,里面还有主要的牲畜活动路线。[687]精细的保护和管理制度已完成,并由规划者、养护人员、相邻土地的所有者和公众付诸实施。

在澳大利亚集约农业景观中,大中型的自然植被缀块趋于稀少,于是,这些自然带对于维护生物多样性就显得尤为重要。景观中的许多本地种和自然群落只有这些自然带中才有。[72]事实上,路边自然带形成的巨型绿网是那里保育的中心内容。[815,302]这些景观在地球上留下了与生物最为相关的人类的深刻烙印。

我们对若干道旁植被的重要生态问题依然知之甚少。道旁的宽度会有何种影响?能否有一个生态方面最小或最优宽度来指导规划与管理?类似问题还有:何谓连接度?沿线道路两边应该如何连接?以及连接对植物重要吗?在过去 20 年间,有关输电线路、铁路、绿篱和河流廊道的景观生态学文献中有多少适用于道旁?

4.3　植物

一篇有关道旁植物类型的综述引起了更为详尽的对本地种、非本地种和入侵种的思考。同时,这些又引发了人们对道路沿线,以及从道路两边到周边土地植物传播方面的思考。

4.3.1 植物类型

分布于路边的开花植物一般是本地种占优势,但经常也会有许多非本地种出现,而且在某些地方还会占有优势。本地种在景观中是最为常见的,但稀有种也是存在的。风传播物种(通过空气运送轻质种子)一般会主导开放的草本层,动物传播物种(主要有鸟类和哺乳动物传播)在木本植被中会很丰富。[488, 971]例如,食果鸟类通常会在森林边缘取食浆果,而后会飞到附近的灌木、小树或者交通标志牌上排泄,种子因此就从森林扩散到路边。[610]一年生植物在路边较为常见,但大多数植物为多年生。大多数多年生植物不仅靠种子扩散传播,而且也通过植物繁殖来传播,它们的侧根或侧茎扩伸外芽,便完成了伴有新生附芽的无性繁殖。

路边的非开花植物,包括针叶林、蕨类植物、苔藓、真菌类、海藻和地衣都少有研究。[626, 942]有些植物对化学污染物特别敏感,在繁忙的道路附近生长乏力。道旁氮的富集会对几种包括禾草在内的优势开花植物有好处,但却损害了最小的物种。树皮上生长的物种在缺少成熟道旁树的情况下少之又少。在某些集约化的农业景观中,许多老树会拥有非常见种,诸如某种树栖哺乳动物,依然在道路沿线生存着。[994, 71, 72, 73]

4.3.2 本地种和非本地种

当沿着许多条道路步行、骑车或驾车时,生态学家通常会注意到路边非本地种的丰富度(图 4.3)。这些通常会以"杂草"形式传播的"外来"植物已经成为了道旁的一般特征。外来种在从路肩到道路外围的所有小环境中都是较为常见的。[751]一项对新西兰道路两边的广泛研究发现在总的外来种多样性方面,从路肩、边沟、沟渠外侧斜坡和路边外围区域间,没有显著差异,每一处大约有 100 ~ 110 个物种[942](图 4.3)。稀有非本地种(记录物种中仅有一个个体)大约组成了总物种多样性的 1/4,并且在道旁的横向分布上是没有显著变化的。但是这些植物来自何处?他们是如何存活和传播的?对于更加宽泛的景观他们将要做些什么?

每个地区都有自己占优势的非本地种。在美国太平洋西北部,现在的路边植被占优势的都是一些非本地种,如加拿大蓟(*Cirsium arvense*),假蒲公英(*Chrysanthemum leucanthemum*)或苏格兰金雀花(*Cytisus scoparius*)。[212,702,703]其他引入种繁茂生长的地区还有如加利福尼亚,[337]佛罗里达,[252]英国,[718]法国,[410]和澳大利亚[357,563]的道旁。

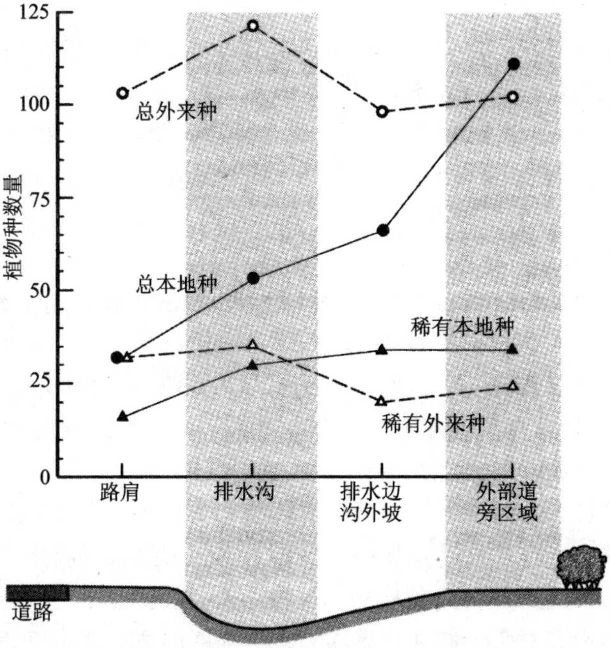

图 4.3 道旁生境中本地和外来植物种的多样性。稀有种 = 单一案例;四种生境类型中各自的样地数目在 99 ~ 136 之间。基于新西兰南岛主要道路沿线道旁 50 km(31 英里)范围内的取样。摘编自 Ullmann等(1998)

澳大利亚居民,曾经历过一段被非本地种入侵的历史,由于这段产生过经济、生态和社会重要影响的历史,他们将本地种与原始种有效地加以了区分。本地种是指起源于澳洲大陆自然群落中的物种,而原始种则是过去起源于一个区域的物种。对一个由气候(和文化)决定的植物恢复目标来说,这种区分似乎是很有用的。如在地势较高的中西部,或是新英格兰这种方法就具有它的重要性。当然,出于特殊目的,一个地区的许多分区——像州、郡、城镇或者绿地都可以进入到其中。[393]

在历史上,人类会有意无意地沿着小径和道路携带某种植物。[218]然而在地球上,人类在过去若干千年中,尤其是最近几个世纪里不断繁衍,并向每个角落扩展,极大地增加了交通运输量和道旁植物种的混合程度。许多道旁植物都属于伺机性物种,它的扩散机制能够让它们沿着公路在旅行者的衣服、车辆和动物皮毛中被携带。人类对土地的修整和对自然干扰的方式也无疑会影响到道旁的植物。道旁还有一些常见种是逃逸的观赏和食用植物,它们的种子可能会被昆虫、鸟类和哺乳动物吃掉并转移。

在加拿大和美国,大多数常见的道旁外来种源于欧洲和亚洲,这反映了人类的迁徙和商业地理模式。[218]为减少侵蚀,路边常常要种上一些植被,有时还会用一些非本地植物。开始种植的物种是供栽培或观赏用,后来便超出了它们的范围。苏格兰金雀花草和金雀花(*Ulex europaeus*),在美国西北太平洋沿岸,沿着几条公路繁殖,属于最明显的"逃逸性观赏植物",最初也仅在个别几个地方种植。[702,703]喜马拉雅黑莓(*Rubus discolor*),比本地黑莓更为高产和少刺,最初也是在这一地区被种植,后来从少数的原始种植地点显著地扩大了范围,现在常见于田埂和路边。

当某一物种的繁殖体(通常是种子)在一些经济货物运输中被夹裹时,物种引入就会发生。人们相信旱雀麦(*Bromus tectorum*)就具有这样的来源,它是一种生长在美国西部牧场上的常见一年生外来草,其种子可能是通过早期的干草运输,或是进口牲畜皮毛或蹄子被携带进来的。[298,581,302]有一种明显引起熏香雪松(*Libocedrus decurrens*)高死亡率的菌类(*Phytophthora*)是在木材进口过程中被带入的。这种已有文件证实的和疑似的情况介绍仍然有许多许多。

成功的路边非本地种是指那些可以成功到达、建植、适应路边条件并等待好时机进一步传播的物种。[648]传统的入侵种会有许多易于扩散的种子或孢子,良好的种子生命力和对强光和变化多端的土壤湿度的适应性。道旁通过成为植物生长生境和外来物种的后代传播廊道对这一过程做出贡献。大多数植物种都会产生大量带有靠风扩散附肢的轻型种子。[37]读者可以回想一下,当我们看到一个可爱的孩子将蒲公英(*Taraxacum officinale*)的种子吹向风中时,心里面交织的骄傲与担忧。

道旁的非本地植物种也能通过在土壤中的等待而受益,它们能够等到环境条件适合的时候再来建植和扩散。[635]大家都知道埋入土壤的杂草种子会维持50多年的繁殖能力。[911,487]尽管道旁的种子库中种子密度较高,尤其是非本地种的种子,[702]但是在周边的森林土壤中也常常可以发现道旁外来种的种子。[738,479,442,391]既然森林里一年生道旁杂草可以保持若干年活性,因此有利于植物萌发、建植和入侵森林的环境条件出现的几率也就增加了。

道旁植物一定要能够在道旁环境条件下生存。在森林覆盖的环境中,道旁条件比当地森林有更强的光线,以及变率较大的温度和土壤湿度。在美国西北部太平洋沿岸古老的森林里,公路沿线的13个外来物种中有10个与低光条件相比,会更频繁地出现在高光和中光条件下。[730]另一方面,墙莴苣(*Lactuca muralis*)作为非本地种会在老林子中沿着小溪,或在低光条件下频繁出现。

虽然公路网中的非本地种从路肩到外侧区域总数相类似(图4.3),但更多的本地种会生长在道旁外侧区域里面。因此,路肩部分会趋向于一个较高的外来种比例。[942]

道旁的许多生态特征似乎更加有利于非本地植物。在马萨诸塞州,土壤干扰有利于非本地挪威枫木的生长(*Acer platanoides*),但对本地糖槭(*Acer saccharum*)却并非如此。[20]在加利福尼亚草原贫瘠的土壤中,未放牧的道旁比远离公路的放牧点有着更高的外来植物物种比例。[810]然而,在肥沃的土壤中,情况与之相反。因此,土壤肥力和放牧程度影响非本地种的盛行。总生物量(植物组织)及阳光和遮光量都是重要的因素。在不考虑土壤类型的前提下,未放牧的道旁,比起周围的放牧草地植物多样性会较低一些。

几千年以来,小路与公路两边拥有着独特的物理和生物特点,这种情况极为普遍。也许某些植物已经在遗传上适应了道旁的环境,并会随着公路网在全球的扩展而进化[218](E. Menges,个人交流)。但不管怎样,一旦外来种成功到达道旁环境,就有可能会从包括生境、捕食者或疾病在内的固有局限中逃脱出来。这意味着当前生态系统所受到的干扰程度和类型,特别是在公路沿线,与本地群落(包括植物、昆虫、动物和病菌)进化所处的干扰模式相比,可能会有很大的差异。的确,通过观察我们知道自然界里是找不到和公路类似的东西的。

4.3.3　道旁植物的传播

本节考虑两种物种运动路径:① 沿公路传播和,② 从道旁向周围景观传播。

(1) 沿公路传播

几项研究显示一旦非本地物种拓植到了路边,它便开始在道路沿线传播。如带有钩毛的黏着种子的扩散,就是一种有效的运输模式。[488]由于受到过路车辆的紊流影响,在美国东南部常见的乳草属植物种子(*Asclepias syriaca*)出现长距离迁移,到达了一些路边“先锋地点”。[1058,1059]然后再从这些地点,物种明显地传播到了当地的环境中,增加了这些适度开放场所的饱和度。

在美国西北部的太平洋沿岸,成熟的森林环绕拥有外来种的森林公路,却看不见外来种生长,但在土壤种子库中却发现了一些外来植物种种子。[702]在高使用率和低使用率的森林公路沿线,非本地物种的数量要比被废弃森林公路沿线高出许多。它们对土壤的扰动促进了树苗的补充。在纽约州,由于受到沟渠与涵洞的影响,非本地紫珍珠菜(*Lythrum salicaria*)沿着一条多车道公路短距离移动着。[1036]在佛罗里达沙质灌木地区,修建路基时对石灰石石料的使用改变了路边土壤属性,进而支持了更多非原始物种(没有周围灌木植被的特点),并且,植被盖度比没有使用路基材料的道旁高出许多。[372]在澳大利亚西部,邻近公路的林地火灾促进了两个非本地草种的传播,同时也被认为使得这一地区更具火灾倾向。[634]在澳大利亚的维多利亚,道旁愈发湿润和更趋开放的森林都有着比更加干燥和密集的森林更多的非本地种。其他许多作者也都认为公路促进了非本地种的移动。[1020,613,393,315,930]

基于某些研究,车辆是公认的种子传播者。在尼日利亚的伊巴丹,从75部车辆上收集的泥土被放置在湿润沙地中,最后对出苗数量进行计数。[173,547]有40个植物物种被辨认出来。通过将清单与该地区道旁植被样本物种进行比较,发现大多数属于常见的当地路边物种。然而也有个别物种,包括无花果树(附生榕属桑科植物),在路边样本中无法找到。通过车辆携带的种子平均要比生长在路边的植物种子小许多。在德国格丁根周围地区的类似研究发现,在铺砌路面公路上驱车大约10 000 km(6 200英里)并在“部分铺筑路面”的田间和森林公路上驱车5 000 km以后车辆所带泥土中有124个植物物种。[822]所有物种中除3种以外其他都属于该地区常见的路边种。汽车携带的植物包括一年生植物、多年生植物、草本植物和木本植物,以及拥有各类种子扩散机制的物种。草种和小种子是最为常见的。

在澳大利亚的卡卡杜国家公园中,有304辆旅游交通工具(小轿车)被吸尘后,只有15个非本地杂草种被发现。[563]至于其他的物种,尽管汽车携带的物种是公园场所内数量的3倍,但汽车上杂草种出现的频数与公园杂草丰度(覆盖比例)并不相关。这表明旅游交通工具对公园中的杂草传播是有贡献的。更易于越野行驶的四轮驱动交通工具携带的总种子数量(多数应为本地种)更有可能比二轮驱动的车辆要多。

最后,在澳大利亚的堪培拉市,通过从车辆清洗店的废水中收集种子并使其萌发,来对出苗进行鉴别。[984,985]总共有259种、18 500枚植物苗被记录了下来。来自城市、周边农田及林地中的物种占有优势(图4.4)。正如上面德国的研究所展示的,被发现的物种展示了一个大范围的生物学特性,并且这些物种无法明显成组。有20个物种(总量的7%)在该地区是不为人知的,大多数物种被认为是通过汽车沿公路长距离运输而来的。已鉴别出来的对低温敏感物种至少穿越了100 km(62英里)的距离,沿海地区物种至少穿越了170 km(106英里),还有其他更远的田野物种。

假定数量庞大的交通工具无休止地运动,种子通过交通工具传播,以及随之而来的道路沿线植物生长的混合都无疑成了公路系统的一个主要过程。[916]在卡卡杜公园的研究[563]间接地说明了越野车辆[1013]可以将本地种增加到道旁混合植物当中去。堪培拉的研究[984]说明来自住宅和建筑区的交通工具会把非本地种增加到混合植物中去。

其他机制会促进公路沿线植物种的移动。结有可食果食的植物可以被鸟类和哺乳动物广泛传播,这些动物消费了果实之后通常在公路附近的森林边缘丢弃种子。昆虫,包括蚂蚁,也可以收集和移动种子。然而总体上讲,动物沿公路和路边搬运种子的重要性是有限的(图4.5)。很少有动物通过运动在公路沿线移动较长的距离,移动距离长的大多数是肉食动物和食腐动物。[302]

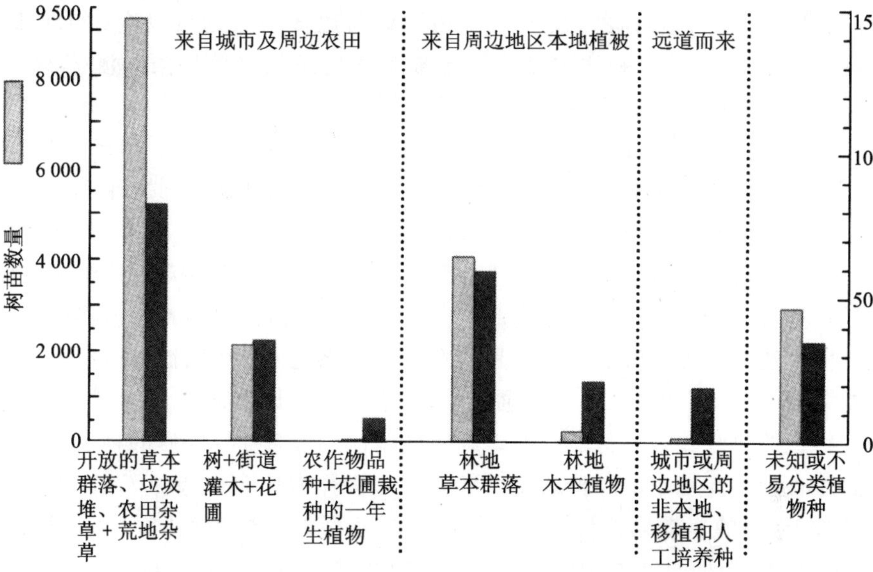

图 4.4　从澳大利亚堪培拉市的市区车辆清洗店收集到的树苗和植物种。在 26 个月的时间段中，从洗车水中过滤出种子并栽植于苗圃土壤中；在当时和随后 9 个月里对树苗做了记录。摘自 Wace(1997)

图 4.5　道旁走动和食草的牲畜。注意牲畜踩踏出的小道和相对较高的植被，这也许说明了较低的动物密度。美国科罗拉多西北地区。摄影：R. T. T. Forman

在寒冷的气候里,路盐被用于公路(第 8 章),这有可能会促进适盐或盐碱植物的移动。[828, 1, 201]在荷兰,耐盐植物物种沿路边传播最远可以穿过 150 km (93 英里)的距离从沿海到达内陆。[955]水被渠化后进入道旁沟渠和溪流,有防水种子的物种可以通过这种方式进行传播。[1036]

风有若干方面可以促进公路沿线轻质风传播种子的移动(第 10 章)。[18,796,1036,72]高风速或风的加速能够带起表面微粒,如道路上的种子。气体紊流可能会有更大的提升力。气流能被渠化进入森林中的开放路槽,并在通过狭窄区段时加速。斜着进入路槽的风会改变风向并沿着道旁和森林边缘顺着风向加速。垂直于公路的风在道旁会产生向下气流和紊流。风通常在河谷附近和桥梁周围加速并成为紊流。交通工具本身的移动会使风产生紊流,一粒种子,就像繁忙公路上的一只纸杯,会在交通工具移动的方向上被吸住。[1058,1059,916]甚至路面和路边的热吸收差异都能导致走廊的气流足以带起那些轻质的种子。

道旁各种小环境中的风模式可以部分地来解释为什么道旁种子库(土壤中贮存的种子)中的非本地种与道旁生长的非本地种之间极为类同。[635,702]相反,对本地种来说,道旁种子库中的物种和生长植物种之间则有所不同。

(2) 从道旁向周围景观传播

景观中非本地植物种的扩散是一个值得关注的源。许多人担心外来植物,特别是那些能够沿公路传播的外来种(图 4.4),它们可以从路边扩张并"接管"景观。渗透于许多土地中的公路附近区域,被引入的植物可能会通过比如对水利用、火灾危险或土壤营养的改变来使得许多景观的功能发挥方式发生变化。另外它们还可能会促进其他不受欢迎的害虫、食肉动物或疾病的入侵。尽管这些担心大多是一些未经验证的想法,但有一些具体的答案却是可以利用的。例如,对于入侵来讲,障碍物多的景观要比障碍物少的景观脆弱性低一些。

来自公路的非本地植物种传播的最有可能的方向就是进入邻近的受扰动环境中。频繁遭受严重干扰的景观比起缺乏这种干扰的景观更容易被入侵。自然和人类的干扰会共同促进外来物种从道旁入侵到整个景观当中。频繁遭受洪水干扰的河流,通过桥梁和涵洞多处与道路相交,引入种可以在那里从公路进入到河网当中(第 7 章)。[703]在陡峭的森林景观中,许多滑坡都源自于森林公路,许多外来种可以沿着滑坡面从公路传播开来。耕地、郊外场地和公园、施工地点、森林采伐区都是连着公路的人类扰动的例证,它们都可以促成外来种的扩散。在美国俄勒冈州海岸线木材清伐区域和滑坡面上,到处是引人入胜的苏格兰金雀花,这证明了在特定条件下,清伐所造成的对于入侵的敏感性。[702]

人们是认为非本地种会改变路边和其他当地区域的生态系统,但却很少知道他们是如何影响整个景观的。例如,人们深信美国西南部河流中的柽柳

(*Tamarix*)要比本地植物消耗更多的水。一种被引入的多汁植物(*Carpobrotus edulis*)在加利福尼亚的某些海岸植物群落中会增加土壤的盐度。[201]苏格兰金雀花密集的灌木盖度可以增加太平洋西北部针叶林对火灾和灾情的敏感度。同样也是在这一区域,在废弃的森林公路上外来种出现的频度较低,[703]这说明了在景观尺度中,路网管理是有助于控制外来植物传播的。

一个重要的但知之甚少的问题是,道旁的杂草或非本地物种传入到周围环境中的频度和距离是多少。[1020,937,613,372,930,315]在一些区域中,非本地物种侵袭家畜牧场,甚至还出现了杂草法律和"杂草警察"来制止传播(如加拿大艾伯塔省)。虽然附近就有拥有杂草的道路,仍然缺乏证明这些杂草是从路边,而不是从居民区或建筑区传播到牧场上的有力证据。相类似,许多农户的田野里存在杂草问题,而且在一些自然保护区和公共绿地中也有突出的入侵性非本地植物存在。

现有的研究对物种可以从路边传播的距离提供了一些见解。在澳大利亚维多利亚的三个森林群落(硬叶林)中,非本地种在一条等级土路路边向外延伸的幅度也仅仅提升了5 m(16英尺)。[18]少数一些物种明显显示了更宽的频度,向外扩展了至少30 m(98英尺)。在澳大利亚西部道路毗邻的林地发生火灾后,非本地杂草被发现在开放双车道公路道旁的分布距离被提升了2 m(7英尺)。[634]在蒙大拿州冰川国家公园的林区里,一条双车道公路两侧的非本地植物种的物种丰度范围被扩展了1~2 m(3~7英尺)。[937]从总体上看,森林离路边25~100 m(82~328英尺)的林区范围,非本地植物种的丰富度较低。

在等级土路附近的森林小区里显示出了同样的模式。在西北部太平洋沿岸针叶林中离公路边0~5 m处采集土壤样本,结果发现那里的种子有大约95%是外来种,但是在深入到森林内部50 m的土壤中,仅有3%属外来种。[702]在马萨诸塞州的一条双车道铺油路面公路附近,种有成行的非本地挪威枫木,在路边土地上树苗的密度要比离公路50 m(164英尺)远的森林土地上密度高。[20]枫树苗密度仅在路边有所增加。

在波士顿郊外的一段25 km(16英里)、每天有50 000车次交通量的多车道公路沿线,有22个道旁点段,在那里栽植的大小可以结种的非本地木本植物与一处自然森林生态系统相邻。[314,315]有一半的地点显示出物种侵入邻近森林的证据,发现的侵入植物最远可以到达10~120 m(33~394英尺)处。最后,干燥的佛罗里达灌木丛林也出现了对道旁杂草的抵抗力。[372]

简单地讲,在这些从道旁到邻近土地的物种传播研究中,已报道的最远距离只是120 m(394英尺)。的确,大量物种的入侵仅仅能够到达距离路边10 m(33英尺)的地区。仍然有待更多的研究取证。

4.4 道旁生境和动物

在委内瑞拉依玛撒卡山区的热带雨林中,木材运输公路边上常常可以观察到一只特点明显的鹰。据说在稠密的森林中是见不到它的,这一物种被恰当地称为道旁鹰(*Buteo magnirostris*)。[88] 动物活动主要局限在道旁是非比寻常的。然而,在这一节中,我们将要介绍道旁动物的多样性、道旁生境的动物类型以及动物沿着道旁的活动。第5,6章中提出了动物围绕公路的活动,尤其是对周边土地中的野生动物给出了一些有深度的见解。

早期的一项综合性研究发现,[1008] 英国道旁分布着英国动物区系50种哺乳动物中的20种(占40%)。同样的,道旁有200种鸟类中的20%、6种爬行类动物的100%、6种两栖动物中的83%、60种蝴蝶中的42%和25种黄蜂中的32%。在荷兰,有50%的蝴蝶种(80种)为道旁常见种,[640] 这包含了20种道旁当地蝴蝶种和一些稀有蝴蝶种。相应的,那里的蚂蚱、蝉、蜜蜂乃至土壤甲壳虫的百分比还要比蝴蝶高出许多。荷兰的科学家深信道路两侧的连接度对这一较大的数量是有贡献的。简而言之,如果道路两侧的管理旨在提高生物多样性,那么路旁动物物种的整体多样性就会高得惊人。

在大多数国家,人们还是很少能认识到道旁生态保育的重要性。荷兰采取许多措施保护和改善道路两侧的自然群落。[63] 在英国,有6条路被政府指定为特殊科研基地,[944] 某种程度上与最为宏大的美国国家级自然保育区类似。其中一条道路的道旁被指定为级别很高的国家自然保育区,有两条路的两侧被指定为欧共体的"保护专区",即欧共体的重要物种保护地区。

作为生境或系列生境,道旁区域成为物种家园的原因有许多。[137] 有许多鸟类将巢穴筑在了道路附近,并在那里觅食。[162, 528, 88, 547, 77] 印度旁遮普地区的道旁吸引以谷物为食的鸟类,但不包含以虫子为食的鸟类或其他鸟类。[216] 有一些鸟类,包括水禽,会在道旁筑巢,尤其是在那些没有割草的道旁。[693, 779, 1000, 137] 在美国艾奥瓦州,道旁的巢捕食率(蛋或小鸟被捕食者猎食)和周围的土地利用类型有关。[77] 捕食现象在木本生境旁边要比在开阔生境附近更加普遍。

道旁经常较为稠密的草本覆盖物对很多的哺乳动物来说都是具有吸引力的。[255] 在印度的公路两边,人们在分散的本地灌木中栽种的非本地灌木改变了许多哺乳动物的栖息地条件。[779] 兔子密度略有上升,鸟类密度和物种丰富度直线上升,鸟类筑巢率极大提高,但没有发现道路致死频率发生变化。另外的一项研究发现,在一条多车道公路边上,小型哺乳动物的道路致死率和哺乳动物的密度成正比。[8]

为野生动物设计道旁可以消除一些相互冲突的目标。例如，动物需要遮挡、逃避时的遮挡物（出现危险时）、视线、穿过道路的能力，而另一方面驾驶员需要在高速行进的同时不至于撞上动物。在图 4.6 中，开放的道旁（a）提供给了驾车者和动物最宽的视线，如果我们仅仅为人做了这样的设计那则是最好的。如果（d）中道旁有木本植物倾斜地对着过往车辆，这样的设计对人应该是较好的。回旋的森林边缘（b）看上去对于动物的前面四种需求都是最好的。在（c）的设计中，较大的木本植物缀块对动物来讲是较好的。还有其他一些道旁设计都可能会为实现运输和生物多样性的社会性目标提供有效优化方案。

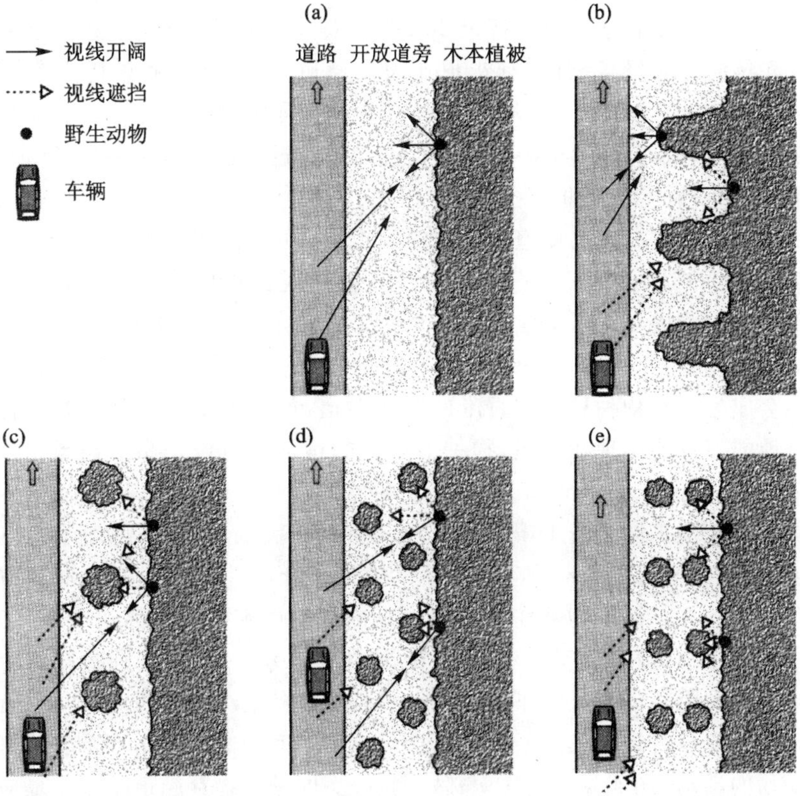

图 4.6　基于道旁植被设计或格局之上的野生动物和车辆之间的视线范围

我们对道旁许许多多的昆虫知之甚少。[583, 246, 742, 973, 944] 一些昆虫在附近农作开始时被发现即退回到了路边。[583] 在美国艾奥瓦华州，当路边栽种了各式各样大草原上的本地野花时，与单一雀麦草（*Bromus*）相比，蝴蝶的多样性、密度、道路致死率全都高出许多。[777] 往来交通量看起来对正在路边摄食的蛾子和蝴蝶种没有影响。[661, 547] 但是有许多的昆虫会被来往的车辆撞飞。

有研究发现在中央隔离带中,未割草道旁如果还连着一条木本林带,那么那里的小型哺乳动物密度将会趋于最高。[7]中央隔离带未割草区域与道路外围路边区域相比在小型哺乳动物密度方面发现没有差异。同样,也有关于中央隔离带树林和路边 400 m(1 300 英尺)以外的林地中小型哺乳类没有密度差异的记录。

动物沿着公路边的运动总的来讲是有限的,[302]但是我们可以假设一旦道旁栖息地连接程度较高,这种情况就会得以加强。[72, 971, 973]在较大景观尺度上的运动[302],如大乌鸦(*Corvus*)以道路沿线的被撞被轧的死动物为食[496],偏远地区的大型食肉动物在夜间循路而行,在第 5 章中将要讨论。这里要讨论的重点是生活在道旁或者道旁附近区域的物种。有一项研究发现小型哺乳动物在它的正常活动范围内会沿着道路至少行走 28 m(92 英尺)。[774]有材料描述了小型哺乳动物在几年的时间里,沿着加利福尼亚州沙漠道路[431]和伊利诺伊州多车道公路[247]道旁扩散的情况。后来还有案例说,以前无法穿越村镇的野生鼠类(*Microtus*),在一条有连续道旁植被并绕村而过的过境道路建成后将自己的活动范围延伸了 90 km(56 英里)。

使用地甲虫数据和其他道旁数据的模拟模型可以使我们更加深入地了解主要公路道旁的扩散过程。[973, 974, 959, 983]作者总结说长距离扩散在较宽的道路边上会比窄的道路边更为频繁,因为很少有动物会在邻近区域迷路(公路和相连的土地利用类型)。如果在临近区域迷路的动物可以通过繁殖来弥补,这时路边可能会成为这些物种移动数百米的扩散廊道,如果定期性地有一些适合的开放栖息地的节点能出现在那里,物种沿道旁的运动会得以提高。美国北达科他州的采伐蚁(*Pogonomyrmex accidentalis*)很明显通过沿道旁的移动在 12 年里将自己的活动范围扩展了若干千米。[215]

因此,虽然改善道旁动物生存环境的建设和管理活动近乎为零,仍有许多物种使用这些地方。许多物种在道旁的附近栖息地内定居并在路边觅食,另有一些则是直接占领栖息地。有些在觅食范围内沿道旁迁移,有些则是在道旁扩散和传播很长的距离。想象一下,虽偶然一定会有乘上汽车的机会,[72]但这些扩散主要还是要靠行走和飞行。虽然路边可以通过对木本植物适当的安排来提高沿线动物的活动(图 4.6),但建立有效栖息地,促进动物穿越道路才是最应该优先考虑的。

4.5 道旁管理

在美国,人们按照当地的愿望和要求对道旁进行养护。20 世纪 30 年代提出了"道旁需要保护,要把它当作我们国家的前院"。[393]20 世纪 60 年代美化的目标被加了进来。20 世纪 70 年代以后,生态方法渐渐成为了人们追求的目标。基本的发展趋势是从草坪到绿色草本美化带,再到引人注目的生物多样性植被带。最后一个阶段才刚刚开始,可以理解为由“地毯式摊铺,墙到墙剪草,单一播种”到“减少除草剂使用,保护地下水,鼓励栽种漂亮的本地植物种,减少杂草,为野生动物提供栖息场所”。[393] 人们认为在全国较大的范围内应该设定一个框架,即道旁的设计和养护应该符合当地的想法和要求。

20 世纪 60 年代中期,道旁植被的管理变得尤其活跃。在 30 多年中,前美国总统林登 · B · 约翰逊的夫人博德 · 约翰逊一直在倡导道旁美化。[393] 约翰逊夫人喜欢说的一句话是“鲜花盛开的地方,就有希望”。她的努力促使了 1965 年《公路美化法案》的出台,这一法案号召人们改善景观,移除广告牌,减少路边垃圾堆放场。

美国道路边的生态目标因此转向关注减少水土流失、沉淀物质流动以及最近处的种植本地野花和减少非本地入侵植物种。[393] 在荷兰、澳大利亚和其他欧洲国家,有着非常多样的生态目标和丰富的实践活动。[63,310]

以下是一些有代表性的道旁管理的宽泛目标:

① 成本最小化。

② 人员安全最大化。

③ 在维持生态效益的同时,改善视线质量。

④ 减少侵蚀和沉淀物流动。

⑤ 控制非本地种。

⑥ 提高生物多样性。

⑦ 提高野生动物密度,降低道路的障碍效应,改善动物在道路上的跨行。

⑧ 降低野生动物密度,提高道路的障碍效应,降低道路致死及动物与车辆相撞事故的发生。

⑨ 完成一系列多用途的社会目标。

最前面的两个是单一目标,可以在不依赖于其他目标的基础上得以实现。其他目标则要求在许多相互冲突的目标中进行优化和权衡,并包含了主要的生态维度。随着美国人生态期望的不断增加,后面的 7 个目标显然是道旁管理中值得迎接的挑战。

有幸的是,道路的规划者和经理们有很多方法和工具来实现这些目标,包括如不同时间和不同频度的割草、伐除灌木、剪枝、施加除草剂、清理割除的地面、清理沟渠、回填侵蚀路堤、降低或增加道路外围区域的地表异质性、修护和粉刷结构物、拓宽或变窄集约管理区、家畜放牧、割干草、压实或松土、增加表土、施肥,栽种一年生或多年生植物、本地野花、灌木和乔木(再加上其他控制水土流失的措施),还有更多的措施可以采用。对于许多目标而言,管理集中在减少或者增加自然生态过程所造成的结果上。

华盛顿州在今天美国的道旁管理方面树立了可借鉴的例子。州运输厅将其公路系统分成了24个公路养护区,每个区养护483 km(300英里)道路,有2~3个养护单位,全州养护工总数为250人,预算为大约900万美元。预算中大约有24%用于垃圾控制,27%用于杂草控制,33%用于清除工作,13%用于景观再造,另有3%用于其他方面。

华盛顿州将它的道旁分为3个区域。Ⅰ区为那些最接近道路的地方,目前仍保持无植被状况,常是离路边近4 m(12英尺)的范围。这些区域还是经常被播撒农药,可留下来的对入侵种而言都是一些不具竞争力的植物,由此也鼓励了一些本来不需要的植物的生长。新的指南容许将一些既不是火灾隐患也不会损害路面的植被留下来,旨在减少对除草剂的使用和对杂草的控制。Ⅱ区有时被叫做恢复区域,因为这些区域由于驾驶员或者车辆的问题,有时会有汽车驶入或被推挤到这里。虽然这些区域的宽度一般为路面边缘9 m(30英尺)的范围,但实际宽度会经常随着速度、交通量,驾驶员视线、排水、火灾控制的变化而变化。[2]

在区域Ⅱ中,植物的茎干高度不能超过10 cm(4英寸)。一般这一区域的剪草高度要贴近地面,现在可以有30~61 cm(12~24英寸)的高度。Ⅲ区为离道路最远的区域,那里割草强度可能会很高,或者越来越多地按照自然的方法栽种植物,但这里为响应周围相邻区域人们的愿望,一般会有一些公共通道,或者通向临近土地的便道。虽然该州有巨大的路网,但这里提到的管理变化可以迅速地得以落实,创造出更加宽泛和明显的生态效益。

具有不同管理制度的道旁区域的描述在各州(省)中有许多。现在,我们主要介绍除草、控制非本地种和入侵种、植树以及色彩斑驳的道旁区域。

4.5.1 除草及植被控制

道旁除草的基本目的是为了安全。禾草、杂草、灌木和乔木会阻挡驾驶员对接近车辆和路标的视线。茂盛的灌丛会使司机看不见路边的骑车人和步行者,对骑车人和步行者来说也会有同样的问题。因此,在美国各州中人们制定了有关除草频率和种类的政策,主要为了不让草超过安全容许高度。灌木和灌丛的控制也常常是一些常规性的工作。[370]为提高能见度,会控制当地的植被,防止树木进一步生长,因为这些植物也可能会给失控车辆造成危害。

奇怪的是,有关道旁除草和管理的生态学意义很少有文献说明。很显然,在自然古老的土地上,从草本覆盖物到灌木再到树林的演替过程被吸收了过来,这则是除草的本意。[707]另外,某一些物种的建植、生长和成活,会因为常规性除草原因得到促进或是得以抑制。非常见的对扰动敏感的植物常常会消失，而后草便会茂盛起来。

道旁除草要求对时间、空间和强度做出重要的决定。[528, 796, 707, 1, 638, 596]就如上面提到的华盛顿州的例子一样，根据植被砍伐高度的不同，除草的强度会各有不同。树苗生长、草的优势度、雪的积累、野生动物栖息地和其他许多方面的相对成功都会具有重要的生态重要性。

关键的时间维是除草时间（一年或一季中的除草时间）以及除草频率（多长时间除一次草）。常规性年复一年除草时间的安排一般要看植被生长、动物筑巢和做窝、植物开花、开花植物授粉和传粉、无霜期以及为野生动物在非生长季节保留植被盖度的一般性时间的长短。另外也在某些偶然发生的情况当中会有灵活性，比如遇见湿润时期、旱灾、或其他较难预料的情况，而这些都是和除草制度有关的。

除草频率具有重要的生态效应和成本效应。[796, 707, 626]一年一两次除草要比五六次便宜许多。它对植物的丰度也有极为重大的影响，经常性的除草会对个别草本有明显好处，它们会在与各种植物种的竞争中胜出。

无需惊讶，时间和频率的结合对植物的多样性有着重大的影响，也提供给了道旁管理者一个广泛选择的空间。例如，一项对较宽的多车道公路道旁的研究发现，一年中如果在生长季前后除草两次可以使得生物多样性最高（图4.7）。每年在生长季前后只除草一次或在隔年生长季初期除草都会导致生物多样性减少。不除草的情况下生物多样性被发现是最低的。但是这些结果和生态学中的一般期望有某些出入。理论上讲，经常性的人类干扰会降低多样性，在生长季后期的扰动会促进禾草优势度提高并导致较低多样性，在无干扰的情况下，草本群落的自然演替会产生出物种丰富的群落。[856, 923, 776]这一例子强调了应该在不同的道旁和区域中开展严谨的研究。同时让我们明白了在过去几十年的除草以及常规性的操作中，有关道旁植被我们知道的太少了。

道旁除草的空间维主要集中在横跨道旁的区域、道路路段和一些特殊的位置。[637]在较宽的道旁，两到三条平行带中可以以不同时间和不同频率开展除草，结果可以使道旁的植物多样性更为丰富。同样，在道路沿线不同区段也可以以不同次序和频率开展除草。在特殊区段如较陡的坡上或者填方边坡的不稳定土壤上进行除草会导致明显的水土流失。但如果流失轻微，除草会产生出较小的扰动点段，对非常见种的拓殖和持久性比较适合。简单地说，将除草的时空进行统一考虑后，道旁管理者实际上会拥有一块丰富的调色板。

在威斯康星州中部的McCoy堡，濒危的Karner蓝蝶（*Lycaeides melissa samuelsis*）要在野生的蓝羽扇豆（*Lupinus*）上度过它的幼虫时期，人们发现在道路沿线它们会不断增长，并对除草表现得极为脆弱（第14章，图14.3）。因此，人们

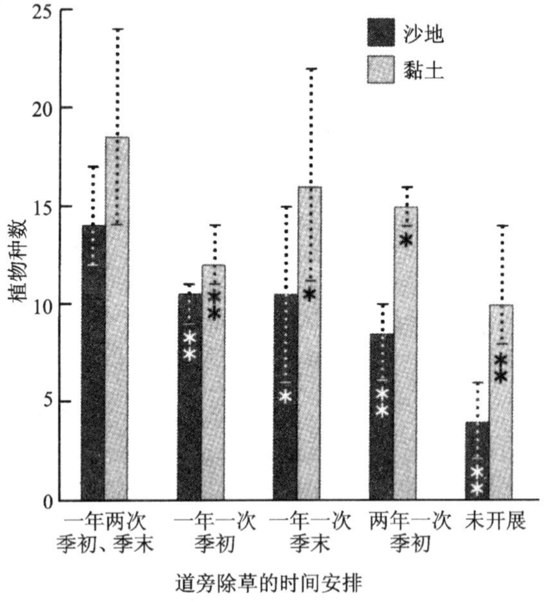

图 4.7 与道旁除草频率和时间相关的植物种多样性。季初——六月中旬；季末——九月中旬；* ——显著减少，** ——和一年两次除草有关的极显著的减少。除草后数天，所割除的草被拿去做了堆肥或者动物饲料。这是荷兰 10 年间的研究。荷兰格尔德兰省 Voorthuizen A1 号公路边上的沙质土壤；荷兰格尔德兰省 Tiel 的 A15 号公路附近的黏土。垂直点线明确指出了值的范围。自荷兰 TPW&WM(1994b)

会用标牌在每年道旁的野生蓝羽扇豆种群所在位置做上标志，当养护工人来到标记处的野生蓝羽扇豆所在位置时被要求要举起除草刀具。通过这种养护方法，提高了稀有种在路边的持久性。

干草收割后可以当作饲料、堆肥、或者“非常清洁的混合肥料”。[344, 639] 在美国，出现干旱时，有时会容许农民在路边将干草割下。一州与另一个州之间的条例与规定会有所不同，这主要看每个州自身的天气模式、地形和立法。2000 年夏季干旱，至少有 4 个州（内布拉斯加、威斯康星、蒙大拿、佐治亚）容许农民参与道旁除草工作，并支付少许费用。其他各州运输厅对政策进行了限定，一般以郡县为单位。还有许多国家，家畜在道路沿路被放养，从经济上，既帮助了农民，也帮助了交通管理者（图 4.5）。

由于不同国家的管理方针不同，道路边上的植被管理风格会各有不同。例如，澳大利亚的许多道路两边包含显著的与公路相对靠近的林地和大型树种组成的自然植被带。[72] 葱茏的树木经常可以为树栖动物提供树冠层的连接，同时还可以为道路遮阴，为驾车者提供愉快的驾车体验。维多利亚州路边自然带中的野生物种占所有濒危野生物种的 25%，占本地草地的 45%（B. L. Harper - Lore，尚未出版的综述）。在澳大利亚，这些路边保育区会由“路边保育顾问委员会”来负责开展总量调查、评估和保护。这一机构是 1975 年成立的跨部门伙伴机构。依靠州和当地的努力编写的道旁手册以及委员会的工作促成了许多有生态效益的活动，包括“避免整齐划一的植被”。有些时候，即使是在经济增长的郊区，某些路面道路的改善项目还是被取消了，就是因为路边生态调查发现那里具有较高的保育价值。

4.5.2　控制非本地种和入侵植物

约翰逊夫人后来继续支持各种环境动议，在她的帮助下，1987 年《美国陆地运输城市再安置授权法》将栽种本地野花的要求作为该法的修正案加入到了其中。本地植物在控制侵蚀、景观再造和维护路权方面都是非常有效的。不同品种适应道路所跨越的不同气候和地质带。本地植物能够在不上肥的情况下繁盛，一旦定植则可以抵御杂草的入侵，同时也会减少人们对除草剂的需求。

道路运输在与入侵种的斗争中是一个关键方面，因为道路可以使动植物离开原有的活动范围并加速他们在景观中的传播。[962] 例如，非本地入侵种野蔷薇（*Rosa multiflore*）曾被栽种于弗吉尼亚和其他一些地方的公路沿线，结果很快扩散到了自然栖息地中，造成大面积泛滥。

入侵植物种也可以在喷洒农药或除草剂的时候被清除。在施工过程中，或是在使用植被覆盖物、借土采石或铺草时，杂草种子可以在不经意间通过设备被引入到路边。人们不使用乡土树种，而是使用北美本地种（见该章节前面部分的讨论），结果北卡罗来纳州路边被种上了加利福尼亚罂粟。还有许多其他这样与周围景观截然不同的植被。20 世纪 80 年代，美国很少有可以满足大量道旁本土树种栽种需求的苗圃。但是今天在美国各地，有许多这样的苗圃，生产适合于每一处生态区域的种子与苗木。结果路边当地野花和禾草的使用量显著增加。不幸的是，为了控制流失、造景、或者执行野花项目，入侵植物种有时仍然被有意栽种。

1999 年，美国出台了一项行政命令，预防和控制入侵物种的引入和传播，并将目标锁定在有可能损害环境、人类健康、或是经济发展的物种上面。[393] 该行政命令是基于 1969 年的《国家环境政策法案》、1974 年的《联邦有害杂草法案》以及 1973 年的《濒危物种法案》。旨在减少对入侵物种的引进、控制物种，并将其对经济、生态和人类健康所造成的影响降至最低。

在有些情形下，要将引入的入侵物种清除看来是不大可能的。例如，有一种被引入的小虫（欧洲冷杉蚜虫），正在慢慢地戕害弗雷泽冷杉（*Abies fraseri*），这是一种南阿巴拉契亚山脉亚高山云杉－冷杉混交林中的优势种。[764]显然，最有效的方法是向树林中喷洒肥皂溶液，但这种做法既耗时又费钱。在大烟山国家公园里，弗雷泽冷杉气势恢宏地分列于通向克林曼峰的景观道路沿线，[1007]好几年以来，为了保护冷杉人们用卡车向树木喷洒肥皂水。最后，因为只有路边和仅存公园中的成熟弗雷泽冷杉，人们感到如果仍旧用人工方法维持这些注定要凋敝的树木是不现实的。于是喷洒停止了，现在只有死去的树木分列于景观道路的两侧。

1999年出台的行政命令规定联邦政府的资金不可以用来资助有意包含已知入侵植物种的施工、植树或造景活动。它对控制和预防入侵物种提供了支持。新的造景和施工技术以及设备都已经被设计了出来，这将有助于落实行政命令所提出的要求。这些内容包括生物控制输送系统、设备清洁系统、陡坡播种设备、焚烧控制设备，可以为现有入侵物种种群制图的地球定位系统，以及使入侵物种引入最小化的植被管理技术，减少对土壤的扰动。协调一致的研究和培训也有助于形成完整的植被管理原则。这种趋势，再加上进度评估研究将有助于实现未来道路中的生态完美。

4.5.3 植树

道旁栽植树木至少有9个重要作用[859, 394]：① 控制侵蚀；② 降低养护成本；③ 营造景观美；④ 控制积雪；⑤ 防眩；⑥ 突出道路线形；⑦ 为碰撞车辆起到障碍作用；⑧ 减少风速；⑨ 提供野生动物栖息地。许多栽种植物都有一种以上的功能。[779, 1, 954, 63, 393]

在道路施工完成后，栽种一年生或多年生的草本植物，将土壤流失最小化是尤为常见的。有时候人们也在路边混播或单播包括非本地种的种子。已经开展了一些比较本地和非本地种，以及一年生和多年生种子混合的对比试验。[123]主要是来评价植物减少水土流失的能力。加快自然演替也是其中的一个目标，对本地演替植物的种子进行混合，或者将演替植物和其他先锋植物进行混合都将是有潜力的。[1064]有时也会栽种树苗和成熟的草本植物，用来控制侵蚀，尤其是在那些侵蚀严重的地表。在已建成的道旁栽种野生开花植物，栽植的也常常是一些本地种，现在变得更加普遍了。再者，这些方法可以增加本地种丰富度或促进演替。一个区域中典型的自然演替植物群落一般会为野生动物提供最好的栖息条件。

栽种灌木是为了控制水土流失，尤其是在较陡的边坡上，如上行通道的回填坡面。灌木也可用来减少前大灯炫目的光线，另外在有些地方还可以吸收失控车辆或相撞车辆的能量。因为灌木的高度一般是车中人的高度，所以灌木的栽种和控制对于驾车者的视野而言尤为重要，特别是在弯道内侧和交叉路口。另外，灌木也可以达到为几乎所有野生动物提供遮盖的临界高度。因此，灌木可以起到重要繁殖栖息地和运动动物的遮挡物作用。在一些特别区域，出于安全考虑不鼓励野生动物进入，则可以限制灌木栽植，控制灌木生长，或减少已经栽植的灌木。

大多数路网中，在相对靠近路面的地方栽种树木已经形成一个惯例了，这样的道路中有80%的道路交通量会少于400车次/天。[3]在那些车辆失控事故发生概率较高的点段，可以安装防护栏装置或者移走较大的树木，或是干脆不栽种任何树木。另外，可供选择的更为生态的方法还有在桥墩、标牌前面认真栽种一些灌木丛块，或是乔木来吸收车辆相撞时产生的部分能量。一株灌木可以减少对实心物体的影响力。一前一后的两株灌木会减少更多的力，虽然第二株起到的作用没有第一株大。第三、四株会起到同样的作用，但作用会逐渐下降。也可以在刚性结构物前放置一些可以吸收能量的工程构筑物并用植物遮盖。结果则可以让更少的车辆遭受损毁、花费更少、伤害和医疗费用更少、人员伤亡降低，野生动物也可以从中得到更多的益处。

路边的树木和林地仍然和一系列的问题相关。除了前面所提到的生态效益以外，植树还可以降低风速，提供薪柴，[129, 317]果树可以生产水果，树穴可以为在其中筑巢的鸟类和哺乳动物提供场所，还可以为树皮昆虫、苔藓、地衣提供栖息地，枯枝落叶和腐殖质可以保存土壤营养，遮阴，还有视觉质量方面的收益，为临近土地提供遮挡，并储存碳。目前，几乎还没有开展过评估树种、位置和如此之多的涉及道路两边重要作用的研究。

树木和灌木在减缓道路阻隔和破碎化效应方面有着特殊的作用，它可以为动物提供跨路连接(图4.6)，一条较窄的道路上树木冠层可以为一系列树栖动物提供横跨道路的通道。在中等宽度的道路上面，两边的树木每隔一段距离会延伸并相互碰撞在一起，这种情形也可以提供一系列连接。[750]在较宽阔的道路上，道路两边延伸的树木无法相互连接在一起。这时动物就得下到路面来跨越公路，等待它们的是被猎食，或被车辆撞死。因此，各种树冠搭桥、吊床以及其他结构物都可以派上用场(第6章)。道路沿线两侧种植的灌丛和形成的树林，尤其是那些可以为野生动物提供遮挡或食物的树木，对飞的、树栖的和地面动物而言可以提高它们跨越道路的成功率。

4.5.4　生态及视觉质量

为了营造有较高视觉质量(VQ)的路边景观，道旁管理者可能会栽种或移走植被(图4.6)。栽植树木或移走树木可以阻挡或打通通向道路周边景观的视线。从更宽泛的意义上说,美学意味着漂亮,视觉质量包括了视觉和景色价值,虽然两者都和文化强烈相关。[850, 670, 237]预测景观质量和景观喜好度的方法包括对不同组别的人员进行调查,让他们给照片分类、自己亲自拍摄照片,或对计算机模拟景观进行打分。特别是政府自然资源机构,他们开发了若干量化的 VQ 评价模型,由于使用的关键变量不同,所以出来的结果有时类似,有时却不太相像。

对最高的视觉质量人们的意见最容易达成一致,也有一些是对低的视觉质量达成的一致,对中等水平视觉质量达成的一致明显偏少。一个 VQ 较高的景色会抓住人的眼球,吸引观赏者的注意力,并因此也常常会具有一些非同寻常的形状、色彩、质地、位置、布局、并列情况,或者以上各项的集合。单个的事物也许是美丽的,但整个景色却是丑陋的,或者也会存在相反的情况。[485]前景、中景和远景在判断视觉质量时常常都是重要的。

在美国康涅狄格州开展的一项详细的视觉质量研究发现,有水和教堂的地方是人们最喜欢的,传统的老式农场和庄稼再加上几只动物也算是好的,但是那些正在演替的区域在视觉质量上成为最低的(图 4.8)。[481]将这些来自相当多样的人员组别中的结果与生态学家们可能期望的结果进行比较(图 4.8),一个很有趣的关系出现了。三个被公众认为是最高视觉质量(“最好”)的场景在生态质量方面有高低之分,而三个被公众认为是最糟糕的场景在生态质量方面也有高低之分。视觉质量和生态质量看来并非相关(C. Steinitz,个人交流)。[237]

如果康涅狄格州的结果具有代表性,道旁管理者就可以将那些既有生态价值又有视觉价值的分散点段勾勒出来。但是对某段生态管理完善的道路沿线而言,大多数点段都可能被划入中或低的 VQ 等级中去。在设计包含周围景致在内的道路两边时,[33]观赏和被观赏的二分法是重要的。公路上的人可以欣赏到周围的景观,而身处公路周围地区的人们也可以欣赏到公路景观(见图 14.4)。向这样两组人群同时提供观赏和被观赏的视觉质量是一项重要的挑战。

人的眼力较差时,生态学家钟爱的无尽的自然植被会缺乏对比,因此经常不会被认为具有高视觉质量。大多数人喜好对比而非单调。然而,只要有少许人类开发的痕迹出现,VQ 排序常常会被发现有所降低,如果还有更多的开发,排序可能继续降低。

有两个属性看来可以在生态学家和公众之间达成高度一致。有水出现,如溪流或者湖泊和一片森林中有野生动物出现或者存在出现的迹象,这些都会提高视觉质量。[877, 708]即便是这样,但如果湖水遭到污染、汛期溪流湍急,或林子里面生活着危险动物,人们很容易会认为这里属于视觉质量较低的区域。

对某些人来讲,除草区域看上去整齐简洁,管理良好,而杂草丛生的演替区域看上去则是纷乱无序的。[671]对大多数人来讲,火、死树和伐倒的木头是属于

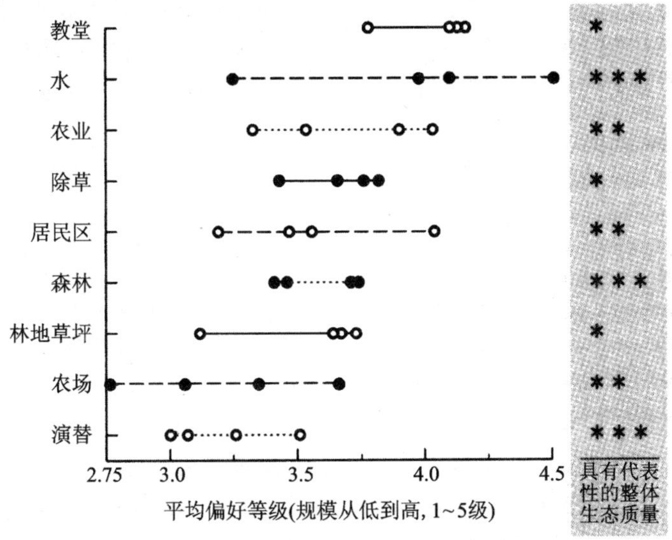

图 4.8　人们对新英格兰南部的 9 种景致的视觉偏好。由 249 人对 9 类景致中的每一种在道路沿线的 4 个不同的景点进行打分评级(95 位公路附近居民、27 位运输规划者、127 位其他市民)。对景点的打分基于被分为 1(不吸引人)~5(高度吸引)的相对吸引程度；整体平均打分为 3.61。36 个景点都被给出了平均偏好评分。摘编于 Kent (1993)。本书作者给出了具有代表性的整体生态质量(*——最低，***——最高)

坏的范畴，而在一大片森林中开辟出一条路让他们到达某一区域则是属于好的。对于大多数生态学家而言恰恰相反。

从公路上飞快行驶的车辆中向外看去，路边的花朵如同斑驳的小点，有时会变为条带，事物都融合了。[333]在车里(不像火车)，各样景致迎面而来。道路时而上坡，时而下坡。车辆在行进中不断变换方向。驾驶员感到一切尽在掌控之中。挡风玻璃中主要是道路和道旁的景象，视线中的线条在前面某一点交织在了一起。斜视一下，你会发现道路就像一个三角形，道路两边就如同三角形左右两条斜边。侧景和在火车中是一样的。

开车的时候，你感受到的整个景观质量是个体景观质量和观赏次序的结合。[859, 24, 824]因此，第一个景致、早些时候看到的景致和最后的景致被认为是最重要的。目前的景致存在于先前和周围的景致当中，因此道旁的管理者面临两难的境地。一条道路，像一部电影，应该被连接在一起，但是需要多长？100 m？1 km？10 km？100 km？或者是否要有不同的尺度？在没有考虑基本生态完善性前提下要将路段在视觉上连成一个整体是一项挑战。

因此,虽然该书中不会再进一步讨论生态及视觉质量这一话题,但它仍然是一项重要的研究课题。两个变量正相关和两个变量负相关的案例毫无疑问是存在的。[498,360]道旁管理者欢迎有关这两个方面可靠的信息,以便给旅行大众带来好处。

4.5.5 斑驳的道旁

前面描述的道旁生态管理趋势好像是要营造一种最好是用斑驳道旁来形容的模式,它以自然模式和过程为特色,并会为社会带来各种效益。它以本地植物种、异质性和斑块众多的微地形表面、水源条件、植被类型、垂直多样性、动物栖息地和活动路线的丰富程度,服务于多项社会效益的目标为突出特点,斑驳的道旁可能就是未来的景象。现在让我们更近距离地来观察一番。

《自然工程和土建工程》(Nature Engineering and Civil Engineering Works)[1]这本书应该是第一本指明这一方向的综合性书籍。在面积有限和集约化农业盛行的土地上,作者认识到了道旁总面积巨大,而能为社会带来的效益却少之又少,同时作者也认识到如果有了好的管理,这些连绵不断的剪草草地就可以朝着有价值的方向转变,公众届时也会有目共睹。在多样性自然界中采用推荐的工程方法开展建设,可以让我们现在就开始实现斑驳道旁本来的模样并可以获取效益。[852,63, 613, 640, 777]

减少割草的频率和强度是明智的。但是利用前面提及的割草制度的时空范围可以为道旁的开放空间管理提供一种模板。[637]减少非本地种和消灭入侵种可以拓宽道旁本地植物群落的分布范围。

这里土壤条件尤其重要。[596]除去特殊情况以外,减少施肥(或者车辆排放对路边造成的氮的覆盖)会有助于预防一到两种植物形成优势,并可以最大限度地降低池塘、沟渠、溪流和附近水体的富营养化。通过自然演替过程来建立土壤有机质会有助于保持土壤营养和维持丰富的土壤动物群落。使石质、沙质、营养缺乏点继续保持营养不足会有利于更为稀有的物种在那里生长繁盛。

要恢复先前在均匀一致的道路施工过程中失去的自然地表异质性是件尤其困难的事。这样的目标可以在道路升级或改善项目,以及更具雄心的养护项目中得以实现。土壤表面的微地形差异是很容易营造的,植物也会迅速响应并出现显著的多样化趋势。为加速实现这一目标更为突出的做法是建造或再建造池塘、湿地以及对其他与地下水位有关的条件进行变化,这样做可以极大地提高生境类型和物种丰度。

取得植物群落中的这些变化并最终实现为动物提供遮盖和食物的目标还需

要走很长的路。[1064, 852, 137]栖息地的异质性本可以通过灌丛、石堆和类似的东西得以提高。灌木线和树桩线会有助于引导野生动物按照管理中设想的路线进行运动。

斑驳的道旁可以为社会产生各种效益。沿某一路段,公众在旅游过程中可以指出一系列特点突出的点段,每一点段会产生若干不同的效益。可能产生的效益能列出一个较长的清单,包括从控制洪水污染物、保护稀有植物种到提供木材生产、固碳、再到为旅游者和上班族提供文化以及自然教育。

结论

"阅读道旁"使旅行者对道路周边的自然性质,以及道旁生态系统的历史、管理和未来有了深入的了解。道旁非本地植物种的丰度和有可能破坏周边的草地、农田和自然保护区的潜在的入侵源一样关键。但是目前在这方面的证据仍然缺乏。道旁会有稀有本地种,但是有关其丰富度和分布情况的详细调查仍旧缺乏,这方面需要建立有效的管理和保护机制。

道旁的自然植被相对均一和匮乏。横向的道旁分区以及路边至少在两个尺度上的缀块分布较为显著。到处经常性的割草有利于草的扩散,但却会以牺牲大多数本地植物和动物为代价。在割草和其他管理环节上调整时间和安排可以产生出植物群落的自然嵌块并形成斑驳的道旁。道旁设计和栽种植物可以实实在在地改善旅行环境,但由于视觉质量和生态状况并非经常相关,因此要注意采用高和中的视觉质量设计来营造高质量的生态环境。道旁,仅仅占了整个美国国土的大约 0.5% 的面积,但却代表着新思维、规划和管理的巨大机遇,这些机遇能够让社会受益。将来,在北美道路两旁可能会将旅行者的安全方案整合到自然生态系统的丰富图景中去。

第 5 章　野生动物种群

紧接着所有的兔子惊慌地跳了起来……黑兹尔惊讶地俯视着路面。有那么一阵子他甚至以为他看到的是另外一条河流——它在堤岸间呈现黑色，平滑且笔直……黑兹尔用力地闻了闻这奇怪的散发着强烈柏油气味的东西说道："那不是天然的，这是什么东西？它是怎么到这儿的？"大人物说："真是个庞然大物。它是人类造出来的，他们把那东西搬到那儿，然后让小汽车在上面跑——比我们跑得还快……"

"那，它是危险的了？它们能捉住我们？"黑兹尔问。"不会，这也正是奇怪之处。它们对我们视而不见没有丝毫兴趣……事实上，我认为它们根本不是活的。但我必须得承认我一点也弄不清楚这是怎么回事。"

——Richard Adams，《水洼》，1972

被分割的哺乳动物：这意味着什么？

——Rob C. van Apeldoorn，荷兰早期道路生态学研讨会中的一篇题为《栖息地破碎与基础设施》的文章标题，1997

将道路想象成足迹。如果我们的想象力仅有一半的速度，我们看到的只是一些物理足迹。如果我们能够在时间的长河里想象一下足迹的积累，我们会看到一个"车辙"总是在不断增加的环境。现在将想象全力减速，这时除了物理足迹之外，你将会见到那些道路附近的"虚拟足迹"。虚拟足迹是在时间与空间上由道路诱发或导致的所有活动的累积效应，也是所有这些活动的生态效应。虚拟足迹有积极和消极两个方面。使用徒步旅行小道和自行车道，以及观赏街景都是有关道路积极方面的例子。

但虚拟足迹带来的消极影响，如靠近道路区域的物种数量下降、越野车辆进入到那些无路区域后带来的扰动、对水文模式的干扰、栖息地的破碎化是可以通过明智的措施来使之显著降低的。虚拟足迹可以不是钉着耐磨钉的 13 号长筒靴的大小，而可以仅仅是小孩的 2 号尺寸大小。预先将缓解措施结合到道路系统的规划与开发中去可以使虚拟足迹的影响最小化。修建一条"聪明路"的目标就是要将道路的消极影响最小化。

延伸这一比喻，其目标是为了“轻轻地踏”在这块土地上。如果能够实现这一目标，人们的生活质量也应该有所提高。旨在将虚拟足迹的消极方面减至最小而设计的缓解措施如果能够被恰当地实施，在修复生态系统服务的同时，还可以维持或完善的道路服务功能。当能量流和营养循环可以持续下去，原有的水文模式得以留存，动物的自然迁徙在功能上不被妨碍时，后者就可得以实现。

道路和车辆是通过几个重要和有趣的方式影响野生动物的。有许多方式在文献中得到了很好的记录，[52,958,768,660]并且许多文献在50多年间已经描述过许多这方面的内容。[882,403,290]道路可以引起栖息地的直接损失，改变毗连栖息地质量，引发道路撞死撞伤，妨碍动物迁移。当道路被升级到适应更大交通量的要求时，野生动物穿越道路的成功比例会显著下降。[48,896,107,802]因此，道路能有效地使栖息地破碎化，将连续的种群分布割断。典型的结局则是小种群的出现，这些小种群将会面临极大的遗传学问题，它们在局部灭绝的几率也会不断增加。

在这一章中，我们把重点集中在道路、车辆与野生动物种群之间的主要的模型、问题和原则上，讨论他们的损益问题。除此之外，我们还会涉及一些被普遍尝试过的(或测试过的)缓解道路对野生动物可能造成有害影响的方法。虽然美国国内机构的报告中已经广泛涵盖了大量信息，但这里还是主要基于科技期刊中的文献。

5.1　道路上的野生动物死亡率

任何一个看到过一只试图越过繁忙道路的鹿，或者看到过道路上的一具未能成功穿越的皱巴巴的动物遗骸的人，都会开始想象道路撞死撞伤或者道路死亡率(或动物死亡率)的多种影响。尽管鹿(*Odocoileus*)和其他诸如熊(*Ursus*)、驼鹿(*Alces alces*)和麋(*Cervus elaphus*)的大型动物，死于道路上时更容易被注意到，但极有可能有许许多多的小型动物也是道路的牺牲品。在一些案例中，道路死亡率可能高到超过正常的掠食和疾病死亡率。[585, 134, 163, 92,406]

两个移动物体，动物与车辆(动物受损通常会最大)之间的碰撞无疑会让我们追溯到最初的车辆。19世纪中叶，亨利·大卫·梭罗描述了一起马车车轮直接撞到一只乌龟的事故；1895年，巴布尔对内布拉斯加州铁路上引起的鸟类死亡进行过评论。[46]许多写于20世纪早期的文章也报告了脊椎动物道路死亡率。[1023,1024,98,99,100,164,117,55,805]许多早期报告往往是单趟汽车旅行的产物，经常是在度假时进行记录的，所以结果受制于很大的样本误差。也有一些值得注意的例外，它们是基于长距离、多次的出行或者有时间表的野外调查。[830,873,219]

同样的，在早期有关鸟类死亡的报告中，大多数的作者并没有考虑到所涉及问题的一个很小的方面：靠计数死鸟对于了解行车道对鸟的关系是不够的。一些关于为什么道路和路边对鸟具有吸引力的理由被列举了出来，正因为如此动物才会出现在这些快速行驶的汽车附近。一个极具意义的见解认为我们的问题不应该是"有多少只鸟被飞驰的车辆撞死"，而是"有多少对鸟儿被影响以至于不能成功地孵化后代"。失去的配偶是可以被替代的，但在道路修建和养护期间造成的栖息地、狩猎位置和巢位的破坏，与汽车引起的鸟类个体死亡所造成的实际损失相比较，都更大的影响当地种群的生活质量。早期的观察者认识到栖息地和影响鸟车相撞的道路变量的重要性。因此植被高度、土地利用、局部危险、天气条件，以及汽车的大小和速度都可以解释大多数鸟类与车辆的撞击事件。[290]

尽管前面提到了许多早期估计的死亡率是基于单趟旅行计数，一份论文提供了至少六项研究的扩展分析（图 5.1）[883]。作者报告了平均每 10 km（6 mi）就有大约一只（0.95）脊椎动物死亡。他估计在美国"北方"各州约每 1 613 km

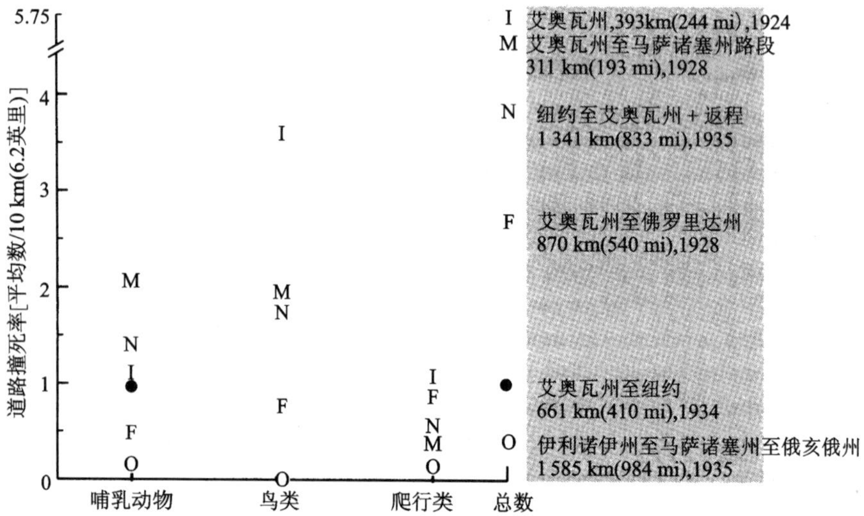

图 5.1　在美国 13 392 km（8 316 英里）的公路上被车辆撞（碾）死的脊椎动物。总数中包含了记录的少数爬行类和一些"其他"动物。摘编自 Stoner（1936）

(1 000 mi)的主干线公路上有153只脊椎动物死亡。几位早期的作者为不同脊椎动物计算了死亡百分比。例如,一项研究算出驱车在伊利诺伊州(Illinois)行进12 115 km时路上就会发生892起动物死亡事件,其中哺乳动物占24%、鸟类占68%、两栖动物不超过1%、爬行动物占7%。[873]另一位作者计算出驱车在奥尔巴尼(Albany)、纽约(New York)和爱荷华州的爱荷华市(Iowa City)之间往返3 473 km(2 157 mi)会有512只动物发生道路死亡事件。[883]

许多其他的作者也提出多物种道路死亡率。[99, 381, 206, 292, 1001, 805, 830, 497, 599, 608]最为常见的是鸟类比哺乳动物更频繁地被列入被杀之列。爬行和两栖动物较少出现在记录中。两栖动物(青蛙和蟾蜍)由于体积小,在道路死亡率量度时时常被低估。[883]此外,在记录中对小型脊椎动物的低估要部分归因于食腐动物以它为食的缘故。因而,大部分早期文献支持这样的结论:鸟类的死亡率最大,其后是哺乳动物,通常爬行动物和两栖动物的报告数量较小。

5.1.1 事故经济损失

在许多地方野生动物与车辆事故呈上升态势已经不是什么让人吃惊的事了。随着人类社会的不断发展,郊区化带来了每日上班族和道路网的增加以及高涨的交通流,还有清晨与傍晚时分增强的交通脉动(上下班交通高峰期和野生动物活动高峰期同步)都会导致既影响人类也影响野生动物的这些不幸遭遇的发生。

车辆与大体积物种的冲撞,如鹿,会发生车辆损毁、人员伤亡甚至会失去商业机会(图5.2)。例如,在1981—1991年之间,佛蒙特州(Vermont)的车辆财产损失在94%($n = 23\ 285$)的鹿和车辆撞击事故中出现(佛蒙特州交通厅,未发表数据)。在美国,每一起事故造成的财产损失平均估计为1 577美元。[182]保守估计每年发生720 000起动物和车辆的撞击事故(仅含长耳鹿和白尾鹿),造成每年大约有29 000人因此受伤。这包括了211人死亡,事故死亡率为0.029%。[182]远一点来看,1997年发生的所有与公路相关的事故造成44 381人死亡,结果显示由动物与车辆撞击引起的死亡占每年公路死亡人数的大约0.5%。一项纽芬兰岛(Newfoundland)的研究报告指出从1988到1994年发生5 422起驼鹿和车辆撞击事故,导致14人死亡,即每起事故约有0.25%的死亡率。[466]另一方面,在北美鹿被认为是比其他任何一个物种带给人类更多利益的动物,估计每年能带来超过120亿美元的货币净价值。[182]

图 5.2 一只鹿正在穿越两边长有森林的土路。黑尾鹿(*Odocoileus hemionus*),美国黄松(*Pine ponderosa*)以及刺柏(*Juniperus*)。新墨西哥州陶斯(Taos)的劳伦斯山脉(D. H. Lawrence)。摄影:R. T. T. Forman

5.1.2 野生动物道路死亡研究现状

野生动物道路死亡是捕食和疾病等自然原因之外引起的死亡。因此野生动物种群道路死亡率的重要性在于它相对于其他死亡原因时的幅度。不幸的是,极少有比较与道路有关死亡率和其他原因死亡率的研究存在。不过,对撞死在道路上的动物的绝对数量进行估计,并与野生动物种群大小来比较,可以表明至少对一些物种来讲死亡率水平是高的。

在美国尽管大的物种尤其是鹿的道路死亡率的全国性数据已经被拼凑了起来,但没有哪一个野生动物物种的道路死亡率的系统性记录的保存工作依然进行着。从 1994 年起,我们知道只有 14 项研究描述了鹿的道路撞死按年龄和性别的季节性分布。[784]或者更进一步来说,也只有四个州(加利福尼亚州、密歇根州、宾夕法尼亚州和怀俄明州)的状况得以描述。另外三项研究则把重心放在道路死亡的种群特征上面。尽管缺乏精确的数据,我们估计每年死于美国道路网的鹿数量在 72 万[785]到 150 万[181]之间。分别约有 92% 和 89% 的撞车事故分别会导致鹿和驼鹿的死亡。[13, 466]因为未被报道,估计撞在路上并且未被记载的鹿的比例从占报告数据的 50%(D. Reed,个人交流;Romin 和 Bassinette,1996b)到 6 倍之多。[211]这表明鹿的实际死亡率比统计数据要高出许多。

在夏季的四个月中间,毗邻于蒙大拿州 Mission 峡谷 Ninepipe 国家野生动物保护区的93号公路一段7.2 km长的道路上共有205只标记甲鱼（*Chrysemys picta*）死于过往车辆。[326]除去在公路上受伤但逃离了公路的动物不计外，相当于每月每千米有7只甲鱼死在道路上。这条双车道高速公路把一系列完整的沼泽湿地分成了两半，而这些湿地是甲鱼和其他水生野生动物们繁衍生息的乐园。而道路本来是不需要把水生动物栖息地一分为二去影响基本的水生动物物种的。从水生到陆生栖息地的季节性迁移模式带给我们的是甲鱼（*Deirochelys reticularia*）[124]道路相关死亡率的长期源。公路把湿地和有森林覆盖的区域分开而导致蜻蜓的高死亡率，因为蜻蜓需要在它们的两个主要栖息区之间往返[778]（S. K. Riffell，个人交流）。

众多的关于火蜥蜴和蟾蜍季节性迁徙导致的发生在公路上的大量死亡记录在世界各地都有。[522]青蛙和蟾蜍与许多种蛇一样都容易受到道路轧死轧伤的影响。有报道说在繁忙的公路上两栖类被交通碾压致死的概率是89%～98%，日交通量在3 200辆时公路上被撞死的概率可以达到34%～61%。[412]在两年的时间里，在加拿大埃利湖附近一条3.6 km（2.2英里）长的道路上有超过32 000只的脊椎动物（大部分是两栖动物）被发现成为道路牺牲品。[30]在澳大利亚也有报道说每年大约有550万爬行类和青蛙死于道路交通。[239]

安大略省的一项识别青蛙和蟾蜍成为道路牺牲品的三个显著趋势的研究表明。[255]随着交通量的增加，每千米双车道上死的和活的两栖动物的总数会减少；随着交通量的进一步增大，死亡的青蛙和蟾蜍的比例会增加；然而随着交通量的进一步增加，青蛙和蟾蜍在路边和毗邻栖息地的密度则会降低。作者得出的结论是道路死亡率对这些两栖动物的当地密度有着显著的影响。[255]在丹麦，每年有大约10%的成年青蛙（*Pelobates fuscus*）和褐蛙（*Rana temporaria* 和 *R. arvalis*）因交通而死亡。[412]

同样的，道路交通对佛罗里达州国家沼泽地公园Pa-hay-okee湿地的所有蛇类都有显著的影响。[79]在两年的时间里，沿线所观察到的1 172条蛇中有73%因为道路交通非死即伤。在四年的时间里，对亚利桑那州15 000km（9 315英里）公路的观察得到平均每年每千米有22.5条蛇被轧死在烛台掌国家保护区（Organ Pipe Cactus）一带。[793]尤其显著的是两个特别的物种，墨西哥玫瑰红蟒蛇（*Lichanura trivirgata*）和烛台掌国家保护区铲鲟蛇（*Chionactis palarostris*），它们受到道路撞死撞伤的影响最为严重。当物种受到威胁，或者成为濒危种，或是具有其他保育价值时公路对它们的影响将会更加严重。

广泛分布的食肉动物种群在道路交通事故中尤其脆弱。在采取地下通道和护栏等缓解措施之前，濒危的佛罗里达黑豹（*Puma concolor coryi*）49%的死亡率来自与车辆的相撞死亡。[585]道路撞死撞伤是濒危虎猫（*Leopardus pardalis*）死亡的一个重要诱因。在南加利福尼亚美洲狮（*P. concolor*）唯一最重要的死亡原因也是车辆。[61]在西班牙西南部和美国明尼苏达州道路撞死撞伤分别是伊比利亚山猫(*Lynx pardalis*)[284]和狼(*Canis lupus*)[340]的最大的死亡原因之一。

截至目前,有关动物道路死亡率的种群影响研究相对较少。现有的研究提出这种影响可能是显著的。当地两栖动物种群的有无及其密度都可能受到道路交通的影响。[255,982,143]在荷兰道路数量和密度是獾(*Meles meles*)的数量下降最强有力的决定因素。[958]在美国佛罗里达州靠近双车道高速公路的地方,灌鸟(*Aphelocoma coerulescens*)死亡率是生活在远离公路区域种群的将近两倍。[660]另外,有报告提出公路密度对湿地中 2 km(1.25 英里)以内地区的爬行动物、两栖动物、鸟类和植物物种丰度都有着显著的影响。[255,288]这些结果同样表明了一点:其他重要的因子很可能与道路死亡通过互动来影响一个物种。比如,在两栖动物和湿地研究中,交通噪声和干扰可能减少公路附近栖息地的种群。

在一项对离道路不同距离处的甲鱼进行标记研究时发现,在道路附近的甲鱼有较低的密度和较高的死亡率。[326]有趣的是,成年海龟在距离道路更远的地方占有较高的百分比。一个种群中死亡率带来的结果是年龄结构朝着更加年轻的年龄级变化。道路造成的种群水平上的影响的非直接证据可以通过量化特定动物种群的不同死亡因子的相对权重来提供。比如,车辆碰撞已经被报道是佛罗里达黑豹、黑熊(*U. Americanus*)、凯鹿(*Odocoileus virginianus clavium*)、美洲鳄(*Crocodylus acutus*)和山姆鹰(*Haliaeetus leucocephalus*)的最大的死亡源。[399]道路撞死也是阿拉斯加州凯拿依(Kenai)国家野生动物避难所的驼鹿[42]和英国谷仓猫头鹰(*Tyto alba*)[682]最大的死亡源。

5.2 影响野生动物道路死亡率的因素

可以将影响野生动物道路死亡率的诸多因素归纳为有用的两类:① 交通、道路和景观影响;② 物种行为和生态。

5.2.1 交通、道路和景观影响

行车速度和交通量同时影响着车辆对野生动物的碰撞。一项早期的研究指出,车辆行驶速度超过 40 mph(64 km/h)时对鸣禽和兔子的影响比汽车以更慢速度行驶时影响要大。[219]美国印第安那州进行的对浣熊(*Procyon lotor*)道路死亡的长期研究(1967—1985)发现,在 1 980 万 km(1 230 万英里)的道路行驶里程当中将近有 14 000 只浣熊死于道路交通。[783]该研究也指出了行车速度是造成死亡的一个主要原因。另一项研究也报道了死于道路的野生动物数量并不与

每月、每年的日均交通量显著相关,但是道路死亡率与车辆行驶速度却显著相关。[147]与之形成鲜明对照的是,美国佛罗里达州犰狳(*Dasypus novemcintus*)的道路撞死率与交通量却有着很高的相关性。[440]在加拿大纽芬兰省,车辆碰撞驼鹿的事故在交通量最大的时候发生。[466]

研究也观察了发生鹿-车碰撞事故的公路附近景观结构的影响。报道说随着附近住所和建筑物数量的增多,鹿-车相撞事故的概率会降低。[52]在美国宾夕法尼亚州,当道路有较低的限速、距离林区较远、最小视距较长时事故会降低。另一项研究则表明当有更多的桥梁和更多的车道时,鹿-车辆相撞事故有更高的趋势。[430]简而言之,这些研究意味着除了种群密度外还有两组主要因子影响道路撞死率:① 交通量和速度,② 附近栖息地覆被和野生动物活动走廊。

5.2.2　物种行为和生态

一些物种种群对于道路相关死亡率比其他种更趋脆弱(图5.3)。低密度、低繁殖率和长世代的物种是典型的最容易受意外死亡影响的。[519,1051,325]一些大型食肉动物就是具有这些特性的物种的完美例证。

	道路死亡率	生境丧失	连接度降低
受到道路栖息地吸引	*		
自身高的活动性	*		
栖息地广布种	*		
多资源需求	*		*
低密度/广区域要求	*	*	*
低繁殖率	*	*	*
森林内部种		*	*
行为上对道路避让			*

道路主要影响

图5.3　使物种易遭受三种主要道路影响的一些特征

生来就具有更强的迁徙性的物种通常对道路撞死撞伤更为脆弱(图5.3)。理论研究指出扩散率随着扩散期间死亡率的增加而降低。[180,546,493]因此,那些具有固有高迁徙率的物种应该最容易受到扩散中死亡率升高的影响,比如道路撞死撞伤现象。最近的两项研究支持这一观点。第一项研究中,频繁采用长距离运动来觅食的蛇类,比在相对固定的位置觅食的蛇类死亡率高。[102]第二项研究讨论了道路对具有不同漫游机制或移动性的两种蛙——豹蛙(*Rana pipiens*,移动性强)和绿蛙(*Rana clamitans*,移动性弱)的种群密度的影响。发现交通量对迁徙性物种种群密度有显著的负面影响,对移动性较弱的物种种群密度没有影响。[143,144]

与其他道路影响相比,栖息地的广布种更容易受到道路撞死撞伤的影响(第4章)。例如,在林地中捕捉到两个小型哺乳动物个体,而后将它们释放到交通量各不相同的道路所分隔的其他林地当中(S. Derrane等,私人交流)。其中,一个物种白蹄鼠(*Peromysus leucopus*)是栖息地广布种,而另一个东部花栗鼠(*Tamias striatus*)是栖息地的特有种。广布种返回归自己家的能力会随着交通量的增加而降低,然而交通量水平并不影响特有种的回归率。一个可能的解释是广布种动物更有可能冒险迁移到一个不熟悉的栖息地当中去,比如道路,这使得它们更容易受道路撞死撞伤的影响。然而,特有种则通常种群会更小一些,生殖率更低,适合的栖息地会更少,因此可能会处于危险中。

行为上表现出对开放栖息地和噪声避让(或道路避让)的物种比那些随时企图尝试穿越道路的物种会较少受到道路撞死撞伤的影响(图5.3)。例如,当林缘间相距超过20 m (66英尺)[700]时,发现小型森林哺乳动物不情愿冒险到公路表面。[700]在莫哈韦沙漠(在美国加利福尼亚西南——译者)进行的一项实验发现,即使啮齿动物可以走很远的距离,但它们对穿越公路仍然犹豫不决。[341]在德国,两种森林栖居的老鼠极少或从未穿越过双通道的公路。[583]在加拿大安大略省,一种小型哺乳动物穿越交通量很小的一条6~15 m(20~49英尺)宽的公路的概率不到在毗邻栖息地活动量的10%。[630]几种大型动物,包括黑熊、灰熊(*U. arctos*)、麋鹿、黑尾鹿(*O. hemionus*)和狼也显现出躲避公路的特点。[797,374,615,115,913]

食肉动物的道路死亡率通常与活动模式相联系。例如,在1982—1986年间,在华盛顿州东部地区有17头雄性长尾鼬鼠(*Mustela frenata*)死于高速公路和二级公路上。[120]所有这些死亡均发生在夏季繁殖季节,当时公鼬鼠的活动增加。

最后要提出的是,一旦那些动物被吸引到公路上以后,他们的死伤风险就会因此而增加,人们记录了一些这样的案例。有些动物,如爬行类和一些昆虫被吸引到道路上和道路旁,将那里作为他们享受阳光和筑巢的场所,这会使他们更容易受到车辆撞死撞伤的威胁以及捕食者的攻击[406](L. Fahrig,个人观察)。爬行动物在白天会来到公路表面享受阳光,在夜间则会在公路表面进行自身的温度调节,这会使它们轻易就成为道路的牺牲品,最终成为食腐动物口中的腐肉。[793,492]在道路上以道路撞死的动物、享受温暖的动物、或溅洒的谷物为食物源的动物,也都很容易受到道路撞死撞伤的威胁。[334, 179, 887]因为公路要求铲除积雪和使用盐基除冰剂,当那些缺少无机盐的有蹄类动物到公路边以及人行道的裂缝中寻找盐时,可以这样说,冬天过后新的问题还会出现。[334]

5.3　栖息地质与量的变化

在分布有道路的景观中,影响动物种群的某些因素可能会比道路撞死撞伤对维持动物种群的生存造成更重要的威胁。栖息地是一个关键因素,所以我们以与道路和车辆相关的栖息地改变的三个组分开始研究:① 栖息地丧失,② 栖息地品质降低,③ 栖息地品质增强。

5.3.1　栖息地丧失

道路建设通过把现有的栖息地转变成为道路和道旁(路肩和路域范围)导致栖息地丧失。道路建设也会由于对地表径流的扰动,通过溪流淤积作用和湿地干涸而导致对周围栖息地非直接性地破坏。[463]在美国有 625 万 km (400 万英里)的公共道路,由于道路而失去栖息地绝不是无足轻重的。

一些动物物种对失去栖息地比另外一些物种更加脆弱。最为脆弱的物种要算那些大型、寿命长、需要较大面积、低密度和低繁殖率的物种,比如许多大型食肉动物(图 5.3)。[342, 325]基于现有证据,能够支撑大型食肉动物种群的景观似乎只有当其中道路密度低于 0.6 km/km^2(1.0 mi/mi^2)的时候才可以。[320, 310]比较起来,在美国平均道路密度为 1.2 km/km^2(1.9 mi/mi^2)[310],在许多欧洲国家平均道路密度已经超过 2 km / km^2(3.2 mi / mi^2) (图 2.6)。

栖息地被限制在森林中的内部种对森林栖息地大小的减少更显脆弱,因为更小的缀块意味着较多的边缘栖息地(或森林边缘)的比例,而边缘栖息地是森林内部种通常所回避的。[66]在景观中剥夺森林很典型地就是增加边缘栖息地数量所占的比例。对于不能生活在森林边缘的物种来说,这会导致其栖息地数量的不均衡降低。[254]由于道路长而窄的形状,以及道路引起的对森林的剥夺,形成了大量森林边缘,这对那些森林内部物种来说会导致额外的栖息地损失。[752, 760]对严格的森林内部物种来讲,由于道路而失去栖息地是对森林实际移除的若干倍(图 5.4)。换句话说,道路的虚拟足迹是巨大的。

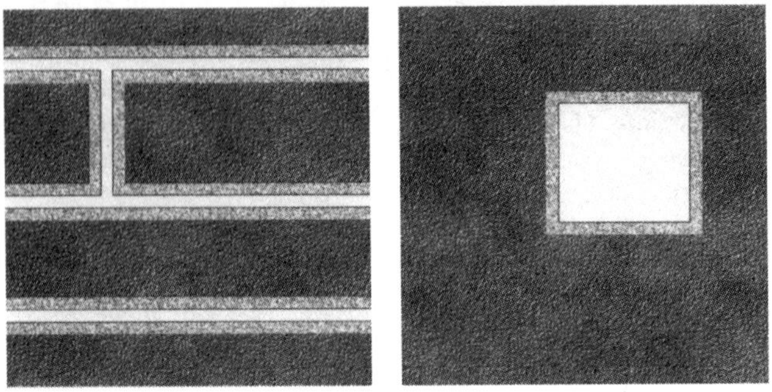

图 5.4 由于道路和“阻隔”的发生导致的森林内部栖息地的丧失。深阴影部分为森林内部；浅阴影部分为林缘区域；无色部分为开发区域。两图中无色面积一致。(a) 道路穿越森林，那里原有的森林内部栖息地只有 66% 得以保留，并被分成 5 块分离片区；(b) 开发占据了森林内部正方形条块，那里原有的森林内部面积仍有 84% 被保留成相互连接的一整块，并且面积较大

一个物种具有如何的移动性也会影响到它因道路失去栖息地的脆弱程度。复合种群理论指出移动性比较强的物种能更好地处理栖息地丧失的问题。[387] 然而理论并没有结合个体在“非栖息地”、或者景观下周围基质中的死亡问题。[302] 模拟研究[82] 指出当基质中死亡率高时(如有道路存在时)，移动性强的物种实际上更容易因为失去栖息地而受到影响。这个预测被一项栖息地丧失对两栖动物的影响研究所支持，结果显示移动性最强的物种对失去栖息地最为脆弱。[349]

5.3.2 栖息地品质降低

道路建设除了直接剥夺栖息地外，也改变道路附近栖息地的品质。道路廊道和与此相关的干扰会导致栖息地品质的下降：① 数量响应，比如繁殖期的个体丰度和密度降低；② 行为响应，如道路避让。一个极端的例子是，无用的栖息地被留下了，并且(或者)出现 100% 的道路避让区，栖息地品质的降低等同于栖息地的进一步丧失。

在研究佛蒙特州宽广的森林区域中未铺筑路面的森林道路对灶巢鸟(*Seiurus aurocapillus*)密度的影响时，研究者发现该鸟的活动范围的大小会因为离道路距离的增加而有所下降。[699] 他们总结出了在森林景观中，灶巢鸟栖息地品质在未铺砌路面的林区道路附近 150 m(492 英尺)的范围内可能会降

低,从而需要一个更大的捕食区,同时整个区域中的密度也降低了,繁殖成功率也有可能降低。在类似的一项研究中,佛罗里达灌丛松鸦领地附近的一条每天约有500 ~ 750辆汽车的铺砌路面的道路对松鸦成功筑巢却无影响。[660] 然而,道旁领地也许扮演着种群汇的角色,那里需要不断的迁入方可维持种群的数量。

繁殖期的鸟类似乎受到的交通干扰会更为严重,尤其是交通噪声。在三篇连续发表的研究生殖的论文中,R. Reijnen 等(1995),Reijnen 和 Foppen(1994),以及 Foppen 和 Reijnen(1994)发现在 43 种林地繁殖期鸟类当中,有 26 种(60%)在靠近高速公路附近的区域密度会有所降低。影响距离从 1 500 m 到 2 800 m(4 920 ~ 9 184 英尺)的范围分别对应具有 10 000 车次/日到 60 000 车次/日交通量的道路。例如,有证据证明,高速公路的存在显著降低了柳树鸣禽(Phylloscopus trochilus)种群数量。回归模型显示道路噪声是解释靠近道路区域鸟类密度降低并可以给出最好结论的独立变量。即使在汽车的可见性得以控制时,高噪声水平区密度降低仍然十分显著。

在一项对比研究中,干扰距离和草地鸟类密度都与交通量,乃至交通噪声(早期的论文有定量研究)相关。[770] 在 5 000 车次/日的水平下,干扰距离离道路 20 ~ 1 700 m(66 ~ 5 576 英尺)不等;在 50 000 车次/日的水平下,干扰距离离道路 65 ~ 3 530 m(213 ~ 11 578 英尺)不等。在靠近道路的地方鸟类种数也大幅度下降。一项更新的在麻省郊外景观中的研究发现,8 000 ~ 30 000 车次/日水平的道路对草地鸟类有着显著的影响,但当地 3 000 ~ 8 000 车次/日的连接线附近对草地鸟类却没有显著影响[322](第 10 章,图 10.7)。

早期荷兰的开放草地研究发现,乡间小路的影响范围在 500 ~ 600 m(1 640 ~ 1 968 英尺)之间,繁忙公路具有的干扰影响在 1 600 ~ 1 800 m(5 248 ~ 5 904 英尺)之间。[967, 956] 在这个范围中总的种群丧失大约可以达到 60%。在夏季,美国伊利诺伊州的农场中有角百灵鸟科鸣禽(*Eremophila alpestris*)密度会随着远离州际高速公路和乡间小路而增加。[162] 周围的栖息地是种植玉米和大豆(*Zea*, *Glycine*)的农场。类似的与道路相关的鸟类密度格局在芬兰也有报道。[514] 粉掌鹅(*Anser brachyrhynchus*)群和灰腿鹅(*A. anser*)群被发现在进食时避免靠近道路,鹅群未在离最近道路 100 m(328 英尺)以内的范围内发现过。有趣的是,鹅群从不光顾中心离道路不到 100 m 的地块。[477]

利用生理学方法测试压力对评估包括道路在内的各种干扰影响不愧是一种有价值的手段。最近的研究显示,生活在北方靠近森林公路的斑点猫头鹰(*Strix occidentalis caurina*)比生活在没有道路地区的猫头鹰有着更高的压力诱导型激素水平。[1004]

与前面的例子相悖,缅因州北部的研究人员发现在靠近四车道州际公路附近繁殖期鸟类的总数与较远区域的繁殖期鸟类数量并无显著差异。[285]然而，道路边缘区和中间带供养着同样面积的森林栖息地中半数以上的繁殖期鸟类。在双车道公路边缘地带繁殖期鸟类的密度是森林栖息地中的79%。

对于大型的和活动区域广泛的哺乳动物而言，它们对道路的行为响应比数量响应更容易被发觉到。近30年的无线电遥测研究已经可以让研究人员记载下动物与道路和交通相关的行为。对有蹄类动物和大型食肉动物的研究得出相同的结论，这些动物通常都避免进入道路周围的缓冲区域。避让带的宽度似乎依赖于交通量的大小。并且，与通行量低的道路相比，通行量高的道路很少被野生动物作为途经路线使用。[797,615,913,579,350,302]

威斯康星州西北的美洲山猫（*Felis rufis*），蒙大拿州天鹅山的灰熊和靠近大交通量道路附近的两栖动物的正常活动范围和它们实际分布范围形成并置格局。[567, 579, 982]熊通过将其活动范围转移到道路密度较低的区域的办法对道路密度增加作出响应。[115]如果主要道路仅仅影响正常活动范围和空间使用边界，而不至于引起边缘效应，那么在正常活动范围内的道路的实质性影响可能会小一点。[25]

对于大型动物而言，道路可能会对其附近栖息地死亡率的升高产生间接影响，从而降低那里栖息地的品质。道路增多了人类和野生动物种群的接触，所以通过增加有意或无意的杀戮间接地产生动物死亡率，尤其是对大型食肉动物。在蒙大拿州天鹅谷，6年间有8头灰熊被人猎杀，所有的死亡都直接受到道路通行能力的影响。[579]在阿巴拉契亚山脉南部，道路密度的提高增加了黑熊遭遇猎人的潜在可能性。[115]

对被捕食的物种来说，较高的道路密度意味着遭遇到捕食者和人类的可能性的进一步提高。在一个有北美驯鹿（*Rangifer tarandus*）分布的工业化区域，靠近线性廊道的个体具有被狼捕食的高风险。[451]人们相信工业化区域道路网通过增加捕食机会对北美驯鹿种群动态有着显著的影响。这就提出了对于一些物种来说，道路密度高的区域可能是生物学中的汇，[742]品质较低的动物种群栖息地如果没有持续的输入是不会具有可持续性的。[644]

5.3.3 栖息地品质增强

尽管道路对栖息地品质的许多影响属于消极方面，但一些物种对毗邻道路的栖息地却会有积极地响应。道路廊道可能会给一些野生动物提供额外的栖息地。例如，在一定时期，红翼黑鸟（*Agelaius phoeniceus*）在靠近道路的地方数量会增加。[162]一个早期的野生动物管理范式建议营造林缘栖息地（如沿路栖息地）来改善基本猎杀物种的种群增长条件。[540]在加拿大艾伯塔省，人们发现山猫

(*Lyne canadensis*)的活动范围毗邻着一条主要的高速公路。[25]啮齿动物对道路的存在表现为不受影响或者受到正面影响。

沿线新出现的小生境为某些物种所喜爱,如渠沟中的两栖类动物、混凝土碎石上的植物以及桥上的蝙蝠。一项调查指出有24种、425万只蝙蝠生活在美国25个州211条公路的结构物中(大约占到调查总数的1%)。[472]大多数蝙蝠都利用了上部塞封的混凝土缝隙,这些缝隙至少15~30 cm深,1.3~3.2 cm宽,离地面至少有3 m,而且道路上的交通不至过度繁忙。

动物被吸引到运输廊道或道路本身是有一系列原因的,但许多是与栖息地(筑巢、生存空间),活动便利性或食物来源相关的。栖息地改善可以通过为道路廊道中觅食的鸟类添加栖息地而得以实现。在一项研究中,人们发现与邻近栖息地的利用率相比,猛禽更多的利用路边,它的解释不是因为有丰富的猎物而是有更多的可以获得的栖息之所和宽广的道旁地带。[633]同样的原因,渡鸦(*Corvus corax*)的数量在铺筑了路面的公路沿线要比远离道路的区域更多。[496]

对一些物种而言,道路的建设以及隔离网的安装能够创造出高品质的栖息地并极大地改善现有栖息地。当道路边缘地带与中央隔离区栖息地被保留下来并允许其自然生长时,这种现象尤其明显。[7]设计防护围栏是用来防止鹿群进入公路的,但它最终会在公路一侧导致巨大数量的小型哺乳动物群落利用的草料和盖度。这些貌似简单的道路廊道的变化能积极地影响小型哺乳动物种群的结构和密度。在一项沿美国州际公路所作的广泛调查发现道旁栖息地要比相邻栖息地有更多的小型哺乳动物物种存在,并具有较高密度。[8]研究结果同样显示路边栖息地和与他们毗邻的栖息地不仅吸引草地物种而且还吸引许多少栖息地的专一性物种。在加拿大渥太华417号高速公路六座互通立交桥附近,每公顷美洲旱獭(*Marmota monax*)的密度超过了任何之前报道过的这一物种在任何栖息地上的密度。[1055]

大交通量的高速公路比周围正常环境氮含量更高[23](第8章)。在英国,车辆繁忙的高速公路路边植物的高氮含量被确信与昆虫种群的增加率以及爆发相关。[737]其他人还发现蝗虫(*Chorthippus brunneus*)的密度在有车辆的点上要高出远离高速公路的地方。[737]

道路及其建设能够营造出高品质的栖息地,那里的食物来源比邻近区域更为丰富。沿中央隔离带及由防护围栏圈围出来的道旁繁茂的草料深深吸引着从麋鹿到田鼠等食草动物。这里大量的小型哺乳动物被发现常常成为掠食者的目标,如隼鹰、北美草原小狼(*C. latrans*),它们一直都在寻找着易于得手的猎物(图5.5)。有鹿、麋鹿和掠食小型哺乳动物的掠食者在道路附近活动,车辆与它们的撞击是无法避免的。结果腐肉形成了对食腐鸟类(鹰和 *corvids*)和陆地食腐动物[熊、狼獾(*Gulo gulo*)、北美草原小狼]的吸引力。在广阔的林区,道路边是为数不多的开放栖息地之一,是冬日过后第一个开始泛绿的地方,因此会吸引鹿和其他相关物种。路边是蒲公英(*Taraxacum officinale*)和挂果灌木理想的栖息地,这里吸引着包括熊在内的许多野生动物。道路廊道对一些鸟类而言可能比邻近地区更具有吸引力,如云雀(*Alauda arvensis*),它们几乎只在路边觅食和筑巢。[528]

图 5.5 一条由越野和非越野汽车碾压出来,夜间常有大型捕食动物在沿线出没的小路。在这样的景观中,一般可以在小路附近发现数十米到上百米的山狗(*Canis latrans*)蹄印;同时在这里还留有相当多的黑尾鹿(*Odocoileus hemionus*)和麋鹿(*Cervis elaphus*)跨越小径时的足迹,但在沿小道的方向上长度一般不超过 10 m(33 英尺)。在长有三齿蒿(*Artemisia tridentata*)和可食松(*Pinus edulis*, *Juniperus* spp.)植被的小路附近并不能常常观察到北美山猫(*Lynx rufus*)和美洲豹(*Puma concolor*)的足印。山狗粪便一般集中在小道主要交叉路口周围 30 m(98 英尺)范围。新墨西哥州 Tres Piedras 地区。照片和未发表数据来自 R. T. T. Forman

人们从汽车里喂养野生动物,车辆经过时向动物投放食品,以及沿线的垃圾袋都是易于发现的和半预测性的证据,说明包括小狼、熊、乌鸦/渡鸦、松鸦、松鼠和浣熊在内的野生动物食用了许多非自然食物。1997 年,据报道在位于加拿大艾伯塔省的班夫国家公园里共发生了超过 80 次的人为停车赏熊而引发的熊拥堵。[351]这种暴露于人类及人所投放食物的情况可能会导致熊将人类的食品作为自己条件性和习惯性的食物。

尽管路边是有利于某些物种生长的,但这些优势一定要与道旁的负面生态影响相互平衡。例如,在班夫国家公园里,应该将道路沿线栖息地品质的提高与熊的道路撞死撞伤,或者(还有对游客的威胁)从公园迁徙他处的可能性进行比对。[351]

5.4　对景观连接度的影响

景观连接度是指景观给动物的活动和其他生态流提供便利的程度。[494, 905, 302, 400, 73]当景观基质中拥有相对良好的栖息地类型并且无障碍时则可以容许生物的自由迁移,这时就会有高水平的景观连接度出现。[919, 920]有两个主要原因使得景观连接度具有重要性。一是有许多多栖息地的生物经常通过在景观中常规性的迁移到达不同的栖息地获取其日常与终身所需。[232]例如,豆娘(*Calopterygids*)经常在供交配的溪边栖息地和供进食的森林栖息地之间迁徙。[464]一些两栖类动物,如豹蛙,在栖息地之间做季节性的转移,从春天的孵化池塘到夏天的草地,再到秋天的向能够过冬的地方迁移。[736]妨碍这些活动的障碍物,如道路会导致高死亡率、低繁殖率,最终使种群变小,种群活力下降。[144]二是较高的景观连接度可以使物种重新进入当地种群衰落和灭绝的栖息地,使同系繁殖的消极影响最小化。[1035, 520, 73]

实质上,较高的景观连接度容许一个区域的种群充分利用可利用栖息地的资源优势。景观中迁移降低后会导致"空"的栖息地出现,或产生供养能力过剩的较小种群生境(图 5.6)[970, 144]。随后小的局部种群会提高这一区域物种丧失的概率。当道路作为障碍物影响迁徙时,它们会降低景观连接度和这一地区种群有望栖息于所有适宜地区的能力。[450]最后的结果是出现更小的局部种群和更低下的种群长期持久性。

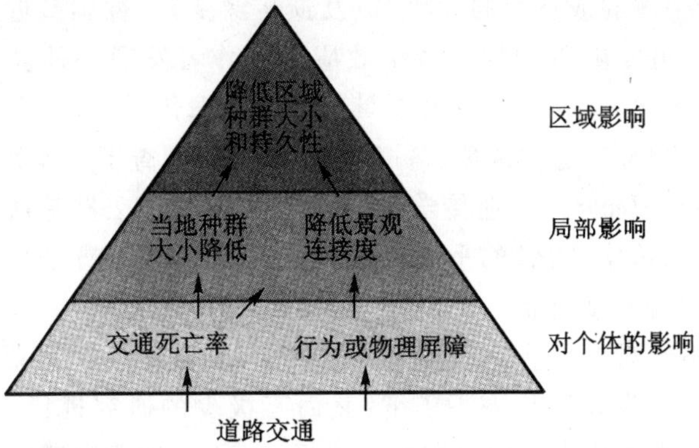

图 5.6　道路系统对野生动物个体和种群的影响

道路对景观连接度的影响最直接的便是令物种回避道路本身(图 5.3)。这些通常会是一些森林内部种,它们的栖息地在功能上已经被存在的道路所分隔。对于那些并不会避让道路的物种,当死亡率增高时,道路仍然是一个活动障碍物。然而,不大可能在未做试验的情况下就将死亡率增加带来的影响与景观连接度降低对局部物种所产生的影响区分开来。简单地说,对于道路障碍作用最为脆弱的物种是那些回避道路,并且有多样资源需求,和(或)需要大量资源的物种,这将促使它们进行大范围迁徙。较高的景观连接度的重要性在于它可以使动物能够在其正常活动范围内觅食,可以通过扩散建立新的家园,可以在不同地点间进行迁徙。

5.4.1 障碍物效应

道路对脊椎动物种群的恢复形成的一个主要威胁不仅仅是因为车辆撞死撞伤,还因为有那些非直接的障碍性影响[686](图 5.3 和图 5.6)。直接的影响,如道路撞死撞伤是较容易被记录的,但对非直接性影响要展示出来却是件难上加难的事情。

我们在道路对动物种群的活动性降低、隔离度增加和(或)基因库分裂方面的长期生态学影响知之甚少。[39]最近焦点集中在人为障碍,如州际公路对哺乳动物正常分布格局的影响,或者可以说是对新物种形成最终产生的影响。[39]尽管数量很少,一些研究已经证明对大、[78,350]小型[700, 48, 583]哺乳动物的活动,道路可能是障碍物。这些有效的局部障碍或通透性障碍阻断了一部分穿越活动,但并非全部。

由物理障碍物,如道路引起的隔离现象可能会减少基因流,并引发遗传学效应。[31, 1009]基因流在种群间流动的降低会引起更加消极的影响,即引发同系繁殖或近交压力,产生体弱或不育的后代(以及遗传漂变)。德国最近的一项研究第一次展示了不同道路障碍物的遗传学效应。[345]作者发现一种被公路分隔的河岸田鼠(*Clethrionomys glareolus*)种群具有显著的遗传学分支,但被农村道路或铁路分离的种群却没有这种现象。一项类似的研究调查了土地利用类型和道路对普通青蛙(*Rana Teporaria*)遗传学结构的影响,发现由公路造成的分隔降低了种群中杂合性(遗传学变化)的平均数量。[764, 765]同时当地青蛙种群的遗传多态性(形式多样化)也有所降低。

穿越道路不论对个体行为还是对栖息地需求都是一样重要的(图 5.6)。动物穿越道路的行为我们几乎不了解,然而有极少的研究提供了有趣的见解。在加拿大艾伯塔省的班夫国家公园的深度开发区,一项研究道路如何影响灰熊活动的调查发现交通量是决定各种类型道路廊道通透度的关键性变量。[350]四车道并设有中间隔离带的加拿大国家公路是一个完完全全的障碍物,阻碍着成年母灰熊的活动,并且作为一个部分通透障碍物也阻碍着成年公灰熊的活动。生活在北卡罗来纳州道路密集的军事保留区的黑熊更喜欢在交通量小的时候穿越道路。[107]形成对比的是加拿大艾伯塔省的灰熊日夜穿越主要道路却不考虑交通量。[350]在每项研究中穿越的位置都不是随机的,黑熊更喜欢在主排水区并且是在有稠密植物的区域穿越,而灰熊选择接近主排水区、高品质栖息地和高低不平的区域作为穿越点。[350]

其他地方的研究显示在黑熊所穿越的道路当中,交通量低的道路相对于交通量高的道路会有更高的穿越频度。[115, 78, 107]并且穿越道路的频度不受年龄、性别或季节影响。类似的还有美国威斯康星州的美洲山猫和加拿大艾伯塔省的本地山猫,它们穿越铺油路面比预想的要少,这预示着公路影响山猫的活动。[565, 25]

相反的有几项研究显示了次级和未铺油道路对动物活动几乎没有什么影响,并且对野生动物而言它们比高等级道路更具通透性。[115, 78, 107, 350]就穿越本身而言美洲山猫是会穿越次级公路和未铺油道路的,[565]山猫也经常性地穿越次级和低交通量的道路。[614, 656]

前面的例子是针对大型哺乳动物的,道路作为障碍物也以不同的方式影响着小型动物。对小型动物而言,道路的宽度比其承载的车流量更加重要。最后道路宽度可能会被用来解释运输廊道或道路系统的通透度问题。例如,在澳大利亚小型陆地哺乳动物对道路的穿越与道路宽度成反比,[48]另外,净宽少于3 m(10 英尺)的小路也展示出了对如田鼠和老鼠这样的小型哺乳动物的影响。[896]生活在公路立交区的美洲旱獭频繁并成功地穿越单车道的上行和下行匝道,而它们并不经常穿越比这更宽的道路。[1055]

在澳大利亚,人们发现道路严重限制或阻止了一些小型哺乳动物的活动,甚至是那些未经改善、部分地方过度生长植被的道路。[48]一项宽泛的研究得出结论,一条四车道、建有隔离带的公路是阻滞小型森林哺乳动物扩散的有效障碍物,如同两倍于其宽度的水体。[700]

道路的障碍物效果对物种的影响程度是不同的,这将依赖于动物行为、扩散能力和种群密度(图 5.6)。公路并不完全阻止一些啮齿动物的扩散。[700, 505, 1038]在加拿大安大略省的一项研究中发现,中等大小的哺乳动物基本上是唯一穿越最宽道路的陆地动物。[700]森林公路并不阻碍黄颈鼠(*Apodemus flavicollis*)的活动,但限制河岸田鼠的活动。[40]假使公路穿越了家园,堪萨斯州的小型哺乳动物并不乐意穿越道路,它会回到它们原来的道旁栖息地。[505]很显然,该物种已经建立起了令它忠诚的家园。

道路作为某些动物活动范围边界的景观结构可能并不少见。但得克萨斯州西南的公路很明显并不完全抑制某些啮齿动物的扩散。[505, 1038]啮齿动物穿越道路的趋势至少部分依赖于道路另一侧是否有同样的栖息地。当栖息地不同时,啮齿动物趋于避免穿越,当栖息地类似时,它们就会穿越。

线性属性,比如道路可能阻滞并妨碍更加小型动物的扩散,并降低向隔离的自然或半自然栖息地缀块的迁移率。[584]在瑞典中部,调查者发现蜗牛(*Arianta arbustorum*)的运动很大程度上被限制在了路边。[56]虽然植被生长茂盛的小径和土路并不影响蜗牛的活动,但只有其中一只标记-捕获的蜗牛穿越了铺有路面的道路,两只穿越了未铺路面的道路。与陆地脊椎动物不同,宽并且繁忙的道路对开放种群(种群间可以交配繁殖)中蝴蝶(和地榆蠹)的活动并不造成障碍,尽管繁忙的道路轻微地妨碍了那些封闭种群(种群内部交配繁殖)。[611]标记-捕获结果展示10%~30%的封闭种群中三个物种的成年动物穿越了道路。道路未在任何被研究物种的基因流中被认为是一个障碍物。较之开放区域,路边栖息于土壤中的节肢动物的活动率较低,但在一定条件下,在沿线路边区域扩散也有帮于保持土壤中节肢动物的复合种群。[973]

路边和邻近边缘栖息地的相对通透率是一个额外的影响因素,影响了道路的障碍物效应。该因素的严重程度依赖于边缘的硬度(突然的变化)和物种栖息地所需要的条件。一条路边覆盖有草的开放性道路廊道对森林特有小型哺乳动物或蝾螈将是一个可怕的障碍物,即使不考虑由于道路上的车辆造成的死亡威胁。在过去的十年里,开展过很多评估障碍物通透性和在农业主导景观中森林动物成功扩散的工作。尽管道路在我们的景观中是一个占主导地位并具有永久性特征的构筑物,但令人吃惊的是,很少有研究针对性地提出道路系统的通透性问题和它们在栖息地破碎化过程中所扮演的角色。

不同现象的复合或累积效应,比如线性道路和输电线路廊道在一起,可能会影响到一定物种的活动和道路网的通透性。北美驯鹿被发现以同样的频率穿越道路和对比区,但当有一条管道与道路平行时,它的穿越频率会显著下降。[149]在西班牙狼频繁穿越多车道公路,但当有一条小型辅道与它毗邻时则很少会这样(J. C. Blanco,私人交流)。在许多地方,道路紧靠着输电线路、铁路线和灌溉渠。平行线性设施的建设对道路总通透性的累积效应实际上是未知的,并且毫无疑问是值得做一番调查的。[494, 302]

最后,需要提出的是虽然道路阻碍了横跨活动,但在一些情况下道路会沿纵向为某些动物的活动提供通道。例如,在遇到道路时,一些迁徙动物在穿越道路前首先会平行于道路移动一小段儿距离。[741, 52]地形,尤其是道路的布线,以及主排水的位置将强烈影响鹿和麋鹿接近路面和选择一些点段穿越道路的行为。[65, 142, 592, 282, 761]另外,铺油路面和砾石路面会刺激动物的纵向运动,同时减少节肢动物横跨道路的次数(步行虫和拟水狼蛛)。[584, 973]

5.4.2 移动性增强

尽管道路对许多物种来说均是以障碍物的面目出现,但也有人认为道路可以帮助一些当地种或非当地种进行扩散。建设全长69 000 km(43 000 mi)的美国州际公路系统,穿过许多最为稠密的草地区域,营造了一个潜在的遍布全国的草地物种的扩散通道格局。[347]尽管对数量有限的物种我们已经有了在沿线运动进行觅食的充分证据,但依然缺乏野生动物将道旁边缘条带作为扩散或迁徙通道的证据。[863]

在伊利诺伊州,一种草地田鼠(*Microtus pennsylvanicus*)通过利用连续的有稠密植被的通道使其活动范围扩展了许多,最终在州际公路沿线形成了种群。[347]同样,由于与邻近地区相比路边土壤湿度会有所增加,这使得囊地鼠(*Thomomys bottae*)在12年的时间里沿着一条铺油的沙漠公路行进了60 km(37 mi)。[431]在这个例子中,道路路面成了一个微型的集流场,它灌溉了两侧的土壤,但是当降水落在开放的乡野土地上时,水分下渗土壤之前便会迅速蒸发。另外,囊地鼠地下(掘地的)活动的习性方便了在公路沿线的扩散。囊地鼠基本上不会到地表活动,因此很少被车辆撞死撞伤。我们还可以推测土壤湿度的增加会方便囊地鼠的打洞和其他活动。

捕食动物和它们的猎物都会被线性廊道所影响。经常有报道指出在有许多道路的地区狼的丰度较低。[908, 456, 618, 644]然而,道路和其他人类很少使用的廊道也可能会吸引狼群,它们会将这里作为易于行进的线路,并成为它们接近猎物的通道。[913, 451]在加拿大的新斯科舍省,北美山猫会沿着路的边缘和森林小道行走相当长的距离。[705]冬天在华盛顿州不超过15 m(49英尺)宽的道路上也观察到了类似的现象。[500]

甘蔗蟾蜍(*Bufo marinus*)是澳洲的一个引进物种,它们在道路上和车辙处的分布要比在周围许多植被类型中更加密集。[833]蟾蜍将道路作为其活动和扩散的廊道,尤其是在森林栖息地和其他有稠密地被植物和树冠遮阴的栖息地当中。道路为蟾蜍入侵和将其领地扩展到以前不可能接近的区域提供了便利。可是,道路在多大程度上影响诸如青蛙、猫和野狗等澳洲非本地种的分布和丰度,这些现象到底对当地动物区系产生何种后果,我们还知之甚少。[604]

5.5 累积效应和道路密度

大多数生态系统在栖息地开始退化到可以察觉出全部生态学效应的过程当中会表现出时滞性问题(有时被称为灭绝债务)。[917, 562, 43, 185]因为道路对于野生动物种群和集群有着不同影响,如栖息地的丧失、生境品质的降低、死亡率的升高和连接度的降低,都是以不同的速率发生的,因此对道路影响的响应会有一种延迟性的显现(图5.7)。栖息地遗失具有最直接的影响。建设道路会剥夺栖息地，这种损失可以粗略等同于预期发生的种群数量的丧失。然而栖息地品质的降低，如边缘效应可以加剧森林内部物种所受到的影响。更进一步来讲，当道路密度达到某个临界值时，大尺度的影响可能导致非线性的种群和物种的减灭。

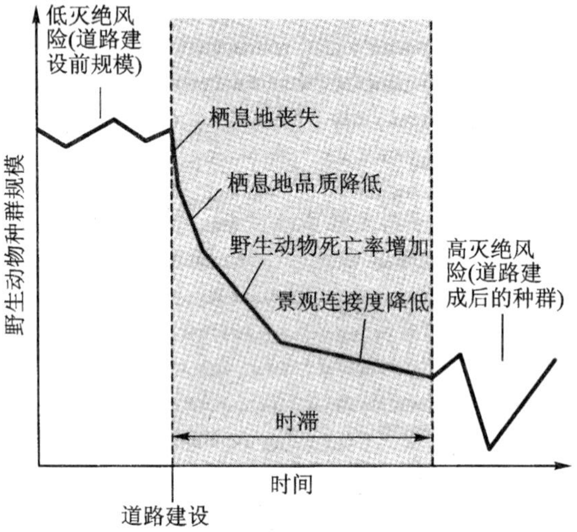

图 5.7 道路对动物种群的四种生态影响和累积效应的时滞性。四种有序并叠加的道路效应用阴影部分表示。时滞节段之后，种群大小一般会变小，同时在时相上还会具有相对较大的波动

由于车辆与野生动物相撞事故的发生，动物种群死亡率的攀升现象只有在道路交通量增加和野生动物死亡的累积经过稍长一段时间之后才能在种群尺度上被观察到。如果有较高的死亡率，种群所受的影响也要在道路开通后动物物种历经一到两代后方可观察得到。最后，道路作为障碍物降低景观连接度的影响有可能需要历经多代观察，并且还将依赖于区域动物种群中局部灭绝间的典型时间间隔。总体上说，可以观察到种群密度受影响的时间要早于可以观察物种多样性受到影响的时间。

道路建设引发的损害湿地生物多样性的时滞性现象已经得到了证实。[287] 调查者发现，按照三四十年前的道路密度估算来描述当前湿地物种丰度水平要比通过当前道路密度下描述出来的水平更为准确一些。如果真是如此，并且道路密度是基本因子的话，估计这里道路影响的延迟时间约为 30 ~ 40 年。这一发现表明物种集群(自然群落)在对道路的影响全面响应之前会有一段漫长的延迟时段。在某些地区，道路与交通在过去几年间迅速增加。这意味着针对当前观察到的影响所采取的缓解措施可能仅仅可以应对几十年前的道路状况所形成的影响。如果是这样，为应对当前发生的道路生态影响而采取的有效缓解措施

应该采取预先步骤,不但要解决当下可以观察到的影响,而且还应该考虑应对几十年后可能产生的影响。

对一些需要保育的物种而言,道路通常会减小种群大小并增大种群灭绝的风险。然而,大多数物种的种群在至少有一些道路出现时还是能够继续存在的。因此,在野生动物受到道路影响的背景下,有一个问题尤其重要,即什么是一个地区的临界道路密度?突破它动物种群将无法持久。

由于道路影响在时空上的复杂性,因此这并非是一个可以轻易回答的问题。随着路网密度的增加,野生动物栖息地被剥夺、被变更、被片段化。[450]随着道路密度增加,曾经宽广和连片的栖息地会变成更小和更为孤立的缀块,通常便会成为残存栖息地。即便这样,那些所谓的边缘物种(例如,白尾鹿[*O. virginianus*],大多数松鸡科物种和兔子)会从栖息地异质性的加剧中获益,而内部核心敏感种却不会因此而受益。更进一步来讲,随着越来越小的片段栖息地的出现,我们开始理解无论是"边缘"种还是"核心敏感"种都是会有一定空间要求的。动物物种不管继承了何种栖息地,它们均会通过其活动模式来调整所做出的响应。[626, 627]当一些物种种群被进一步片段化后,局部种群灭绝的可能性增大,尤其是当种群间的交流被阻断之后。如果再加上稠密的道路网和缀块化的景观影响,关键种群的持久性将会受到威胁。[401, 390, 388, 386, 1032]

一篇景观生态学理论的综述文章曾经提出,当景观随着时间发生改变时,就影响物种的寿命和生存而言,在一定条件下变化速率通常远远重要于空间模式本身。[402]干扰模式因此在物种持久性方面将起到关键性作用。[253, 413, 402]这里的一个关键思想是栖息地的变率会超越物种成功适应的基因能力。干扰率仅仅是为理解为什么物种用某种方式做出响应的许多关键因素中的一个因素。另一个关键因素是景观的空间模式,它将随着高干扰率的出现,对物种形成进一步的影响。

大型哺乳动物对道路数量的响应通常被理解为对种群的可持续性和共存而言,必要的道路临界密度。在明尼苏达州和威斯康星州已有几种模型被开发了出来,用于预测与道理密度相关的狼成群和狼存活问题。[908, 618, 643,644]一个0.45 km/km^2(0.72 mi/mi^2)的道路临界密度极好地区分开了狼的成群区域与非成群区域。[643]美洲狮 (*P. concolor*)和棕熊也被报道有同样的道路临界密度。[960,171]然而,这些研究在预测临界道路密度的问题上仍有表象化之嫌。

结论

美国有将近 6 500 000 km(4 000 000 英里)纵横交错的公路,也就是说每千人拥有约 24 km(15 英里)长的公路(第 2 章)。这意味着每平方千米的土地上会匹配有 1.1 km 的道路。回想一下这一章开始时我们介绍过的虚拟生态足迹,那么这一现象在生态学上意味着什么呢?全国不同类型的道路相互交织形成了异质性的道路密度,开发后的景观当中道路已经成为野生动物活动的主要障碍物。[398]道路妨碍了正常的动物活动、有效地产生较小的栖息地,并还会制约那些穿越栖息地的活动。这些基本的影响会通过动物种群展现出级联放大效应,会影响到野生动物的日常生息,不可避免地导致更高的死亡率,降低出生率和存活率。最终的结果是降低那些曾经栖息于景观当中的动物物种的数量和丰度。

但对社会和交通运输部门而言,道路是连接人与人、社区与社区、城市与城市之间的生命线。失去这些生命线,生活的质量就会大幅度下降。如何解决这一野生动物与社会之间的矛盾呢?

有必要让所有有知识和有责任心的人们都带着一颗反省的心来看待这一问题的实质,来解决这一问题。在主要观点上,交通运输部门会不同于环境学家和土地管理者们,这也是在预料当中的。想象一下有一张综合衍射图,只有当一个人获得了正确的视角,隐藏于其中的模式才会显现出来,一些人甚至在进行了数次努力尝试之后仍旧看不到那些隐藏的模式。可是如果坚持下去,几乎人人都能发现这些模式。一旦有了这样一步,具有重大意义的事便会发生,一个神经系统便会被联通起来感知新的事物。

景观中隐藏的模式就是虚拟生态足迹。意识到减少足迹影响的意义所在是一种智慧,它在看清模式之后才可以拥有。变得更为清晰的是生态景观是道路网络的镜像。道路系统连接度越高、越不可通透,其所在景观基质就会越缺乏连接性。道路密度的增加会使得景观越来越破碎化,产生出半透性的或非通透性的动物活动的障碍物(比如实心的泽西防护墩),结果是被片段化的野生动物种群的寿命受到了挑战,生存也更多地受到随机事件的影响。

生态学家里德·诺斯(Reed Noss)曾写道"野生动物和景观廊道策略的另一方面就是要减少障碍物。"关键问题是要能够读懂那张综合衍射图,将硬币翻转看到其另一面,即虚拟足迹。具体地讲,其关键在于做出合理的选择,这些选择既可以使人类及其社会依赖的命脉得以维系,同时也能营造出一个更具通透度的景观,使得各类生态过程和动物迁徙活动所依赖的命脉也同样得以维持。

要做出的选择应该既能降低野生动物的直接死亡率,也能够减小壁垒性影响。减少死亡率包括安装和维护阻拦野生动物的防护栏、下行通道、上行通道(后面常指供野生动物横跨的结构物或通道)和其他技术。安装让野生动物远离公路用地范围的栅栏和结构物是对建造穿越结构物的完善。这些合理的缓解措施一旦被选择和实施,环境友好型或者“绿色”路网的理想就会离现实不远。

从前述的观点我们可以得出若干原则或方针:

① 较大的虚拟生态足迹和道路的物理足迹是关联的。道路规划者们、建造者们和环境学家们需要关心更加宽广的景观,而非一维的道路廊道。

② 动物的道路死亡率很大程度上取决于司机行为、动物活动行为、道路结构和附近景观中结构物之间的相互作用。

③ 对有生存能力的动物种群和它们在时间相上的持久性,动物需要能够在景观中穿行,在种群间移动,并能够重新拓殖出失去的栖息地。

④ 在修建道路以后道路撞死撞伤的影响可以通过一到两代野生动物显现出来。但是,在许多情况下,道路作为障碍物的影响,野生动物要经历若干代后才可能察觉。

第6章 缓解对野生动物的影响

一位四十岁的女士驾驶着一辆轿车正在驶近。她注意到路上有只海龟，就急忙将方向盘向右打，在高速公路上，车轮发出尖叫声并卷起一阵尘埃。海龟急忙缩进贝壳，但现在它必须得抓紧时间挪动，因为高速公路火烧一般的烫。

此时，一辆轻型卡车驶近，司机看到这只海龟后急忙将车急转以免压着它，但卡车的前轮还是撞到龟壳边缘，海龟如同闪烁的星光一般被高高抛起，像一枚硬币沿着高速公路滚动起来……海龟仰面朝天将身子缩在贝壳中许久。后来，海龟探出腿来在空中挥舞片刻，它要通过碰触某些东西拉自己转过身子。它的前脚抓到了一块岩石，慢慢地翻过身来……海龟加速前进，龟壳在灰尘中划下一道波浪状的浅痕。它老而滑稽的眼睛向前方张望着，角状的喙微微张开。

——John Steinbeck，《愤怒的葡萄》，1939

在奥塔姆瓦的一个汽车旅馆房前。我用手指拨开散热片和前灯底托中干而僵硬的大黄蜂、黄蜂和蝴蝶的硬壳，并用湿布润湿和拭去那些碎屑绒毛、昆虫，以及蜘蛛和螨虫等空气浮游生物的尸体。拉了这么多死亡躯壳我真是有些不安。杀戮是明摆着的。

——Barry Lopez，《道路致死》，1998

前一章，我们从个体和种群两方面揭示了道路影响野生动物的多种方式。这些影响依赖于道路系统的特点和野生动物与道路系统的互动关系。有些影响微不足道，甚至不为人眼所察觉，而另一些，例如在道路上被撞死的动物，则是和汽车一样显而易见。

虽然一些很少使用的道路有时也会从路网中被移除掉，[35,376]但总的来讲还是有大量的道路被建造出来，而且交通量也以更快的速率在增长。[44]这一过程将产生一个密集的交通运输网，一方面经济会在很大程度上依赖于它，另一方面它也会使得野生动物面临许多危害。交通规划中的新现实主义已经意识到了道路发展对当地生态和生态系统的影响[799,674,725,675]以及交通在推动可持续发展中的关键作用。

为降低道路对野生动物的影响而设计出来的缓解措施是可持续交通战略的必要组成部分。[654,611]那些旨在减少野生动物与车辆之间相撞,以及为野生动物提供穿越道路的安全通道的技术已应用了好几十年。然而,那些有益于可持续性或“环境友好”交通系统而采取的缓解措施,其本身必须是有效的。设计不到位的措施对缓解或最小化道路影响只会提供极小的帮助,很大程度上是在浪费纳税人的钱。而且,它们还有可能扰动自然发生过程,如景观中动物的运动格局,这会导致严重过度放牧现象出现,还会加重侵蚀,或者降低种群大小。

在本章,我们先分几节来介绍减少死亡率、缓解栖息地丧失和栖息地品质下降的问题。然后,我们将深入讨论供野生动物通行的上行通道和下行通道,包括它们的设计以及成功利用的情况。最后,我们还要介绍一些特色案例。

6.1　降低道路死亡率,减缓栖息地丧失及其品质的下降

本节从介绍使道路撞死撞伤最小化的方法开始到减缓栖息地丧失和退化的方法为止。

6.1.1　降低道路死亡率

近几十年间,有若干种缓解措施已经被应用于降低道路野生动物死亡率的工作中(图 6.1)。虽然不是全部,但大部分仅针对减少大型动物与车辆的相撞事故。应用于美国 42 个州的旨在减少鹿与车辆相撞事故的措施中,有 11 种缓解技术尤为重要:野生动物防护栏、下行或上行通道、警示标志、低速限制、观察镜、反射物、公路照明、超音速警示哨、栖息地迁移、驱赶动物离开道路和提高公众觉悟计划。[785]

让人感到好奇的是,各州用得最多的措施与这些措施应用后所观察到的成功率并无关系(图 6.1)。总体情况是,最有效的措施往往最少被采用。而且,在许多情况下,措施成功与否,评价往往是基于意见而不是研究。图 6.1 展示的所有技术中,防护栏和供野生动物穿越的结构物被认为是最有效的(分别为 91% 和 63%),然而得出上述结论很少有哪个州是基于研究的。在这些缓解措施的

适应过程中,急需要对这些措施以及将要出现的新措施进行严格的评估。这样一个程序可以使新的研究成果与将来的缓解计划相互结合,并开展进一步的检验和评估。随着工作的深入和时间的推移,缺陷将会得以纠正,缓解措施的有效性会进一步提高。

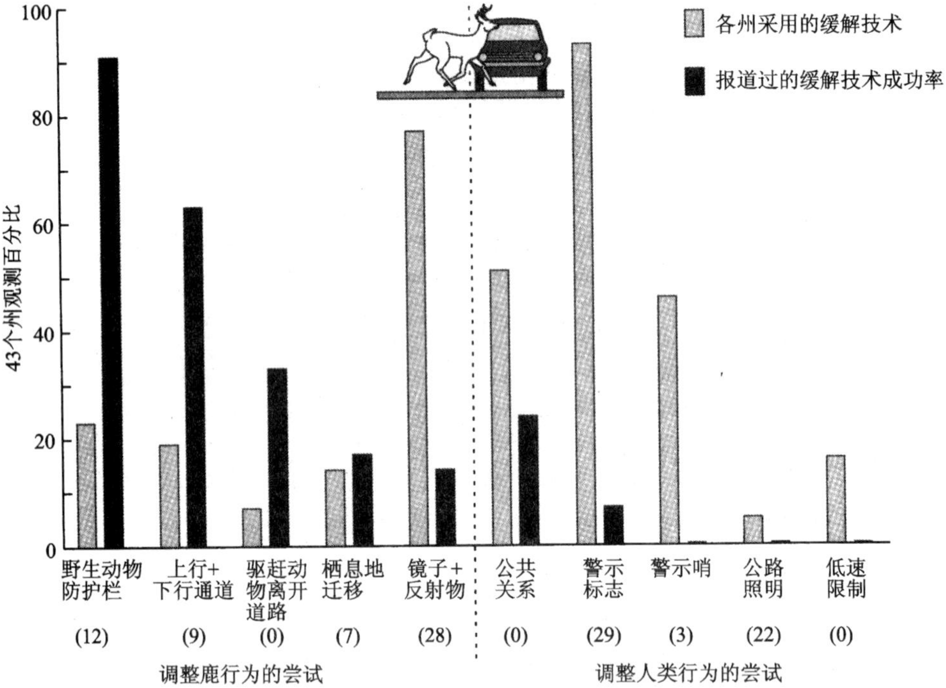

图 6.1 各州所使用的减少鹿与车辆相撞的缓解技术。数据是根据自然资源局在 1992 年对 43 个州的调查反馈意见整理而成的。圆括号内的数字是采用这种缓解技术的州的个数,缓解措施的采用是基于一个或多个研究。摘自 Romin 和 Bissonette (1996a)

大多数采用的措施非常简单。美国北部的野生动物防护栏被设计为典型的 2.0 ~ 2.4 m (7 ~ 8 英尺)高的金属网围栏,通常会设有单向门或斜道,可以让鹿和其他有蹄类动物离开道路用地范围。[757,570,170] 为了使野生动物不至于一头扎进道旁,需要付出连续不断的努力,对栅栏和单向门开展维护。土地垮塌或坡面冲沟,以及不恰当的安装技术使得围栏底部和地面之间出现空隙,人为因素(如打猎和雪地驾驶人士)弄出来的裂口也会使动物进入道旁成为可能。由于优先项目和预算会随着时间而变化,因此防护栏的维护在施工完成后不久便开始被忽视了,同时也成了一个主要的关注点。围栏的破损和裂口是一个老问题。

本章后面的部分将要介绍到防护栏如果得以适当的建造和养护,并和上行以及下行通道结合使用,就能有效阻止试图进入路边植被的鹿[256,570,282](图 6.2)。然而,鹿和其他有蹄类对某些情形是会尽力回避的,因为那些地方会使它们变得更容易受到伤害,因此它们在使用这些限制性结构物时会表现出些许的犹豫。这些结构物可能会给鹿造成威胁,[757,997]部分因为它们限定了逃脱的空间。类似的还有那些长而窄的下行通道,也会给有蹄类动物带来可怕的威胁。

图 6.2　极为有效的供大型肉食动物和草食动物穿越的多车道公路的下行通道。注意相对较宽的上部以及远处可见的植被。这一通道宽 11 m(39 英尺),高 3 m(10 英尺),长 40 m(131 英尺)(两跨最外侧之间的长度),是位于加拿大艾伯塔省班夫国家公园的一条有中间隔离带、四车道的加拿大国道。狼、灰熊、黑熊和美洲狮经常使用这个下行通道穿越公路;野生动物穿越道路的数据如图 6.6 所示。照片由 A. P. Clevenger 拍摄

由于这样或那样的一些原因,只有在深刻了解动物习性的基础上才能规划和设计出有效的道路。单向门需要鹿、麋鹿和其他大型动物缩身通过一个由钢棒相互交错而成的梯子,但并非是确保有蹄类能够脱离路边的最佳设计。土制的单向斜道已经被应用于美国怀俄明州、犹他州,荷兰和其他一些地方。[63,792]紧靠栅栏安置的单向斜道,其设计可以让动物跳过围栏,逃出路边区域。单向斜道的有效性比单向门高出 10 ~ 12 倍。[92]

另外一些缓解措施(图 6.1)的有效性也曾被测试过。增多的公路照明[755]和超音速哨[787]已经被证明对减少鹿与车辆相撞事故没有多少效果。一种流行的减少事故的技术 Swareflex 道路反光膜是安装在柱子上的和车辆前灯平均高

度相同的一种红色反光材料。这些柱子以固定间隔分布于公路两侧，在这些地方鹿与车辆相撞的事故就会减少。这种系统的设计原理是基于对车辆前灯灯光的反射，形成低强度的红色光束，就像是一个移动着的“灯光护栏”。然而，这种鹿会逃避红色反光所隐含的假设已经遭到了强烈的质疑。[1066,999]对这种反光膜效果的测试也曾得出过各不相同的结果，其原因可能是动物很快便会适应这种反射光。[819,762,938]

那些为驾驶人员安装的警示标志、栖息地迁移、动物驱赶（动物被公路工作人员驱赶出路面）或提高公众意识的努力，目前评估极少（图 6.1）。[538,632]然而很明显，警示标志只能够在提高司机警觉性，并能在那些动物高死亡率区段让司机真的放慢速度以后才会显现出效果。常见的标志牌，如某些地区的有一只跳跃的鹿的黄色标志，一般情况下都是没有什么效果的（即使是在标志后面挂上鹿角，也很少有驾驶人员注意）。但是，一些新奇的标志，还有些不停变化图案或常常挪动位置的标志牌，却会引起注意。如果再结合强化执法，是可以使司机们在一些重要的野生动物穿越点段放慢行车速度的。

栖息地迁移，如种植味道较差的植物种或者是将沿线的植物移栽他处，特别是在大陆中比较干旱的区域，或许是有助于减少道路两边对鹿和其他一些草食动物的吸引力的。[744]这是一个为提高公共意识开展教育的机会。散发小册子、在当地举办讲座或召开信息发布会，这些工作也是一些很少经过验证的传播信息的途径。这样的公共教育努力可能会得到交通部门或其他有兴趣的机构的资助或支持。

平行交叉口是道路和周围区域在同一高程上的交叉点。在犹他州北部，人们研究了在道旁安装野生动物防护栏和用大石头铺装的斜纹条带，以及路面上的横跨线的效果，结果发现它们可以降低 36% ~40% 的鹿的死亡率。[539]然而，由于这些特殊设计要疏导鹿经过路面，在一些交通繁忙和有隔离带的路段，引起了大量接二连三发生的鹿车相撞事故。平行交叉口在两车道、交通量较低的公路上的应用可以在一定程度上减少鹿与车辆的相撞事故。

早期的研究已经表明，车辆的行驶速度、交通量和交通量的时间脉动是影响动物与车辆相撞的主要因子。交通部门可以通过比选方案论证和设立标志、标牌等方式对这些变量加以调控。当车辆行驶速度超过 90 km/h（55 mph）时，动物与公路车辆相撞的几率会显著提高。司机的反应时间以及动物的颜色可以模糊地被快速驾车的司机所能察觉到的距离都会影响车辆与动物相撞的几率。如果这些主要的变量都可以调控，效果就会非常明显。特别是在那些道路撞死率较高的区域，车辆如果能够降低速度，单单此举就可以大量降低动物与车辆的相撞事故。

可供选择的缓解道路高撞死率的方法可以归结为两类：① 改变驾驶员的行

为;② 改变道路周围的动物行为。调查结果表明,目前采用的缓解措施趋向于对人类行为的干预(图 6.1)。但对于改变动物行为的尝试却很少,而这方面的工作被认为是更有效的,是可以取得实质性进展的。

司机的反应会受到以下几个方面的影响:

① 改变司机行为(教育、路标路牌、路边移动感知信号灯、减速振动带[请参照第 10 章"噪声和动物"一节的内容]、清晰可见的速度显示器以及加强执法)。

② 改善司机视场以便更清晰地观察道旁动物(在关键路段营造更加开阔的道旁环境、在道路沿线设立移动感知信号灯和指示器)。

③ 道路交通管理(在重要繁殖期和迁徙期,或高风险期对交通进行限制)。

④ 应用交通平稳技术(通过增设结构物达到降速目的,对道路减速重新设计、渠化交通使之进入各自的车道)。

动物的行为会受到以下几个方面的影响:

① 结构物(在关键位置开辟开阔的道旁区域,配备野生动物穿越结构物、部分或完整的防护栅栏、单向斜道、反光物和公路照明)。

② 改变栖息地(在道路两侧种植不可食用植物、疏导野生动物进入指定穿越位置)。

6.1.2　减缓栖息地丧失及其品质下降

在高敏感度栖息地要解决好道路和车辆的生态影响问题,第一步就是应该对道路的线形进行调整,预防可能出现的冲突(表 6.1)。如果不能做到这一步,第二步则应该在问题路段实施生态学缓解措施,以便最小化或消除栖息地损失和质量下降的问题。如果避免和缓解均未能有效执行,补偿措施则应作为第三步在一个新的位置实施。生态补偿原则表明,在新建道路时,要实现在自然过程和生物多样性方面"净损失为零"的目标。从 1993 年开始,荷兰已将这一原则列入法律,而且现在其他一些地区也正在采用。[191,192,193]6 个荷兰项目的结果表明:① 对于整个工程成本而言,补偿费的数额极少;② 在道路布线的比选研究中,补偿原则能起到富有价值的作用。[192]

表 6.1　生态敏感性道路规划的三个步骤及各步骤实例[192,193,191]

避让:阻止或避免生态学影响: ● 不建道路。 ● 改变路线。 ● 建地下道路。

续表

- 不向机动车开放道路。
- 移除道路。

缓解:最小化生态学影响:

- 建造供动物穿越的下行和(或)上行通道,使道路廊道具有通透度。
- 降低道路所在位置和(或)增设土壤路肩以缓解交通扰动或噪声。
- 完善路面、轮胎、发动机以及车辆空气动力学方面的静音设计。
- 应用最佳暴雨管理技术以减少污染扩散。
- 使用洁净的油和引擎校正以减少污染和温室气体。
- 减少车辆行驶的里程(VKT 或 VMT),特别是在次一级道路上。

补偿:在当地另建等价生态学补偿区以平衡那些不可避免或无法缓解的道路影响:

- 针对栖息地损失、退化和隔离问题的指南:

  改善比原受影响区域大的新区域好于同等大的区域。

  新区域离受影响原区域较近会(但不在道路影响范围或将来有可能受到影响的范围)更好。

  用生态条件原有类型来替代好于用不同类型。

  改善超过原有生态环境质量要好于同等生态环境质量。
- 为鸟类建造一个比交通噪声导致退化的区域更好的高质量保护栖息地。
- 扩大附近一个大自然植被区的面积。
- 将附近被改变了的河流或湿地恢复到其自然状况。
- 建立适当的廊道和踏步石来促进野生动物的活动。
- 改善稀有物种栖息地和生物多样性高的特殊区域的条件。

其他缓解栖息地损失和栖息地品质下降的方法,主要关注如何使得道路周遭更加适合野生动物栖息。建设湿地和池塘可以提高两栖类栖息地的质量(图 6.3)。在野生动物上行通道上建造小池塘,可以为两栖类生活的周围环境增加价值。[63]为减噪以及缓解对野生动物的扰动,可以在与湿地相接的道路边上以及野生动物下行通道上面营建长有植被的土壤窄带。而且,如果景观连接度和道路通透度(第 5 章)被重新建立起来,就可以缓解栖息地的部分损失。

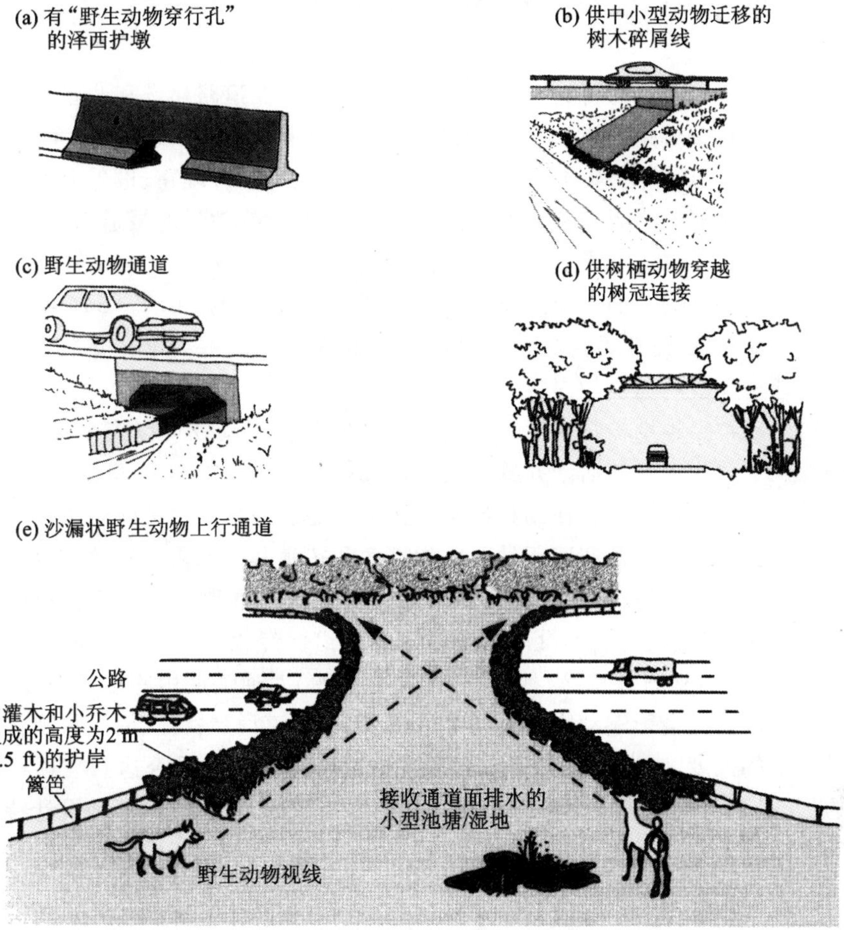

图 6.3　促进野生动物穿越公路的多种结构物。(a) 为野生动物和水流通过而设计的位于道路车道之间的泽西护墩(美国加利福尼亚州以及加拿大艾伯塔省的国家公路)。(b) 由树桩、圆木和树枝形成的线或墙,可以极大地促进动物的活动(荷兰)。(c) 有两个 40 cm(16 英寸)宽野生动物小径的涵洞,这两条小径在暴雨过后将被水淹没(荷兰)。(d) 树冠结构物可以建立连通性,利于树栖哺乳动物和其他动物穿越道路屏障(昆士兰州雨林,澳大利亚)。(e) 表面建有草地的沙漏状上行通道(有些像稀树草原或林地),在草地下埋有排水管,将水输送到一个小池塘中以吸引野生动物(荷兰和法国;对角引入线为直线)。注意靠近野生动物的宽阔视角

6.2 野生动物上行通道和下行通道的类型

在美国、加拿大和其他一些国家,我们可以发现在道路建设和改建工程中人们做了一些减缓道路屏障效应的尝试。首个(被文献记载)专为野生动物设计的通道始建于20世纪50年代,是在美国佛罗里达州。[247]现在,世界上许多地方都建有旨在缓解道路影响的通道。然而,有关这些设施效果的报道却少之又少。为达到更有效缓解道路影响的目标,道路在设计时就需要设计一些有效的结构物来缓解道路影响。如美国的TEA-21法令和欧共体的COST-341项目这样的交通运输动议,近来都更加重视可持续运输体系建设,并要求在交通规划中应常规性地增加缓解通道的内容。[131,946,792,725,279]

野生动物穿越结构物或者通道的主要功能是使得动物可以安全穿越道路,因而保证了动物的自然活动并减少道路撞死撞伤事故。[722]这一目标实现后,无论是动物个体还是它们所在的种群都会从中受益。基本的生物学要求——诸如觅食、孵化和交配,以及加速年幼个体的扩散和拓殖其他未被占用的领域——都是可以实现的,后者在那些片段化和人为作用影响的景观中对维持生物种群具有重要意义。目前,有很多设计各异的缓解通道已经投入使用。如何设计常常要以目标种(如非洲狮)或物种类型(如肉食动物)对通道使用的喜好为基础。

很多因素都会影响动物穿越某个通道,包括通道设计特征、周围景观特征和人类活动的强度。[1060,722,168]监测和效果评估可以得知通道是否达到了预期的效果,以及是否需要改进或提高景观格局。更为重要的是,识别出那种设计特征对于将来的通道建设是关键的。而且,我们还可以从过去20年中各种类型的野生动物通道的设计中学到更多。[785]

6.2.1 小型通道

小型通道(直径或高度小于1.5 m[5英尺])包括两栖类通道,以及多样混合的"生态管涵"和"生态涵洞"。在欧洲,那些两栖类每年在繁殖时迁入和迁出的地区被道路所阻断,两栖类通道因而被广泛安装使用,[522,445,339,792]然而,只有极少数被使用于北美。长度小于20 m(66英尺)的通道,直径范围在30~100 cm(1~3.3英尺)。长度大于50 m(164英尺)的通道,直径不小于150 cm(5英尺)。混凝土通道好于金属或塑料通道,如果通道的底面为一层泥土基底则会更为有效,这是由于大多数两栖类需要湿润的环境。现在,已经有许多不同设计的两栖类通道在欧洲被使用。

野生动物管涵或生态管涵是小型、干燥的通道（直径 30 ~ 40 cm[1 ~ 1.3 英尺]），主要是为小型或中型的哺乳动物而设计。[63,339,64]它们被埋设在基本上不会有水流进入的位置。直径达到 90 cm（3 英尺）的管道被安装作为水獭（*Lutra lutra*）横穿英国的通道。[832]最初这些通道在荷兰被称为"獾通道"，目前在荷兰已经有超过 300 个的野生动物管涵被安装的道路当中，并在帮助物种恢复方面起了相当大的作用。[64]

野生动物涵洞或生态涵洞和前面叙述的生态管涵类似，不同的是它们位于水路上。这些结构有 120 cm（4 英尺）宽，在中间水道的两侧各有一个凸起的干燥隔板，其作用是促进动物的活动[968]（图 6.3c）。虽然有很多设计类型的野生动物涵洞，但监测结果表明，宽度大于 40 cm（1.3 英尺）的隔板效果最佳。澳大利亚的岩屑通道，由于它们可以帮助雄性动物到达雌性栖息的区域，被当地人称为"爱之通道"，它们是为一个完全依赖岩屑生存的濒危物种负鼠成功设计的通道。

这些通道是专为动物穿越道路设计的，动物也会通过排水管、涵洞以及其他管道等不是专为动物活动而设计的通道穿过道路。对"非野生动物工程"通道的有限监测显示，它们也可以成为当地野生动物的重要通道。[1060,781,791,167,846]为阻止动物进入道路以及引导它们朝向通道入口，小型通道也经常和围栏联合起来使用。流动围栏（引导动物活动的屏障）、土质护岸和植被都是引导动物到达通道入口的有效方法。[522,63,432]

在西班牙的研究中，小型哺乳动物、兔子和肉食动物更青睐短距离的涵洞（ < 15 m[49 英尺]）而非长涵洞；[1060,792]接近下行通道出入口处的植被，对小型哺乳动物以及肉食动物非常重要；小型哺乳动物使用小直径涵洞（小于等于 1 m（3 英尺））的概率要比大直径的高。[433, 781, 167]爬行类使用圆形结构比矩形结构的频率更高；两栖类、兔子及驯养动物更喜欢矩形结构；小型哺乳动物和肉食动物之间没有明显差异。[791]

6.2.2　大型通道

大型通道（直径或高度 > 1.5 m[5 英尺]）包括野生动物下行通道和上行通道，主要为大型哺乳动物或各种不同种类动物而设计。虽然大型通道目前非常稀少并零星分布于北美和欧洲，但在欧洲和佛罗里达州目前正有更多的将被不断建造出来，而且其他许多地区也正在规划或考虑当中。

野生动物下行通道含窄通道，建于路下，通常是直径 2 m（6.5 英尺）的金属或混凝土涵洞到直径为 100 m（328 英尺）的大桥或高架桥样式的结构物。多数下行通道的高度在 2 m 左右，也可以达到 4 ~ 5 m（13 ~ 16 英尺）。地下通道的设计多种多样，但目前在北美专为野生动物设计和使用最多的可归纳为以下三种：① 多层平板式金属涵洞(圆形或椭圆形);② 预制混凝土箱涵;③ 大跨度桥梁(地面或水面之上)(图 6.2)。用于减噪而设计的高架桥是最有效的下行通道。

野生动物上行通道或生态管也是为大型哺乳动物而设计的。大多数宽度为 30 ~ 50 m(98 ~ 164 英尺)(如跨越公路的动物需要的视觉宽度),也可能会到 200 m(656 英尺)甚至更宽(见图 6.3e)。虽然那些较宽通道的主要目的是让野生动物通过,但在这些通道的顶部也会有未铺筑路面的道路。全世界共有近 50 个野生动物上行通道,但北美只有 6 个。在美国新泽西州的两个宽度约 30 m(100 英尺),犹他州的一个宽度为 8 m,加拿大不列颠哥伦比亚省有一个,宽 5 m(16.4 英尺),艾伯塔省的两个宽 52 m(171 英尺)。随着高速公路增宽和交通增长,以野生动物上行通道作为连接栖息地、穿越交通屏障的方式将会不断增加。

绿桥这一术语有时被用于指一种结构物,如野生动物上行通道,在它们上面有一条相对较宽的连续自然植被条带横跨于道路两侧。这些通道的设计往往是为了帮助大型哺乳动物横穿公路,但是许多情况下还有一些其他的主要功能,如供当地群众或徒步旅行者,或者两者通过(图 6.4;也见第 1 章,图 1.5)。将下行通道和绿桥结合起来,同时在附近设立防护网,防止动物进入道路,将其引导到通道入口。在结构物附近或周围进行造景美化,能够为穿越公路的野生动物营造一个有吸引力的和安全的环境(J. Weader,个人交流)。

图 6.4 大城市市郊的两座绿桥,或叫做景观连结器式的上行通道。这些上行通道上有连续的植被和典型的很少使用的土路,它主要为当地居民和动植物提供联通。而且,在这个城市 50 km(30 mi)半径的半圆范围内的 2 车道公路上共有 5 座这样的绿桥。西班牙巴塞罗那市郊公路隧道。拍摄:R. T. T. Forman

景观连接器这一术语有时被认为和绿桥同义。另外，景观连接器有时也被认为是一个特别宽的上行通道，它可以有效维持众多水平方向上穿越景观的生态流，包括野生动物的活动。[320]例如，在德国和美国明尼苏达州北部，公路被建在了一个相对较长，上面覆盖有植被的隧道当中，这应该就是最有效的通道，它会起到景观连接器的功能。

6.2.3　最初出于其他目的而设计的通道

前面描述的几种小型或大型的通道，只是在结构物设计中考虑了动物穿越时才被建造的。然而，实际上也有专为道路径流排放、家畜活动、水或人(第2、9章)而设计的成百上千的地下通道，当然也可以为野生动物所使用，至少是以有限的方式来使用(第9章，图9.8)。有少量研究对这些非野生动物工程通道/多重目的通道进行了监测，结果表明这些通道也可能成为当地野生动物的重要连接通道。[135,167,846,792,169]

在如此之多的下行通道中，许多可以有效地被野生动物所使用。如果努力调查栖息地并在设施周围给动物预留活动空间，道路对当地野生动物的影响就可以减弱。交通部门和自然资源管理部门长期以来都忽视了这些通道和它们的潜在作用，虽然如此，这些相对较小的投资也可以起到举足轻重的作用。在一个生态规划项目中，佛罗里达交通部门已经在州内的道路系统中确定了“区域生态地带”(或“瓶颈”)(第14章，图14.6)。[851]具有生态学意义的区域被优先考虑(如河岸带和(或)保育区)。然后，利用地理信息系统(GIS)模型来确定生态走廊或动物跨越道路的连结点。目前已经有若干道路项目识别出了现有通道中比较适合的通道结构，并对那些不适合的地点给出了结构上的和土地规划方面的建议，来促进动物在那里的活动。同样的，横跨于河道上的需要周期性重建的公路桥梁可以通过加宽桥跨和改善栖息地质量为改善野生动物沿河滨穿行提供良好机遇。

6.3　影响野生动物通道使用的因素

各种跨线结构物的不同表现，尤其是从成本－效益比的角度来看待它们，是最需要了解的内容。但由于周围栖息地的类型、当前的动物种群和结构物大小差异很大，要进行直接对比较为困难。并行的结构可以降低各种变量的不确定性，但这样的情形极少，而且在经济上也是不可行的。

然而，我们在加拿大艾伯塔省班夫国家公园发现一种与并行设计相近的情况。在两个上跨通道各自200 m(656英尺)的范围内各包含了一个下行通道，4年研究发现了一些有趣的物种特定模式。灰熊、狼和所有有蹄类(鹿、麋鹿、驼鹿和大角山羊)都更喜欢上行通道(图 6.5);美洲豹(山狮)则喜欢下行通道;黑熊并未表现出特别的喜好(图 6.5)。这些观测结果也得到了后来对同一区域穿越结构物分析的类似结果的支持(A. P. Clevenger 和 N. Waltho,未公开数据)。

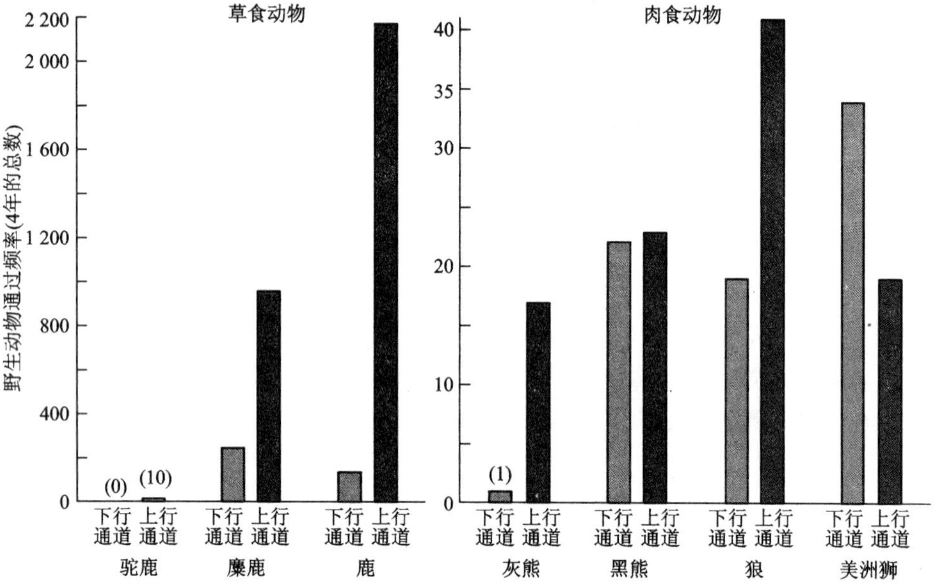

图 6.5 野生动物使用上行通道和下行通道穿越一条多车道公路的比较。在两个宽度为 52 m(171 英尺)的上行通道和最近处的(<200 m[656 英尺]的距离)下行通道(3 m 和 7 m 宽),每个点取样长达 4 年(1997—2001)。加拿大艾伯塔省班夫国家公园。据 Clevenger(2001)

依据动物使用某种设计的观测数据,人们提出了一些下行通道的设计建议。例如,鹿和其他有蹄类更喜欢使用至少 7 m(23 英尺)宽、2.4 m(8 英尺)高并在周围有植被覆盖的下行通道。[758,145,63,324,611] 虽然很难确定哪种设计类型是最优的,但我们可以知道什么因素有利于野生动物的穿行。[1060,780,168] 这是为创造更为有效的设计而了解结构物的关键步骤。

综合了结构物长、宽、高,同时可以确定光线强弱和开口大小的一个简单指数(宽度 × 高度/长度)被提了出来。[756,792] 作者发现,下行通道的这一指数如果低于某个特定水平时有蹄类就不愿意使用,所以为了让野生动物更好地使用下行通道就应该按照建议的最小标准来设计。对现有指数相对较少的测试看来有时会产生混合的结果。例如,在对加拿大艾伯塔省 11 个旧的下行通道开展研究时指数并非是一个重要的因子,但在同一景观区域对新的下行通道的研究中指数却是若干重要的相关因素之一(A. P. Clevenger 和 N. Waltho,

未公布数据)。

为鹿、麋鹿等被捕食物种的设计要求不一定要和大型肉食动物的设计要求相同。佛罗里达豹(*Puma concolorcoryi*)使用 2.1 m(7 英尺)高的下行通道。然而,影响肉食动物和有蹄类使用班夫国家公园的 11 个下行通道的因素中,人类活动强度以及远近一直是最为显著的因素。[168] 如果动物的行为可能已经适应了这些已经在那里有 12 年的下行通道,那么下行通道的尺寸可能只会带来很小的影响。个体需要时间来适应这些供动物穿越的结构物。[758,1005,125,696] 一旦它们调整自身适应了这些结构物,这时候人类活动的动态和景观异质性特征在这些设施是否被最好地得以利用方面要比设施本身的尺寸大小更具有决定性。研究结果表明,如果不对人类活动加以控制,对下行通道设计得再好、将景观营造得再好也只会是无用功。

最近的一个对班夫国家公园的后续研究调查了一系列全新的下行通道和上行通道,动物几乎不需要时间来适应这些设施(A. P. Clevenger 和 N. Waltho,未公布的数据)。与前述现象截然相反,穿越结构物的尺寸可以对捕食者和猎物是否较好地使用通道做出最好的解释(图 6.6),在这里景观和与人类有关因素并不重要。灰熊、狼、麋鹿和鹿更喜欢大型开阔的通道,黑熊和美洲狮则喜欢小开口的、更狭窄的通道。这些模式都和物种进化后的行为和生活史特征相一致,如一些物种喜欢敞开区域而另一些则喜欢有覆盖物的地区。这些新发现强调,动物需要有一定时间来调整自己的行为,并且不同物种由于有不同行为和生活史的需求则会倾向于不同的通道。

由于目前上行通道相对较少,有关这些设施的信息还存在一定的局限,而且大多数资料来自欧洲。有一项研究比较了欧洲若干上行通道的设计。[722] 对大型哺乳类来说,通道的位置和宽度比底基土壤和覆盖植被种更为重要。野生动物使用宽度小于 20 m(66 英尺)上行通道的频率与更宽通道相比会明显降低。红外视频照相机监测显示,动物在较宽的结构物中要比在窄狭结构物中更为放松。一个关键点是,成功的上行通道不但为邻近的栖息地,也为更加广阔的景观尺度提供栖息地连接。作者的总结是上行通道的标准宽度取决于这种设施的目的和目标物种的需求。然而,研究表明,50 ~ 60 m(164 ~ 197 英尺)的宽度已经可以满足研究中的所有野生动物的需求。

沙漏状(或抛物线状)的上行通道有时也会出现在欧洲[63,792](图 6.3)。在法国,这些通道对于与北美麋鹿有亲缘关系的红鹿(*Cervus elaphus*)来说效果不是很好。[964,965] 然而,野猪(*Sus scrofa*)却经常使用这些通道。在荷兰,第一个被建造的野生动物上行通道就是沙漏状的,中间宽 15 m(49 英尺),两端宽 30 m(98 英尺),虽然它们专为速度较慢的动物而设计,但许多动物走到中间时就想“逃窜”。最近竣工的上行通道,中间宽 30 m(98 英尺),两端宽80 m(262 英尺),被荷兰交通部认为是针对大型哺乳类和其他现有物种的最优化设计。

通行构造物类型	肉食动物					草食动物				合计	人类使用
	灰熊	黑熊	狼	山狗	美洲狮	麋鹿	鹿	驼鹿	羊		
（a）“老构造物”（建于 1986—1988 年）											
带小径的溪上小桥	2	37	131	50	73	425	158	0	0	876	83
开放跨度的地下通道	*13	*148	*285	57	*272	1 804	915	0	9	3 503	26
开放跨度的地下通道	*5	89	*823	*81	167	2 185	578	0	0	3 928	54
开放跨度的地下通道	2	17	118	*79	116	1 504	*1 229	0	*175	3 240	2 368
开放跨度的地下通道	2	6	185	64	*219	*3 236	448	0	*727	4 887	554
开放跨度的地下通道	0	1	237	13	197	*3 989	215	0	0	4 652	1 553
开放跨度的地下通道	0	31	140	69	159	1 425	*1 937	0	1	3 762	19
开放跨度的地下通道	2	33	252	41	86	1 713	553	0	2	2 682	933
直径为 4 m 的管涵	0	*99	146	61	68	490	949	0	0	1 813	42
合计	26	461	2 317	515	1 357	16 771	6 982	0	914	29 343	5 632
（b）“新构造物”（建于 1997 年）											
宽为 52 m 的野生动物上行通道	*15	14	*29	18	57	206	*1 025	*6	0	*1 370	23
宽为 52 m 的野生动物上行通道	2	9	*19	1	73	*795	*1 327	*8	0	*2 234	18
带小径的溪上小桥	2	4	14	17	50	139	177	0	0	403	*152

续表

带小径的溪上小桥	1	4	7	*29	95	218	41	0	0	395	18
7×4 m 椭圆涵洞	2	*19	17	0	51	*942	281	0	0	1 312	*115
7×4 m 椭圆涵洞	0	5	9	17	*113	234	236	1	0	390	5
7×4 m 椭圆涵洞	1	8	1	7	73	232	201	0	0	523	9
7×4 m 椭圆涵洞	0	6	7	*22	36	135	111	0	0	317	13
3×2.5 m 箱涵	1	18	13	14	88	142	36	0	0	312	29
3×2.5 m 箱涵	1	*22	3	8	62	107	41	0	0	244	19
3×2.5 m 箱涵	0	17	10	17	*176	27	18	0	0	265	7
3×2.5 m 箱涵	0	2	3	2	38	83	27	0	0	155	23
直径为 1.8 m 的管涵	0	14	0	18	73	8	3	0	0	116	5
合计	25	142	132	170	985	3 268	3 524	15	0	8 036	436
总计	51	603	2 449	685	2 342	20 039	10 506	15	914	37 379	6 068

* = 在每一次研究中每个物种使用最多的两个构造物的一个。

图 6.6 加拿大艾伯塔省班夫国家公园一条多通道高速公路上，不同类型的供野生动物横跨的道路结构物被大型肉食动物和草食动物使用的频率。“老结构”从 1996 年 11 月份开始被监测了 5 年 3 个月；“新结构”从 1997 年 11 月份开始被监测了 4 年 3 个月。在图 6.2 中显示的是清单中第一个开放跨度的下行通道。有小路的小河桥梁指的是一条宽 11 ~ 25 m(36 ~ 49 英尺)的跨河桥，沿一侧有一条宽 2 ~ 3 m(6.5 ~ 10 英尺)的小径。根据 Clevenger(2000)和 Waltho (2001)

截至目前的资料似乎表明结构物的布置才是决定其功能的最关键因素。[62,324,722]野生动物通道远端有一个畅通无阻的视野对于肉食动物来说显得尤为重要[62](图6.2和图6.7)。在佛罗里达州,野生动物穿越下行通道时有个自由的视野被认为与标准宽度和高度同等重要。[324]

图6.7 佛罗里达豹(*Puma concolor coryi*)、黑熊(*Ursus americanus*)和许多其他动物所使用的箱涵式下行通道。在一条2车道公路上安装8×25英尺(2.4×8 m)开口的预制结构物,临近地方用围栏拦住,豹通过时,一个安置在涵洞内红外传感闪光相机就会拍下照片。佛罗里达南部的29号公路。R. T. T. Forman 拍摄

由于物种对野生动物穿越结构物的不同设计和邻近景观特征会有不同的反应,为多物种的生态系统设计缓解道路影响计划就会比较困难。而且,只有当土地和资源管理战略与这些结构物齐头并进时,这些设施才会发挥其功效。为了能使这些措施起作用,缓解策略需要从两个水平上加以考虑。来自结构物附近的开发和人类活动的局部影响会降低栖息地的质量,也可能会干扰动物,特别是大型捕食动物的活动。[851,167]同样,大尺度影响或栖息地扰动可以阻止动物穿越景观向结构物方向的运动,这样也会没有任何效果可言。缓解公路网对野生动物的影响是一个长期的过程,它可能会持续数十年,并会影响到生物个体和种群。[696]因此,围绕土地利用规划的公路缓解策略不应以建设过程的完成为终点,而是要积极地在上述两种空间尺度上随着时间的推移继续让这些结构物发挥作用。

在规划和设计缓解通道时,重要的是要记住每一种缓解方案都具有其唯一性特征。在美国佛罗里达州很有效的设计或许在加拿大魁北克省可能不会有期望的那么好,反之亦然。每一种缓解方案都有其适合的动物区系组成,反映了对连接度的不同关注和土地管理优先权方面的差异。但是,主要的原则和方针都

是来自于对现有通道的研究,这可以不断地为以后的缓解设计提供基础。

6.4 野生动物通道:总结和效果

现在我们总结一下可以利用的资料的情况,然后分析一下成功的供野生动物横穿的构造物的标准和设计特征。

6.4.1 知识现状

为了估计研究状况并确定知识缺陷,表 6.2 总结了 17 篇已发表的有关评价供动物使用的动物通道的文章,虽然不尽翔实,但清单中涉猎了国际性杂志和会议论文集中的可以查阅的大多数文章。特征分析包括了研究的设计、如何收集和收集什么样的数据、如何分析数据。研究目前已在欧洲、澳洲和北美洲三个大洲展开。在这 17 个研究中,15 个提出了目标,3 个提出了需要检验的假设。平均起来,对通道的评估为期 15 个月(1 ~ 56 个月),并使用了沙质横断面($n=12$),红外控制 35 mm 的照相机($n=4$),或直接对动物观测($n=1$)等技术,对通行情况进行监测。除了 3 项研究外,其他研究都是对通道针对某一单一物种的功效进行评估,有 4 项研究是针对集合物种(如小型哺乳类、两栖类)所进行的,有 1 项是从群落水平(大型哺乳类)上进行分析的。在单一物种的研究中,75% 评价了 2 种或 2 种以上的物种。

除了 1 项研究外,其他研究主要关注的都是哺乳类动物的通道,其中有 6 项报告了爬行类的通行情况,2 项是有关鸟类的,1 项是关于两栖类的(表 6.2)。在关于哺乳类的研究中,11 项是报道小或中型哺乳类和有蹄类的,5 项是关于大型肉食动物的。仅有 3 项研究预先定义了衡量通道有效性的标准。除 1 项以外,其他研究在量度通道有效性时都是基于动物对这种通道使用频率的基础上。但不幸的是,没有研究考虑根据种群大小和它们在通道周围的丰富度来确定动物期望的通行率(见下文)。在 17 项研究中,只有 4 项考虑了人类活动对动物在结构物附近的通行可能造成的影响。

研究状况和知识缺陷可以归纳为以下 9 点:

① 结果展现给我们这样一种现状,目前开展的研究严谨的极少。[785]假设检验尚未成为大多数研究的一部分,对一个成功的通道预先定义标准的调查者很少。为了准确判断通道效果,就必须预先定义标准,确定研究所针对的尺度,以便可以量度这些通道达标的程度。这些结果可以用于以后结构物的设计上。

② 几项研究只分析了某个单一物种,而其他一些研究采用了多物种群落

法。物种在孤立状态中是不会发挥功能的,而会在多种时空尺度上与其他物种相互关联。[690,286]因此,如果只着眼于物种水平对这些通道进行研究,就可能会忽视其他的物种和生态学过程的要求。

③ 在研究影响大型肉食动物如何使用通道的一些因素时,尚存在许多研究空白(图6.2、图6.3和图6.7)。对与爬行类和两栖类相关的通道也有类似的研究需求。大型交通廊道对目前仍然养育着多种大型肉食动物的生态系统会进行切割,并存在着潜在的使其破碎化的可能。[803,152]交通和自然资源部门对那些针对大型肉食类动物的缓解计划表示出了进一步的关注,这显示了在该领域需要有更多的信息和研究活动。

④ 令人惊奇的是,基本上只有少量研究考虑人类活动可能会如何影响野生动物通行的问题。人类是大多数景观和系统不可或缺的部分,在那些重要的公路通道周围,通过管理人类活动对野生动物而言可能会使得道路更加具有通透性。

⑤ 大多数评价是以观察到的通道使用频率作为判断成功与否的量度的。衡量通道效果不能单单基于通道被使用的总数,而必须考虑设施周围的动物丰富度及其分布情况。例如,300只鹿通过一个通道而只有10只通过另一个通道,其实就可以简单地反映出第二个通道附近鹿群的数量较少。另外,300只鹿通过的通道也不能直接和2只灰熊穿过的通道进行比较。预期的通行情况如果是基于每个通道被穿越的概率,那可能会更加准确地反映出真实的通行潜力和动物对结构物的喜好。动物在一条公路沿线穿越道路的概率可以利用通过调查、无线遥测或栖息地配准图得到的动物相对丰度的数据来获取。[948]而且,动物活动范围的变化[964,965]和动物的活动[12]都可能是衡量缓解效果的有用评估量度。通道建成后如果动物死亡率减少了,则会成为环境中的亮点。

⑥ 研究好像一般都认同"如果动物使用通道穿越了道路",通道则是有作用和有效果的。然而,穿越的频率是有许多含义的。一天中有一次穿越、一个月中有一次、一年中有一次或某个动物一生中有一次,哪一个算是成功的呢?最少的频率应该是可以维持种群的遗传变化,不过那些较高的频率对于维持种群大小和减小局部灭绝会更为适合。

⑦ 有关捕食者守候在通道附近猎取草食动物的证据仍然缺乏,很大程度上只是奇闻轶事,表现出来的只是机会事件而不是一种经常性的捕食模式。[557]多数研究都没有记录这种捕食行为。繁忙道路附近的栖息地是不适合生活的。而且,捕食者或许会比它们的猎物更多地使用不同的通道。[222,169]

⑧ 文献中最为缺乏的是不同类型通道在功效方面的比较研究,特别是对下行通道和上行通道设计的比较。缓解计划中的关键性变量是费用,以及缓解资金的最佳投向。我们是应该建造少数几个成本高昂的野生动物通道,还是应该造许多个成本较低的通道?我们能够预测出哪一个对特定物种和不同的位置会更加有效?

表 6.2 野生动物缓解通道的效果评价研究

来源和地点	设计		数据收集				分析			
	是否陈述假设?	是否陈述目标?	结构物数量	方法[a]	评估期(月)	监测频率	水平[b]	物种类型[c]	是否有成功的标准	观察/预期[d]
Reed 等, 1975 美国怀俄明州	否	是 鹿使用了下行通道吗? 相关的行为迟疑程度如何?	1	Counters Transects	48	每周 1 次	S(S)	哺乳类(u)	否	Obs
Ballon, 1985 法国上莱茵地区	否	否	4	Transects	9	每周 1 次	S(M)	哺乳类(u)	否	Obs
Hunt 等, 1987 澳大利亚新南威尔士	否	是 通道促进了动物移动吗?	5	Traps Transects	2	8 天 1 次	S(M)	哺乳类(s,m)	否	Obs
Jackson 和 Tyning, 1989 美国马萨诸塞州	否	是 通道有效吗?	2	Observation	<1	每天 1 次	S(S)	两栖类	是	Obs
Woods, 1990 加拿大艾伯塔省	否	是 下行通道被利用了? 它们能让动物季节性迁徙吗?	8	Transects Telemetry	36	3 天 1 次	S(M)	哺乳类(u)	是	Obs

续表

来源和地点	设计		数据收集				分析			
	是否陈述假设？	是否陈述目标？	结构物数量	方法[a]	评估期（月）	监测频率	水平[b]	物种类型[c]	是否有成功的标准	观察/预期[d]
Foster 和 Humphrey, 1995 美国佛罗里达州	否	是 下行通道能有效地使豹通过公路吗？	4	35 mm camera	2～16	连续	S(M)	哺乳类(m,lc,u)，鸟类，爬行类，人类	否	Obs
Yanes 等, 1995 西班牙中部	否	是 通道被利用了吗？影响通道被利用的特征是什么？	17	Transects	12	每年 16 天	G(M)	哺乳类(s,m) 爬行类	否	Obs
Land 和 Lotz, 1996 美国佛罗里达州	否	是 下行通道有效吗？	4	35 mm camera Transects	24	nr[e]	S(M)	哺乳类(m,lc,u)，爬行类	否	Obs
Rodríguez 等, 1996 西班牙中南部	是	是 哪些种类使用了地下通道？频率如何？影响使用的特征如何？	17	Transects	11	3 天 1 次	G(M)	哺乳类(s,m,u)，爬行类，两栖类，人类	否	Obs

续表

来源和地点	设计		数据收集				分析			
	是否陈述假设?	是否陈述目标?	结构物数量	方法[a]	评估期(月)	监测频率	水平[b]	物种类型[c]	是否有成功的标准	观察/预期[d]
Roof 和 Wooding, 1996 美国佛罗里达州	否	否	1	Transects 35 mm camera Telemetry	12	3 天 1 次	S(M)	哺乳类(s, m, lc)	否	Obs
AMBS Consulting, 1997 澳大利亚新南威尔士	否	是 地区内的种类目录;评价下行通道的使用水平	3	35 mm camera	9	连续	S(M)	哺乳类(s, m)	否	Obs
Pfister 等, 1997 瑞士,德国,法国,荷兰	否	是 哪些种类使用上行通道? 频率如何? 通道有效吗?	16	Video camera	24	nr[e]	S(M)	哺乳类(s, m, u),鸟类,爬行类,两栖类,无脊椎动物	是	Obs
Rodríguez 等, 1997 西班牙中南部	是	是 哪些种类使用下行通道? 频率如何? 影响使用的特征如何?	17	Transects	10	3 天 1 次	S(M)	哺乳类(m),人类	否	Obs

续表

来源和地点	设计		数据收集				分析			
	是否陈述假设?	是否陈述目标?	结构物数量	方法[a]	评估期(月)	监测频率	水平[b]	物种类型[c]	是否有成功的标准	观察/预期[d]
Rosell 等,1997 西班牙加泰罗尼亚	否	是 确定能解释下行通道利用情况的变量	56	Transects	11	每年 16 天	G(M)	哺乳类(s,m,u),爬行类,两栖类	否	Obs
Clevenger, 1998 加拿大艾伯塔省	否	是 确定变量的相对重要性	11	Transects	12	3 天 1 次	S(M)	哺乳类(lc,u),人类	否	Obs
Veenbaas 和 Brandjes,1999 荷兰	否	是 下行通道被使用了吗?影响使用的因素是什么?	31	Transects	5	nr[e]	S(M)	哺乳类(s,m,u)	否	Obs
Clevenger 和 Waltho,2000 加拿大艾伯塔省	是	是 物种对下行通道的响应一致吗?哪些特征更有利于使用通道?	11	Transects	35	3 天 1 次	S(M),G,C	哺乳类(lc,u)人类	否	Exp

a 方法:Transects = 沙地诱捕(见 Bider,1968;Clevenger 和 Waltho,2000);Traps = 活物诱捕;Observation = 直接观察;35 mm camera = 远距离照相监测(见 Kucera 和 Barrett,1993);Telemetry = 无线电遥测;Counters = 运动敏感及小径计数(见 Kucera 和 Barrett,1993);Video Camera = 遥控摄像机监测。

b 水平 = 分析水平:个体物种(S)[单种 S(S),多种 S(M)];物种集群(G);或群落水平(C)。

c 物种类型:s = 小型哺乳动物;m = 中型哺乳动物;lc = 大型肉食动物;u = 有蹄类动物;Human = 人类对穿行的影响。

d Obs/Exp:Obs = 观察到的通过频率计数:Exp = 基于通道邻近区域发现概率所预测的通过频率。

e nr = 在出版物或报告中未记录。

⑨ 最后，有关在哪里建造通道和以何种间隔布置通道的知识仍然缺乏。现有的信息加上一些通用的原则为我们提供了某些见解。所以，从分摊风险的角度来看，两处要比一处好，三处要比两处好，但是六处比起五处来，为我们带来的好处并不是很多。

6.4.2 野生动物通道的有效性标准和设计时需要考虑的问题

用何种方式确定一个野生动物通道是否有效？了解建造通道的意向性目的、关注目标物种或集群、施工完成后用于监测和研究的资金量都是重要的内容。野生动物通道总的目标是增加道路廊道通透度，成功的通道会降低道路的屏障效应，并常常会减少道路致死事件的发生（图 6.8）。可以指定一个或更多个二级标准来评价是否已经满足了前面两个主要标准的要求。符合图 6.8 所示的前三个二级标准意味着通道在发挥作用。对这三项成功与否的评价量度方法相对来说简单易行。而图 6.8 中的后三个二级标准则明确定义了通道的功能和效果。调查显示要达到后三个二级标准必须有更多的时间投入和资金支持，而且需要长期监测以及对交通廊道中野生动物种群开展附带研究。另外一种评价通道有效性的方法是将处理地区（缓解的）和对照地区（未缓解的）进行比较，即使每个试验单位的随机和重复性常常无法保证。目前有大量的建模和统计方法可以使用，特别是在对照试验无法进行的情况下。[935,441,130]

通过对班夫国家公园（图 6.6）里大型哺乳类使用野生动物穿越结构物的情况进行对比后发现，当结构物给定时，物种之间跨越道路的频率会明显不同，同样当物种给定时，在不同通道结构物之间，通道被使用的频率也会大有不同。一个相关的问题是，是否有必要建造费用高昂的上行通道，或者是否费用低廉的下行通道就可以满足要求（表 6.3）。如果费用较低的设施的效果和高费用的等价，那样就可以选择前者。

对班夫国家公园的监测结果显示，利用上行通道穿越的大型哺乳类数目最多（平均为 1 105）（图 6.6）；接下来是宽为 7 m（23 英尺）、高为 4 m（13 英尺）的金属涵洞（平均为 245），小河上的桥下干燥的通道（平均为 183），最低的是 2 ×2 m（6.5 ×6.5 英尺）的箱涵（平均为 111）。大型肉食动物的横穿率与大型草食动物也是有区别的，虽然结构物均适合于这两组动物。大型肉食动物从上行通道、小河桥下面的干燥通道和箱涵的平均穿越率持平（分别为 32、30 和 30）（图 6.6）。大型肉食动物使用宽为 7 m（23 英尺）、高为 4 m（13 英尺）的金属涵洞的频率会减少许多（平均为 19）。

减少路上撞死、撞伤事故

1. 实施缓解措施后道路死亡率降低

测量方法：
对缓解措施前后道路死亡率的发生频数进行比较。

4. 保证生物学要求得以满足

足够的通道可保持适合度。道路的负面影响或动物避免穿行会导致繁殖机会的下降，非对称性别比，占据次佳生境，以及增加面对捕食的脆弱度——所有这些将导致个体适合度下降。

测量方法：
繁殖率（短期和长期），性别比；存活率和健康状况下降。

5. 能够扩散或重新拓殖

幼体能自出生地扩散开去，在已被占据的地区能够重新拓殖。

测量方法：
幼小动物个体穿行结构物的证据；对扩散动物的迁移开展无线电并行监测研究；监测物种长时间离开栖息地以后返回的情况。

降低道路的屏障效应

2. 保持生境连接度

发现动物通行次数最少；通道两侧有物种出现。

测量方法：
穿行监测。

3. 维持遗传交流

在繁殖季节，成年、主要是雄性的动物开始穿越（每年可能 <1 次，如每代一次）。

测量方法：
穿行监测。

6. 保持复合种群过程及生态系统过程

有可供草食动物到达觅食点的通路；同时，捕食者也能够接近猎物。

测量方法：
基于生境质量的草食动物和肉食动物的分布；食物丰富程度；捕食率。

图 6.8 为降低道路致死和屏障效应而设立的目标和测量方法

表 6.3　野生动物缓解通道的技术规范和成本

缓解类型	尺寸(宽×高)	材料[a] 每米成本(美元)	单价(美元)	评论
大型通道 混凝土箱涵	3 m×2.5 m	混凝土:1 880	12 万	与金属涵洞比覆盖和回填量少(即成本较低)
椭圆金属涵洞	7 m×4 m	螺纹金属:3 630	15 万~17 万	组装时会花去很多时间
干沟开放跨度桥梁	约 12 m×5 m	混凝土:33 600~40 300	47 万~67 万	基于 12 m 宽的结构物,比起15 m 宽结构物需要中心墩和伸缩缝,花费要少
河道开放跨度桥梁	变化:≥50 m×≥5 m	混凝土:375(×2)	最低附加成本	公路规划中含桥梁施工。只要调整设计到适合野生动物通行的程度即可,为最低附加成本
上行通道(天桥)	52 m 宽	混凝土:22 600	115 万	预制混凝土拱架需要 1~2 天来安装。收益 = 易于重新梳理交通
抬高的道路[b]	地面以上 10 m	混凝土桥跨:42 000	850 万	—
通道[c]	27 m×5 m	8 万	1 600 万	—
栅栏 木桩 - 无挡板	2.4 m 高	钢丝	23	—
木桩 - 有挡板	2.4 m 高	钢丝	35	—
钢柱 - 有挡板	2.4 m 高	钢丝	60	—

a 成本基于 1995—1997 年全加拿大公路改善项目的工程成本,加拿大艾伯塔省班夫国家公园。

b 按 4 车道公路计算,中心对中心宽度为 31 m(102 英尺),整体(边对边)宽度为 56 m(184 英尺)。

c 按 200 m(565 英尺)公路路段计算。

能够促进大型哺乳类动物穿越道路结构物的属性信息说明，位置在通道能否成功发挥作用方面是一个关键性因素。[62,324,167]造价便宜的设施如果被放置在正确的位置（优化的穿越栖息地）也会比造价昂贵但位于非理想位置的设施更为有效。施工前对已经得以规划的交通项目的地点开展调查是确定缓解设施安放位置的关键步骤。

野生动物通道的位置通常要根据对野生动物道路致死事件的空间分布分析来确定，主要是要在那些道路致死密度最高的位置安装。[758,247]其他方法还有无线电监测动物活动或是在道路沿线追踪调查。但是当道路致死和追踪数据被采用时，动物可能就已经学会了调整自己的活动模式。所以，那些能够克服道路对两个高质量栖息地的隔离效应，或是能够重建野生动物主要活动路线的通道，比起位于道路撞死数量高发区的野生动物通道来可能会更为有效。以地理信息系统为工具，利用数字化栖息地配准信息和土地利用数据将有助于通道位置的确定。[928,172]

在进行野生动物通道建设时还需要有创新性的工程设计和技术，特别是在建设野生动物的上行通道时。虽然目前世界上的野生动物上行通道相对较少，但它们正在被不断地建造，而且人们对这些设施作为景观和栖息地连接器的兴趣正在不断增长。有些上行通道的基本设计已经被重复使用，从而使得设计缺乏变化。同时，对于一些可以大量降低费用的新型跨线和下行结构物在设计探索方面还是不够的。例如，浅的、轻的、沙质土可以减少结构物上面土和水的重量，而且可以支撑抗旱木本植物来为野生动物提供遮蔽。可以用熟土堆砌一些点或线来支持一些灌木和树木生长。工程的或者自然的设计可以阻止车辆的进入，同时也会促进动物穿越结构物。这些设计也应该可以保证人（或者甚至狗）的通过，并且不影响其作为野生动物通道和景观连接器的效果。

另外，那些具有创造性和造价低廉的通道设计是能够为大、小野生动物带来益处的。简单而经济的造景可以包括在上行通道上面建造小池塘和种植灌木丛；或者用一排树桩和树枝作为下行通道的树桩线或树桩墙（图 6.3）来改善地下生活的昆虫、蜘蛛、小型哺乳动物和两栖动物的活动和生境连接度。[63,475]在荷兰，这些树桩和树枝线对在桥下漫滩上的动物活动有很大的提高。

6.5 缓解案例研究

好几个有关缓解通道有效性的研究案例将在这里提及，或许引用率最高的是侏儒负鼠如何通过碎石通道来恢复栖息地的例子。[591]这些稀有的澳大利亚有袋动物的栖息地被道路和人类的其他开发活动阻断，并导致了不对称的性别比例,同时成活率降低。通过建造用岩石回填的通道来模拟这种小型动物的自然碎石栖息地,其自然活动得到了恢复,种群结构和存活率也回到了正常水平。

在印度洋的圣诞岛上,每年会有数百万大红蟹从陆地迁徙到海岸进行繁殖。有相当一部分不得不穿越主要公路,从而每年都会有成百上千的蟹被车辆压得粉碎(P. S. Lake 和 P. Green,个人交流;另见 Ranger Rick, 1988. 1)。已经有三种管理技术被采用,目的是要降低在迁徙的脉动中道路致死的数量和道路屏障作用。第一,当道路上的蟹流最多的时候道路会通过门和信号被临时关闭起来;第二,用一些便携的蓝色塑料软质围栏从某段道路沿对角线延伸出去,将蟹流渠化到具体的穿越位置(有时让人用扫帚引导红蟹运动也是有用的);第三,沿道路建造水泥沟槽,这样可以引导蟹进入特殊的混凝土涵洞,在那里红蟹将穿过道路。这些红蟹涵洞,在它上面的路面上设有阻止家畜进入的围栏,可以非常有效地为这些特殊的迁移野生动物提供连接通道。

20 世纪 80 年代,荷兰由道路引起的獾(*Meles meles*)的死亡占其总死亡数量的 20% ~25% 。[958,64]生态管涵或叫"獾通道"被安装在了荷兰全境的道路网上,得益于这些通道,獾的数量由 1 500 增加到 2 500,每年的道路致死大约为 10% 。

类似的还有佛罗里达南部由道路引发的死亡和栖息地破碎化威胁着被隔离的佛罗里达豹种群。和车辆相撞引起的死亡占全部记载死亡的 49% 。[585]在将两车道公路改造成为四车道有隔离带的州际公路(I - 75)之前,每年在 50 只左右的豹种群中就有 5 只会被车辆撞死。在那些为豹穿越 I - 75 公路而建造的下行通道和桥梁完成 10 年之后,道路致死事件显著减少,豹穿越道路的成功率也明显提高(G. Evink,个人交流)。[324,518]在附近的两车道公路(29 号线路)上也安装了野生动物下行通道[2. 4 m(8 英尺)高,7. 6 m(25 英尺)宽],并被动物所使用(图 6. 7)。佛罗里达豹种群正在慢慢增长。

在法国南部,一条主要高速公路的建设威胁到了一种业已脆弱的赫尔曼海龟(*Testudo hermanni*)种群。[380]采取的减少道路施工影响的一项措施是建造围栏和通道,这样海龟就可以在被高速公路割断的栖息地之间活动了。建成 4 年后,只有 5 只海龟在高速公路上被撞死,重新引进的海龟每年的存活率达到了 78% 。标记捕捉研究表明,这些通道被经常使用,而且成年种群已处于稳定状态。至少从短期看,这些交通工程是非常成功的。

有飞行能力的动物,虽然交通干扰和栖息地破碎化会影响到他们的活动和繁殖,但是一般不认为它们也会依赖于缓解通道。[285,771,514,699]然而,在瑞士沿一条多车道公路对鸟类开展的穿越研究表明,林地鸟类使用道路上行结构物穿越道路的数量要明显比在无上行通道的开放路段多出许多。[476]一些有关上行通道的后续研究也支持这一发现,并且进一步提出上行通道可能具有导线功能,它鼓励鸟类甚至蝴蝶穿越道路。[722]

结论

对现有交通缓解工程的研究得出以下8个原则：

① 目前采用的缓解措施和它们可以成功地减少野生动物与车辆相撞事件之间存在很大的不一致性。对这些措施以及道路系统如何与野生动物种群之间相互作用要开展更加系统地监测和评估，这样才能够为交通规划者和土地管理者提供更加可靠的预测问题和设计预防性措施的信息含量较高的方法。

② 最有效的缓解措施并非是那些造价最高、最难完成的。

③ 公路延长或改善项目开工前的道路规划，比起对现有道路进行修整的缓解措施而言可谓是一种更经济的缓解对野生动物影响的途径。另外，在建的桥梁和公路扩建工程也为我们提供了比翻修更加划算的缓解影响的机会。

④ 在计划和评估缓解措施时，道路对种群和生物多样性的累积性和时滞性效应是需要重点考虑的。

⑤ 将穿越结构物和围栏相结合的整体性野生动物缓解系统要比使用单个维持栖息地连接度和减少道路致死的方法更为有效。

⑥ 在野生动物穿越结构物的设计中，不存在一个尺寸包揽所有动物的解决方案。不可避免的，不同物种对不同结构类型和设计是具有不同舒适度水平和调整方式的。

⑦ 野生动物通道位置的确定对于实现缓解目标而言是关键的决策。从长远来看，如果主要根据道路撞死事件和跟踪资料来选择位置，那么它的效果比起与景观全局相吻合以及与景观连接度相一致，或能为景观连接建立有效区域的选择方法，就不是那么有效了。

⑧ 野生动物通道建成后要保持其永久性。物种的适应性变化、数量、动物行为、栖息地状况和附近人类活动对于效果的可持续性而言是重要的。

采用上述便于动物穿越的道路通透度原则，可以同时实现两个目标，一是可以起到缓解道路引起的破碎化影响，另外可以减少道路撞死事件的发生。最终，可以维持动物和未来的景观连接度。

第三篇

水、化学物质和大气

第7章　水及沉积物流

路路皆有坎儿。

——**英语谚语**

古罗马重要道路的两边都与精心设计修建的排水渠相接。如果道路具有军事功能，道路两侧60 m范围内的植被将会被清除殆尽，以防止遭到埋伏于道路两侧的弓箭手的伏击。

第二步便是修筑道路（古罗马时期的道路被称为“agger”），那时的道路是用泥土筑成，约高出地面1 m……通常宽约15 m，由1条宽5 m的人行道及铺设于其两边的两条宽各5 m的侧道构成。就此而言，这种道路的横断面与现代道路的设计是一样的。

——**M. G. Lay，《世上的路》，1992**

任何一个在倾盆大雨的天气里驾车的人都能体验到道路上有太多积水的问题。如果雨水不能有效地从硬化路面上流走的话，即使是很浅的一层水都会造成恶劣的驾车环境。其中，汽车掠水行驶和积水溅到前面挡风玻璃上的情况可能是最常见，也是最危险的。掠水行驶会导致车辆失控，而溅在风挡玻璃上的水能完全遮住驾驶员的视野，有时会持续太长的时间。未硬化路面上有太多的积水会导致车辆打滑、侧滑，甚至陷入泥潭动弹不得。这些麻烦首先催生了道路的硬化。

道路也会影响水的运动。我们是否经常注意到，尤其是在那些平坦的地形中，与道路一侧相邻接的湖泊或湿地看起来与另外一侧会有些小小的不同？很可能，这两片水域在道路修建之前是一整片水体。即使是安装了管涵连通了两边的水体，通常道路还是会破坏水的自然流动和循环的。同样，道路穿过丘陵或山地地貌区域的小溪时，上游的水相冲击区（洪泛平原或者靠近小溪和河流的某些地方）看起来与具有桥梁或管涵的下游水相冲击区有些许不同。导致这些差异的原因可能是道路造成的，道路影响了水的自然流动和溪流中的化学物质。

水的存在与运动影响道路，而道路也影响水的运动和那些由水搬运的物质。

水会搬运溶解在其中的化学物质(溶解质搬运),也会搬运悬浮在其中的固体物质(悬浮质搬运)或沿河床底部移动的固体物质(河床物质搬运)。这些固体物质有大小不一的各种类型,从黏土到石砾,从树叶到树干。道路可通过阻碍和(或)改变水的流向来影响水和这些物质流。相反的水也会通过① 洪涝,② 毁坏桥梁及管涵,③ 侵蚀未硬化道路和硬化道路的道旁,④ 诱发泥石流及道路本身的坍塌,⑤ 在某些气候条件下,周期性的冻融逐步破坏道路路面,⑥ 排出地下水,浸透路基,使其不够稳定。

本章将重点讨论水及水搬运物的流动,因为这个过程是陆地和水生生态系统的主要部分。在自然景观中,水、沉积物和化学物质的数量和流动速率对自然生态系统的功能至关重要。物质特性和自然流动的增加或降低可能会从本质上改变生态系统,但它们是生态系统产生紊乱和进行恢复的自然过程。例如,滑坡、洪水、漂浮的碎片和沉积物的聚积可能会使一些生物致死,但也会重新为受到影响的物种和其他物种提供新的生境。因此,在许多景观下洪水、滑坡和化学物质、沉积物或者木头的流动可以被认为是陆生和水生生态系统的自然演进过程。另一方面,在这些景观下,持续的、人为诱发的对于这种自然过程影响的增减,如修建道路,会产生潜在的重大生态后果。

本章中我们首先讨论侵蚀和沉积物的控制,其余部分将讨论与道路系统和水相互影响的另外一些重要方面。

7.1　侵蚀和沉积物控制

由于公路两边和未硬化路面上有大量裸露在外的土壤,所以道路是造成侵蚀的一个关键性因子。侵蚀和沉积是能被人类活动加速的自然过程[184,516,267](图 7.1)。发生在地表的侵蚀可以被看做是由水和风引起的土壤和沙粒的剥离。一旦这些土壤或沙粒与地表剥离开来,沉积物搬运(或称泥沙搬运)所指的是由三种作用力引起的微粒运动。在绝大多数情况下,雨水侵蚀是最主要的。在干旱气候下,风蚀则通常最为强烈[110](第 10 章)。此外,河槽冲蚀通常会发生在河流、小溪和间歇性河流的沿岸。泥沙搬运的最终产物是沉积,亦即颗粒物沉积的过程。

7.1.1　雨水侵蚀的过程

雨水侵蚀包括四个互相独立或有一定线性顺序的过程[231,184,766,516,267]:雨滴飞溅、片状侵蚀、细沟侵蚀和冲沟侵蚀。所有这些对路边和未硬化路面都是非常

图 7.1　与动物、车辆使用以及风和水流相关的道路侵蚀和沉积物搬运过程。Nicaragua 中部。图片由 R. T. T. Forman 拍摄

重要的。雨滴飞溅是侵蚀的肇端，因为降落的雨滴伴随着巨大的能量，会把一些细小的颗粒物从路面剥离开来。降落速度为每秒 6 ~ 9 m(20 ~ 30 英尺)的雨滴能够使土壤颗粒溅起 60 cm(24 英寸)高和 1.5 m(5 英尺)远。在裸露的地面上，大暴雨能够将 205 000 kg/hm^2(90 t/英亩)的土壤颗粒溅起并使其进入到大气中。在路边的裸露地表，降雨同样能够使土壤颗粒物压实度增大，减缓植物的生根定植速率。用植被或其他适当的材料固化地表能够减少雨滴对地表颗粒物的直接撞击。

片状侵蚀是指从坡地上移走薄薄的一层土壤。[231,186] 片状侵蚀通常是被降雨溅水松动的土壤搬运机制(第 1 章)。它与道路建设的关系尤为重大，因为施工中的开挖和填方经常会造成许多上边坡和下边坡。片状侵蚀的发生依赖于土壤类型和水流在斜坡上的深度和速度。对极易受到侵蚀的土壤而言，侵蚀的发生同样会因斜坡的长度和倾斜度以及上坡向处的排水面积而增加。[516] 土壤固化以及对于降雨溅水而言尽可能多地使雨水水流改道都是防治片状侵蚀的一些主要方法。

细沟侵蚀通常会在薄层水流(片流漫流)积聚到若干厘米深的小水沟中时发生。[231, 286,516] 细沟侵蚀在道路两侧的陡峭的填方边坡上最为常见。总的来说，细沟侵蚀带走的土壤比其他雨水侵蚀过程带走的土壤要多。细沟侵蚀的预防需要固化土壤及对雨水分流改道，这就需要开挖人工小沟。土壤固化和维护对于预防冲沟侵蚀非常关键。

冲沟侵蚀会在细沟无法承受积聚的水流和由此冲击而成的沟槽不能被开挖

小沟所替代时发生。冲沟常常会分布于回填边坡上,因积聚的水向下流入道路涵洞出水口而形成。冲沟侵蚀通常是未修护的细沟进一步发展造成的后果,其恢复代价不菲。

7.1.2 影响雨水侵蚀的因素

雨水侵蚀过程是四种与“通用”土壤流失公式相联系的主要因子的函数[231,455,516,267]:气候、土壤、地形及植被盖度。首先,气候涉及强降水频度及有无能够支持相对完备的植被覆盖的水分条件。季节性也是非常重要的因素,例如,要在对溪流生态系统破坏最微弱时进行施工,以及植树造林要避开干燥或寒冷的季节。

其次,土壤质地、土壤有机物含量、土壤结构以及土壤渗透性都会影响到侵蚀度。[455]土壤质地指沙粒、粉沙及黏土颗粒的比例。土壤有机质主要是由腐败的植物叶片、茎干和根系组成,通常会把土壤颗粒物黏结在一起并能够提高土壤肥力。土壤结构是土壤颗粒物聚集的组织形式,可减小地表水的径流,增加土壤持水能力。土壤渗透性可以提高水的渗透能力,因此可以减小造成道路沿线土壤侵蚀的地表水径流。

再者,对地形学而言,坡长和倾斜度是造成侵蚀发生的关键因子。[231,186,165]较为平缓的斜坡常常会发生片状侵蚀,而较为陡峭的斜坡常常会发生细沟侵蚀和冲沟侵蚀。例如,超过 30 m(100 英尺)的中度斜坡或陡峭斜坡土壤通常很难被固化。[267]土壤的坡向(相对于太阳的朝向)很大程度上影响着决定植被建群的热量和湿度条件。此外,上坡向排水域面积的大小、形状和坡度都会影响侵蚀发生的潜在可能性。[647]

最后,植被盖度是影响侵蚀的最为关键的因素。[726,516]植被有六大好处[267]:

① 减轻雨滴冲击力;

② 降低径流速度;

③ 通过根系固着保持土壤结构稳定性;

④ 过滤径流所携带的化学污染物及沉积物;

⑤ 增加水向土壤中的渗透能力;

⑥ 增强蒸散作用,即水向上向空气中扩散。

这些好处显而易见。雨滴的冲击力可以被叶面和地面上的枯枝落叶层减缓。径流速度和沉积物搬运可以被密集的茎干和杂物所减弱。土壤结构的稳定性可以被各种各样具有或深或浅根系的植物所加强。[455]如果水渗透到土壤中的话,更多的浅黑色有机物可以增强污染物过滤功能。如果径流的速度较低且地面上有土壤动物如蚯蚓钻开的小洞的话,水的渗透能力就会被提高。[455]植被密度增加,蒸散作用就会在垂直方向上释放出更多的水。各种各样的人类活动常常会加速侵蚀过程(图7.1),最主要的一点就是这些人类活动会改变或破坏植被的覆盖。

已知的各种土壤类型可以根据径流发生的潜在可能性被分类定级。[860,861,421]低径流土壤即使被水浸透也会具有很高的水渗透率,土层多为较深的沙砾或碎石。水会随时穿透到这种渗透性能良好乃至极具排水能力的土壤当中。例如,我们可以想象一下海滩上的沙子在雨后或吸收一桶水后干燥的速度有多快。另一个极端就是高径流土壤,这种土壤一旦饱和,其水的渗透速率就会极其缓慢。这种土壤主要是黏土(具有很高膨胀性),也具有较高的永久性地下水位;或者浅浅地附着在一层黏土或岩基上面,水渗透到这样的土壤中的速度会很慢。粘在靴子上的这种黏土浆和泥巴在地面也很常见。

7.1.3 沉积物的控制

防治侵蚀是控制沉积物搬运的核心原则,这比过滤和沉淀沉积物或其他的控制方法更为有效。利用植被来固化斜坡和水道是防止侵蚀的基本步骤,如在填挖边坡上种植一些速生植物。[726,516]形成高的植被盖度、有浅有深的密集根系和厚厚一层浅黑色土壤有机质往往是我们最重要的目标。利用各种易降解的纤维材料做成覆盖物和控制侵蚀垫通常是达到这个目标的一些临时措施。

还有三种方法可以作为预防侵蚀核心方法的补充。[267,1068,578]第一,限制裸露地面面积以及裸露时间。第二,就地截留沉积物,可以通过过滤低速径流中沉积物的器具来截留,如泥坝、草垛或者刷栏。第三,管理径流,意思是防止截留点以外的径流进入特定的地点,这样仅仅需要控制的就是该区域的径流和沉积物了。沟渠将截留点以外的水引开,这样小溪和沼泽便可以维持其自然的状态,洁净的水便可以通过或穿过这些地方。这些方法能够与各种方法结合运用在公路建设的不同阶段:最初的施工场地清理、中间的路基修筑和最后的道路防护阶段。

在侵蚀发生可能性较低的地方,通过植物自然的拓殖和演替可以起到稳定道路边坡的作用。在侵蚀发生可能性较高的地区,通常通过临时栽植来固化裸露的、短期内处于被破坏状态的区域,例如,尚未来得及修建永久性边坡防护或可能再次被扰动的点段及土料堆。[267]永久播种适用于那些在很长时间内不会再遭到破坏的裸露土地。

准备路边的植树点可能会涉及松动压实的土壤、为养分贫瘠的土壤施肥、施石灰或酸来调节土壤pH、增加状况差的坡地表土土壤肥力,或者覆盖地面来减少侵蚀和增强种子的萌发力量。然而,其中的部分技术在防止小溪、湖泊、地下水退化,促进本地物种生长,建立自然植物群落时是不太适用的,如松动压实的土壤可能会导致侵蚀的加速，使小溪流泥泞不堪，给贫瘠的土壤施肥也会发生高扩张性杂草或外来种排挤本地物种所在栖息地的现象。

目前，路旁多播种的是一年生或多年生植物，研究也表明对一年生和多年生植物进行混播会带来诸多好处。[516,267,123] 一年生草本或豆科植物，如冬小麦、燕麦和一年生的胡枝子属植物（黑麦、燕麦、胡枝子）通常会快速萌发并形成大面积植被盖度。由于一年生植物通常会在年内凋敝，它们只能提供暂时性的植被覆盖，但也可以成为生长缓慢的多年生植物的养料。多年生草本和豆科植物，如高牛毛草、多年生黑麦草和小寇、野豌豆（羊茅、披碱草、蚕豆）一般要求湿度较高，与一年生草本植物竞争养分的能力相对较差。能够给土壤增加氮素的豆科植物通常被种植在贫瘠的土壤当中。

许多用来减缓侵蚀或沉积物搬运的结构物控制措施被使用在道路沿线的特殊点段中（第8章）。如拦坝、导流渠、临时边坡排水系统、能量消散器、淤泥拦坝、草垛、刷栏、进水口和出水口的防护等。[267] 在高径流地域，可以使用临时的和相对较小的沉淀池；在更高径流地区，修建统一的大沉淀池则更为恰当一些。

简而言之，侵蚀和沉积物的搬运，不论是在施工期间还是在道路修通之后都是需要特别关注的问题。边坡和沟渠的绿化稳定工作以及辅助的一些技术方案也是可以用来控制和减少这些威胁的。这些举措对最大限度地减小地下水化学污染，降低进入路边及邻近区域地表水中的化学物质和沉积物的数量极为重要。控制措施对于快速地建立一个物种丰富、根系密集深厚、土壤有机质含量丰富的自然植被群落同样是很关键的。

7.2 道路系统和水的相互影响

水和道路系统相互作用的两个方面截然不同，因此需要分开来讨论。首先探讨水对道路的影响，然后再来讨论道路对水和沉积物的影响。

7.2.1 水对道路和交通的影响

水流经道路表面会导致路面，尤其是未硬化路面的损毁。[1068] 在碎石路面上，车辆行驶的辙迹如刀切一样地清楚，在路面上形成一道道小沟小壑。再举一个例子，从具有一定坡度的道路上流来的地表径流可能会导致填方边坡遭受冲沟侵蚀。这些情况在乡村道路，如林区的木料采伐道上是很常见的现象。[1018] 路面老化起因于沉淀物、冰雪结冻和消融过程。充沛的降水会淹没道路，或产生足够多的积水层造成车辆出现滑水效应。水亦能够渗入路面裂缝中，造成路面退化，在有冻—融过程的气候条件下这种现象尤为严重。如果有大量的水渗透到路基里，就可能会毁坏某些路基材料。如果路基设计中没有考虑将不断上涌的地下水排掉，建在这些地方的道路就会变得很不稳固。这些情况在靠近流域主河道边缘、有区域性地下水露头的地方会非常普遍。

除非很好地设计控制和疏导流经路基下方的水流，否则建在山坡上的道路会扰乱地表径流的流动，还会出现侵蚀以及道路损毁（图 7.2）。如果到达路面

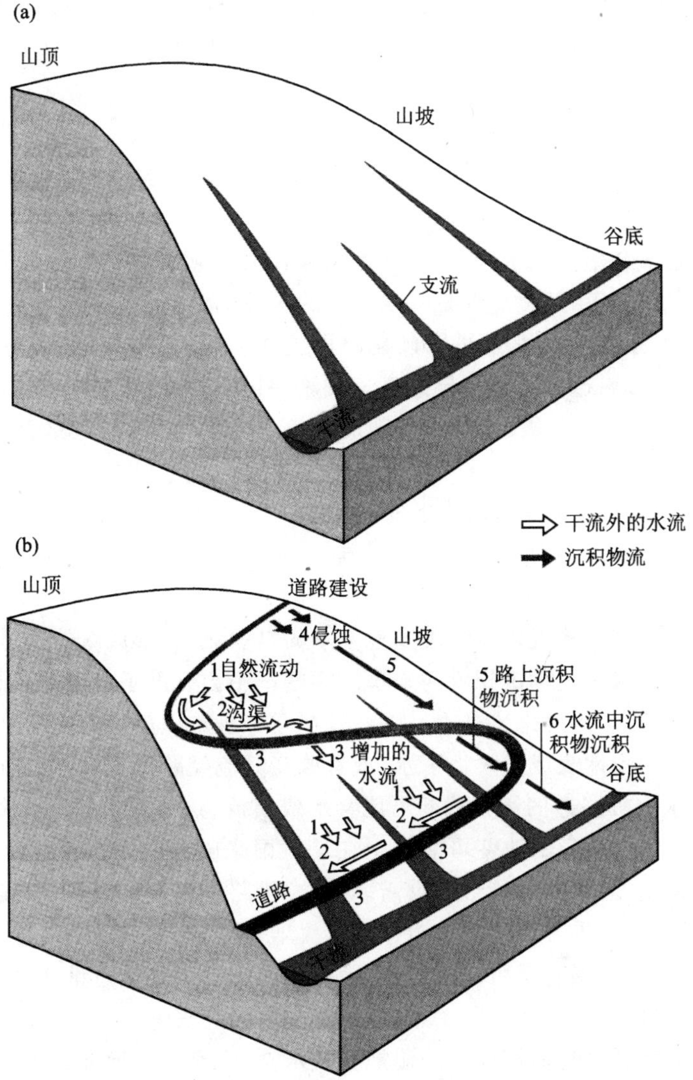

图 7.2　道路修建前（a）后（b），水及沉积物在山坡上的流动模式。图中标注的数字序号是在下面正文中所指的过程。摘自琼斯（Jones）等，2000

的水流量超出了排水渠的设计疏浚能力，涵洞就会被灌满，或者涵洞过于矮小不能容纳水流的时候水侵蚀就会发生。这样的水流会形成冲沟切割，致使填方边坡含水饱和，会诱发边坡塌方。[1018]在有地下水漫出的山坡下方，因为长期存在水饱和土壤，在那里建造道路较为困难。但建在比如谷底、台地和河漫滩地等平坦土地上的道路可能会因为洪水和河岸侵蚀而遭受破坏。

如果某些结构物没有能够抵御大洪水的设计的话，桥梁和通道也会遭受损毁。在暴风雨中发生的山体滑坡和泥石流同样会破坏道路路段。[932]当某一路段、桥梁或者路堤成为路网中唯一连接线的时候，诸如此类的事件会对大范围内的运输网络产生重大影响。

7.2.2 道路对水和水搬运物质的影响

道路通常会影响到水，以及各种搬运质流经流域的模式。一段道路对于水有着四项主要效应，其特点像是某景观中的一条廊道[302]：

① 水从道路，特别是从道路硬化路面上流动时就成为一种水的源。（在有些情景下，不可渗透的路面会导致高速径流，引发下游地区大水漫流。）

② 当水集聚在某段道路上时，则成为汇。当然，集聚在道路上的水量一般不会很大。

③ 作为障碍物阻碍水向山下的流动。

④ 当水沿着路面的小沟或低洼处流动时，则成为水流的导管或廊道。[463,1068]

道路以这些方式扰动了地表及地下水的自然流动，形成新的水道，或者成为地表水及地下水中化学沉积物的来源。这些作用会有助于对道路生态学进行描写，从景观生态学角度来讲这也是一些较严重并且难以解决的问题。

道路会截断地表或浅表地下水，或者改变其流经路线，使其沿着道旁的沟渠流淌。[578]水流被路边的沟渠截断可能会形成溪流，这将会有效地增加流域内溪流水道的密度。水道的改变可能发生在暴风雨来临的时候，会使整个排水网络中的水流速度加快，并可能形成洪涝。[1017,517]道路可以使溪流从一个较小流域转向另一个流域，结果导致接受水道排泄量大增，使局部地域遭受侵蚀之可能性增大。某些地区，沟渠甚至可以截断地下水，给原本只为排泄过量地表水的沟渠增加更多的水量负担。

道路常常会穿越面积较小的湿地和浅水湖，也有一些地方，道路会穿越大面积湖泊和广阔的湿地以及江河入海口。道路的这种出现会扰动水的循环模式，并在有些时候会扰乱有机物迁移，以至于使那些被阻断的水体表现出不同的生态特点。[893]这些不同之处通常表现在：① 海藻含量和悬浮沉积物质，它们会决定水体颜色,② 水生大型植物(有根水生植物),③ 森林湿地或沼泽中林木的类型。

道路径流通常会把化学物质搬运到地表水和地下水当中去(第8章)。这些化学物质来源于:① 构筑路基和路面的材料;② 车辆释放和遗留的废气、废液、车辆零件、轮胎上的沉积物;③ 保证道路安全的化学添加剂,如融雪剂或控制碎石道路扬尘的化学物质,如液态氯化钙。与道路相关的化学物质对水生生态环境的影响将会在第8章进行讨论。

这一节介绍了许多有关道路和水相互作用的方式。我们把这些不同的因素放在一个统一的框架下开展讨论,目的是为了系统连贯地了解和把握道路与水的互动效应,并引入一些基本概念。此外,还提出了一个能够解决不同景观条件下道路布局的框架。

7.3　道路和水流的概念性框架

使用一处山区山坡的图示来构建一个框架是为了理解道路和水流及各种水搬运质之间的相互作用,这样做是非常方便的(图7.2)。[463,1018]山坡处在自然状态时,三条支线溪流是顺着山坡流下,汇入到沿山谷流淌的较大溪流中去的(图7.2a)。一条建在该山坡上的道路可以从根本上改变流向山下的水流模式(图7.2b)。被改变的溪流还会引发道路损毁、行车安全事故以及溪流中动植物生境的相应退化。道路会截断自然水流(图7.2b中的1),通过道旁的沟渠将水流从一条溪流改入另一条溪流(图7.2b中的2),这将会使排水网络扩增,使支线溪流在不同地段的水流和渠道发生改变。(图7.2b中的3)。道路还可以改变沉积物流动方式。道路建设会诱发对稳定性差的道路填方材料的侵蚀(图7.2b中的4),并且会使这些材料沉积在道路上(图7.2b中的5)或河谷中(图7.2b中的6)。总之,道路可以改变水流及沉淀物质在自然景观中的流动路径,并会出现许多新的路径。

我们一般从地表水的角度来考虑道路对水流及沉积物搬运的影响(如图7.2所示)。山坡上渗透到地表及通过浅表向下运动的水会影响到道路稳定。反之,道路也会影响浅表地下水的流动。[463]下面的横断剖面图可以简要展示地表和浅表地下水向山坡下的流动以及水和道路相互作用的情景(图7.3)。[231,463]

水在山坡以及通过山坡的自然流动路径包含了渗滤过程(图7.3a中的1),地面漫流过程(图7.3a中的2),浅表饱和地下水流(图7.3a中的3),地面饱和漫流(图7.3a中的4)以及地下水流(图7.3a中的5)。图7.3b中,山坡坡顶、山腰和山脚处为道路。道路会产生表面水流(图7.3b中的2a),还会截断地面水流(图7.3b中的2b)和浅表地下水流(图7.3b中的3a);或在谷底,道路与饱和地面水之间还会发生许多相互作用(图7.3b中的4a)。在许多情形下,浅表饱和地下水会导致道路的塌方,塌方可能会发生在图7.3b中的3a所示的地点。

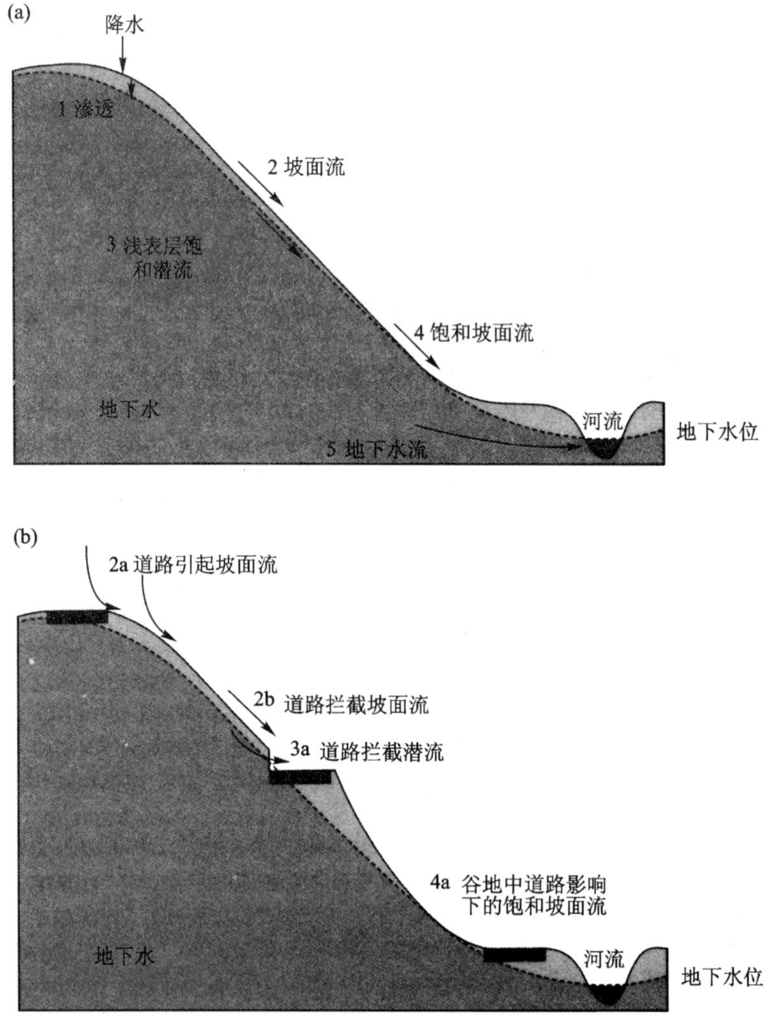

图7.3 道路的布局影响水和道路之间的互动作用。图中黑色结构物为道路,为便于说明山坡形态进行了适当夸大。(a)展示了自然状态下的水流;(b)展示了被道路改变的自然水流。图片摘自丢恩(Dunne)、莱普德(Leopold),1978;琼斯(Jones)等,2000;威普尔等,2001

发生在如图7.3b中4a所示地点的上涌地下水会使路基稳定性出现持续的问题。在寒冷气候下，上涌地下水到达地表后，通常会出现结冰，在路面或道路附近形成冰面。这种情况就需要在路基下设计专门的地下水排放设施。

山坡上的水以及搬运物质的流动并不能囊括所有的水和道路相互作用的情况。有一种截然不同的情形是，地球上许多的地方都有平坦的土地——也就是人们最喜欢寻求的布设道路之地。平地和山坡一样，水流都会影响到道路，道路也会影响水流。或许在平坦地形中水流对道路的最大影响是来自于洪水对道路的侵蚀。路基遭受反复渗透，会使路面塌陷开裂等不稳定性状出现。在平坦的低地修建的道路上尤其要面临如此景况。道路对平地水流的重大影响往往与道路修建穿越湿地和浅湖有关。尽管被道路分开的水域有涵洞连接，但这会导致被分开的水体产生区别显著的两类水生生态系统。

地球表面形态各异，从险峻的山区到辽阔的平原。这些地貌从一定程度上是由构成地壳的岩石结构所决定的，同时也受到地质过程的影响，如地壳抬升和风化侵蚀作用。尽管岩石与地貌会因所处之地的不同而不同，但它们仍然具有一些共同之处。如果对流水和道路间相互影响的认识可以被用做他山之石的话，一个关于水流在各种景观中运动的概念性基本框架就会极有应用价值。构建这个框架的下一个步骤就是把道路置于大概念景观当中，那里水流在地表以上或地表当中穿行才造就了目前地球表面的各种形态。[885,1046]

多数景观都是由高地和被陡峭山峰分开的低地构成的。高地和低地从狭窄到宽阔变化多样，而且还有各式各样的山坡地区。另外，一些较小的高地和低地还会嵌套在大的高地和低地当中。地球上广泛分布着六种景观形态（图7.4）：

- 山地地形：由高峻陡峭的山崖分割而成的窄小低地和高地组成（图7.4a）。
- 盆岭区：由陡峭山崖分割而成的狭窄高地和宽阔低地，以及通常流向沙漠的内陆河流域组成（图7.4b）。
- 高原：由各种不同坡度和高度的山崖分割成的狭窄的低地和非常宽阔的高地组成（图7.4c）。
- 河谷地形：由一个或多个嵌套在较大河谷低地中间的较小高地和低地组成（图7.4d）。
- 海岸地形：由一个或多个嵌套在较大沿海平原里的较小高地和低地组成（图7.4e）。
- 冰川丘陵：由众多叠加在较大高地和低地上的较小高地和低地组成（图7.4f）。

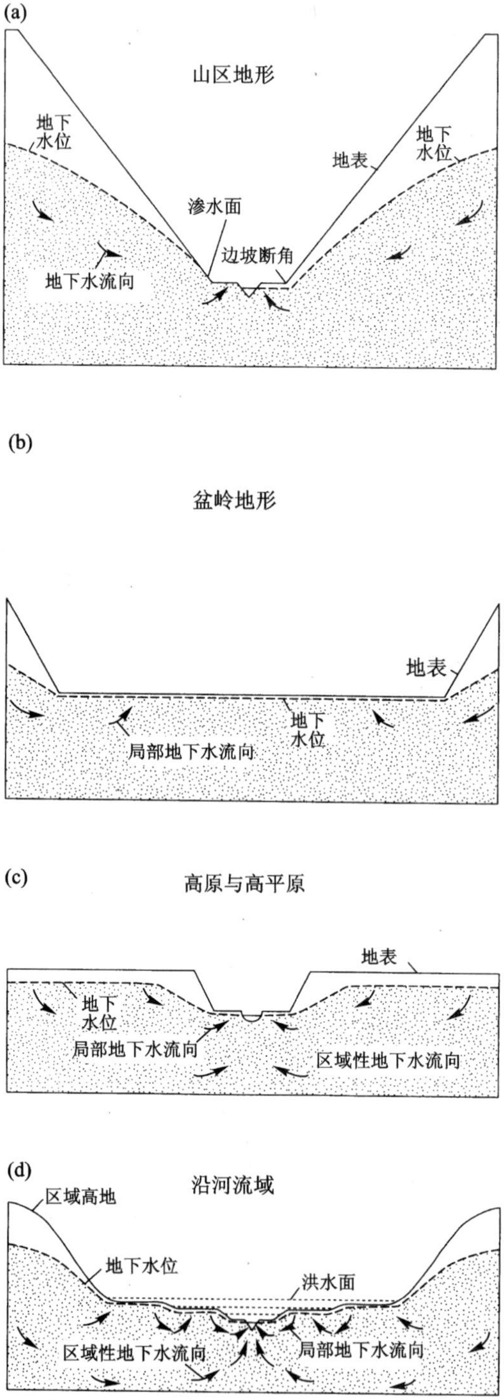
(a)
山区地形
地下
水位
地表
地下
水位
渗水面
边坡断角
地下水流向
(b)
盆岭地形
地表
地下
水位
局部地下水流向
(c)
高原与高平原
地表
地下
水位
局部地下水流向
区域性地下水流向
(d)
沿河流域
区域高地
地下水位
洪水面
区域性地下水流向
局部地下水流向

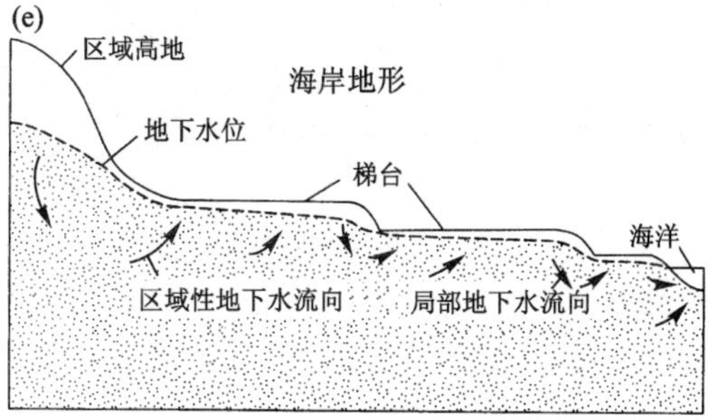

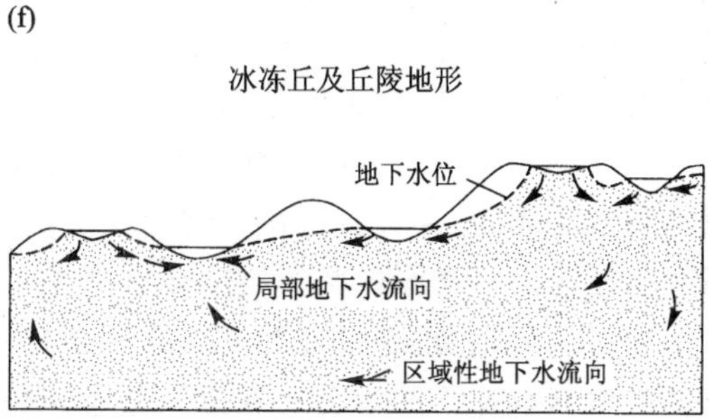

图 7.4　结合水流与地形的六种主要水文景观。景观中修建在不同地点的道路影响水文条件同时受其影响。摘自温特(Winter),2001

因为水流对于地形结构的形成过程相当关键,这六种基本景观类型对于水文景观是很有参照意义的。[1046]地表坡度、粗糙度以及渗透度都会决定地表水流的运动。[885,231]例如,地面径流在具有特定粗糙程度的景观地表上的流动;在陡峭山坡上的表面径流速度要比缓坡的径流速度快出许多。另外,不同(地表)地质材料的渗透度也会决定径流的流量和流速。[556,336]地形以及地质渗透度决定这些水文景观中浅表地下水的运动方式。如果海拔较高的高地水位较高,地下水就会从高地流向低地。这种现象在六种概括化景观的各种海拔高度的高地和低地中都是显而易见的(图 7.4)。此外,地貌形态和地质对地表径流和地下水流动的影响,水和大气之间的交换作用(降水及蒸散)也会进一步影响水流运动模式。

通过概括化的水文地形来描绘地球,就关于不同景观下共有的特点来探讨道路和水流间的相互作用是具有可行性的。例如,山坡在各种地形中都存在(图 7.4),在各种景观中山坡上一般都会建有道路。因而,上面已经讨论过的道路与山坡水文系统的一般性互动关系也可以适用于所有景观下的山坡地形。同样,大多数的水文景观中也都有平坦的土地,上面论述的道路与平地水文系统的相互作用也适用于所有景观中的平地。因此,本章接下来的两节将详尽介绍道路和水流在山坡和平地上相互作用的更多资料和案例。所有例子都被放置于概括化景观背景下，因此这些资料的转用价值也是显而易见的。

7.3.1 山坡与平地上的道路和水

考虑到不同的水文景观形态，道路系统和水之间的相互影响是与地形或坡度有关的。所以，我们首先研究山坡上的道路与水，然后再来讨论平坦地形上的道路和水。

(1) 山坡

建在所有景观中山坡之上的道路都会改变自然的地表水流路径（图 7.2 和图 7.3）。[463] 在这些道路的修建过程中，应仔细考虑将水流从道路的高坡段位引向低坡段位的设计。即使这样做了，在道路施工和山坡整饬当中还是会因地表侵蚀和塌方使大量沉积物流入溪流。大部分沉积物是由于道路上坡段岩层和土壤被破坏后通过地表侵蚀形成的，并会在道路下坡段沉积。

修建在山坡底部存在地下水露头区域的道路会破坏地下水的自然涌流（图 7.3）。在这种地方采取必要的稳定路基的工程措施还会减少或切断向可能位于山坡脚下的湿地提供地下水补给的水源。在某些情形下，被路边的排水渠阻断的水可能会被改变流向流入溪流中，并影响泄洪系统中的水量大小。[1017] 道路会迫使溪流从一个小流域流入另一小流域，这会增加水源渠道排泄量，增大冲沟形成的概率以及沿下游渠道发生小规模塌方的风险。[647,1018]

在山边修建道路能造成道路两边的塌方，[647,932] 在地下水位处于或接近地表的时候，塌方尤其常见。道路上坡段的地下水饱和土壤会导致塌方发生，掩埋道路；下坡段的饱和水则会造成路基受损或向下滑移。山坡上发生的滑坡泥石流（或溪流中的杂物流）所携带的沉积物和树木堆积到路面以后，这些水携沉积物和树木也会影响道路。

许多不同类型的滑坡，不论规模从几立方米到上百万立方米，还是速度从很慢到极快，都会影响道路。[188] 在陡峭的山区地带，经常性的雪崩会携带大量积雪和其他杂物堆积到路面上。虽然大多数的雪崩不会严重破坏道路，但常常会阻断交通。

一项对俄勒冈州喀斯喀特山脉的林木采伐道的研究非常清楚地记录了道路对沉积物产生、搬运和堆积的影响。[1018] 研究表明，山坡路段的位置会深刻影响侵蚀与堆积的类型和频率。靠近山脊的路段主要充当了下坡路段或下游渠道堆积物源头的角色。而位于山坡下部的路段则会把来自上坡或上游区域的沉积物截留。道路有时还会改变沉积搬运的过程，例如，塌方或泥石流会拥塞涵洞通道、改变路面水流方向，形成冲沟。如此一来，道路迫使沉积物搬运的过程就会转变成为因过量水流而引发侵蚀的过程。

关于道路对沉积物产生的影响，尤其是对陡峭的林区景观中未硬化道路上的沉积物产生的影响在许多研究中已经有所涉及。[85,766,621,1068]在美国西北部的太平洋沿岸地区，无论建路阶段还是在道路建成后几十年当中，一提到那些林区沙砾道路，人们就会把它们与因道路路面侵蚀和塌方造成的大量沉积物联系在一起。一项对爱达荷州山区林间道路建成后持续四年的研究表明，第一年冬天的侵蚀速率是随后三年的五倍（未对修路之前的数据进行估算）。[621]在加利福尼亚州和华盛顿州，相比于没有道路的地方，建成多年以后的道路路面出现侵蚀后会产生更多的沉积物。[85,766]

道路路面侵蚀和交通量之间的关系要比和道路建成时间的关系更为密切。[766,578,1068]在未硬化的道路上，过往车辆的轮胎常常会使土壤集料破碎，加速细小颗粒物质的分解。这些细小的颗粒物会被扬起进入空气，以尘埃形式被搬运（第10章），还有一些则被路面径流携带。交通量越大、过往车辆越重，路面侵蚀就会越剧烈。

在俄勒冈州可造成洪水的暴雨中，修建在陡峭山坡上20～50年之久的林区道路会以频繁塌方的方式产生大量的沉积物。[891,892]在美国西北部的太平洋沿岸，有记载的3 224次塌方中超过半数是与道路有关的。[647]在俄勒冈州进行的一项关于林区道路和大规模洪水的关系研究中，山坡中部道路与溪流交汇点段的路基损毁造成了有记录以来最大规模的沉积物搬运（图7.3）。[1018]

同样是可诱发洪水的暴风雨期间，陡峭山坡上林区沙砾道路会经历一种叫"叠加扰动"的复杂过程。[668]来自山坡及溪流水道中的水和沉积物被道路阻截，通过道路的排水结构物使其流经方向发生改变，水流因此会增多，从而侵蚀下坡段较宽的渠道（图7.2）。[1018]侵蚀物和水流造成的规模较小的塌方会堆积到下坡段的路面上，造成交通堵塞。

道路常常会增大陡峭易塌方地域发生滑坡的概率，这些地域的基础通常是由强度较差的土壤或岩层构成的。[932]在这样的地方，陡峭山坡上修建路基会提高塌方概率，导致山坡坡体下滑进入道路下方的溪流或其他水体当中。这种现象甚至在精心养护的主干道上也会发生，如沿大苏尔（Big Sur）海岸的加利福尼亚1号公路，这条道路贯穿于不稳定基岩的陡峭山地。在有些地区，如只占流域面积比例很小的景观中，林区道路是主要的塌方诱发源。[891,843]设计不善或修建过宽的道路极易发生塌方。以下原因可使道路增加塌方概率：① 在陡峭但边缘稳定的山坡上堆放土石料；② 存在未压实的路基填料或易分解有机物，这些材料与原地面土质相比是不稳定的。③ 积聚了易引发塌方的地表水和地下水；④ 有沉积物或有机杂质堵塞排水设施，如涵洞通道，导致水流改道流向不稳定地点。

修建在山地地形谷底的道路通常不会高出河面很多（图7.3）。因此，这些道路会在冰雪消融和强降水时段被抬高的河水所淹没。如果洪水足够强大还可能侵蚀道路,甚至冲垮局部路段。例如,1976 年在科罗拉多州发源于落基山脉的大汤姆逊河洪水泛滥,冲垮了很长一段大汤姆逊峡谷中的 34 号联邦公路。[841]这次来势凶猛、百年不遇的洪水是由峡谷部分地区强度达 0.3 m(1 英尺)的强降雨造成的,由此引发的洪水速度达到了 7 m(23 英尺)/s。

本节提供的绝大多数关于道路和水相互作用的资料都集中在山地陡峭山坡上修建的道路。因为道路与水的相互作用在这种地形中最为明显,所以,有关该研究已有大量的最新文献。然而,在其他各种景观,如河岸带、海岸带、冰川、丘陵、平原和高原地形中,山坡上也会发生道路与水的交互作用(图 7.4)。在地势起伏较小的地形中,作用范围会更加局部化。例如,在威斯康星州西北部,那儿的黏土层被一条地势起伏小于 30 m(100 英尺)的河谷隔开,部分修建在这条含有黏土的河谷边上的路段常常会发生滑坡,经常造成交通中断。对于修建在饱和黏土层、页岩及坚固性较差的岩基上的道路来说,坍塌的泥石堆积在道路上,或部分路段发生滑坡都常常会给道路施工和养护带来诸多麻烦。

(2) 平地

尽管平地的坡度较小,但侵蚀和沉积物运动仍然是一个主要问题。另外,平地上开挖渠道和水流改道更是普遍的工程行为。山坡上道路与水的相互作用在平地上同样是存在的。例如,水能够破坏路面(尤其是沙砾路)并毁坏路基。道路对水的影响是通过阻碍天然地表水和地下水的流动路径,并通过产生新的路径来实现的。道路也是地表水中沉积物和地下水中的化学物质的来源。在平坦的地形,如平原、河岸、海岸、冰川地貌中(图 7.4),大规模地开渠引水会改变地表水路径,但属于特别常见的措施。

水和水搬运物质的运动在陡坡和平坦景观之间的主要差异与搬运物质所需的能量大小相关。对相同水深、水道或表面粗糙度而言,水流搬起并移动沉积物的能力随着坡度的减小而减弱。因此,水的侵蚀力和搬运粗笨沉积物的能力在平地上要比在陡坡上小许多。但这并不是说,水侵蚀力在平地环境中不存在,因为即使是在平地,洪水尤其是汇入大江大河的洪水可以对桥墩和堤坝造成重大损坏。另一方面,坡度较低的平地致使平地道路常被洪水淹没,这也成了一个主要的涉及水的问题。

7.3.2 水对道路的影响

在平原地带,水通常会淹没道路、浸透路基、造成路基不稳定。在浸透的路基中,灌入路基砾石间小缝隙中的水就变成了润滑剂,它会降低路基结构的稳定性,尤其是在有黏土参与的条件下。由于坡度太小而致使水滞留于路面(尤其是沙石路),在交通量较大的情况下,会造成路面的损毁。洪水经常会淹没流域内的道路,但是洪水退却后,这些道路经过修缮仍然能够再次使用。

但平坦的沿海地区的道路会成为飓风引发的海水暴涨的受害者,其他形式的大风潮汐也同样会对道路产生巨大的破坏作用,并常常需要重建才可以使用。例如,1999 年飓风丹尼斯破坏了北卡罗来纳州奥特班克斯地区的一段滨海公路。另外,由强降雨引发的河水泛滥也会严重地影响沿海地区的道路,1980 年和 1983 年大暴雨之后,珀尔河洪水泛滥,路易斯安那州辛德莱市区附近的美国 90 号公路遭受了非常严重的损坏。[355]

江河谷地中发生的洪涝能够淹没和冲垮局部路段,但洪水对道路最常见的影响还是对桥墩、桥台周边河床及河岸的冲刷。[657]在河床中采沙用来修筑道路以及用于其他用途,会加剧河水的冲刷作用。对桥梁的冲刷付出的经济代价是相当昂贵的。在 1980 年到 1990 年间,美国政府每年用于桥梁恢复工程的开支就多达 2 000 万美元。1993 年美国中部大面积洪水泛滥造成的结果是,2 500 多座桥梁被毁或遭到损坏,所需修缮费用多达 1.73 亿美元。水对桥梁冲刷的问题十分普遍,美国地质调查局协同联邦公路局以及全国州一级的公路管理部门启动了一个项目,收集有关河流峰值以及在某有些情景下对河床冲刷的相关数据资料,这些资料随后被公路工程师采用,用于设计大型河流上的桥梁,以及小河上相应口径的涵洞与通道。

虽然在桥梁建造最初,人们就认识到了水对桥梁冲刷的问题,但该问题在 1987 年[1068](图 7.5)纽约州亨特堡附近横跨斯科哈里河的纽约州高速公路(州际 90 号公路)大桥坍塌后,才算真正引起了美国的密切关注。这起事故造成 10 人死亡,但同时促成了上文提到的美国地质调查局与联邦公路局合作项目的立项。

图 7.5　洪水泛滥期,由于河床遭受冲刷,大桥坍塌。图片所示的是纽约州亨特堡附近横跨斯科哈里河的纽约州 90 号多车道州际公路。图片经 D. S. 穆勒、西德尼 · 布朗及美国地质调查局允许刊载

在河岸带地区，一般而言道路只会被淹没几天或几周，河水水位下降之后，洪水会退却至河流当中。然而如果道路附近的封闭流域中的湖泊或湿地水位抬升或洪水泛滥的话，情况就会截然不同。由于没有出水口，在这种情况下，道路可能会被洪水淹没几个月甚至数年。[1031] 最近几年，在加拿大中南部和毗邻的美国中北部地区，这种情况很严重，损失相当惨重。这一地区是由数千个被湖泊和湿地占据的低洼冰川地貌所构成，即所谓的草原壶洞（prairie pothole），因为还没有形成完整的排水网络，水依旧在低洼地区积聚。一旦这些地区遇到充沛的降水，洼地内的水位就会直线上涨。大多数这样的地区土基层渗水效果很差，因此积聚的洪水不会轻易地渗入地下。草原壶洞之间的间距小且水层浅，所以修建横穿其间的道路比修建环绕它们的道路造价要低而且易于实施。确需围绕这些草原壶洞修建的道路一般也不会高出湖泊和湿地多少。在正常气候条件下，在这样的景观地貌中道路有时会受到当地上升水位的影响，1993 年一场洪水袭击了美国中部地区，随后该地区出现了持续 8 年之久、极度反常的多雨天气，造成 150 年以来最为多雨的气候。这片草原壶洞地区的许多路段被水淹没了，致使这一地区的路网变得支离破碎，因洪水造成的道路交通中断，一些农场被隔离了起来，后来导致了道路密度减小，根本上改变了交通网线路。解决这一问题通常采取的方法是通过增添填方、铺筑新路面使路面高程抬升。自 1993 以来，仅北达科他州东部地区 844 项抬高路基的工程项目就耗资 1.75 亿美元以上。（R. 哈特，个人交流）。

7.3.3 道路对水的影响

道路可以阻碍：① 洪水有效排泄；② 水位上涨时，洪水的进一步蔓延；③ 水的自然流动。道路还常常会把较浅的地表水面切断形成独立的水体。

北达科他州北部的红河流域的洪水泛滥是一个绝佳的例子，它可以说明道路是如何阻碍洪水退却的[580]。红河流经一片古冰川湖床，这一地带极其平坦，某些区域坡度仅为 0.02%。但是这一地区农田颇多，并有着道路间隔 1.6 km（1 英里）的大面积路网，道路之间一般都形成了 1 平方英里的网格结构。这些道路修建得比周围的农田高出好几英尺，在较大的洪水发生时，洪水会漫过包括道路在内的大片地域，但洪水过后河水水位就会明显下落。这时，洪水会被道路所阻挡，滞留于田间，形成正方形和长方形的暂时性湖泊（图 7.6）。洪水只能通过路边的排水渠和涵洞通道退回到河中，但由于这些涵洞在设计上承受不了大量的水流通过，所以常常被堵塞或灌满。结果这些农田会在几周的时间内一直被洪水浸没，造成农作物种植延缓，有时甚至无法下种。

图 7.6　洪峰过后，退却的洪水被高出地面的路基阻断，形成了临时性湖泊。图片所示为北达科他州北部红河附近中西部路网中被洪水淹没的长方形农田。图片由美国地质调查局提供

正如道路可以阻断泄洪一样，它也能够阻碍洪水入侵。[1031] 以上文中提到的美国中北部极其多雨的时期为例。北达科他州北部的 Devil's 湖流域面积达到 8 600 km^2(3 320 平方英里)。与草原壶洞一样，这一流域内也没有地表排水口。因此，在这一流域中充沛的降水会使湖水水位上涨。从 1992 年开始，这个湖泊的水位至今已经上涨了 7.5 m(25 英尺)之多，淹没了包括道路在内的 12 150 hm^2(30 000 英亩)土地。被淹没地区大部分为农田，Devil's 湖城也有部分地方被洪水淹没。考虑到该湖的水位还会进一步上涨，湖边的道路已经被加高，以免在洪水逼近时才匆匆忙忙地加高这些道路。但是由于该湖水位一直在上涨，有些道路实际上已经被当成了拦水堤坝，用来阻挡该湖进一步在道路周围的扩张。路基通常采用多孔透水性材料筑成以提高排水能力，因此设计并修建了许多的路堤来阻挡水流。由于道路设计的目的并非是要被当作堤坝来用，因此，是为了确保道路运输安全，还是为了保护沿线民众财产免受湖水侵扰，就成了摆在大家面前一个需要考虑的问题。据美国陆军工兵部队估算，要修建护路堤的经费开支会高达 5 000 万美元(V. F. 西姆勒，个人交流)。

一些濒临墨西哥湾的州，如路易斯安那州和佛罗里达州的沿海地区，层层浅薄的水体整片地穿过沼泽中的草地从陆地流向海岸(第 13 章，图 13.1)。在佛罗里达州，大部分流向佛罗里达南部大沼泽地的水源就是由这种地表水流动带来的。穿过这一地区的道路常常会阻挡水流，影响道路两侧的生态环境，对道路上坡段生态环境的影响，在靠近道路的地方范围很小，因为公路实际上成了堤坝，把水圈了起来。道路对下坡段的影响范围则会更广一些，因为公路切断了该

生态系统的水源补给。即使在这些道路上零零星星修建的一些涵洞和桥梁，水在通过这些局部地方时是按照特定路线流动，因而从根本上改变了水的自然流动和生态系统的连接度。在这种情况下，只有大量修建涵洞才可以维持道路两侧生态系统自然的状况（图 13.1）。

在道路切断浅水湖泊、湿地或江河入海口的地方，道路两侧的水体通常会呈现出明显不同。例如，两个水体的颜色可能会不同或两片水域会拥有不同的植物群落（第 9 章，图 9.8）。奇怪的是，能收集到的对于被切断水体生态系统特点的研究和资料非常少。在此，我们仅举个别例子来说明这种显著的生态影响。注入犹他州盐湖的大部分淡水大都来自南部流向该湖的河流。[567] 1903 年在湖面上修起了一条东西走向的铁路高架桥，后来在 1959 年，人们又修筑了一条坝式路堤来取代这座高架桥。原来的高架桥可以让水在整个湖区内自由循环，但这条路堤却只修建了两处 4.5 m（15 英尺）口径的涵洞和一处 88 m（290 英尺）宽的桥跨。这样的设计严重阻碍了湖水在湖区南北方向之间的自由流动，很快湖区南北两部分便呈现出了不同的特征。

在路堤修筑之前，湖区南部和北部溶解盐（主要是氯化钠）的浓度大致相当。但短短几年时间内就有报告表明，由湖区南部流向北部的水流只剩下咸水净流了，[10] 结果湖区北部的湖底沉积了厚厚一层盐分。由于所有流入河都位于湖区南边，路堤致使湖区南部水位上升，迫使水体流向北部却无法再流回南部。最近的研究表明，1972 年，湖区北部的盐分浓度比南部的高出约 200 g/L，而到了 1998 年，则升为 250 g/L。[567] 盐分浓度的差异导致湖区两部分水体之间水密度产生了差异。这种情况反过来造成涵洞内出现明显双向流动的水流。密度较大，盐分较多的水在自南向北流的淡水下面由北向南流动。佛罗里达州西部的坦帕湾是一个巨大的、水较浅的 Y 字形入海口。坦帕湾的一条狭长海湾被 3 条由石料填方路堤并各建有一座桥梁的干线公路切断了（图 7.7）。另一条海湾，即希尔斯堡湾在靠近入海口的地方修建了几条小堤道并在坦帕湾入海口处又修建了第四条堤道。这些工程加上采沙填河以及填海造陆作业，对该湾内水循环产生了重大影响。美国地质调查局同坦帕港务局以及陆军工兵部队开展了一项研究，评估这些工程对水循环模式影响的程度。[368] 这项研究的一个目的是开发一个当前水循环模式的计算机模型，然后在去除所有的已建工程的情景下来运行该模型，以再现 1880 年左右未开发前的状况。不出所料，1880 年到 1972 年间通常的潮汐式水循环模式最显著的变化就发生在路堤和桥梁周遭水域（图 7.7）。

对自然的改变所产生的影响彻底地使整个坦帕湾水的自然流动路径发生了转向，从而增加了水及水搬运质流经海湾的速率。因此，所有进入海湾入口的污染物被冲入并沉积到墨西哥湾的速度比人工未施之前快了许多。此外，虽然没

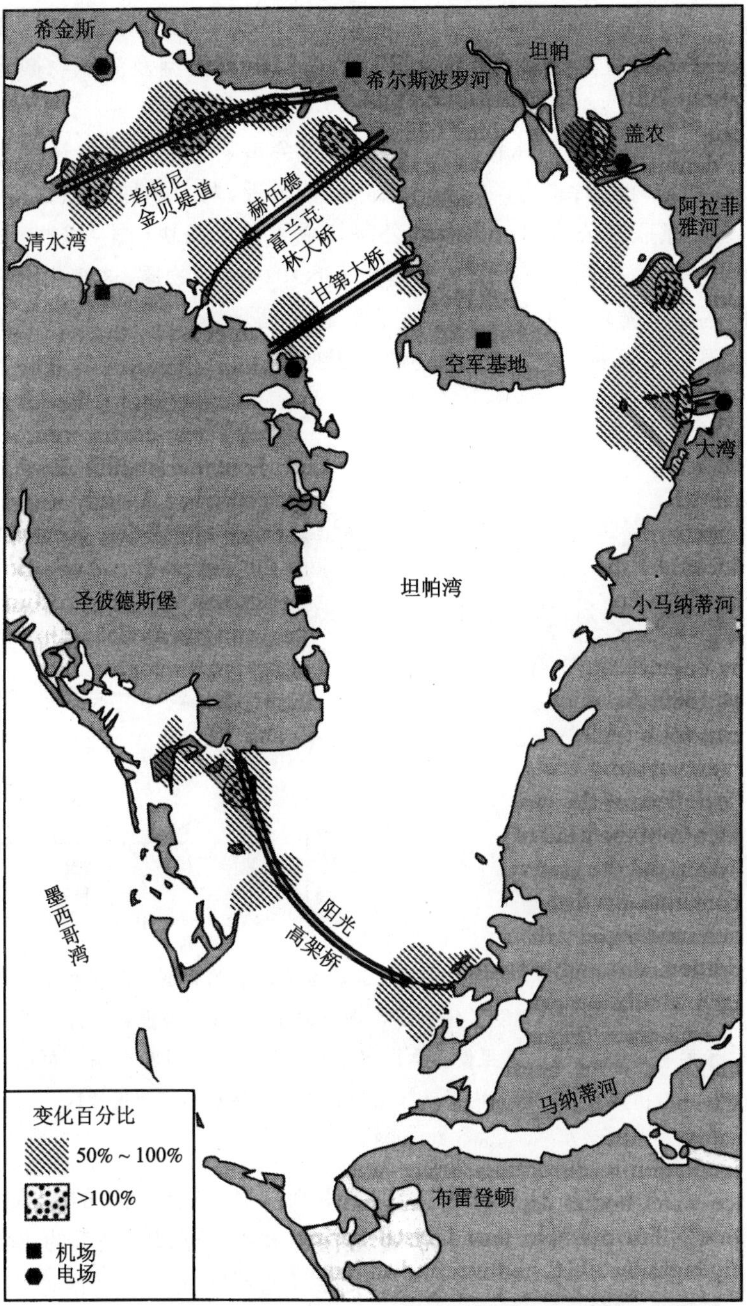

图 7.7　与大海湾内填筑修建路堤有关的典型的涨潮式水循环模式发生了变化。这些数据变化是基于佛罗里达州坦帕湾 1880 年至 1972 年间的模拟模型所得到的。图片摘编自古德温(Goodwin),1987

有进行广泛的研究,但水循环模式发生改变的地区的水生生物极有可能与堤道建设之前不尽相同(图 7.7)。这一点对水生底栖生物尤其如此,因为堤道阻碍水流在整个入海口自由循环的湾内局部地区,沉积物类型及沉积物搬运很可能与以前大不相同了。

道路除了会破坏地表水流模式外,也同样会影响靠地下水维持生态特征的地表水水体。[893]例如,北达科他州的水晶泉城附近,两个草原湖泊被一条铁路、一条县道、一条联邦公路和一条州际公路切成了若干条块(图 7.8)。在自然状态下,这两个湖泊接受地下水以及溶解地下水中的化学物质,这些化学物质又会在整个湖区自由循环。但是路基产生的对湖水循环模式的破坏,导致每个湖区都具有了根本不同的生化特征,有些湖区因此再也无法接收到由地下水带来的化学物质了。[893]

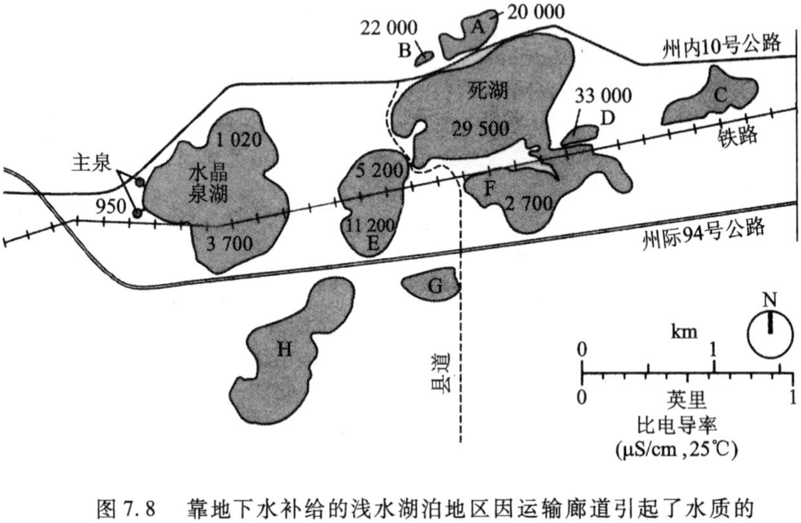

图 7.8 靠地下水补给的浅水湖泊地区因运输廊道引起了水质的变化。高比电导率说明了化学溶解物质的积累,主因是道路扰乱了湖水原有的循环模式,结果使得由湖区上坡向靠地下水补给的湖水再也不能自由地在整个湖区内循环。图为北达科他州水晶泉附近地区。图片摘编自斯文森(Swanson)等,1988

这些湖泊在道路修建之后依然接纳地下水补给。铁路北边的水晶泉湖和死湖 F 区的水依然是最淡的(图 7.8)。水晶泉湖上依然可以开展垂钓比赛。由于道路建成后,死湖 F 区的地下溪水补给水源再也不能在整个湖区循环了,所以死湖的主体部分及湖区 A 和 B 中的化学物质状况发生了巨变(电导率高达 20 000 μS/cm以上)。死湖自身盐度也增大到了足以为丰年虾(一种咸水虾)提供栖息之所。

7.4　道路类型、土地利用和水

道路会因为各种各样的理由在所有地形中被修建起来。有时修建道路是为了开发诸如矿产或林业资源,有时是为了以最低成本、最短距离把两地连接在一起,道路的用途对道路等级,以及在景观中何处修建都具有直接的意义。通过对施工工程量不同的四种道路类型进行研究,我们将对道路、土地利用及水之间的普遍关系做一概括。这四种类型是:① 田间道路及小径;② 修筑的砾石路;③ 次级硬化道路;④ 主干道硬化道路。这些不同类型的道路都会受到水的影响,同时也会影响水和水搬运物质的运动,但一般而言程度会有所不同。

7.4.1　小径、田间道路和砾石路

田间道路或土路和小径都是土质的道路,几乎不需要多少工程设计和工程施工,如准备场地时的临时路基、桥涵。许多此种道路的形成仅仅是由于车辆长期在同一条线路上来往。田间道路一般出现在农业种植区,在平原景观中最为常见。小径一般只是用来偶尔地前往某一地点,如一处钓鱼的好去处或农场深处的某个地点,小径一般出现在未开发的地区,从海滨到山地的各种景观地形中都可见到。水会暂时淹没田间道路使其泥泞不堪,难于行走。这样的道路本身不会从根本上影响水的流动。尽管如此,如果田间道路上有一个小缓坡,车辙都会被侵蚀成冲沟并会引起水流改变。在有陡坡的地方,如山脉、高原及河谷边缘,由小径冲蚀而成的小沟流淌的细流可能会变成巨流,携带大量的沉积物并引起水流方向的重大改变。

田间道路具有一些重要的生态功能。例如,一些大型动物像山狗、胡狼、美洲豹、野豹、狮子等可能会把交通量稀少的田间道路当作觅食的主要路径。[302]在温暖的秋季,蝴蝶之类的昆虫会被田间道路上到处可见的小泥潭所吸引。

修建砾石路的原因也是千差万别的。多数砾石路极可能是为农村地区提供一般的交通服务而修建的(图7.1),但还有一些是为了采掘自然资源而建造的。用以农村地区一般交通服务的砾石路面通常是永久性的,因而,其路基常常被抬高(与田间道路不同),并且设计和修建的是可在相当长的一段时间内供人们使用的道路、桥梁及涵洞。另一方面,大多数砾石道路预计是需要承载很大交通量的。[3]通过农村道路沿线的涵洞和水渠对水引流的预期目的是要永久地影响水的流动。为采掘不可再生资源而修筑的道路一般都属于临时性道路,因为这些道路在资源开发完成以后便不再被广泛地利用了。此外,修建道路的成本还需

与资源采掘中获取的收益相挂钩。这种道路的质量通常会表明,这些道路的设计不是要长久利用的。尽管此类道路并非是永久性道路,但在设计上却需要建造得足够精良来承受重型机械反复地碾压。相反,为开发可再生资源修筑的道路普遍在设计和施工质量上较为上乘,其目的在于让它长期存在。

平坦地形中的砾石路被水淹没后,水不会很快地流走,被水渗透的道路会很不稳固,导致道路结构大面积损毁,砾石路通常依地势而建。所以挖方边坡和填方边坡一般很少,即使有坡度也不会很大。这种缓坡引发的侵蚀作用和沉积物的搬运也不是严重问题。然而,交通量却会影响此类道路路面产生的沉积物数量,因为车轮会把颗粒物从地面分离并碾成粉末,一些颗粒物就会被扬向大气当中,以浮尘形式被搬运(第 10 章)。砾石路的径流及路边侵蚀会给流水带来沉积物,但因为排水渠及溪流的坡度不大,所以只有较细微的沉积物才会被搬运到很远的地方。相反,修建在陡峭坡地上的砾石路会导致沿山坡而下的水流路径发生重大变化。结果则是不仅路面,而且还有那些用于修建道路的大量泥土开始运动,导致了沉积物大量产生。若是为采伐林木在山区修建道路,这种情况尤其麻烦,因为路网密度可能已经非常高(第 11 章,第 12 章)。

7.4.2 次级硬化道路和主干道

美国的次级硬化道路,如县级公路和一些州级公路蜿蜒在各种景观和用地类型中,此类道路和砾石路相比使用时间更长,并负载各种各样高速运行的车辆,因此,在设计和施工上要比砾石道路好许多,如路基、排水渠、排水涵洞和桥梁都比砾石路的要好。[2,3]它们也不像砾石道路一样和地形亦步亦趋,因此在道路修建的过程中需要大量的开挖填方作业,大量的沉积物也因道路施工而生。此外,即便路面被硬化,路肩还是会受到侵蚀,不断产生的沉积物会流向各种水体。这一问题在山区及高原、河谷边缘的陡坡地带尤为普遍。在硬化路面上快速流动的水在到达未硬化的路肩之前具有相当大的侵蚀力。

主干道包括高速公路及其他联邦和州级干线公路。这些道路的设计要求在各种景观地形和用地类型中承载大量交通。[2]此外,还要求能够承受大量高速行驶的重型车辆。也许,主要的干线公路在处理水的问题上施工、设计均属最佳。一般来说,大量的心血、技术和资金都会投向桥涵设计,并要求路边排水渠的设计要考虑满足洪水要求。

因此,修筑主干道常常涉及大量的开挖和填埋作业。在山区,为配合重要干线道路的走向,将整个山坡移除的做法也很常见。即使在平原地区,为减缓路基及大泄洪量排水沟修建地点的地面坡度,在修建主要干线公路的过程中需要移动大量土石方。此外,还需要从沙坑或采石场运送大量的路基填料,即使在施工过程当中最大限度地注意减少这些问题，以上两种活动还是会导致大量的沉积物流入相应水体。在寒冷的气候条件下，用在结冰公路上的沙粒和其他除冰粒料也会成为额外沉积物的来源。

结论

路网与水的相互作用十分普遍而且极其繁杂。对道路造成的损毁及道路对环境的影响很多都与水的运动密切相关。水的流动、结冰、渗透都会严重地损坏道路。同时，道路又改变了景观中水、沉积物及污染物的运动。有些道路及排水渠会成为河流网中的一部分。

路网的结构与功能与人类为特定目的设计和修建的其他工程一样，了解起来较为容易，而水文系统的结构和功能，如水在大气、水面及地下水网中的运动及其相互作用的过程了解起来则非常困难，但是，对于道路和水的相互作用的了解需要对水和道路各自都有一定的了解。水文系统包括河流、湖泊、湿地、地表水流、土壤水及地下水。由于在水流路径沿线，水及水搬运物质数量有所不同，路网与水网的相互作用很大程度上是由道路在某一景观中所在的位置而决定的。就道路与水在概括化了的各种景观中的相互作用而言，其中一些基本的原理是显而易见的。

高地上的道路不论是沿着山脊修建，还是沿着高原和毗邻河谷，或河岸台地修建，即使处于洪泛期，一般都不会受到水太大的影响。然而，由此类道路产生的化学污染物和沉积物都对河流的上游水域会产生潜在的影响，并且污染局部地下水系统的水源补给区。因而，在设计和修建高地道路时应倍加关注相关问题，以遏制和防止这些化学污染物和沉积物进入地表水和地下水系。

山坡上的道路会受到水的影响，因为在这种地形中，有时会产生流动速度很快的水流。水流会侵蚀开挖边坡、冲毁涵洞和局部路段、将排水渠侵蚀成深沟甚至引发塌方覆盖道路或破坏路段。山坡上的道路同样会因道路阻碍水流的自然路径而影响水的运动。来自山坡道路上的污染物会随时进入河流并被迅速地冲刷到很远的地方。由于山坡上地表水和浅表地下水水势强大，所以从范围上讲，对地下水的污染程度一般很有限，对山坡道路周边水的控制对道路和环境是至关重要的。可以设计一些引流设施和浅表水排水系统来保护道路免受冲刷以及避免发生在道路上坡段和下坡段的塌方。

低地地区的道路大多因洪泛和季节性雨水冲刷而受到影响。这种地形条件下的道路是阻挡洪水退却或洪水入侵的屏障。对于低地地区的道路设计而言，有效地疏导地表水、控制地下水向地表的排泄非常重要。此外，遏制道路产生污染物对于防止地下水及道路附近的地表水的污染是极其关键的。

最后强调一下,水是道路的大敌。因此,人们设计并采取了许多工程措施和方案与水带来的问题作斗争。但具有讽刺意味的是,道路也成了水的大敌。因此,预防和切断二者之间的联系是目前摆在我们面前的一个工程技术难题,也是一项具有生态意义的重大挑战。

第 8 章　道路沿线的化学物质

他在尘土飞扬的路上疾驰，
留下许多橡胶碎屑和斑斑锈迹，
不论他在哪条路上行驶，
他的脚在油门踏板上而我的心却在刹车上。

—— **Mary Chapin Carpenter,《路就是路》,1987**

我准备了“关注生态,现在做起”的小标签,给那些停在哪儿油就漏到哪儿的车上贴。

——**Mark Sagoff,《地球伦理》, 1990**

大量各类看不见的化学物质会沿公路积聚。车辆、道路养护和道路自身使得这些物质混杂在一起。含量较低时,这些物质和那些由自然界以有益方式提供的化学物质是一样的。但含量过高时,也就是其含量达到了人类社会所不希望看到的程度时,这些多余的化学物质就变成了污染物或者致污物。

道路沿线聚积起来的化学物质一部分是通过空气短距离传送的,但大部分是由雨水冲刷道路(或者是通过道路渗漏)积聚而成的。第 9 章我们将重点介绍水生生态环境中的化学物质影响,第 10 章将重点介绍经过长距离大气搬运的化学物质给环境带来的影响。

水利和公路管理等部门以及许多关心环境状况的人们所关注的一个问题是道路对水质的影响。[243, 268, 227]一些有关暴雨径流方面的综述或参考书目非常有用,包括对先前一些资料和研究的评述;[1063]有关公路水质影响评价和缓解措施的用户手册;[499]对城乡道路污染物浓度的评估;[230](第 3 章,图 3.4)以及对全国范围内公路径流中化学物质的评估(美国地质调查局网站,2002)。然而,道路沿线新增化学物质影响的不仅仅是水,这些物质还会在土壤、植物及动物体内富集,导致一连串的对整个陆地生态系统的影响。

8.1 化学污染源

诚然,地球上化学物质处处皆是,但是化学物质达到污染程度后会对人类健康、生态系统或对两者产生毒害反应。[675]在此我们主要关注那些妨碍自然过程和当地物种的化学物质。道路两侧的污染源主要有汽车、公路、桥梁以及或干或湿的(尘土和雨水)大气沉积物。影响范围较小且发生频率较低的污染源包括泄漏的油、汽油和机油、工业化学品和其他物质,以及一些在事故中从汽车和公路设施上散落的物质。另外,车辆废弃物也经常积聚在道路沿线。路面打磨、除冰和在路旁施加除草剂,这些道路养护措施通常也会添加新的污染物。同样,路面和轮胎会逐渐磨损,因而也会产生废弃物。

一项对道路沿线化学物质的测评结果表明,道路两侧 23 种主要污染物中有 19 种(83%)来源于车辆(图 8.1)。[499, 268]车辆有多种污染物来源,但一种污染物可能会有许多种来源。道路两侧 1/3(35%)的污染物来自于机油、润滑油和液压机液体。污染种类中发动机和其他部件的磨损占到了 30%、金属电镀和锈蚀占 22%;轮胎磨损占 22%;燃料和废气占 22%;制动磨损占 17%。同样,非机动车辆造成的污染源也会产生类型众多的污染物。路面打磨和除冰剂造成的污

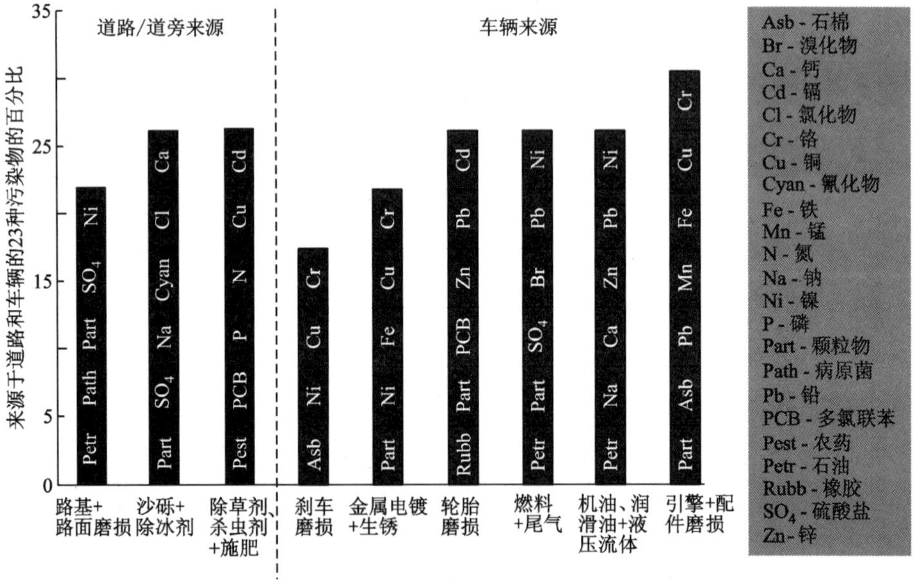

图 8.1 暴雨径流中 23 种污染物成分来源。摘编自考博林格(Kobringer),1984;美国公路管理局,1996

染物种类约占所有污染类型的1/5(22%)；路基和路面的耗损产生量占17%；除草剂和杀虫剂使用产生量占13%。这些数据并未包含重金属和那些从桥面冲刷至河流和其他水体的化学物质。简单地说，道路沿线的化学污染物来源于不同污染源，要有效减少某一种污染物需要控制若干个污染源。

8.1.1　道路、道路两侧及道路管理

由于道路网会将许多生态系统分割成条块或将其包围，而且路面在重新铺筑前会发生破损，因此路面物质的构成就成为了生态学需要关注的问题。在美国，每年要生产20亿吨固体废物。[277]其中有80%来源于采矿业矿物废料，10%来自城市固体废物，有5%(约合100 000 t)是每年从道路上拆除下来的沥青筑路材料。为减少废物处理总量以及含有石油产品的沥青材料总量，被拆除的80%的路面材料被循环利用，用以铺设新的路面。尽管关于这些循环材料在使用数量和频率方面的数据不多，但在一些公路的再利用和翻新工程中已经开始回收利用沥青路面材料、炉渣、粉煤灰、水泥窑粉尘或钢渣。[277]显然，少量有色金属矿渣、回收的水泥、粉煤灰和炉渣也可以用作道路的可再生的材料。在欧洲的许多国家，很多其他材料也被作为筑路的可重复利用的材料，这包括了城市固体垃圾、煤矿废弃物、淤泥(如港湾清淤中挖掘的淤泥杂物)、石膏、磷矿渣、轻微污染土壤(经过处理的重度污染土壤)、拆迁垃圾、粉煤灰(铝化硅)、轮胎和塑胶。

多年之后道路路面会出现损坏、变形或开裂。[274]这可以使雨水或融雪穿过路面渗入路基，沥滤出来的化学物质会进入周边生态系统。这时，路面就必须考虑重新铺筑。在美国，路面铺筑和翻新工程中开始越来越多地使用循环利用材料。风和水冲刷路面时路面微粒物质被携带到附近或者下风向的生态系统中。被侵蚀散落的路面颗粒也会由行驶车辆形成的扰动湍流扬起带入到空气当中。不幸的是，目前关于不同道路的筑路材料化学构成的信息几乎没有，另外，对于在生态系统中输入这些物质是否具有很重要的生态学意义也知之甚少。[277]

最后，在道路施工过程中，为筑路而被运送到工地的填料(或者路旁备用的表土)可能会在化学性能上与路旁或者邻近区域的土壤成分有很大的区别。例如，将石灰岩质的填料置于酸性花岗岩基层上，或相反地将酸性花岗岩材料堆置在石灰填料上。在这种情况下，来源于路基的化学物质将会改变土壤的pH和邻近区域的植物类型。沿这样的路基或这样的路基下游河流中的水生生态系统的水质也会发生改变。

8.1.2 车辆、轮胎和燃料

车辆是几种不同类型的化学污染物质的来源[499, 268](图8.1)。这些物质通过长期逐步损耗、泄漏以及行驶车辆排放废气等形式被广泛散布到道路沿线,并在沿线积累。

几种车辆泄漏造成的污染物质有:

- 矿物营养质。道路径流中可能含有氮或磷,在水生生态系统中形成营养性污染源(富营养化)。
- 重金属。径流中所含的由车辆磨损、燃烧产物、催化式排气净化装置和制动衬垫损耗以及无法燃烧的燃料添加剂产生的金属如锌、镉。
- 有机化合物。径流中发现的多数有机化合物来源于尾气排放(不能燃烧的物质)、泄漏的燃料、润滑剂、冷却剂和液压机液体。石油制品主要由各种烃类物质组成,这些烃大都由碳和氢构成。多环芳烃通常在不完全燃烧的条件下形成,一般易挥发,但这些烃在径流沉积物中也有发现。单环芳烃化合物通常在原油和成品油中,它们主要通过汽油和其他石油产品溢出和泄漏进入径流。[545]

人们越来越多地关注紫外线(UV)辐射对烃的影响,似乎太阳紫外线辐射会极大地提高烃对水生生物的毒害作用。

许多用于提高汽油燃烧率的添加剂会造成特殊污染问题。[675] 1922年引入四乙基铅作为汽油发动机抗爆剂造成了铅污染(为此新设计安装的催化式汽车尾气净化器还造成了新的污染问题),致使美国于1974年开始使用无铅汽油。加拿大和欧洲15~20年后也开始使用无铅汽油。[878, 536]尽管一些燃料中含有的铅在道路两侧的环境中,特别是在土壤剖面的深处仍有存留,[132, 577]但自从燃料中的铅去除之后,总体来说动植物体内的铅含量呈现出了显著下降的趋势。

20世纪70年代中期和80年代初,含锰燃料添加剂作为铅的替代品被广泛使用,但此后不久就被停用。[465] MMT(甲基茂基三羰基锰)在一些汽油中作为抗爆剂化合物替代了四乙基铅。含有MMT的汽车燃料燃烧排放的尾气中含有氧化锰。[905, 575, 878]

尽管在实验室研究中发现氧化锰会对动物和人的健康产生明显的负面作用,[473, 503]但由尾气添加到环境中的锰含量通常不被认为会造成明显的生态危害。[575]尽管如此,人们一致同意要求更多地了解环境中人为造成的氧化锰及其对人类和自然存在的潜在危险。[623, 1057]最近在美国犹他州进行的一项研究报告称,在车流量(70 000~148 000车次/日)较大的州际干线公路沿线锰的含量比有史记录的含量高100倍。[577]调查者还发现道旁水生植物叶组织中锰的含量高于陆生草本植物,在水中和水面生长的水生植物对锰污染是极其敏感的生物指示性物种。

甲基叔丁基醚(MTBE)的扩散是近年来与机动车有关的污染中最普遍的间接性污染的例子。在对 16 个城市进行的调查研究中发现 7% 的暴雨排水沟中存在这种物质。MTBE 有助于汽油的燃烧,作为一种添加剂可以减少一些地区的臭氧排放量。尽管 MTBE 在空气中具有挥发性,但主要的污染问题是成千上万的加油站造成的,这些加油站使用地埋式存储油罐时会有泄漏(法律规定油罐需要酌情进行测试和重新安置)。组成汽油的多数烃类在土壤中的运动相对较慢,这意味着它们聚集在某些特定地点,可以进行定点清除。和汽油相比,MTBE 极易溶于水,可以通过地下水迅速扩散,并持续很长时间。这给我们提出了一个更为严峻而且特别的问题:MTBE 添加剂可以迅速到达和污染含水层,以及河流与湖泊。

主要干线公路周边地带会接收到大量的重金属粒子。这些道路两侧积聚的高浓度重金属粒子会明显地向道路两侧外 50 ~ 100 m(165 ~ 330 英尺)宽的范围延伸,其密度呈递减梯度。在这一地带的空气、土壤和植物中也发现了较高含量的重金属粒子,但其毒害程度向外只扩展几米而非十几米,当然毒性会因重金属种类的不同而不同。[639] 因为这些污染物对一个地区的各种生物,包括人类具有不利影响,所以认识它们的分布和潜在影响是非常重要的。

轮胎上的橡胶也会在道路沿线积累。汽车在公路上行驶就像是在通过“模拟道路死亡带”(road-kill mimics),黑色的汽车轮胎乍看上去好像一些动物的形象,如碾压致死的小狗、压扁的蛇等。这些被忽视但环境意义重大的橡胶细小颗粒及其合成物质,是由于道路沿线轮胎不断磨损而产生的。轮胎胎面经公路磨损,大约每年每车要报废一个轮胎。例如,在面积更小但公路密度却是美国两倍多的原德意志联邦,据估测每年公路表面 1 mm 的物质被磨损下来(一般是每 25 年才能磨损掉 1 mm),[204] 每年能够产生 100 000 t 的轮胎粉尘。[338, 121] 风和过往车辆扬起这些轮胎粉尘和其他微粒漂浮到空气中,然后再向顺风方向沉积。此外,雨水和融雪会周期性地把这些颗粒物冲入水生环境中去。

8.1.3　化学品泄漏

路网是客货运输车辆,同时也是运载有毒化学物质车辆的通道。在美国,公路上每天要运送 50 多万吨的危险物品。[674] 这些危险品中有一小部分,但有些是很大的泄漏,会泄漏到水源地附近或敏感的生态系统中(图 8.2)。

美国联邦政府每年会收到大约 2 400 起化学品意外泄漏事故的报告。但化学品泄漏具体的实际数量,以及汽车在沿路停靠或行驶时非法倾倒的化学品

(和冲洗运送化学品的卡车)数量却很难知道。此外,每年700万次的交通事故,大部分会在道路上遗漏一些化学物品,散布在大约620多万千米(390万英里)的公路上。这些事故会通过路网把包括汽油、石油和其他污染物质散布到各处。道路两侧、地下水和附近水生生态系统就成了这些混合污染物的主要聚集区。大多数公路两侧都有沟渠便于水能够迅速、直接流入河流、湖泊和其他水体(图8.2)。因此,虽然还不清楚化学品泄漏的频率、数量及其对水生生态系统的影响,但化学品的泄漏却是司空见惯的事情。

图8.2 控制和清除沼泽及饮用水源地附近化学泄漏的设备。在距离马萨诸塞州剑桥城水库约75 m(250英尺)处,运载家用采暖燃油的卡车翻倒在白色小车的左面。卡车将1 700加仑燃油洒落到多孔的冰冻土壤上。图片拍摄期间,管理部门动用了至少29部车辆和一些主要设备来控制和清除泄漏的化学品。图为95号州际公路。R. T. T. 佛尔曼(R. T. T. Forman)拍摄

概览与道路运输相关的污染物和其主要污染源(图8.1)可以进一步说明天下没有"神奇的方案"可以解决道路化学品泄漏的问题。许多污染物来自于多种渠道,有的可能是暂时性的(如由于公路建设或养护造成的污染),有的可能是长期的(如车辆尾气,道路和轮胎磨损),也有可能是季节性的(如冬季使用的除冰剂),或者也有突发性的(如泄漏事故)。长期性和季节性污染是最头疼、问题最多的污染源,暂时的和意外的污染源通常范围不大,但却高度集中。所有污染对不同生物体都是有害的,并使当地的生态系统恶化。

鉴于道路和车辆造成的化学污染物,相关部门已制定了一系列行之有效的管理措施来降低对环境,尤其是对敏感性生态系统和水源地附近地区的影响。

这些措施减少了污染源数量,同时减轻了污染造成的影响。在本章的最后,我们还将对这些措施加以介绍。

8.2　化学物质及其扩散

公路径流中的主要污染物包括矿物养分、金属、与石油有关的有机化合物、道路上冲洗下的沉积物,以及养护中用于道路和道旁的化学农药(图 8.1)。与石油有关的化合物可能会包括多环芳烃、苯、甲苯、乙苯、二甲苯和 MTBE。通过水和空气的传播,石油、油脂和轮胎有机化合物会进入到水体。下一节我们将单独讨论路盐和其他除冰剂的污染问题。

关于有机化合物和痕量金属(trace metal)(重金属加轻质金属)之类的污染物对水源和生态系统影响的研究[590]并不像对除冰剂等盐类物质的研究那样普遍,部分原因是由于许多与道路和机动车相关的有机化合物的测量费用较高,另一个原因是选择一个对地下水和地表水都适合的取样点难度较大,因为一旦这些化合物进入土壤或次一级地表水,自然(微生物及生物地球化学)反应一般就会发生。

对佛罗里达州坦帕海湾的湾边大桥暴雨径流的研究,从研究角度来说是非常有参考价值的,因为收集水样的地点直接位于桥的路面下方。[880]湾边大桥长 4.3 km(2.7 英里),有隔离的南北双向的混凝土路面,1993 年 6 月 2 号大桥通车。1993 年日平均车流量大约为 37 400 车次,1994 年增加到 48 800 车次。

暴雨冲刷了路面的化学物质。正如大家预料的,在长期无降雨后暴雨初期收集的雨水中化学物质的含量最高。表 8.1 中显示的就是从 1993 年 5 月至 1995 年 9 月,在大桥的北向行车道上收集的雨水中几种化学元素的浓度。其中一些元素(铜、铁、铅和汞)的平均含量超出了官方核准的标准水平,另一些元素(铝、镍和锌)的平均含量低于这一标准,但它们的最大含量超出了这一标准。

表 8.1　佛罗里达州一座大桥暴雨雨水径流的水质特征

指标	地表水质标准	最小值	最大值	均值	中值
pH	6.5 ~ 8.5	6.6	7.8	7.0	7.0
比电导率	—	29	730	142	109
碱度	—	11	137	34.2	28.0
总悬浮物	—	1.0	270	36.8	20.0
挥发性悬浮固体	—	<1	250	24.9	16

续表

指标	地表水质标准	最小值	最大值	均值	中值
总有机碳	—	0.5	96	11.9	8.0
亚硝酸盐氮	—	0.01	0.42	0.04	0.03
亚硝酸盐氮+硝酸盐氮	—	0.02	10.0	0.99	0.64
氨氮	—	0.01	1.4	0.16	0.13
氨氮+有机氮	—	<0.01	5.8	0.78	0.46
正磷酸盐	—	0.01	0.27	0.06	0.05
磷	—	0.02	0.81	0.14	0.10
铝	≤1 500	80	2 300	483	370
砷	≤50	<1	4	0.98	0.77
镉	≤9.3	<1	3	0.29	0.14
铬	≤50	<5	22	4.3	3.2
铜	≤2.9	1.0	110	12.4	8.0
铁	≤300	30	9 600	823	530
铅	≤5.6	1.0	440	21	11
汞	≤0.025	<0.1	0.2	0.08	0.07
镍	≤8.3	<1	20	4.0	3.0
锌	≤86	4.0	470	84	50

数据采集于坦帕海湾湾边大桥1993年5月至1995年9月间的24场暴雨。具体电导率单位是25 ℃(77 °F)下 μS/cm;碱度到磷元素的单位是mg/L;铝到锌元素(微量元素)的单位是μg/L;每一特征基于159~186个样本。水质标准为Ⅱ级地表水。[293] 该桥位于佛罗里达州清水河畔(Clearwater)(第7章,图7.7)。资料来源:斯多克(Stoker),1996

对有机化学物质来说,雨水冲刷作用尤为重要。[1063] 石油、橡胶和油脂会在道路表面聚集,在这些聚积物被水冲刷之前路面已经变湿,这会导致车辆打滑。

路面及其排水系统将悬浮在雨水中的有机物和无机物(土壤颗粒、路面磨损物质、轮胎橡胶等)带入水生生态系统当中。[716, 1053] 同时,前面提到的许多化合物,如矿物质和金属化合物也会附着在这些颗粒物上被冲刷进入水体。[688] 道路径流或暴雨径流是指在路面上流动的雨水或消融雪水,其中含有一些溶解物或附着在污泥上的物质(泥泞沉积物)。[160] 虽然径流中,污泥只是很小一部分,但却包含了大多数的污染物质。大多数金属物质和几乎所有的多环芳烃类物质都附着在了溅到路边的污泥上。

道路沿线风扩散是一个由空气流扩散物质的过程,如车辆引起的空气旋涡气流。这些物质大多数沉积在道旁。沉积的数量随着与道路交通的距离增加而急剧减少。

由于风和径流引起的污染物扩散数量很大程度上依赖于路面的类型——混凝土、沥青、砾石或泥土。一项在荷兰的研究比较了多孔渗水沥青和致密沥青路面的不同效果。结果表明,风是利用率高的致密沥青干线公路上污染物扩散的主要原因。[501]同时,沿致密沥青干线公路路面扩散的污染物数量往往高于多孔渗水沥青路面 10～20 倍。在一系列可能的减缓措施中,在公路上层铺设多孔渗水沥青路面似乎是一种降低公路附近污染程度的有效措施。虽然,多孔渗水路面需要频繁地重新铺筑,但它可以吸收部分化学污染物,这样一来,就会减少污染物扩散,有助于对污染物的清除。[426]研究还表明在生态敏感区或饮用水源地,这种减缓措施还需要定期的利用现有的设备和技术进行路面蒸汽清洗、收集并净化径流雨水等手段作为补充。

重金属污染物的扩散形式是多种多样的。然而,源于车辆的空气中的金属粒子沉积会受到当地气候因素(如盛行风向)和交通流量特征的巨大影响。[745, 67]车辆对空气的扰动会把通过正常过程和路面磨损沉积在路面的颗粒物和污染物从路面散布到公路两侧及毗邻的土壤当中。[482,50]因此,车流量不仅决定这些污染物的沉积数量,而且也影响到对空气的扰动以及扩散到邻近生态系统中的化学物质的数量。

一般对交通量有两种量度:日均交通量(ADT),简单地说就是交通量(每 24 小时的车辆数)和暴雨期间车流量(VDS)。[268]一些相关结果已经报道了和日均交通量相关的污染物浓度。[50]然而,在对 31 个州 900 余场暴雨中污染物的大量研究表明,日均交通量影响干线公路径流中若干种污染物的浓度。[230, 268]繁忙的城市公路(ADT >30 000 车次/日)上的径流中污染物的水平通常要比乡村道路(ADT <30 000 车次/日)的径流高出 2～5 倍(图 8.3)。可是,每种道路个别地点污染物水平与交通量相关性并不大。这表明,整体差异更多的是由于城市与乡村的情况不同,而非交通量大小。然而,暴雨期间的交通量与日均交通量相比,可以更好地预测干线公路径流中污染物的浓度。在暴雨期间,铅、锌、化学需氧量、总凯氏氮(TKN)以及可过滤残渣的浓度与道路交通量显著相关[748, 482]。

在城市地区,道路径流中的污染物和通过地下管道的市区暴雨雨水中的污染物相似。[268]事实上,污染物的浓度也相差无几。最大的不同之处是城市公路径流中含有重金属或者说重金属的含量会更高一些。这些重金属主要来自于车辆的使用、磨损和尾气排放。

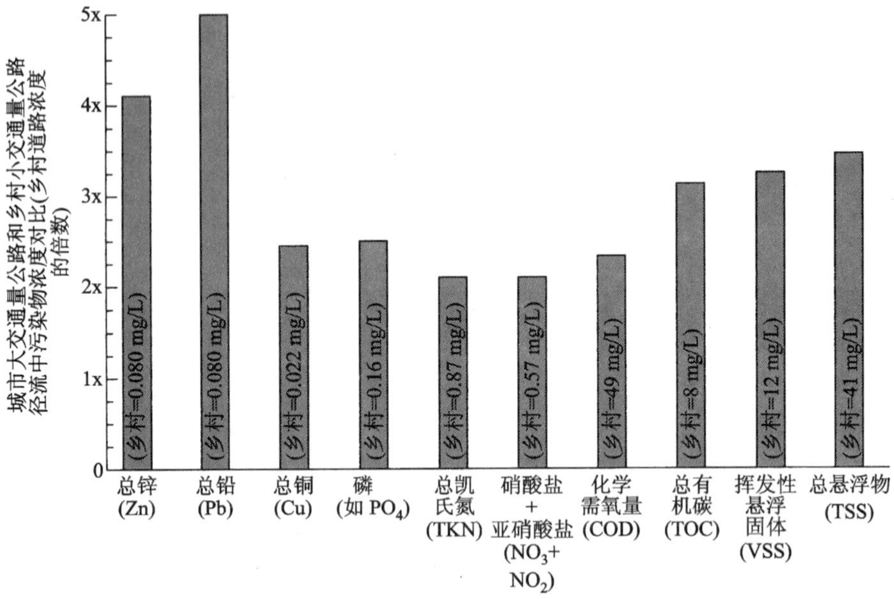

图 8.3 城市大交通量公路暴雨径流中污染物浓度和乡村小交通量公路的径流中污染物浓度对比。以日均交通量为基础：城市 >30 000 车次/日；乡村 <30 000 车次/日。缩写 mg/L = 毫克/升。摘编自德利斯科尔(Driscoll)等，1990；联邦公路管理局，1996a

8.3 生态影响类型

人们对道路和车辆带来的化学物质对环境造成的影响知之甚少，在随后的几章里，我们将讨论某些污染物对水生生态系统的影响。因此，在这一节里，首先简要介绍一下道路和车辆带来的影响，而后再对预期的生态影响进行分类，紧接着，重点讨论陆生生物物种和陆地生态系统，包括公路两侧的自然群落。

对交通繁忙的道路附近的农作物可能含有大量毒性铅的担忧，促成了对植物体内铅含量的广泛研究。这些研究表明，植物体内铅含量比土壤铅含量变化度更大。同时，铅含量不仅会因离公路的距离产生差异，还会因植物种、一年中的时间以及盛行风向等因素的不同而发生变化。因为汽车排放的尾气主要由氮氧化物组成，这种化学污染可以从根本上改变道路沿线植物物种的构成。[23, 1077] 因污染而产生的大量额外氮(起到大剂量化肥的作用)刺激了某些物种的生长及其优势，并以其他物种的牺牲为代价。这样一来，某些自然植物群落就会发生某些变化，甚至在某些时候会发生外观的变形。该效应的影响范围可达到离多车道主干线公路 200 m(650 英尺)远的地方。因氮元素富集而导致的污染,在较小的、车流量不大的道路沿线要轻微一些。

像昆虫这样的无脊椎生物是许多鸟类、两栖类、爬行类和哺乳动物的基本食物,因此了解铅的毒性对昆虫及其捕食者的影响是非常重要的。早期的研究表明在道路两侧的生境中,金属污染的增加并不会使无脊椎动物的丰度(数量)和多样性降低。[1040, 664]在取样的一些主要道路附近,一些无脊椎动物的种群似乎还有所增长。这些研究还表明,昆虫体内铅的总体水平低,而蚯蚓体内铅的总体水平高。对蚯蚓而言,离主干道特别是交通量达到 21 000 车次/日的干线公路最近的个体,其体内铅浓度最高。[366, 593]此外,尚无证据表明铅的浓度会从一个营养级到另一个营养级增加(生物放大作用),捕食动物体内重金属浓度要比被捕食动物低。[1040, 986]

对重金属浓度的响应,物种间差异颇大,会因新陈代谢、食物类型、进食数量、活动范围以及寿命等方面的差异而有所不同。在所有重金属中,铅是从生态学角度研究最多的。生活在巴尔的摩—华盛顿公园路(>35 000 车次/日)附近的小褐色蝙蝠、短尾鼩鼱和草地野鼠(*Myotis lucifugus*, *Blarina brevicauda*, *Microtus pennsylvanicus*)体内测到的铅浓度等于或高于能够引起家养动物死亡或生殖损害的铅含量。[161]大流量交通干道(>19 000 车次/日)附近的小型哺乳动物体内的铅含量通常要比生活在交通流量较小的道路附近或距离道路 50 m(164 英尺)以外的小型哺乳动物高出很多。[454, 366, 348]而对于下地觅食的成年鸣禽来说,马里兰州的一些交通干线(52 500 车次/日)两侧及道路中间隔离带内的铅含量对它们并不会构成什么危害。[375]研究发现伊利诺伊州 Champaign-Urbana 市区内的鸣禽种群体内铅含量明显比郊区类似种群的铅含量高,但其绝对含量还是比报道的可致毒性影响的水平低。[348]

目前还不知道这些早期的研究代表性有多大。虽然,这些研究结果在某种程度上与现代生态学的预期有些差异,但这些结果是丰硕的并需要进行测试。汽油中的绝大部分铅在 20 世纪 80 年代中期的时候,已在北美地区被去除,所以目前动植物体内铅的含量相对来说较低。但不幸的是,对铅的研究几乎没有给其他重金属对生态的影响研究带来多少启发。铜、锌、镉、镍、汞、铬(图 8.1)等金属,每一种在生物体内的作用不同,每一种都对人体及被试验的动植物都具有极高的毒性。众所周知,车辆会释放出重金属,然而,我们对绝大部分道路沿线重金属含量及其对生态的影响尚知之甚少。

重金属,尤其是铜、铅和锌,因其对水生生物的毒性作用,被认为是道路径流中的优先污染物。[927]矿物质营养物尤其是氮和磷的水平升高会造成富营养化(引发藻类的大量繁殖)从而导致水生食物网紊乱。有机污染物通常会引发直接性的毒性效应,也常会引起爆炸性的细菌繁殖,导致水系内氧气消耗过量和鱼群的死亡。颗粒状物质通常会把磷及其他各种重金属吸附并搬运到水体中。浑浊度(如泥水中的悬浮沉积物造成的水体的不透明)和金属含量的升高会抑制鱼类和其他生物的生存。磷元素还可以使水体富营养化。一般情况下,对河流来说重金属造成的危害要更加严重一些,而对湖泊而言,磷造成的危害会更严重。

8.4 道路盐

由于氯化钠可以降低水溶液的凝固点,所以在道路上撒盐——利用氯化钠来融化冰雪,许多年来一直是世界上较寒冷地区通常采用的做法。[926]路盐与沙粒之类的研磨材料混合使用始于20世纪30年代。[157]到20世纪70年代,美国每年要把800万吨的这种盐沙混合物播撒到道路上。虽然,氯化钠是一种丰富易得的化学物质,可以从海水及地下盐丘中提取出来,但其相对纯度因来源不同而变化较大。除了向道路径流中添加氯化钠以外,使用的道路盐类中同样含有大量的重金属及植物生长必需的养分(如铁),这些物质最终都会进入水体。[688]

40年前,人们发现湖泊生产力因痕量元素含量低下而受到限制。[362]因此,在有些情况下,路盐中的某些杂质提供了充足的铁元素及其他一些必要的痕量元素,缓解了藻类生长所需养分的亏缺。反过来这又会造成水体富营养化的发生。所幸的是,水生生物对于盐分(除非盐分达到了使渗透压过高的浓度)有相当强的耐受性。只有很少的几个物种,如丰年虾(图7.8及第7章中相关段落)可以在盐度高于海水盐度2倍的水体中生存。

除了极为严酷的暴风雪天气,加利福尼亚州一直以来都在内华达山区道路上大面积播撒氯化钠盐来除冰,以保证车流通畅。一项对该州播撒在道路上的各种盐类和沙粒的分析检验表明,这些盐类在纯度上存在很大差异。同时,盐类的纯度因其供货商不同而差异很大,而且氰化物也被用来作为消除板结的添加剂使用,这项研究促成了一个动议:从污染物最少的原料产地购买这些道路盐,并在全州范围内停止使用氰化物。在道路上使用泥沙也会引入污染物。[688]

对道路上冰雪的控制可以采用化学或物理的方法。由于价格低廉,氯化钠几乎无一例外地被用作除冰剂,它可以以干盐块或浸水盐块的形式被机械播撒到路面上,也可以把它与诸如细沙之类、具有研磨特质的材料混合成溶液洒向路面。在开阔地带盐可以随空气的流动被搬运、扩散到距离道路数百米远的地方。[480]有植被覆盖的地方植被会将空气过滤,盐会在植被下方的地面上堆积起来,浓度很高。在此种情况下,这类沉积盐质会破坏植被,改变土壤的渗透度。[364,735,926,34]在对空气中悬浮运动的除冰盐类进行的研究中发现，多达90%的沉积盐是在距离道路15~20 m(49~66英尺)的范围内发现的。在瑞典，播撒在交通流量不太大的道路上(5 500~8 000车次/日)的除冰盐中20%~63%是由空气搬运，并沉积在道路两侧40 m(7~131英尺)内的范围中。[101]这次研究发现，盐的沉积模式与其播撒在道路上的数量并不相关。降雪量越大，道路附近积留的除冰盐数量就会越大，大量的积雪又会造成因车辆过往引起的雪水飞溅，同时需要更多的铲雪工作。因此，在干燥的季节里，留在道路上被风吹到远处的盐类就比较少了。除冰盐的利用也会增加环境中重金属污染物的积存。[926, 57, 536]

8.4.1 道路盐和湖泊生态系统

相比于有关其他污染物的文献资料而言，有关因路盐引起的地表水及地下水污染的文献资料可谓卷帙浩繁。在本节中，我们简单地列举关于三种不同类型湖泊的例子。

纽约州罗切斯特地区使用过的除冰盐，致使安大略湖伊朗德阔伊特湾的氯化物浓度从1910年至20世纪60年代末之间增加了10倍；仅在20世纪50年代到60年代的10年间就增加了5倍之多。[118]溶解盐大部分是被市区内的暴雨排水携带进入该湾的。1969—1970年冬，道路径流的数量和盐度达到了足以阻止该海湾春季时水体上下融合的程度。把这种情况与伊朗德阔伊特湾1939年的情形相比可以发现，由于道路盐的排出使伊朗德阔伊特湾较底层的水盐度增加，使水的分层现象在夏季时延长了一个月。这是湖泊动态的一种主要的季节性变化，因此，对于水生生态系统和鱼类来说也是非常重要的。

在新罕布什尔州的冰川地区，镜湖位于哈伯德河流域的南端，自20世纪60年代起人们就对它展开了大规模的生态研究。[550, 103]自1969—1971年期间，镜湖的东部修建了93号州际公路以来，该湖的钠与氯化物的含量就开始不断地增高(图8.4)。这条公路抄近路通过一条流向湖盆东部的河流，因而截拦了在正常情况下从东边注入该湖东部的水流。为阻止道路径流流入该湖，在湖泊和93号州际公路之间，修筑了一道土质护堤，与湖泊东边的给水河流相交。尽管如此，在道路修建之前与之后收集的数据都表明，该湖内钠与氯化物的浓度在道路修建几年后就开始增加，并且这种情况一直持续至今(图8.4)。最近一项旨在确定这些路盐水文路径的研究发现，[795]大部分富含盐分的道路径流都被道护堤改变了流向，但其中一部分却渗入了护堤下方并通过东面的水源补给河流入了镜湖。此项研究还表明93号公路下面断裂的结晶岩基中的地下水被污染至少深达123 m(403英尺)。

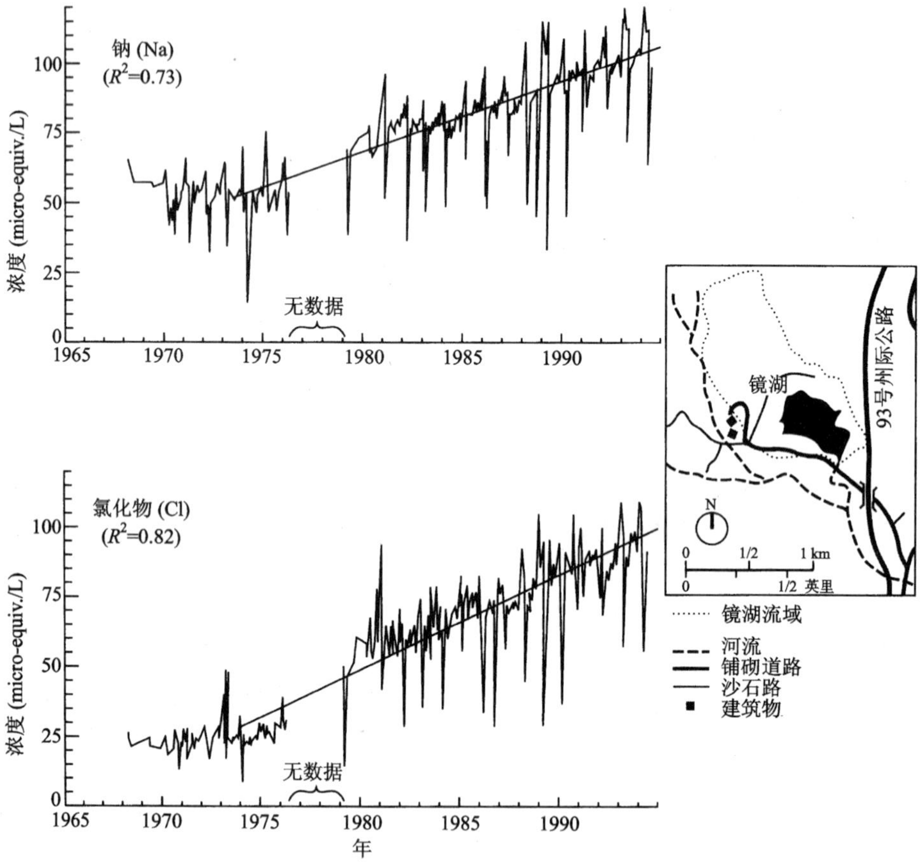

图 8.4 湖泊中钠与氯化物的浓度受到了从 150 m(500 英尺)以外的一条多车道公路上冬季撒盐的影响。图中的直线为 1974—1994 年间的回归分析。R^2 = 决定系数,表明了化学元素与时间之间关系的变化率。图为新罕布什尔州西斯顿(West Thornton)的哈伯德河生态研究区,摘编自罗森贝利(Rosenberry)等,1999

最后,路边较浅的湖泊似乎对路盐的增多尤其敏感。这是因为盐分会在湖底积聚,形成一个浓度较高的咸水层,不易与咸水层上方的淡水层融合起来,这种分层现象会造成永久性分层湖泊(不完全对流湖泊)。[467, 420, 490]覆盖湖底的咸水层几乎不含氧气,阻碍了底栖生物大量正常的繁殖,例如,在大量道路盐播撒后,沿加利福尼亚境内州际 80 号公路靠近内华达山脉顶部的帕茨湖就发生了这种情况。因此本章节说明的三种类型的湖泊都着重强调了流域面积较小,水源补给有限的水体对路盐的特殊敏感性。

8.4.2 路盐的多种生态影响

为了对道路化学物质对水源产生的影响有一个大概的认识，利用概括化或理想化的水文景观（图 7.4）来考察在地表水及地下水流路径中污染的扩散是十分便利的。[1046] 通过道路使用带入到环境中的化学物质会产生不同的影响，其影响由道路在特定景观中的位置而定。地势较高的道路产生的污染物有可能污染河流上游，因此会在相当长的河段内影响河流生态系统；同样，地势较高处的道路污染物可能会污染局部或区域地下水流系统的水源区，因而会影响到地下水流系统的大部分。[735, 926]

如果受到粗糙的水道面的阻力不太大的话，从山坡道路上（图 7.3）接收污染物的溪流一般流速很快。其结果便是，在相对较短的时间内，这种山坡道路产生的污染物进入河流后会移动到很远的地方。除对山脚附近一定范围产生污染外，山坡道路产生的污染物对地下水造成污染的可能性很小，这是因为陡坡有利于浅表地下水向下坡方向运动。

从 20 世纪 50 年代早期至 70 年代早期，由纽约州的莫霍克河搬运的钠盐增加了 72%，而氯化物的含量则增加 145%。[721] 虽然在这一时期莫霍克河流域内的土地开发造成了河流中许多化学物质的增加，但钠和氯化物增多的罪魁祸首则是道路盐。由于流水的稀释作用，特别是晚冬初春季节，许多河流中道路盐的生态影响是比较轻微的。如果河流流淌缓慢或沿着播撒过除冰盐的道路流淌，则对生态影响较大。此外，道路盐还会腐蚀桥梁，使重金属及盐类进入河流。[926]

由于低地区域多见湿地和湖泊，低地道路产生的污染物常会影响此类水体。[1046]（图 7.3）。进入低地地下水体的化学物质一般影响到的地下水系范围较小，因为绝大部分低地都是地下水排出地区，地下水在这一区域内汇入河流或湖泊一类的地表水体（图 7.4）。但是由于其水道较短，污染物自然衰减的过程就比较短，这类化学物质进入地表水体的可能性很大。

道路盐（钠盐或钙盐）对两栖类动物的毒性影响资料相对很少。动物会在轻微的盐类污染环境中保持渗透作用的平衡，但这也是有一定限度的。除冰盐对生活在道路两侧环境中两栖动物的影响取决于进入水体的盐分数量及是否有不含盐的水源同时汇入水体，而在一定时期内减少盐的含量。在密歇根州搜集的一些长期数据表明，播撒过除冰剂的道路径流对当地两栖种群的影响微乎其微。[554] 但是，假如关于此课题及两栖动物渗透度平衡方面的文献资料缺乏的话，实地观察及对自然种群的试验将是很具有启发意义的。例如，为减少一条未硬化的林间道路上的扬尘而播撒的路盐阻碍了蝾螈横穿此路。[214] 道路盐的其他影响包括：把某些动物如驼鹿吸引到道路周围，而成为居高不下的“道路撞死撞伤”的受害者。[334]

另一方面,如果紧邻播撒了盐的道路,路边的植物群落可能会遭到严重的破坏。[364, 926]这种情况在旱季尤为严重,因为干旱会使氯化钠积聚到某种程度,导致道路附近一定范围内植物的死亡。道路盐还有一个不太为人觉察的影响,它会造成土壤的板结,极大地减小道路两侧土壤的渗透度。因此,径流速度便会加快,渗入地下维持植物生长的雨水就会减少。道路沿线土壤中盐分的逐渐积聚,加之土壤湿度的减小会使道路两侧自然植被的生存和维持变得愈加困难。[910]同时,如果植物死亡了,要使植被重新覆盖从而减少侵蚀也绝非易事。

8.4.3 其他除冰剂

醋酸钙镁(CMA)作为氯化钠的替代品,既不会降低土壤的渗透度,也不会损害道路两侧的植被。[364, 926]它被机场大量和广泛地使用,除去飞机机翼和跑道上的冰雪。CMA 是为那些氯化钠的积累会对地下水水源地构成威胁的地区研制的,[735]但在播撒氯化钠会对路边的植被构成损害或致死的情况下,使用 CMA 也同样具有重要意义。由于一些播撒 CMA 的人对 CMA 醋一样的味道很是反感,加之成本较高,因而,其使用范围受到了限制。

为确定 CMA 对水生环境可能带来的影响,在北卡罗来纳州对 10 个湖泊开展了一系列的生物检测试验(检测对某些关键物种的影响)。[365]在被测的 10 个湖泊中,有 8 个显示 CMA 对叶绿素没有显著的影响(湖泊中藻类生产力的一项指标)。

其他一些结冰延缓剂也被用于道路。作为氯化钠的替代物之一,氯化钙的使用最广[157]。氯化钙能降低水的凝固点(达 -60 °F)使其成为在极低温度下比传统的除冰剂更为有效的替代物。但是,它具有与氯化钠相同的腐蚀性,也同样会破坏道路生态环境。[926]氯化镁被誉为“除冰卫士”(Freeze Guard),与氯化钠一样有效,同时腐蚀性也较小。

由于其低廉的价格,氯化钠至今仍是最主要的用来消融路面冰雪的除冰剂。[364,926]近几年来,出现了一些氯化钠的替代品,虽然有些替代品的成本与氯化钠一样,但那些具有重大生态效益的产品价格还是相对较高。以 2001 年美元价格计算,每吨的成本约为:氯化钠 50 美元、氯化镁 45 美元、添加了防腐剂的“魁科盐”(quick salt)为 45 美元、氯化钙 150 美元、尿素 200 美元、甲酸钠 200 美元、醋酸钙镁 450 ~ 600 美元。

具有讽刺意味的是,路面损毁、车辆锈蚀、桥梁及其混凝土钢筋的锈蚀,以及对防侵蚀植被的损毁却几乎从来没有被计入到路盐的成本中去。这就成了一笔顾此失彼的经济账。据估计,如果把递延(实际存在)成本算进去的话,往主干道上播撒 1 t 氯化钠的实际成本约为 1 600 美元。但由于道路安全这个主因及更好地吸引公共资金投入,成本相对低廉而又有效的氯化钠极可能还会主导除冰剂市场。同时,由此带来的对建筑物、车辆的腐蚀及对环境的有害影响还将继续。

上面提到的对新罕布什尔州镜湖的研究使人想到另一个严重的后果[795](图 8.4)。路盐并不是一直在分解而成为对环境无害的物质,而是在不断地积累。盐对水井产生的污染提供了更多的启示。从 1982 年到 1989 年间,马萨诸塞州公共事务部收到了 100 座城镇关于私人及公共水源污染的投诉,在全州 351 座城镇中很具代表性。[735]在马萨诸塞州这样由冰川作用形成的地区,地下水的流动非常缓慢,每年的流动距离也就在几英尺至几百英尺之间。结果是,那些数年前播撒在道路上的除冰盐造成了道路周围水井的污染。经常播撒除冰剂的道路两侧将来可能会成为非常明显的盐碱地带。

在有些情况下,沙子和炉渣与道路盐混用或替代道路盐的使用,一旦地面经过车辆碾压,变成细小颗粒物,这些颗粒物便会被径流轻松搬运,或由风吹走,或由车辆涡流扬起飘浮在空气中。根据来源不同,这样的颗粒物可能含有相当浓度的重金属及磷。重金属会产生毒性效应,磷可以加速湿地、河流及湖泊的富营养化。此外,如果这些沙子和炉渣被搬运到水体中的话,它们就会形成新的底层,把原有的水底覆盖。有些水生植物及底栖动物可能会对此作出调整,但有些则无法适应。

8.5　减少污染物和控制污染源的最佳管理方法

在许多应用领域,如水保、造林、草场和渔场管理中,都已制定出了最佳管理实践作为指南。虽然这样的基本观念可以应用在道路两侧植被管理中,但是在交通运输领域,管理主要是指对雨水径流及化学污染物的管理。因此,有关部门逐步采取了一系列方案以把道路建设及车辆对水质的影响降到最低程度。[243, 268]

前面几节着重讨论了一系列由道路及道路沿线行驶的车辆造成的污染物情况。因而一项优化的管理措施有望把污染物沉积的速度减下来。然而,如果污染物被吸收和去除的速度超过其输入速度的话,那么就可以认为所采取的行动或各种利用的方法都是有成效的。因此,努力的成败不在于是否降低了污染物增长的速度,而是让环境中的污染物水平不断降低。

有两种基本方法可以减少道路沿线的污染物。[268]相应的,最佳的管理措施也可以分为两类。第一类就是污染物减少,其目的是最大限度地减少当前和将来的污染物影响,如利用一些渗滤池、湿地、沙滤等结构设施,但许多这样的举措成本似乎有些昂贵,而且在很短时间内还需要相当数量的维护费用。第二类就是源控制,其目的是把将来要产生的污染数量降到最低程度,通常采取一些如土地利用规划、有害物综合治理、化学品储存和桥梁养护等非建筑性举措。许多这样的措施就如精心料理家务一样,虽然成本不太大,但如果长期坚持去做这种不能很快带来收益的工作还是比较困难的。

在下面的章节中,我们列举美国现行的一些主要方法,并且简要介绍一些其他方法,来说明以上两类最佳管理措施。[268]

8.5.1 结构物方法减少污染物

结构物方法的具体操作办法是截留并汇聚径流直至将污染物分离开来,或者是通过下层泥物质或土壤对水进行过滤。去除污染物的能力基本上是由三个相互关联的因素来决定的:① 采用的去污机制,② 经过处理的年径流量分数,③ 被清除污染物的性质。设计与管理会影响到前两项。

有 10 项传统上采用的主要结构物方法得到了人们的认可[268]:① 大型沉淀池,② 湿地型池塘,③ 过滤沟,④ 过滤池,⑤ 沙滤,⑥ 注入新水,⑦ 草地沼泽,⑧ 过滤带,⑨ 人工湿地,⑩ 多孔渗透性路面。其中每一项都需要在道路附近占用相当数量的土地。如果用地空间不足的话,还可以采取一系列“受空间限制”的方法,包括安装沙滤、储存罐、生物滞留区、人孔清滤系统、河道改造及污染物清除等措施。

在给定的径流位置选择采取某一种或某几种方法的时候,需要考虑 6 个大的标准:

- 地点方面的考虑,如土壤、坡度、水的有效性等;
- 可服务区域的面积;
- 地点限制,如地下水位深度,与建筑物和水井的距离等;
- 土壤类型及相关渗透率,如沙土、亚黏土、黏壤土等;
- 对目标污染物清除的有效性,主要如沉积物、总磷和细菌等;
- 实施条件,如投入成本及后续维护。

下面简要地举两个清除道路径流污染物的结构物措施的实例。第三个例子着重强调除主要的一些工程措施外,将来工程师和生态学家可共同提出的一些自然的及自然与人工相结合的方案。

第一,过滤/沉淀池。道路径流作为污染物的一个重要来源是严重的环境影响,特别是长期影响的一大主因。道路径流会被直接排放到自然环境中或者首先被当作废水来处理。化学物质类型和浓度取决于道路性质和降水模式。过滤池是用来将径流拦截一段时间,使污染物沉淀或被土壤吸收或过滤。[437, 268]关于过滤池清除道路径流中重金属有效性研究是在葡萄牙北部进行的[45]。降水期间前一半的径流中有 60% ~70% 的锌、铜、铅及总悬浮固体被搬运到了沉淀池中。如果沉淀池要分解重金属化合物的话,那么池子中就必须具备相应的土壤特性。在低 pH 条件下具有较高吸附容量和污染物持有能力的土壤,被认为是用于沉淀池的最理想的土壤。像任何过滤器一样,到某个时候,这种土壤就会达到饱和或被淤塞,从而不能再有效截留某一污染物了。

第二,人工湿地(第 9 章)。道路径流还可以被专为处理道路径流而修建的人工湿地处理。[138, 842]人工湿地的主要设计依据有交通量、道路排水区、可利用土地、成本及接收污染物的水体类型。在设计湿地时有几个因素是非常重要的,包括油污分离装置、泥沙截留池、溢油容器、沉淀池、植草湿地及最后的沉降槽。[842]但不幸的是,为减缓污染而修建湿地的历史并不平坦。这段历史中显露出两个主要信息:① 要获得正确的水文信息,② 做出应对极端情况的规划。适当地确定流入和流出湿地的水的流速要比在湿地种植草木、放养湿地动物更为重要。湿地物种常常会很自然、很快地形成群落。为了给严重的洪涝和干旱灾害作好准备,拥有快速修复机制(如海狸迅速重建水坝)就意味着湿地能够历久长存。

第三,防风带。防风林长久以来被英国以及其他一些国家利用来降低风速,减少可见的侵扰。然而它们,特别是干线道路边缘,阻挡和过滤污染物的作用没有得到过多少关注。研究发现,在英国一条干线高速公路沿线,防风林截获了许多种重金属污染物,而且克服了盛行风对空气中悬浮金属颗粒物的影响。[407]在法国北部,纵横在梯田上的绿篱一般都有一条排水沟和一道高出地面的土堤。[129]到了干旱季节,这道土堤就会挡住所有的水流以便让其渗入土壤。而到多雨的季节,那条排水沟又会收集多余的水,将它从山坡上排走。道路附近设计恰当的防风林或绿篱可以减缓暴雨径流,带来许多显著效益。

8.5.2　非结构物方法的源控制

污染物清除的非结构物措施是用来减少污染物的最初聚集,并使其积累量降至最低的一系列源控制措施,在人类开发活动中形成的这些方法,许多是从日常家政管理中吸纳的,但现已被完美地应用到了交通运输领域。这些方法被分为九大类[268]:① 土地利用和综合土地规划,② 景观设计和植树造林,③ 农药与化肥的管理,④ 垃圾杂物控制,⑤ 非法排污管理控制,⑥ 桥梁清扫、维护及桥面排水,⑦ 桥梁刷漆,⑧ 化学品储存,⑨ 暴雨设施养护。

将积累的污染物清除、搬运和积攒到生态上较为适合的地方是相当重要的。其他一些非结构物措施也可以被列入上面所提到的分类中,如对街道的简单清扫。正如结构物措施一样,许多源控制最佳管理办法也是依靠自然的解决方案。

因此,在将来,利用自然生态群落,以及各种工程技术与自然方法相结合的措施好处良多。

一般来说,不论是非结构物措施还是结构物措施都要求取得一个成功的结果,即对污染物的吸收量要超过排放量。[208]非结构物措施应用范围越广,其效果就越好。非结构物措施可以减少建筑结构物的数量、养护人力及成本、被搬运沉积到某一地点污染物的积累量。有些措施还会带来更多的环境或美学效益。

结论

虽然在社会生活中,每个地方都在生成污染物,但道路沿线的污染物却与道路运输直接相关。由于污染物会扩散到周遭地区,而且道路贯穿大部分的生态系统,因此化学物质会造成大面积的生态影响。更为糟糕的是,这些化学物质类型多样,以不同程度积聚在不同地方,而且不同的物质对其敏感程度也不尽相同。因此,道路交通与社会被推入了进退两难的窘境。这个众所周知的事实正处在"我们几乎什么都不懂"与"很明显一切都在恶化"这两种极端观点之间。

诚然,我们知道车辆和道路产生的污染物类型。我们也对它们会在环境的某些角落,如路边和水生生态系统中积聚的情况略有所知。我们也清楚风是如何运动的、沿公路奔驰的汽车带起的空气旋涡是怎样形成的,也知道雨水是如何把污染物从路面上冲刷到排水沟中去的。但对于有多少沉积物被搬运、以什么路径、以多快速度、最后积淀至何处等问题却知之甚少。我们知道,有些物种对某些污染物非常敏感,但我们仍然需要探究大多数物种在面对污染物时会如何响应。当污染物水平达到一定程度时又会发生什么?的确,路网沿线沉积的化学物质对景观生态的影响还是一个尚未揭开的谜底。

所有这一切都表明,虽然在绘制道路生态学的宏伟蓝图时,一些小问题已经异常明了,但许多问题仍然是"犹抱琵琶半遮面",甚至还有一些问题仍旧是一片空白。我们能否破译甚至猜测一下这幅图景的真面目呢?虽然这样说太谦卑了些,但极有可能就是这样。许多令人惊讶的事实,有好的也有坏的,毫无疑问都摆在我们前面,需要我们去发现。

面对这些不确定的因素,如果要采取措施的话,该怎样去做呢?不论是何种源控制措施都非常有意义。缓解措施通常也有一定意义,研究中的一项较大跨越毫无疑问也会产生重大的意义。把生态学家请到道路交通领域与道路交通工程师及其他专家携手工作一定会结出丰硕成果。的确,这样做无疑是一剂催化剂。源控制、缓解措施、对研究的设计与完成,加上专家学者们的协同工作,将来一定会彻底地把道路沿线的环境清理干净。

第9章　水生生态系统

……大约是在公元前171年……维亚·凯西亚(罗马附近的凯西亚大道)修筑之前,如流入拉歌·迪·蒙特罗西湖(Lago di Monterosi)的河水主要是该地的降水……道路两边被水冲刷……地面形成雨水径流,相应的雨水侵蚀加强了……一些沉积物也增加了……钙和……磷……蓝绿藻大量生长繁殖……这时的湖泊,至少是在夏季,将很可能形成典型的富营养化的(绿色的)水体。

——G. Evelyn Hutchinson 和 U. Cowgill,《美国哲学会会刊》,1970

……乡间的道路……路面相对来说还算平坦,高出周围的村庄约2 m,是罗马道路的风格……把这种道路修在城镇里,并加以维护后,人们的怨声四起。镇里的房子被淹了,楼房的首层变成了地下室,潮气四处蔓延。把下陷的道路降低1 m之类的权宜之计倒是普遍应用开了,但这也带来了一系列新的排水问题……路人和道路管理者们为此备受煎熬。

——M. G. Lay,《世上的路》,1992

驾车沿平静的湖岸行驶可以说是人生一大乐事,与沿蜿蜒的河流所见的奇景一般无二。前两章探讨了道路周边的水、沉积物及化学物质的运动。它们都有某个归宿,绝大多数进入了湖泊、河流、小溪、湿地、春池、江河入海口及其他地表水体。现在,我们来研究各种水体自身,尤其是这些水体所包含的水生生态系统。

本章试图探讨道路对水生生态系统的影响。首先,我们研究水体中生物生境结构及水体与相邻的陆地之间的连接关系,然后再逐个研究湖泊、春池、湿地、小溪与河流(包括桥涵)及江河入海口。

9.1　生境的结构、连接度和道路

一个水生生态系统,如湖泊或河流拥有数不胜数的水生生物赖以生存的、有趣的生境结构。然而,这样的水生生态系统不是孤立存在的,它以许多重要的方式与周围的环境紧密地连接在一起。通车的线形道路经常影响到水生生态系统的结构和连通性。在此,我们首先讨论生境结构、连接类型及道路对二者的影响。

9.1.1 生境的物理结构

对水体的研究发现水生生境是有尺度层次的。[423, 1022]通过观察生态系统中生物及其形成过程,可以把生境很好地区分开来。例如,从较精细的尺度上来说,小河的河床,有时连一块鹅卵石都可以作为某一物种,如鲑鱼和石蛾(毛翅目)的生境。甚至几米之外,河床在构成和质地上都会发生显著的变化。沉积物颗粒的分布及其孔隙间的大小决定了该河床是否适合成为各种脊椎动物和无脊椎动物的栖息地。有些动物把河床当作觅食场,有些当作产卵地,还有些动物把河床当作洪水泛滥期间的避难所。同样,这片河床之上的水体又是一些浮游生物,如鱼类及浮游植物(漂浮的水藻)的栖息地。不难理解,这片水体的物理特性、化学特性及透光性都会影响其作为生物生境的功能。水中的木头和树枝会影响水流的速度和生境的结构,还会强烈地影响到某一河流不同区域中鱼类的数量、种类及体型大小。

在较大的尺度上来说,水体的形态,如湖滨河畔的凹凸交错处,河中的深滩和浅滩都会塑造水生生境的结构。[423]有些物种习惯于生活在一种生境,有些又可适应多种生境类型。生境单位的形态,如池塘或岩石表面可能会影响水藻或鲦鱼类物种的数量、种类及体型大小。例如,较深的池塘会容纳体型较大、种类繁多的鱼类。结构复杂的池塘会降低物种间的竞争,让复杂的自然群落占据一定的生境空间。有些物种可能依赖多种生境并存的环境,如那种栖息在池塘内而捕食来自上游浅滩处浮游无脊椎生物的鱼类。

水生生境结构的一个微妙之处是与湖泊和河流靠近的浅表地下水区域(潜流带)。[872, 354, 1047]漫滩中的浅表地下水与地表水的交换可以通过过滤作用调节水质。有些河流中的无脊椎动物在其生命史的一些阶段要依靠这种浅层地表环境。

河流和湖泊与其周围的河岸带植被的相互作用类型如此繁多,生态意义如此重大,以致从生境及水质方面来讲,这些植被的状态被普遍认为是小型或狭小水生生态系统健康的晴雨表。[91, 373, 302]例如,小河边的树林会遮蔽小河,以此来调节水生植物获得的光线多少,并部分地调节着水温。河岸带植被不论其大小都会向水体带来落叶和枯枝。这些死亡的有机质是营养物质贫乏的湖泊和林区小河食物链的主要基础。从河岸带树林中而来的大片木头在河道内会形成重要的复杂生境。因而,改变周边的植被状况就会深刻地影响到河流和湖泊中的生境结构。总体而言,水生生物及其形成过程极大地依赖于水下生境的丰富度。

9.1.2　连接度

水生生态系统的连接度与交通运输系统的连接度一样重要。作为道路上驾车的人,我们都期望着从此地到彼地畅通无阻。即使连接度因建筑施工受到破坏,还是有便道可走,尽管这样会耽搁时间。连接度是道路交通理论和景观生态学中的一个重要原则。[8, 98, 568, 302, 73, 441]在水生生态系统中,连接度对于保持生物、基因、水、营养物、能量及用来形成并维持生境存在的物质流是极为关键的。

许多春池的存在是因为周围的地下水与其相连[438]。据说,穿过陆地迁徙的两栖类动物会把湿地当成光秃秃的广袤陆地上的水生岛屿。从岸边落入营养物质贫乏的小湖中的树叶和树枝成了湖中食物网的主要基础。[328]

溪(河)流系统的连接度至少有四个主要的方面——上游与下游、漫滩与河流、森林与河流及地表水与浅表地下水间的连接[998](图9.1)。这样的连接度是河流生态系统的一个关键特性,部分是因为河流中的水、沉积物、植物养料及许多物种具有高度的流动性且流动距离很远。

河流生态系统中的一个重要理论河流连续性概念[936, 190, 856]认为水生生物群落及自然过程是以有序的方式从上游至下游而变化的。上游地区为下游地区提供重要的养分及其他资源。河流系统中上游与下游之间的连接度对于一些溯河产卵的物种,如(洄游的)大马哈鱼至为重要。河流通过许多不同的过程与附近的森林紧密联系起来,这些过程包括荫蔽、枯枝落叶、水温和含氧量的调控、对

(a)

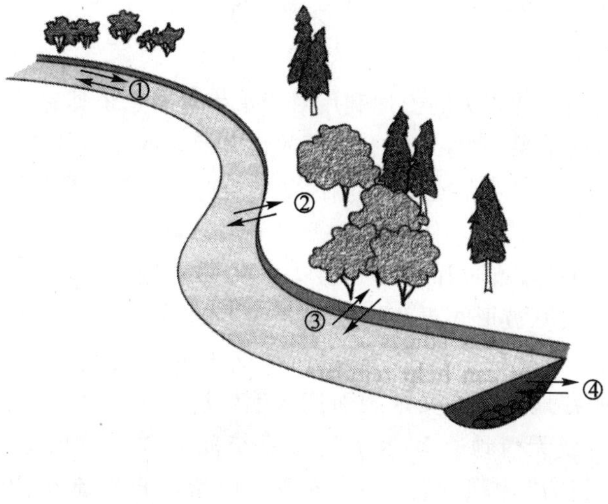

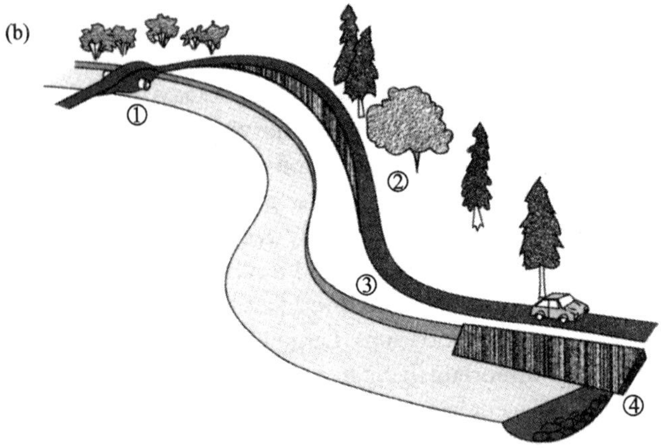

图 9.1　道路影响河流连接度的四个方面。(a) ① 上游与下游的连接，② 漫滩与河流的连接，③ 森林与河流的连接，④ 地表水与浅表地下水的连接。(b) 连接被漫滩中的道路切断或干扰

河岸侵蚀的控制、为捕食者和捕鱼的人提供掩护。[373] 河道与其相邻接的漫滩之间的相互作用对于河流的功能(在洪水脉动概念中有论述)是非常关键的。[468, 58] 与漫滩相邻的大河在很大程度上依赖于被淹没的漫滩地带以保证河流的生产力，维持河流生态系统的生物多样性。最后，河流、湖泊及湿地中地表水与浅表地下水之间的相互作用在许多方面目前都已经被认识到是非常重要的。[354, 1047]

9.1.3　道路对生境和连接度的影响

道路系统及与其相关的土地利用对于水生生态系统具有巨大的影响。作为连接度改变后的结果，这些影响有显著的也有间接的。直接影响是由于在局部直接改变自然的水生条件造成的。例如，在河床上修筑道路、重新设置河道会产生直接和长期的后果。任何将曲折的河道裁弯取直的做法都会改变水生生物的生境，因为过短或过深的河道会失去一些自然的池塘 - 浅滩结构。交替出现的池塘 - 浅滩被形式更为统一的河床上的渠道生境结构所代替。在桥梁与涵洞(道路下方横铺的排水结构物)处交汇的河流会在那个地方通过改变河道形式与所在地点的水文形态而使水生生境发生变化。

道路有意或无意地扰动水生生态系统间的连接度时会产生间接影响。因为道路会阻挡或增强各种生物、物质及能量的自然流动，有时在被扰动的

地方很远处会发生一些意想不到的结果。连接度的改变会导致水质、生境的物理形态以及与相邻的陆地生态系统的相互作用发生彻底改变(第7章,图7.8)。由于水流落差及过高的流速,涵洞会使鱼类上溯迁徙受到限制,这样河流上游与下游之间的连接度就受到了严重的破坏。河谷上修建的路基阻碍漫滩上的自然水流,在阻碍水流通过小水沟流淌的地方,漫滩与河流间的相互作用就会被阻碍。在漫滩排水情况发生改变,水体与诸如混凝土水渠之类的非渗透性材料结构物平行并存时,地表水与浅表地下水之间的连接度就会受到改变。

道路也能提高河流系统内的连接度。例如,沿道路或路边的排水沟流淌的暴雨水常常会有效地形成新的与自然河流网络相连接的部分水道。[1017]这会提高流域形成洪水径流的能力,致使洪水水位升高。大面积的地面硬化亦会大幅度地增加径流。[733]由此造成的自然水流动态的变化会对下游的河流、湖泊及湿地产生负面影响。

从本质上来说,水体内的水生生境结构和水生生态系统与其周围的环境之间的连接度是了解和认识道路体系与水生生态系统之间相互作用关系的两把钥匙。而第三把钥匙就是生物自身,如浮游植物、(小型)浮游动物、水生昆虫、底栖物种、鲤科小鱼及大型鱼类等。下面我们利用这三把钥匙来更加详细地逐一研究湖泊、湿地、河流、桥梁、涵洞通道及江河入海口的盐碱滩涂。

9.2 湖泊

对于水生生态系统来说,最令人担忧的问题不是来自道路的化学污染物(第8章),而极有可能是硬化和未硬化道路沿线的侵蚀问题(图9.2)。林木采伐道是固体沉积物的最大源之一。在道路处于充分利用时,车辆会把一些颗粒物从路面上剥离,而后这些颗粒物有可能会被风或水流搬运到湖泊之中。[578, 1067]由于无人维护,道路就会变得沟壑万千并产生大量的沉积物和营养物质输入到河流与湖泊中。

此外,当沉积物流经硬化道路的硬质路面时,又会受到行驶车辆的影响,被碾压成更加细小的颗粒物。这些细小颗粒物极易被随后奔驰而来的车辆或风带起而飘浮在空中。水会直接从湖岸或通过河流把沉积物搬运到湖泊边缘。另一方面,风会把这些沉积物更加广泛地散布到整个湖区。

图 9.2 车辆/道路与湖泊中的水质/透明度之间的直接关系。在旅游高峰季节，每天有 50 000 余辆(次)的汽车使用这条沿湖公路。注意图中树根裸露的深度和数量及冲刷形成的深沟，这表明道路建成区形成的道路径流(以及游人在湖岸行走)造成了严重的侵蚀。被周围的道路系统上的雨水径流冲刷到排水沟内的营养物和污染物倾泻到了湖岸上，并通过一个用大石块修砌(图中间)的排水口冲入湖中。由此造成的湖水混浊与被称为世界最清澈的湖泊之一的塔霍湖(Lake Tahoe)的盛名形成了反差。图为加利福尼亚州塔霍湖南区 50 号州际公路。美国联邦公路管理局供图

9.2.1 道路扬尘与湖泊生态系统

观察一下在干燥的天气中车辆紧贴着路边行驶过的情景。车辆快速驶过时就会从被扰动的空气中涌起一股道路扬尘。也许令人惊讶，这种细小的颗粒物通常会在空气中悬浮若干小时。在冬季播撒路盐、沙粒及炉渣后，车辆会把这类混合物碾磨成极细的颗粒物，而这些颗粒物也可能在空气中悬浮若干小时。

一旦漂浮起来，这些细小的颗粒物就有可能在道路与水生生态系统之间形成另外一种联系。这些细小颗粒物与其组成物，还有吸附(附着)在其表面的各种化学物质的来源可谓五花八门，几乎有可能来自任何地方。如果体积足够小的话，这种颗粒物可能会被带到数千千米以外的地方，而体积较大的则会在几厘米以内的范围中再次沉积。来自撒哈拉沙漠的细小土壤颗粒物被风吹到了亚马

孙河流域，[894]从俄罗斯南部面积不断缩小的咸海即阿拉海干燥的海岸而来的颗粒物可以在北极圈内找到。研究表明，颗粒物大气沉积是许多元素和化学物质如铅、铁及多氯联苯的重要来源。[213]

空中悬浮的颗粒物对水生环境非常重要，因为它们会携带一些营养物质或对水生生命具有毒性的化学物质。干沉降是颗粒物从大气中沉降到某一表面，如湖面或地面的过程[423, 1022]，与之相反，降水把颗粒物“擦洗”下来并沉积的过程称为湿沉降。混合沉降即干沉降与湿沉降的结合，曾于2000年7月至10月间在加利福尼亚州的大湖——塔霍湖北区收集（图9.2）。由于每年的那一时段降水很少，绝大多数沉积物都是以干沉降的形式聚积的。在干旱季节沉积的颗粒物通常较大，因为细小的颗粒物需要降水才能把它们从大气中冲刷下来。较大的颗粒物通常在原地形成，因为它们的降落速度太快而不能扩散到远处。[663]在塔霍湖收集到的颗粒物团的平均直径大约是1.5 μm。这样相对较小的尺寸意味着在沉积之前，整个湖区曾有相当数量的颗粒物被转移了进来。[561]

塔霍湖区的大气沉积是一个尤为令人关注的问题，因为磷对土壤颗粒物，特别是黏土颗粒（细小的带负电荷的吸附性颗粒）物具有极强的亲和性。换句话说，以大气沉积的方式给湖内增加的磷质无异于给这个大湖施了肥。磷质会刺激水藻的生长，常常会使这片晶莹剔透的湖泊呈现出浅绿色。

这些沉积下来的细小颗粒物在水中的沉降速度很慢。因而，在很长一段时间内，它们会悬浮在水中。加上磷对水藻生长的刺激，这些颗粒物使得该湖不断下降的湖水透明度雪上加霜。

傍晚来临，气温下降，产生了一种典型的较冷的空气从周围的山峰向山下湖区运动的模式。这种向山下运动的空气流把悬浮在空气中的灰尘携带到湖水之上，而后再沉积到湖水中。根据安装在路边、道路和湖泊中间，以及湖岸地带的沉积物收集器提供的大气沉积数据，估计每年约有11 000 kg的磷以此方式沉积到塔霍湖中[452]（M. Liu，未发表数据）。由于此地特有的干旱夏季，流向湖内的河水会大大减少，每天沉降到湖面的空中浮尘就成了这片独特水域中水藻大量繁殖的一大诱因。极有可能在夏季时，当湖泊表层的水含磷量变低且来自河流的补给也处于最低水平时，磷的作用就显得尤为强大。

一旦空中悬浮的颗粒物进入湖泊，它们就与其他多种多样的有机质及细小的无机沉积物聚集在一起。湖中颗粒物包括从亚微米大小的细菌、病毒、胶状颗粒物到直径达数十微米的浮游植物细胞。湖中绝大多数颗粒物的直径不会超过2 μm，且其体积越小数目越庞大（双曲线关系：$N = 2\ 210(\text{直径})^{-3.1}$；$R^2 = 0.95$）[645, 176]。

然而，湖中颗粒物的密度会随着水深和时间的变化而有很大差异，从约2 000颗粒物/mL到130 000颗粒物/mL（一项观测中的数据）（图9.3）。虽然细小颗粒物占大多数,但在光学显微镜下的观察却发现了远远大于 20 μm 的浮游植物细胞。颗粒物数目随直径立方而增大。所以,从数量上看,个体较大但数量相对较少的浮游植物细胞与细小颗粒物的总量相当或更多一些。

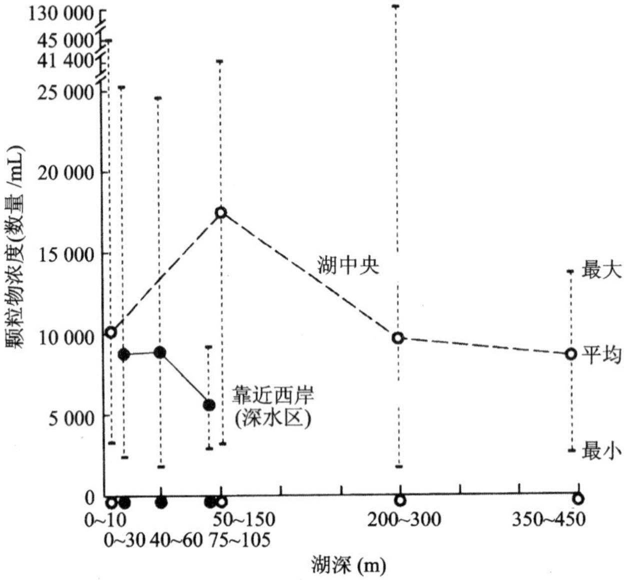

图 9.3 深水湖泊中不同地点、不同深度处颗粒物的浓度。所示为加利福尼亚塔霍湖(面积为 500 km^2,平均水深为 505 m)。据考克(Coker),2000,斯威夫特(Swift),2001

颗粒物沉积到湖中后,颗粒物中的化学物质及附着其上的化学物质就会溶解到水中。以磷为例,在塔霍湖 2000 年采样周期中,将近 50% 的磷最初都是沉积在颗粒物上的,它们溶解后形成了正磷酸盐。从生物学角度来说,正磷酸盐是最容易被浮游植物及湖岸附近附着在水生固着生物体上的藻类所利用的化学形式。正是这种沿岸(近岸地区)水生附着生物的大量生长提醒了大批前往湖边的公众这样一个事实:塔霍湖变了。[363]

相比之下,只有约 13% 的由河流携带而来的磷质可以被生物直接利用。[453]然而,河流和雨水径流带来的磷质也同样会深刻地影响湖泊生态系统。对新罕布什尔州考考拉湖(Chocorua)流域内营养物质的估算表明,进入该湖的最大磷源是经过该湖东岸附近的一条多车道干线公路上的径流。[821]这些结果凸显了在制定湖泊综合治理的策略时,大气沉积及道路径流和河流的重要性。

尽管浮游物种通常对路盐具有相当的耐受性,但它们也会因其体内盐平衡的变化而使生长速度下降或者遭受毒性化学物质的侵害。相反地,正如前面我们已注意到,浮游水藻和水生附着生物会因一些具有刺激效应的污染物而受益,如磷、铁及其他各种痕量金属元素。如果湖中出现多达 100 种不同种类的水藻时，一些微妙的变化（如通过引入氯化钠而使单价离子与二价离子的比率发生细微的变化）会极大地改变一个物种相对于另外物种竞争成功的概率。确切地说，如何改变食物网，以及形成富营养化的问题目前还需深入研究。

水生食物网是所有水生生态系统中最为复杂的系统之一。由于氯化钠及其相关污染物质可以微妙地改变水藻的物种（初级生产者）及食物链中水藻种群的大小。因此，路盐径流及其携带的各种化学物质就成了改变食物链中处于上层的物种行为的重要因素。浮游植物作为浮游动物的食物，它的质量因物种的不同而差异极大。富含高度非饱和脂肪酸（HUFA）的浮游植物是比高度非饱和脂肪酸含量较低的浮游植物品质更高的食物。尽管磷是一种重要的化学成分，但最近的研究表明浮游动物的食物质量可以通过高度非饱和脂肪酸的含量很好地被预测出来。[112,658]如果道路径流改变了水藻的物种结构或毒性物质通过食物链积累起来的话，将会对食物链中的高层次动物产生非常重大的影响。

虽然我们了解营养物质的大气沉积对水生生态系统，特别是湖水清澈的湖泊的重要性，但精确地量化由未硬化道路路肩及路面产生的沉积物仍然比较困难。道路对大气沉积的相对重要性会因地域的不同而产生重大差异，受诸如未硬化的路肩面积的大小和交道量的多少等因素决定。同样，道路与水体之间充足的植被也可以被认为是一种过滤器，会截获一些道路扬尘。

有一种新兴的评价技术有望把潜在的沉积物，如来自路面、路基及车辆的沉积物中那些独特化学成分的浓度与沉积在水体中的化学物质的浓度进行对比。同样，颗粒物的大小、形状及空间分布可以作为重要的线索更好地量化来自道路、交通及其他来源的大气沉积物的贡献率。

9.2.2　湖泊对流域内侵蚀过程的整合

道路直接径流及道路相关的建设施工也是湖泊、河流及滨海地带污染的重要的源（图 9.2）。降水直接溅落到如公路、房顶或停车库等不可渗水的硬质表面，不会受到上方植被的拦截和被土壤所渗透（第 12 章）。这就是说，雨水中所含的营养物质及污染物被流域内的植被吸收和渗透到地下水中的机会极小。在路边植被盖度不足或坡度太陡无法吸收水分的地方，那里的硬质表面就会使水的径流速度加快，足以造成路边侵蚀。同样，沉积物颗粒及溶解物质被搬运到下坡的速度也会被加快，这些物质最终会在下坡处汇入河流、湖泊及水库。路面会积累各种各样由汽车轮胎、刹车及尾气产生的污染物和撒播路盐、炉渣和沙子后产生的扬尘。在大雨期间，这些化学物质从路面上冲刷下来，添加到被侵蚀的土壤中和路边排水沟里的化学物质中去。最近，塔霍湖流域的城市化使得在这片遭到高度破坏、道路密布的流域内的径流速度大大加快。因此，道路对大型湖泊的重大影响源自风蚀以及道路和路边表面径流这两个方面（图 9.2）。

在沿海地带，速度加快的道路径流会给由潮水坑和其他一些近岸生存的生命带来一些问题。使附近道路产生的泥沙再次悬浮起来的波浪运动所形成的沉积羽状物会抑制沿海物种的生存。大型涵洞常把路边排水沟中含有大量沉积物搬运质的水直接导引到湖岸附近的地方，这种情形在湖泊中也存在。这里的沉积羽状物会阻碍浮游生物所需的阳光，还会使底栖动物慢慢地窒息而死。在塔霍湖区，许多大型的涵洞将携带沉积物的道路径流快速地传送到滨湖地带（图 9.2）。目前，许多工作正在进行，以期拦截流入流域内的这种径流。

泄漏的有毒化学物质会通过路边排水沟、河流及地下水很快地进入湖泊。积累在路面上的化学物质通常会被一次次的大雨冲刷进附近的湖泊里面或沿岸地区。通过真空吸尘器清扫、蒸汽清洗或冲洗路面（移走沉积物及化学物质）而使敏感的生态系统附近的道路更加清洁是未来的一项重要管理策略。塔霍湖区已经配备了道路清扫设备，另有一项暴雨径流管理项目业已立项。

考虑到空气和水会把颗粒物和化学物质搬运到湖泊中，采取一些缓解措施把沉积物的数量降至最小是很有裨益的。这些举措包括用木片覆盖路肩、在路边植树种草以过滤灰尘、控制越野车辆的行驶以及封闭不再使用的林区采伐道路。鉴于道路径流污染随处可见，现已在塔霍湖区开始实施逐步缓解措施，但与此同时这个旗舰级湖泊水的透明度还在继续下降。

湖泊，曾被认为是自闭体系，但现在被越来越多地看做是机能良好的景观中不可或缺的一部分。[548] 在湖泊发展的自然过程中，淤泥、土壤及其他各种沉积物从流域内被搬运并沉积到了湖盆内。从此意义来说，湖泊就是一个天然的容器，它把流域内的侵蚀过程整合在了一起。然而，由于道路建设及其造成的湖泊内的沉积物使侵蚀率加快，对水生生命造成了许多不利影响。[183]

大多数湖泊研究都基于来自于河流中的悬浮和溶解固体物质的排放，通常为期数年。然而，一条河流中的年沉积物数量上的波动幅度可能会与次年相差五倍。[224] 另一方面，对湖泊沉积岩芯的分析会让我们将时间尺度拉长，研究数十年、数世纪乃至更长时间内的变化情况[94]，通过提取湖泊沉积岩芯并进行分析，可以再现景观的侵蚀历史。[203, 210, 478] 在流域内的清伐造成的最显著的一个后果就是，沉积物数量会显著增加，[712] 大部分的沉积物通常都是因修建和维护伐木道路而产生的。[81, 766, 84, 328]

三项对湖泊沉积物的研究表明了在流域内道路侵蚀是如何被记录的。第一，拉歌·迪·蒙特罗斯湖中沉积速度的增加与公元前 171 年修建意大利维亚·凯西亚大道有关（通往罗马的著名的凯西亚大道，见本章开头部分题铭）。[436]

第二，蒙大拿州三个山间湖泊都清楚地表明新建的用于采伐林木的道路与湖泊沉积物的增加存在密切的联系(图9.4)。湖泊的沉积速度比20世纪30年代末未开采之前的背景值高出2~3倍。有趣的是，稍后一段时期，即20世纪70年代和20世纪80年代林木采伐期间，重新利用在此之前就已存在的道路没有造成附近湖泊沉积物积累量的增加。相反，第三项对安大略湖西北部的9个作为水源补给湖泊的研究发现，在伐木道路修建、林木清伐之后都没有湖泊沉积物的显著增加，浮游植物的群落结构也没有发生变化。[94,710,711]作者认为侵蚀生成的沉积物数量较少的原因在于当地旷日持久的干旱。此外，与流域内湖泊的面积相比，似乎流域面积越大道路侵蚀产生的沉积物就越有可能被冲刷到湖内。[94]

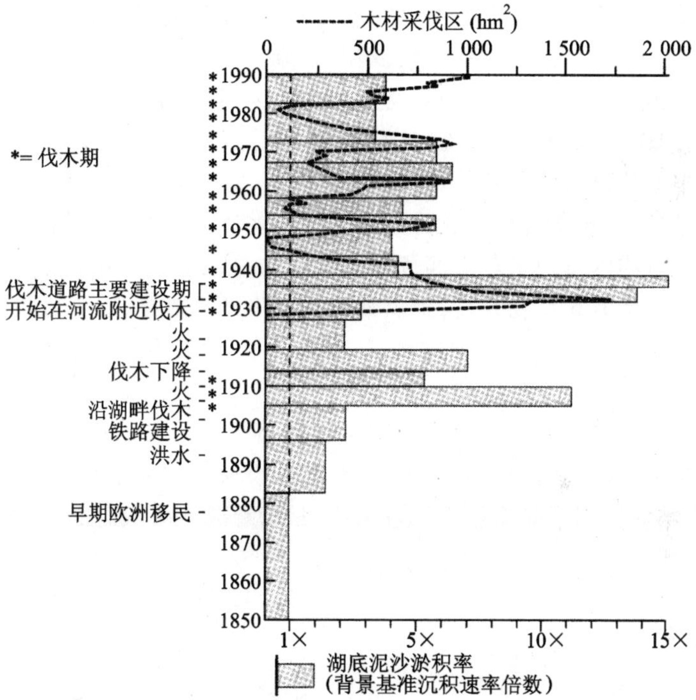

图9.4　湖泊沉积速度与林木采伐、修建伐木道路及其他一些因素的关系。图中的林木采伐量是一个五年累计的平均数；计算得到的基准沉积速率为每年13 mg/cm^3(在美国东部定居者到来之前)。图为蒙大拿州白鱼湖。摘编自斯宾塞(Spencer)和谢尔斯科(Schelske)，1998

在整个北美地区经常见到的用塑料制成的截淤栏和干草包，是在减少土壤侵蚀、沉积物流及水体内沉积物方面取得进步的明证。然而，这些栅栏常常受到的破坏进一步说明了要做的工作尚有很多。还有一个进步的迹象就是，有越来越多的对暴雨径流的治理方案正在制定。然而，这些举措带来的缓解效果却只有那些具有敏锐观察力的路人才可看到，这些方案把道路与道路之外的许多过程联系在一起，给人一种愉悦的憧憬。以上，我们强调了道路管理规划中风蚀和暴雨雨水径流的重要性以及相关规划本身的重大意义。

9.2.3 春池

依赖于春池（季节性池塘）和湿地生存的生物，如两栖类动物对因道路修建造成的水文周期变化特别敏感。[1034]如果水文周期（水位在底土层或表面以上的持续时间）缩短的话。两栖类动物的幼体就会在蝌蚪完成变态过程变成成体之前而死亡，造成该种群的局部灭绝。同样，对于两栖类动物来说，水文周期的延长也会造成许多麻烦。在变态过程完成之后，两栖动物种群的持久性依赖于池塘变干，如此一来掠食鱼类种群就会被消灭掉。如果附近道路施工改变了水流，延长了水文周期的话，那么两栖类物种就会因大量掠食鱼类的出现而消失。[836]同时，鉴于两栖类动物只能耐受轻微含盐环境，所以除冰盐对它们的影响取决于进入水池中的盐以及淡水的数量（第 8 章）。

另外，路边的排水沟也会成为另外的春池生境。例如，在加利福尼亚中央谷地区的道路边沟内发现了若干濒危的水生无脊椎动物。有趣的是，人们在发现了路边的排水沟有这些物种后，提议禁止进一步开发道路，以免那些发现有这些物种的排水沟遭到破坏，[502]这使人想起了英国受保护的道路两边（第 4 章）。[944]

路边排水沟作为春池的价值依赖于被道路径流污染的程度。因此，蝾螈胚胎在季节性的林间池塘中的成活率要比路边水塘中的成活率高许多。[936]作者认为，路边水塘受到了除冰盐的严重污染，是蝾螈成活率低的祸首。

9.3 湿地

全世界的湿地面积超过了 800 万 km^2（310 万 mi^2），并为社会扮演着至少四个重要的角色。[641, 330]

① 水文调节器。湿地一般是平缓地带，会缓解诸如道路等硬质表面上的暴雨径流速度，然后让水慢慢地在较长的一段时间内流开。这样一来，减少了洪峰流量，降低了下游的洪水水位。此外，通过降低洪水的流速，沉积物积淀了下来，下游的侵蚀也会减小。

② 污染物汇。湿地的作用有点像肾脏，因为通过一系列物理、化学以及生物的过程，湿地会把污染物清除、截留并分解掉。

③ 野生动物中心。湿地是地球上最具植物生产力的生境。因此，在单位面

积内供养了异常丰富和多样的动物。例如，在北美大约有一半以上的水禽物种都会在湿地筑巢，商业捕获甲壳类水生动物中的2/3和钓鱼使用的渔场都得益于湿地。虽然湿地仅占美国国土面积的5%，但1/3以上的稀有和濒危物种都栖息于湿地当中。

④ 人类怡情之所。由于湿地所处位置、周围环境、面积、形状及生命形式构成的高度多样性，所以，对一些人来说，湿地是最美的景观之一。有时，地处建筑区域中的湿地成了缓解日益城市化的生活方式带来的紧张压力的天然缓冲区。

9.3.1　道路对湿地的影响

上面提到的那些都算是好消息。而坏消息则是很少有其他环境受到的破坏程度可以与湿地受到的破坏程度同日而语。[977]湿地包括长期被水淹没、长满草和其他各种草本植物的沼泽及被水淹没时间较短、长满树和灌木的沼地。[641, 138]目前，美国原有的8 000万 hm^2（2亿英亩）湿地只剩约一半尚在，在有些州这个数量甚至要低至10%。虽然绝大部分损失是由于历史上的废物排放和开荒垦地造成的，但最近的道路建设对现存湿地的健康也产生了很大的影响。事实上，联邦和州级公路管理部门也曾制定了一些关于湿地恢复的指导方针。

但是湖泊受到了一股股沉积物的侵蚀，河道因桥梁的缘故而被重新改道，如果湿地恰好位于规划中的道路用地的话，整个湿地也许就会消失。然而，当前美国执行着许多关于湿地保护的法律法规，所以目前对湿地的改造和调整更为普遍而不是使其消失。[811]对沼泽和沼地的调整改造方法多种多样，如填方、排水、开挖、清理、引水分流、漫灌、沉积及干扰水循环。

横跨填方路基的涵洞在修建横贯沼泽和湿地的道路时被普遍应用。在四周封闭的湿地上、在靠近结构物中央的地方建造涵洞，在路基两边留有排水沟，以便加快水流并将水对上坡向的冲刷减至最小。对北卡罗来纳沿海平原上的两块沼泽地的研究表明，[773, 486]有几个关键的但容易测量与估算的模式在测评因道路平交结构造成的湿地功能变化时非常有用，这些模式是：① 水面高程（也表明湿地的变化）和水深，② 树木的密度、构成及死亡率，③ 草本层，④ 土壤/水生无脊椎动物，⑤ 沉积过程和土壤中磷与氮的含量。在被研究的湿地中，某些模式因上边坡和下边坡而异，而有些模式因与道路的距离（通常是10～60 m范围）而异。也许，在填方－涵洞平交结构物方面，增加涵洞的数量可能会减小生态影响的量和度。

然而，路网可能会在更大的景观尺度上，通过改变流域内的水文状态和营养物质的流动或野生动物的活动模式来影响湿地。当然，社会对湿地（流域盆地或流域）损毁带来影响的感知程度和采取措施保护湿地（单个的水体）的程度之间总是存在着一种奇怪的不平衡现象。[330]通常,湿地所起的最重要的作用与单个的湿地并不相关,而是来自于许多湿地联合在一起的功能。换句话说,就是湿地以功能上相互依靠的形式作为湿地综合体一起发挥作用,所以一片湿地的损毁会影响到其他湿地及整个湿地。[515]例如,消失的上游湿地的比例与流域内发生洪水比例的增大有着密切的正相关关系。湿地损毁的程度与流域内污染物和营养物质输送到下游接受水体中的量相互关联。

此外,因为湿地是广袤陆地中生物生境的岛屿,所以湿地消失或被分隔成较小的孤立缀块会对那些天生需要附近的许多湿地来维持生命周期的运动型物种产生深远的影响。例如,总长不超过 0.75 km(0.5 英里)的道路可以很好地解释荷兰的 109 个高沼地池塘中青蛙是否会出现的概率[981](图 9.5)。作者认为这个发现或者是因青蛙横穿道路而造成直接死亡,或者是因为道路的阻碍效应减少了青蛙的迁徙。

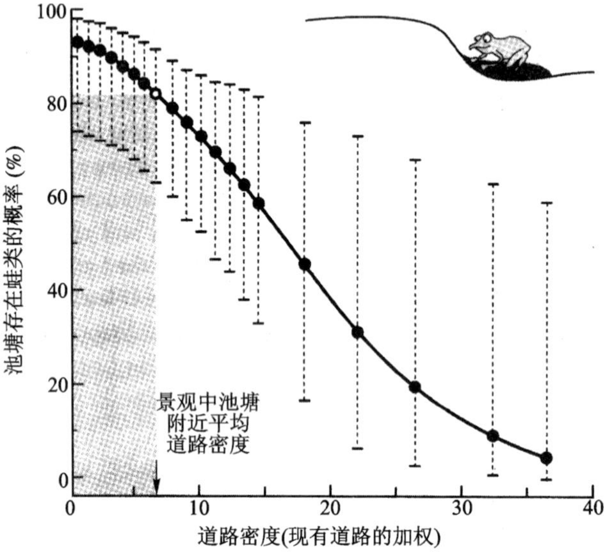

图 9.5　池塘内青蛙出现的概率与池塘附近区域内的道路密度的关系。道路密度在池塘附近 750 m(2 460 英尺)以内。相对于道路的平均密度,出现青蛙(*Rana arvalis*)的概率是 82%,但道路密度最大的地方概率则仅为 5%。图为荷兰某一池塘的情况。改编自沃斯(Vos),1997

一项极具启发意义的研究表明了道路对湿地生物多样性在景观尺度上的影响。[288]研究发现,湿地面积与物种的丰富度之间存在密切的相互关系。但奇怪的是鸟类、两栖类、爬行类及植物物种的丰富度与湿地周围硬化道路的密度呈负相关关系(图 9.6)。拿鸟类来说,500 m (1 640 英尺)以内的道路密度是湿地物种数量的最佳预报器。对植物来说，是向外 1 km(0.6 英里)范围内道路密度的影响，对于两栖/爬行类来说，2 km(1.2 英里)以内的道路密度是最佳的预报器(图 9.6)。物种的丰富度还与湿地 2 km 范围内地面上的森林覆盖率有关。当然，林木破坏及硬化道路密度增加预计对湿地物种的丰富度产生的影响与湿地本身部分损毁产生的影响是相同的。后来的一项研究发现，用 30 或 40 年前的道路密度估算现有物种丰富度要比用目前道路密度所预测的更为精确。[287]

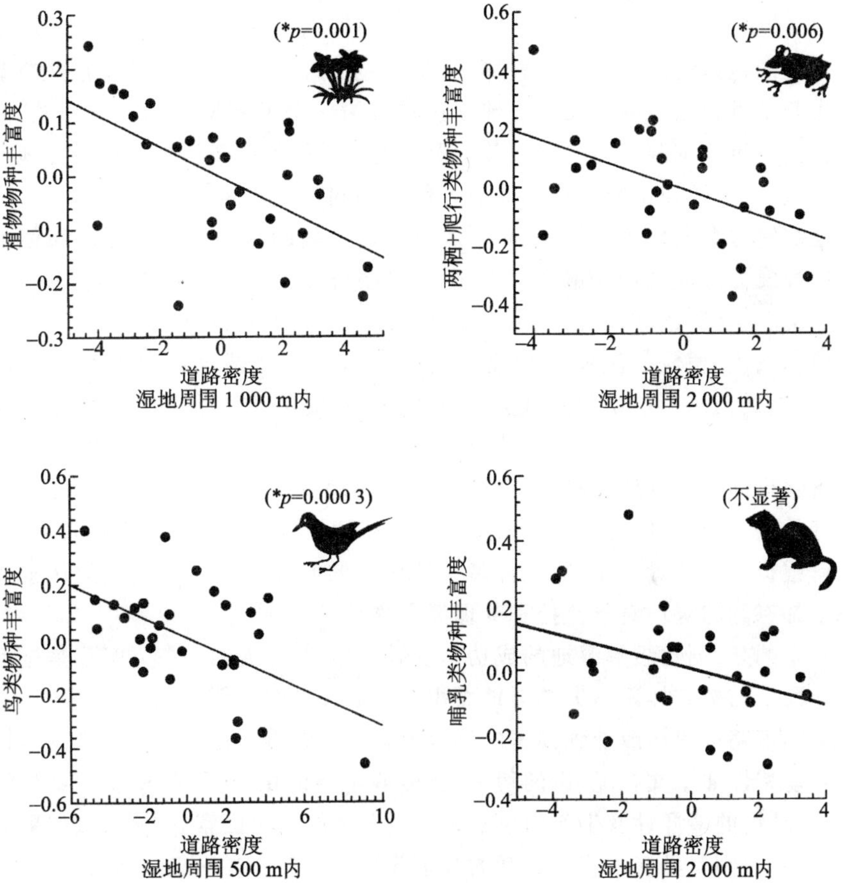

图 9.6　湿地内物种生物多样性与湿地周围 2 000 m(6 560 英尺)范围内道路密度的关系。每一组中的物种数量与湿地周围分别为 500 m(1 640 英尺)、1 000 m(3 280 英尺)和 2 000 m 范围内的道路密度对比；图中只标注了每组中的最佳关联度($^*p$ 为道路密度的显著影响[I类误差概率]；$p<0.05$])。图表所示基于标准化硬化道路密度的物种丰富度与面积之间回归关系的标准化残差。加拿大安大略省，改编自芬德雷(Findlay)和休拉汉(Houlahan)，1997

因此,湿地附近的土地利用模式及景观中道路所处的方位和湿地的实际大小一样重要。这些结果都表明,道路密度会影响湿地内的生物多样性,同时也表明道路即使没有与湿地紧密相邻也会对湿地造成影响。此外,在实施缓解和补偿项目时,如果能考虑解决可能存在的生态影响的时滞性问题,则是很有长远眼光的(第 5 章)。

9.3.2 湿地的缓解与补偿

幸运的是即使湿地完全被破坏了,事情也并非到此结束。恢复退化的湿地或从头开始重新创造湿地的方法现在正在成为一个不断发展的专业领域,但湿地的恢复与重建都源于与道路相关的湿地退化。缓解一般认为是把对某地产生的影响最小化,而补偿则是在其他地方创造相同的生态效益。[191, 192, 193]然而,有时湿地缓解这个词包含补偿原则,至少是创建了新的湿地来补偿那些貌似不可避免的开发而造成的湿地破坏。[811]这一程序可以采取直接"类似的"或"一对一"的形式创建新的功能湿地,或完全恢复或提升现有湿地功能。

依据法规,替代的湿地必须建在与受到破坏的原湿地尽可能靠近的地方(尽管现有的道路影响区(第 11 章)与道路拓建的可能性是关键的考虑因素)。再者,新湿地被安置在距离原来的湿地很远的地方,有时也会被集中到一个大型的缓解银行即——湿地、湿地综合体或大片湿地一部分的集群。原址缓解措施有一好处,那就是要成功复现许多适宜湿地持续发展的环境条件会比较容易些。但缓解银行的支持者强调说,把许多小的孤立的湿地建成一个大型的从水文和生态上都有利的湿地对于监控和管理都会容易一些。[601]

不幸的是,创建缓解湿地的成功率较低。[811, 747]过去的许多方案都是把新建的湿地面积与被破坏而消失的湿地面积规划成一样的。但是湿地面积的大小只是评价因道路被毁坏或受到损害的湿地生态状况和重要性时需要考虑的属性之一。功能特性如水文状况、岸的稳定性、营养物质的供给、沉积物及污染物的积累、野生动物的多样性及生产力也都是应当考虑的关键因素。[51]因此,如果把湿地与景观,特别是具有水流的景观的其余部分重新整合在一起的话,这些缓解与补偿工程就会发挥最佳效用。[330]

因为受到水流的干扰,道路横穿某一景观时通常会沿着湿地边缘而建,这样一来就会把湿地切断并与其流域分隔开来了。其中一个弥补由此而造成的湿地损毁的方法就是把湿地异地搬迁。[811]例如,在芝加哥城外修建的一条 29 km(18 英里)长的多车道公路占去了 30 hm^2(74 英亩)的湿地,其中 26 hm^2 是三块相互独立、不可多得、不可替代的湿草原及饱和水草地。这三块湿地当中包含 300 多个植物物种,其中还有两种属于州级濒危物种。这项湿地缓解计划需要在五个邻近的地方兴建 48.6 hm^2 的湿地，另外还需易地搬迁 1.2 hm^2（3 英亩）品质极佳的湿地（植被及表土）到一处新的特别预备的地方。“捐赠式湿地”——因公路建设而即将失去的湿地——成了创建新缓解湿地的原材料。虽然更为重要的维持水流的条件是否已经形成还不甚明晰，但在三年的时间内，所有新建的湿地都完全被植被覆盖了。一部分人认为此项湿地缓解项目是成功的。

另外一个例子说明了在原湿地类型被取代的情况下，一些复杂的问题和争议会在湿地缓解项目实施之后发生。在宾夕法尼亚州中南部，总面积达 15 hm^2（37 英亩）的位于河流冲积扇内的 119 块小型地下水深透湿地（55% 为林间湿地，25% 为灌丛，20% 为长草湿地，约 1% 为开放水体）因一条新公路的修建而遭到了破坏。[1075] 经过详细地划分地下水类别、分析水文收支、确定土壤特性、考虑土地利用率和考古因素、评价野生动物及确定开挖成本后，确定了潜在湿地缓解和补偿湿地的置换地点。最终选择了 5 块总面积达 22 hm^2（54 英亩）的地块来置换被破坏湿地的功能和价值。此外还购买了 60 hm^2（148 英亩）的缓冲区作为野生动物的新增生境，并建设了 50 处如鸟窝和立式枯树桩之类的生境改善结构物来进一步吸引野生动物。由于替代湿地内野生动物十分丰富，受到了院校师生和观鸟者的欢迎，这项工程也被一些人誉为成功的范例。[1075]

对一些湿地科学家来说，这些回报颇丰的湿地置换模式还是不尽如人意，[177] 因为新置换湿地没有建在漫滩区内，没有地下水的渗流而是引入地表水作补给。因此，这些湿地从严格意义上来说不能够再现丧失湿地的原有功能。此外，新的湿地所含的水是终年存在的，而不像原来的自然湿地那样周期性地干涸，而周期性地干涸对某些动植物是非常有利的。的确，丰富的野生动物貌似稳定，但与生活在天然漫滩湿地中的尚有差距。最终，批评者们总结说，要充分再现天然地下水渗透湿地很显然是不可能的，所以道路建设等人工项目对生态的影响本应避免。

这就又引起了另外一个大问题。原来的 119 块天然湿地面积小，分布较稀疏。这五块置换湿地就成了湿地缓解银行项目的代表，被整合成了几个面积较大的湿地综合体。虽然，分布零散、面积较小且会干涸的湿地与大型的湿地综合体在生态上都有重要价值。但是，它们具有的价值、功能及支持的物种却不尽相同。避免损害湿地或在原址修建缓解湿地应当最先考虑，在不得已的时候，才修建异地补偿湿地，以此来保持原有天然湿地的价值。[191, 192, 193] 如果这三种选择都办不到的话，那么不论是在原址还是异地修建生态价值与原湿地不同的补偿湿地，也都不失为一种选择。

把精力从事后的穷于应付转到事前未雨绸缪非常重要，可以把工作做到前头、先胜一筹，还可以使道路规划和建设过程实现流水线化。为此，选址和绘图

工作需提前完成,这样会在因道路修建而恢复或新建湿地后让流域产生最大的生态效益。[601, 330]

最后,还需记住在生态发展培育过程当中,特别是在因道路修建而恢复湿地的过程当中,大自然的自我设计能力应当发挥最为主要的作用。在土地利用规划中采取缓解湿地措施时,有这样一个简洁的座右铭,“少设计,多了解”。因此,最佳的策略就是让湿地自我设计、自我调整、自我维护。

9.4 溪流、江河、桥梁和涵洞

道路和车辆与溪流和江河生态系统之间以多种多样的方式相互作用。[587, 470, 159]在桥梁与涵洞附近可以看到它们最直接的影响,这里是两种基本廊道类型交叉的地方。因此,在本节当中,我们首先研究一下路网与河流之间相互作用的几种显著的类型或方式,随后详细地了解一下桥梁与涵洞对生态的影响。

9.4.1 道路、溪流与江河

道路引起的改变极易影响到溪流与江河这样的流动水系[423, 1022](图9.1)。道路网与河流网所占的土地面积不大,但是因其运输功能、分布范围很广,因此,它们相互交汇的地方很多,产生相互作用的可能性很大。此外,一些与河流相交的工程设施如涵洞通道和桥梁会对河流过程及水生生态系统产生深刻的影响。通过改变河流上游与下游、河流与漫滩和流域与森林之间的连接度,这样的影响可能是局部范围内的,也可能会扩展到很远的地方(图9.1)。

道路可阻碍各种物质向下游的运动。因为,道路路基、桥梁会造成水流受阻,涵洞通道口径过小会很容易地抑制河流的流动,造成水流阻塞以及由此出现的泥沙沉积,有时甚至是木头块堆积。同样地,如果涵洞出水口太高的话,会阻碍鱼类、蝾螈及其他物种穿过涵洞通道逆流运动。

河岸带森林对小溪的水道有强大的调控力。[87,587,1022, 470, 667]林间的树木提供了阴凉(调节和控制水的温度及水生初级生产所需的光线),还提供了微小有机物的来源(许多水生动物的食物源),会带来大块的木头(木块成了对许多物种有益的、复杂的生境结构)。[373]但是,道路通常都建在河岸带区域,因此会损害河边植被带来的效益。

在河流有坡度变化的地方,如池塘与浅滩之间的过渡区域,地表水与浅表地下水之间的交换最易发生。这种交换水流对河流系统会产生许多影响，如向河床某处的生境输入温度较低、水质相对较好的水流。这样的地带常被鱼类，如大马哈鱼选为产卵地。由于河流迁移（水道在漫滩上向两侧移动的自然倾向），有时河岸需要用石块或混凝土加固以保护道路免受冲刷。这种加固的河岸扰乱了地表与浅表地下水之间的交换并在许多方面对河流造成损害。

大河河道与漫滩之间的连接也会被漫滩上的道路隔断。在发生大洪水事件时，由于道路常被建在抬高的堤道上，所以会阻碍洪水的流动，这会导致漫滩上有些地方有机物质和泥沙的堆积，而在有些地方进入河流、支持水生食物链的物质会减少。在道路阻碍水流流向漫滩内次级河道的地方，鱼类是不会把这种河道当作洪水泛滥期间的避难所的。

9.4.2　桥涵影响

由于在大多数的景观中都有道路蜿蜒出现，因此道路会不可避免地与溪流或江河相遇。偶尔也有道路会沿河而建，但是由于刚才所提到的沉积物和水的原因，而且因为野生动物常常会把河岸带作为迁徙的廊道，所以在流水尽可能不造成阻塞的情况下修建桥梁常常是具有生态意义的。在许多情况下，对道路与河流交汇的方式重视不足造成了对水生动物有害的冲击。事实上，道路与河流的交叉处会以两种（互相依赖的）主要方式对河流生态系统产生影响：① 通过改变水流动态，② 通过冲刷沉积物而加快沉积速率。

当然，水道必须畅通以便水能自由流动，为鱼类的活动提供通道。涵洞通道从其本质上来说会限制水的流动，因此必须给予特别的重视以保证良好水质和鱼类通行无阻[263]（图9.7）。如果道路与河流的交叉处阻碍鱼类迁徙，通常是因为它们改变了水流速度。例如，在一项研究中发现，鱼类通过交叉处的概率与水的流速成反比。[1002]这种对鱼类的屏障效应依赖于水流通过涵洞的受限空间时速度提升得多少。结果是，鱼类的迁移在通过涵洞时，由于空间受到了最为严重的限制，因此不能达到它通过桥梁或自然河道时的概率的10%。

道路与河流的交叉处也同样是侵蚀与由此导致的沉积作用的主源，产生的沉积物会使鱼卵窒息而亡，并且妨碍幼鱼的出生。[19]此外，口径不足的涵洞会在洪泛期间产生具有侵蚀性的冲刷作用，不仅会损坏道路，而且会给河流造成大量的沉积物。

交叉处还可以通过影响逐步沉积的模式对河流生态系统造成更为微妙的影响。一项对12个林区道路与河流交叉处产生的沉积物的量化研究发现，从平均值看，与交叉点上游的泥沙与淤泥相比，下游的数量会更多一些。[868]虽然路基

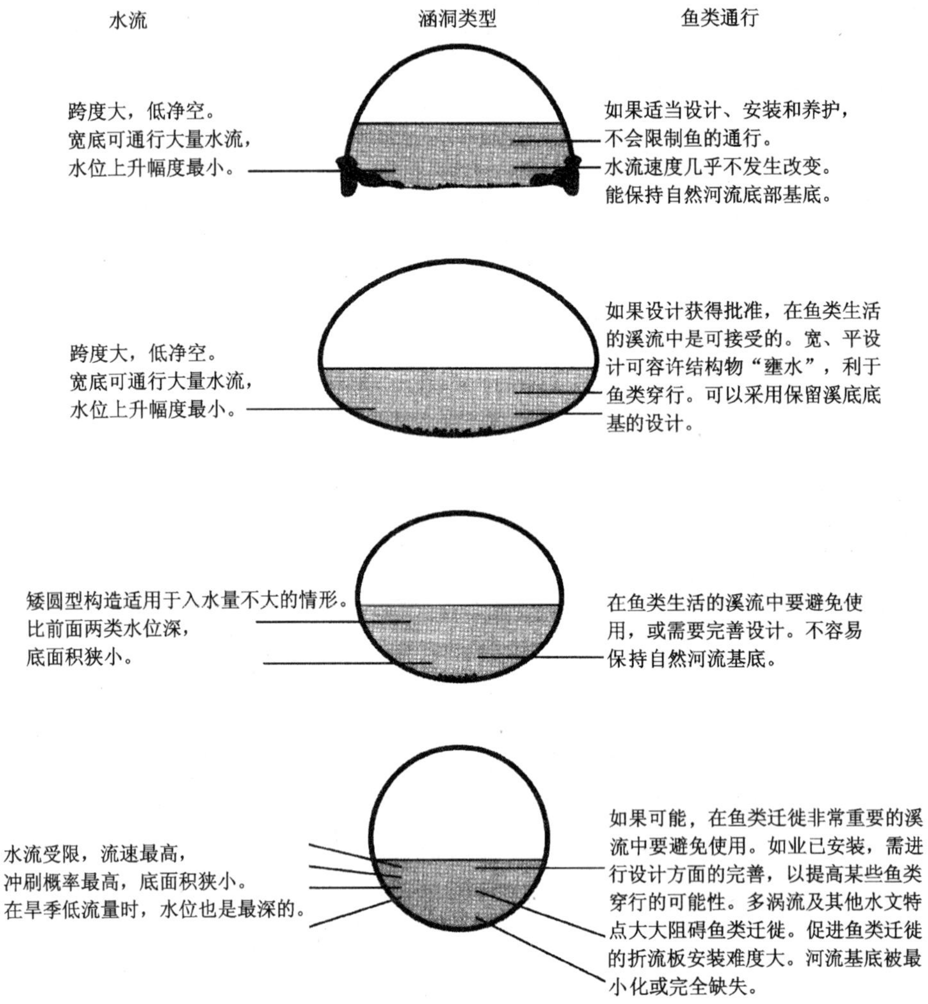

图 9.7 涵洞类型影响水的流动及鱼类的通行，摘编自萨莱巴（Saremba）和麦蒂逊（Mattison），1984

材料沉积作用引起的侵蚀是一大原因，但交叉点下游水的流速减小也会造成沉积物的堆积。桥梁或涵洞下游的泥沙会把河床的坑洞填埋使河床变得平整，这一现象可以帮助解释渔民泊船时船头朝向上游方向的原因。沉积物会破坏鱼类，特别是大型鱼类的下游生境。

道路与河流交叉点的位置应在尽可能早的规划阶段选定。减少交叉点的数量会把对某个地方的破坏及对水生生态系统的影响降至最小。以垂直角度修建的交叉结构物对河岸造成的破坏要比以斜角修建造成的破坏少很多。然而，对于与河岸以倾斜角相交的道路,如果道路的方向要被变更为垂直角度的话,那么将会有更多的土地(虽然受到影响的河岸区域较少)受到扰动。虽然建设桥梁会造成比修建涵洞更大的扰动,但是,从长远来说,桥梁对水流和鱼类通行的扰动要小很多。然而,还有许多方法可以把涵洞对水生生态的影响降到最低程度。[291, 694, 825]

对鱼类用来迁徙或产卵的河流来说,拱涵可以保持河床和河床坡度的自然状态,应优先使用而不是使用管涵[263](图9.7)。因为底部宽阔的涵洞可以保留大部分的自然水流特性,而且可以在干旱季节、水量小的情况下提高水的通过速度。

涵洞的口径应当恰当地设计,以保证可以承受上游来水的水位,而且水流的速度不能太快而阻碍鱼类通过其间。例如,设计口径可以使正常水位低于管涵直径的一半的涵洞一般都具有良好的生态效应。流量充足、持续的水流在鱼类迁徙期间对于吸引鱼类并让其通过非常重要。对温水鱼类(如鲈鱼和狗鱼)来说平均流速为0.5 m/s(1.6英尺每秒)是很合适的,但对于冷水鱼类(如鲑鱼)来说0.9 m/s(3英尺每秒)的流速才适当。如果涵洞不能保证这样低的流速,一些能量分散装置就派上用场了,如折流板(用来使流水发生偏向、改变一定的流速范围的装置)。

在水流变化比较大的地方可选择采用多条涵洞,因为一条涵洞会在高水位期间产生过高的水流速度,但在低水位时期水深又会不足。实际上,可以把数对涵洞的底部建在不同的高度上以便在枯水期允许一部分水流通过。总体来说,多条小开口通道所产生的水流速度要比单条大开口通道产生的水流速度低许多,因此更受一些迁徙鱼类的青睐。

由于两栖动物及其他各种陆生野生物种也会通过涵洞通道迁徙(见第6章),所以使用了各种各样的涵洞设计。许多野生物种对涵洞设计,特别是对涵洞底部的设计高度敏感,涵洞设计可能会促进,也可能会阻碍动物的通行。

如果道路直接在水体之上通过的话,在第8章中讨论的一些相关问题,如路面径流化学污染物对接收水体的影响问题就会加剧。或许在北温带气候条件下,对水质最大的威胁是在平行交叉点段用来防止铺装桥面结冰的物质引起。因为桥梁一直暴露在桥下寒冷的空气中,在有隔离地面的道路结冰之前很早一段时间,桥面上就会结冻。播撒路盐或沙粒阻止桥面结冰造成了这些除冰物质流入桥下的河水当中。

现在,当你走近一座架在高度敏感的水体,如水源地水体之上的桥梁时,会经常见到写着“无盐区”字样的牌子。在除冰盐会破坏水生生态或饮用水源地的地方,人们更愿意利用沙粒来做除冰剂。然而,应适当避免在紧靠重要的鱼类产卵地上游的桥梁上撒沙除冰,因为鱼类产卵地可能会被多余的沙粒沉积物破坏。

目前,我们对桥梁和涵洞对水生食物网动态的微妙影响知之甚少。有一个奇特的事情更加说明这些影响是如何不可预测、令人惊奇。沿加拿大不列颠哥伦比亚省温哥华岛弯弯曲曲的海岸线上,许多公路大桥横架在那些从崇山峻岭而来流向大海的河流之上,大马哈鱼溯河而上产卵,最后所生的幼鱼会在同一条河流里朝着大海方向游回大海。尾随大马哈鱼的斑海豹(*Phoca*)已学会了如何在横跨河流、被灯光亮化的大桥下为自己导航[与奥勒斯克(P. Olesiuk)个人交流]。在此,肥硕快乐的海豹一组组地排成长队躺在水中。因为大马哈幼鱼在头顶大桥灯光的映衬下暂时显现出了轮廓,这些斑海豹只需要仰着头张着嘴就能够狼吞虎咽地吞食那些向大海游去的大马哈幼鱼。这样的捕猎方式对回游的大马哈鱼种群可能产生的全面影响尚在监测当中。

这个故事凸显了桥梁和涵洞的其他重要生态作用。它们不仅是鱼类和其他水生物种的生境,还是许多独特的植物及陆地动物的生境。的确如此,蝙蝠会在大白天栖息在某些大桥上。[472]

9.5 河口盐沼

越来越多的人一直在追求生活在这个星球上的滨海地区,从这种意义上来说,我们成了“被边缘化”的物种。侧如,马萨诸塞州在 20 世纪 80 年代到 90 年代期间,它的沿海城市的建房数量增长幅度达到了 50% ~80% 。同期,大西洋沿岸中部诸州某些靠海的地区,人口数量增长超过了 300% 。因此,一点都不奇怪,人口密度与沿海湿地的丧失之间有着紧密的关联。淡水湿地的丧失主要原因为农业开垦,而对沿海湿地来说,最大的威胁是建筑开发,如修建道路。[811]因为河口的盐碱沼泽地是世界上最具生产力的生态系统的话,其在维护生物多样性及渔业养殖方面具有重要作用,所以它们遭到破坏所产生的影响将会是十分深远的。[874, 977]

现今,在全世界范围内,大面积的盐碱沼泽受到了与道路交叉的影响,由于没有铺设足够的涵洞(或安装只允许水流单向运动的转轴式“拍打潮汐门”),往沼地内部(上游)区域流动的潮汐水流受到了限制。[743]例如,在马萨诸塞州北部的一个小地方,在高出地面横过盐碱沼泽地的道路上安装的 125 个涵洞中,有半数口径太小阻碍了潮水的流动。[706]同样,在新罕布什尔州和缅因州零星分布的盐碱沼泽内发现了 100 余处阻碍潮水流动的涵洞。马萨诸塞州的一处沼泽地潮汐水流通道被认为是受阻最为严重的,以至于潮涨—潮落周期内道路两侧的水位差竟达 13 cm(5 英寸)。

从这条道路平交结构物的上游和下游取来的植被横断面分析表明了严重受阻的潮水对植物优势度及组成的巨大影响(图9.8)。上游的优势种主要是涨潮灌木和盐性干草,而几米以外的下游地方植被则完全不同,以互米花草为优势种。尤其令人烦恼的是在许多地方淡水芦苇(*Phragmites communis*)会侵入盐碱沼泽地并在那里建群,这是由于沿海公路下方的转轴潮汐门限制了潮水的流动,致使沼泽地向内陆一边的盐度降低造成的。[600]

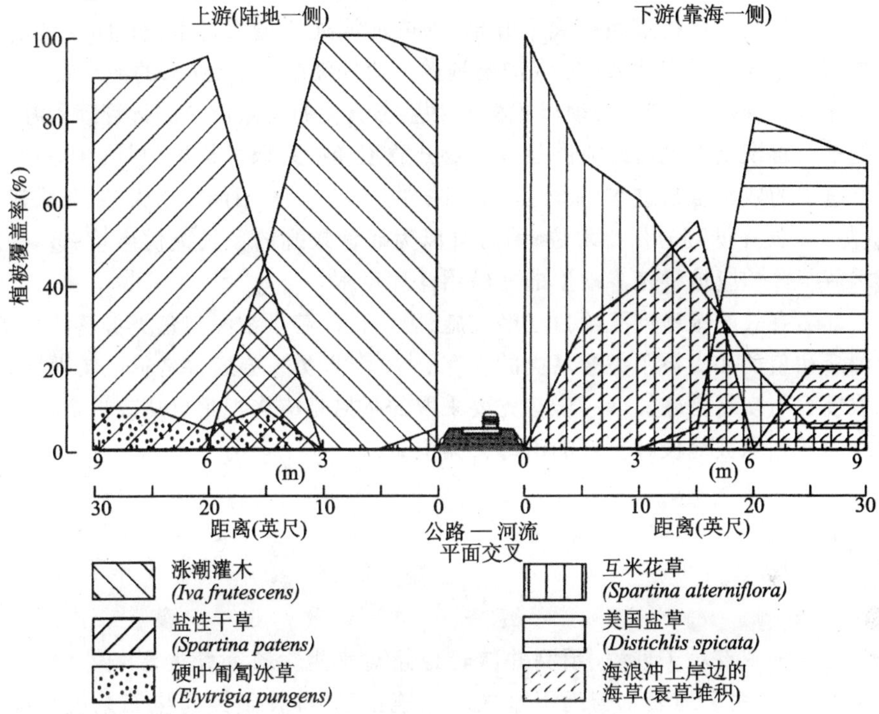

图9.8 横穿盐碱沼泽地堤道上的涵洞上游和下游两侧的植被覆盖情况,潮水被涵洞严重阻碍,造成了道路两侧截然不同的水文差异,图为马萨诸塞州罗力市境内的1A号公路,改编自帕克河清水协会(Parker River Clear Water Association),1996

潮水流动受限的盐碱沼泽地内会产生许多不利的影响。[772]这些影响包括:① 潮水流动和涌流减少;② 由于潮水水流受限和水流速度的增加导致沼泽堤岸侵蚀增加;③ 盐分和营养物质交换减少;④ 甲壳类水生动物丧失;⑤ 迁徙(溯流产卵)鱼类减少;⑥ 湿地水位下降;⑦ 本地盐沼植物减少(图9.8);⑧ 淡水芦苇入侵;⑨ 野生动植物利用率降低、芦苇单物种群落发生火险的概率增高;⑩ 高地植物入侵;⑪ 水质降低(因沼泽地土壤氧化造成非点源污染,如酸性硫酸盐泥土的形成、硫黄的流动、河水酸化、铝的流动及夏季氧分消耗)；⑫ 输往入海口及海湾的岩屑碎石丧失；⑬ 蚊蝇泛滥滋生。

恢复潮水流动的积极作用也是多方面的。确切地说，许多益处是与害处相互的，[772]例如，潮水流量和冲刷力增大，因潮汐水位波动较小堤岸侵蚀减少等。一些缓解措施正在马萨诸塞州及其他地区实施，以消除潮水流动的障碍。[706,743]所应用的水利技术多种多样，并根据施工地点的特点"量身定做"。这些措施包括：① 用自动控制的泄水闸门替换转轴式潮汐门；② 拓宽现有的挡潮闸或增大涵洞通道口径；③ 在道路护堤下开槽、加嵌涵洞通道增大过水量；④ 安装消能器减小水流的冲刷侵蚀力；⑤ 在向陆地的一边挖泥疏浚，增强水的流动。

通常，这些工程措施必须以积极的对生态退化的盐碱沼泽进行管理为补充，以此来改善恢复湿地所必需的条件。对开放沼泽所采取的措施包括：① 开挖渠道使海中的咸水容易进入(而不是为了减少蚊蝇滋生的沼泽排水渠)；② 修建盐田(塘)以便在低潮时保持水位，因此可以为捕食蚊蝇的鱼类提供生境；③ 收割淡水芦苇并相应地种植本地生的盐碱沼泽地草木。

许多有效的湿地恢复项目已经实施，因此也改善了沼泽与鱼类群落的环境，而沼泽和鱼群又支持了大量鸟类的生存。[221, 854]人类社会通常是犯了错误后，才采取缓解与恢复措施。下一步首先要采取的举措是应当把重点从改进横向式潮水闸门转到积极地设计更好的沿海公路上。

结论

有几种观点对于理解、预测并减轻道路对水生生态系统的影响非常关键。一定程度上，由于地表水与地下水之间的连接度，即使道路与生态系统相隔遥远，生态系统还是会对道路的影响十分敏感。不论是在水生生态系统内还是水生生态系统与周围环境间，连接度在许多空间维度上都是非常重要的。道路会轻易地破坏这种连接度造成有害于生态的结果。另一方面，不断地设计改良道路与河流之间的相互作用，会减少以前的道路设计方案通常带来的各类有害影响。

道路对水生生态系统的影响是由风、河流引起的物质搬运及靠近水体的道路直接径流造成的。土壤颗粒物悬浮在水中和在水底产生沉积给生态系统带来了有害的影响。构成那些悬浮颗粒物或附着在颗粒物上的化学物质会对水生生态系统产生重大的影响。营养物质常常导致富营养化，而具有毒性的污染物会抑制或杀死水生生物。春池对道路特别敏感，因为春池的存在依赖于地下水的涌流及小型水体内化学物质的影响。同样的，因为道路会明显地破坏水文状况，所以包括盐碱沼泽在内的湿地对道路也十分敏感。桥梁和涵洞也同样集中体现了道路与水生生态之间尤为敏感的相互作用。更换或改造每一座桥梁、每一条涵洞也是一个极好的时机,可以极大地立竿见影地改善重要的生态进程和模式。

虽然缓解和补偿道路对生态影响的措施,从总体来看,遭受了失败也取得了成功,但是现在已开发出许多方案。因此,在生态交通的新时代,道路附近水生生态系统环境的极大改善将会很快呈现在公众眼前。

第10章　风和大气的影响

空气污染如此严重，以至于当你在早晨醒来时，耳畔便会传来鸟儿的咳嗽声。

——无名氏，引自1982年8月6日一封寄给Le Monde的信

在世纪的转折点，汽车最让人烦恼的除了它无处不在、它的气味、噪声和它引发的恐惧外，还有它所带来的危险以及产生的尘埃，后者在大众的眼里正日趋严重。一旦小轿车的时速超过30千米/小时，它的扬尘就会覆盖公路附近20米范围内的所有东西。邻近区域的地产价值也会因此而下降百分之三十。

—— M. G. Lay，《世上的路》，1992

假想一下你自我任命为重建的“泰坦尼克”号的船长，这艘大船目前正行驶在自然环抱的山腰间。锈迹斑斑的巨型柴油发动机天天都在运转，你已经习惯了向大船加注燃油和机油，并吸入大量的废气。有几只动物不断滑落到船舱的甲板上来，免不了要在这艘巨大的方舟中争抢食物，然后洒落一地的残羹，气味从船底散发出来。能够给你帮上忙的东西仅仅是一小队打磨工和油漆工，他们试图延缓生锈速度和制止飘散在自然保育地带的侵蚀颗粒。作为一名船长，你完成了这艘巨轮运行的巨大任务，可是你简单地认为你身边的自然还是在继续合理地发挥着它的功能。

道路系统管理起来似乎容易许多，但用巨轮来模拟道路的某些方面会令人惶恐。来自船只的已知和未知的空气传播物质包括了锈迹、沙粒、烟尘、发动机产生的大气污染物、油漆刺鼻的味道以及其他味道、还有丢弃的废物和噪声。道路系统产生的不同物质的混合物会具有相似的生态效应：养护过程中产生的颗粒和化学物质、丢弃的固体废物、车辆渗漏的油料、发动机排放的各种气体以及道路和车辆散发的热量、噪声和光能。其中一些物质和能量局限于某一位置，而另外一些则会通过风转移跨越区域或到达其他区域，另一些物质会到达大气上层开始全球循环。巨大的生态效应存在于所有三个空间尺度：局部、区域和全球。

在本章中，我们用景观生态学的视角将陆地与大气联系起来。首先讨论公路附近的小气候，接下来将集中在风和防风问题上，并探讨灰尘和雪的效应，交通干扰和噪声带来的影响。最后，还将简要介绍大气污染物在局部、区域以及全球尺度上产生的生态影响。

10.1　小气候、风和防风

假如你正穿越一片广阔的草地，在那里愉快漫步，这时一条小路出现了。你开始在路上行走，这时你会感到掠过你脸颊的空气会有所不同。如果你是在林间行走，然后忽然到了公路上，头顶没有任何树冠遮盖，这时你感觉到了更明显的差异。在这两种情形下，是太阳和风决定了你的主要感受差别。然而，主要受太阳和风控制的温度和湿度也会影响你面颊的感受。

10.1.1　道路小气候

虽然人们对小气候的基本原理已经有了很好的了解，[343, 794, 11, 650]但有关公路附近小气候的文献却不多见。因此在考虑道路及其附近区域小气候时，难免会有个别让人吃惊的地方。德国在开放草地和森林中对公路的深入研究提出了一种可能广泛传播的模式。[241]

开放土地上的道路附近小气候的主要差异存在于近地表并和地表微地形有关。这一模式是在对开放草地上一条南北走向的公路的大气温度进行研究时所展现出来的。[241]研究中，对小气候的观测主要是在地下、地表以及地面以上50 cm(1.6英尺)的地方进行。结果显示西边路肩土壤温度最高，主要是它暴露于午后的阳光下。空气温度随着与路面距离的改变变化不是很大。路肩蒸散率也最高。在这一空旷的土地上，离路缘带8 m(26英尺)以外的区域，温度、相对湿度或蒸散发量无明显不同。事实上，在大约4 m(13英尺)处，地温差异就已经不是很明显了，而距离地面50 cm的小气候在路缘之外2 m处就已经没有太大的差异了。

对位于穿越森林且两侧有20～25 m(66～82英尺)空旷道旁的四车道道路而言，某些这样的小气候模式也有类似之处。[241]地表的最高温度纪录出现在路肩表面和紧靠西朝向森林边缘的道旁最外缘，最高的蒸散和最低相对湿度都出现在公路路肩上面，最高相对湿度出现在道旁外测区域。越过路林边界进入森林以后，小气候变量的变化幅度极小。同样，在几种关键土壤和若干植物特征条件下，如在物种丰富度、受干扰物种数量、抗盐类植物比例以及土壤酸度和土壤含氮量不同的情况下，跨越森林边缘后，小气候也没有太大的变化。[241] 公路东西两侧的小气候基本类似，但在靠近林缘附近时小气候的变化会更加明显一些。

通过分析空旷土地和林中道路的例子可以看出，明显与道路相关的小气候只存在于一条狭窄的区域内。路面对热量的吸收和辐射本身可能是决定小气候的中心因素。一般来说，道旁以外较远区域的条件不会改变很多，实际上一些小气候差异是不会超出路肩很远区域的。最大的可变性遵循地表微地形的变化，是在地表或很接近地表的地方，在附近的森林也会发生这样的情况。

也是在德国，一项对一条道旁宽 5 m(16 英尺)，并且无树冠遮盖的两车道森林道路[6 m(20 英尺)宽]的小气候研究再一次证明了某些同样的模式，同时还凸显了另外一些内容。[754] 在道路两旁 50 m(164 英尺)的范围内有间隔地记录日照强度、土壤温度、蒸散率，道路明显效应的最窄范围表现在对土壤温度的影响上，它只向外延伸了 2 ~ 3 m(7 ~ 10 英尺)(主要是在路肩)。光照水平在离道路路面 3 ~ 6 m(10 ~ 20 英尺)的范围内呈上升趋势；蒸散率也有所上升，并可以扩展到道路以外 15 m(49 英尺)或更远的地方。那里的林缘(边界区域或边缘效应)平均 15 m 宽(基于与森林内部比较的植被差异)。由于道路的存在，林缘多数区域的蒸散率会出现上升的情况(与森林内部相比)。对测量的所有三个小气候变量，在两车道公路中间它们达到最大值，到路肩和排水区后会迅速下降，在公路两旁其他区域下降开始放缓。

以上个别地方和具体时间里的小气候模式可以让我们推测出小气候的基本规律，进而进一步预计道路小气候效应的变化。[343,794,11,650] 不同地方小气候差异可形成一系列对比：① 白天与黑夜；② 夏季与冬季；③ 热带与极地；④ 公路北向坡与南向坡；⑤ 道路附近高水位与低水位地区；⑥ 有树冠遮盖的森林道路与无树冠遮盖的道路；⑦ 有植被与无植被的中央隔离带；⑧ 黑色沥青路面与白色水泥混凝土路面。另外，道路路面宽度、道路道旁宽度，道路附近一些如防护栏、路标、混凝土构筑物等设施都应该按照道路小气候的原则进行合理布设。

根据对小气候与植物的观察测量，与耕地和空地相连接的林缘宽度一般相当宽泛(约 10 ~ 200 m)[397, 523, 154, 1062, 155, 302, 806]，远远大于上述道路研究中所提出的范围。因此对不同等级、宽度和走向的道路与森林边缘区域进行实验研究将会获得很多信息，尤其有利于了解道路产生的生态影响，如道路在物种栖息地丧失、片段化以及阻止野生生物迁移的过程中所起到的作用。

10.1.2 风和防风

风作为道路附近的主要传播媒介在道路小气候形成过程中起着巨大的作用(图 10.1)。一般情况下，空气运动或风中都会携带能量，如热、噪声等。它们会将一些轻型物质，如尘埃和雪，气溶胶（悬浮在空气中的液态小颗粒物），如硝酸盐和烟雾等，以及气体，包括二氧化碳和氮氧化物，从一个地方转运到另一个地方。正是这些对物质的转运将道路系统与相邻的局部、更广泛的区域甚至全球紧密联系在了起来。

风会侵蚀许多土路路面和道旁区域，尤其是在干旱时期和干旱气候条件下。它在道路路面上常会沉积一些颗粒物，如灰尘和雪，常会在道路上形成覆盖层，有时还会形成大量堆积物并阻碍车辆正常通行。同时，风还会导致交通事故，特别是在一些山谷风口处风与道路交通垂直时（图 10.1C）。风会吹倒道路附近的树木或刮断电线砸向公路。当风从道路路面刮过时，会将车辆形成的污染物清除，也会带走公路附近的植物种子，同时将公路上的一些吸引动物或驱赶动物的气味带走，还会将一些小昆虫吹进路边的防风林中。[778] 这些气流有时沿着道路发生，有时横穿道路，有时候通过产生许多输入和输出将道路系统同其他更宽的景观系统联系起来。

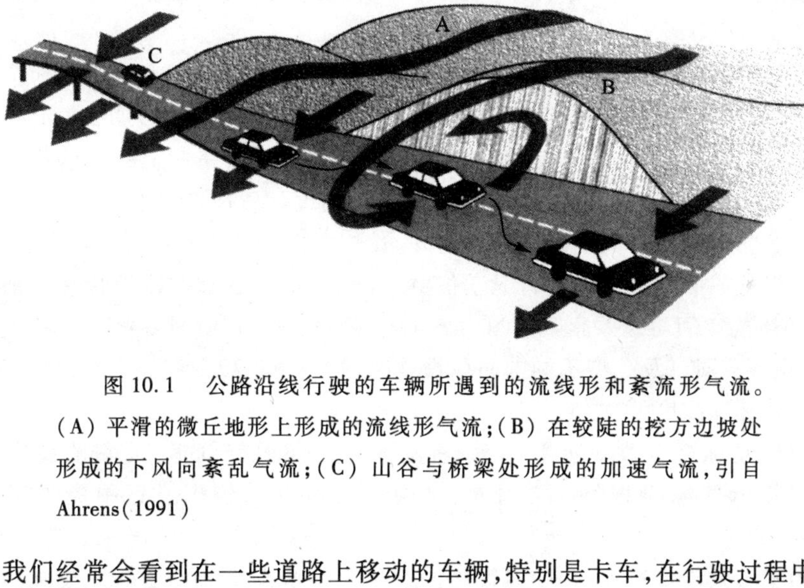

图 10.1　公路沿线行驶的车辆所遇到的流线形和紊流形气流。（A）平滑的微丘地形上形成的流线形气流；（B）在较陡的挖方边坡处形成的下风向紊乱气流；（C）山谷与桥梁处形成的加速气流，引自 Ahrens（1991）

我们经常会看到在一些道路上移动的车辆，特别是卡车，在行驶过程中产生的风会将路面的颗粒物质带入半空。在土路上要是你与一辆卡车擦肩而过，也会有类似的情景，如果跟在它后面，情况就会更糟。而这些颗粒物质主要是一些重金属、轮胎碎片和车体生锈物质。车辆引起的风可能会在沿线运送植物种子，[916] 同时还会吹起雪片和尘土阻挡驾驶员的视线。

道路附近经常会有成排的乔木或灌木，或是人工种植的，或是天然的。它们的主要作用之一是减缓路面的风速。不过，仅仅依靠这些人工的设计或安排，很可能会使得道路风速加快并产生旋风。[734, 110, 129] 实际上，风可以随时改变方向，甚至还会向相反方向刮。[302]不仅如此，一些道路附近的电话线、电线杆、路标、广告牌也很可能会使路面气流复杂化。这一部分讨论的就是风及防风的基本规律。

风或空气流有三种基本形式。[110,411]流线形，即空气流在水平面上运动并保持相互平行（图 10.1A）；紊乱型，指空气上下不规则运动，并因此形成气旋（在紊流中形成小的环流）（图 10.1B）；旋风形，即一种带有垂直方向轴的螺旋形气流。

流线体，如飞去来器在水平风向上飞行时，能将气流切割却不会产生或只产生很小的紊乱气流，这是因为空气流会在物体的下风向重新形成，而一些不良流线体最明显的特征就是其迎风面或逆风面的一侧是钝的，它将气流切割并会产生紊乱气流（图 10.1B）。如果迎风面是钝的，则会在物体的上、下风向两侧都形成紊乱气流。如果其迎风面为流线形而其逆风面为钝形，紊乱气流则会在物体的下风向处形成。另外，当气流流经一个多孔的物体时，由于气孔的作用形成的抽吸现象使得物体上下面的空气压力差降低，从而在物体的上下风向处均不产生或轻微产生紊流。

一些防风设施，如防风林、绿篱以及防雪栅栏经常是开放表面上长而窄的结构物，如果气流是经过一片广阔的连续表面后垂直与它们相遇，那么气流在防风设施上风向和下风向，以及上下不同高度的速度就可以在一定的置信范围内被计算出来。[961,110,411,302]事实上，风速对防风带高度（h）非常敏感，即受整个防风带长度上的平均最高高度的影响。另外，孔隙度也是风速的重要决定因素，并可以通过视觉或照相的方法进行光学估测。例如，0.15 的孔隙度意味着在垂直平面的 15% 的空间可以观察到防风设施的后面。不过，在测量一些具有较大三维空间，孔径不同以及孔型不同的防风设施时，航空学工程师们经常通过计算阻力系数来估算孔隙度。[33,441]

防风设施可以改变水平风速、紊乱气流以及涡旋气流，而它的高度和孔隙度是影响气流的两个主要因素，是防风带设计和管理过程中应当引起重视的。

为了有效降低风速，在防风设施的迎风面一侧产生几倍于防风设施高度的可测量的风速降低带，这些部分起到防风作用的区域称为上风向区域。[33,110,302]同时，防风带的下风向也要有一长度超过防风设施高度几十倍的风速降低带，并且此带又被分为两个相对不同的小气候区——安静区和弱风尾流区。安静区沿地面水平顺下风向延伸大约防风设施高度的 8 倍的距离，[616]这一区域的位置似乎并不依赖于孔隙度，那里水平风速较低，并较为开放的空间中的气流（远处的上风向）拥有较大的气流涡旋；弱风尾流区的范围大约是从 8 倍于设施高度的区域过渡到 24～30 倍于设施高度的区域，相对于前面的安静区域，该区域第一部分范围内以高风速、多紊乱气流和更大气流涡旋而著称。超过12倍于设施高度的地方,气流紊乱度下降的同时风模式也会发生改变,继续会变得越来越和开放空间中的气流一样;当超过植被防风带高度25倍时,防风设施下风向区域的风速一般会下降20%。不过,当防风设施上风向地表不平时,以致旋涡气流到达防风设施时,风速在防风带上、下风向降低的距离就会较短。

防风设施的高度很大程度上决定了防风带的影响距离,而设施的孔隙度则会影响风速在这一距离上的减弱程度。[961,110,411]防风设施的高孔隙度对风速的影响很小,不过具有将涡旋气流降至最低的优势。而且,虽然比起开放区域气流产生的风速会轻微降低,但多孔的防风带可以使得减弱的气流在下风向流动距离拉长。另一方面,当防风设施的孔隙度过低时,如遇见墙体或厚而密的绿化带,下风向区域就会缩短,同时风速会大幅度降低。可是在这种情况下,却会导致上、下风向处的气流均产生较高的紊乱度。因此,在许多情况下,只有孔隙度中等的防风设施才是最佳的。此时降低风速的效果和致密遮挡物的效果一样有效,但防护效果的距离会较长。孔隙度中等的防风设施产生的湍流也会很少。

道路上或道路附近乔木或灌木的排数设计和管理也从多方面影响气流。例如,道路管理者可以适当改变道路附近线型植物的某些特性[110]:① 单一植物种或多种栽植;② 落叶植物或常绿植物;③ 灌木或乔木;④ 树木行数及总宽度;⑤ 树木行距;⑥ 木本植株间距;⑦ 孔隙度水平;⑧ 低枝条的高度及修剪;⑨ 上风向地表类型。这些特性会影响到:道路路面所经风的强度及位置,沿途的风速,沙石、雪、冰的积聚,以及道路沿线地区的温度和空气湿度分布。

森林因其较小的孔隙度使得气流无法通过,因而被看成是一堵挡风墙,由于孔隙度对风有一定影响,因此孔隙度较小的森林只会在其下风向相对较短的距离内,出现较高的气流紊乱和较低的水平风速。[343,302]另外,参差不齐的森林叶冠表面,如一些热带雨林或老森林,经常会导致气流紊乱,并随后缩短下风向风速减弱的距离。从斜向吹来的风很可能直接越过植物顶部转到防风设施的后面,结果只形成一个较小范围的低风速区域。[961,110]短的防风设施因为风的弯曲,降低风速的效果相对较差。

防风设施中存在的间隔或缺口(宽度小于设施高度)经常会引起风速加快,增加程度可达20%或是更高(由于文氏管效应),会给过往车辆或骑车人造成影响[270](图10.2)。行驶在防风设施下风向的安静区域的车辆,会在穿越缺口路段时受到加速气流的袭击。

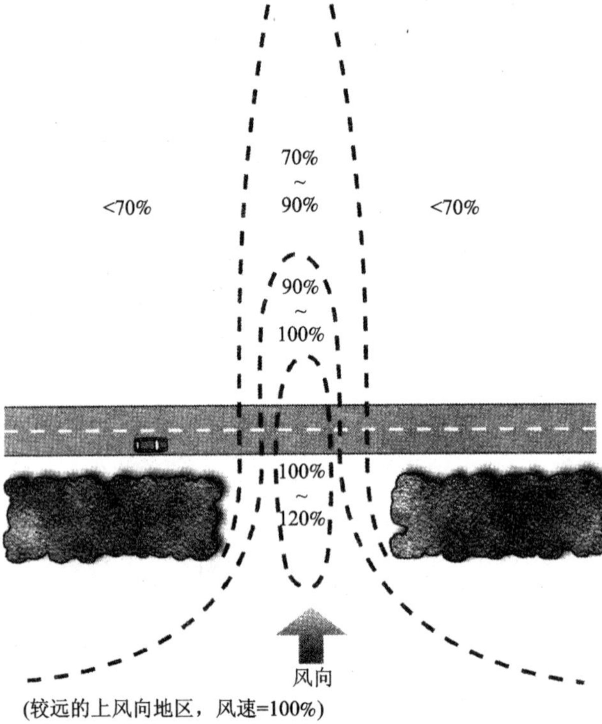

图 10.2 防风设施缺口处所形成气流的特点。图中显示了风的加速和减速区域，据美国联邦公路局(1996b)以及其他来源

在降雪较多的地区，道路边的树木会遮挡阳光，从而导致路面积雪难以融化进而形成冰层，给路面车辆带来严重的安全隐患。

简单来说，道路沿线的成行树木可以有效控制影响车辆、道路和路旁的风和其他小气候条件。电视中的天气预报仅揭示了小气候变量的丰富程度。在这些变量中，防风带下风向最远处的风速得到了修正，这一范围可以达到防风带高度的 24 ~ 30 倍。[734,794,616,411,302] 另外，水分蒸散受到影响的范围可以达到防风带高度的 16 倍。其他如温度、光照、湿度变量一般受到影响的范围可达防风带高度的 8 ~ 10 倍。然而，由于公路廊道一般较窄，即使是道旁开放空间中的一些灌木防风设施也会影响大多数道路廊道宽度范围内的小气候变量。

10.2 尘土和侵蚀

大家都一定有这样的经历，干燥多土的公路上一辆车行驶而过，路上便会尘土飞扬，为了防止尘土落到身上，我们一般是关闭自己的车窗，在它后面远远地躲开，小心翼翼地对待卡车后面向相反方向运动的扬尘。通常这样的旅行之后一般需要认真冲洗车辆。实际上，在降雪地区洗车也是常见的事儿，那里的道路上覆盖有许多路盐，它们也会侵蚀车辆。

10.2.1　风蚀

风蚀最具代表性的是美国科罗拉多州、新墨西哥州、得克萨斯州、俄克拉何马州以及堪萨斯州面积相当于整个法国的“尘土碗”。在20世纪30年代，该地区的表层土壤被风吹走并在下风向很远的地区沉积下来(图10.3)。风蚀是气流对表层颗粒物的搬运，它包含了一系列颗粒物形成、搬运、磨蚀、筛分以及沉积的过程。[36,156,574]颗粒形成阶段包括了颗粒物在被吹走之前的振动，而后它会被其他移动颗粒物间接逼出或由风直接吹走。

图10.3　发生在当地田野中的风蚀将颗粒物按照大小进行了分离和再分布。较轻的黏土和泥沙以尘埃形式悬浮于空气中，并被搬运到很远的地方，一些稍重的泥沙被沉积在了沟渠和栅栏附近。照片中的强风天气使得12部汽车发生了交通事故，在南达科他州的叙利县(Sully County)。该照片已得到美国水土保持局的许可

大多数受到侵蚀的土壤只能在短距离内迁徙。[1065]一些粗沙粒和砾石大小的颗粒物或者骨料会通过土潜动的方式滚动、或被其他颗粒推动或敲打在路面上移动；一些中等大小的颗粒物则通过跳跃的方式移动几分米(1～2英尺)然后在公路附近、沟渠、防风林带以及林缘地区聚集；迁移最远的是一些细小颗粒，如黏土粒，在沉积到地球表面之前，它们经常会悬浮在空气中，并迁移数米甚至数千千米的距离。

风蚀的两种效应尤其值得注意。[110]一是中等程度的风蚀，这种风蚀有选择地将土壤中富含营养的细微颗粒物质带走，留下贫瘠的土壤。不过所损失的营养物质会被防风带捕获或截拦，进而回到土壤中得以利用。二是较严重的土壤侵蚀，它会加快土壤筛分过程，并将粒径相近的土壤颗粒聚集在一起。某处由不同大小颗粒混合而成的壤土到下风向不同位置时也许会形成沙石、泥沙及黏土沉积物。干旱时期或干旱气候中沉积在道路附近的植物群落中的灰尘（包括细沙和黏土）主要来自裸露的道旁或未铺砌的路面。

人们已经认识到了 5 个降低土壤风侵蚀的原则[914,574]：

① 在盛行风的方向上减少耕地面积（从而减少对土壤的携带，降低气流在一个连续面上运动的距离）来降低风速；

② 在土壤表层保留一些植被或植物残体来保护土壤表面；

③ 保留一些土壤骨料或足够大的土块以抵御风力；

④ 增加地表的粗糙程度以降低风速同时捕获移动的土壤颗粒；

⑤ 在一些易受诸如加速的流线形气流、紊流、和涡旋气流侵蚀的山头或其他地点增加覆盖度（如用植被）。

为了有效降低风蚀作用，专家建议将以上多种方案结合起来。防风带虽然在上述 5 种情况中都会有贡献，但其主要作用还是在第一条上，即减少侵蚀土壤表面的长度。在大多数土壤侵蚀过程中，导致土壤颗粒物质迁移的最小风速介于 19 ~ 24 km/h（12 ~ 15 mph）。[914,110]因此，如果可以将整个地表甚至高空的气流速度控制在这个阈限速度以下，那么风蚀问题就可以得到有效解决。道旁和未铺砌路面的道路如果方向与盛行风方向一致，则尤其容易形成风蚀，更需要进行妥善管理。

令人感到高兴的是，防风带在降低风的侵蚀力方面要远大于其对风速的降低。[847,914]有这种差异是因为引起土壤移动的力会随着风速的立方值而变化。也就是说，当风速降低一定幅度时，以相同比例下降的风的侵蚀力会延伸到下风向很远的地方。因此，防风带在长距离范围内保护土壤免受风蚀方面尤其有效。

10.2.2 尘土

道路实质上影响最广泛的可能是气域，这些地方容易受到下风向来自道路和道旁物质沉积的影响。很多关于干旱地区和河岸滩涂位置风蚀和泥沙沉积影响的研究都表明下风向所形成的风积土（风吹形成）物质沉积会大面积发生，这取决于物质颗粒的大小、风速以及所在地方的地貌特征。[36]我们所生活的地方拥有较多的未铺砌道路，表层材料松散（第 2 章），但令人惊讶的是，对于这些粗

表面作为空气中颗粒物质的来源,以及颗粒物质沉积之后会产生的生态影响我们了解得很少。[902,444,990,875]

扬尘包括漂浮在空气中的源自地表,如来自土壤和道路的轻质颗粒[361](图 10.4)。大多数扬尘都是一些极小的微观泥沙或黏土颗粒。一般情况下,这些物质主要是通过两种基本物理过程产生:① 风机械摩擦或粉碎地表而形成;② 通过风力向上搬运小颗粒物质。

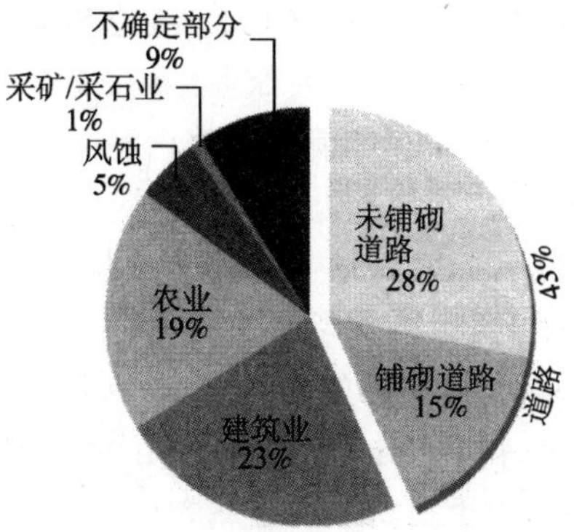

图 10.4　美国扬尘的主要来源及其数量,引自高夫(Goff),1999

如果一辆小汽车每天在土路上行驶 1.6 km(1 英里),估计其每年产生的平均灰尘可以达到 1 t(900 kg)左右。[74]来自于未铺砌道路的土壤或灰尘颗粒到了铺砌道路上后其转运会更加容易,即使是一阵微风也会将其迅速转移到空气当中。[74]因此,道路是空气中浮尘物质的最大来源,其产生的浮尘占全球浮尘总量的 43%(图 10.4),不足为奇。其中的 28% 来自于未铺砌道路,15% 来自于铺砌道路。

随风迁移的灰尘经常是一些有害物质的载体,尽管其中的一些物质也是无害的。空气尘埃对人类健康的损害已经引起了前所未有的关注,尤其是那些细微颗粒物。[537,674,675,750]因为曾出现过许多呼吸方面的问题,因此美国环境保护署已经发出一系列人暴露于空气灰尘中会面临危险的警告。[74]不过,这里只集中讨论扬尘对生态的影响。

扬尘带来的有利作用是指通过其所含的钙、钾、钠、磷等营养元素来提高某些地方的营养浓度。在瑞典,人们就发现一条有较多车辆的砾石路附近 20 m 范围内土壤所含的营养元素有一定水平的上升。[902]如果浓度增加使道路附近限制植物生长的营养元素供应充足,那么一些植物种就会生长旺盛,从而改变砾石路边的植物群落结构。[258]

道路表面尘埃也携带污染物质,并会通过颗粒沉积的形式积聚起来。[922]例如,在加拿大的新不伦瑞克省,科学家对一条砾石路附近鲜沼湿地中的金属浓度进行了研究,并由此推测道路扬尘中污染物传播的距离。[814]结果表明,随着距离道路越来越远,湿地中的铝、铬、铁以及钒的浓度会呈现指数下降的趋势。虽然金属铝的影响超过了 500 m 的范围,但是大多数其他金属所产生的影响均局限在公路附近 50 m(164 英尺)的范围内。另外一项研究表明,在含铅汽油使用时期,加利福尼亚一条公路附近 200 m(656 英尺)的范围内下风处大气所含的铅浓度有所上升,但在所有上风向处都较低。[241]一些积聚在街道排水沟附近的道路扬尘当雨水到来时会被直接冲入地下水、溪流和其他水体中。而其中所含的化学污染物会对某些植物或动物产生毒害作用,或在生物体组织内部进行生物放大(通过食物链积累),并在顶级捕食者体内达到最高浓度进而对其形成潜在毒害。

来自道路表面的大气沉积物成分中的颗粒大小区分很明显。在瑞典开展的一项研究中,人们发现一些粗糙和中等的沙石(直径为 0.2 ~2 mm 的颗粒)很少在公路 5 ~10 m(16 ~33 英尺)以外的地方沉积;而那些最细或很细的小颗粒物(直径为 0.02 ~0.2 mm 的颗粒)则大部分会在距离公路 20 m(66 英尺)的地方沉积下来。[902]至于那些来源于道路的粉尘颗粒则主要在距离公路 40 m(131 英尺)的范围内沉积下来。

组成扬尘成分的部分微型颗粒能够在一定区域甚至全球范围内传播,其他大部分则主要在初始源附近沉积。例如,在安大略进行的一项研究中,作者发现林中的伐木道(森林)和路外区域集材设备留下的车辙所产生的尘土总量有 75% 沉积在它附近 10 m(33 英尺)的范围内,总量的 93% 沉积在其周围 30 m(98 英尺)的范围内。[875]

前面我们谈到风蚀作用,了解到道路尘埃的产生依赖于若干因素。[455,574,631]其中主要的影响因素是公路路面的空气湿度,它决定在风的作用下路面物质与路面分离的难易程度。虽然要扬起沙石般大的颗粒物质需要高风速,但一阵清风也能够卷起小的颗粒。铺砌道路的颗粒物大多来自于路面退化、轮胎磨损、车辆老化、车辆排放、风或者车辆积攒的土等。地表流动的空气和过往车辆引起的风都会带起颗粒物质。高交通量就如一台不断运转的风机,制造着扬尘。风机的快慢取决于道路上车流的类型、速度和数量。

道路附近的植被以及它对风模式的影响在对颗粒物运送的距离和数量上起着关键性的作用,因此也影响着在附近水体中潜在的沉积数量。[875]例如,人们发现在安大略省西北部伐木道和地表水之间的森林缓冲带大大降低了来源于伐木道的空气传播颗粒物(估计是降低了卷起数量),从而也降低了湖水中的沉积量。当然,其他许多“非结构性的最佳管理实践”(第 8 章),如降低道路交通量、降低车速,也都能够减少灰尘的产生。[361]

减少灰尘产生的其他方法主要是通过使用尘埃控制剂来稳定道路表

面。[631]最常用的去除灰尘的方法是将水洒到路面上,不过这种方法起到的作用只是暂时的,并可能会增加道路水土流失。过去,许多石油废料产品被作为尘埃控制剂广泛应用,后来在美国被禁用。据说有一个特别辛酸的故事,一户原本住在纽约 Love 运河附近的家庭,因为工业有毒废料将社区污染,他们不得不搬家到中西部的一处远离任何工业的农村,但后来由于承包商将含有有毒物质 PCBs(多氯联苯)的石油喷洒到当地道路上,他们又被迫第二次搬了家。

今天,设计出了许多具有黏结尘埃并使其更加稳定的产品,它们以环境敏感型产品在市场上得以推广。[631,361]这些材料包括了含有有机黏合剂的回收纸、氯化钙薄片或卤水、木质素磺酸盐、植物油和丙烯酸共聚物。一项研究对一组森林道路的路面处理技术进行比较后发现最实惠的还要数氯化钙处理技术。[14]氯化钙具有高的表面张力,并且在湿度较低、温度较高的路面上,它也能有效吸收水分,可以将聚集颗粒物绑定在一起,进而起到固定未铺砌路面的功效。

简而言之,未铺砌道路和铺砌道路产生的道路灰尘仍是所面临的严重环境问题。通过损害道路两旁的植被以及积累沉淀物影响鱼类产卵,它的直接影响便可以体现出来。它的间接影响包括携带污染物的尘埃不但会对人类造成伤害,同时,也会抑制道路附近的植物和动物,改变湖泊生态系统,并会通过食物链将某些有毒物质积累到一个较高的浓度。

10.3　降雪和防雪设施

降雪会对来往于道路上的行人和车辆以及环境造成额外的问题。例如,飘飞的雪花会严重影响司机的视线。另外,道路上大量积雪会降低车辆通行能力,增加养护中的除雪成本。但是,道路两边的植被和道路构筑物对纷飞的大雪和雪的积累模式有着重要的影响。防雪－防风结构物可以影响雪的运动、积累和消融,可以是植被型的或者建材型的(后者常指一些防雪栅栏和人工防雪设施)。虽然下面对两种方式都要进行讨论,但重点讲述植被防雪法,这种方法使用广泛,并对生物多样性及野生动物的迁徙模式尤为重要。

由生长的植物形成防雪及防雪栅栏可以降低风速,进而使得飘飞的雪粒落到道路外面,在道路附近以特别的方式聚集。这一过程也可以减少下风向的积雪量。一般来说,道路附近设计得当的防雪设施可以有效阻止积雪在公路附近的聚集,而失败的防雪设施则会使道路路面及其附近地区出现大量被风刮在一起的雪堆。

防雪设施的末段(从最末端到几倍于防风带高度的位置)由于风速的加快以及风向弯曲常常会使降雪在不恰当的位置积聚。[900,302,270]如果降雪与防雪设施成一定的夹角,那么降雪就会在防雪设施一端的预计地点大量积聚,并且此地的土壤即使是在夏季也会保持湿润状态。而当风雪的走向与防雪设施平行时,深而窄的平行雪堆就会较多地在公路及其附近地区积聚,[961]在几个平行的绿篱方向与主导风向相同的道路上车辆的安全行驶就会受到影响。

防雪设施积聚降雪的过程就如同游泳池的加水过程,当积累有限的雪量,输入与输出达到平衡时,防雪设施的积聚能力才会达到最大。因此,人们在设计可以抵御最大雪暴的防雪设施时常将聚集颗粒物的防风能力作为重要因素来考虑。一般情况下,防风能力主要取决于高度和孔隙度,同时宽度也是比较重要的预测因子。[838,888,270]在其他因素相同的情况下,防雪设施的高度如果增加1倍,其积雪能力就会增加4倍;而孔隙度达到中等程度的防雪设施,积雪带坡面平滑、积雪的深度较大(相对于防雪设施高度),明显接近于防雪设施的最大容量。

防雪设施在设计过程中要避免出现短、斜、大孔隙度以及流线形外表等拦雪相对偏少的情况,因为这些特征会大大降低防雪设施积雪的能力。[110,270]一个孔隙度较低的防风设施,如高密度的常绿林带,极端情况像水泥墙,经常会在下风向处生成较多的紊乱气流,使得所积聚的降雪成为两个平行条带。因此,将气流紊乱度以及旋涡降至最小是防雪管理中的重要环节。

具有50%~60%孔隙度的人工防雪栅栏被用作最理想的路面上风向处收集积雪的设施。[838,888]一般情况下,防雪设施的底部会形成一个约为栅栏高度10%~15%的间隔,此间隔可以有效增加下风向处的积雪的长度,并由此来增加防雪栅栏的总积雪量。从表面上来看,此间隔的形成减少了上风向处的积雪量,实际上,如果上风向处堆积了大量积雪则会导致防雪栅栏与雪面齐平,从而使得堆积的雪形成一个流线形连续面,大大降低防风设施收集雪的功能。

在遮阴地区的积雪消融之后会补充更多的土壤水分。[110]渗滤量的增加有助于维持地下水位,支持水禽和其他野生动物生活的湿地,并保持土壤湿度进而减少风蚀。积雪在一些地方大量积聚,而在其他地方很少可以直接导致不同地点的土壤水分条件的差异,并能支持不同类型的植物群落。

雪堆的形成还会导致其他结果,郊区道路附近的大雪堆可以使得风和小气候发生变化,同时也有助于降低交通噪声,在附近形成一个明显的较为安静的区域。另外,道路附近的雪堆在经历一段时间之后可能会包含较多的路盐、沙石以及化学污染物。当雪最终融化时,这些物质会随着雪水通过沟渠或暴雨排泄管道进入当地的水体当中。如果我们将未融化的积雪转移倾倒到别的地方,雪水就会将这些物质带入到附近的生态系统中。[831]

和人工防雪设施相比，由生长的植被形成的自然防雪设施更受人们青睐，因为它可以改善野生动物栖息地、提高美学效果、并可以带来长久的经济效益。[838]与标准的1.2 m(4.5英尺)高的垂直条板防雪栅栏大概5～7年(加拿大结构栅栏)的有效作用时间，以及3.8 m(12英尺)高的“怀俄明结构式栅栏”25年的有效作用时间相比，植物防雪设施的有效服务时间可以长达50年。[888,270]不过，植物防雪设施也有其自身缺陷，例如，在个别地方建立植物防雪设施有难度，达到有效高度的时间周期长，前期投入和养护花费较大，还有土地征用问题。几项关键的布置和设计特征决定了任何一种植物型防雪设施的有效性[141,110,270]：① 距离道路的远近；② 长度；③ 物种组成；④ 行数；⑤ 植株间距；⑥ 野生物种栖息地质量和生物多样性。

组成防雪设施的乔木和(或)灌木种类影响着决定积雪模式的一对重要因子：高度(h)和孔隙度。[141]一般来说，较高的植物比较矮的植物作用要大，树冠孔隙度较高的植物比密集树冠植物所盛的降雪比较少，但可以在上、下风向处形成较长的积雪分布带。密集树冠植物也能生成更多的紊乱气流。防雪设施的孔隙度主要是由植物的行数，以及植物的间距来决定的。

木本植物种、植物行数以及植物间的空隙都是决定野生动物栖息地和生物多样性的重要因素。[141]事实上，本地木本植物的多样性和植株个体间的空间变化可以最大限度增加物种多样性。不过为了长期利用防雪设施对雪进行有效管理，需要通过营造自然植被防风设施来弥补防雪设施中不同植物种在高度、孔隙度以及生活史上的差异。

日本北部北海道标准的种植防雪带(“防雪森林”)，基于雪的积累及移动的系统经验可分为宽度分别为10 m、22 m、32 m(33、72、105英尺)的三种林带[270](图10.5)。其中10 m宽的防雪林带在下风向处形成较厚的积雪层，而22 m和32 m宽的防雪林带主要在上风向及其边缘地区分别形成较厚的积雪层。在两个宽的例子中，下风向处所积聚的降雪极少，因此这样的防风带可以布置到离路较近的地方。另外，在这一地区日本人还经常在路肩与森林带之间设置一个7.5 m(24英尺)宽的空地用于存放公路铲雪设备运来的积雪。

树高、树冠孔隙度(或密度)以及树木分叉高度也是决定降雪沉积模式的主要因子[270](图10.5)。较密的树冠、高大的树木、较低的树枝可以促使降雪在上风向大量聚积，而在下风向的道路附近只会有少许积聚。相比而言，三种防雪设计可在下风向形成主要降雪积聚：① 稀疏、树冠孔隙度大的林带，② 狭窄的10 m宽防雪带，③ 底部树枝距离地面高。其中最后一种设计对道路防雪效果最差，不过在所有这三种情况下，防雪林带如果位于上风向离路面较远的地方，都能发挥出较好的作用。

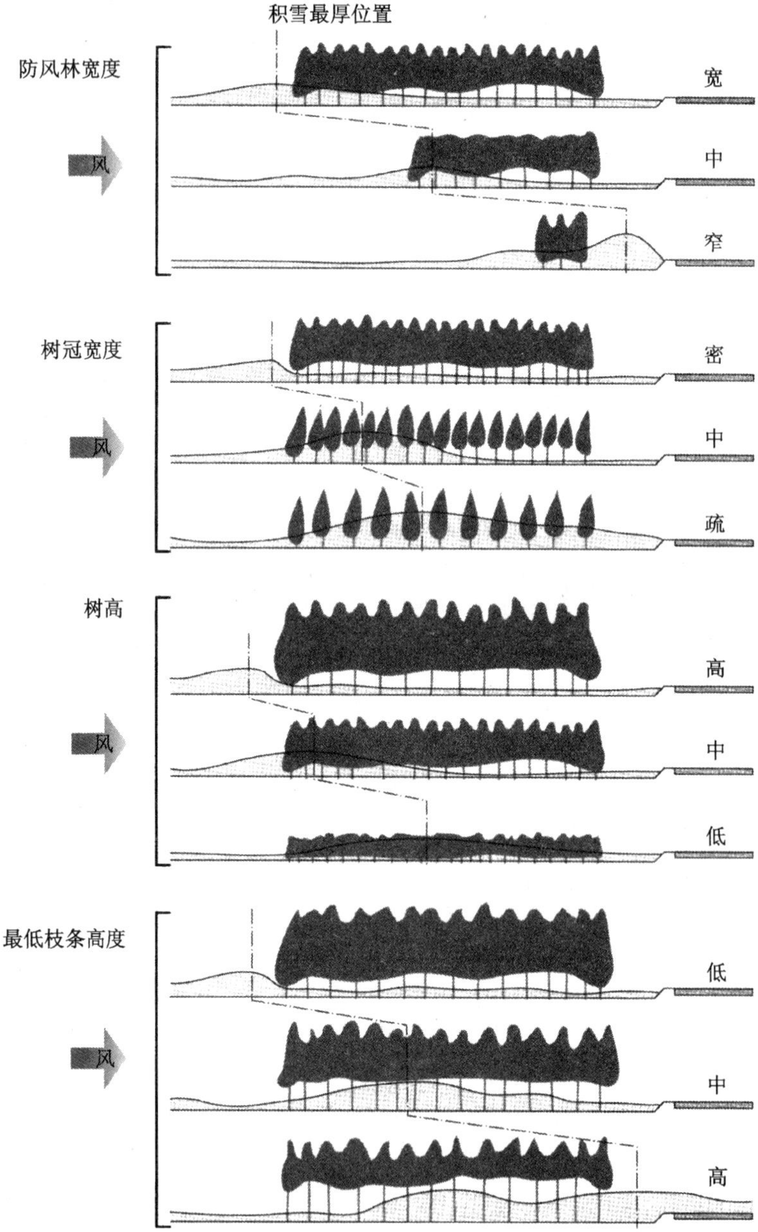

图 10.5 防雪林带的四种不同的关键设计对降雪沉积的影响。图中的阴影部分代表积雪,风从左吹向右边的道路;竖直虚线表示雪堆的顶点。几种标准的防雪林带的宽度为 32 m(105 英尺)、22 m(72 英尺)、10 m(33 英尺);防雪林带一般距离道路路肩边缘 7.5 m(24.5 英尺)。本图根据日本北海道减少积雪及暴风雪引发视线问题的研究中有关测量、模型以及经验数据。引自美国联邦公路局(1996b)

防雪栅栏与防雪植被可以结合起来使用。例如，在北海道，人们将一个高且结实（止风）的防护栅栏放置在上风向距离树木防风设施 1h（h = 防风设施的高度）的地方，这样会极大地增加降雪的聚积量。[270] 事实上，在林带的上风向 5h 处或更远的地方放置一个多孔型（减风）栅栏也可以大量增加降雪的总沉积量以及上风向处一定距离的降雪积聚。甚至在道路路肩上放置一个较高的栅栏，水平板条也会迫使风从下面吹向路面，道旁上风向处雪的堆积量会大量增加。这样的防雪设施如果用在较窄的道路上，并且那里的风向较为恒定，在无雪的日子里则可以将其搬离，因为它可能会使漏斗风吹向路面，并且还会阻碍对路边风景的观赏。

相对于周边土地高度对路基或路面的增加将有助于减少道路上降雪的积聚。[270] 例如，在加拿大大平原地区，许多农村道路的路基被提高，边上也无防风设施，却不需要除雪，因为靠风就可以吹走路面雪。但如果在这样的公路附近修建防风设施，其高度如果与路基高度相差无几，防雪效果就会被减弱。不用人工或植被防护带而是修建一条平整的土筑坡道，其功能就如同流线形物体，近似于中间有多行较密树冠乔木、外面为灌木的防风带。[110]

防雪林带的设计不仅要最大限度地降低道路积雪，还应该通过减少风卷飞雪来改善司机的可视水平。[888,270] 减少飞雪在日本北海道是件重要的事，在那里由于冬季积雪，道路会被关闭，在这个季节大约有一半的交通事故是与能见度降低有关的，尤其是在雪花纷飞的日子里。如果在离道路较近的上风向处设置高出人工防雪设施数倍的树木，则常常可以有效地减少横扫道路的飞雪。如果在植被防风设施的上风向处设置整块高大的防风栅栏，则会有助于提高道路能见度。在一项对冬季道路有、无防雪设施的对比研究中，研究者发现司机可视能力在无防雪设施的道路上受到轻微制约（<1 km，即 0.62 英里）的时间要比在设有防雪设施的道路上减少 2% ~ 5%。[270] 但在恶劣的驾驶环境中，司机获得的能见度低于 300 m（984 英尺）的时间在没有防雪设施的情况下占到其时间总量的 96%，而在附近有防雪设施的路面上，只占时间总量的 58%。因此，防雪设施可以通过降低造成最危险驾驶条件的飞雪来改善能见度条件。

10.4　车辆干扰和交通噪声

当道路上的车辆从我们身边急驰而过，使我们淹没在烟雾和尘土当中，或者在夜晚，它在附近区域产生连续的喧嚣，哪一种情况更糟糕呢？我们对第一种情况的反应常是揉揉眼睛，拍拍身上的尘埃，而第二种情况下，我们可能会面临一夜又一夜的失眠。第一种情况被称为非经常性干扰，它常常由引起负面响应的孤立事件组成[724, 302, 547]。而第二种情况被称为长期或重复干扰。少见的干扰会让我们吃惊，但如果是那种稍微常见的干扰，我们则会调整我们的行为，并在卡车到来的时候远远躲开道路。如果干扰是经常的、重复和连续的，我们可能会搬迁到一个远离道路噪声的地方去居住，只求睡个安稳觉。也有可能我们已经习惯了这样的噪声，它不再会打扰我们，这时我们能在道路附近睡得香甜，甚至会美梦如初或鼾声大作，似乎能够淹没夜晚途经的卡车。

野生脊椎动物——哺乳类、鸟类、爬行类以及两栖类——在许多方面和我们一样。因此，不必惊讶，很多野生动物的响应和我们的响应是类似的。[105]动物会学习，还会调节自身行为，避开某些地区，并变得适应，几代之后会对干扰习以为常。

能量会通过空气传播，传播时会夹带颗粒、气溶胶和气态物质。三种类型的能量——热、光、声对环境会造成的干扰有时轻微，有时严重。虽然这一领域的详细研究不多，但车辆产生的热能造成的生态影响可以忽略不计。然而，来自路面的热量肯定会对道路及附近地区的动植物造成较大的影响。在天凉的时候，一些爬行类和其他动物为了获得较高温度环境会来到公路路面上，不幸的是它们会丧命于车轮之下，所以路上常可以见到被压烂的蛇和甲鱼的痕迹。道路热量也可以使路肩上的植物脱水萎蔫，热气还可能吹向附近的森林，改变植物种子的存活概率和植物群落类型。

动物对来往车辆产生的炫光也会有所反应。车辆在夜间行驶过程中前灯或尾灯发出的光，以及在白天反射光下突然出现的停车标志牌都明显伴随着光能的传播。与风速无关，光能实际上在瞬间就可以完成传播。当空气充满颗粒物和气溶胶，如雪和雾时，可以减少光线的传播，因而也会降低能见度。虽然道路灯光对青蛙会产生影响，但车辆灯光所产生的生态影响我们却知道得很少。[119]不过，就动物瞥见一辆车或好几辆车后的单一响应而言，视觉干扰对野生生物同样是很重要的。[547]

对野生生物尤为重要的声音和噪声将在下面详细介绍。这就引出了一节专门讨论野生动物对繁忙和小交通量道路响应的内容。最后还要着重讨论若干影响噪声的关键性因素，它们对减噪的努力尤为重要。

10.4.1 噪声与动物

道路生态学中所指的噪声主要来自行进中的车辆。由于声音种类、强度以及持续时间各异，对声音的量度和建模方法不同，另外不同的动物对声音的反应也会不同，因此这是一个比较复杂的主题。[767,533,105,534,405]但一些关键概念可以简化这一主题将要涉及的内容。噪声被描述为人们不想要的，令人烦躁的声音，因此它是一个关于人类响应的主观概念，而非简单的嘈杂与否的问题。在一位捕鸟人看来，远处火车所发出的声音就是噪声，而一群吵闹的乌鸦追逐鹰隼的声音却不是噪声；而对一名火车爱好者而言，空中那些鸟所发出的沙哑声音才是噪声，而过路列车带来的只是悦耳的声音。让人类猜测哪种声音对动物而言是不需要的声音是噪声也颇有难度。因此，科学家们目前研究的是与可量度声音水平相关的生态模式及响应。如果有负面（不需要的）生态模式（如退化的动物群落，或对动物种群的现有威胁）与声音的某些属性相关，我们就可以将这样的声音叫做"噪声"。

很多动物通过探测并依靠声音来进行交流、飞行、躲避危险以及寻找食物。[105]而人类所产生的噪声改变着动物的行为或对它们的正常功能产生了干扰。这些噪声能够对动物的健康造成危害，同时还会改变其繁殖、存活、栖息地利用、分布、物种丰富度以及遗传组成。[105]从干扰角度来看待噪声，它还能够使动物烦躁，给它们造成威胁或引起不适。

声音在音调（频率）、持续时间、强度或水平方面都各不相同。哺乳类总的听力在10 Hz以下到150 000 Hz以上的频率带宽之间；[259,105]鸟类中虽然有个别种类可以探测到频率很低的噪声，但听力范围较窄，处于100 Hz到大约10 000 Hz之间；爬行类听力范围仅在50 Hz到2 000 Hz之间，蛇和甲鱼的听力很差。总的来说，两栖类动物能够探测到一个更窄的频宽范围，在100 Hz到2 000 Hz之间。毫无疑问，大多数物种个体的听力与总体比较会更窄一些，某些物种会超出或者低于一般范围。

一些动物尤其是鸟类和爬行类可以轻易探测到动物体内或地下由低频噪声引起的振动。[839,105]对振动具有的敏感性是探测那些正在靠近的猎物或捕食者的重要途径。这种探测方式对听力较差的爬行类来说可能尤其重要。关于交通引发的振动和野生动物的关系我们还知之甚少。英国的一项研究发现，由交通引发的振动可能直接会通过土壤从车辆那里传出，蚯蚓因此大量涌出了地面。[901]还引来了大量的乌鸦（*Corvus*）捕食那里的蚯蚓，道路附近蛇类较少[801]可能和交通振动有关。交通还会振动植物从而可能影响植物生理。

声音水平或响度用分贝（dB[A]）"连续声音分级"来量度，包括以下几个关键分级：

- －20 dB(A)——即夜间活动的动物能觉察到的最小声响；
- 0 dB(A)——人类正好可以听见的声音；
- 20 dB(A)——静谧的沙漠中能听到的声音；
- 40 dB(A)——夜间室内所发出的声音；
- 60 dB(A)——人类正常讲话发出的声音；

- 80 dB(A)—— 连续噪声对人类安全的临界值；
- 100 dB(A)——出现“惊跳反射”，正常生活被打乱；
- 120 dB(A)——人类开始出现听觉疼痛的阈值。

通过比较，人们发现在荷兰紧挨公路、噪声水平高达 70 dB(A)和离公路数百米、噪声水平大约在 40 dB(A)之间的区域内，鸟类种群会减少，超出这一范围后没有发现鸟类还会再有明显响应[770,771](图 10.6)。

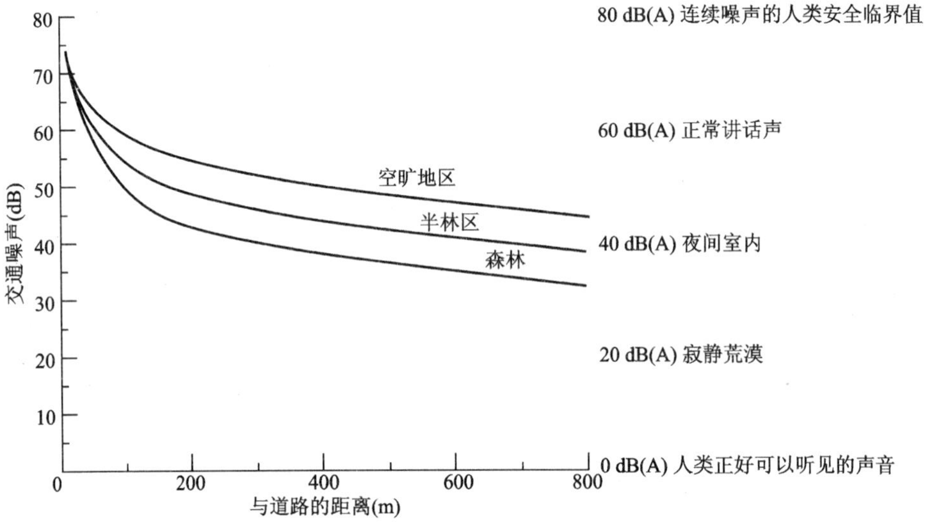

图 10.6 穿越森林及空旷地区的道路所产生的交通噪声。数据来自荷兰一条日交通量 50 000 辆，车速 120 km/h(75 mph)的道路。(R. Reijnen 等，1995) 关键分贝水平数据引自 Bowles(1997)

一般来说，鸟类对人为噪声有三种反应：受吸引、忍耐和厌恶。[105]前两种情况一般会引导动物靠近道路与车辆，这里对大多数动物来说是一个充满危险的环境。当出现第三种响应即厌恶时，是本文的主要兴趣。动物烦躁时虽然和人类会有一些不同，但表现基本上是一样的。可以列举出许多可能出现的反应：① 厌烦；② 听力丧失；③“讲话”及睡眠受到干扰；④ 出现某些与压力相关的疾病；⑤ 将人类视为捕食者；⑥ 种群数量出现许多波动；⑦ 代际间出现遗传变异；⑧ 许多其他行为反应。适应对一般性重复噪声和活动逐渐习惯的过程，对道路、交通和野生动物来说具有特殊重要性。

单个动物，以及整个种群或群落的响应可能与长期噪声影响有关，如那些繁忙道路上的交通噪声。或者对某单一噪声响应，如一阵短暂刺耳的警报声或某辆越野车靠近时发出的噪声。因此，以下章节将会分别集中介绍大交通量和小交通量道路附近野生动物的生态响应问题。

10.4.2　野生生物、繁忙的道路和小交通量的道路

许多本地野生动物种在道路附近非常少或者很少能被发现,这明显是道路避让区现象。[310]对生境的某些条件(包括食物或天敌)由于土壤和微环境的原因明显不适的情况忽略不计,道路避让区形成的潜在原因包括视觉干扰、车辆污染、道路撞死撞伤以及噪声污染。[767,310]

道路避让区的形成可能还有其他相似的原因。研究者发现在车辆噪声保持恒定的情况下,视觉干扰水平的差异并不会影响繁忙道路附近的鸣禽。[711]而在视觉干扰保持一定的情况下,鸣禽的分布模式则会与交通噪声相关。研究者注意到视觉干扰和车辆污染所涉及的范围仅限于道路附近较窄区域,而交通噪声和鸟类密度降低范围却会宽出许多。虽然道路上有对鸟类的撞死撞伤,还有沿线捕食者和腐食动物以路边动物和道路撞死动物为食的情况存在,但对整个地区鸟类密度形成的影响可以忽略不计,因此可能不足以在道路附近形成道路避让区。[660]

在荷兰,道路对鸟类群落生态影响的研究指出了一个很重要的模式。人们发现不论道路旁边是林地还是草地,大约有60%的鸟类在靠近道路区域会显示出低密度特征。[770,771]不仅如此,在受影响区域,总的鸟类密度和物种丰度会低出大约1/3的水平,随着逐渐靠近道路物种便会逐渐消失。效应距离即可以观察出的受显著影响的离道路的距离(在这种情况下,种群密度会降低)。效应距离对草地中的鸟类而言最为显著,其次是落叶林中的鸟类,最轻的是常绿针叶林中的鸟类。

许多鸣禽种群显出易受极低水平噪声抑制的特点。[767,770,771]所有林地鸟类总的种群密度开始下降的噪声水平平均为42 dB(A),而草地鸟类开始下降的水平是在48 dB(A)。其中有一些最敏感的林地鸟类,如杜鹃在35 dB(A)时,其种群密度就显示出下降趋势;草地中最敏感的鸟类——黑尾豫(*Limosa limosa*),在43 dB(A)时会有所响应。这些影响鸣禽的噪声环境和图书馆阅览室中的环境是一样的,或者如同夜间的家庭环境。

另外,荷兰的研究显示效应距离对交通量也是敏感的(平均交通运行速度在120 km/h,或者75 mph)。[771,767]研究中人们分别观察到日交通量为10 000辆的道路附近的林地中效应距离为305 m(0.2英里),日交通量达到50 000辆时这一数字变为810 m(0.5英里);在草地环境中,日交通量10 000辆时效应距离为365 m(0.2英里),50 000辆时为930 m(0.6英里)。另外,大多数草地鸟类在日交通量5 000辆甚至更低的低等级道路附近都会出现种群密度下降的现象。估计草地和林地中的鸟类效应距离都会随着日交通量从3 000辆到140 000辆的增长区间(交通行驶速度120 km/h)稳步增强。[767]当整体鸟类种群较小时,若干年后这些道路效应会变得更为严重。[769]

在马萨诸塞州(美国)的一项对郊区景观中道路附近开放缀块中草地鸟类的研究结果不仅支持以上结论,同时还有新的发现(图 10.7)。[315,322] 在日交通量达到甚至超过 30 000 辆(一条繁忙的多车道道路,平均车速在 80 ~ 85 km/h (50 ~ 55 mph)的道路附近 1 200 m(0.75 英里)的范围内,鸟类出现的数量和其正常繁殖都会大幅度减少,并且即使是在鸟类繁殖季节也很难看到鸟的踪影;在那些交通量相对较大的道路上,如日交通量 15 000 ~ 30 000 辆的道路(两车道道路)附近 700 m(0.4 英里)的范围内鸟类数量及其正常繁殖都会减少;日交通

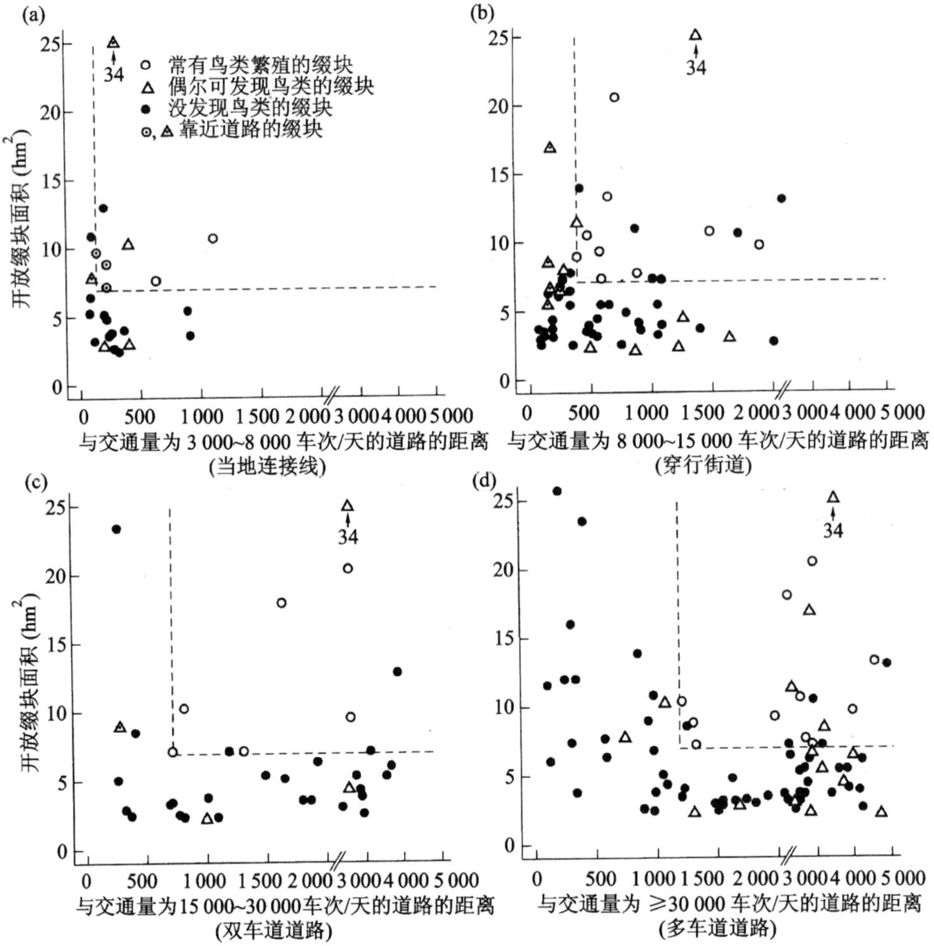

图 10.7 与不同交通量道路的距离远近相关的鸟类变化。图中的数据反映了波士顿西郊 240 km²(93 mi²)林地和建筑区景观中所有 84 个开放的观察缀块中草地鸟类在五年间的数量以及正常繁殖情况。距离的一端到开放缀块的中心。图中虚线右上方内表示鸟类正常繁殖。引自佛尔曼(Forman)等,2002

量在8 000～15 000辆之间的中等交通量道路(直通街道),鸟类虽然随处可见,但在道路附近400 m(0.25英里)的范围内鸟类正常繁殖减弱;最后在较轻日交通量(每日3 000～8 000辆的当地连接街道)条件下,道路附近草地鸟类的分布未受到显著影响。

落基山中营运道路附近鹿的密度趋于降低,显示出距离道路100～300 m(328～984英尺)宽的避让区。[223,797,844]麋鹿(*Cervus elaphus*)一般会根据每日交通量多少选择在道路几百米之外的地方活动,形成它的避让区。[797,238,547]阿拉斯加地区的雌性驯鹿(*Rangifer tarandus*)则明显趋向于避让偏僻地区的道路。[1027]东得克萨斯的蛇类可能因为道路附近土壤严重振动以及道路撞死撞伤的重要原因,在森林公路附近至少650 m(0.4英里)的范围内密度会下降。[105,801]对其他动物如山狗(*Canis latrans*),[346]小型哺乳动物,[347]鸟类[285,371]以及两栖动物[255]而言,这样的道路避让区宽度一般要从道路向外延伸几十到几百米不等,和对比区域相比,一般会展现出较低的种群密度。考虑到道路密度以及避让区的总面积,在道路廊道中道路避让的生态影响可能超过了道路撞死撞伤或者生境丧失(第5章)的影响。

虽然人们对道路交通量所产生的生态效应研究颇少,但现存的一些证据已经可以明显反映出一些最初的趋势。所有被研究的物种或集群,它们的效应距离都会随交通量的增加而明显增加。在所有研究过的鸟类中,草地鸟类的效应距离最大(第11章,图11.6)。不过在相对较低的交通量条件下,虽然许多其他物种都会受到影响,但草地鸟类看起来并不受影响。而这却为我们进一步指明了在低交通量道路附近分析野生动物的重要性。

在一些案例中也发现在低交通量道路附近种群密度有所减少。在美国伊利诺伊州的研究发现在一条农村道路(或称为县道,日均交通量大约为300～3 000辆)两侧200 m(656英尺)的农田里草地鸟类(角百灵,*Eremophila alpestris*)密度较低。[162]在一条日交通量约为500～750辆的双车道铺砌道路上,佛罗里达灌丛鸦(*Aphelocoma coerulescens*)幼鸟在道路周边或附近区域死亡率要明显高于非邻近道路区域,[660]并在道路附近形成了一个平均约为250 m宽的灌丛鸦的受影响区。有报告说麋鹿即使是在每天只有个别车辆(尤其是卡车)通过的森林伐木道附近,也会让出一个500～1 000 m(0.3～0.6英里)的缓冲区来。[238,547]生活在美国西北太平洋沿岸地区的斑点猫头鹰(*Strixoccidentalis caurina*),有些将巢筑在离每日有5～50辆汽车通过的伐木道400 m(0.25英里)的范围内,这些动物体内的紧张激素和远离道路的其他猫头鹰相比都较高。[1004]

在交通量较低的道路附近,动物们可能主要会对单个驶近的或过往的车辆产生的噪声有所响应,而非那些相对连续的过往车流形成的噪声。这就引出了一个复杂的问题,即动物对个体干扰事件反应时是一个什么样的过程。[547,105]例如,一只鹿听到 2.5 km(1.5 英里)以外有雪地车正在驶来时,就会离开小道,而当听见徒步旅行者靠近时,可能不会从小道跑开,一直要等到徒步旅行者靠近 250 m(820 英尺)的地方时才会有所反应。[105] 这两种情形下,当干扰结束后鹿仍会回到受干扰前所在的小道附近的位置。另外的一种情况是面对来往的车辆,动物已习以为常,或受到惊吓后"发呆",或出于护卵或照顾幼崽的巨大"需要",保持原地不动。到目前为止,有关动物个体对不同类型车辆运动的响应问题仍是一个重要的研究前沿。

10.4.3 影响噪声的关键因子

和其他物质在空气中的传播方式不同,噪声可以迅速穿透静止的空气。大气物质一般在数分钟内才可以穿越 1 英里,而噪声仅用 5 秒钟就可以传播 1 英里。另外,噪声在朝下风向传播时虽然会携带较多的能量,但噪声也可以向上风向传播。一般情况下,噪声传播轨迹为直线型,不过会因风向而发生改变,因此噪声轨迹也会发生弯曲。噪声也可以通过如水泥墙、路堤以及一些密度较大的常绿林带的表面反射而改变其方向。当碰见的物体表面平滑且孔隙度较低时,噪声反射会很强烈,而遇到孔隙度较高且表面盘卷粗糙的物体时,由于对更多能量的吸收,反射会很少。噪声与物质类似可以穿越多孔物体。实际上,交通噪声在植被中可以传播一段相对较远的距离,这就是说如果想要有效控制噪声污染,就应该在道路附近修建较宽植被带。回音现象使我们想到了一些诸如岩石表面、防噪墙这样的垂直表面,它们可以将噪声反射回原地。带有角度的路堤和土埂可以向上反射大量的噪声,将噪声大量地向大气散射。另外,一旦空中云彩较低或空气相对湿度较大,大气还会将地面反射的噪声反射回原地面。这就是为什么道旁土埂和隔音墙以外区域有时也会有交通噪声的缘由。

与交通量相关的最大噪声增长幅度是在道路日交通量达到 1 000 辆时,噪声会上升到 50 dB(A)[241](图 10.8),当道路日交通量增大到大约 5 000 辆时会连续引起噪声水平的陡直上升,在日交通量达到 10 000 辆时,噪声水平接近 70 dB(A),如果交通量继续上升,日交通量突破大约 10 000 辆,则噪声增长开始趋缓,基本呈线性关系。例如,当日交通量从 12 000 辆增长至三倍达到 36 000 辆时,噪声仅会上升 2 ~ 3 dB(A),而人类对 1 ~ 2 dB(A)的差别几乎是感觉不出来的。[533] 当日交通量从 5 000 增加至 10 倍达到 50 000 辆时,噪声会上升大约 10 dB(A)。

随着距离道路越来越远,噪声呈曲线下降趋势。在日交通量达到 50 000 辆的多车道道路附近,噪声在距离道路 100 m(328 英尺)的范围内会迅速下降[771](图 10.6)。随着距离的增大,其下降速率减缓并表现出几乎是线性的关系。在

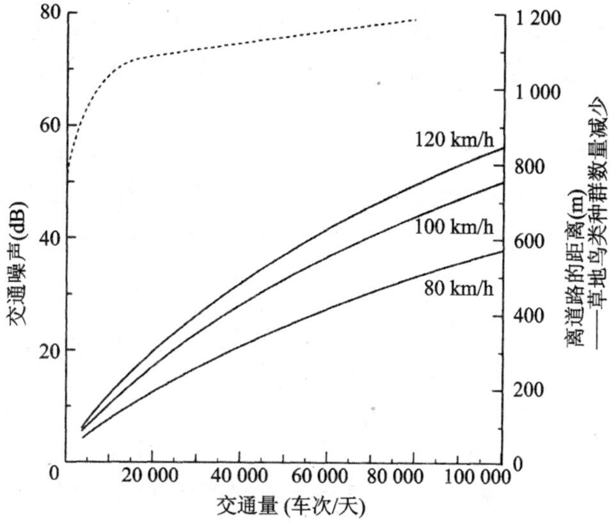

图 10.8　与道路交通量和车速相关的噪声对鸟类的影响和效应距离。上图的交通噪声模式来自 Ellenberg 等(1981)。草地鸟类对不同行车速度的道路所产生的效应距离的数据是基于荷兰的相关研究(M. Reijnen 等,1995)

开放土地上,道路所产生的噪声会在其附近 800 m(0.5 英里)的范围内,从 75 dB(A)下降至 45 dB(A)的水平,而对森林道路而言,800 m 的范围可以使噪声从 75 dB(A)降至 35 dB(A)。森林耕地交错带对噪声影响的程度处在上述两者之间。道路附近 100 m 的范围内,耕地和林地之间噪声水平差异相对较小,而当距离超过 200 m(656 英尺)时,差异表现变大,但会随距离道路越来越远保持相对稳定。

交通量以及距离道路的远近是影响道路噪声水平的主要因素,因此也是评价道路对社区、学校、医院等设施影响的评估模型中的核心内容。[264,533,534] 当然还有其他许多因子属影响交通噪声的因素。如前面提到过的小气候、标准交通噪声量度中的风速和风向、温度以及相对湿度。[533] 一般来说,较高的车速会导致较高的噪声水平,但当时速超过大约 100 km/h(62 mph)时噪声增长率趋于缓和[767](图 10.8)。例如,在日交通量为 50 000 辆、平均车速为 80 km/h(50 mph)的道路附近开放区域草地的鸟类在 300 m(0.2 英里)的范围内都会受到显著影响。在车速达到 120 km/h(75 mph)时,噪声对鸟类的影响范围能够扩展到道路附近 500 m(0.3 英里)的范围。

行驶在道路上的中型卡车(双轴、6 轮或 6 轮以上)和重型卡车(3 轴或 3 轴以上)造成的噪声污染相当严重,例如,当一辆重型卡车在公路上行驶而过时,其所产生的噪声要比一般过路车辆的噪声高出约 10 dB(A)。[533] 在美国,如果在郊区繁忙的道路上，中、重型卡车比例增加 5% ~10% 时，邻近环境中的噪声水平就会明显升高，足以对附近居民造成干扰，有时给当局造成一些压力，于是他们会建设一些土埂、防噪墙和其他设施来降低噪声传播。这种水平的噪声也可能会干扰到野生动物。

道路的面层结构、路面粗糙度和孔隙度对噪声水平都有重要影响。[512]特别是路面上拉毛（微型拉毛）的方向、间隔、深度对噪声的产生尤为重要。调整和控制路面结构比较容易做到的。荷兰交通部就根据刚刚完成的道路对鸟类影响的研究结论，[294,770,771]利用回收的道路路面材料在其路面重铺项目中铺筑了一层相对安静的道路路面（P. Opdam，个人交流）。

其他工程和设计因素也会显著影响噪声水平。例如，轮胎表面有安静和嘈杂之分。不同类型和设计的马达也会影响噪声水平。消声器几乎可以将所有的声音压倒，或释放出众所周知的喧嚣。汽车空气动力学强烈影响着途经车辆的声音水平。所有这些因素全都有待于通过工程方面的改善来实现减噪。[264]

道路避让带可以通过离道路不同距离的野生动物密度明显展现出来，解释为主要由交通噪声所导致。可很显然对这一关系的验证实验至今尚未开展。有许多现成的方法，包括降低或提高交通量，改变行车速度，在繁忙道路附近修筑护道和其他屏障以便降低噪声水平，以及上面提到的工程改进的问题。另外，可在偏远地区开展噪声试验。我们土地上的大部分地区生活着许多人和大量的野生动物，目前正在经历不断升级的噪声困扰，如果有一个噪声较少的环境，便可从中获益。

10.5 局地、区域和全球尺度的大气影响

车辆排放多种多样的物质，包括气体、气溶胶和颗粒物。有些物质，如一氧化碳会在瞬间被氧化，而另外一些，包括二氧化碳却可以持续若干个世纪。一些属于污染物，会直接给人类、动物和植物造成伤害，此外，还可以改变气候模式，引发对全球自然生态系统的影响。

道路及道旁区域是许多大气污染物的源。这些污染物大多处于特定的形式中，如沙和黏土，有一些会以气溶胶的形式显现，如除草剂。大多数与道路相关的污染物会产生局部或者区域生态效应。

人类向大气中排放的各种额外添加物的不断累聚，对我们认识全球气候变化以及人类健康和农业生产中出现的各种问题提供了启示。[428]目前，关于大气效应在若干重大的报告中都曾经有过描述，是目前研究的热门课题。[673,674,675,244,428,606,837,174]因此，我们在这里只对其进行宏观性的简单介绍，并以

此为跳板了解更多的可以利用的文献。我们所要讨论的内容可以分为四个领域:局部污染物、区域污染物、全球污染物和全球气候变化。

10.5.1　局部污染物

局部污染物在相邻生态系统和周围邻近环境中产生影响,种类出奇的多。固体物质,如引擎、轮胎、车体配件,加上人为丢弃物质会沿着道旁零散分布。在那里它们会积累起来并持久存在着。相比之下,许多产生局部影响的大气物质却只会持续数秒到数小时。[428]气体中的悬浮微粒(简称颗粒物)包括了来自路面和道旁的土壤成分、沙、泥、黏土和有机质以及道路路面老化后形成的颗粒物[902,277,651,74,875](图 10.9)。还有来自燃料燃烧和车辆制动器衬片的颗粒物质也会在局部地区散落。

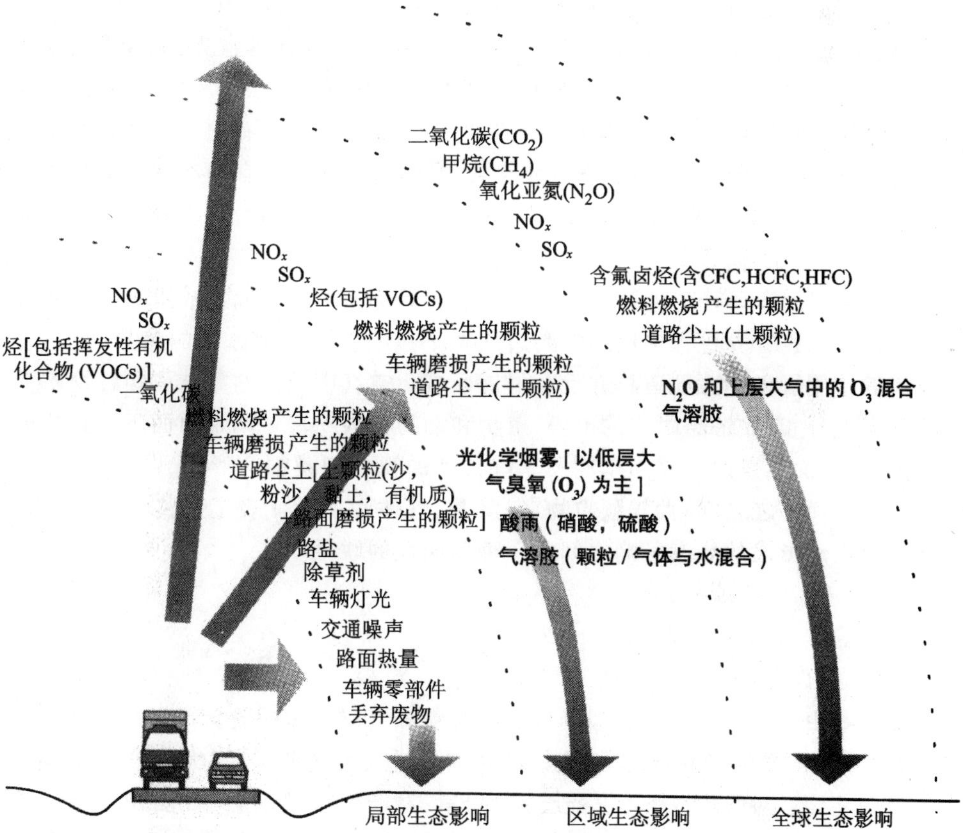

图 10.9　局部、区域及全球尺度中与道路及车辆相关的污染物。其中区域和全球清单中黑体字标记的污染物是在大气中形成的

可吸入颗粒物根据其直径不同可以分为 PM_{10}，$PM_{2.5}$和 PM_1（直径分别小于10 μm、2.5 μm、1 μm）。更加细小的颗粒物被认为对人类健康特别有害。[675]颗粒物可能会携带有毒或致癌化合物，[277]在道路这样浓度较高的源附近人类健康会面临最危险的威胁。虽然目前这方面的研究看来还较少，可吸入颗粒物可能会对道路附近的野生脊椎动物造成健康威胁。

车辆燃烧燃油产生的若干气体包括一氧化碳（CO），烃（仅含 C 元素和 H 元素的有机化合物）以及氮氧化物和硫氧化物（NO_x 和 SO_x）。[674]一氧化碳也许最具有局部效应。在浓度较高时它可以使人或动物窒息。但在循环的空气中它可在数秒内散发干净。其他一些含有 VOC（挥发性有机化合物）的气体，如 NO_x、SO_x 以及烃，主要是在汽油燃烧或挥发过程中产生，会对人体造成危害，因此可能会对道路附近的脊椎动物形成影响。车辆排放系统中的催化转换器可以降低排放中二氧化硫和烃的量。

繁忙道路上的车辆排放的 NO_x可能也会对邻近的生态系统和植物群落产生影响（图 10.9）。这些排放可能造成道路附近土壤出现营养富集（富营养化）效应。例如，英格兰的一条繁忙道路附近 200 m（656 英尺）的范围内，土壤的氮含量有明显升高现象。[23]在一些石楠丛生的荒野中，这种氮（硝酸盐）的富集足以改变植物群落，一些喜氮稀有物种便会大量繁殖，并取代原有的本地石楠植物优势种。这种现象也可以在农田与林带的过渡带中见到，因为这里含氮量较高。[240,302,1010]

道路以及车辆产生的其他污染物也会对局部的生态环境造成影响。这些污染物包括道路管养过程中使用的路边除草剂以及去除路面冰雪的路盐，它们通过风的作用可以进入到道路邻近及附近区域。空气中漂浮的重金属颗粒物质主要在当地分布，在道路附近的土壤、植物和动物体内积聚。本章前面所提到的车辆噪声、路面热量以及移动车辆及车灯带来的视觉刺激都会形成另外一些局部效应。简而言之，各种大气颗粒物、气溶胶、气体和能量代表了道路系统和对本地周边土地形成的生态影响之间的一种单向性的联系。

10.5.2 区域污染物

那些由车辆产生并被转运到别处的颗粒和气体物质一般会存在几个小时甚至是好几年。[428]它们中最具持久性的物质会进入大气平流层（大气较上层）中，另外一些则在对流层（大气较低层）中积累，并产生区域性影响（图10.10）。道路和道旁产生的尘土将更多的颗粒物和化学物质添加到汽车产生的污染混合物中（图 10.9）。进一步来说，当这些混合物在空气中迁移时，混合物质会发生一些化学或物理的变化，并会形成一些新的有毒化学物质。到目前为止，虽然整幅图像并未完全呈现在我们面前，但在区域尺度上我们对这些各种各样的人为大气新增物质的种类及数量方面的了解还是比较多的。[674,428,174]

图 10.10　区域大气污染、路灯、车灯光线流展示了广泛存在的但却在生态方面了解并不太多的若干因素。图为得克萨斯州 Fort Worth 的 20 号与 820 号州际公路。照片已得到美国联邦公路局许可

虽然我们都已经很好地了解到污染物造成的影响会广泛传播，并且具有重要性，[47]但对这些区域性污染物造成的生态效应还知之甚少。它们一些会伤害人体，而另外一些会损害植物和自然生态系统。

例如，美国加利福尼亚州的塔霍湖(第 9 章)在 20 世纪里不断受到大气沉降带来的大量氮的污染。其中许多都源自于汽车交通。同样由于道路灰尘肆虐，湖水透明度已经下降。冬季的时候，塔霍湖附近的公路由于受到侵蚀，土壤、沙石以及除冰雪所使用的盐类物质被过往车辆碾成细粉颗粒，并随后在风力和途经汽车的作用下成为悬浮颗粒物进入大气，这些物质含有磷、铁和各类污染物，因此导致了湖水富营养化和透明度下降。这些沉积在湖水中的物质大多数都是半径小于 5 μm 的颗粒，并且不易分解，因此在湖水里大多数都会存留许多年。[363]

大气所含的颗粒物质只有一小部分来自于车辆，主要产生于燃料燃烧及制动器衬片磨损过程，包括硝酸盐或硫酸盐颗粒[674,675,542](图 10.9)。这些被释放出来的颗粒物质极小，直径多数小于 1 μm。这样 PM_1 大小的颗粒常被认为是对人类健康最为有害的，当然可以想象对区域野生动物的危害性也极大。

有三种气态污染物人们最为关注：氮氧化物、硫氧化物和烃。其中在人类所生产的 NO_x 和烃中，有 1/3 的量是来自机动车辆对化石燃料的燃烧过程；与其他两种气体相比，虽然车辆排放的 SO_x 比例在社会排放总量中所占比例较低，但它的确产生 SO_x，并且大多来源于卡车燃烧柴油的过程。柴油汽车的排放中尤其富含颗粒物和气溶胶，它们会在大气中积累。

在一定空气湿度条件下，大气中的氮、硫化合物会转变为硝酸和硫酸，这些都是区域尺度上酸雨和酸沉降的主要组成部分[826,38,47,551]（图 10.9）。酸雨对许多淡水生态系统、高山生态系统以及森林树木都可以产生广泛的危害。酸雨效应最为常见的例子则是洛杉矶地区的酸雨对那里的森林，甚至湖泊所产生的危害。

氮氧化物可以引起水生和陆地生态系统的氮素富集或富营养化。[978,453,5,602,363]这种情况下，自然群落会发生改变，某些受氮素限制的植物会大量繁殖，进而取代优势种。NO_x 的显著升高看来会改变或扰动整个氮的循环[979]并会加速水生杂草的入侵，如亚欧狐尾藻（*Myriophyllum spicatum*）。[996]

氮氧化物还有第三个主要的区域效应。空气中的氮氧化物在阳光下会同其他烃（包括 VOCs）一起形成光化学烟雾，主要成分是臭氧，当低空含有臭氧时，会对人类健康造成危害。[673,675]臭氧还会损害各种农作物和森林树木[408,857,1045]并毫无疑问会使得某些植物群落和自然生态系统退化。另外，区域范围内重金属也会发生积聚并可在区域之间通过运输进行转移。

总之，道路系统在区域范围内会产生一系列大气污染物，而这些污染物的混合物又会对区域自然生态系统产生多种多样的重要的影响。

10.5.3 全球性污染物

道路系统的全球性生态效应很大程度是通过大气平流层中的气体所致，这些气体可以在那里存在几十年乃至几个世纪的时间。[674]在接下来的小节中，我们会就这些气体对全球气候的影响进行表述。这里我们来介绍积累于上层大气中的污染物及其对陆地产生的生态影响[428,606]（图 10.9）。

存在于大气上部的硫酸盐和硝酸盐气溶胶可以散射阳光，阻挡某些太阳辐射在大气中的穿行，因此从某种程度上会减缓全球气候变化带来的气温上升速度。平流层内的其他气溶胶源自除非机动车以外其他对化石燃料的使用、对植物体的焚烧，和农业、公路以及其他源中的矿物粉尘物质。二氧化碳、甲烷（CH_4）和氧化亚氮（N_2O）都属于主要的温室气体。除了生物来源以外，氧化亚氮还是车辆排放系统催化转换器的副产品。

在区域尺度上能产生出很多影响的氧化亚氮，在平流层中通过与臭氧的反应会消失殆尽。平流层内的臭氧可以作为有效阻挡太阳光中紫外线(UV)的过滤器。紫外线可以导致突变,引发皮肤癌,对地面生物造成致命的伤害。氧化亚氮与臭氧发生反应可以消耗臭氧(或者形成臭氧的汇),是一种自然机制。大气中正在增多的 N_2O 浓度导致了平流层中臭氧含量的某些损耗。近年来有关地球表面尤其是南半球高纬度地区紫外线辐射强度升高与臭氧空洞(平流层臭氧水平减少区域)相关的报道层出不穷。

卤烃系列(含氟化学物质)——拥有一些冗长拗口的名字:氟氯烃、氢氟氯烃、氢氟烃(或简单地用字母表示为 CFC、HCFC 和 HFC)也会对臭氧层造成损害(图 10.9)。它们主要来自于空调系统,也包括多年来广泛使用的机动车辆的空调设施。

地球上层大气中也会积累人为化学物质,其中有一些直接来源于车辆污染物。它们正使得全球环境条件发生着深刻变化,如温度、光照以及具有保护作用的臭氧层。正因为如此,地表动植物和整个生态系统也会受到影响。温室气体也能在上层大气中积聚,我们会在下面章节中讲述。

10.5.4　全球气候变化效应

全球气候正在经历着一场重大变化。[428,606,174]在 20 世纪,地球表面平均温度上升了 0.6 ℃(1 ℉),特别是在 1980 年到 2001 年间,全球出现了 18 次最暖年份中的 17 次。由于冰雪消融以及温暖天气使得海水膨胀,全球海平面升高了 15～20 cm(6～8 英寸)。同样在 20 世纪,中高纬度地区的年均降雨量也增加了大约 10%。不过也有让人感到奇怪的现象发生,近来有证据显示南极地区在变冷,那里有很多冰川没有出现退缩现象。

导致这种变化的主要原因是人类排放的温室气体量的陡然升高。这些气体中,二氧化碳是诱发气候变化的主要温室气体,此外还有甲烷、氧化亚氮和其他工业气体(图 10.9)。自 19 世纪晚期以来,大气中 CO_2 的浓度上升了大约 30%,为 42 万年以来含量最高的时期。[595]目前的 CO_2 增长速率也是 2 万年以来最快的。这种增加有大约 1/4 是因为土地利用变化,主要为对热带雨林的大量砍伐,大约 3/4 是人类对化石燃料大量利用的结果。[1006]《京都议定书》(一项减少温室气体排放的国际公约)是减排方面的重要努力,目前还有待于所有主要化石燃料消费国签署落实。

汽车是 CO_2 的主要来源,美国 CO_2 排放总量的 25% 来自车辆,虽然在世界范围内这一比例要低一些。车辆还直接或间接地产生其他温室气体,包括臭氧、氧化亚氮和甲烷。道路和车辆在全球范围内变得如此势不可挡,以至于它正在影响全球的气候。例如,仅在北美地区,就有 2 亿 5 千万辆机动车使用着将近 8 百万千米(5 百万英里)的公共道路。许多车辆的燃料燃烧效率仍然较低,如常见的二冲程发动机,它向空气或者水中排放废气,大约有 20% 的燃料或油没有完全燃烧。燃料电池技术离广泛使用还需一些时间,道路上能看到的混合式高效引擎汽车的数量也相对较少(第 3 章)。

几乎所有全球气候模型都指出,在 21 世纪全球温度将继续上升。[606,428]在未来的这一时期,最有可能的温度变化情况为:① 全球最低气温升高;② 无霜期更长;③ 最高气温升高;④ 春寒期(寒潮期)缩短;⑤ 有更多炎热的夏日;⑥ 炎热指数升高。[235,428]基于气候变化模型,降雨的可能变化为:① 出现更大的、连日的降雨事件;② 出现更大的、整日的降雨事件;③ 更多湿期;④ 全球类似厄尔尼诺的反常气候更为普遍。降雨模式的改变会使得一些地方面临经常性旱灾,而另一些地方则会洪涝加剧。如此重大的温度和降雨方面的世界性变化可以用全球气候变化来更好地描述,可能也会加剧地球上某些区域的水资源短缺现状。

这些温度、降雨和其他气候特征的变迁将引发全球性的生态变化,可能产生的效应包括:① 随着甲烷排放量的增多,永冻层(“永久”冻结的北极土壤)开始消融;② 河流湖泊上的冰面减少;③ 海平面上升;④ 中高纬度地区的植物生长期拉长;⑤ 动植物种的生长范围垂直于纬度向两极方向扩展;⑥ 树木开花、昆虫出现以及鸟类产卵的时间会有所提前。[606]这些模式都已经在很多水生及陆生环境中被发现并作了记录。对于那些适应能力有限的自然系统而言,这将使它们面临极大的风险。[606]这些系统包括冰川、珊瑚礁和环礁、红树林、北方和热带地区的森林、极地及高山生态系统、草原湿地、残留的当地草地。有的物种其丰度和分布范围都会增加,但现今的脆弱物种将会面临极大的灭绝风险,这指的是生物多样性的丧失。生态遭受破坏和多样性丧失的地理范围以及受影响系统的数量,将会随着气候变化的速率和程度而增加。

某一地点植物种的组成和优势度将会发生变化,但无法期望作为离散单元的生态系统会出现地理上的迁移。[606]野生动物会在其分布、种群大小、种群密度以及行为方面直接响应气候变化,并对植被变化做出间接响应。[957]淡水鱼将会有更多的朝两极方向的分布。冷水鱼的生境会发生净丧失现象,而暖水鱼会获得更多生境。这可能会使得作为暖水捕食者的鲑科鱼的种群发生变化,如小嘴鲈鱼(*Micropterus dolomieu*)就会入侵高纬度水域。[957]另外,海平面的上升会给沿海地区带来重大影响,海洋生态系统也同样会被影响。

多方面的生态效应在概念上已经得到了较好的理解,在全球尺度上也已经以很高的可信度开展过预测。但在单个区域或景观尺度上的气候变化远没有那样清楚,因此对区域尺度上的生态变化预测也不是很有把握。[428,606,174]另外,刚刚描述的生态效应都是建立在目前大量研究基础上的一些宽泛模式。对更为具体的模式的了解还很少,例如,哪个物种将会灭绝,某一河流系统会呈现何种的外观,像鲈鱼、鲑鱼、灰熊(*Micropterus*,*Salmo*,*Ursus*)这样的动物它们的地理活动范围会有何种变化。

地球上其他重大的生态变化过程,如土地利用、栖息地丧失、生境破碎化,将和气候变化相互作用形成更多的生态效应。[606]实际上,气候变化给人类系统带来的巨大影响会扩展开来,进一步改变自然生态系统。如果在某一个尺度上反复出现干旱或洪涝灾害,那么世界上广大的粮食生产地区会受到明显的影响。

如果大气中温室气体的浓度连续增加,这些效应也会随之增强。除非人类寻求在生产、能源利用、材料消耗方面实行重大变革的途径,否则 CO_2 和其他温室气体的排放速率还会有所提高。到 2100 年,人类产生的温室气体总量将是 19 世纪中叶工业革命前温室气体含量的 2 ~3 倍。[428]

结论

综上所述,道路系统通过四种方式在对生态景观的影响过程中起着核心作用:

第一,道路路面和道旁是扬尘和相关化学污染物之主源(图 10.4)。如加利福尼亚州和内华达州之间内华达山脉顶峰附近的塔霍湖,在过去的 40 年中积累了如此之多的来自车辆排放的氮素营养成分,湖泊先前是处于氮缺乏状态,而目前那里的藻类生长因为可利用磷的原因受到了限制;

第二,道路沿线行驶的车辆对化石燃料的燃烧主要会形成大气污染物和温室气体。世界路网中大批的柴油燃料卡车既会释放温室气体,也会产生硫和碳的微粒,或煤烟。

第三,道路建设过程中对混凝土的使用也会产生温室气体。[86]水泥生产虽不是全部出于修建道路和停车场的目的,但向大气排放的二氧化碳已经占到了全球排放总量的 3%,[594]道路仍然是这种产品和石油沥青的主要消费者。

第四,世界范围内特别是一些热带雨林地区,由于大规模修建道路,有大量的森林被破坏殆尽。[260,116,197,198,524]这些毁林现象使得森林中储存的碳大量丢失,成为温室气体排放的主要来源。在 1850—1990 年这段时间里,土地利用变化带来的二氧化碳释放量就相当于化石燃料燃烧产生的排放总量的一半。[429]大多数土地利用方面的"贡献"主要来自刀耕火种的农业实践,以及对木材的贩运。这些都导致了大量对雨林的破坏。热带地区的道路建设不可避免地会导致广泛的刀耕火种式农业生产的出现,新路建设也会让那些自给自足的农民和跨国木材公司深入到森林内部去。

因此，道路系统直接和间接地造成污染、形成干扰以及影响气候变化。今后将有更多的道路和车辆出现，这只会加剧负面影响。然而，朝着车辆更加清洁和高效的方向迈进将会有助于缓解这些影响。减少汽车数量，降低行车里程也都会有所帮助。另外，降低道路密度、减少通向广袤林区的通道都将可以减少道路和车辆对大气的影响。

第四篇

道路系统和未来展望

第 11 章　与土地相连的道路系统

格网形成后将景观,理想水平上的景观分成了均等的和交通繁忙的诸多片段……自然之死被设计了出来。

——**Geoff Park 和 Nga Uruora,《生命的森林》,1995**

在英格兰实际上处处都可听到交通的嘈杂。

——**Jackie E. Underhill 和 Penelope G. Angold,《环境审议》,2000**

开车旅行就好像是在同时观赏两部电影。展现在我们面前的道路时而平静时而危险,遇上弯道,不停颠簸,猛然进入视线的还有重叠排列的交通标志。与此同时,周围的景观时而乏味时而美丽,一会儿是无休无止的前行,突然眼前又会出现如雷雨云砧般壮丽的景致。时常,当将道路作为景色中诱人的一部分,或一个美学元素,甚至是景观的比喻成分,两部电影就合二为一。另外一些时候,道路表现出来的是对自然或田园风光的一种入侵。偶尔,我们也会思量道路和景观之间的关系。道路带给周围区域的是发展,还是相反的影响呢?道路与周围环境共同形成了我们的旅途印象。道路在景观中的概念突出了理解道路网与周遭土地之间特定关系的重要性。

本书大部分内容都在强调个别道路或路段上道路所产生的生态影响,它也是许多工程措施和生态研究上的焦点。另一方面,道路和交通的广域效应,如大气污染则在更广泛的尺度上得以考虑,甚至是在全球尺度上。在局部和区域尺度到全球尺度之间的是景观。[302, 935, 335]在此尺度下,数平方千米到几百平方千米的范围内,道路与生态以及流域之间是相互作用的。我们所讨论的这一尺度是景观生态学、流域科学、土地利用规划、公路规划和本章中的主要研究领域。

每条道路都会影响与其紧邻的环境的生态,因此如果要考虑道路总长,它必然会给景观或区域带来巨大的额外影响。更多需要考虑的还有道路的网状连接,网络形式的不同会产生许多不同的效果[898, 568, 129](图 11.1)。此外,交通量在道路网的各路段或连接线上的分布也是不尽相同的。

图 11.1 规划的道路网格催化和促进着荒漠景观中居住区的发展。图中可以看到干涸的河床和支流，一级－二级－三级道路等级体系和居住区中一般会分隔开两处住房的道路。新墨西哥州阿尔伯克基(Albuquerque)郊外。摄影：R. T. T. Forman

在更宽阔的景观和土地利用背景下理解道路网，需要考虑景观单位。自然条件、人类的土地利用，以及两者之间的相互作用形成了景观格局。这种格局直接导致了景观生态学的产生，它解释了景观类型、结构、过程和变化的情况。[299, 316, 317, 302, 935, 441]从生态学角度来看，景观类型是指植物和动物还有人类个体、种群和群落类型。景观结构包括植被、河溪和道路网的缀块。景观过程包括生物、种子和灰尘按照散布轨迹的运动，也包括在河溪网络中包含了物质和物种的地表径流。景观变化描述某时间段中景观类型、格局和过程的动态修正或改变。实际上，包括道路和道路间区域内的各种实践在内的土地利用行为，也会通过改变景观结构、过程和类型来营造出各类土地利用格局。

为了用景观的视角来理解道路生态学，本章提出了两个范围较宽且相互影响的问题：① 景观的某些性质，如地形和土地利用是如何影响道路网格局的？② 道路网格局是如何影响较宽景观中的生态属性、流域过程和土地利用的？从某种程度上讲，要回答这些问题需要将我们局部的、点水平上的有关道路生态学的知识提升到景观层次上去。

前提是土地利用格局——人类利用土地的类型和布局，它强烈影响着景观中的道路格局。此外，道路与其所处的生态系统和流域之间的相互作用，从根本上形成了穿越陆地的流及其运动方式，事实上也决定了景观的工作方式。[302, 400, 305]生态及流域效应源自于道路系统有意和无意的功能发挥。

道路系统的生态效应部分由干扰区域的土地利用类型所决定。例如,在较大的公共绿地区域,保护当地大型哺乳动物物种成为一项重点工作,汽车和野生动物相撞被作为公共安全问题来应对。[377, 80]因此,与野生动物迁移廊道相关的道路布线和管理对成功经营公园是很重要的。在广阔的牧场上,与家畜的碰撞事故属于安全问题,但那里给予野生动物的优先权比起公共绿地区域要少一些。在郊区这样的路网高密度区域,来自硬质路面的暴雨径流常常会加剧下游地区的洪水,破坏河岸带及水生栖息地。[283, 424, 825]另外,在沿着山区的林道,道路常常会截断地下水流,并会沿着渠道把地下水转变成为表面径流,这使得水流在进入下游溪流后会形成更大的潜在洪水威胁。[1017]在郊区与森林的例子中,周围环境中的土地利用类型也可以加速地表径流,因此道路会增加洪峰流量和下游地区的潜在洪水,具有协同增效的作用。

本章中,我们将道路网的特性作为审视景观和流域中道路系统的累加生态效应的基础。首先我们讨论包括道路在内的网络系统性质这一简单的理论。接下来介绍道路网的空间属性,如路网密度。而后引入时间概念来了解变化中的网络。我们还会探讨道路网的生态效应,并考虑周围土地和土地利用对道路系统的影响。第 12 章以及第 13 章将提出若干路网案例,并探讨其在不同主体景观中的生态效应。

11.1　道路生态学的网络理论

网络理论最先主要根植于交通运输当中。[898, 568, 317]后来被引入到了生态学中,多用在非空间模式中,如食物网中的关系。[727, 140, 653]道路生态学可以将这两种方法及其分析工具合而为一,并从中获益。

“旅途中的销售员”或“交通问题”是经典的线性优化方法,它旨在通过可能的运输路网,用运送成本或时间最小化的方法来运输货物。[898, 568]在第二次世界大战期间,为了满足迅速和有效的货运需求,人们对运输方式的兴趣达到了极致。如今,生态学开始关注计算机程序中各种成熟的数学线性优化方法,这些方法可以被用来模拟路网中的各种物流和服务流模式。[558]

网络理论对脱胎于系统分析方法的生态系统科学做出过重大的贡献。[692, 659]将电路经典概念应用到食物网(和营养级)就利用了网络设计中的主要数学知识。[416, 727]这一理论描述了生态系统作为网络的五个主要特点:一致性、扩增性、数量间接性、协同性,以及利用效率。[713]这些概念涵盖了能量流、输入量、紧密链接、间接效应、连接和成本 - 收益效率等内容。这些概念在分析和理解道路系统与生态系统之间的关系时颇为有用。

网络理论也包含了生态系统中的等级方法，由此我们可以观察到食物（营养）链或者生物系统中不同层次间的互动关系。[690, 727, 939]根据对系统考虑程度的多寡，理解程度也会存在很大差异。此外，图表理论也被作为分析工具用在生态学当中，来揭示景观及其连接程度的空间模式。[140]下一节要讨论更为动态的景观生态方法，它着眼于网络及其流与周围环境属性之间的空间联系——换言之，即道路系统和其所在景观之间的联系。

分支等级网络，如循环系统、道路和溪流都拥有共同属性。网络在总面积或总量中所占的百分比较小，但覆盖着广泛的地物类型。网络中的单个廊道或者链接为流的路径，它加速了物质在整个地物中的收集与分配。高密度的流路径加强了流路径和地物局部之间的互动关系。同时，这种普遍性可能也会产生意想不到的后果，并可能会让我们为此付出代价。

正如循环系统将人体的每个细胞与活体支持器官连接起来一样，道路提供了通向和来自景观中个体土地利用单元的通道（图 11.1）。土地利用单元的大小和布局强烈影响着道路网的结构和密度，最终也会影响道路网和含有土地利用单元在内的景观之间的互动关系。例如，郊区中的各个居民点，森林中的采伐区和农业用地中的农田都将有助于定义它们各自所在景观中的粒度（缀块平均大小或直径）。[302]类似的还有公共绿地中的道路间隔，这方面一般由地形特征来决定，地形提供了观赏景致（或远景），还提供了休闲的场所。

规模为 1 000 km^2（386 平方英里）或更大的景观样地中常会包含若干截然不同的道路系统类型（第 2 章）。人口中心的分布一般决定连接线路网的空间间隔及其几何布局[898, 568]（图 11.2）。干扰区域一般会充满当地的土地利用类型，支线路网的栅格尺寸由土地利用格局决定。[559]事实上，精细的栅格网络会将当地土地利用类型和连接人口分布中心的粗栅格路网联系在一起。

为了实现运输目标，道路之间通常不需要靠得太近，它们之间的距离应该不小于两个如居住区、森林采伐区或农田这样的土地利用单元的宽度（或深度）（图 11.1）。例如，郊区社区的街道布局就为每个居住点提供了临街区域和短距离驾驶车道。居住区规模也因此在很大程度上由成本、习惯、分区，外加地形来决定，结果导致了郊区居住区域典型的粒度大小和道路密度。19 世纪初，美国中西部大多数地区在最初的平方英里格网道路的基础上又新添了通往各农田地块的便捷道路。例如，四分之一英里道路栅格大小就可以有效地服务于每平方英里面积中（2.59 km^2）16 块 40 英亩（16 hm^2）的土地。生态效应对路网的平均栅格大小是敏感的，但对栅格的变动性或许最为敏感。高变动性表明了一些大的无路区域的存在，无路区域对维持许多关键生态条件尤为重要。[450]

形式和功能是紧密联系的。[317]道路和其他系统中的网络形式最适合于某

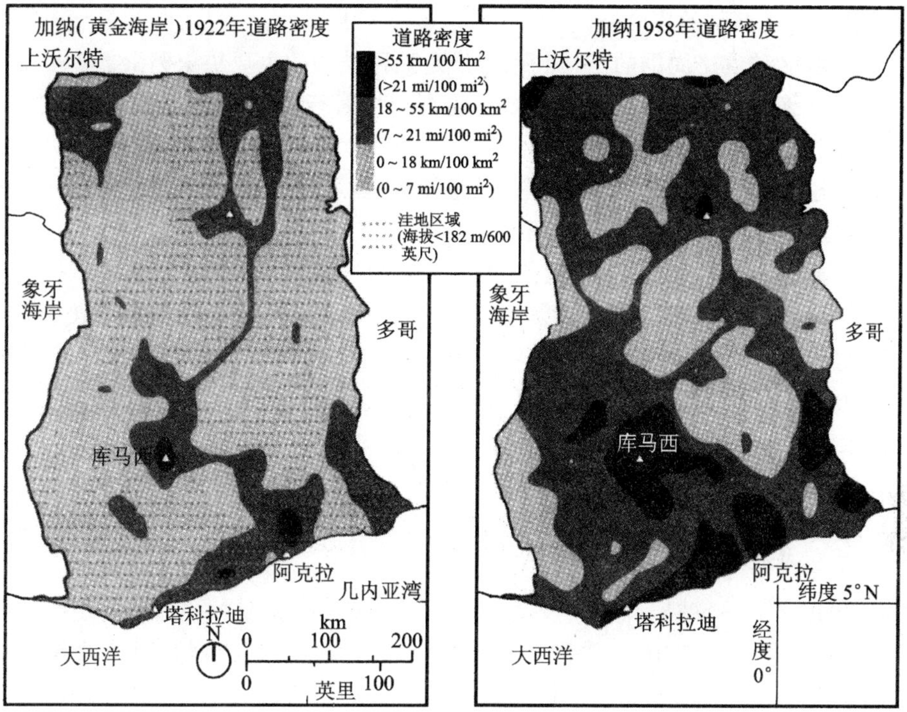

图 11.2　变化中的加纳道路密度,以前这里的道路是连接人口中心的,而现在是通过支线道路全部将分散分布的资源和人口连接在一起。早期的道路仅分布在高地和沿海区域,后来则广泛深入低地,分布在了热带雨林地区。摘自塔菲(Taaffe)等(1963)

些特定功能,主要是在流路径及其邻近区域之间通过网络进行材料的转运。像道路系统这样的工程和建筑网络,无意和有意的功能都会存在。无意功能可以通过道旁外来种建群林地体现出来,外来种入侵邻近土地,会带来意想不到的后果(第 4 章)。交通也属于无意的物种扩散传播媒介,[984, 563]而且,道旁区域也可能会成为外来植物的建植地点。在这两种情形下,道路网的高度分散格局会加剧这种影响。

时间是解释网络结构和功能的关键因素,特别是对道路网而言。在高度变化的格局中道路网的扩散和收缩取决于自然和社会的力量。[898, 568]例如,变化中的土地利用就可以改变道路网与其嵌入景观之间的互动关系,从而提高或降低道路网功能的有效性。不能良好运转的系统需要花费社会成本来进行修缮。在某些情况下,道路网的功能是可以改变的,但结构形式仍然会以原来土地利用的遗迹被保存下来。

总的来说,四个连锁或反馈关系联合产生了简单的道路网理论,它可以用来阐释景观中道路网的影响:

① 粒度和道路周围的土地利用布局是路网结构的主要决定因素。

② 网络结构和交通流强烈影响着往来于可通行地区货物和服务运输这类有目的性的社会功能。

③ 道路网对周围生态系统具有无意效应,这些将由景观中的道路密度、网络结构、交通流和生态系统的布局来决定。

④ 周围土地格局接下来也会对道路和交通产生有意和无意的影响。

实质上,土地格局决定道路网结构,其控制着网络中横向流及纵向流,两者共同决定对土地的积累生态效应。

社会主要围绕前两个连锁关系设计道路网。而本章则主要要集中讨论后两个因素,即道路网的无意功能。

11.2 道路网的空间属性

道路网连接人口中心,为诸如农田和森林这类分散的土地利用活动提供通道和支撑。道路所服务的特定目的极大程度上决定着路网形式。例如,直线路网(主要为直线和直角)是为了有效服务于居住的目的,而枝丫状路网(分级分支)则会为山区造林提供支持。山区地形中道路网的分支格局部分受山谷下垫面和山脊的影响,同时也受到道路所在山地坡面坡度(斜度或陡度)的限制。平坦的土地和城市地区常常会有一些简单的道路栅格,然而在地形起伏不太大的郊区景观和地区中,常常会呈现出不规则的直线型道路网(有效地,波网),就如同新英格兰(美国)和加拿大东部的情况一样。[302]

道路网的简单特性强烈影响着道路系统的有意目的和无意效果。因此,我们应该采用既着眼于道路网也着眼于与路段相邻的土地干扰缀块的双重角度,先来考虑道路网的具体属性,而后再来考察道路密度和路网的整体格局。

11.2.1 具体属性

景观生态学对那些相互组合起来形成网络的个别条带或廊道进行了大量研究。[815, 302, 73]相比之下,尽管各领域对道路属性和量度进行了大量描述,但很少开展生态学方面的研究。[129]道路网的下面一些属性将会彰显出这一潜在重要性[302]:连接度、通路性、方向性、廊道密度、单位节点连接度、连接角、直线性、会聚及分叉廊道、廊道宽度变率、栅格大小、围绕面的大小和变率、层级数量、交叉结点和附属结点的布局以及廊道环境变率。一些属性适用于直线型网络，如通路和栅格大小，而另外一些则适合枝状网络，包括会聚和分支。其他属性有廊道密度和连接角，适用于两种基本网络型。道路网生态学目前正处于雏形阶段，所以我们在这里只探讨个别几个已知的具有生态重要性的结构性特性。

景观中的道路密度被定义为景观中单位面积内道路的长度。这一指标首次给出了被考察的各种土地利用类型下用于估计道路影响的一个有用近似值。[302, 817]道路网的密度存在很大差异，从 40 km/km^2(64 英里/平方英里)的典型城市中心的紧密网，到偏远地区不足 0.1 km/km^2的路网(第 13 章)。郊区景观中道路网密度通常可能为 10 km/km^2(16 英里/平方英里)，但一个地方和另一个地方之间会存在很大差异。北美平坦的中心平原农业景观中路网密度在 2 km/km^2(3 英里/平方英里)左右。道路网中的纵、横向流以及空间格局都受到道路密度的强烈影响。

与道路密度不同，某些过程响应于景观中整个道路表面积的比例。[825, 151]道路表面积越大，硬化表面的暴雨流量就越多，更多接受这些径流的溪水可能会因此而退化。

道路网结构有许多几何形状，从简单直线网到枝状网，以及高度不规则格局。平坦地区可以拥有简单的道路网格局，但陡峭地势则会导致枝状道路网。甚至在网络型道路结构中，交通模式也一般具有交通流分级枝状模式。连接线上的高交通量和相对偏远地区的低交通量将趋于形成道路承载力的等级体系和枝状网络。

在陡峭地形中，坡的陡度和河水排水模式引导和限制着道路格局。山区地形中的道路系统在谷底宽度和坡度容许的情况下紧密地平行于河流。在许多景观中，道路沿山脊布线来避免湿润区域，最近更多注重保护河岸带区域较高的生态价值。当山坡陡度超过道路坡度，道路常常是用接近直角的角度横跨小溪，横向爬过山坡。地形、道路和溪流相互交叉，显著影响道路对生态系统的效应，以及道路和旅行者在遭受塌方和雪崩时的脆弱度。在相对平坦的景观中，虽然也存在地形对道路格局的影响，但不十分明显，例如，湿地限制道路布线，洪水会阻挡旅行。

11.2.2　道路密度和备选网络形式

在拥有可利用的一系列空间属性后，如果要对路网进行量度来有效评价其生态作用仍是一种挑战。道路密度是最简单的空间度量，可以提供景观上的平均或整体认识。然而，相连道路的特定形式或布局可能会为我们提供更多的信息。[760, 918, 310, 319]因此，我们在此要先介绍一些与道路密度有关，然后才和网络形式有关的生态格局。

道路密度显示出对许多大型野生动物种的影响。如美国的明尼苏达、威斯康星和密歇根各州的狼（*Canis lupus*），犹他州的山狮（*Felis concolor*）只有在道路密度低于 0.6 km/km^2（1.0 英里/平方英里）时才会兴旺起来。[960, 618, 320]最近的研究进一步表明美国大湖区西部狼群在道路密度低于 0.23 km/km^2（0.4 英里/平方英里）的情况下最有可能形成。[643]道路密度低于 0.45 km/km^2（0.7 英里/平方英里）时，几乎所有的狼都可能出来，而且这时狼群的领域不会被主要道路分隔开来。道路密度对动物的影响可能主要是由于道路撞死撞伤、干扰避让区形成，或人类到达偏远地区的能力的提高、或综合因素影响的结果。同时，还要依据物种和景观类型而定[114, 320]（第 5 章）。

许多其他生态格局也可能与道路密度有关[318, 320]（图 11.3）。例如，在道路密度较高时，山间溪流的洪峰流量会有所增加。[462, 106, 461, 725]沿着从低到高的路网密度之轴线考虑将一系列生态因子——如大型捕食动物种群，林火大小，起火频率，溪水最大流量和人类因为拥有通道之后造成的干扰作图。可以预想会有很不一样的曲线出现，表明不同道路密度水平下会形成独特的生态条件组合格局。

栅格大小是指网络中被环绕的缀块面积或直径，与道路密度呈负相关关系[302]（图 11.1 和图 11.3）。当道路密度增加时，栅格大小就会缩小。当景观变得更为破碎时，碎块便会更加趋于小型化。[396, 951, 827, 953]虽然道路是影响源，如道路致死和人为引发火灾现象，但大多数道路效应对所环绕缀块的自然功能发挥也有着显著的限制作用。不论是道路密度还是栅格大小均可以被作为量度工具。然而，后者着眼于被环绕的生态系统、栖息地碎块或土地利用类型，随着道路的增加可以渐进变小，并最终受到限制（常常出现退化）。[450]

有一个类似的案例是在法国西部农业景观中由绿篱围绕起来的农田栅格的大小问题，是一种对生态条件全面分析的有效例证。[504, 302]在该案例中，几个不同的物种对栅格的大小有着不同的响应。捕食甲虫和四种草本植物在土地面积超过 2 hm^2（5 英亩）时基本会消失殆尽，当面积大约为 7 hm^2（17 英亩）时猫头鹰开始消失，在栅格大小约为 100 hm^2（247 英亩）时，某些灌木种也会消失。此外，假定能量、土壤和另外一些条件也会以独特方式响应于栅格的大小变化。通过考虑这些综合效应我们可以阐明农业景观在 1 hm^2（2.5 英亩）栅格大小时在生态学上会显著不同于 10 hm^2（25 英亩）大小的网格，相应的也不同于100 hm^2大小的景观。因此，每个栅格都会表现出不同的生态条件，正如前面所述的道路密度的例子一样。

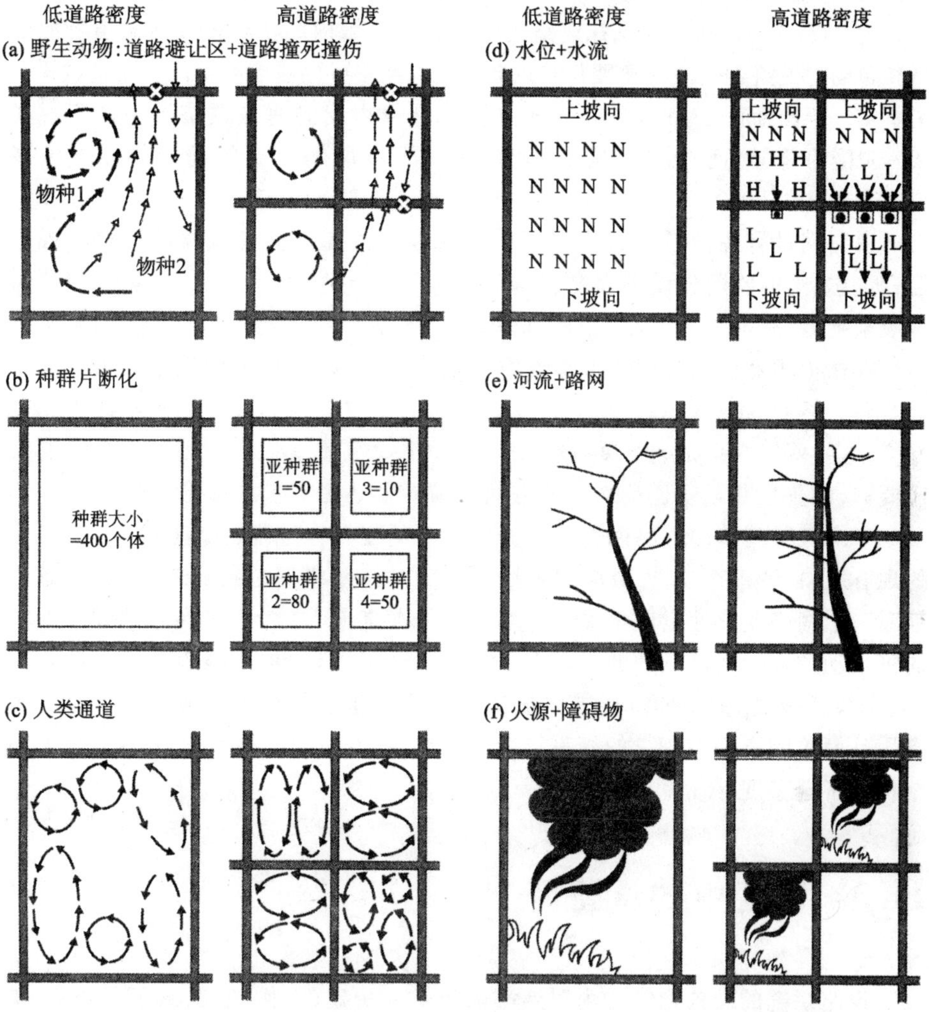

图 11.3　道路密度的不同生态效应。(a) 物种 1 趋于避开道路邻近区域;物种 2 穿越道路,结果死在路上。(b) 物种避开道路邻近区域;小种群的大小有很大波动。(c) 在左边中间区域是远离人类影响的地方。(d) N = 正常水位,H = 高水位,L = 低水位。在右边可以比较水通过一个小渠和三个大渠的流量。(e) 左边是相连接的水源地;右边(道路趋于与河流平行,并与小溪流呈几乎直角相交)道路穿过 8 条溪水并沿其中一条分布,明显影响溪流网络的水生生态系统。(f) 左边会出现少但规模更大的火灾;而右边会有更多(人为火灾)和规模更小(人员易于到达火场)的火灾。引自 Forman 和 Hersperger(1996)

道路系统的有效栅格大小的概念通过加入两类变量，即所围绕区域内土地利用格局和道路影响区的宽度，可让我们更加深入地了解道路系统的生态效应。[245,450] 土地利用格局强调在道路包围的每个区域内的栖息地或自然植物的数量和布局。道路影响区的宽度将重点放在道路网中各路段会有不同交通量这样一个事实。德国斯图加特地区许多地方通过计算得出的有效栅格大小之间存在10~30倍的差异，而事实上从1930年到1998年期间所有的栅格都在不断减小。[245]

道路网具有各种各样的构型。典型的自然景观大都具有异质性和不规则性，所以规则的路网建设将会在它与自然界之间产生巨大反差。事实上，以分形维数来衡量，有很强人类印记的景观格局会显著不同于自然中的景观格局。[508]

在栅格相对于景观中的生态流而言较大的条件下，道路网规则与否并非十分重要。然而，相对精细尺度上的道路网与大多数景观纵横交错。不同于完美网络，这些网络几乎都包含变异性。虽然生态学家通常认为规则网不是我们所需要的，但是也并不知道什么样的空间布局将会是在生态方面最优的。

考虑三种简单的道路网密度和栅格大小的变异性量度：① 高方差，② 最大的现有缀块，③ 几个最大缀块的平均大小。对这些指标进行比较，可以绘制出针对三个网络变异性量度中每一个的溪流最大流量[462, 106]和避免道路邻近区域的野生动物可利用栖息地的面积[618]的期望格局。最终的曲线表明第三种选择（几个最大缀块的平均值）在提供最满意的两种生态特性条件方面可以是一种有用且简单的道路网变量的衡量尺度。当然，正如前面所提到的，还有许多网络结构的备选量度存在。

11.3 改变中的道路网

道路系统的结构通常是由对效率的追求来决定的，例如，在满足了经济、美学、地形、车辆能力和其他因素之后，最小化建设“足迹”和旅行距离。因而道路旅行和土地利用目标是与地形互动形成道路网的粒度和格局的。但路网常常在某种程度上保留了与以前而非现今的土地利用相关的某些粒度和格局，因此部分可算是一种遗留。尽管景观自身经历了显著的改变，包括渐进的和迅速的，但这里的重点是景观内部道路系统的改变。[1074,302,935,704,720,804,199]

11.3.1 网络发展

为实现向各个土地利用单元提供通路的意向性功能，道路网贯穿于景观当中(图 11.2)。道路随着时间的网络发展常常反映出了土地利用变化的各种驱动力序列。另外,网络发展也许是为了完成一件特定的土地利用变化而开展全面规划的产物。最初的意愿中仅仅是通向农场和牧场这样的道路的功能常会随着时间推移被某些土地利用变化所取代,早期农业区的郊区化就表明了这样一种情况。所以道路网就像是故事,从那里你可以读出早期土地利用遗留下来的某些线索。

例如,1635 年,随着马萨诸塞州康科德镇的建立,人们开始在早期的森林地区建造道路用来连通小城镇和农田。19 世纪中期,当亨利 · 大卫 · 梭罗在此漫游并描写这片土地时,这里已经有 80% 被改造成了农田,只有 15% 的森林了(图 11.4)。[1025, 323] 此后的一个半世纪里,农业衰退,森林开始慢慢增长,郊区城镇化迅速加快。总之,从 17 世纪到 20 世纪,景观发生着巨大的变化。

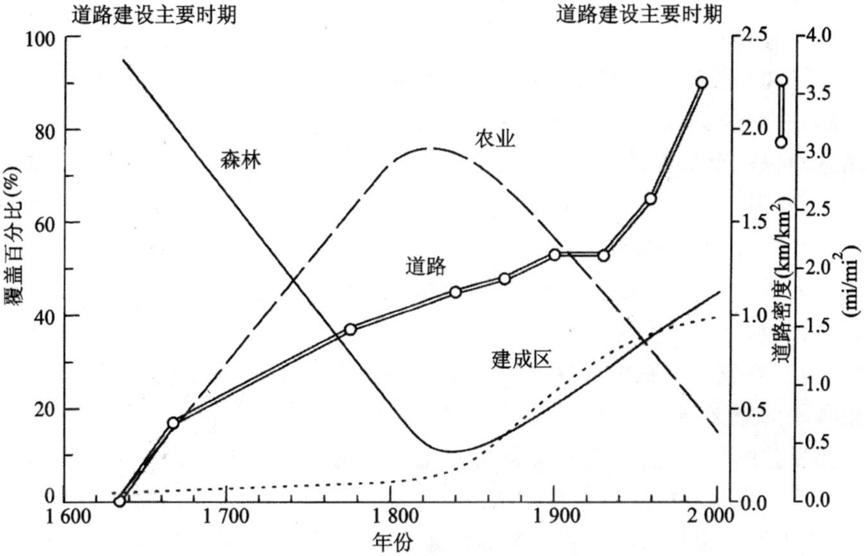

图 11.4　随时间推移,道路网随着土地利用类型和较宽尺度景观的改变不断增长。研究对象为波士顿以西 40 km(25 英里)处的 65 km^2(25 平方英里)的马萨诸塞州康科德镇。早在 1844 年从康科德镇到波士顿就已经开通了铁路,从那年开始亨利 · 大卫 · 梭罗就在康科德镇瓦尔登湖的小木屋中停留了两年。据 Whitney 和 Davis(1986),Foster(2000)和康科德镇相关记录

然而,道路网一般也同时具有稳定不变的主干部分(图 11.4)。到了 17 世纪 60 年代,它就被布设在一些地方,并在随后三个世纪中一直慢慢增长。甚至当郊区化过程开始形成时,大多数房子就是沿着主干线或在主干线附近来建造。仅仅在最近几十年里,随着居住区扩展到农田和森林这样的封

闭土地，道路密度随之迅速增加。因此通过历史来观察，土地利用变化极具戏剧性，而道路网的发展仍然保持着一个相当稳定的、渐进的和多类型的轨迹。

形成鲜明对比的是，近来在美国西北部太平洋沿岸森林的运营模式再次导致了自20世纪50年代到80年代期间的道路网扩张。由于不断地对分散的大约每块15 hm^2(37英亩)面积上的地表天然林实施清伐。[396,332]在俄勒冈州的威拉米特国家森林公园每年要砍掉近1%的森林。在过去40年的时间里，道路不断被建设出来，总体上每年增加2～4 km(1.2～2.4英里)。自1990年以来，随着森林利用面积的减少，为恢复小流域质量一些路段被拆除或进行了实质性的调整。

11.3.2 增加和拆除道路

对增加和拆除道路来说，路网变异性也是重要的。例如，如果你是个规划者，你的目标是要对图11.5中的各案例增加10%的道路长度，你会在何处设置新路来确保一个最好的生态条件范围呢？(假设每一处道路网周边都是与之一致的路网，但不能比道路网d中的情况靠得更近了)。为了保护含水层或大范围活动的物种，新路最好建在靠近T和U的区域而不是靠近W和X的区域。一个被分成4个大缀块的种群(复合种群)其间偶尔还会有道路带来的交汇交通，新道路最好布设在网络b的远角处(该网络有4个相当大的缀块，一条路即可分开)。在发展活跃的郊区化区域和采伐木材的森林景观中，这样的分析具有很重要的意义。

相反，如果你的任务是对如何拆除每个道路网中10%的道路长度提出建议(图11.5)，你将会拆除哪些路段来改善生态条件呢？[302]为了保持大缀块的生态效益，被拆除的道路应该是：① 被定名为D、E、F和G的交叉部分；② L和M周围的道路；③ W和X处的路段。为了加强景观中的连接度，减少交通噪声影响，修复地下水和河溪中的水流，或者共同实现若干目标，可能会有不同的最优道路移除方案。在一些农业人口减少的农村景观以及树木被砍伐和以生态恢复为第一要务的林区，或者那些需要重建的无路地区，这种分析是重要的。

因此增加和拆除道路的效果很大程度上依赖于道路网空间布局，在很多情况下近乎独立于道路网密度。在这两种情况下，解决方案的两个主导原则为：① 保持或建立大面积的无路区域，② 使得道路与溪流以及其他水体的接触机会最小化。当增加道路时(图11.5)，如果我们放松了关于道路间最小距离的限制，则执行第三条原则：③ 对车流量大的现有道路增加车道而非增加新路(第14章，图14.5)。

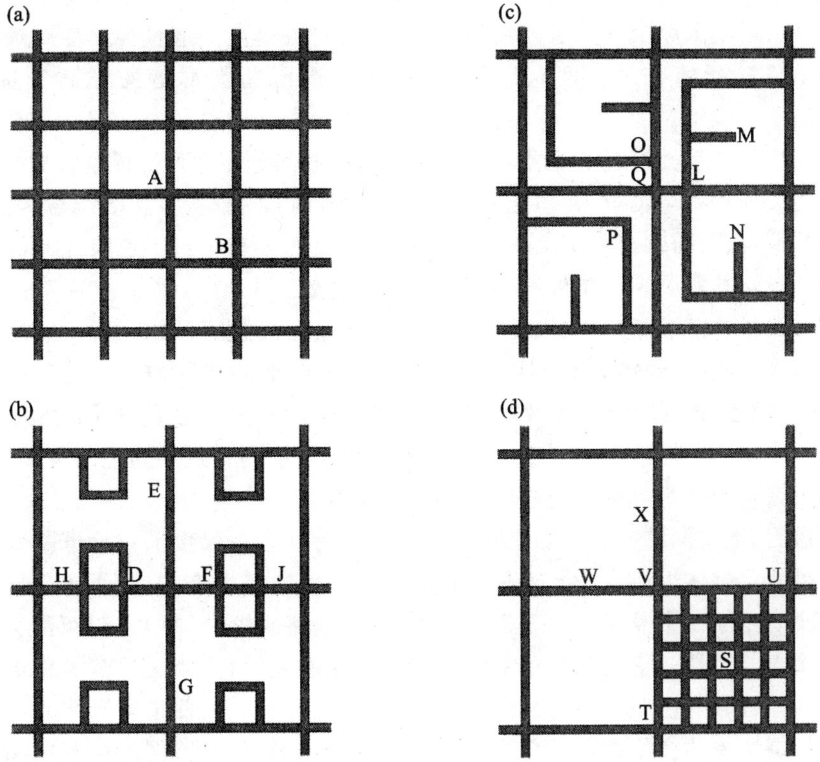

图 11.5　具有相同道路网密度和不同生态条件的四种不同的道路网模式。空白 = 有植被区域，图释见本章内容

11.3.3　时间和道路系统

对大多道路而言，时间和空间里通过道路网的车流量对生态的影响也是一个关键因素。每日、每周和季节性的车流量有很大的周期性变化。来往于工作地点或学校的交通流体现的是交通量的日循环；上班族在工作日以及周末的休闲或疯狂购物形成的交通流体现出了交通量的周循环；冬日阴冷的气候和假日旅行高峰处处表现出交通量的季节性变化。污染物的影响以及野生动物穿越道路的行为对交通量的周期高度敏感。一些物种经过一段时间竟可以调整行为或对这些周期性干扰变得适应起来。

非周期性、无规律的交通流也会产生某些生态影响。非经常性事件与交通的短暂脉动有关，如偶发龙卷风或重要的摇滚乐盛事。假定这些事件只会产生一些短期的生态影响，但其强度大。稀有物种在局部的灭绝会是一个典型的长期影响过程，因为来自远处物种的再拓殖一般较为漫长。一个更熟悉一些的非周期性格局是道路交通的长期增加或减少。例如，提高交通量会改变对哺乳动物的道路撞死撞伤率（第5、6章）或加剧对周围鸟类群落的交通干扰（如噪声）。[771, 322]

与生态和其他有趣的现象相关的交通量的时间分布对评价道路影响是至关重要的。例如，与动物活动相关的交通流的时间变化就会影响互动的幅度。[522, 982]在未铺砌道路上卡车交通量在时间上的分布相对于地表径流的时间会强烈影响冲刷到溪流中的细小沉积物质的总量。[766]

在一些地区，当珍稀或重要物种迁徙时道路会被关闭(第5章)。暖春的夜晚会有大量两栖动物从越冬林区迁徙至池塘或湿地的繁殖地点。在某些情况下，居民和政府官员们会暂时关闭道路来防止途经道路上的动物被压扁。[522, 445, 982]事实上，这样的过程有时便促使了两栖动物迁移通道的设置，就如同马萨诸塞州阿姆赫斯特的情形一般。

最后，道路网结构和功能之间的联系就成为在景观尺度上评价道路效应的主要挑战。整体上讲，三个道路系统的主要属性决定生态响应：① 路网密度，② 道路表面积，③ 交通量。随着研究的深入，道路网模式(图11.5)可能会成为第四个主要属性。它表现为每个生态格局和过程基本上都与三个属性中的一个相关联。被影响生态系统的结构也是很重要的。例如，一些道路影响其两侧邻近区域缀块中的植物繁殖，而其他过程则通过河流网与道路网的相互影响改变着沿线物质进入河流网的路径，因此，为研究目标或解决问题在道路网上采取措施时要仔细一些。

11.4 道路系统对周围土地的影响

本节首先考虑道路影响向外扩展的距离以及在一张土壤地图上它意味着什么的问题。之后介绍“道路影响区”的概念，这是一个很有前景的评估和规划工具，它将工程师仔细、翔实的观点和生态学家宽泛的景观观点带到了一起。接下来，作为景观中简单的一般性生态影响衡量尺度，我们来讨论道路密度。然后审视由道路引发的栖息地破碎化这一热点问题。最后来研究线性方型道路网叠加于枝状河流网络后产生的效应。

前面的章节已经对道路和植物、动物、水、沉积物，以及其他一些包括影响的距离效应变量在内的影响生态系统特征之间的相互作用的独立格局进行了深入观察和了解。现在我们综合不同的研究结论来揭示道路向外影响有多远(图11.6)。[241, 559, 754, 302]许多显著效应变限于离路很短的距离内要归因于局部空气流动沉降的颗粒物和气溶胶。许多涉及物种、能量和物质转移的道路效应一般只扩展至中等距离。多数较长距离的道路效应包括人类通路干扰、外来种扩散、对河溪的影响、阻断野生动物迁移路径以及对对流层和平流层空气运动的影响(第 10 章)(图 11.6)。尽管对北美驯鹿(*Rangifer tarandus*)受到的道路影响仍存争议(第 13 章),但对北美驯鹿报道过的最大避让区或影响距离为 5 km(3 英里)。[676, 677, 678]

道路两侧的影响范围(图 11.6)是由许多介入过程以及运输介质所决定的,如风、地下水或动物迁移。一些过程深受地形影响,而另一些所受影响较弱一些。风运送路表沙砾比运送小颗粒尘土、泥砾和盐粒会受到更多限制。从道旁到相邻区域,如密林,如果这里的植被结构发生改变,也会影响到道路对周围区域的影响范围。道路上方森林冠层的缺口对森林内部鸟群比交通噪声对同类鸟群有更多限制性空间小气候影响。一般情况下,道路对草原生态系统的影响比对森林的影响会更加深远。由浮尘、可溶性路盐和水流运送的物质引起的道路影响常能扩展到下坡向很远的距离,但在上坡向却很有限。

道路网会对嵌入景观中的动物种群、水文系统、河流系统以及其他组分产生累积作用。道路网对周遭土地的影响取决于这种互动是位于地表以下还是地表以上,是分散的还是聚积的,是否是沿着重力的方向流动。一旦与道路相关的污染物在地下水系统中开始被缓慢运送,这些效应就可能会在很远处被放大,并产生显著的时滞性。

为了评估道路网在较大尺度景观中的影响,我们必须把一维路段的视角(图 11.6)转换为二维路网尺度。[760] 如果对道路网影响的假定景观来作图可以突出体现几个重点问题(图 11.7)。在本例中,多个影响因子(图 11.6)被分为短距离效应、中距离效应和长距离效应。临近道路的 A 区要受到各种影响,B 区受到中距离和长距离影响,而 C 区只受长距离影响,R 区不会受到道路网显著的影响。在本例中,景观总面积的约 50% 在 A 区,属于严重受影响区,较远的 R 区约占 25%,B 区和 C 区分别占景观面积的 15% 和 10%。

由于 A、B、C 区宽度相同(图 11.7),所以增加道路直线长度时三区面积的增加量相同。另外,由于路网中不断出现的交叉路口,道路长度也在不断增加,因此 A 区的面积扩大速度大于 C 区。最后,如在某些林区建设稠密路网,R 区可能就会消失,紧接 C 区也会消失,然后是 B 区。

区域类型的空间布局也具有潜在的生态重要性(图 11.7)。A 区紧接路网并围绕着路网,B 区和 C 区仅是窄的长方形环或环形。事实上,三个中每一个之间都是等距的。相比之下,不受影响的 R 区仅以孤立矩形缀块出现。一个大的远处缀块与两个较小的(A + B + C 宽度的两倍)被很好地区分开来,这对一些远距离缀块中的物种(或复合种群)有着重要意义。

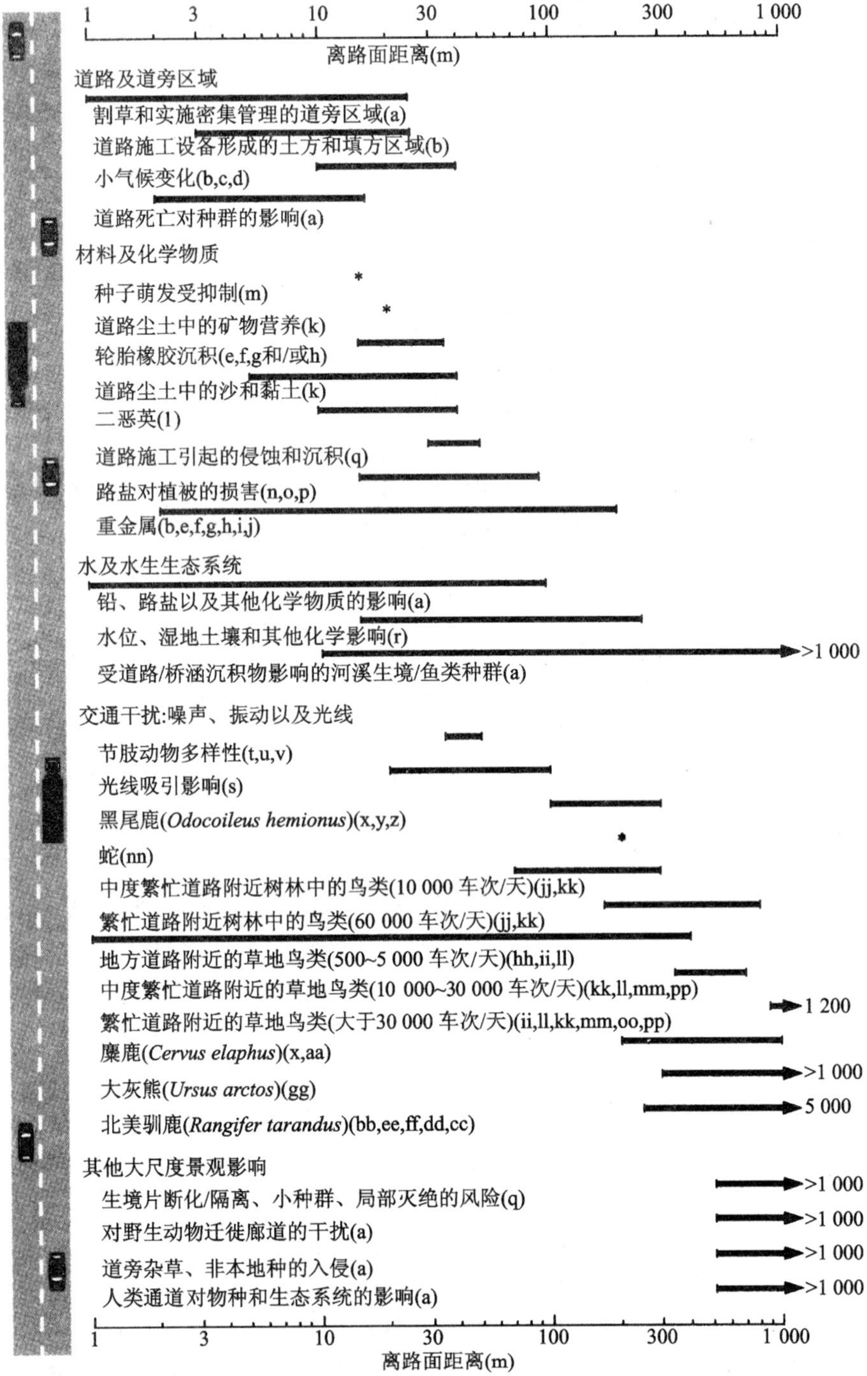
1 3 10 30 100 300 1 000
离路面距离(m)
道路及道旁区域
割草和实施密集管理的道旁区域(a)
道路施工设备形成的土方和填方区域(b)
小气候变化(b,c,d)
道路死亡对种群的影响(a)
材料及化学物质
种子萌发受抑制(m)
道路尘土中的矿物营养(k)
轮胎橡胶沉积(e,f,g和/或h)
道路尘土中的沙和黏土(k)
二恶英(l)
道路施工引起的侵蚀和沉积(q)
路盐对植被的损害(n,o,p)
重金属(b,e,f,g,h,i,j)
水及水生生态系统
铅、路盐以及其他化学物质的影响(a)
水位、湿地土壤和其他化学影响(r)
>1 000
受道路/桥涵沉积物影响的河溪生境/鱼类种群(a)
交通干扰:噪声、振动以及光线
节肢动物多样性(t,u,v)
光线吸引影响(s)
黑尾鹿(Odocoileus hemionus)(x,y,z)
蛇(nn)
中度繁忙道路附近树林中的鸟类(10 000 车次/天)(jj,kk)
繁忙道路附近树林中的鸟类(60 000 车次/天)(jj,kk)
地方道路附近的草地鸟类(500~5 000 车次/天)(hh,ii,ll)
中度繁忙道路附近的草地鸟类(10 000~30 000 车次/天)(kk,ll,mm,pp)
1 200
繁忙道路附近的草地鸟类(大于30 000 车次/天)(ii,ll,kk,mm,oo,pp)
麋鹿(Cervus elaphus)(x,aa)
>1 000
大灰熊(Ursus arctos)(gg)
5 000
北美驯鹿(Rangifer tarandus)(bb,ee,ff,dd,cc)
其他大尺度景观影响
>1 000
生境片断化/隔离、小种群、局部灭绝的风险(q)
>1 000
对野生动物迁徙廊道的干扰(a)
>1 000
道旁杂草、非本地种的入侵(a)
>1 000
人类通道对物种和生态系统的影响(a)
1 3 10 30 100 300 1 000
离路面距离(m)

图 11.6　各种生态因子的不同道路效应距离。水平方向是曾经报道过的具有显著生态影响的距离道路的平均和最大距离(如果出现溢出值,一般被舍去)。括号里的字母表示来源于:(a) 作者估计;(b) Ellenberg 等,1981;(c) * Mader,1981;(d) * Pauritsch 等,1985;(e) * Kelller 和 Preis,1967;(f) * Fidora,1972;(g) * Hoffmann 等,1989;(h) * Reinirkens,1991;(i)Santelmann 和 Gorham,1988;(j)交通部公共工程及水管理部,1994c;(k)Tamm 和 Troedsson,1955;(l) * Unger,1991;(m) * Fluckiger 等,1978;(n)Hofstra 和 Hall,1971;(o) * Evers,1976;(p) * Wentzel,1974;(q)Forman 和 Deblinger,2000;(r) * Adam,1992;(s) * Meier,1992;(t) * Port 和 Hooton,1982;(u) * Maurer,1974;(v) * Przybylski,1979;(x)Rost 和 Baily,1979;(y)Dorrance 等,1975;(z)Singer 和 Beattie,1986;(aa)Edge 和 Marcum,1985;(bb)James 和 Stuart-Smith,2000;(cc)Dyer 等,2001;(dd)Nellemann 等,2001;(ee)Nellemann 和 Cameron,1996;(ff)Nellemann 和 Cameron,1998;(gg)Gibeau,2000;(hh)Clark 和 Karr,1979;(ii)Reijnen 等,1997;(jj)R. Reijnen 等,1995;(kk)M. Reijnen 等,1995;(ll) Forman 等,2002;(mm)Green 等,2000;(nn)Rudolph 等,1999;(oo)van der Zande 等,1980;(pp)Raty,1979。另外,* 表示被 Reck 和 Kaule 引用过,1992

通过简单分析就可以发现网络规模上的道路生态影响的几个方面。首先,道路影响可以延伸到景观中的一块较大的面积,影响的距离达到路间平均距离的一半(网络粒度的量度)。[760]第二,道路效应可以浸透(穿透)一片景观,甚至在中等道路网密度下,此时长距离效应便成为一个因子。第三,道路影响格局可以产生出不受道路影响的独立栖息地缀块(图 11.7)。这些栖息地大小和布局特点可以限制其功能。如果缀块太过分散,在缀块间扩散的难度就会过高,例如,属于这些缀块的生物种群到最后会衰退或消亡,即使是整个景观中有足够适合的生境。

最后,道路会避让某些生境,如湿地和陡坡,它们在离道路较远的 R 区具有很强的代表性。[881, 817]这意味着在这样的生境中道路总体的影响较少。然而,这也意味着这些影响会在其他一些生境类型中被加强,景观中自然群落的多样性会有被降低的趋势。

11.4.1　道路影响区和陆地系统

公路工程师根据严格的设计规范和丰富的经验认真设计路基、路面、沟渠、道旁和紧邻区域。同时,景观生态学家和相关领域的同仁记录了宽泛景观中野生动物迁移、植物群落、珍稀物种、地表和地下水流以及鱼种群的主要格局与过程。保育规划者和交通规划者们,实际上还有整个社会,需要将这些关键的精细尺度和大尺度上的观点整合到一起。在管理实际过程、道路系统和景观时下面的模式对产生有益的解决方案可能是个很好的基础。

想象一下我们在沿着一条道路驾车,道路穿越着一个个异质性的区域。很明显,两边的土地利用或道路两侧的本地生态系统不断地发生着改变,就如同电影中对往事的回忆。而且,在穿过交叉路口和(或)社区时,交通量会发生改变。邻近土地类型和交通量的组合一定会在道路左右两边产生出宽度变化的道路影响区。让我们进一步察考其机理。

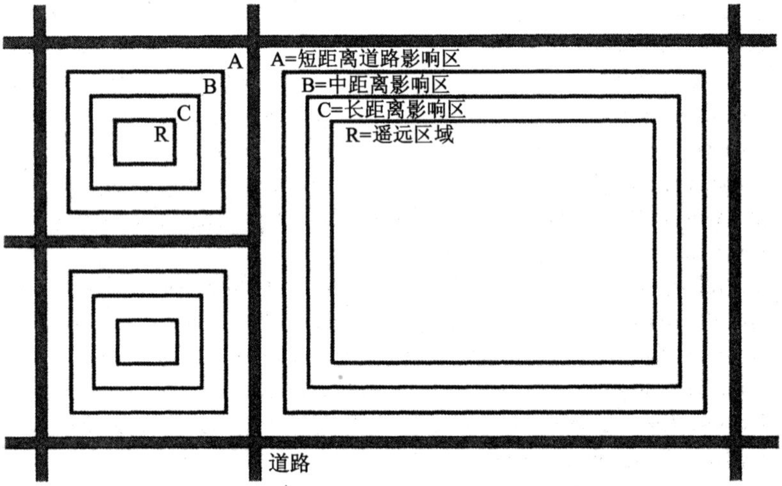

图 11.7 网络中的生态道路影响区

除了邻近土地类型和交通量的改变以外,许多不同类型的道路影响会扩展到左侧和右侧的不同距离(图 11.8)。考虑三个过程或机理有助于确定道路影响外扩的距离[320, 310, 305]:

(1) 风——例如,从左向右吹,则会产生不对称效应(图 11.8)。道路尘埃、排气管排出的氮以及交通噪声在下风向传播距离会远于上风向处,从而会产生更大的影响。

(2) 水——例如,从左向右流,会运送沉积物质和可溶化学物质,抬高洪水水位,并在天旱时干涸(图 11.8)。下游受到的影响比上游会更大、更远。

(3) 对动物和人类造成更多的行为吸引,吸引其迁入更适合的生境或地方,或者尽量避免不太适合的生境,导致对道路左右两侧不同的影响。鹿会吃掉更多的草,外来种侵入会更多,人类会在一个方向上有更多野炊或打猎的行为。

实质上,在风、水和行为过程的影响下,穿越土地马赛克的道路系统会改变物质、能量和物种格局。结果产生出了道路沿线的影响区,即道路影响区,该区会向外产生显著的生态影响(图 11.8)。影响区具有不对称旋绕边界。如图 11.7 中的 B 区和 C 区,从路面扩展得远或相对较远的影响会界定出道路影响区的边界。

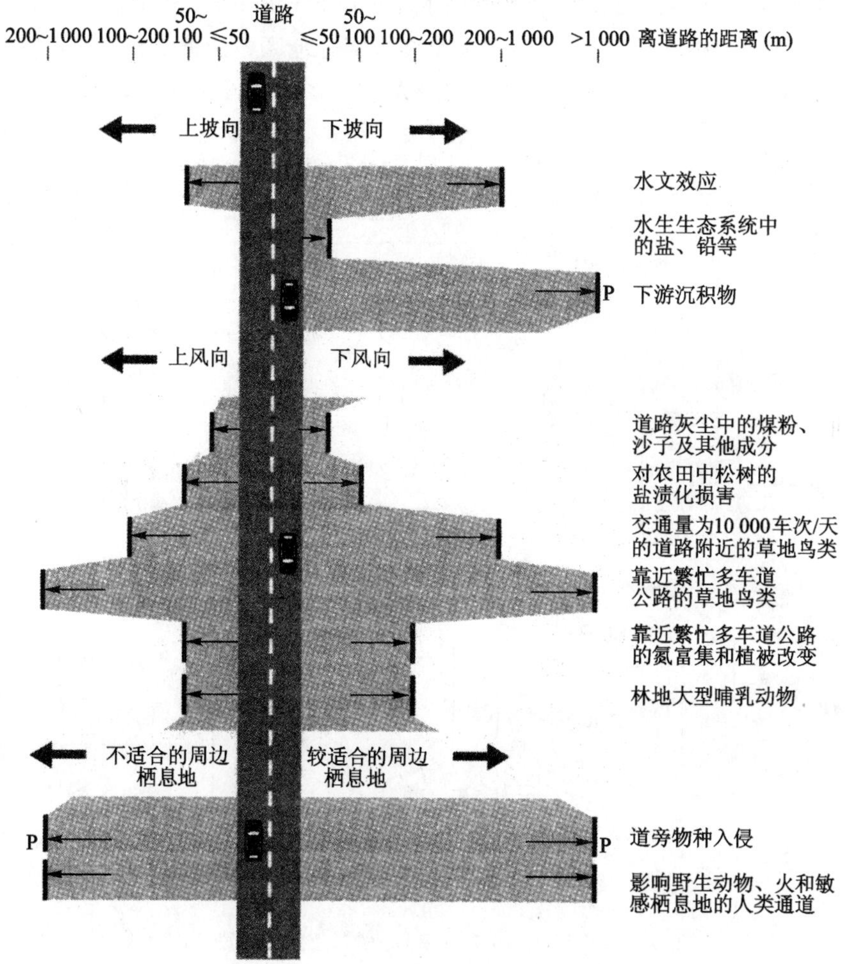

图 11.8　道路影响区和三种决定影响区宽度和形式的机理。右侧所列出的影响基于一个或多个研究。三种机理——重力(上坡向/下坡向)、风(上风向/下风向)和行为或栖息地适合度(少/多)——除道旁的墙体或山体,道路的一侧会比另一侧产生更长的影响距离。鉴于数据缺乏,在本案例中左边的距离一般为右边的一半。阴影区表示道路影响区。一般情况下,每一种影响都会沿着道路或路段向外扩展;P 表示从路上的一点扩展开来的影响。摘自 Forman 和 Alexander(1998)

一条从波士顿(美国)向西延伸的25 km(16英里)的多车道有隔离带路段的道路影响区模型被制成了图,该路段每天大约有50 000辆汽车经过。[315, 306] 有9个从道路向外扩展超过100 m(328英尺)的生态因子——湿地、溪流、路盐、外来植物、驼鹿(*Alces*)、鹿(*Odocoileus*)、两栖动物、林鸟和草地鸟类——被测量或估测。有几条路的影响范围超过了1 km(0.6英里)。大多数影响因子都是在2~5个具体点位上测定的,道路沿线大部分地区显然都受到了交通噪声的影响。通过制图显示,这些道路影响在该景观中的平均宽度(每边300 m)大约为600 m(0.4英里),呈不对称状,具有旋绕边界,少数长"指"会向外延伸更远的距离(图11.9)。

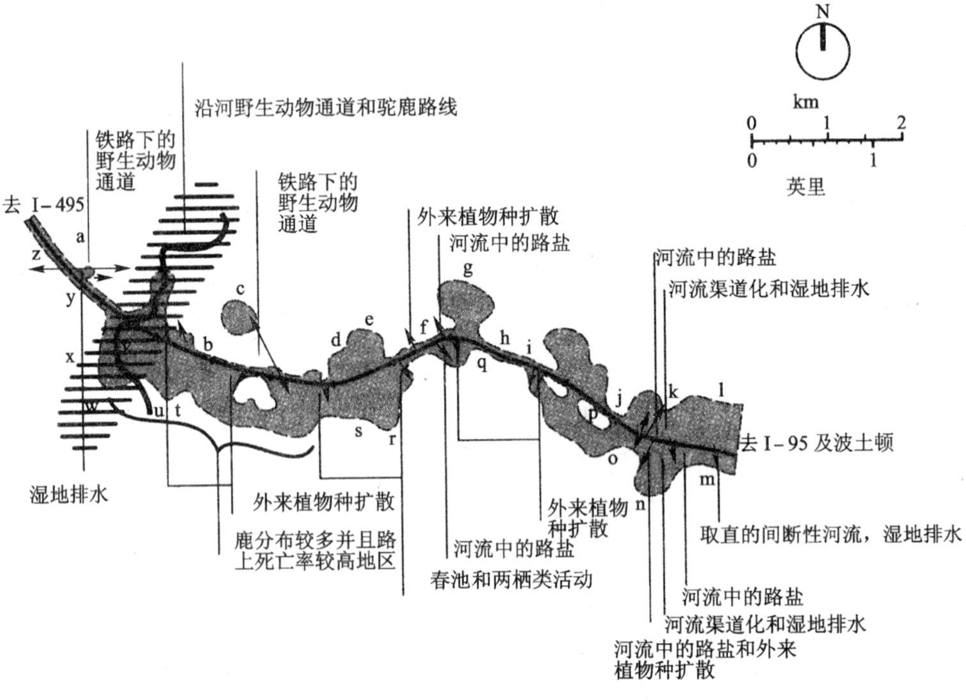

图11.9　一条10 km(6.2英里)的多车道公路路段的道路影响区。箭头代表估计或测定的生态影响距离。虚线表示估计会被交通干扰或噪声影响的自然植被区域。字母指一些影响道路影响区宽度的如建筑区、路堤和开放草地(见Forman,2000)。波士顿以西的林肯/康科德地区2号公路每天有50 000部车辆。摘自Forman和Deblinger(1998, 2000)和Forman(2000)

指状形态通常代表公路交叉于河流或铁路这样不同类型的廊道的位置。公路通过略微起伏的森林和居住区景观。道旁的护栏和山丘偶尔会阻止交通噪声的传播,然而田野旁边提升的路基却无疑会加重这一影响。仅对自然和农业区域的生态影响进行了量度或估测。对居住区影响的忽略因此有效地减少了道路影响区的平均宽度。

道路影响区的边界并不意味着生态影响不会超越这一界限，就如图 11.7 中较远的 R 区一样。它仅意味着，比如基于沿道路的垂直线的量度和现有的证据，超出边界后的影响（在统计学上）不显著而已。

将景观中的道路影响区模型扩展到二维道路系统后则会出现网络影响区域，如图 11.7。在格网状构型中，它的面积是将每个现有的道路影响区域和与之产生相互影响的任何面积相结合，例如，小块封闭缀块周围的道路影响区会和缀块之间发生相互作用并影响缀块中心区域。因而，风可能会运送车辆污染物穿过缀块，或者非本地道旁动物也可能穿行缀块。风、水和行为运动会趋于高度非随机性和方向性，这对于网络影响区的建模和理解有很好的作用。

对波士顿以西“典型”的郊外景观开放缀块中的草地鸟类的研究说明了网络影响区的重要性（第 10 章）。[315, 322]在 240 km^2（93 平方英里）的景观区域中，不同交通量的道路网沿线所有明显适合于草地鸟类栖息的开放缀块都被标记了出来。受道路交通量影响的道路影响区宽度从数百米到 1 km 多不等，在那里发现鸟类的生存和正常繁殖受到了抑制（图 10.7）。有一半的开放缀块和一半的总面积是在网络影响区内。这个例子表明道路影响区主要受交通噪声的影响，在郊区景观中可以发展到一个令人吃惊的面积。

同样有趣的是随时间的变化估量。如果影响距离缩短 10%，或许就可以模拟早期交通量较少时的情形，网络影响区也会减少 2% ~3%。[332]然而，如果影响距离增加 10%，则能模拟未来大交通量下的情况，影响区也会增加 7%。区域大小的不同表明了网络影响区在面积上的曲线增长，它会随着道路密度或交通量线性增长而发生。[245]网络影响区的面积从 2% ~3% 再到 7% 的增长也表明在这种典型的远郊景观中道路影响区达到了快速膨胀期。那些鸟类群落没有受到明显道路交通影响的封闭且相对自然的缀块（图 11.7 中的 R 区）可能会很快消失。在过去二三十年间，车辆增长程度明显高于道路长度的增加，未受影响的较远生境由于交通增长会快速消失。事实上，交通量影响可能属于道路系统最普遍的生态影响。

这些模式提出了一个饱和效应的概念，也就是当道路达到一定密度，道路增加带来的影响就不会十分显著了。饱和效应由曲线或阈值响应反映出来，例如，随着交通量的增加，鸟类避让区的宽度或道路影响区的宽度就不会进一步增加了[322]（第 10 章）。这种曲线响应在远郊景观中有所表现，那里交通量增加 6 倍时道路影响区会增加 3 倍。举个极端例子，一旦由于道路交通的影响，野生动物种群从一个地区消失，那么增加再多的道路也不会增加对这一物种的影响。

除了这些有限的可利用研究结果外，我们可以通过空间模型获取更翔实的信息(图 11.7)。对均质景观中示意性的道路系统而言,A、B 和 C 区的组合会形成道路影响区,而这是考虑环境敏感性的交通规划、设计、施工、养护、缓解和管理时要求的最小面积。很明显,为实现这一目标我们至少需要生态学家、工程师和规划师的专业知识的组合。A、B 和 C 区解决方式会明显不同。这种方法也表明尽管对景观和区域规划极其重要,R 区对交通规划而言在很大程度上属于外围区域。

11.4.2 道路网对河流系统的影响

道路系统可以通过很多方式影响河流系统,包括作为地表径流的源和导管将径流输入天然河流系统当中。在流域科学和管理中,这些现象被认为是离位累加效应,流域过程在时空上的扩散变化,最后致使这种影响从直接影响点向很远处移动(这必须考虑满足美国环保署的规定——见第 3 章)。这些过程已经在城市、郊区和山地森林景观中被观测到,在那里,下游地区的洪水在若干机制下会有所增加。[1017]硬化路面阻滞了雨水和雪水的渗入,从而加速了将水运送到溪流中的速度,并提高了潜在的洪水流量。陡峭山体上开挖道路会截流地下水,并通过沟渠将其运送到自然河流系统中转换为地表水。这一过程有效地扩展了河流网,提高了排水密度(单位面积土地上总河溪长度)。[1017, 106]另外,网络长度以及水网和道路网的连接程度,而不是路面面积,是决定陡地形下游水量的主要因素。径流的提高可以导致沟渠深切或溪流加深,因此会在溪流系统地势较低部位改变水生和河岸带的生态条件,包括鱼的种群。[234]

关于道路网对溪流影响效果的简单评价开始于对与路网密度相关的沟渠密度的估测。[1044, 1017, 106, 463]此外,两种网络类型之间的连接程度也具有生态重要性。两个网络类型之间的主要连接类型为:① 桥涵处道路与溪流交叉;② 道路和溪流彼此平行延展。

第三种连接类型出现于由道旁沟渠连接起来的道路和溪流网。例如,在山区森林中大约有 57% 的道路网是作为溪流网的扩展的,从而排水密度也被提高了 21% ~50% 。[1017]多数道路与溪流的连接都是通过道旁排水沟与溪流连接而形成的。然而,有些连接是在涵洞将水从沟渠输运到道路下方的土壤并形成沟壑,再使得沟渠与自然河流无意地连接了起来。

道路系统也提供人类通道,结果导致了溪流和河岸生态系统直接和大面积的改变。[405]大量常常是微乎其微的因素,如合法的和非法的捕鱼,在河岸区对常见种的猎杀,从溪流中清除树木,这些人类扰动而使得环境发生了退化。河流和河流两旁生态系统的改变的可能性是和道路网与河流网交汇频率成正比的。这种影响可能与溪流接近单条道路的距离有关,如连接偏远地区供娱乐目的的

支线所带来的影响。[495, 547, 405]

作为污染源或限制水入渗的结构物，道路网也会改变地下水系统（第 7 章）。有意无意被用在道路上的化学物质，如除冰盐和有害物质的外溢可以引起地下水系统的退化。道路网有很大的表面区域，可广泛地将径流排入暴雨渠系统而不是流入当地地下水系统中，地下水的补充因此会减少。

11.5　周围土地对道路系统的影响

邻近土地的许多条件影响着道路系统和道路上的旅行者。这一节将依次讨论邻近土地和土地利用对道路自身结构、交通流量、道旁生境和相关物种的影响，以及相邻土地利用和管理目标是如何影响动物与路网相互影响下的迁徙方式的。

邻近土地和土地利用影响道路结构，在道路附近水的运动、沉积物和滑坡会损害道路。河流会淹没道路，但道路可能会在许多方面加重洪水的影响（第 7 章）。低水平的设计会引起道路阻滞排水，使道路面临经常被淹没的可能。阻滞排水也可能会加剧水流强度并冲刷下游的道路边坡，导致对路面和回填土方点段的侵蚀。来自高度开发地区的硬化路面（如屋顶）上的快速径流会加剧对下游地区道路的淹没。农业景观中的裸露地面也会通过含有沉积物的流水使洪灾加剧，形成潜在的道路水毁。一般为施工和养护从河床采集石料会使河床下切，同时破坏桥墩和引桥。

土地利用的条件和道路邻近区域的活动能够影响交通流。尘土和烟雾会妨碍驾车甚至会导致连环相撞的公路死伤事故的发生，如来自田野或森林燃烧产生的烟雾可以降低能见度。国家公园参观者驻足观赏麋鹿（*Cervus*），野牛（*Bison*）和熊（*Ursus*）可以在像黄石国家公园和班夫国家公园这样的地方引发交通瘫痪[377]（第 13 章，图 13.3）。最近在陡坡上的森林运营中发生的滑坡将车辆撞出公路掉入河中，引发死亡事故。因此，当地土地利用在多方面影响和决定着旅行者的安全。

在许多景观中，路面和邻近土地之间的道旁区域是一块独特的生境。陆地动物种群和道路网之间的相互影响强烈受制于邻近土地利用类型，但动物也受到道旁截然不同的生境的影响，而这种影响具有生态和道路安全两方面的重大意义（第 4 章和第 5 章）。如果邻近土地的主要目的是保护野生动物和当地种，旅行者的安全可能会受到与大型动物相撞的威胁。[377,443]

相邻土地利用和管理目标通过影响道路网的结构和使用来影响动物迁移（第 5 章）。这些土地利用类型和自然景观属性可以在有意无意中引导动物靠近某段公路而远离其他路段。这一过程影响对动物穿行公路所造成的危害的分布。它也影响公路经营者通过改变公路结构、动物行为或人类行为来应对危害的能力。

最后,居住区密度和商业开发强烈决定着邻近道路上的交通规模。交通量有助于确定道路类型的划分。从而也影响对现有道路的规划和建设,以及未来道路的立项和选址。

结论

联系相邻土地或土地利用类型来评价道路系统表明存在一个具有反馈机制的拱形系统。不仅仅是道路系统简单影响土地或土地仅仅影响道路系统,而是两者都包含了许多的生态因子。换句话说,道路系统和周围土地代表了一个紧密联系的反馈系统。因此,道路可以通过阻滞排水或延伸河流网络系统而引发洪水,同时,洪水也会冲刷和破坏道路。如果在设计道路网时不考虑路网栅格与自然景观过程的协调一致,那么要维护路网功能就需要人类付出巨大的代价。同样地,道路交通一般会改变邻近生境,还将大型动物的穿越集中到沿线某些地点。野生动物集中穿行常会导致在这些区域有更多的动物与车辆碰撞事故和相关人类活动的发生,结果对交通造成干扰。在某些景观中,道路密度的提高会导致出现更多的人类通道,结果引起更多的火灾。火灾也会引起道路交通的临时拥堵。此外,更高的路网密度可以为控制火势提供更多的通道,结果是火势减小后对道路和交通的影响也随之减弱。道路系统和土地实际上是紧密联系的。

最后,为了解决道路网生态优化问题,我们来考虑两个具有相同整体道路密度的极端例子。首先是均匀分布的路网,它对整个景观会造成中度影响。第二种是将几乎所有的影响都集中于景观中的一个较小的面积上。而其余地区保持大面积的无路状态。本章中所给出的信息指出,第二种情况对生态的破坏较小。例如,清洁的地下水和许多需要较大活动范围的动物可以在较大的植被覆盖区域内得以最有效地保持。随着交通量增加观测到的现象是道路影响区以较慢的速率不断变宽。这表明在一处景观中如果交通量增加,即可通过拓宽道路来增加交通量,而公路上如果目前已保有最高交通量,那么它所造成的影响就是最小的(第 14 章,图 14.5)。[241, 255]

在真实的景观中,几乎所有道路网都会在我们给出的两个例子之间呈现出一定的梯度。从这一简短的分析中我们可以看出设计或改善这些梯度的两个原则或指导意见。具有最小生态影响的道路网不但要保持大面积的无路区,也要将交通集中到少量的大型道路上来。

此外,如果较小的区域内公路密集,我们可以将其类比成污染物点源,可以对这一有限的区域实施缓解措施。同样,如果大量交通集中于少数道路而不是分布在许多条路上,则缓解措施可以在繁忙道路上实施,这会带来巨大的社会效益。

第 12 章　四种景观类型及其主要道路系统

森林里有两条路，而我——我选择了少有人走的那条，一切都因此不同。

——罗伯特·弗罗斯特(Robert Frost)，《未曾走过的路》，1916

在黎明前、黄昏后的短暂瞬间——既不是白昼，也不是黑夜——古老的道路回归天穹，天空的某种颜色……一片神秘的蓝色，恰在此时蓝色公路彰显出了无穷的魅力，开阔的道路在召唤，是那样的陌生，或许那是人会迷失自己的地方。

——威廉·李斯特·哈特-姆恩(William Least Heat-Moon)
《蓝色公路：美国之旅》，1982

想象一下站在山腰俯瞰熟悉的郊区景色。鳞次栉比的民居将分散的公园和商业区淹没了。看起来，似乎到处都是公路、街道、行车道和停车场。它们至少占据了10%的土地面积，也可能是这个数字的2倍即20%。所有的道路都相互连接，很像地面相互连通的河流一样。我突然产生了一个想法，道路系统和水系也是在每一个交叉点相互连通的，道路系统实际上不就是水系的扩展嘛！就像许多伸往景观各个角落的手指一样。雨水从道路上流下，顺着排水渠流入河流。流水会将道路上的化学物质和其他一些杂物冲入狭窄的河道。面对这突如其来的大水和污染物，丰富的水生生境和鱼类将会面临怎样的命运？而生活在那些水体迅速消失的景观中的生境又将如何呢？你面前的这幅图景，实质上反映了道路在整个生境中的累积效应。

在这一章，我们应用第11章中阐释的一些概念来研究主要景观类型中的道路生态。如果只着眼美国和加拿大的话，研究的代表性就会受到限制。例如，在北美地区，农业生产通常都是在坡度仅为百分之几的地形上进行的。然而，从阿尔卑斯山和安第斯山再到喜马拉雅山的许多国家，山区农业非常普遍。在发达国家，道路完全可以到达所有类型的景观，但是在世界其他一些地方，徒步行走则是那些没有道路系统的地方最为有效的交通方式。在一些国家，铁路和短途中转运输成为人们出行的主要方式，所以，民居和道路会很好地规划在通向公共交通便捷之处。有某些情况下，一些村子和类似的什么地方会受到当地文化很深的影响，道路系统对他们的影响很小。

基于当前的土地利用方式，这一章主要介绍四种主要的景观类型：① 建成区；② 林地；③ 农业用地；④ 干旱牧区（第 13 章中讲的是天然土地，这两章对前面章节中的一些概念将进行部分综合）。道路和车辆是许多建成区景观的主导特征和干旱牧区（或者沙漠草原区）的次要成分。对每一种景观类型，我们先介绍与地形、土地利用和道路系统相关的特征，然后来介绍生态效应，主要是着眼于道路系统、路网和车辆以及它们与景观的相互作用。

12.1　建成区和道路系统

从某种意义上说，城市对自然是非常有意义的。通过把自身压缩成一个大的聚合体，人类有效地集中而不是分散了他们对其赖以生存的自然资源的影响。资源可以通过道路被运进城市。城市使人类的活动专门化，它用城市和都会文化取代了传统的地方与区域文化。让城市充满活力可以减缓人类在土地上的蔓延和扩散。然而，不管城市生活的质量如何，人们将生活在或迁入郊区和城市化蔓延的外围区域。对市郊的关注，尤其是对外围非城市地区的关注，是将来自然资源和社会发展的关键。

我们主要介绍三种类型的建成区（或建成景观）：[188,576,68,70,715] ① 城市；② 郊外景观或郊区；③ 城市化蔓延区域。简而言之，城市是一个大的或重要的行政区，郊区就是城市的外围区域，城郊的乡镇主要是一些居住区。郊区形成一种郊外景观或简称为近郊，包括一些小块的开放空间（非建筑地区）。近郊与城市相似，人口和道路密集，空闲土地相对较少。远郊的人口和道路密度较小，有较多的开放空间，这些特征在数量上和近郊差异很大。城市蔓延区比较分散、建筑密度小、拥有或大或小的非建成区，如耕地、森林或荒地。城市地区或都市区包括市区、近郊和蔓延区。乡村城镇可能和远郊的特征相似。

景观通过以下几种方式发生改变：① 改变景观内的土地利用方式；② 人口更加密集；③ 扩展到另一种景观。商业区可能取代居住区，反之亦然。居住区人口通常会越来越密集。扩展是有方向性的：城市向近郊扩展，近郊向远郊扩展，远郊向邻近的非建成区或蔓延区扩展，蔓延区向更远的非建成区扩展。[188,976,68,70,217] 也可能会有一些其他的扩展类型，如沿交通干线（如铁路或公路沿线的带状开发）及随卫星城的发展。

12.1.1 地形、土地利用和道路系统

当今的城市一般都是在某种水体和肥沃的农业耕地兼备的地方兴起。[188,507]部分或全部农耕土地现在都被掩埋在了城市建筑下面。大多数城市核心区(或中心商业区)都拥有相对整齐的路网结构,其道路密度约为 40 km/km^2(64 英里/平方英里)。[576,2]非市中心区一般拥有一些规则和不规则的(不固定的)土地(第 11 章)作为人口密度不同的商业区、工业区、居住区及土地混合利用区。贯通的街道可以把这些地区密集的道路相互连接起来。北美的城市核心区通常会留出大面积的硬化地面作为停车场。

城市内大部分开放空间多是拥有树木、草坪的公园。这些公园可以为人们提供休憩或集中娱乐的地方。[612,1028,356,186,732,427,870,890,113,458]小块的但相对而言处于自然状态的植被会在一些未受社会发展扰动或被遗忘的地方存留下来,如一小块被公路或铁路包围的湿地。主要的绿化带一般都在河流、铁路和公路沿线(图 12.1),而狭窄的绿化带主要是那些人工种植的灌木带和街边树木。[870,853,60]

城市的道路交通永无休止。一周 10 次的大范围交通堵塞反映了通勤者的出行情况。停车场地的不足以及车辆引起的污染都是无休止的、令出行的人恼火的交通状况有关。排水系统可以将城市内的降水尽快排出市区,这也会将道路上的污染物冲入排水涵洞。一般而言,从前的溪流现在被纳入了管道,湿地已经被填埋,雨水和污染物则直接流入主要水体。

由一些城镇组成的郊区景观会从邻近的城市和周围的乡村地区输入许多物质。城市内的热量、化学物质、尘土以及乡村的一些物种都会流入郊区。然而,郊区也是影响源,工作期间通勤者从郊区前往城市,周末则去乡村消遣。而且,城市在不断地扩张,将近郊变为市区,而远郊就在乡村土地的基础上继续扩展。

在近郊,土地利用形成了一些独特的小型地区:乡镇中心,商业区,工业用地及办公区的停车场,高、中、低密度的居住区和一些混合利用的区域。[732,217,68,70]整个道路网并非整齐划一,有不同的层次,从地方道路到多车道干线公路。道路密度平均约 10 ~ 30 km/km^2(16 ~ 48 英里/平方英里)。完善的路网为住宅区和产业开发区提供了便利的交通,这种情况在郊区尤其显著,但部分居住区也常常有一些道路不甚畅通。那些车流量从每天几百到成千上万辆次的干线公路将郊区主要土地连接了起来。[2,3]多车道公路从郊区横穿而过,有时是绕城而行,但常常是将城市和乡村连接起来。总的来说,城市的道路网是多变和复杂的。

郊区的自然景观通常包括一些面积较大、相对天然的绿地。[87,732,217,305,68,70,322,458]此景观中的另一极是数以万计的天然灌木,它们残存在郊区的居住区内。[104]在居住区和大块自然植被之间有一些复杂的、退化的自然景观,包括墓地、高尔夫

图 12.1　连接城市居住区和商业区之间的主要公路廊道。低于地面(凹陷)的公路可以降低交通和噪声对周围环境的影响(但注意垂直的反射墙体和抬升的坡道)。远处一条过街天桥和 10 条高架桥将公路连接在一起(虽然道路布线显示高处和低处的相邻区域被分割开了)。筑路过程中压平地面、铲除植被,在城市内形成了几乎没有生态价值的大面积区域(1985 年拍摄),这向社会提出了一个挑战,需要寻找更合适的解决方案。图为阿肯色州小石城境内 630 号州际公路。图片由美国联邦公路管理局(FHWA)提供

球场、农田、学校运动场、城镇公园、公共公园、河道、溪流(浅水区)、自行车道、输电线、铁路和路边的树木。

城市和郊区(乡村)以及近郊之间的通勤高峰是非常显著的。因为北美大部分汽车都停在郊区,在郊区复杂道路上的交通量事实上是很复杂的。往城市运输货物的卡车尤其会在某一时刻、某一路段聚集。

蔓延区描述起来会更加困难。各种理论都普遍认为蔓延区是一些居住密度低、房屋分散、通常呈条带状的开发区。[768,383,68,70] 多数房屋相对较新,表明最近出现或正在进行的一些开发现状。虽然,蔓延的进程也表现在某些现有郊区城镇的部分地区,但我们还是把研究的重点放在郊区景观以外蔓延区的特征上。

一些人认为蔓延区只是市场作用的产物,没有政府这只手的引导。尽管这会不可避免地引起一些环境问题,但蔓延区会给社会带来许多益处。[715] 例如,

使居民和自然能亲和到一起,提供了自力更生和私有的空间,为选择生活在城市、郊区或偏僻的乡村提供了条件。事实上,也许蔓延区仅仅是今天的一个术语而已,或者是在更早时期内现在城市和郊区城镇的前身。

一些人有不同的意见,他们将蔓延比作癌症或无法控制的过程。北美地区的城市以与它们的承载力不成比例的速度"不健康"地蔓延。例如,1970—1990年,芝加哥人口增加了4%,而城市面积扩展了50%[217](第2章,图2.4)。美国的平均比例是人口增加10%,城市土地表面积会增加23%。[17]像巴尔的摩、圣路易斯等城市的扩展面积比人口增加要多出5~7倍。

随着市区的扩张,社区与一些公共服务部门和政府机构之间都需要有道路连接,所以道路基础设施建设变得十分必要。但是,这就引起了一场有关交通运输的长期(一些人说是鸡和蛋的关系)争论。[674,208]到底是道路加快了经济的发展,还是经济的发展促进了道路的建设?毫无疑问,两种情况都存在。一些道路的修建是为了促进经济的发展,[197,198,524]然而,从一个国家的道路运输情况来看,多数道路的修建是为现有经济发展服务的。

城市蔓延区的道路主要是提前为乡村地区的人们和土地利用提供道路运输服务。通往新建住宅群的绵长车道和当地道路也加速了当地的发展。起初,它们的总交通量比较低,但是随后却会出现更加让人吃惊的交通流,这是因为乡村道路网络的设计没有考虑过迁入的新住户会使车辆数量增加这一问题。奇怪的是,并没有人在蔓延区有效开展过景观生态分析方面的研究。

12.1.2 生态影响

城市中的自然可以用极其重要和完全缺失二者之间的语言来简单描述。对一些城市居民来说,能看到窗台上的天竺葵、公园长凳旁的树木,或一群精力充沛的麻雀都会令其欣喜,会触发灵感,还能真切地让人联想到田园牧歌般的生活,或是童年游戏之地。而城市生态学家则更加关注城市中本土植物的多样性,迁徙到墓地的鸟类,大量的松鼠、浣熊和众所周知的某些昆虫。[356,186,732,890,88,113]园艺学家、景观设计师、教师和气象学家则更加关注城市自然景观中的其他特征。

城市道路和车辆会对人类健康产生诸多影响。[675]从生态学角度来看,道路会产生热辐射;停车场会成为植物生长的立锥之地;车辆会排放有害气体;道路行车会使空气中悬浮一些颗粒物质,所有这些都会影响到城市生物。浣熊(*Procyon*)比较喜欢暴雨水沟,但雨水会沿着街道直接流入排水沟。然而,总体来说,道路系统对城市生态系统的影响比较小。

然而,与郊区类似,道路和车辆的生态影响较为复杂。郊区化的进一步发展以及相关运输系统的增大会使得植被盖度减少,造成大面积封闭区或者硬质地表,如建筑物、道路、行车道与停车场。硬质地面会有效改变流域水文特征,增加了流速、流量,改变水流格局[424,1070](第 7 章,图 7.2)。郊区发展过程中常见的硬质地面也会降低雨水的土壤入渗量。[283]

在有自然植被的地形中,绝大部分雨水都会渗入地下。而在对郊区的几项研究表明,硬质地面(硬实的或不能渗透的)的覆盖如果达到 5% ~10%,约 10% 的雨水会流入河流或湖泊,其他的会渗入土壤[283,151](图 12.2);当硬质地面面积达到 30% ~40% 时,约有 30% 的雨水会随地表径流流走;当达到 80% ~90% 时(城市和郊区边缘),一半以上的(约 55%)雨水会流走。新郊区开发使得 30% ~60% 的土地成为硬质地面,这些硬质地面大部分是道路和建筑物。结果地下水不能得以回灌,致使河流退化,洪水频繁发生(表 12.1)。[825]

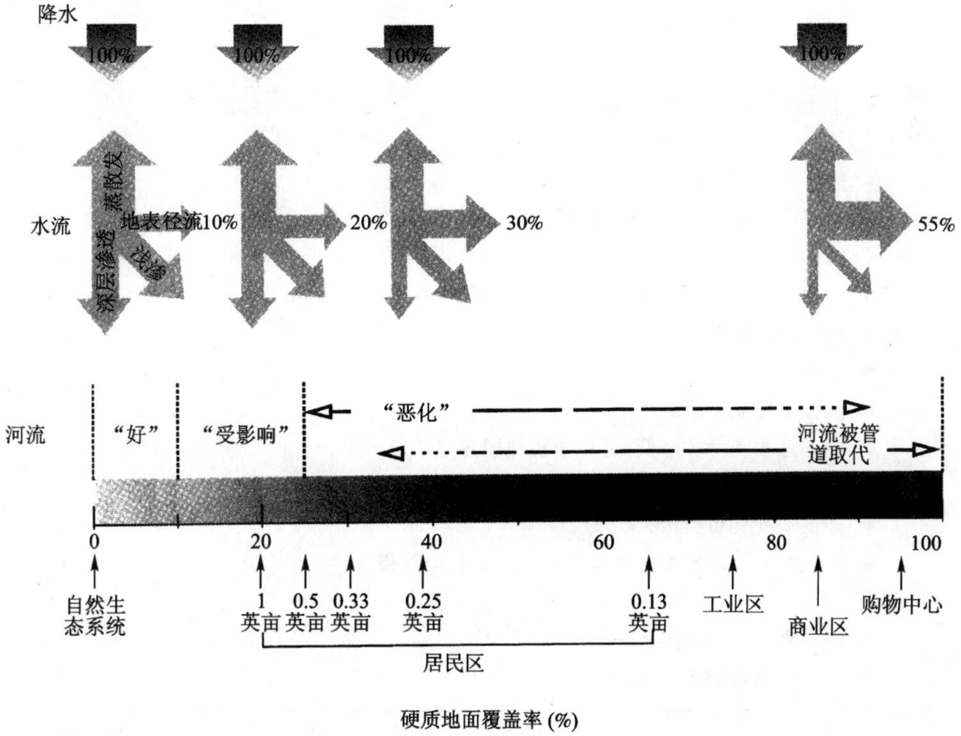

图 12.2 与流域内硬质地面面积有关的水流和河流质量的概括化模型。硬质的或不能渗透的地面主要由道路、停车场和建筑物组成。由于地表径流和水流很少渗入土壤,水流中的污染物对河流质量有着重要影响。图中上面部分表明水流是在硬质地面覆盖分别达到 5% ~10%,15% ~25%,30% ~40% 和 80% ~90% 时的情景。摘编自 USDA 土壤保护局(1975),Schueler(1992,1995),环境保护局(1993),Arnold 和 Gibbons(1996)及流域保护中心(1998)

表 12.1 硬质地面(非渗透)覆盖率和河流质量的一般性关系。当硬质地面面积超过流域面积 10%时,多数河流会发生改变。摘编自 Schueler(1995)

水 - 水文

- 增强洪峰
- 齐岸水位频率增多
- 干旱期河水流量很小

河流生境结构

- 河道变宽和(或)变深
- 增加河岸和河道侵蚀
- 相对于自然河道,人工河道增加
- 河道内的枯树、枯枝减少
- 河道内深潭和浅滩结构消失
- 河流生境生物多样性降低
- 由于沉积降低了河床的质量

水质

- 河流温度增加
- 暴雨中污染物负荷和浓度增加
- 沿岸贝壳类动物消亡风险增大
- 粪便大肠菌水平超出了和水接触的娱乐活动中规定的正常水平

水生无脊椎动物和鱼类

- 水生昆虫和淡水贝类多样性降低
- 鱼类生境质量降低
- 鱼类总数和种类降低,但外来物种增多
- 敏感冷水鱼消失(鲑鱼和大马哈鱼)
- 降低了迁徙鱼类(海鱼)的产卵率
- 河流交汇点段较多的地方更容易成为鱼类障碍

河漫滩

- 河岸森林廊道破碎化
- 湿地动植物的多样性减少

当水流从硬质地面流过时,污染物被聚集了起来,导致河流和湖泊等水体污染加重。[424,907]此外,硬质地面会吸收大量的太阳能,加热空气和水,这样又会对水生生物群落形成负面影响。地理学的许多科学研究证明,硬质地面的覆盖率是一个地区河流状况或河流退化的可信的总体指标[825](图 12.2 和表 12.1)。

道路密度(单位面积的道路长度)和硬质地面的覆盖率紧密相关,硬质地面主要是指一些建筑物、道路和停车场。[151]在美国的西雅图地区,5 km/km^2(8 英里/英里^2)的道路密度和流域内20%的硬质地面相对应。通过对全美国几百项研究的回顾,人们设计出了一个硬质地面模型(或称不透水覆盖模型),这个模型揭示了硬质地面覆盖度即使在10%这样低的水平时河流所受到的影响[151](图12.2)。虽然许多河流的属性都受到了影响(表12.1),但当地敏感鱼类种群的降低一般还是一个有效的总体指标。[470,159]一旦硬质地面的覆盖超过25%,这一地区的河流就会出现退化,如河床形态不稳定,水体受到污染,鱼类群落发生改变或面临灭绝。[151,1070]硬质地面覆盖度的比例和鱼类的多样性以及水生无脊椎动物间的经验关系已得到研究,并会对规划和管理发挥作用。

因此,道路对郊区水生环境的污染有着重要的作用。道路降低了渗入地下的水流量,导致了热量聚集,加快了水的流速并使化学污染物进入排水系统。传统街道建筑的路缘带和排水沟加快了水的流速。路缘聚集了大量的树叶、垃圾、雪、除雪剂、沙尘、人行道风化后的颗粒、空气中的沉积物和运输过程中散落的某些物质,如果这些物质不被清除,就会沿路缘带积聚,在寒冷的季节有可能和雪水混合到一起。尤其是在雨季,这些物质和污染物就会被冲入排水系统,而后进入水体。

受污染的雨水从道路流入河流和湖泊,对郊外居住区的环境产生两种更为严重的影响。首先,由于草坪施用了大量的肥料,从居住区车道(平均1.16 mg/L)和街道(0.3 mg/L)流出的水中磷的含量要比从郊区公路或商业区停车场(0.42 mg/L)流出的水中磷的含量更高。[825]其次,因为郊区路边有大量的狗粪,在居住区街道粪便大肠菌的数量(平均37 000 个/100 mL)要比商业区街道和停车场(2 500 ~ 12 000 个/100 mL)高出许多。这些营养物和污染物会随着郊区道路系统流入淡水水体中,使其产生富营养化,滋生大量的藻类。

郊区——至少还包括蔓延区——在那里道路系统对植物和野生动物会产生许多显著影响。[732,88,68,70,315]多数狭窄的道路两侧都会有一些外来物种。[890,113,393]虽然一些非本地种也可能会侵入到相对自然的环境中去(第4章),但大量房屋和城镇中心的建设施工现场才是外来种最大的源。当交通量足够大时,道路两边和邻近地区会产生大量化学污染物,如营养物质、有毒物质和寒冷季节使用的路盐(第8章)。车辆会卷起带有污染物的颗粒物并将其散布到空气中,郊区大量的桥涵(第9章)说明河流在其沿线频繁地被疏导或干扰。随处可见的路基会改变水流和现有湿地(第7章)。

野生动物也会受到强烈影响(第5章)。由于道路上车辆的碰撞引起的动物死亡现象在郊外尤为常见。虽然死亡的大多数动物都是一些常见种,如家猫、松鼠和浣熊,但交通量的增大也会出现一些非常见种被致死的现象。在一些交通量很小的地方道路一般不会阻碍野生动物的通行,但郊区道路主要是分布在居住区内,猫和狗会在道路上频繁活动。郊区的某些自然区域,道路交通量相对较大。某些道路,尤其是多车道公路,则是动物不可逾越的障碍(第5章)。

过高的交通流会使交通噪声的影响扩展得很远[770,771,322](第10章)。由于高密度道路的存在,郊区很少有地方不会受到交通噪声的影响。有一个案例对整个城市化区域是很有指导意义的。在魁北克市,人们通过不同交通量下识别出的道路影响区,用地图绘制出了估测受道路系统直接影响的所有面积(第10章)(R. Balej 和 M. Lee Gosselin,个人交流)。整个图像很像是对人的心脏进行的一次扫描,各条主动脉向外辐射,被一些越来越小"弯弯曲曲"的小动脉分支所包围。大面积受道路影响的地带一般都分布在主河道两岸区域。在南部石灰岩平原,中等宽度的道路将土地分割成了封闭的长方形地块。在北部花岗岩微丘区的森林地区,狭窄道路影响区将土地分割成了不规则的变形虫般的地块。一些对交通敏感的动物,无论在哪个方向都很难通过这些区域,大多会选择足够大的封闭区域作为栖息之所。

但是道路系统的生态影响应放在郊区自然形态的背景下来考察。相对较高的人口密度会带来一系列的生态影响,也就是说仅有为数不多的大片自然植被会在相对天然的状态下残存下来。[305]这些重要的大面积自然区域被一些面积较小的廊道和缀块所包围,这些地区虽然郁郁葱葱,但却在展示着自然界退化的不同阶段。各种稀有的物种很少能在近郊出现或分布,相对而言,它们几乎不能在那里繁衍生息,能在那里长期生存下去的就更是凤毛麟角了。近郊几乎没有接近自然状态的水生生态系统。城市道路系统是被强加于这种自然形态之上的,同时人为影响正在加剧。能够保持自然状态的地区少之又少,规模也越来越小,化学污染物四处蔓延,水流受到严重干扰,水生生态系统高度退化,到处皆为障碍物。然而,郊区人口数量在不断地增加。在郊区城镇居住的人们也会亲眼观察到自然,了解自然,而且依赖他们周遭的自然。对他们赖以生存的自然的关注和了解,会在一些地方、州一级以及国家制定的关乎自然的政策中有所体现。

12.1.3 低影响开发和集群式开发

预先规划和完善设计相结合能够降低郊区道路对水生生态系统的不良影响。两种方法都说明,当前郊区暴雨管理中细心设计的雨水排放系统常常需要花费很高的代价来建造和养护。通常,道路上的雨水和雪水都会非常迅速地从建成区流入管网系统中,以最小化对道路基层和排污系统的浸泡影响,以保护道路稳定性。当水中含有污染物时,受影响的就不仅仅是管网系统了,还会引起一系列环境问题。两种可以相互替代同时又彼此相关的方法,即低影响开发和集群式开发是降低道路对暴雨数量和质量影响的守卫者。

(1) 低影响开发

低影响开发是指将影响分散到大面积的范围内以免产生环境发生严重改变或退化的地区。如何设计道路网对于流域有着至关重要的影响,道路本身就是流域的一部分。有一份题为"始于源头:保护雨水质量的居住区规划和设计指南"的报告,它突出强调了现代郊区雨水管理理念的重要性。[775]比较经济学分析表明,在流域内控制雨水的地势越高,减小道路等硬质地表对水质的影响的总体费用就会越低。集中性的出口管理是花费最多的一种选择,而小型的中途管理措施花销居中。河道上的大型池塘是说明出口管理的一个例子,雨水形成的湿地是中途管理的一个例子。设置地下雨水集流池"集雨园"的设计是为了截留暴雨中的部分雨水,梯台设计是源头管理的一个例子。简而言之,从有分散源头水流或者微管理措施入手的始于源头之法,是最为经济和最具生态效益的途径。

在北美郊区社区的设计和规划中,居住区街道是人们关注的中心(图 12.1),居住区街道常常占据郊区土地面积总量的 10% ~20% 之多,占全部封闭土地覆盖率的一半以上。因此常常有人说"在郊区开发对环境质量的影响中,道路设计是一个最重要的因子。"[775]过去,多数居住区的街道都具有多种用途,会被用来作为运动、休闲和集会的场所。现在,出于安全考虑,道路通常仅限于车辆和有限数量的自行车通行。由于在新修建的居住区街道,人们会积极拓宽和添设人行道,因此硬化道路的面积在过去 50 年间已普遍增至了 50% 。[775]

美国传统的城市规划是依照与不同等级道路体系(地方线路、连接线和干线)中车辆使用状况相呼应的一套城市街道设计标准来做出的。[2]此外,由于大型消防车的不断增加,附近街道的宽度和布局一般都会考虑到对这些车辆的使用。这种方法上的改进是基于预测交通量来确定街道宽度的,它可以让使用量较小的"水源地街道"的宽度大大窄于下游的街道宽度。[2]也就是像增加流域中下游地区溪流宽度以容纳增长的水量。采用这一方法,附近地区的大多数街道宽度会被最小化。与传统的居住区街道全都较宽的设计不同,新方法仅在交通量大的个别点段增加道路宽度。在该策略下硬质地面面积将会减少,暴雨径流对水生生态系统的有害影响将会降低。

虽然河流上游居住区的街道车流量会很小,但这些道路分别占据了居住区内道路总长和面积的 50% ~65% 。[825]在低影响开发中采用了许多其他方法以降低硬质地面的覆盖率。[740]例如,在一处有 50 户人家居住的区域内,道路将一条河道上游的宽度从传统的 36 英尺(11 m)缩减到了 26 英尺(8 m),从而减少了超过 12 000 平方英尺 (1 115 m^2)的硬化道路面积。[775]假设每平方英尺的造价约为 10 美元,减少的那些硬化路面便可以节省出 125 000 美元,即每一处房屋节省了 2 500 美元的路面硬化造价。

在郊区环境中,可以设计或改进许多其他低影响开发方法来减轻道路对水生生态系统的影响。[1070]所有这些做法都是为了降低硬质地面的面积、寻找截留地表暴雨径流的方法,以便使得雨水能够渗入地下。例如,许多地区的人行道仅仅修建在道路的一侧,有时会用一些多孔材料来铺筑表层。[283,825]还可以移除或改变路缘带,允许路面雨水流入生物滞留池(小型"口袋湿地"),那里栽种了一些具有吸引力的植物种,可以提高野生动物的多样性(第 8 章)。大多数停车场和居住区的车道可以采用多孔透水性材料铺筑,降低硬质地面覆盖率,种植多种植物。

除压缩街道规模,景观内街道的排列布局对景区的渗透度和水文都会产生显著影响。[740]例如,将方格式排列的街道改为"环形或棒棒糖式"排列能减少约 25% 的硬质地面。即使对一些细微之处稍加关注也会有积极的效果。在居住区街道尽头设置回车道的例子就很能说明这一点。通过将转弯半径从 40 英尺降至 30 英尺(从 12 m 降到 9 m)或者在中间设置一个排水岛,封闭区域的面积可以减少将近一半。[825]取代传统设计的另一个方法是用 T 形(或铁锤形)来代替环形弯道,这种设计仅仅需要回车道的 1/3 的面积即可。

此外,道路在郊区景观中的布局方式与道路数量或规划设计一样会对水文过程和水生生态系统产生重大的影响。[775]传统的道路排水沟设置在低处,暴雨很难瞬时排出。这种设计方式增大了洪水的泛滥和对下游水生生态系统的侵蚀冲刷概率(第 7 章,第 9 章)。另一方面,郊区道路开发项目应该符合而不是背离地区水文学对地表天然水道条件的限制,在此基础上确定道路的选线。例如,沿山脊的道路能够保护天然排水模式。这种设计方法有助于保护流水汇集的低地地区,这也被认为是保持自然水文条件最好的管理措施(第 8 章)。

分隔硬质地面是降低影响的另一项暴雨管理的指导性措施。[740]从居住区车道到水体所在地的硬质地面或涵洞通道,水道要尽可能多的有断口出现。每一处断口都可以通过技术手段将水回补到土壤中去,而后就会出现植物体的垂直抽吸和蒸散。将硬质地面分隔开来可以降低水的流速、减少水灾以及进入河流湖泊生态系统的污染物数量。

最终,形成了一个重要的设计理念,即每条道路都具有独特的水流模式,并在流域水网中有其独特的选址。

(2) 集群式开发

降低区域内非透水性硬化地面覆盖度的另一个最有效的方法是集群式开发。取代传统区域的划分,使建筑物的建设足迹更加密集,这也可以节省出许多未开发的储备土地。[825,1070]建筑物越密集,需要的道路长度就会越短(表 12.2)。各种经济优势明显。与原来的地块大小和道路布局相比,硬质地面面积可能降低到 50%。集群式开发模式和分散式开发相比,相同的道路长度可以为更多的人所使用。这种建筑方法也可以保护大面积的空闲土地,用于截留雨水或提高水质。而且,如果不会成为将来被开发的土地,而能够保持这样的开放空间,由于集群式开发而节省下来的土地也会产生除对雨水以外的效益,包括对野生动物、休闲和审美。[27]

表 12.2　集群式住宅开发相对于分散式住宅开发的益处。摘编自 Schueler (1995)

水、侵蚀和径流

- 依据原有地产规模和路网,约 10% ~50% 硬质地面覆盖度会被降低
- 约 25% ~60% 的土地仍然覆盖有植被,因此可降低土壤侵蚀潜在能力
- 减少了雨水径流和污染物负荷
- 降低了控制暴雨数量和质量方面的规模和花费
- 能将径流集中于最有效的地方处理
- 提供大范围可行区域应用"实施最佳雨水管理"

经济

- 可以降低约 10% ~33% 的开发资本成本
- 降低将来开发的公共服务所需开支
- 提高居住区将来的资产价值
- 为用于自然资源保护的土地提供部分或全部补偿

开放空间

- 与分散开发不同,可保留约 25% ~50% 的土地用于绿化
- 可以保留约 15% 的用于被动式娱乐的空闲土地
- 可为野生动物保护和生物多样性提供更大的生境缀块

更广的社区目标

- 提高社区意识和增加步行活动
- 减少了自然资源区域附近被蚕食的潜在压力
- 提高农田保护、加快经济适用房建设、增加建筑多样性,等等

(3) 条带式开发

如同独特的手指或沿乡镇主要道路延伸的凸起物一般,[715]条带式开发也许能有效阻碍野生动物穿过某一景观地区,尤其是在植被盖度较小的开放景观中。此外,条带通常会被一些入侵非本地种、常见种或家养动物所拓殖和占据,而那里的交通噪声和干扰也很严重。这两个因子限制了某些野生动物的生存。而且,相邻城镇之间的距离日渐缩短(通过蔓延连为一体),增大了土地被分割的风险,使土地在更大的范围内出现破碎化现象。条带式开发尤其会威胁到大

型野生动物的生存,因为这些野生动物一定会为生存需要到处觅食、扩散和迁徙。[400]

12.2 林地和道路系统

森林主要分布在从热带到温带的一些湿润地区。进入森林的道路为人们提供了通道,支持着各种管理工作以及对森林的利用。美国林业局管理着占公共道路系统总长10%的林区道路(第2章),在某些州私有土地上的林区道路极为普遍。对于许多与森工有关的工作来说,如将伐木设备运送到各采伐点或将木材运送到加工厂,道路在这里都是基本设施。林区道路也会被用于休闲、火情监测和灭火、狩猎、钓鱼和开展其他活动。

北美西部的许多林区普遍具有地形较陡的特点;在北美大陆中部、南部和东部多是平缓地形。地形决定了许多道路网的特征,如交通量和相关的生态问题。因此我们在这里要讨论高山和平坦地形中的林地,着重强调地形学影响。

12.2.1 地形、土地利用和道路系统

地形、森林资源的分布和对环境保护的关注会影响用于林地利用的林区道路的地理分布,在山地景观内尤其如此。[378]在缓坡地带,道路可能会被设计成简单的格网模式,分布在整个景观中。但是,在陡峭的山坡地带,修建道路的位置和形式会受到许多限制。对三种山区景观的简单比较展示了这些要素间的各种相互关系(图12.3)。[331]在俄勒冈州卡斯克德山脉的陡峭山区中,干线道路被建在山谷中,次级道路被建在山坡上并通向山脊,为伐木提供了通道。加利福尼亚州的内华达山脉西坡的许多山区峡谷很深,由于山脊宽阔,干线道路大都被建在了山脊之上(图12.3),次级道路被修建在了从山脊到山谷的坡道上。在阿拉斯加东南部的部分地区,如威尔士王子岛,一些价值极高的林带位于陡峭的低山坡上和谷底中,这些山谷比较宽阔、是很久以前冰川侵蚀所形成的沼泽地。这里的干线道路是沿着山谷边缘修建的,次级道路向较低处的小山坡只延伸很短的距离。这些通过各类景观彼此明显不同的道路格局,会对生态系统产生不同的影响,即使是在相同的道路密度下。例如,卡斯克德山区的道路比起内华达山区的道路距离河流生态系统会更近一些,因此所产生的生态影响也会更为强烈。

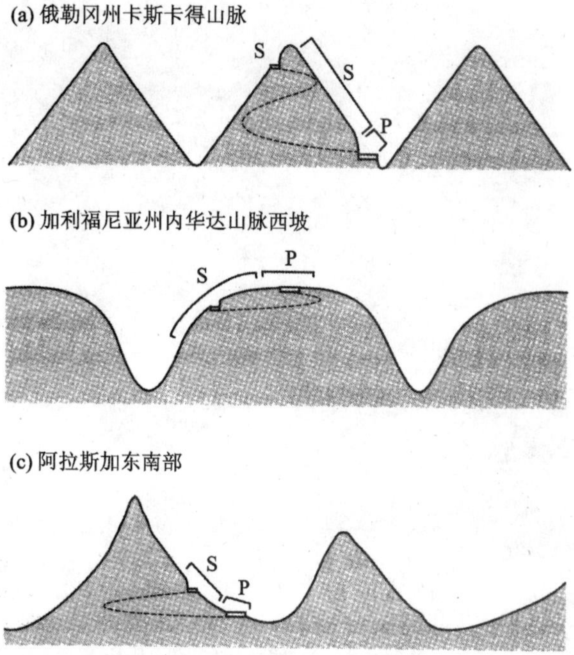

图 12.3　在不同山地景观中的干线道路(P)和次级道路(S)的典型分布

美国太平洋沿岸西北部和北部的落基山脉中，许多陡峭地形上的林区道路在历史上都有相似的建设格局。在 19 世纪末和 20 世纪初期，木材主要通过河流和铁路来运输。到 20 世纪中期，开始在主要的山谷地区修建道路，然后逐渐扩展到山坡和山脊。在有可能的地方，山脊道路一般通往安装有木材设备的平地(0.4 hm^2 左右的平坦面积[1 英亩])，然后可以用塔式调装设备将木材从山上运送到开放的平坦地区。在平缓的地形上，越野式拖拉机和安装了橡胶轮胎的设备可以用来将木材运送到平坦的山坡上。平坦地区的木材会被卡车再次运送到板材加工厂(图 12.4)。从某种程度上讲，道路系统反映了早期当地原住民的小路系统，他们沿着河流和山脊利用着与景观中两处决然分离地区有关的各种资源，以获得一定的收入。

景观内道路的位置因此取决于几个关键性因素：理想的下脚地点；在一定程度上受伐木系统能力所限的采伐单元大小；地形对伐木系统的影响；环境方面的考虑，如对溪流以及河岸带的保护(图 12.4)。[332,373,175,667,376] 20 世纪后半期，伐木设备得以开发，可以以 20 ~ 30 hm^2(25 ~ 75 英亩)为单元进行伐木。因此，是伐木单元的大小决定了满足林木采伐需求的道路系统的性质。林区道路还有一些其他用途，如休闲、林火监测和灭火，而林木采伐道被充分地用于这样一些用途。

图 12.4 运输木材的卡车和邻近山坡上的伐木系统是森林采伐单元大小、道路密度和网络形式的重要决定因素。图为 1976 年人们在采伐花旗松(*Pseudotsuga menziesii*)和美洲落叶松(*Larix*)。注意那些挖方边坡,在湿润时期,地下水会渗出形成暴露在太阳辐射下的地表水,带来潜在侵蚀。图为爱达荷州泊特拉奇附近的华盛顿州,图片由 USDA 土壤保育局提供

道路等级(陡峭度)和转弯半径的限制,尤其是考虑到运输长且笨重的设备和木材,这些都会显著影响道路网的设计。林区道路可以沿着相对平坦的谷底修建,但当道路要爬上陡峭的山坡时,则需要斜穿过山坡直到抵达山脊。相比于最近的河流,这种格局会产生几种不同的路段布局。在谷底,道路沿河岸而建,但是在穿过陡峭山坡时,则需要穿过河流。由于沿山脊的道路位于河流的最高处,山坡上的径流很少会被截留,因而这些道路截留的水量通常很小。这些关系对林区道路和河流之间的相互作用有很大影响,这些影响通过水的流动、沉积物和塌方发挥作用[1018](第 7 章)。

联邦林区道路的开发规划会随着政策、管理目标和技术的改变而变化。[175,376,405]20 世纪中期,当时河流和河岸生态系统的保护标准很低,通往林区的主要道路一般都建在山谷和半山腰的位置,这些区域对环境影响是最为敏感的。美国西北部许多地区的历史表明,建在陡峭山坡上的道路会引起塌方和洪水,并会引起其他侵蚀问题。[843]认识到这些问题有助于完善道路设计、道路选线,改善排水系统和提高道路养护的标准,以期降低将来对环境的影响。[843]20 世纪 80 年代末,道路建设主要是在山脊,为的是要降低环境影响程度。然而,这

种设计被采用的相当晚,但多数还是不能避免道路产生的强大影响。

这些因素决定了广泛的林区林木采伐作业所需的道路的地理和时间格局。[1017,760,918]陡峭复杂的地形一般都会使路网形成等级分明的分支结构。在美国太平洋沿岸西北部一带的联邦和私人林地中,通过采样研究发现每一个伐木作业区的平均道路密度约为 1.2 ~2.5 km/km^2(2 ~4 英里/平方英里)[1017]。

因早期林木采伐区内短小的道路为道路建设提供了便利,所以这一地区道路密度较高。在地势平缓地区,道路的密度比较低,可以用一些越野型设备进行伐木作业。[175,319,817]随着时间的推移,已经采用了各种措施设法抵消越野型伐木设备对环境造成的影响,这些设备使林地土壤板结,与林区道路修建时对环境的影响相反。然而,当现代设备在道路稀少的道路系统中进行林木采伐作业时,一般来说以前的道路系统依然会产生持续的生态影响或引发其他一些生态影响。

一般认为交通类型和林区道路的类型相关,在主要路段,交通量最大,道路利用方式也多种多样。交通格局也很没有规律,在伐木季节对道路的使用会非常频繁,而其他季节则利用率低下。周期性的旅游度假也会给林区道路的某一路段造成一定的交通压力。

21 世纪初期,在北美地区的林区道路经过几十年的扩展,不论是公有还是私有的林地几乎已经完全“道路化”了。养护林区道路的花费较大,许多地区的木材采伐量下降。在某些林区正在发生着某种变化。[405]由于养护费用的预算消减以及采伐量的降低,美国林业部门开始实施一项“减少林区道路”的计划,把道路减少到运输木材需要的水平。减少道路的另一大动机是为了保护生物多样性和水资源。在美国东部诸州的私人森林的砍伐量降低,加拿大的许多地区森林砍伐量也在降低。因此减少林区道路事关广泛的利益,对经济和生态都非常有益。

道路网的建设是一个缓慢的、花费巨资的过程。道路一开始会被修建在利益最明显和濒危物种需要保护的地区,如爱达荷州和太平洋沿岸,这些地区与道路有关的塌方对鲑鱼的栖息环境会造成很大破坏。[376]林区道路的减少可以减少进入偏远地区或大面积自然生境的人数,这对生态是有益无害的。减少道路可以明显降低人类的直接影响——例如,休闲活动——对敏感地区、稀有物种和水生生态系统的影响。[495,547,405]减少一些潜在的间接影响,如非法狩猎和垂钓,为维护野生动物和鱼类群落提供了保护。[114,1050]当然,通过拆除或关闭一些林区道路可以减少一部分人员和管理费用。

从临时封闭道路到全部拆除,人们采取各种不同的方法减少道路对陆地和水生生态系统的影响。[376,405]在道路上为减少人类通行的一个简单处理则是在道路入口处设立一处上锁大门。道路封闭技术一般都是临时的。在道路入口附近的各种道路封锁和路基移除是更有效和更具长期效果的。限制通行的另一个方法是采用水条,穿过道路的斜排水沟将路面上的水或山坡地带路边排水沟里的水分散到较大范围内,这样一来,水就不会集中于一处,从而避免了形成水沟或造成滑坡侵蚀的可能性。水条可以允许或阻止车辆通行,当然这取决于水条在路面上的深度。

一个更有效但花费更多的道路封闭方法是沿路权范围将路基回填料拆除,或就在道路与河流交叉的地方移除路基。[582]最后将整条道路拆除,如加拿大艾伯塔省的某些林区和美国加利福尼亚红杉国家公园就恢复修建了道路前的山坡地形。在平坦地区,可以疏松以前的土路表面(如推、犁或耕)以形成多孔基质,以利于植被的迅速生长。这些方法可以有效地改变路面、重新构建山坡和地形,这些工程通常需要重型设备运送泥土,也会造成环境暂时的退化。这种措施的目的是在不采用或采用其他侵蚀控制措施的情况下,使得植被恢复并能够达到可以稳定表土的作用。[582]

封闭路网最简单的是关闭其中那些里程短的不通向任何地方的道路或支线道路。一些较短的支路上车流量通常很小,可能位于景观的局部地区,如山脊附近,它对流域资源的影响相对很小。较长的支路常常会通向更远的流域,可能横穿山谷,对河岸和河流生态系统具有综合影响。封闭支线的一个具有代表性的、最明显的益处是降低进入偏远地区的人数。这是一种用于保护生物多样性,水生生态系统和鱼类,以及野生动物群落的很有效、很划算的办法。当然,这些成功的措施主要是为了减少生态影响而不是为了减少道路长度。

一些位于低地的林区道路系统,如美国东南部,可以被设计成更简单的格网形式。虽然没有塌方,排水的聚集可加剧冲沟侵蚀(第 7 章)。植被类型和稀有动物的异质性生境分布在森林景观当中。[300,378]不规则的方格式布置常常是由湿地和河漫滩的洪水引起的。此外,土地利用历史、土地所有权形成的马赛克和多种入口常常会形成一些高度不规则的林区道路网形式。

12.2.2　生态影响

除了在某些地方有灰尘问题(第 10 章)以及会带来非本地生物种入侵(第 4 章)以外,林区的道旁对附近地区的原生植被所产生的影响一般来说是有限的。道路会加速外来植物、有害昆虫和病原体在森林景观中的建群。[703,376]通向林地深处的路边地区是杂草的有利生境,尤其是在土壤裸露和阳光充足的地方。尽管面积比较小,但由于道路分布很广,所以对景观有着广泛影响。邻近地区的管理措施或自然过程可以改变路边的植被,这也会加速外来种向道旁邻近地区的入侵。在一些地区,外来有害物种会降低森林生产力和野生动物的生境价值。

其他一些有害生物和病菌可以通过车辆扩散到森林中去。根部腐烂真菌的孢子,如可以攻击和杀死美洲花柏(*Chamaecyparis lawsoniana*)的美国花柏疫病(*Phytophthora lateralis*),它们可以通过附着在运木材的卡车和道路施工设备携带的泥土上被扩散开来。[1073,376]舞毒蛾(*Porthetria dispar*)周期性地使大面积森林落叶,可以通过车辆在当地或地区间扩散。

林区道路上也会有一些非常见种或稀有种。在英国森林中宽度为 5～15 m(16～49 英尺)的林区道路上生活着一些在草甸上生长的植物和蝴蝶。[720]然而,由于在森林周围有大面积的农业耕地,利于这些稀有物种存活的生境在这些用于运输木材的道路上并非很多。

森林里生存着大量的陆生动物,包括狩猎和非狩猎物种。许多脊椎动物容易受到道路和交通以及道路上的人为干扰。[1050]然而,由于交通量低,车速受到狭窄、弯曲道路的限制,因交通引发的动物死亡并不是一个很严重的问题。在司机和动物的视野均受到限制的森林双车道路段,交通引发的哺乳动物死亡率会较高一些。在沿公路湿地和其他水体附近,交通引发的两栖类和爬行类动物死亡率较高。车流量比较低的林区道路被许多包括大型食肉动物在内的野生动物当作惯用的通道。[302]

林区道路也为人类观看动物和合法狩猎、偷猎提供了重要通道。最近几十年,道路的通行有时会受到季节性的管制,以保护动物群落免受人类干扰(第 6 章)。例如,对于麋鹿,封闭道路可以限制其在繁殖季节被人类打扰,或通过在选择性狩猎区减少车辆和相关干扰来提高狩猎体验。因此,在普遍意义上,道路管理是管理人类和大型哺乳动物之间关系的一种方式。

设计和养护拙劣的林区道路是某一景观内最重要的非点源污染的代名词。在美国西部的森林景观中,道路对水生资源的损害,尤其是对那些鲑鱼(*Oncorhynchus*)生长的地方,比起对陆地野生动物的危害来说更是一个重大的管理问题。[376]一些会影响到保护鱼类、鱼类生境以及鲑鱼迁徙模式恢复的关键问题包括[666,376]:① 增加和(或)降低暴雨洪峰流量;② 河流内悬浮沉积物的浓度;③ 细微沉积物覆盖或遮蔽砾石,而这些砾石对于鱼类产卵极为重要;④ 河岸植被对河流生态系统有益效应的改变;⑤ 道路引起的塌方所带来的影响;⑥ 由于拙劣的涵洞通道和桥梁设计、施工或养护引起的堵塞。虽然也涉及一些其他因素,但林区道路是这些问题中潜在的罪魁祸首。

在河道管理中河流模式的变化是一个重要而复杂的问题。因此,要关注整个流域的分布,而不仅仅是河流水位的高低。[733]由于会导致洪峰数量增加,道路也已经成了一个受人关注的问题(第 7 章)。例如,过多的洪峰会极大地破坏水生生境,冲走河床上的卵和鱼。另外,降低洪峰数量能够抑制鱼类产卵的沙石河床上细微沉积物的周期性移动,这是维持鱼类产卵生境的一个重要过程。

河流悬浮沉积物的浓度会影响到水和河床生境的质量。在一定时期,泥沙含量高或浑浊的水对某些鱼类是有益的,它可以为鱼类躲避被猎食的危险提供保护和遮蔽。另一方面,过多的细微沉积物可能对鱼类产生直接的生理影响,或者干扰它们的迁徙类型。细微沉积物也会堵塞砾石之间的空隙,降低产卵河床上鱼卵孵化时水的含氧量。车辆将道路上的物质研磨成粉尘,通过雨水混合成细微沉积物,这两个过程加速了沉积物流向河流。[766]

河边植被对河流生态系统有许多有益的影响,包括形成遮阴。[331,373,667]树叶和枝条也是水生无脊椎动物的食物来源,较大的树木形成水生生境结构[470](第9章)。通过移除河岸带区域的植被,道路可以直接影响这些重要的植被功能。道路为人类提供的通道间接地导致了河岸植被的改变。例如,在河岸带的树木可能会被移走,因为它们可能会给旅行者或野营者造成安全隐患,或者是树木会被非法砍伐用于薪柴。

现在,人们已经普遍认识到了道路引起的塌方会对河道、河岸带和相关的水生群落造成负面影响。[376]另一方面,塌方也是块头较大的木头和石块的来源,因此也有助于形成复杂的水生生境,有益于鱼类生存。[619]

从流域内整个道路来看,林区道路对河流系统的影响是和流域内道路的总面积不成正比的。例如,在俄勒冈州卡斯克德山脉的一个流域内,道路仅占据了约3.1%的流域面积,但据观测发现,它们却增加了20% ~50%的排水密度(每单位面积的水道长度),[1017]将可能导致洪峰和洪水的增加(第7章)。[462,106]尽管面积有限,但在整个流域内的土壤和塌方活动格局中道路是重要的角色扮演者,[891,1018]道路位置对道路产生的影响有着重要的作用。与林区道路相关的侵蚀涉及土壤和沉积物从道路上移开,以及在道路上沉积。与邻近陡峭山坡的道路相比,在大洪水期间,山谷谷底道路土壤和沉积物(>10 cm^3 的物质)的移动和沉积频率会更高一些。[1018]在山脊地区侵蚀的频率最低,这里的道路是下游沉积物的源。山坡上的道路截留了大量从山坡上流下的沉积物,但是又有两倍数量的沉积物从道路上流下。谷底的道路是山坡上和河道支流沉积物的净积累处。

总的来说,陡峭山地的林区道路主要通过改变水流和沉积物、取代河岸带植被来影响水生生态系统。根据气候、土壤、地形和土地利用情况,道路的影响也许是重大的,也许是轻微的。然而,在景观内道路是外来或异类结构,在流域中没有对应的自然功能(如通过指定火烧代替野火控制的例子)。因此,道路的环境影响容易被人们看成是负面的,是无法替代其他由人类活动抑制的自然过程的。

12.3　农业用地和道路系统

不考虑区域,北美的农田有一系列普遍的特征。它们多位于平地、坡地和山地地区,虽然在有些地区还是采用灌溉以增加产量,但作物生长季有充足的雨水。尽管这里的农田也包括奶牛场,但多数农田是可以进行耕作(犁耕)的长方形地块。这些农田形成了分布在农场、林地、河流、村庄和乡镇周围常见的景观基质。农田也环绕在农场道路、当地道路和双车道公路周围。一些非普遍性的特征,如城市、河流、多车道公路和沙石取料场及采石场一般也会零星散布在这些地区,但在农业景观中,它们有着重要的影响。

12.3.1　地形、土地利用和道路系统

农田的道路网有各种形式,反映地形、修建年代和道路修建之初的农业类型。很久以前,新英格兰山区农村在大面积实施机械化耕作之前,道路已经开始服务于小块农田和牧场。[323] 虽然在 18 世纪和 19 世纪,部分道路系统仍可服务于居住区和森林,但这类景观中大部分地区却已被森林和居住区所占据(第 11 章,图 11.4)。能够证明农田道路存在的证据是靠近路边那些平行的石栅栏或墙体。

相反的,大平原(Great Plains)的极其规则的道路网络,在飞机飞过中西部时你能观察得非常明显,直线路段形成了一个个 1 英里 (1.6 km)的网格。[812,827] 这些道路给农田提供了通道,农田可以大到整整 1 平方英里(2.6 km^2)的面积,使高度机械化作业成为必要(图 12.5)。

农场和田地是农业景观内两种基本的常见单元,农民(和拖拉机)是改造自然的生力军,他们的耕作使土壤形成了现在的类型。农场是更大的单元,虽然最初的粗线条的道路网主要是为了连接农场的各个居住区,但是可能会被道路分割成条块任由道路纵横其间。田地是较小的单元,是道路系统的关键建构机制。因为在北美,道路一般可以到达各块田地,但不能横穿其间。传统上,局部地区农场的规模变化相对较小,反映的是能够维持一个家庭生活的土地面积。局部地区在地形、土壤和降水量方面变化很大;因此在景观中或不同地域内农场的规模也会有很大的差异。现在,农场常常是农业综合企业和家庭农场的混合体,所以农场的规模是从前的两倍或多倍。农场管理、外形和生态相对于农场规模变化更为显著。[671,670] 田地的规模也比农场规模的变化大,所以栅格尺寸和网络结构的变化相当大,即使在非常平坦的农田景观内的道路系统也是如此。

图 12.5 农田、公路和湿地竞争空间。以前将农田包围起来的方格式道路网(远处依稀分布有树木的缀块多与一些农场有关)在天然湿地地区是不常见的。农民将湿地的水排出用于耕作(注意右侧斑点状的农田的黑色线条),其余的湿地被保护起来作为州野生动物管理区。在农田和湿地内修建了一条多车道公路,形成了一些新的池塘、排水沟和堤坝,有些部分成为水禽的栖息地。各种边缘不规则的生境成就了丰富的动植物多样性。在沿公路缺少涵洞通道的情况下,堤坝和桥梁使得河流的位置固定了下来,消除了河流改道的可能(注意,以前的河道位于小路的右边)。野生动物,尤其是两栖类和爬行类动物在道路左右两侧湿地之间的迁徙受到阻碍或者成了道路交通碰撞死亡的受害者。图为州际 90 号公路,明尼苏达州中南部地带。图片由美国联邦公路局提供

坡地上的等高线耕作和相关的条带植被与易侵蚀土壤和降雨类型有关。[921,726]在北欧一些地区,绿篱内都设有排水渠以排走多余的水量。[311,129]

从杰斐逊政府在美国许多农业地区推行的网格状道路网到加拿大东部地形多变的地区的波形道路网络,一般都比较规则。虽然不同地区道路密度不尽相同,但平均大约为 2 km/km^2(3.2 英里/平方英里)。在农场规模相对恒定的地方,农田大小的变化也很小。在这种情况下,通向农场和农田的道路常常会形成比较规则的道路网络。此外,农民有典型的活动范围(如设备修理、购物、社交和社区事务),这也会导致形成有规则的道路网络。在农业景观内,城镇居民的活动范围大都分布在城镇周边,虽然农民和城镇居民会定期地到其他城镇和城市出行。

在农业景观中,除了连接城镇的公路和城镇周边地区的公路,大多数道路的

交通量相对较小。[995]道路上卡车的比例相对较高,反映了农场经济对运输的需求。

12.3.2 生态影响

在一些地势起伏的农场中,显眼的网格状绿篱将许多农田包围。[734,311,128,129,624]主要有两种基本的绿篱类型:将道路夹在中间的双条带类型和没有道路的单条带类型。路边常常设有排水渠,土壤湿润并伴生着相关的物种,在排水渠和邻近植被之间还有一些精心修剪过的植被覆盖带。在绿篱带上,篱笆和间隙比较常见。在法国的绿篱网络内,农田小路沿线的植物种类最为丰富,因为道路两侧都种有树木。[128]

与方条绿篱网络形成对比或相连接的往往是一个支叉很多的河流网络。[587,812,827]支流的末端常常是洼地(具有植被覆盖的线形开放低地)或者干脆就是遗留在田地里的一些人、车走过的痕迹。在许多地方网格式路网与河流网络的交叉之处常常修建有涵洞和桥梁(图 12.5)。

在农场中另一个显著的特点是拥有许多长有自然植被的缀块,通常由长有稀疏树木和灌木的或大或小的树林组成。[321,311,392,695,812,827]多数较大的树林分布在农业景观内比较偏僻的地方,而一些小树林或稀疏的树木可能会生长在距离道路或近或远的地方。因此在这种景观中外来物种给较大的树林造成的威胁很小。

农民不遗余力地清除了农田内的一些小块湿地,但因为道路两边都设有排水沟用于排水,所以这些排水沟可能是出现潮湿土壤的唯一区域。排水沟成了两条平行的河岸植被的线形带状湿地生境。路边排水沟常常受阳光照射,长有沼泽物种,也可能与湿地、池塘或河流相连(图 12.5)。

对地方道路道旁的养护比起对干线公路沿线要简单一些,因此农业景观内常常出现当地野生花草和其他休耕后的植被网络(第 4 章)。然而,有时根据农民的要求,常在道路两边喷洒除草剂。但是关于种子传播、传粉昆虫和农田道路沿线野生动物的情况却几乎没有记载。

在荷兰的细作农场上,许多干线公路周期性地跨过农场的沙质土壤地带。[1,63]这些沙质土壤路边地带有时会被保护起来,因此这一地带常常是景观内仅有的植被群落和植物物种最为繁茂的地方。由于相对密集的人类利用和不可能长期养护,道路交叉口似乎并不是有望受保护的生物生境。

对于森林动物来说,大片的森林和农场内的河流廊道是最重要的生境(图 12.5)。[812,827]相对连接的绿篱、河流廊道、道旁带和一排排踩脚的石块对于有些动物的迁徙都可能是有效的,尽管可能不是景观内最敏感的。[311,628,624,815,129]

与道路相交的绿篱会把野生动物的活动引向路边，而路边正是道路交通碰撞野生动物致死的集中地带。[418]然而，除了利用较少的道路外，道路沿线的自然带比起远处的绿篱很少被具有保育价值的动物所利用。世界范围内的证据表明在道路沿线或路边或与交通量较大的道路并行的地带，动物的活动相对来说比较少（第 4 章）。[302]因此，虽然路边自然带在景观中比较突出，一些关键动物却很少把绿化带作为固定通道的一部分在其范围内活动。有一个重要的例外是，在农业景观内道旁自然带几乎是道路附近唯一的自然廊道。[815,72,73]

农场的多数道路属于地方道路，车流量很低，约 400 车次/日或更低，[3]因此交通噪声的影响总体来说是有限的。然而，由于农场的开阔性，道路交通噪声传播的距离很远，从几百米到超过一千米之远（第 10 章）。因此，农场内的公路很明显成了动物活动的阻碍区或动物迁徙的屏障。在许多农田道路的狭窄区域内，车辆造成的视觉干扰是很严重的。

湿地动物，如两栖类，它们在更精细的尺度上发挥着功能，无疑随时都会沿着道旁水沟活动[812]（图 12.5）。排水沟为湿地和河流附近的一些小种群提供了连接度。在道路网络嵌入河流系统的地方，道旁的排水沟实际上将许多支流联系到了一起，形成一些回路或者为动物提供了一些可以选择的迁徙路线。[302]

因为路边排水沟（类似的还有路边自然带）被道路本身彼此分隔，毫无疑问，许多两栖类、爬行类、哺乳类动物和鸟类都可能大量地穿行道路。这表明，由于道路碰撞，尤其是单位车辆过往引发的动物死亡率在农场道路上极高。在道路排水沟作为几乎是唯一的湿润地区时，这在生态学上是有重大意义的。

农田动物在路边区域占据优势。如果道路碰撞引发的动物死亡率很高的话，道路沿线的食腐动物丰富度将会大大提高，它们会沿着道路活动并以道路死亡动物为食。对于横穿农业景观的动物而言，[494,302]农场道路并非是非常有效的阻碍物。

在修建道路的过程中，附近的湿地可能被部分或全部排干（图 12.5）（第 9 章）。在河流和道路交叉的地方，上游的或者是下游的甚至上游和下游的河道被改造成了渠道，这些渠道以及各种堤坝和桩柱常常十分醒目。道路网反复横穿河流常常会消除河流改道，扰乱池塘和浅滩次序及一些关键的水生生境。这些过程使保留在农业景观内的一些稀有自然生境消失。

极端的雨水径流事件能够毁坏农场道路（第 7 章）。有车辆通行的道路网络也是重金属的源，烃类、路盐、除草剂等都会进入到农场景观中。许多此类物质会直接进入排水沟，随地下水、河流到其他地方滞留下来。然而，总体来说，这种景观内硬质地面较少，车流量也比较低。

桥梁和涵洞通道附近的路边排水沟以及路基是进入河流系统的侵蚀沉积物的常见源（第 9 章）。然而，在农场中，田野肯定是沉积物的更大的源。不过，在农业景观中,河流的恢复是一个重大的难题。[812,827]道路网络反复横穿河流系统,同时路边排水沟内的水将沉积物沿排水沟冲出很远进入河流。因此,景观生态方法而不仅仅是某些路段或溪流段落的方法,对于成功地恢复河流非常关键。

冲积平原上的桥梁和出现频率不高的涵洞常常会阻止河流的改道(第 9 章)。它们也限制了洪水期间的排泄,引起非自然的冲刷,为某些鱼类或更多鱼类提供了生境。受到阻碍的洪水有可能会冲垮桥梁和涵洞通道。

在农场中,道路与河流交叉的地带提供了长期的社会机会。河流各段,尤其是交叉点的上游地区,可能在相对自然的条件下得到保护,而这种缓解有助于控制下游的洪水。鱼类保护地可以得以维持,甚至可以利用桥梁产生的荫庇。[572,597]野生动物的生境可以得到改善,并可以建立一些休闲景点。实际上,恢复水源渠道和河流的吸收能力和生物多样性价值的过程可以在道路与河流交叉处开始。

12.4　牧场、干旱地区和道路系统

美国西部广阔的干旱地区是本节关注的焦点。[4,607,812,566]这些地区多用于放牧牲畜。[921,726]总的载畜量会因时间的不同而异,在干旱少雨地区,过度放牧非常明显。湿润的牧场一直延伸到大平原(Great Plains)的东部,也分布在佛罗里达州和美国东南部一些地区。[812,827]景观生态学分析表明,该地区的道路生态模式与世界其他干旱地区相似。[994,921,726,571]

12.4.1　地形、土地利用和道路系统

当想象干旱牧场的道路时,你的头脑中会呈现出什么情景呢?多数人眼前会展示出这样的图景:干旱的、恶劣的,并且常常是令人无法忍受的乡村大地上那些孤零零的、中间没有隔离带的双车道公路。[995]新建的公路稍宽一些,常常是那些四车道州际公路。除了在较大的城市和这些城市附近,这些道路上交通量比较稀少,在小城镇周围交通量也很小,这些交通运输活动通常都与农场经营和其他农业活动有关。然而,随着美国西部地区人口数量的增加,由于当地或新迁入的居民以及季节性旅游者的增加,交通量也随之增加。

主要公路多数常见于由山麓小丘和线形山脉环抱的平坦的谷底。偶尔,这里的地形也会与山麓冲积平原一样,地势平坦,坡度很小,一直延伸到天边。山一样大小的露出地面的坚硬岩层分散在地面上,很像植被稀疏的地面上鼓出的

庞然大物(图 12.6)。西部干旱地区的优势种是一些丛生草和一些耐旱、耐盐的灌木——拉瑞阿(*Larrea*)、山艾树(*Artemisia*)、焦油灌木(*Flourensia*)和滨藜(*Atriplex*),这些物种广泛、但稀疏地分布在干旱地区。[607]西部地区的土壤通常碱度很高,使盆地具有高盐特性。水道主要由山区流域提供补给,在春季融雪或强降水后可能会造成山洪暴发。将水用于灌溉通常会大量减少河流流量,常常致使小型河流干涸。

图 12.6 穿越有牛吃草的荒漠草地的道路和道旁。图中的黑色路面已经被阳光加热。道旁区域接受路面径流的浇灌,加上土壤扰动和养护中移走灌木,这一区域将会面对非本地植物种的入侵。犹他州东南纪念碑山谷以北区域。摄影:R. T. T. 佛尔曼 (R. T. T. Forman)

景观地形必然会影响道路系统的特性。主要有两种类型:第一种,小城镇通常散布在大范围的干旱牧区,由主要公路将这些人类聚居地连接起来。由于受到人们越来越多地追求休闲娱乐和购置第二处房产的需要的刺激,许多西北城镇的兴起和经济的不断发展,使得季节性的交通量迅速增加,也加快了许多西北干旱区的局部开发。例如,杰克逊城(怀俄明州)、博伊西(爱达荷州)、帕克市(犹他州)、黄石西部地区(蒙大拿州)和弗拉格斯塔夫(亚利桑那州)等城市在 20 世纪 90 年代经历了急剧的发展。新的道路服务设施、道路的改善以及房地产开发的不断加强对这些城市周围的道路网和生态条件产生了重大的影响。[788]主要公路沿线不断向外扩张的条带式开发常常是非常显著的,这无疑会对野生动物的迁徙模式产生强烈的影响。

反映重要城市郊区迅速发展的第二种类型常常会受地形特征的制约。[995]例如,从普罗旺(Provo)通过盐湖城到犹他州奥格登一带的开发使将城市和小城镇分隔开来的开放空间所剩无几。众所周知,瓦萨奇前线(Wasatch Front)居住着犹他州约 62% 的人口,急需加快道路和郊区的开发。同样的,从科罗拉多州丹佛北部到柯林斯堡正在开发的走廊地带,在最近几年发展非常迅速。

在西部干旱区的其他地方,连一些小城镇也成为美国人口迁徙的永久目的地。[995]然而,许多将地区间人口密集的区域连接起来的道路仍然保持原状,可以在将来改善或拓宽这些现有公路。虽然在人口密集地区的许多公路都得到了改善,但很少在区域范围内新建道路。

虽然某些差异反映出了各个州的不同之处,但通过西部干旱地区的道路网都有相似的特征。与加利福尼亚州 268 658 km(166 836 英里)的道路长度相比(第 2 章,图 2.8),西部干旱区的道路总长度变化很大,从怀俄明州的 43 087 km(26 757 英里)到亚利桑那州 2 倍于该数的道路总长。在怀俄明州,乡村道路占了道路总长的 91.4%,亚利桑那州占了 68.3%,加利福尼亚州占了 49.8%。总体来说,在西部干旱区道路密度低于 0.3 km/km^2(0.5 英里/平方英里)。

除了由州、县和城市养护的道路之外(第 2 章),目前还有两大由联邦政府资助的公路系统——全美公路系统和地面运输计划。虽然非联邦资助的道路组成了州内主要的道路系统,但作为制度,联邦资助的大部分公路都是由西部各州交通部门负责养护的。因此,内华达州承担了州内约 13% 的道路养护任务。与西部所有地区一样,联邦投资的公路承担着大多数的运输任务。

20 世纪 90 年代,州政府和市政府开始不断关注城市开放空间减少的问题。20 年前截然不同的郊区和乡村目前已经很难被区分开来了。与西部诸州一样,犹他州的人口预计将会从 2000 年的 210 万增长到 2030 年的 370 万。人口的增长将会使城市开放空间减少的问题恶化,加剧对更宽阔、更高速度的道路的需求。1982 年到 1996 年间,盐湖城经历了第二次美国最大的道路交通拥堵(犹他州质量提高委员会,2001 年网站)。为此,犹他州开始了建州 150 年以来最大的道路建设项目。在 2001 年夏天,重新修建了横贯盐湖流域的州际 15 号公路,诚然,犹他州并不是唯一遭遇此类问题的州。

内华达州已经发起了一项雄心勃勃的道路建设项目,以适应人口的飞速增长。在拉斯维加斯、里诺和斯帕克斯周边地区开始修建许多道路和互通式立交。在拉斯维加斯,一个被形象地称为“盛意大利面条的碗”的互通式立交以前每天能够承载 33 万车次的交通量,现在已达每天 50 万车次。一般来说,这一地区的互通立交所占面积已经多达 32 hm^2(80 英亩)。

在这两个主要道路建设的例子中,交通运输主要以满足公众的需求为主(第 3 章)。如果采用这个方法,道路系统的扩张只有在人口压力得到缓解的情况下才会减缓,但人口较少的趋势目前尚未出现。然而,在其他地区,道路建设由满足需求型逐渐被社会调节型以及更理性地利用和开发现有道路系统的交通方式所替代(第3章)。

美国西部短暂的历史上城镇经济的“起起落落”,使人们想起了西部主要道路网络的长期深远的影响。罗马帝国陷落1 500多年以后,仍然可以看到以前罗马建造的从土耳其到英国的直线式呈网格状的道路。在美国北部俄勒冈州从1836到1869年间大篷车使用的小径上,今天仍然可以看到大篷车留下的凹槽。例如,在怀俄明州的格恩西,俄勒冈小径横贯松软的沙岩,据说那儿有一条大篷车压出的5英尺(1.5 m)深的巨大的辙印。从罗马道路以及俄勒冈小径上的足迹得到的教训说明,当道路“轻轻踩踏”过大地时,尤其在干旱地区,道路的运输服务功能必须和道路的生态服务功能达成一种平衡。

12.4.2 生态影响

道路和道路网络会在干旱牧区产生一些积极的生态影响。多数道路会将雨水和雪水输送到道路两侧(路权范围)(图12.6)。这常常使道旁植被生长繁茂并且高产。此外,在美国西部许多以放牧和种植农作物为主的地区,道旁可以保持一些仅有的自然或半自然的植被状态。

一些大型和小型的哺乳动物会受到道旁绿色植被的吸引来寻求藏身之所。[431]沿乡村道路网而竖立、绵延千里的电线杆也是鸟类的绝佳栖息之处。[88]特别是一些猛禽可以在路边和邻近区域猎食小型哺乳动物。

西部城镇和城市居民越来越多地将一些地区用于休闲娱乐。[495,566]在许多地区,道路的通达和水源的存在是促使土地利用的内驱力。实质上,在这一地区比可通达的地方有更多的地区已经被人们锁定成为开发的目标,将导致更严重的区域性河岸地带退化,在干旱地区这种退化尤为突出和重要。此外,越野车辆会破坏干旱地区脆弱的生态系统。[1012,1013]随着河岸地带的退化,局部性影响和鸟类、哺乳动物、水质和河流完整性退化非常明显。由于这些影响在景观内零星分布的河岸带区域反复发生,以及随着野生物种丰富度在区域尺度上的降低,其他的伴生影响将会接踵而来。

水是干旱牧场区的关键资源,决定着居住区开发的地点。因此,道路通常修建在水源和河岸区域内,会对河道完整性、水质和河流流量产生相应的并常常是负面的影响。[921,726,566]河岸地带的树木常常会大量减少,导致水温升高,致使许多鱼类种群的生境受到破坏。鱼类通常寻找河岸地带的植被和桥梁下方作为荫庇处。[812]如果水温升高,生活在河底的无脊椎动物的数量将会减少,而它们是鱼类食物链的基础。

西部干旱区的大部分乡村道路是未铺砌的。如第10章所述,车辆引起的扬尘对人类健康和生态会产生重大的影响。这一问题尤其在未硬化道路下风向的区域会更加严重,并随着交通量的增大而恶化。

结论

本章研究的四种景观类型都有大量的人口居住,拥有道路系统和道路交通。根据土地利用类型,道路密度至少在两个数量级变化。在一些森林地区和干旱牧区,动物会在距离道路几千米的区域内活动,而在郊区景观中这一距离仅为几百米。

交通流量在很大程度上决定了道路对动物活动的屏障作用。因此,随着交通流量的增加,动物种群越来越被分割到一些道路网形成的多边形的更小的区域内,这种现象在郊区景观中尤其重要。

河流系统和水流对道路系统尤为敏感,道路常常会多次横穿或阻挡流水。每次相互作用,水生生态系统一般都会退化,所以多次相互作用后会导致退化积累加剧。

道路系统的若干生态影响要比路面在景观中所占的比例让人能够联想到的影响更为严重。道路对干旱区河岸带、河流排水系统、潜在的洪水水位及野生动物生境的影响便是重要的例证。

第 13 章　自然景观中的道路和车辆

我们承认不能把车辆开进教堂、音乐厅、博物馆、议院、私人住所和其他一些文化中的神圣之所；同样，我们也应当怀着恭敬之心来对待我们的国家公园，因为那里也是神圣所在。

——Edward Abbey，《孤寂的沙漠》，1971

乡村公路加快了经济的发展，但它们同时也破坏了大量的森林。

——K. M. Chomitz，D. A. Gray，《世界银行经济评论》，1996

前面一章介绍了组成美国和加拿大大部分地域的四种主要景观类型：建成区、林地、农业用地和干旱牧场。这些景观中包含大量公路、车辆和人口。然而，在世界其他地区以及北美洲，其他一些景观类型也同样对交通运输、社会和环境起着极其重要的作用。

因此，在这一章中我们主要强调其他四种景观类型：① 偏远地区；② 公共绿地；③ 北极地区；④ 热带地区。这四种景观类型的特点是道路、车辆和居民很少，自然及自然过程处于支配地位，人类干扰较少。与农业用地和建成区不同，这里的每一辆车、每一千米路段几乎都被自然生态系统所包围。因此，道路和车辆的生态效应便有了特别重要的意义。此外，有限的道路系统使得路网中的每一段道路对于出行和生态效应都极其重要。道路系统的政策和任何变化都会带来巨大的机遇和问题。

自然景观属于异质性区域，它随地区和地形的不同而发生着很大的变化。虽然这四种景观类型在模式和原理方面存在重叠的地方，但分别或逐一地对每一类景观类型进行考虑可以给我们许多信息。此外，探索自然景观和其道路生态系统可以部分综合第 1 章到第 12 章中的各种重要概念。景观生态学的研究将会使这一宽广的领域更加“生动”。

13.1　偏远地区、道路和车辆

偏远地区是指那些地域（如整体景观的大小）辽阔，并且道路、建筑和人口密度非常小的地区。偏远地区对社会而言有三个主要价值:自然系统,优美景色和休闲娱乐。[495,547,405]一般在这样的地区没有为人所知的经济资源,也没有长期的保护。它可以迅速地、激进式地发生变化。偏远地区的范围可以从沙漠到苔原,从北方针叶林到热带雨林。从地理上讲,偏远地区可以是沿海或者内陆的被河流或崎岖山脉分割的地区,是海洋性或大陆性气候。如"蛮荒之地"和"野生动物避难所"之类的词就是用来描述某些偏远地区的。在这一章,我们首先讨论地形和道路系统,然后讨论生态影响。

13.1.1　地形与道路系统

偏远地区的一些主要但分散的人类活动会影响到路网的发展,以及它与当地现存生态系统的相互作用。为此,我们要将平坦低地或平原上面的道路系统与山区的道路系统进行对比讨论。在山岭重丘区,道路系统的影响很可能只是中等水平的。

从工程学的角度来看,在偏远的低地或平原,道路通常比较简单。对于车辆驾驶者来说,这些道路似乎也不那么平坦,另外,一些旅行者则会认为这些道路简直乏味极了。平坦地区的公路以长且直的布线而著称。偶尔的一些弯道也是显而易见的,逐渐降低高度通过河谷的一些平缓滩涂也很容易给人留下难忘的印象。

山区的道路则是另外一种极端。这些道路非常复杂,似要在水平和垂直的二维空间内极尽其变化之能事。偏远山区的道路有些是铺砌路面有些干脆就是土路,但通常都比较狭窄曲折令行人心惊胆战。这些道路会绕过大树、坚硬的露头岩块和其他一些天然屏障,早期的开路者和后来的修路工巧妙地选择绕开这些障碍物。山区道路直上直下,就像骑在一只山羊背上行进在陡峭崎岖的山坡上一样,一旦骑手相信道路开始平缓下来的时候,路突然就又会变得几近垂直,始终沿着无尽的 Z 字形在陡峻的坡道上行进。最终,道路会到达山隘或山顶,但下一步还是得一头扎进山那边麻花状的道路。

一些偏远的未开发地区常常是一些不适合生存的蛮荒之地或者是"熔岩地区"。实质上,这些地区都是一些不毛之地,是在大规模圈地以后剩下的撂荒地。这些地区因为气候炎热干旱、或高寒并被冰雪所覆盖、或土壤瘠薄、或是永久冻土,属于极端环境。这些地区几乎总是被粘贴上不毛之地的标签,这些地方很少有作物可以栽种,也几乎无人想到这些地方来居住。然而,当地的居民不论是土著的还是后来的移民,都使得这些地区形成了一种特有的文化。

当地的地形或地势特征常常决定着道路的走向,因此也深刻地影响着路网的结构和模式。[532]由于陡坡、深谷、湖泊、河流和湿地道路的畅通和施工常常受到阻碍，因此，偏远地区的道路系统会有好多种形式。据悉，当今的山区道路是建设在早期马车小路，及更早些时候当地人乃至狩猎的动物所走的小径上面的。[532]因此，许多道路是沿着河流、小溪及山脉走向而建的。

在偏远地区，居民区和连接居民区的道路一般修建在资源地附近，包括河流，尤其是在主要河流的交汇处。河流是人们行走的路线，同时也是一些道路的终点站。[532]由于相关河谷地带可以提供肥沃的耕地，所以道路尽头的口岸常常变成了重要的人类聚居区。因此，偏远地区的路网一般位于或是沿着河流和溪流附近。这些路网中的一些小路常常年代久远，是由早期原著民、开发者和拓荒者行走而形成的。

近期修建的穿越偏远地区的，如连接甲城市与乙城市的道路，常常是沿直线修筑，不再严格按照地形走势布线。这类道路可能会横贯那些弯弯曲曲的河流而不再跟着它的流向亦步亦趋了。

宽广的湖泊和陡峭的山崖会阻碍道路的修建，这些地区的道路就可能会成为漏斗般的交通汇集段，这里会有相当庞大的交通量。这常常会导致道路沿线土地的开发利用。例如，沿水体修建的用于观光休闲的道路会聚集大批的游客及其车辆。在道路起点修建的停车场可能会吸引数量庞大的车辆停靠(图13.1)。应当避免在特定的荒原地带、保护区和土著居民的保留地内修建道路和机动车辆的通行。

与第12章中提到的较发达地区相比，偏远地区道路相对狭窄，分布密度较低、车流量和车速不高。[598]根据车流量的大小和天气条件，偏远地区的道路可以硬化或者不硬化。在气候寒冷的地区，道路常常是季节性的，冬天由于积雪需要封闭。在温暖地区的雨季，由于洪水和发生路面水毁，道路也会被关闭起来。在偏远的未开发地区居民分布非常分散。典型的道路特征是：线路少，环线更少，但支线较多。[898,302]

现代工程施工法和设备可以将公路修建在任何地方，并与任何现有的景观相适应。然而，总体上来说，现在道路建设遵从于最少花费和最大省力原则，即最大限度地减少填挖量，顺应着相对平坦的谷地修建。在低地和平原地带，道路一般绕行宽广的湿地和湖泊，主要是为了防止水文方面发生问题。一些道路的布线可能会将最低成本和最低生态影响结合起来。由于现代工程技术的灵便性，几乎所有的道路都有可能在生态影响相当小的情况下得以修建。

图 13.1　位于偏远的公共绿地区域道路支线上的游客接待中心。太阳草(*Cladium Jamaicense*)沼泽地中散布着一丛丛沿沼泽表面流水的方向生长的常绿阔叶树种,这片沼泽基本上是不能通行的,所以人类对这片动物原生地的破坏受到了限制,或限定在某一特定的地域。在洪水泛滥的季节,道路便成了堤坝,并且通常被淹没,所以道路设计高出地平面 30 cm,并且安装了 150 个管涵旨在将水面连片(也作为水生生物的通道)。这里要注意为减少车辆运送游客的公共汽车、供游人进入硬木林观赏自然风景的木板通道,以及那些看不见的(地埋的)用于水电供应的管线。图为位于佛罗里达州大沼泽(Everglades)国家公园内的鲨鱼谷(Shark Valley)公路。图片经过美国联邦公路局许可

13.1.2　生态影响

驶入偏远地区道路网的车辆部分造成了这些地区原来没有的非本地植物种的逐渐引入(第 4 章)。然而,只有为数极少的尚未遭受侵扰的偏远地区才能够将外来物种的扩散限制住。同样,在那些几乎没有任何放牧的地方,也是可以遏制这样的问题发生的,一般情况下在这些地方是没有非本地植物种的拓殖和扩散的。但总体来说,非本地种和入侵种的数量在偏远地区可能很少。

在偏远地区车辆的影响在某种程度上讲是有限的,因为道路密度低并且车辆也少。野生动物可能已经习惯于过往车辆的影响。除一些人类开发强度较高

和道路较为密集的地方,绝大多数动物都可以通过公路自由穿行,因此对动物活动模式的影响很小。通常野生动物和车辆也不会存在碰撞的问题,部分原因是车速较慢。但值得注意的是,在个别情况下,尤其在夜间,如爬行类动物就常常会受到路面吸引而爬到路上来活动。

偏远地区为地球上最后一些保存较完整的生态系统提供了避难所。在偏远地区野生动物群落一般比较繁盛,尤其是一些比较机警的、对道路敏感的大型食肉动物,如大灰熊、狼獾、猞猁、美洲豹、狼、美洲虎和老虎。然而,不断提高的公路密度如果达到了某个物种能够承受的阈值,就可能会导致这一物种从这一地区消失(第5章)。

在偏远地区,由于正活跃的或以前的资源开发,如采矿、采石和伐木而引起的变化会对路网的发展产生巨大影响。为开采资源而修建的道路常常是那里基本的通道。这些道路关闭后,它们就成了合法和非法狩猎者或越野车辆的现成的通途。以前的用于资源开采的道路对其他自然资源的间接影响是非常显著的,如对鱼类和野生动物,除非采取措施将公路拆除。偏远地区的道路也是越野车辆的捷径,如果不加以控制,会在许多方面影响当地的土壤、植被和野生动物。[1013,547,405]然而,总的来说,道路和车辆对偏远地区的影响,如果与其他景观类型相比似乎要少得多。

13.2 公共绿地、道路和车辆

公共绿地地区和偏远地区与道路和车辆的格局与原则方面有许多共同点。因此,这一节主要突出公共绿地区域及其道路系统的一些独有特点。公共绿地是指景观尺度上面积较大的区域,因公众利益这些地区受到政府保护,主要用于自然保育、观光、被动式休闲或自然休闲(如徒步旅行和观鸟)。景观中面积较小的公园缀块不算在公共绿地之列。[302]

13.2.1 地形,土地利用和道路系统

通过向游人提供通道,公共绿地可以向人们展示着大自然的财富。同时,这一功能又会使公共绿地内部受到与道路相关影响的机会增加。[823]对许多公共绿地来说,保育自然环境和维持其生态完整性是最为重要的任务。一些国家公园,包括约塞米蒂国家公园(加利福尼亚州),大烟山国家公园(田纳西州和北卡罗来纳州)和黄石国家公园(怀俄明州和蒙大拿州),都面临着一个很大的困境:在保持生态完整性以及让游客享受到高质量的旅游

体验的前提下,如何充分应对进入公园的车流量。[495,547,405] 随着时间的流逝,路网格局的变化很小,而道路上旅游车辆的数量却在不断增加。这样通常会使得人们不断地拓宽道路、增加车道,而不是重新配置道路系统以保全公园基本的生态完整性。

实际上,所有的参观者都是自驾车辆或乘坐公交到达这里的,所以在道路上做文章倒成了缓解手段。一些参观率和交通量都非常高的国家公园,如班夫国家公园(加拿大的艾伯塔省),目前正采取措施,如暂时封闭道路,将道路对公园环境的影响减至最小。道路在野生动物对其干扰敏感期,如分娩、筑巢或者冬季时会被关闭。因为这些措施相对来说都是最新采用的,所以有关其效果的信息目前尚不多见。

公园内景点的分布和景点对游客的相对重要性会影响到路网格局和对土地的影响程度。公园内观光区和景点应当从战略的高度来安排和布设。一些道路被修建在山脊或悬崖附近,以便能够观看到壮观的美景。然而,这些道路常常会产生一些令人不快的工程问题和视觉影响。其他一些重要的旅游地点,包括自然景观和接待中心也都应适当地分散开来,不能让他们扎堆分布在公园一隅。公园里的路网结构也会受到一些文化价值的影响,如考古发掘地点和当地百姓供奉神灵之地。

某些景区接待中心由于游客数量庞大,因此被刻意规划在公园入口处,以便保护公园重要的核心部分。其他一些游客设施则位于更加偏远的地区,那里吸引的游客相对有限,从而对生态造成的影响也会很小。游客对环境影响本身也会使得路网产生变化,例如,因为过高的游客数量和对某些令人叹为观止的树林造成的有害影响,原本建在红杉树和国王大峡谷国家公园(加利福尼亚)内美洲巨杉林(*Sequoia gigantea*)中的基础设施,被迁移并建成了一条通往生态意义相对较小地区的公路。

多数公园具有狭窄、弯曲的两车道道路,这些道路为参观者在景区内的观光活动提供了便利(图 13.2)。公园道路的大量弯道有助于降低车速,减少与野生动物的碰撞事件发生。在一些公园内,因为主要兴趣在于观赏美景,因此建设了大量的环型观景道以便领略公园中的大部分胜景,例如,在约塞米蒂国家公园、黄石国家公园和仙人掌国家公园(亚利桑那州)中都是这样。

很少有在大型公园内修建主干道公路的,不过在位于加拿大艾伯塔省的班夫国家公园内倒是建有一条。这条横贯加拿大的公路将公园一分为二,旅游最旺季的交通量可以达到大约 35 000 车次/日(第 2 章,图 2.5)(加拿大联邦公园部公路服务中心未公开数据)。相比之下,约塞米蒂国家公园提约嘉隘口(Tioga Pass)的公路上,夏季旅游高峰期间日交通量为 4 000 车次/日(加利福尼亚交通厅

图 13.2　狭窄弯曲的公园道路，这些道路的交通量、行车速度、交通噪声、污染水平以及动物碰撞的几率都较低。加利福尼亚的沿海红树林(*Sequoia sempervirens*)。图片经美国农业部林务服务局和杰瑞·富兰克林(Jerry F. Franklin.)许可

未公开数据)。班夫国家公园内横贯加拿大的主干道外号被称为“造肉机”，原因是由于车流量大、车速快而引发了大量野生动物被撞而亡。其他一些被公路干道一分为二的公园有加斯波西(Gaspésie)国家公园(加拿大魁北克省)、阿岗昆(Algonquin)省立公园(加拿大安大略省)、奥林匹克国家公园(美国华盛顿州)和大烟山国家公园。

为保护公园内部那些极有价值的自然资源，通往景点的道路及旅游设施应当建在公园外围的广大区域内。[301,302]然而，在仙人掌国家公园内就有一个极端的例子，在清晨和傍晚的通勤高峰时期，会有许多往来于附近的图克森市区(Tucson)的通勤车，这些车辆造成了极高的野生动物撞死率，因为通勤的高峰期正好和动物活动最活跃的时间段冲突在一起。[492]该公园对公路动物撞死率进行的调查表明铺砌道路上动物的撞死率要远远高出未铺砌道路，其比率为13:1。[492]同时，在公园内部的环型观光道上，由于夜间封闭的原因，动物被撞死率要比完全开放的道路低出许多。对于道路影响区、屏障效应以及栖息地破碎化的研究从生态意义上来讲要比研究道路死伤问题重要得多，但是这方面的研

究至今寥寥。

考虑到养护开支和机动车驾驶人员的安全,公园内的道路可能要实施季节性关闭,例如,位于约塞米蒂国家公园的提约嘉隘口(Tioga Pass)公路和冰川国家公园(蒙大拿州)的逐日(Going-to-the-Sun)公路。到了冬季,这些高山道路上覆盖的积雪可深达 3 ~6 m(10 ~20 英尺)。虽然永久性封闭道路是一个困难的过程,像峡谷地国家公园(美国犹他州)中的路段,因为人们早已习惯于以此路为通途。但是,拆除道路却可以使先前受到影响的生物多样性和自然过程得到显著的恢复。

13.2.2　生态影响

公园公路两侧的植物物种组成会随着时间的流逝而受到交通的影响。车辆会带来一些外来植物物种(第 4 章)。[937,563]同样,那些受到公园设施建设和道路拓宽工程影响的地方外来物种的传播和扩散无疑会被加速。

大多数公园内密度较低的道路和稀疏的交通量会使野生动物得以适应道路上的交通状态。在车流量较小、车速较低的公路上,许多点段的通透度都可以让动物自由地穿行。[115,565]然而,繁忙的交通即使是车速较低也会阻碍动物的活动。[352]在广袤的黄石国家公园的拉马尔(Lamar)峡谷,许多拿双筒望远镜或者单筒望远镜追踪新引入狼群的游客以及他们开来的车子形成了一道真正阻碍狼群的障碍。现在,公园已经开辟出了车辆“禁停区”好让狼群通过道路。

广阔的公园景观中保留着陆地上最后一些保存完好的生态系统。一些大型的肉食动物和被捕食动物在这里一般都比较繁盛(在许多国家公园这些地区是禁猎的),如黄石,大烟山和班夫地区,这些公园中还活跃着一些机警和对道路敏感的物种,如灰熊、美洲狮和狼[617,350](图 13.3)。斗转星移,公园道路上越来越多的车辆可能会改变动物个体的行为,降低生境质量。[350]一些公园在较大交通量的道路上已经采取了一些缓解措施,像设置围栏和通道,如湿地公园(佛罗里达州),冰川公园和班夫公园[845,324,167,170](图 13.3)。总的来说,这些结构物被证明是有效果的(第 6 章)。随着将来公园受到的青睐和游客数量的递增,这些设施将会在公园内司空见惯。

一些动物,如黑熊、山狗乃至鹿都依赖于人类食品和过往车辆施舍的食物。仅 1997 年,就报道了班夫公园内公路沿线 80 多起因熊而造成的交通堵塞(由于停车观看熊而引起的交通阻塞)。[351]由于熊和人类的接触,常常受施食物,使它们变成习惯于这些食物的动物,惯于与人接触,但却成了车祸的受害者或是被驱赶出公园的对象。[351]

图 13.3 灰熊(*Ursus arctos*)在公园的一条多车道公路上 52 m(171 英尺)宽的天桥上。许多活动范围要求较大的物种在人烟稀少的偏远地区或大公园区域内会较为兴盛。在天桥上有类似于热带稀树草原的植被,天桥的边缘还有 2 m(5.6 英尺)高的土堤埂。熊的毛色呈浅灰,可能是一只成年母熊。天桥建成后的第二个夏季,有第一只灰熊通过此桥,到第三年,母灰熊开始经常性地通过。[350,352] 加拿大艾伯塔省横贯班夫国家公园的国家公路(第 2 章,图 2.5),旅游高峰期车流量达 35 000车次/日。摄影:克莱文格尔(Clevenger)

由于公共绿地内一些严格的保育措施和相对稀疏的道路系统,与其他一些景观相比,道路的影响要小得多。在一些大的公园景观内发现了一些较为完整的野生动物群落,包括一些大型肉食动物和被捕食的小动物,它们受到公园内的低交通量道路和车辆的影响很小。公园内的道路接近于一些主要的景点,包括较大的湖泊、河流和山顶。和其他景观相比,外来植物物种的多样性比较低。与较大面积的公园相比,小公园的道路密度高而且破碎化程度也较高。[823]

现在人们很少在公园内新建道路。但是面临的一个问题是在保证游客尽兴参观和保护生态的前提下如何应对进入公园的大量车辆和人员。道路网本身是解决这一问题的关键。对路网的进一步改善,如缓解措施(第 6 章),发展公交和关闭一些道路应该可以为解决这一问题找到答案。

13.3 北极地区及其道路和车辆

人们在一个地方发现了欧洲早期赴北极探险的冒险家们遗留下来的营地遗

址，这块遗址在经历了将近一个世纪后几乎没有发生任何的变化，所以在北极地区人类活动的痕迹可以在很长的一段时间内非常明显地被保留下来，这也没有什么好惊讶的。[991,296]这一特殊的区域容易攫住来客们的想象力——巴利·洛佩兹（Barry Lopez）在《北极梦幻》（*Arctic Dreams*，1988）中将北极比作“造化的发源地”。然而，这是地球上一处在环境方面极为敏感的地区，当我们同时考虑道路系统和自然时会更加清楚这一点。也许，恰当和有力的论断莫过于梭罗（Thoreau）说过的话：“道路是会冒犯自然的”（*A Week on the Concord and Merrimack Rivers*，1849）。

在阿拉斯加州北极圈内修建道路主要是为了开采石油[97,96]（图 13.4），现在这一问题引起了人们新的兴趣。早期修建的那些公路给阿拉斯加留下了数十年难以愈合的疮疤。这里的植被恢复过程非常缓慢，很大程度上是由于这儿的永久性冻土和它的水文条件。[991,296,966,297]

阿拉斯加有 2 400 km（1 500 英里）的硬化道路和 3 200 km（2 000 英里）的砾石路（阿拉斯加交通厅未公开数据）。在这个州，每 109 km^2 的土地上有 1 km 的道路（1 英里/175 平方英里），远远低于美国的平均道路密度 0.6 km/km^2（1 英里/平方英里）（第 2 章，图 2.8）。尽管阿拉斯加人口和道路密度都很低，但每千人拥有的道路约为 37 km（23 英里），比美国的平均水平高出 50%（第 2 章，图 2.4）。阿拉斯加将近 30% 的人口无法与道路连接或是无法通过渡船通向北美洲的路网。实际上，阿拉斯加硬化的道路低于 20%，而其他 49 个州内路面硬化率达到了 91%（第 2 章，图 2.6）。

图 13.4　夏天北极的道路，周围有车辆扬尘、扬尘聚集区及道路附近水淹没区（热融喀斯特）。可以明显看到苔原上的自然地表水区域和多边形“冰楔”

在本节当中,我们首先介绍道路的施工技术,包括一些独特的修建技术。然后依次介绍地球、水体、植被和野生动物,有些论题会重复出现。

13.3.1 北极地区的道路施工

北极环境下的连绵不绝的永久性冻土带使铺砌道路的规划、施工及利用变得极其复杂。[531,96,1039]地表季节性冻结和消融会使道路路面出现破碎。北极地区沙砾路面得以广泛应用,因为沙砾路可以抵抗永久性冻土带对它的破坏,而且易于养护。可是沙砾路和行驶在它上面的车辆在很大程度上会改变积雪和排水的模式,改变植被构成和土壤特性,还会形成更多的越野车辆的通行小道。

有几种筑路技术已经在北极环境下被采用。那种用推土机推平地面后铺上沙砾的老方法现已被禁止使用,因为它会导致永久冻土带的融化,而且对周围环境破坏非常严重和持久。[992,991,966,297]现在采用的对环境危害较小的两类主要冬季道路类型是:冰路和雪路。[6,95,992]此外,在永久性冻结带修建沙砾路面的工程技术中最近采用了一些新材料,如土工布(geotextile)、热虹吸及绝缘硬纤维板(阿拉斯加交通厅未公开数据)。然而,由于资金方面的原因,这些材料在阿拉斯加的应用还不到道路里程的1%。

目前用冰雪筑成的冬季临时道路和建筑垫面(油井工地)的应用越来越广泛。在没有任何保护的冻土地带旅行和采用笨重设备受到严格地限制,主要是考虑了它们对环境的破坏和有关规章的制约。[992,993,818]在阿拉斯加的一些地区,冰路用来穿过河流和平时较为松软的土地。在结冻的水体上建路,需要做的事情仅仅是把积雪推平并清理。然而,在其他一些地区,则通过抽水播撒地面而后结冰来形成结构强度。在环境敏感区修建永久性道路会引发生态破坏,而建设冰路则是一种可行的办法。在加拿大和俄罗斯的北极地区冰路也被普遍采用。

雪路基本上是由压实的积雪筑成。雪路广泛应用在一些在某些季节里需要临时前往,但轮式车辆很难或不能行驶的地区。修建雪路和建筑垫面的两个目的是:① 保护下层的植被和地面的上层;② 为行走和操作设备提供坚实和平滑的表面。[6,992]在斯堪的纳维亚地区、加拿大的林木采伐业以及阿拉斯加和加拿大的石油开采中,还有南极地区几乎所有的活动,这一雪技术被广泛应用。许多关于修建雪路和跑道的技术已经被采用并加以研究,但至少有两个问题仍然没有得到解决:① 当季节变暖时,如何延长雪路的使用寿命;② 如何连接断裂路段。[220]雪路的其他一些问题还包括停放车辆的下沉,大交通量路段遭受的破坏,溢水引起的道路损毁和低气压轮胎车辆受到的局限。

有关这些问题的研究,初步取得了一些可喜的结果。[220]土工格栅(geo-cell),一种塑料容器,一般被设计与沙子和砾石一起来用,现在是被填满压实后的雪,用来建设试验路段。报告的结果表明试验段路面坚固、稳定,能够抵御车辆带来的破坏。块铺筑技术是通过高压水的压实力量将雪路直接转变成冰。报告的结果同样显示雪路基上置入的铺装块试验段路面结实,能够抵抗各种试验中的液体渗透。土工格栅和块铺装技术解决了雪路应用中遇到的大多数难题。

积雪垫面是将雪运至施工现场,压实、灌水筑成,阿拉斯加的几个试验场都证明它能够承受较高的车流量和笨重的建筑设备。[460]常有的问题是雪的匮乏或遇见反季节性暖春,也存在承包商和施工人员经验缺乏的问题。

在加拿大西北部的诺曼维尔斯(Norman Wells)的一个试验点开展的施工活动和轮式车辆对冰面覆盖的雪路和冰路的影响研究发现,由于车辆的通行,地下的泥炭被压实。[6]试验路段仅允许车辆在冬季通行,在夏季观测自然植被恢复。建成后的第一个夏季,试验路段的植被盖度约 12%,到了第二个夏季就已经增加到了 35%。作者得出这样一个结论:如果合理施工和养护,这种冰面覆盖的雪路和冰路能够承受得住未来可能的输油管线建设时期的交通和荷载。

另一项研究是在加拿大的不列颠哥伦比亚省北面的野生动物敏感区进行的,在一条干涸的小河床上用雪和冰修建了一条临时路基。[818]由土工布垫层、人造雪和石板等几层构成。到了春季,分别移去所有建路材料,分开堆放到其他地方。夏季开展观察的结果表明对植被的影响较小,受土工布和路基材料覆盖的地区的植被恢复良好。冰路技术被认为最适合于在湿润草甸或柳林(*Salix*)地区适用,但考虑到对植被的长期影响,不适宜用在树林稀疏的湿地地区(北美北部和北欧的厚苔泽)。这些有限的研究有待于进一步的研究论证。

雪路和冰路是冬季出行的常见方式,但由于会翻耕和揭掉那些覆盖冻土的极地草甸植物,所以还是会对植被造成影响。[992,297]但是,比起夏季越野车或者沙砾路面造成的影响,雪路和冰路的生态破坏要小得多。北方针叶林有许多湿地和河流,因此减少夏季车辆的陆地通行是可能的。

相反的,冬季的阿拉斯加是相对开放、旅行范围甚广的地区。冰路和河流成了村落之间的交通和生计不可或缺的部分。然而,全球变暖会使这些活动范围缩小,因为温度的上升使部分永久性冻土带开始消融,缩短了漫长的冬季,而要想便捷地在极地地区活动就得在冬季。[1039,297]对于与油气开采活动相关的工作来说,如果在租赁油田没有拉运重型设备的交通道路,那些对地球物理方面的地震探测将不得不通过直升机或其他方式进行。虽然可能花销更大,但是能够在对北极冻土地带的环境破坏很小的情况下完成操作。

在北极地区有一项道路设计的改善方案已经成为许多地区的标准,就是在夏季将沙砾路基抬升 1.5 ~2 m(5 ~7 英尺)。这一方法可以充分隔热,降低“热融喀斯特地形”的形成(后面还有描述),有助于借助风力将积雪移除路面。[993]

起初,地面的自然植被可以为底层的永久冻土隔热。将具有隔热特性的砾石放置在未受扰动的植被上面,而不是原来将植被用推土机推掉然后再在永久冻土上面铺上砂石。这种新方法虽然在原来的基础上做出了改进,但是仍然会对环境产生一定的影响,因为需要大量的地方采挖砾石。植物很难再在这些砾石表面或者借料场里生长。[992]

在暖季,如果没有充分的隔热来抵御光照热量,永久性冻土带即会融化,出现地表积水洼。在路下埋设充足数量的排水管涵可以预防较高一侧的雨水累积和防止道路水毁,是非常必要的(图 13.4)。为了对付和阻止在春季大概持续两周左右的解冻过程形成的洪水,需要修建特大涵洞。[780]此外,疏通涵管对于排除长期的积水是很个重要方略。不论在任何情况下,都应该定期检查管道,防止冰块堵塞。

总而言之,在北极地区沙砾路、雪路和冰路的应用很广。在脆弱的冻土地带,它们都会对环境造成影响。因为冰、雪路仅仅可以维持几个月,冬季道路系统比有限的夏季道路系统在应用范围和分布上更广。因此,对野生动植物的生态影响发生在冬季和夏季的不同地区。

13.3.2 泥土、尘土、冰与水

在平坦的冻土地带排水系统可能非常复杂,因为水流非常分散,而且相互并不连接。[993]北极道路受到的一个主要威胁就是春季融雪时地表排水不畅,因此水就会聚集在路边相对平坦的地方(图 13.5)。反过来,积水又加速了夏季地面永久性冻结带的解冻或融化,因此威胁着道路结构的完整性。[992,96,1039]融水会沿路边流动,涵洞流量会加大,通过冲刷路边岩土结构,产生热腐蚀和水蚀。(在热腐蚀中,雪融水吸收了太阳辐射,热量增加,加速了永久冻土下面土壤的解冻。[1039,996])简而言之,由于道路引起的排水不畅会导致大面积的积水,有时会冲垮路基发生水毁。[993]

对北极而言,道路的一个非常独特的影响与冻土地带热量模式改变有关。夏季,部分永久冻土可能会融化,这个过程称作热融喀斯特,人类活动会加速这一过程[531,993,297](图 13.4)。由于永久冻土底下冰层的融化,路边的热融喀斯特过程常常会导致极地地区路面的沉降和坍塌。道路两侧的塌陷表面可能会延伸好多米,有时会达到 100 m(328 英尺)。[992,993]下陷地面还会积水。这些水面的太阳反射较低(反照率),会引起水体吸收能量,一些能量就会横向传导到附近的冻土地带。吸收的热量会加速永久性冻土带的融化,加速热融喀斯特过程。[1039]一旦热融喀斯特过程开始,就很难再停下来。热融喀斯特地区的总面积和景观尺度内夏季道路的密度相关(图 13.5)。

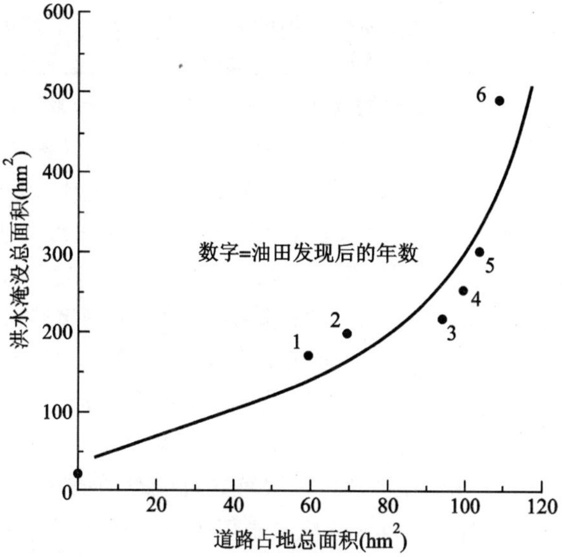

图 13.5 北极地区热融喀斯特洪涝面积与油田发现之后的年数、道路占地总面积的关系。10 hm^2 = 24.7 英亩。阿拉斯加普拉德霍湾。引自沃克(Walker)等(1987b)

此外,在干旱时期,北极地区会产生许多由沙砾路引起的尘土[990](图 13.4)(第 10 章)。有关尘土沉积的一个研究发现:尘土会在一条 16 m(52 英尺)宽的砾石路两边大量扩散至 20 m(66 英尺)远的距离。[993]扬尘是夏季公路出现的现象,它的强度主要取决于交通量的大小。

覆盖在原生土壤和植被上的道路尘土可以反射出更多的太阳热量,这些热量又被风带到了临近的自然生态系统中。这些多余的热量会融化冻土地带特有而脆弱的多边形"冰楔"(图 13.4)。在某些情况下,春融可能会提前两周到来,从车流量较大的砾石路边会向外延伸多达 100 m(328 英尺)的距离。[992]

13.3.3 植被和野生动物

上一节除介绍泥土、尘土、冰和水外,也涉及了一些植被的问题。这一节主要介绍和北极道路、车辆相关的植被和野生动物。

(1) 植被和北极地区的道路

北极地区的道路建设,尤其是密集的道路系统会对大面积的冻土地带产生潜在影响。[459,547]研究车辆行驶道路上(有些仅仅是车辆在冻土带上行驶后留下的车辙,还有一些是交通工具过后植被遭到破坏的区域)的土壤特性和植被,并与阿拉斯加北部道路周边未受破坏的冻土地带相比较，会发现北极地区的环境特点与阿拉斯加有着显著的不同。[153]与未受干扰的冻土地带相比，车辙的地方温度较高、冻土解冻厚度更大、土壤中磷酸盐浓度会更高。植被方面也有很大的不同，车辆行驶过的地方植物种类稀少，多常绿灌木，多似草植物种。因此，不仅是夏季的砾石路，冻土带的车辆驶过后留下的车辙也会对生态产生非常明显的影响。

酸性冻土地带、非酸性冻土地带以及适应冻土地带酸性、非酸性的不同物种在北极环境下非常普遍。[988]道路和尘土长达 15 年的长期影响之后，酸性和非酸性地区的响应是不同的。[990,32]一般在酸性地区对物种丰富度和植被构成的影响会更加严重一些。然而，在北极地区的道路周围，外来物种的入侵并不常见。[992,296]

与远离道路的地区相比，道路周围大量的尘土改变了冻土解冻层的厚度。同样，或许是由于尘土引起土壤酸性增强，单位面积或体积内植物生物量（尤其是苔藓和泥炭藓泥炭土）比先前有所减少，植物群落中物种贫乏。这些发现向我们强调了在北极地区规划道路时，为缓解其对生态系统的负面影响，通过加强分析土壤基质（土壤化学）和植被构成来制作出敏感性地图的重要性。[32]

为恢复北极地区受破坏地点的环境，包括砾石路在内，许多措施已经付诸实施，如种植本土和外来植物种，但常常收效甚微。[459,992,990,547,991,296,966]在对铺设砾石道路的地区进行的自然植被再生的研究结果表明植被盖度和自然物种多样性都很低。[90]这是许多因素共同作用的结果，包括有限的种子扩散、缺水和由于缺乏营养造成的低生长率。其他一些研究也表明自然恢复的速度极慢。[296,297]

在砾石道路植被恢复研究中的一个有趣发现是具有固氮功能（N-fixing）的豆科植物生长繁茂。[90]这表明北极地区道路缺氮会限制一些或许多植物物种的生长。这些豆科植物增加的土壤氮可以为其他受干扰土壤中的植物所利用。因此，在砾石路区域种植豆科植物促进植物演替可能会是一种有效的恢复方法。有关施肥对植物生长的影响试验研究不多。[992,296]大多数有关植被恢复的研究都是在低纬度北极地区进行的。在高纬度北极地区，植被恢复的模式和过程可能会更加缓慢一些，并且会存在区别。[295]综上所述，虽然北极地区的道路对植被的影响很大，但到目前为止恢复的努力收效甚微。

（2）野生动物和北极地区的道路

有关道路对北极地区野生动物的影响研究相对较少，但是其中有一项研究却值得注意。人们就道路和其他基础设施对驯鹿（*Rangifer tarandus*）的影响做了几项研究。在斯堪的纳维亚地区进行的一项早期研究表明驯鹿在冬季更喜欢在公路上行走，因为道路上的积雪经过压实以后更加易于行走，因此，在冬季驯鹿因为车祸造成的死亡率极高。另一方面，驯鹿也会受到道路交通的干扰（包括电动雪橇）。因此驯鹿迁徙时会避开一些交通量较大的路段。此外，这些路段也会成为过滤器或障碍物来阻挡训鹿在陆地上的正常通行。

斯堪的纳维亚地区唯一现存的野生驯鹿群生活在挪威南部。[678]过去的 30 年里,这一地区不断增加的公路、铁路和交通量将最初的训鹿种群分割成了 26 个相互分离的小种群。研究发现驯鹿基本上都会很明显地避让道路,在距离道路和电力线路 5 km(3 英里)外的范围活动。[678]由于道路的不断发展,这些驯鹿种群能否长期存在目前仍然令人怀疑(第 11 章,图 11.6)。

在对阿拉斯加北极沿海平原的一项研究表明,一条沿输油管布线并且车辆较多的道路会使得驯鹿穿越这条管线的概率减少 50%。[858,194]同时还发现,由于受交通影响,驯鹿的行为也发生了相应的变化,如减少了进食和休憩的时间。[662]

驯鹿密度和道路密度成负相关。677在道路密度为 0.3 km/km^2(0.5 英里/平方英里)时,驯鹿种群密度将降低 63%。在道路密度为 0.9 km/km^2(1.4 英里/平方英里)时,驯鹿种群密度会降低 86%。每 km^2 超过 0.9 km 的道路长度时,就不会有母畜和幼仔了。产仔母畜会转移到远离道路 4 km(2.5 英里)以外的范围去活动。[676,677]在阿拉斯加普拉德霍湾(Prudhoe Bay),狭小的道路间距明显限制了所有的动物产仔活动。[136]虽然道路密度很重要,但在一个地区建设的第一条路对鹿群的分布影响最大。[677]这一重要现象也适用于其他各种景观状态下的许多物种。

在加拿大艾伯塔省北部,发现驯鹿会避让离公路 250 m(820 英尺)的范围[451,223](第 11 章,图 11.6)。在冬季快要结束的时候,遇上交通高峰时对距离的影响最大。[233]此外,全年当中在道路附近狼群对驯鹿的猎杀几率要比在离公路较远的地区高出许多。[451]

相反,另一组研究报道说基础设施对驯鹿种群的分布几乎没有或很少产生影响,驯鹿并不避开道路。[76,187]同样,在阿拉斯加德纳里国家公园里,研究发现驼鹿会刻意地避让道路,但是却没有证据表明驯鹿和大灰熊会避让道路。[1061]总结所有这些研究结果,虽然驯鹿对车辆高度敏感,但似乎对道路本身相对不太敏感。因此,使用频率不高的道路对驯鹿的威胁不大,但是经常使用的道路会严重影响驯鹿的种群密度和分布。观察发现在通过道路和管线时,驯鹿通常要犹豫大约 10 分钟。[194]相比之下,经过的车辆通常会使过路动物退却。因此,交通量水平提高时,驯鹿穿越道路的机会就会降低。

许多其他野生动物和鱼类无疑也会受到北极地区道路的影响,但对此大多尚未开展过研究[931](与 W. J. Wailand 私人交流)。灰熊常常会受到人类活动的吸引,因为那里有食物,结果却可能遭到射杀。许多鸟类,有些数量庞大,也在整个北极有公路的地区繁衍生息。[75]某些鸟类,如太平洋潜鸟(*Gavia arctica*)会受到热融喀斯特过程中形成的路边积水的吸引。[484]其他一些鸟类,如黑雁(*Branta bernicla nigricans*)、小雪雁(*Chen caerulescens*)对车辆带来的干扰非常敏感,不论是视觉还是听觉。[75,835]

此外,在北极地区的地表水网中有许多淡水鱼类游来游去,繁殖生息。[75]太小或者是设置不合理的涵洞会使鱼类在浅水里搁浅,而被冻僵。鱼类产卵地的环境也会受到来自路基侵蚀的大量沉淀物的破坏。

13.4 热带地区及其道路和车辆

对潮湿的热带地区道路系统的生态研究说明了另外几种重要的模式。最新的文献资料来自亚马孙河流域及南亚地区,因此也作为本章的重点。

13.4.1 亚马孙河

边远地区的道路建设通常会打开这一地区开发和土地利用发生巨大变化的闸门[524, 526](图 13.6)。道路开通前,当地居民相对分散,远离发达地区。人们的生计主要是依靠可持续的方式对自然资源谨小慎微的均衡利用而得到。例如,以前土著部落中广泛采取的刀耕火种的耕作方法,只不过是在大森林中开辟出一小块的耕地来,最多也就是频繁地变换地块。

图 13.6 偏远地区新建成的道路会刺激林业资源的开采、人口的增加、当地文化和土地利用类型的变迁、交通和道路的增加。这条道路是政府安置城市移民到小片林区计划的组成部分。此举导致了家畜牧场的兴起以及动物多样性的丧失。(Dale 等,1994a,1994b)。巴西仑多尼亚(Rondonia)。图片来自伊丽莎白·泰勒(Elizabeth L. Taylor)

通常在落后地区修建道路是为了开采资源,如开发木料或石油。与此同时,新建的道路几乎会改变当地的一切。参加道路施工或是在新建的道路上旅行的外乡人会带入并传播某些疾病,如流感、疟疾和黄热病等。传统的和可持续的刀耕火种的耕作制度常常发生改革,通过几户人家联合在几公顷的土地上烧荒以占有土地,再也不会只是小块土地了,然后种植单一作物。几年后,当土地养分耗尽就被废弃。[327]不断增加的人口压力意味着几年后耕地养分减少,人们就会面临可开垦耕地不足的问题。最后的结果是,大面积的森林被毁掉,对农民来说基本上不存在可持续性。[197,198,261]人们干脆沿着道路越走越远,去开垦越来越多的森林,直至耗竭。

随着道路的修建和与发达开化地区的接触,土著居民也开始寻求他们生活方式的基本改善。许多人开始渴望医疗健康服务、接受更好的教育、找到更好的工作以及他们的子女能有更光辉的前程。而道路被认为是获取这些机会的一种途径。例如,在秘鲁和危地马拉,当石油勘探公司决定不再修建通往偏远地区的道路后,当地居民却要求修建。实际上,在危地马拉北部,当地居民甚至将油田工人当作人质,直至达成协议沿输油管线布线铺筑道路为止。

道路提供了通道,只要人们可以手推小车从一个地方转移到另一个地方,土地利用便马上会发生变化。在自然景观中引入道路会提高邻近林业用地向农业用地和建筑用地转换的比率。[559,197,198]世界上已经有了因为道路的出现而使自然景观消失的例子,先是在亚洲、北非和欧洲,然后是在北美洲和澳大利亚,最近在拉丁美洲和中非也发生了类似的现象。在亚马孙河流域,道路的修建迅速引发了大面积、选择性的木料采伐[680]、大量的毁林[680,146,525,527,526]和森林破碎化的问题。[848]

与此同时,一些重要的野生动物的种群出现减少,在某些情况下甚至消失[197,198,1042](Susan Laurence,个人交流)。道路的密度对野生动物有很重要的影响,相对来说,在一个地区建设的第一条道路的影响最大。[677]

道路对生态系统无所不在的影响,前一段时间在巴西的仑多尼亚(Rondonnia)大规模地发生过,因为那儿修筑了一条人字形大道(图 13.6),这条公路甚至可以从太空中观察得到。[588]道路一建成,大量的移民通过汽车、摩托车、卡车、公共汽车、自行车和步行涌入这一地区。道路导致了大量森林被砍,出现了小面积作物种植,以及随后撂荒的耕地,还经常形成大面积质量低下的畜养牲畜的草场。[260,196,197]这些公路引发的森林砍伐和对生态系统的持续性影响预计会在未来很长一段时间内继续存在。[527,526]而且,相关的环境改变,如传播疟疾的蚊虫滋生地的增加,将会影响到人们的健康。

大面积地修建道路会引起土壤和植被的退化。因此,在一个新的居住地区修建道路应该悉心设计,以便使生态系统平衡得以维持、使人们能够继续依赖土地求得生存。[146]因为在道路建成通车后,由于控制措施不力,违规用地的行为会时有发生。全世界爱好环保的人们不断向国际性银行和其他一些非政府机构施压,迫使他们在环境保护方面投入更多的资源。对在一些新的地区修建道路的公司和机构施加压力会获得丰厚的环境回报。在投资建路的同时,社会通过投资环境保护和土地利用管理也会获得很大的效益。

最近的一项以预测亚马孙河盆地未来状况的研究阐明了亚马孙地区道路的重要意义。[527]在“乐观”和“悲观”的情景里面一个重要的不同之处则是有关道路的角色。悲观的观点是:主干道公路、普通道路及一些基础设施附近的土地退化面积将会进一步加大。在预测未来20年的情况时,两种观点都表明在亚马孙河流域南部和东部都将有严重的森林退化现象发生。流域内部的道路是主要的影响源(图13.6)。悲观的观点认为该流域以西将不会再有原始生态区存在。如果没有修建公路、内河航道和其他工程的计划的话,乐观的观点认为,森林会以每年269 000 hm^2(664 000英亩)的退化率下降,悲观观点认为会降至每年506 000 hm^2(1 250 000英亩)。如果没有道路和其他道路项目的话,预计届时毁林率将保持在目前每年189万hm^2(467万英亩)(基于1995—1999年的数据)的14% ~27%。这种区别以及给生态环境带来的影响是相当巨大的。[327]

对亚马孙河盆地将来道路影响的分析说明规划出可以使毁林率和对生态系统服务功能的改变降至最低程度(水质、生境和碳储量的降低或减少等)的道路的重要性。由于道路和一些基础设施的修建导致森林消失和生态系统服务功能消亡的情景正在拉丁美洲和非洲的一些其他地方重演。[439,679,586]

13.4.2 南亚

在南亚,多数国家路网的通车里程在7 700 km(4 800英里)(尼泊尔)和225 000 km(140 000英里)(巴基斯坦)之间[750]。最小的国家不丹拥有的道路里程不足1 000 km(620英里),而最大的国家印度道路总里程达到300万km(190万英里),其中有一半为铺筑了路面的道路。1999年,印度公布的规划是到2010年建造13 000 km(8 100英里)的国家高速公路系统,横跨全国东西南北。预计这一新路网会与境内野生动物避难所和受保护的国家公园产生冲突。其他一些南亚国家也正在实施一些重大的公路建设项目。

这一地区拥有许多大型知名的动物物种,因此车祸导致的野生动物死亡问题备受关注。例如,1997—1998年期间的一项在印度和尼泊尔6个重要保护区的研究表明,车祸导致了16头珍稀濒危的大型肉食动物的死亡(狮子、美洲豹和老虎;*Panthera leo*, *P. pardus*, *P. tigis*)[750]。其中的一个保护区有一条“森林道路”,三个保护区有州级公路,两个保护区有国家级公路。道路撞死的大型肉食动物中大约有 88% 是被撞死在了州公路上，另有 12% 的是在国家公路上。受捕食动物猎食的小型动物在上述三种类型的道路上的死亡率基本类似。某些物种，如猫鼬（*Paradoxurinae*），麝猫（*Viverridae*）和叶猴（*Semnopithedcus*）在森林道路上被撞死的情况尤其多。

一份对印度本池（Pench）地区老虎保护区内的一段 80 km（50 英里）的高速公路所做的近距离调查更加全面地描述了从 1996 到 1999 年间，由于道路车祸致死的动物物种。[26]（引自750）报道的 52 例死亡动物中包括了：2 只老虎、37 只叶猴、3 只恒河猴（*Macaca mulatto*）、4 只大型鸟类（3 个种）、4 条大蛇（食鼠蛇和巨蟒）和 2 种哺乳动物。在印度泰那杜邦米尔地区的英迪拉·甘地（Indira Gandhi）野生动物避难所的一项研究记录了由于道路车祸致死的 371 只两栖动物及 20 种爬行类动物（在 171“km－天”的抽样调查路段上）。[471]（引自750）作者总结出多数车辆碰撞致死动物的事故都发生在夜间。而且和路边荒芜以及植被遭到砍伐的道路相比，在有大树冠和木本植被的路边道路的动物死亡率会更高。

一条将尼泊尔境内的一座国家公园一分为二的公路证明了减少动物道路致死的一个好方法。[750] 皇家巴比迪亚国家公园将林地和草地完美地结合了起来，在印度次大陆这里具有非常丰富的生物多样性。从 1992 年到 1995 年间（当机动车流量明显增加时）曾实施过夜间禁行令，后来禁令被解除。在随后的三年内（1995 到 1998），年平均道路致死率比实施夜间禁行令时期高出了 6 倍。

在南亚，道路是野生动物活动的障碍物，被认为对生态有重要的作用[750]。在不丹新近批准建设的一条公路预计将会在整个喜马拉雅山麓绵延不绝的常绿树林中拉出一条 15 m（49 英尺）宽的口子。[457]（引自750）在这个树林里发现的一种树栖金叶猴（*Semnopothecus geei*）是这片森林中发现的三个种群里的一个当地种。为了通过公路，树栖金叶猴不得不下到地上，在那里它们要面对竞争者和捕食动物。事实上，在树冠层中的这道口子会把金叶猴分为两群，形成更小的亚种群。作者建议在道路上每隔几千米保留一部分具有较大树冠的树木以保持道路两边的连接。这些大树冠树丛可以将景观连接起来，作为金叶猴和其他一些树栖动物的通道。这种树冠廊道的频度和方位可以根据地形和动物关键种的活动范围的大小进行详细布设。在山岭重丘区的狭窄道路上，可以明显地观察到，在道路两侧上坡和下坡附近的树木覆盖率通常是相同的。而道路拓宽后，下坡段附近的树丛会明显减少。[750]

作为线形障碍物的道路对野生动物还有其他影响。一些主要道路会阻碍印度尤塔兰查邦三个连续分布的保护区内的亚洲象（*Elephas maximus*）的习惯性迁徙和重要的基因交换。[750] 这引起了人们的极大关注。线形海岸区域的道路已经成了野生动物活动的障碍，由于人们可以利用这些通道来到这里，对海龟的生存也造成了威胁。与海岸线平行，沿红树林区的道路会干扰流水，从而改变盐分模式,这些强烈影响海岸植被的存活和它们的分区。

在南亚地区的研究中还突出了其他两个道路生态学的问题。首先,什么地区的石灰岩洞和相关的喀斯特地形(许多溶洞的石灰石地表)为数有限或缺少,它们对区域生物多样性便具有重要性[975](引自750)。正是由于石灰岩洞和相关的喀斯特地形过于稀少,于是它们便成了人们锁定和开采用于制造筑路水泥和其他一些用途的对象。这便引发了主要的生态利益和经济利益的冲突。其次,在中国香港的大屿山岛(Lantau)为修路而清理地表植被的过程中,发现一种受到保护的物种猪笼草(*Nepenthes mirabilis*)[750],然后这个物种被移栽到其他地方进行保护。

最后,在南亚新建道路的规划中,为了将生态影响降到最低程度,那里的人们似乎提出了各种各样给人印象深刻的缓解措施。一些措施被用在道路的施工中,还有些被融会到了现有的道路当中。

结论

在大多数自然景观中,道路是实现发展的通道,是未来的先行者。自然景观尤其会面临新建道路的问题,但现在工程技术措施已经具备了实力。按照环保人士的话说,可以在建造道路的同时做到生态上的敏感和文明。

因为道路是一个地方得以发展的主要方式,在项目中,应该对预计建造的基础设施对环境的影响尽早评估。美国土地利用委员会和生态学会制定了一些原则和指南,要求生态原则和土地利用决策有机结合。[195,199]这些指导方针强调土地管理经理应该遵循以下几个步骤:

① 在区域范围调查当地决策的影响;

② 制定应对长期变化和某些不可预见事件发生的方案;

③ 保育稀有景观元素和相关物种;

④ 避免造成自然资源枯竭的土地利用;

⑤ 保存大面积包含重要栖息地的相邻或相接的区域;

⑥ 将外来物种的引入和扩散降到最低程度;

⑦ 避免或补偿发展对生态过程的影响;

⑧ 实施一些与地区自然潜能相协调的土地利用和管理措施。

除了在公共绿地,偏远地区的道路比起人口聚集地区的道路得到的养护要少一些。因此,一些自然灾害,如暴雨、泥石流和积雪都会毁坏道路,导致道路暂时关闭。

临时性道路和废弃道路是一个普遍的现象,在大区域中,道路的永久性关闭可以恢复道路修建和人类到达之前的生物多样性和自然过程。在公共绿地为动物采取修建地下通道和天桥等缓解危害的措施是尤为适宜的。公共绿地上保护野生动物是主要目标，在那里公路两侧的土地也都属于政府。

除了人类介入的影响以外，在边远地区道路对其影响整体上相对较小。然而，即使没有更多的道路、车辆和行人，因为技术方面的原因，对边远地区的影响也是有所增加的。人类现在可以旅行得更远，常常以越野方式脱离公路，他们使用越野车、方便的 GIS 图像、全球定位系统、移动电话、高科技的徒步远足和露营设备以及其他一些计算机技术。

由于人口、经济的压力加上先进的技术使北极和热带地区的道路不断增加，随之产生了一些生态破坏。在北极永久性冻土带，热融喀斯特、洪水和全球变暖带来了严重的灾难，需要在将来做更深入的研究。在赤道地区，热带雨林退化，全球碳循环、土壤的腐蚀和退化、人类居住和土地利用方式是一些最为关键的问题。在所有自然景观中植被、鱼类和野生动物的栖息地、动物对道路的避让问题和迁徙格局代表了另一类主要问题，也是需要研究的。

虽然道路密度对生态有许多影响，但在自然景观内修建的第一条道路的影响相对来说是最大的。突破这一阈值之后影响会迅速叠加或激增。避免突破这一阈值是为社会长期保持自然、自然过程和自然生态系统的首要目标。一旦突破，接下来应该建立 3 个新的生态目标：① 避免和减少在主干道上修建支线；② 在所有路段采用一些减少生态影响和破坏的技术措施；③ 设法关闭或拆除一些路段，尤其是一些支线。

第14章 未来展望

我们是不能将美国模式延伸到世界其他地方的。一个充满了30亿辆或更多私家汽车的世界是难以想象的……因此,我们必须想点儿别的办法。

——摘自 Jose Antonio Lutzenberger,《纽约时报》,1991.4.30

生态设计是用自然界更大尺度的模式和流的观点来仔细筛选人类的目的……当人类的人造物件和系统一旦被较好地设计出来的时候,它们就应该和其所处的较大模式和谐统一。

——David W. Orr,《心中的地球》,1995

道路生态学的4个宽广领域:① 道路、车辆和生态;② 植被与野生动物;③ 水、化学物质和大气;④ 道路系统和土地,这些内容已经在13个章节中被集中地讨论过了。每一章节中都对许多重要文献进行了总结、发展并提出了诸多的原则、模型和概念;并引证了众多的例子,应用情况和解决方案来阐明了这些观点。新出现的这些丰富的原则可以直接被社会和交通运输行业所应用。但作为本书的作者,我们在尚未涉足的前沿研究和道路生态学的重要性面前依旧谦卑。这种努力不是尾声,而是刚刚拉开的序幕。

作为14位不同专业领域和视角的作者,我们是不会选择对前面的章节进行概括后,或者说在得出一个有条不紊的,有关世界应该如何应对的结论之后就草草结束的。相反,我们提出了一系列展望——包括问题和思想——这些可以促使读者超越前面章节的内容。我们不是在本书中赞同或推介什么具体的应用方法,缓解或解决方案,而是拿它们来阐明某些概念,并指出一些人们可以采取行动的机遇。道路生态学迅速出现之后,目前正处在早期阶段,这一阶段也是我们可以对它产生最大影响的时刻。

本章的开篇是将可持续性观点作为道路生态学的背景。接着为了阐明一些有可能制定的政策和规划方案,我们简单突出了美国负责道路系统的主要机构的目标和他们所采取的行动。最后,还将提出供读者来评价、补充和(或)实施的一系列主张。

14.1　道路生态与可持续性

道路生态是可持续发展和可持续运输业的有机组成部分。道路和交通工具为经济有效发挥作用,为人们和商业活动通向各种重要服务场所、物资和活动提供了途径,但是它们也威胁着地球的生物和物理系统。它们加快了温室气体的累积,会导致酸雨产生、森林退化、水质变坏以及栖息地丧失和物种灭绝。我们面临的挑战是既要维持它们带来的利益,又要减缓它们所带来的威胁。

最近,一个来自于美国国家研究理事会交通研究委员会(美国国家科学院的下属机构)的工作小组,研究了美国运输业对重要自然资源和环境系统的影响,并识别出了威胁可持续发展的三个方面[674]:① 美国道路交通的二氧化碳排放对全球二氧化碳产生量的贡献率约为5%,对美国二氧化碳排放量的贡献为30%;② 其他交通排放对国家生态系统中的生物多样性有着累积和长期的不利影响;③ 四通八达的道路及其他交通基础设施占用了大量的土地,使得栖息地破碎,它们通过减少生物多样性和降低生态系统功能的方式来干扰自然进程。

可持续性有一个贯穿在人类代际上的时间维,重点在于为基本的社会和经济运行提供条件的同时,保护自然资源。[1056,739]道路生态是可持续性战略的要素之一,因为它与上述几个方面的属性关联密切,如交通工具会产生温室气体排放,栖息地会被新建或现有的基础设施所分割,还有道路和车辆会对生物多样性产生影响。二氧化碳在大气中的积累(第10章)和道路两边种植的树木成活生长都会展示一个可持续的时间尺度(图14.1)。道路生态学是提高未来可持续性交通规划和项目开发水平的一把钥匙。

道路生态学根植于社会和经济的大环境中。为使其原则得以有效实施,需要理解土地价值和土地利用,另外还要加上环境维度。有两个观点似乎特别有用,那就是:① 可持续发展;② 尊重养育我们的土地。

总统可持续发展委员会在1996年发表了一项声明,其中的首要原则是[739]:"我们深信,为实现可持续发展的理想,某些方面如就业、生产力、薪资水平、资本与储蓄、效益、信息、知识和教育是必须要发展的;而有些方面如污染、浪费和贫困却必须要加以控制。"这一声明在突出人类事业发展这一核心目标的同时,也增加了不使当前环境进一步退化的内容。可持续发展的政策与规划——连同它内在的社会、经济和平等的维度——对政府在本国和国际尺度上应对问题尤为恰当。[674]

可持续性的第二个重要观点是:要卓有成效地尊重养育我们的土地。[541,1041,834]这一观点突出了这样一个事实,即土地和自然具有它们自身需要

图 14.1 一个州的交通厅和志愿者团体在道路两旁广泛的区域中(公路用地)开展植树活动。即使有些树种不会入侵周边环境,但杉树(*Picea* sp.)还是被栽种到了本地杉树种缺乏或稀少的地区。马里兰州霍华德郡 29 号公路。照片经美国联邦公路局许可

关注的重要特征,同时社会深刻地依赖着土地和土地中的水源。作为各种自然资源的家园和源泉,这种依赖必定成为所有人类活动的基础。因此,关注土地就变得非常重要。实际上,第一个观点是将自然看做人类所在的中心舞台的背景构架,而第二个观点则认为自然作为地球的主要持久力量,身在其中的人类必须要适应它。

这种被各级政府采纳的可持续的观点会使寻求可持续理念的交通规划部门产生何等的想法?[1072]最终,我们会发现州和大城市层次上的具有可持续性的交通规划才是最基本的。科学的结论和科学家都在强调,包括全球气候变化在内的若干环境趋势已日趋严重[674,675,159,428,606,174](图 14.2),需要运输业作出响应。交通的许多方面都会向大气中释放二氧化碳和其他温室气体,同时路边灌木和树木栽植也可以吸收和阻止二氧化碳。虽然需要进行更多的科学研究(第 10 章),但研究的不足并不能说明它们不发挥作用。我们可以将生态思维有效地整合到交通规划和工作中去。试验项目、新模型的利用、技术进步、公共运输改革、公共教育等都能够快速地普及。这样的做法可以产生出较大的累积效益。

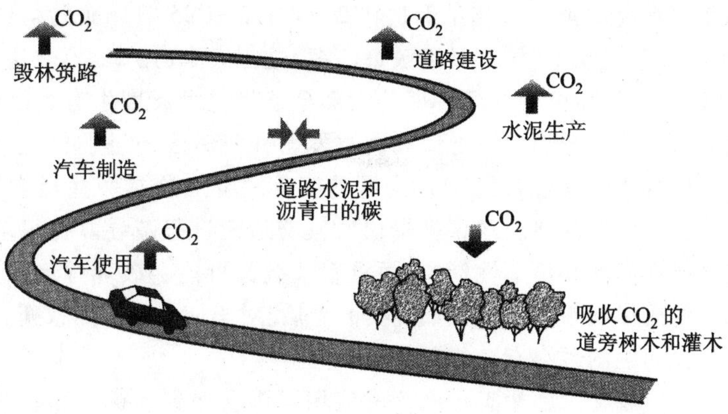

图14.2 碳、道路系统和道路旁边的树

例如,想想全球变暖对纽约市区基础设施的潜在影响。估测在海平面上升和暴雨频次增加后,重要的交通设施将会被淹入水下的深度和频率。[1071]大量的结果会使此项案例研究的参与者和读者认识到全球变暖的现实。这种研究可以在许多州开展。在特拉华州进行的另外一项研究说明全球变暖是该州面临的一个主要问题,并且如果能对这一问题严重性的认同有所提高,应对这一问题的措施也将会具有可行性。[150]

14.2 面向政策与规划的解决方案

北美拥有庞大的道路网络和运输车队。用道路生态学的原则来减缓和恢复退化的自然和自然进程是无法将土地恢复到先前状态的。然而,有一个明晰可见且切实可行的客观标准摆在我们面前。相关的研究结论和原则的实施将对整个道路网沿线的自然系统产生巨大而明显的推动作用,同时可以在广阔的自然区域中重建和保护更多接近自然状态的土地,这对社会和未来是尤为重要的。[675]

将道路生态学的概念整合到交通规划、建设和管理当中时,有三个因素阻碍这一进程:第一,自然资源管理——在美国,偶尔也被标榜为“生态系统管理”,它基于一组不固定的原则之上,不同从业者和机构只是根据各自不同的目的各取所需而已。第二,没有服务于构建公共政策的可执行的法律条款。第三,州和联邦政府对自然资源的监管出现严重的不统一。

在国家水平上的不统一性表现为大量的联邦法律都设立于国家环境政策法

案的“大伞”之下,交通项目的开发也要依照国家环境政策法案的规定。美国国会的联邦登记系统中拟议联邦条例是在2000年5月25日颁布的,该系统中所列出的54项条例构成了《国家环境政策法案》这把大伞(第3章)。这些条例至少由10个联邦部门和机构进行管理。大部分条例是大尺度生态系统或景观生态学思想出现之前的产物。当价值和利益发生冲突时法律经常出现分歧,就如在既涉及历史价值资源也涉及湿地问题的案例一样。这是一些经常发生的冲突,如一条欠安全、易拥堵的老路被提议对其交通流进行疏导。在很多情况下,拓宽道路可能会影响到历史性资源,而重新选线又可能会破坏湿地和其他自然资源。基本的法律尚未考虑到诸如此类的矛盾,对于如此艰难的权衡,并没有轻重缓急和解决问题的现存有效机制。

为了更好了解在道路生态学概念的应用当中会遇到的机会和制约因素,让我们将目光转向四位主要的“玩家”,是他们决定着美国土地上道路系统的性质:① 美国联邦公路局(FHWA);② 美国农业部林务局;③ 其他联邦土地管理机构;④ 各州。我们将会简要地突出其各自的政策或管理方法,尤其是那些针对当前和未来而非过去的内容。差距与落后经常使政策的制定与实践相脱节。尽管如此,前进方向、差距大小和预计弥合的速率都是对未来进行量度的有用手段。

14.2.1 美国联邦公路局(FHWA)和环境

1969年《国家环境政策法案》的制定使得公路建设者开始面临一项主要的挑战(第3章)。数以百计的州际公路工程正在执行当中,由于国会没有现成的条款,许多项目被起诉到了法院。法院时常要求这些项目必须重新制定完全符合《国家环境政策法案》要求的项目开发程序。这样经过许多年的困难时期后,联邦公路局和州交通部门最后成功完成了符合《国家环境政策法案》要求的项目开发程序。

直到19世纪中期,联邦公路局政策才要求开展环境损害补偿和对遭受负面影响的环境资源恢复到先前状态。1994年,联邦公路局明确发表了一项重要的环境政策的声明,[266]内容包括:“作为环保的引领者,联邦公路局必须超越仅仅遵从的做法,我们将努力追求卓越的环保业绩。我们必须在传统与创新的最为广阔的可能领域中去追求保护和改善环境的目标。”

该政策的章节标题指明了范围和重点:完全整合对环境的关注;积极保护并改善我们的环境;活跃学术研究;开展技术转移与培训;卓有成效地开发和推广环境技术。这一政策框架首次用到了“改善”一词,这就为生态目标在公路的规划和开发中得以落实提供了一个机遇。在过去,如果要在先前没有动物通道的点段设立动物通道,人们会就这能否算作公路资金的合格支付而争论不休。而现在这种投资很容易找到理由,因为这样的通道会明显提高环境品质。当然,这些投资并非都会有保证,它们必须与其他交通优先项目竞争资金。

国会提高了对交通规划、工程项目和建设施工的投资,因此有更多的经费可以使用,并可以直接用来解决环境问题。在 1991 年出台的《陆地联合运输效率法案》(ISTEA)中类似的联邦投资明显增加,随后 1998 年的《21 世纪运输资产法案》里这样的投资得到了进一步的增加。[275]尽管有这些进步,大面积的维修和缓解需求要求人们对已经建设了 200 年的庞大公路系统给予更多的关注。而且新的主要威胁则相继出现,尤其是人口的增加和对车辆更多的使用,不断地影响着当地的自然系统,并一直延伸到了生态敏感区域。

14.2.2 美国农业部林务局的土地

在美国,林务局管理着庞大的道路网络(第 2 章)。[175]这些道路越来越多地成为机构内部和更大范围针对森林管理争论的焦点。由于预算限制,伐木量减少,以及给予流域和生物多样性保护的更多关注,林务局正在重新评估如何管理这一庞大的道路网络。[573]该机构近期完成了国家范围内就公路对生态系统影响的科学评估,[376]作为审议其道路政策的组成部分。

这次评估与平行开展的流域分析工作有关,并部分受到这一工作的启发。流域分析是针对联邦、[763]州[1003]和私人[672]林地的一项正规程序。为了达到信息化管理的目的,流域分析方法结合了生物学、地球物理和某些情况下的流域社会学属性,为我们提供了一个广泛而综合的视角。这一方法也为公路系统的规划完善和流域恢复提供了框架。林务局利用流域分析方法完成一个广泛的道路系统评价,旨在[945]:① 确定需要和不再需要的公路;② 确定与道路相关的环境和公共安全风险;③ 确定具体点段的轻重缓急,以及改善或者迁走公路的时机;④ 确定特别敏感,具有独特资源价值或者两者兼备的区域;⑤ 开发支持项目层次上决策所需的其他专门信息。虽然这些分析主要是用在联邦林业用地上面,但它们也为我们提供了一个富含信息的综合道路系统评估的范例。

由于道路工程和道路迁移会给流域带来很大的影响,因此如何实践就显得特别重要(第 7 章和第 9 章),如为大马哈鱼的恢复所开展的工作。[376,405]实际改善工作包括了对道路进行修整使其更好地适应所在地的景观,以及对排水结构物进行变化等。这样一来,当暴风雨来临时,不但公路遭受的损毁会少一些,还能在自然过程发生最小形式的改变时,对水文影响具有抵抗力。

我们的长期目标是用“预防暴雨”的流域代替筑路时为抵御干扰而采用标准“防卫”方法。为实现暴雨预防,应该移走那些道路填方和挖方中的弃方以便减少潜在滑坡危害。修筑更多的涵洞将边沟收集的雨水分散排放,而不是将它们直接排放到河道中去。建设上跨或下跨公路的排水涵洞,也可以使洪水或泥石流更容易从公路上面或下面通过,降低道路和河流系统受到的破坏。虽然这些主要基于水文的手段不能使许多水质和鱼群面临的问题得以解决,但它们在流域治理方面会带来许多生态效益。这些方法也可以为那些小交通量和较低商业资源价值的公路网络,在由于其没有能力证明可以利用财政资源来资助如此规模的、技术难度较大的工程时,增加它的经济利益。

在全美有多达 650 000 km(400 000 英里)相对分离的道路基础设施散布于将近 200 多个国家森林中,因此变化将只能不可避免地慢慢显现。[175] 尽管如此,最近一个时期对方向性政策的审议、对道路网络的评估、对政策和规划的完善,以及对更加注重环保的实践活动的倡导都将会为我们的林地生态带来一个辉煌的未来。

14.2.3 其他联邦土地

多数美国公共土地上的道路其用途各有明显不同,较典型的是提供通向某处设施的通道,而不是干线公路。也可以说是向一块受到相对保护的景观区域中某个具体位置提供通道。例如,通向野生动物观察区、鱼类及野生生物避难所管理区域、印第安人居留地、国防部军事活动保留区、国家公园服务所辖公园的景点的通道。作为美国公共土地的最大监管者,土地管理局拥有这片土地上的供人使用的通道和许多供交通出行的公路。交通和人带来的影响也可能集中在某一条将公共土地一分为二的公路周边地区,例如大烟山国家公园,冰川国家公园,班夫国家公园,以及加拿大魁北克的 Gaspésie 公园。

由于公共土地一般有较大的面积,并受到较好的保护,因此这些土地上的自然资源也比较丰富。在多数情况下,通向这些休闲区域,供参加徒步旅行、钓鱼、狩猎和滑雪等活动的通道为数有限。[405] 联邦土地上的公路系统也具有其他一些一般性的特点。相对丰富的支线供行人通行。大部分道路为两车道,许多仍然是土路面。常见的车辆一般为四轮驱动型汽车,交通量一般较低,在休闲周末和旅游旺季通常会出现高峰。

道路渗透到这些公共土地中以后,开始影响一般要受到专门法律和规章保护的公共土地,如美国的《濒危物种法》。《国家环境保护法案》具体应用于发生在联邦土地上的各类活动,以及受联邦资金资助的其他行动。最终,和其他地方相比,公共土地在环境方面会得到更多的保护,因此这些土地相应地也会蕴藏有大量独特的自然资源。

然而,在广阔的联邦土地上,各处的环境管理和环保投资是有所不同的。军事保留地上的道路系统为我们展现出了几种有用的模式。属于美国国防部的军事保留地,如果要和林务局、国家公园服务局、鱼类与野生生物保护局以及土地管理局所属的土地相比,单位面积土地上会有更多的国家级的濒危物种。[544]类似的,以前能源部的核武器试验区域也拥有相当可观的自然资源价值。一些用于训练及试验的军事保留地,在稀有物种管理上措施先进。[544]因此,这些拥有稀有物种、靠近公路的地区可能会被指定为敏感区域,并设有限入标志。

另一方面,为交流和训练之目的,军事保留地趋向于拥有较高的公路密度,并且越野交通工具的使用一般来说较常见。炸药和火的使用也很普遍且广泛。曾经有段时期,与军事运输有关的污染物和有毒物质给许多地方带来了危害,而且,土壤侵蚀也可能相当严重。在演习期间时,坦克一类的重型交通工具会掀起泥土,虽然这种训练通常都是在指定的区域进行,但却会使大面积的植被遭到破坏。[636]

总之,在军用土地上会有大面积的受保护区域和被机械高强度干扰的地区。生存在常规性扰动中的物种在这一地区趋于繁盛,但在周边地区也许并不常见。例如,在美国东南部濒临灭绝的红顶啄木鸟(*Dedrocopos borealis*)非常需要以成熟长叶松(*Pinus palustris*)为食。而这种松树品种在军事保留地上生长旺盛,因为那里相当频繁地遭受着火灾,因此降低了其他硬木或松木品种的竞争力。[358]而且控制性燃烧活动有助于维持几种最易存活的长叶松林的存在。

某些军事保留地的资源管理者改变了道路两旁除草与管理的时间和强度,以改善生态系统条件。例如,在威斯康星州中部的麦科堡(Fort McCoy),美丽的濒危蓝蝶(*Lyceides melissa samuelsis*)要在野生羽扇豆(*Lupinus perennis*)上度过它们的幼虫期,而这些羽扇豆生长在路边,除草对它们的影响很大(图 14.3)。正因为它在稀有蓝蝶生命周期中必不可少的作用,国防部和许多合作伙伴一道来着意保护这种植物。目前有一套规定已经在执行当中,路边野生毛羽扇豆种群每年都要标记出来,当割草工人来到被标记的毛羽扇豆种群所在地时,要求要举起割草刀具。[1037]在麦科堡的这种干扰性很小的选择性割草方法和其他管理行动使得这一地区目前有相当数量的蓝蝶种群得以生存和繁衍。[950,855]

总体来说,对军队保留区进行环境管理是颇具难度的,但是一些管理者在编制环境管理计划时展示了他们在生态方面的引领作用,同时他们还和其他合作伙伴一起开展环境保护。军队在应对环境挑战时花费巨大,甚至有时会损害到环保工作的完成。自然资源管理要按照 10 个导向原则来执行,这些原则是在 1994 年的国防部环境安全副秘书长办公会备忘录中被明确下来的[367]:① 维护和支持生态系统可持续性和自然生物多样性;② 按照生态单元和时间框架开展管理;③ 支持可持续性的人类活动;④ 倡导生态系统健康的观点;⑤ 按优先原则协调冲突;⑥ 发展和谐方法来实现生态系统健康;⑦ 依靠最佳科技;⑧ 利用基准开展检测评价;⑨ 使用适应性管理方法;⑩ 执行规划和项目。

图 14.3 为保护濒危蝴蝶种群,对军事保留区道路两侧的植物开展管理。道路两侧濒危蓝蝶(*Lyceides melissa samuelsis*)利用的野生羽扇豆(*Lupinus perennis*)的修剪活动受到限制。威斯康星州中部的麦科堡地区。V. H. Dale 拍摄

这种生态型的和适应性的管理方式的广泛采用势必在城市和农村的大环境下,[544]进一步强化对军队保留区内宝贵的生态资源的保护。

在限制人类对自然资源过度利用或影响时,公共土地的管理者们通常要面对许多的挑战。虽然存在这些难题,但是为了社会能够拥有一个可持续性的未来,要将这些属于公众的大块景观当作王冠上的宝石来进行保护(第 13 章)。在公共土地管理中道路可以作为关键性的问题来着手。限制和去除道路代表了一种尤其有效和节省成本的做法,它可以在广大的联邦土地上减少人类对自然环境的进一步影响。

14.2.4 各州

加拿大和美国的许多道路都是由地方、州或省政府所属并管理的(第 2 章)(图 14.4)。由于没有针对环境的强有力的、自上而下的法律途径,因此,州及各地的环境保护工作千差万别。最好的例子常常是,那些致力于环保的州长们个人要求其内阁大员要在各自领域中要做好环境保育工作,并坚持要求做好协调。另一方面,那些交通部门的大员们则展示着极强的领导能力,他们坚持声称自己

部门中主要的工作人员已经得到了适当的环境保育培训，工作监督机制也已到位。交通部门内部的确有很好的环保单位，他们开展着高质量的工作。

图 14.4 州里的工程师们强调对公路桥梁的视觉质量和雪崩风险的关注。驾车人在路上的视觉感受，或从露营地和较远处的道路上观察桥梁都会影响到设计（见第 4 章）。野生动物、徒步旅行者、水、土壤以及雪崩都会从桥下穿过。照片中为华盛顿州 Snoqualmie 垭口附近的 90 号州际公路。照片已得到美国联邦公路局许可

这些致力于环保的政府机构采用了一些战略管理形式，设定了目标，还制定了基准和绩效量度。例如，最近纽约州交通局（2002 年网页）分发的推广材料中节选出的内容指出，被叫做“迈向环保”的机构意味着要为环境保育承担义务：

① 领导——要展示其真实性。在工作报告中要有环境内容；要公布一项环境政策；要求每人做一个项目。

② 制度化——贯彻落实。举办讲座和会议；制订行动计划；提出官方指令；引导培训与讲座；修改程序和章程；制作推广出版物；尽量使得项目工地恢复得比项目开始前更好；保留项目及改善内容的清单；采纳注重背景敏感性的设计；实现实践的最优化；跟踪计划进度。

③ 合作伙伴——延伸到外部的机构和团队。实现不同层面间的沟通；改善环境；开展新技术试验；程序流水线化。

④ 推广——带动他人。公布成果；奖励杰出团队和项目；建立网站；继续传播信息。

已经有多达10个州的交通部门(DOT)在环境领域展示了他们的领导作用。其他各州虽然并不同步,但也在交通项目从环境服从型向主动保护环境敏感区域转变的过程中迈出了较大的步伐。不过仍然有一些州,目前尚停留在服从状态,只做那些被要求做的工作,以便获得许可和批准。局部的进步和项目是重要的,但全局则更加重要。在大范围内维持健康的湿地功能、江河体系中的鲑鱼种群或者郊外景观中的生物多样性需要更多系列性的具体措施。

如果缺乏一些严格的规定和方针,那么州和地方政府其实会拥有相当的自主权。假如你被指派到了一个州交通部门的新岗位上,你的工作是介绍道路生态的概念。你该从那里开始呢?下面的清单简要列出了重点部分:

① 确定目前环境管理中生态法则的应用程度。

② 与州和联邦自然资源机构以及适合的非政府组织开展咨询与合作。

③ 重组、合并将环境问题分割为独立资源区域的现有机构。

④ 责成规划部门在编制规划过程中强化环境考虑。

⑤ 鼓励州和联邦的自然资源机构勾画和构建试验性生态系统或景观区域,以便有助于开发各区域中的挖方路段保护技术或制定恢复策略。

⑥ 在目前正在执行的基于绩效的战略管理计划中引入生态法则,并设立生态目标。

⑦ 奖赏和突出贯彻道路生态法则的项目和个人。

14.3 未来政策、规划和项目的系列展望

正如本章开头所强调的那样,不能是简单的材料总结或者结论的列举,作者们选择将机会浓缩并公开展现,希望读者能做进一步的探寻,从而建设更好的未来。读者可以从以下选题中进一步拣选内容。每位读者都可以在决定应该将什么公之于众时有另外的意见。我们将作者呈现给我们的这些重要内容归纳成8个交叠的方面:① 道路和车辆;② 燃料和生态;③ 旅游和交通;④ 自然、野生生物和水;⑤ 社区和邻里;⑥ 经济学;⑦ 规划;⑧ 政策。

我们所依据的以及深受鼓舞的前面章节中的许多金块,重复的内容不多。所有这些设计将会促进未来几年中道路生态学的成熟和应用。

14.3.1 道路和车辆

在设计道路和车辆的时候,已经有太多次将生态作用搁置在一旁,但我们应该如何改善这种状况呢?就道路表面而言,来自社会的固体废物被回收利用到

了道路路面铺筑当中,路面会继续降解,释放出微粒和化学物质。显然,无人知晓是否这会有显著的生态学意义,以及是否需要对使用不同材料的路段进行分区。[851]对敏感生态系统和饮用水源供给地点附近的评价将有助于测出这种影响是严重,还是可以忽略不计。

要适应交通增长,从生态学角度考虑,是在现有公路上增加车道好,还是新建公路好呢?[241]从图 14.5 来看,似乎是增加车道会更好。然而,一个更全面、更有说服力的回答却是,要看所选方案是如何适应道路网络的,以及道路网反过来会如何与景观模式程过程进行生态互动。

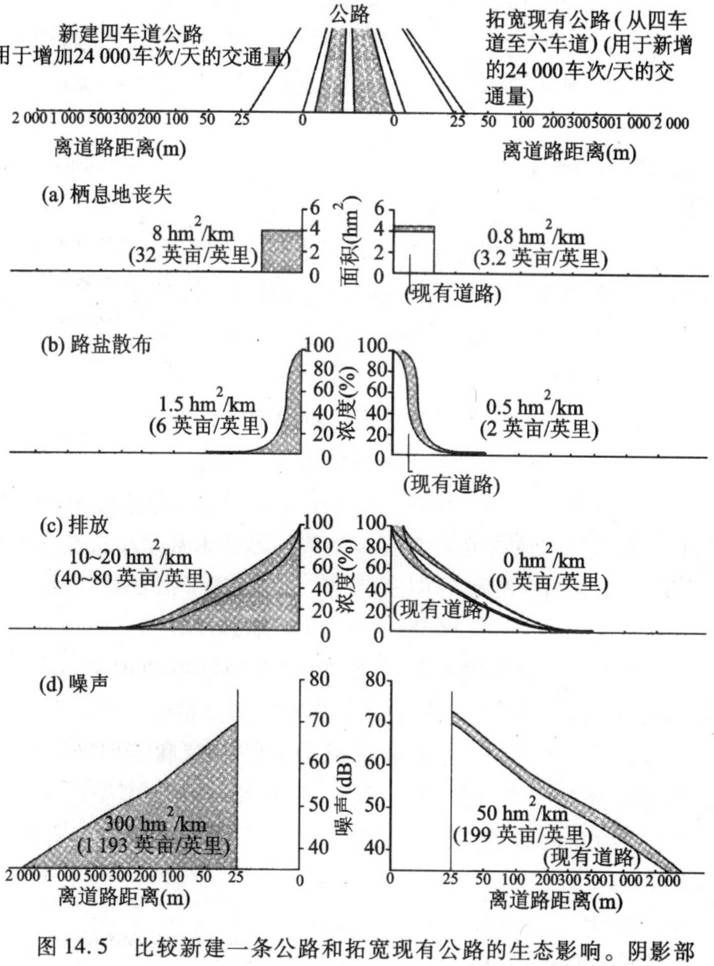

图 14.5 比较新建一条公路和拓宽现有公路的生态影响。阴影部分相对应的面积(每千米公路所对应的公顷数)表示上述四种生态因子中的每一种变化后所带来的影响。在图(c)中,上部的曲线代表排放水平的平均最大值,下部曲线代表平均最小值。图片是基于几项对德国公路的研究。引自 Ellenberg 等(1981)

车辆“生命周期”计划的概念是指可以对所有组件从设计到处理的一系列环节进行部署，最终实际上实现所有组件的重复利用。这个方法如果能够被作为一个分析和政策框架的话，就会减少对自然资源的消耗，而且会给我们提供一个时间尺度上污染物流经生态系统的更加清晰的画面。

我们设想一下，一个没有多少汽车和道路的未来可能存在吗？那将是怎样的情形呢？社会将如何运转？会带来怎样的生态效益呢？给社会将带来怎样的收益和损害？正在准备面对现实世界以及这些问题的学生们，有时候会总结出一些颇具吸引力的解决方案。他们所设计的未来常常基于对全球气候变化这一问题的关注，他们会提出灵活的、可选择的连接家庭和工作地点的交通运输方法，会增加“理性增长”的动议，会利用政治力量来追求启迪性的规划，并会认为道路生态问题的出现既诱人又必然。

14.3.2 燃料和生态

燃料使用和空气质量之间的联系已经得到了很好的证明。但提高燃料效率和使用新型燃料有什么广泛生态收益呢？如果更少地使用燃料或者转为使用非石油燃料会对土壤侵蚀、栖息地干扰和水污染产生何种影响呢？[866,865]在生态敏感地区开采原油以及长距离原油输送过程中偶尔出现的渗漏都会导致巨大的环境损害。提取重油、沥青砂、油页岩和煤来生产燃料比起石油的提取会产生更大的生态危害。植物性能源物质的普遍使用也会导致显著的生态问题，但性质会非常不同。如果转换为电池电源、混合燃料、植物燃料或者氢，能够带来明显的生态改善吗？这些变化的时空尺度又是什么呢？这些问题从未被严格或全面地回答过。

另外，需要考虑的还有碳和温室气体。沿着道路生长的树木可以以生物量的形式固定碳，这有助于减轻全球大气 CO_2 浓度的增加（图 14.1 和图 14.2）。同样，种植本地开花植物可以美化道路，在很多地区种植树木和灌木，或者令其自然生长都可以提高碳储藏。通过对于灌木－树苗植被的细心设计不但可以捕获更多的 CO_2，在许多地方它还能通过减慢失控车速和阻挡对面车辆通过中间隔离带的前灯灯光起到安全作用。成千上万英里的道路两旁（路权）（第 2 章和第 4 章）包括大面积的未使用土地，这些地区可以通过栽种林木或者以草地形式来贮藏碳。

14.3.3 旅游和交通

在美国尽管可以感觉到旅游和交通的持续增长以及它们的长期趋势（第 3 章和第 1 章，图 1.6），但一段时期以来的证据从表象上却给出了一个旅游下降的趋势。[510]但这些报告能在多大范围内适用，或者它们是否代表一个趋势中的正常变化，再或者是否是一个新趋势的开始，这些都不明朗。抛开这些现象不论，如果证据真实，则我们可以说改变盲目相信 VMT 或 VKT 在不断增加的概念要比我们想象中的更容易一些。

"移走它，它们就会消失"，这是对世界范围内被临时或永久关闭的道路的 60 个系列研究结果的总结；交通量在并没有转移到其他道路的情况下，平均下降 20%。[510]当公众的出行方式可以在火车以至于步行之间自由选择的情况下，乘坐汽车出行的数量就会大幅下降。

出于生态保护的目的，车辆越少的交通对生态环境越好，而将交通流集中于主干线，要比将道路建设到生态敏感区好许多。[241]很显然，基础设施、价格确定以及投资决策仍然还是在依据着旅游量的大小和位置因素。事实上，并不是所有人都会把他的旅行愿望付诸实施的。本书的一位加利福尼亚的作者声称，如果不受时间和金钱限制，他愿意每晚都去巴黎进餐。但是，交通运输基础设施的最优数量是多少？对社会的最佳服务是什么？以及应该如何提供？如何定价？美国土地相对丰富，并且崇尚个人自由的价值观，社会一直在致力于提供更多更大的车辆和更多的旅游机会。

当包括道路生态成本在内的地方性、国家性和全球性的这些决定变得更易理解时，社会实践中便会出现更多限制。决议要求改善公共运输服务、减少车辆排放和能源使用、设计更具审美和生态敏感性的道路，以及限制车辆使用。新加坡、丹麦和其他许多国家多年以来对车辆征收 100% 的销售税。在很多城市的商业区内有些地区限制车辆行驶。大部分国家强制征收 300% 甚至更高的燃油税。2001 年美国遭受"9. 11"袭击后，只有同时乘坐两人或两人以上的车才能够被允许进入纽约的曼哈顿南区。战时，燃油是实行配额制的。墨西哥城和智利的圣地亚哥在一些污染特别严重的日子里，只允许部分车辆上路。很多政府在设计公路网的时候有意使道路网避开有生态和文化遗产价值的地区。[131]

每天都会有选择和投资发生。长途铁路和公交系统得到了资助，在郊区建设轻轨系统，自行车道和人行道得以兴建（或移除）。新技术、新设施和新服务层出不穷。对更为人性化的旅游需求持久不衰。真正的挑战来自于为旅游选择、车辆和道路设计以及政府政策和投资提供信息和指导，这可以平衡机动性的成本和收益。生态，包括对其投资、成本和收益方面的内容是此平衡式中一个不断增长的部分。

14. 3. 4 自然、野生动植物和水

欧洲很多地方的自然保护包括维持"传统的"生态系统或自然，在某种意义

上讲其实是人类集约管理和资源攫取的产物,是人造的自然或自然系统。[719,339]为了保护荷兰的自然,公路廊道被多种类型的通道或天桥所穿越,这些都是有利于野生动物穿越景观的[63](第6章)。与之形成对比的是,澳大利亚人保护野生动物和生物多样性的方法则是在高强度的农业景观基质中,着力保护道路沿线分布的条带状的所谓植被带。这两种方式都是由政府规定、资助并管理的。在北美这两种方式都不常见,而是把利用自然过程对那些被认为是近乎原始的自然系统的保护当作首要的政策目标。

为减少野生动物遭遇车祸的危险,一项将先进的监测技术和驾驶员行为完善,动物行为完善以及提高公众对道路致死问题的关注结合在一起的技术,为这方面的工作带来了希望。[785,904]横向结构物和分析研究一般都是将注意力集中在某一特定的物种上,然而自然群落典型的多物种迁徙可能更为重要。[760,41,845,167]如何基于动物的行为原则,进行低成本动物横向迁徙通道的工程建设,比如用泥土、抗逆及抗旱性强的植物覆盖表面——也许还可以使用现有的一些轻型和行人友好型的设计技术——但这些方面可供探索的机会并没有多少。

考虑道路系统与水和水生生态系统的关系时,我们对这一生态方面很长时间无法解决的难题已经颇为熟悉(第7~9章)。能否可以用简单的方案以及在容易找到突破口的地方来着手解决这些复杂问题呢?水的数量和质量是两个问题,第一个经常会影响到第二个。完善设计以及扩大桥涵对于那些被道路直接影响河段水的数量和质量是最大的改善。但是横贯土地的路基阻碍了地表水的流动,一些地方甚至阻碍了地下水流动。也许简单的增设沿线水管和涵洞的数目——也许增至5倍、10倍或20倍——就会在水文、侵蚀、沉积、溪流和湿地等方面获得极大的收益(见13章,图13.1)。小动物也可以从中受益。在建的"改善"项目、路基养护和路面再铺筑工程,其实就是一些可以改善水及水生生态系统条件,节省成本的机制。

14.3.5 地域、社区和邻里

地域感是指人与某个地区之间具有明显特点和意义的深层次联系。这些特点在传统[642,598,704,670]、美学[237,670,1041,876]、生态[1041,876,834,704,598,199]、由来[122,4,808,834,642]和经历[4,704,808,642]上都会有很大的不同。道路和车辆其实也具有一个地方的特点和含义。然而,对道路系统大范围的改变可能会威胁到与这一地区深层次的联系。

一些公路通过打通前往新资源区域的道路,或是通过提供新运输中心的方式,有效地创造出了新社区。相反,如果过境道路绕过一个城镇,或是一个正在开发的新购物区，或者带状开发区，公路也可能会导致一些社区的衰退。创造和破坏都蕴涵着巨大的生态含义。

另外，邻里和社区也可能会被公路一分为二。[675]这种割裂一般会导致出现两个不同的，更小的邻里圈子，甚至会导致两者之一的衰退。随着岁月流逝，在两个邻里圈子当中，公共服务，包括公交、人行道、公园区域和治安都会趋于不同。在环境和社会方面的正面影响并非只是出现被分割的现象或出现了临近的道路，它们最终会对环境产生影响。接着，空气污染、交通噪声、洪水的增多等都会导致对人类社区重大的影响。

车流平稳之后社区内交通减少，车速减低，[2]尤其是从区域尺度看，出行量降低了。举个例子，一个地区的水生生态系统、自然保护区，都应该从相关的道路致死、污染物和交通噪声的减少中获益。另外，因为缓慢的交通可能会导致诸如更多的发动机空转次数、更长的启动时间和相应的污染物产出，因此一个广泛和严谨的对交通平稳方面的生态评价应该是具有很高信息含量的。

14.3.6 经济学

经济学家和生态学家彼此之间既小心又充满了怀疑。虽然它们都出自相同的词源“eco”，但两个学科却根植于完全不同的价值观和信仰当中。然而，如果它们之间过去的交流越少，那么在解决道路生态问题上可以取得的进展就会越多。总体上说，对问题及解决方案的成本估算也仅仅是这一难题中的一少部分内容，诸如供野生动物穿行的结构物（第6章）、冬季不同种类的除冰剂（第8章）、车辆与野生动物相撞事故保险（第6章）的成本。为了本土野生开花植物、自然野生动物栖息地以及固碳而采用的不同管理方法所需的成本是多少？类似的，治理那些由公路引发的河流污染以及鱼种群的退化，或者把生态方法应用到公路规划和建设中去，大家如果能够一起来估算这些成本，实际上是不会出现“火箭生态学”（或者经济学）的。

在美国，《TEA－21法案》每年为公路、公交、铁路和安全投资数百亿美元[275]。来自于汽油收入和车辆及卡车税收的公路信托基金是这一法案下的项目中绝大部分工程的资金来源。其中也包括了大部分公交方面的投资。1995年，只有2%的个人旅行采用公交方式（91%通过私家车，其余的乘坐飞机、火车等），而大约有22%的联邦公路及公交的开支却投到了公交方面。[281,287,280]目前仍然有大量的资金投向公路，但在如何通过增加其他选择来改变美国人拥有大量私人汽车的问题上，仍然存在经济和文化上的困惑，特别是要面对欧洲如此之多令人印象深刻，并经过时间检验的公共运输系统时。

《TEA－21 法案》与《国家环境保护法案》相互依存，要求缓解由于新项目建设而造成的环境破坏。对过去破坏的修复是可以获得合理资金的，但要有充分的理由，还要和其他具有资金优先权的项目展开竞争。运输改善基金对鼓励自行车道发展、历史遗迹保护、景观改善、本土野花栽种方面很有作用，最近一些旨在减少汽车导致野生动物死亡的项目也获得了合理的资金支持。[275,279] 在道路生态研究中的投入趋势正在逐步迈向正确的方向，但也引起了进一步的问题。在生态上，用还是不用交通基金的经济和社会合理性在哪里？这些基金应该如何去花？什么是恰当的资金水平？

14.3.7 计划

环境计划常常是针对路段的。如果将它的空间范围扩大到区域或国家水平上的整个路网，应该可以给我们提供崭新的、更加可持续的、成本经济的解决方案。例如，在佛罗里达州，全州的道路环境优先计划目前是基于 9 个因子（滨水地区、稀有物种、野生动物廊道等），这些因子中的道路致死［特别针对黑熊（*Ursus americanus*）］尤其重要[851]（图 14.6）。这一区域道路网络方法突出了州交通部门需要进行生态治理的路段。另外其他可供选择的研究也许会集中在河流生境结构、对动物迁徙模式的干扰程度、[12] 关键种的种群大小（与灭绝概率有联系），或者直接研究生物多样性。开展与道路网络相关的景观生态格局和过程的研究超越了单个点、单个种的研究路子，是对社会的一大贡献。

北美社会在过去二三十年间面临的巨大挑战之一就是城市化蔓延，特别是在道路生态方面[68,70,715]（第 12 章）。令人吃惊的是，生态学家已经在将他们的研究大幅度地推进，而不是抓住城市化蔓延生态学的斗篷不放。生态学家拥有研究和开发模型的工具，例如，道路网备选方案、变化的土地利用格局、自然的空间总格局、地区生态流或者几者组合起来的考虑。与交通和规划行业携手工作，生态学家是能够创造出巨大的生态和社会效益。

最后要强调的是，许多方法和解决方案其实很简单，我们来看下面的道路生态方法（在荷兰该方法已经得到了法律批准和国会的资金支持）。[652,951,318] 首先编制该地区主要生态网络的地图（主要的植被区域再加上相连的主要的水体和野生动物走廊）。[302,697,417,305] 然后将道路网络叠加于生态网络之上（图 14.7）。这个简单的程序被整个荷兰用来确定需要开展补偿和采取缓解措施的生态－交通冲突地区（或瓶颈区域）。[63,191,192,193,697]

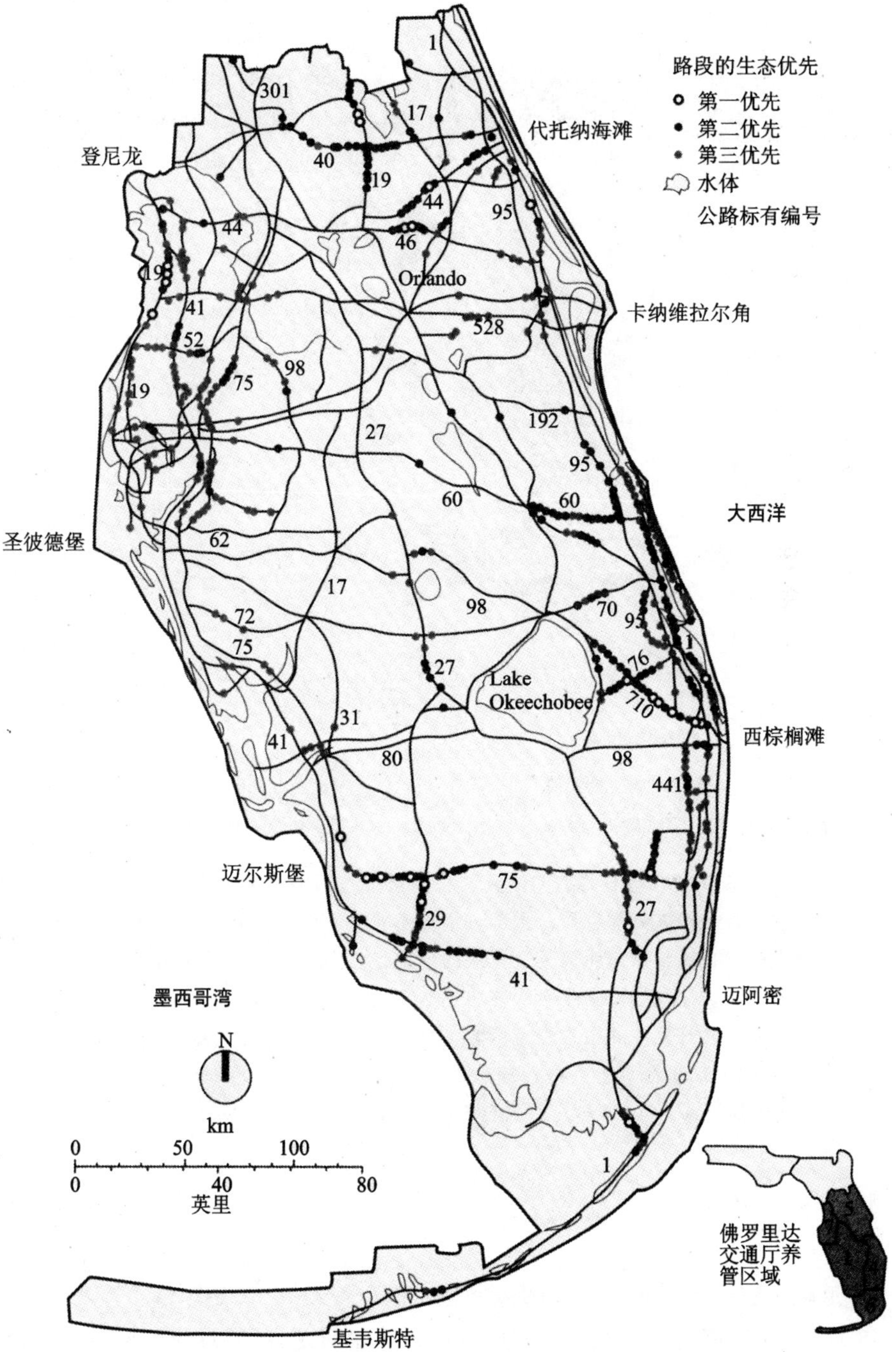

图 14.6　基于对道路邻近地区若干关键性生态属性的区域性分析而确立的自然保护和环境治理的优先路段。在 75、29 和 46 号公路和其他一些地势较平坦的州，目前建有许多野生动物通道（第 6 章，图 6.7）。请参阅文字解释。佛罗里达，引自 D. Smith（1999）

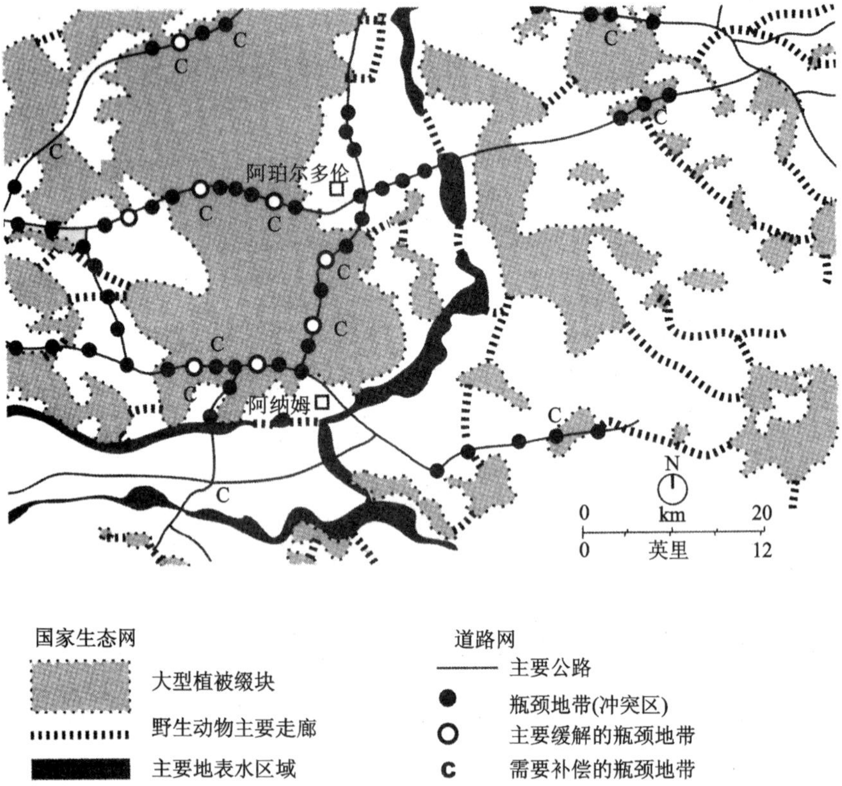

图 14.7　将主要道路网叠加在国家生态网络上来识别冲突区域，并进行生态恢复与补偿。大部分主要的减缓区域都设有野生动物上行天桥。在缓解措施明显无法应用的地方，就可以另选地方开展补偿(第6章)。在技术上，植被缀块来自适合某种植被生长的土壤类型，另外还有一些规划中的植被恢复区域；主要野生动物走廊有些是已知的，有的可能性较大。荷兰中心偏东地区。基于 Morel 和 Specken(1992)，Van Bohemen 等(1994)，并引自 Forman 和 Hersperger(1996)

14.3.8　政策

道路生态学界提出了六个覆盖面较广的政策动议[308](图 14.8)：

① 为减少道路的阻断效应和栖息地破碎化问题，要通过为频繁穿越道路的野生动物和水流开辟上行天桥或下行通道的方法，来提高道路廊道的通透性。

② 使用土埂、植被和降低道路的方法来减少交通干扰以及噪声对野生动物(还有人类)的影响。

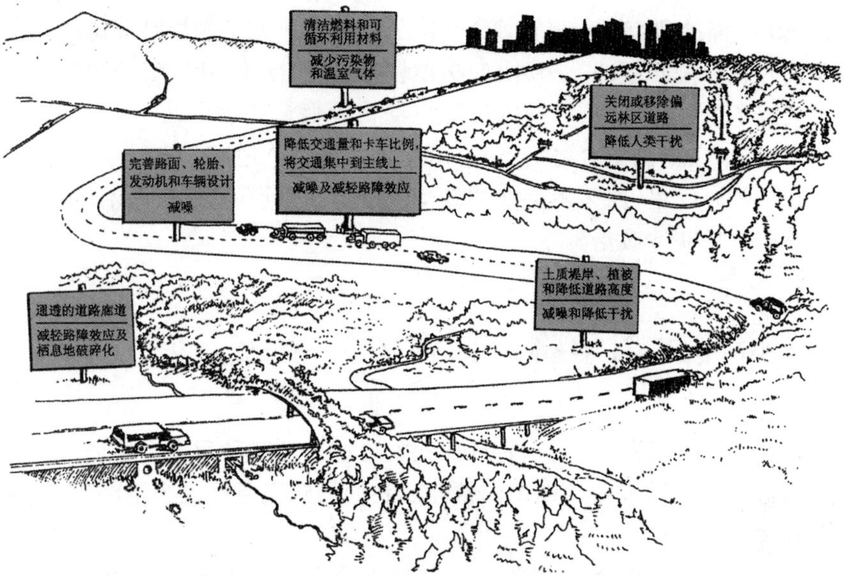

图 14.8　六项覆盖面较广的政策调整将会降低道路系统的主要生态影响。这些调整主要是要解决那些由道路引发的向外扩展的最远的影响（通常 >100 m（328 英尺））。引自 Forman（2002）；原图绘制：Lisa Giersbach

③ 降低和转移包括卡车在内的交通流量，将其疏导至主干道公路，以便减少交通噪声和阻隔效应的扩散。

④ 完善道路表面、轮胎、发动机和车辆（空气动力学）的工程设计，以便减少噪声的生态影响。

⑤ 使用清洁燃料和“生命周期”汽车材料（主要是将车辆的所有组件都设计成可再循环型的）来减少温室气体，以及土壤、水体和空气污染物。

⑥ 关闭和拆除偏远地区的道路，降低人类通达能力以及造成的干扰。

如果图 14.8 中能包含更多的公路进去，司机可能也会看到更多的其他相关标志，如⑦ 道旁设计和管理，⑧ 受扰动的水流，⑨ 河流及其他水生生态系统，甚至还有⑩政策过程本身，这些内容帮助我们理解为什么需要开展跨学科研究，什么是关键的时空尺度，以及如何应对负面影响等。

这些简单化了的、覆盖面较广的动议可能会被认为是一些目标和方针。有些是可以直接应用的，但更多的常常是在解决问题时会夹杂许多复杂的权衡过程。正如对于如何降低洪水中的污染物没有一个绝佳的答案一样（第 8 章），大多数具体问题只会通过许多成功的行动来得到有效解决。

在实践中,大多数政策动议会有 4 个平行的部分,如一把四齿的叉子:① 试验项目,② 严谨的研究,③ 项目评价,④ 公众教育。为了成功完成这些预案,对过程有效的领导是必须的。另外,像学校教师、环保社团、社区组织和当地政府,一方面应该了解试验项目,另一方面应定期得到监测报告。政府的动议在开始时如同小树苗,在得到培育之后,便会迅速扩展到整个地区。事情是如何发展的呢?在几年的时间里,原来不可能的政策变成了强制性的政策,政治领袖们愿意不断向前迈进并获取政治资本。

14.4 道路生态学将走向何方?

这本书的主题范围较宽,是有意如此安排的。从某种程度上讲,它代表生态学研究和道路车辆管理相关知识的精髓。我们的既定目标是为道路生态学提供科学基础。

在这个联合的早期阶段,基本核心和优先领域是保持开放的,并被呈现出来供下一代道路生态学家探索。研究者与实践者将其精力集中在哪些方面会最为有效呢?从城市边缘新建的道路到林区道路,从穿过脆弱地带的乡村道路到那些新的高强度开发压力下的山区,如洛基山脉和内华达山脉地区,道路生态学与这些地方的众多应用领域及情况均高度相关,在所有这些地方都会起到关键性作用。

但我们仍然需要重点。哪里存在最大的威胁并最需要关注?哪里可以用有效利用时间的方式发现答案和提出解决办法?道路和城市化蔓延中的少许开发比起高强度的农业或林业,在生态上是更好还是更坏?生态质疑应该主要针对大片公共绿地中的道路,还是人烟稀少的偏远脆弱地区?

这些都是重要的问题吗?生态学家已经不怎么涉及这一类的问题了。由于很少有人了解到公众对道路生态影响的看法和价值观,因此有关答案少之又少。有深度的调查研究和评价工作可以为政策制定者提供一些相对优先权方面的认识。这样的研究也会让我们清楚认识到需要开展的工作,以及与道路生态学有关的公众教育的重要性。

在更高的认识水平上,道路生态学作为一个知识实体和研究领域该如何发展呢?从空间和专业的角度看,道路生态学横跨于传统的、着眼于都市的土地利用和交通运输规划,与传统的关注农村和偏远地区生态学研究领域之上。到目前为止,后者的兴趣主要集中在大面积的,没有道路或道路的出行量极少、人口很少的相对自然的地方。相比较而言,土地利用和交通规划师们则更加关注那些已经建成的到处是人的环境。

在专业层面上,这两个团队非常不同。土地利用和交通规划师们乐于使用大量的交通网络和出行量预测模型。这些专业人士是交通运输资金分配过程中程序不断强化和制度化的一部分。相反，自然土地的农村生态学家们一般扎根于生物科学，他们的活动基本不符合已有的条条框框，他们对野生动物、植物、水生生态系统、景观生态学和类似的东西开展研究。难道道路生态学只是这两者简单的叠加？

作为一种“学”，或研究领域，道路生态学紧随自然科学，但又会涉及工程、设计和社会科学领域。实际上，重大问题的解决是需要包括交通和生态在内的多学科专业技术知识的。道路生态学也可能简单地由这些学科叠加而成，也有可能创立出自己的理论体系。目前，空间模型，网络和种群等研究领域在创建该理论体系时是最有探索价值的[304]（第5章和第11章）。然而，这本书揭示的概念、法则、模型和理论对于善于思考的人们和未来的理论都是一种食粮。

什么是道路生态学专业人士和科学家关注的下一个问题？在多大程度上道路生态学应该或者可能成为一个服务于其他专业领域的“科学社区”？虽然在生态学上对公共绿地、林区和偏远地区的道路系统的研究是重要的，但它并没有使主流交通行业介入，而这些行业会解决国家道路基础设施和交通建设的核心问题。这两个学科的一个明显合作机会和共同兴趣点在城市边缘和延伸带上。这里总体人口增长最快，而且大多数新路会在可预见的将来被建造出来。这里有生态上重要的栖息地、物种和各种过程，但正在经受着迅速的改变和退化。在这里，道路生态学的研究和应用会很快产生明显的影响。

诚然，科学与研究基础的扩张是重要的。未来道路生态学的研究将怎样被激发？如何获取资源用于创造出为规划师和工程师所需要的工具和方法？可能的步骤就是举行会议和召集座谈，确定投资机制，拓宽现有高质量期刊的关注面，启动专业期刊，与州和联邦的交通机构建立有效联系，与美国国家公路和运输官员协会、国家科学院的国家研究理事会运输研究分会合作建立常务委员会等。

也许更为重要的是，作为本身对生态学家和有关科学家产生不可避免吸引力的道路生态学，将会在与交通以及土地利用规划师们的密切合作中得到巨大的益处。生态学家有浓厚的科学兴趣，绝少与政治纠缠，具有科学可信度，但是交通部门管理着数量巨大的经费，并且是道路决策和管理的地方。交通部门同样有一个重要的研究核心，那就是与生态学家之间建立科学联系的门槛。

这两个团体将在合作与协作中获益。交通部门将会得以明显加强。我们会拥有更加“生物物种及人类友好”的土地。社会将是赢家。实际上，真正的业绩是那些以优美姿态交融到自然生物多样性和自然过程中的高效安全的交通运输。

放眼未来，我们可以这样说：“记住世纪之交时留给我们的东西。自那之后，我们的土地和我们的交通运输系统在生态方面的转型如此显著，像一面巨大的绿色旗帜在风中猎猎飘扬，就算是太空旅行者也会被深深震撼。”

参考文献*

[1] Aanen, P., W. Alberts, G. J. Bekker, H. D. van Bohemen, P. J. M. Melman, J. van der Sluijs, G. Veenbaas, H. J. Verkaar, and C. F. van de Watering. 1991. *Nature Engineering and Civil Engineering Works.* Wageningen, Netherlands: Pudoc.

[2] AASHTO. 2001a. *A Policy on Geometric Design of Highways and Streets: 2001a.* Washington, D. C.: American Association of State Highway and Transportation Officials.

[3] ——. 2001b. *Guidelines for Geometric Design of Very Low-Volume Local Roads (ADT ≤400): 2001.* Washington, D. C.: American Association of State Highway and Transportation Officials.

[4] Abbey, E. 1971. *Desert Solitaire: A Season in the Wilderness.* NewYork: Ballantine Books.

[5] Aber, J. D., A. Magill, S. G. McNulty, R. D. Boone, K. J. Nadelhoffer, M. Downs, and R. Hallett. 1995. Forest biogeochemistry and primary production altered by nitrogen saturation. *Water, Air and Soil Pollution* 85:1665 – 70.

[6] Adams, K. M., and H. Hernandez. 1977. Snow and ice roads: Ability to support traffic and effects on vegetation. *Arctic* 30:13 – 27.

[7] Adams, L. W. 1984. Small mammal use of an interstate highway median strip. *Journal of Applied Ecology* 21:175 – 78.

[8] Adams, L. W., and A. D. Geis. 1983. Effects of roads on small mammals. *Journal of Applied Ecology* 20:403 – 15.

[10] Adams, T. C. 1964. Salt migration to the northwest body of Great Salt Lake, Utah. *Science* 143: 1028 – 30.

[11] Ahrens, C. D. 1991. *Meteorology Today: An Introduction to Weather, Climate, and the Environment.* St. Paul, Minn.: West Publishing.

[12] Alexander, S., and N. Waters. 2000. The effects-of highway transportation corridors on wildlife: A case study of Banff National Park. *Transportation Research Part C: Emerging Technologies* 8:307 – 20.

[13] Allen, R. E., and D. R. McCullough. 1976. Deer-car accidents in southern Michigan. *Journal of Wildlife Management* 40:317 – 25.

[14] Althouse, J. 2001. Dust, washboards, and deep stabilization. *Erosion Control Magazine*,

* 编辑注:原著参考文献无[9],[29],[49],[69],[89],[109],[209],[229],[249],[269],[289],[309],[329],[369],[382],[390],[409],[449],[489],[509],[529],[549],[569],[589],[609],[626],[629],[649],[669],[749],[789],[809],[829],[849],[869],[887],[889],[909],[929],[933],[949],[969],[989],[1029],[1044],[1049]

March/April,44 – 49.

[15] AMBS Consulting. 1997. *Fauna Usage of Three Underpasses beneath the F3 Freeway between Sydney and Newcastle.* Final Report to New SouthWales Roads and Traffic Authority. Sydney, Australia.

[16] American Public Transit Association. 2001. *Public Transportation Fact Book.* Washington, D. C. : American Public Transit Association.

[17] American Society of Landscape Architects. 1996. *Integrating Stormwater into the Urban Fabric.* Portland, Ore. : Portland State University.

[18] Amor, R. L., and P. L. Stevens. 1976. Spread of weeds from a roadside into schlerophyll forests at Dartmouth, Australia. *Weed Research* 16:111 – 18.

[19] Anderson, P. G. 1998. Sediment generation from forestry operations and associated effects on aquatic ecosystems. In *Forest-Fish Conference: Land Management Practices Affecting Aquatic Ecosystems*, edited by M. K. Brewin and D. M. Monita, 491 – 508. Ottawa: Canadian Forest Service.

[20] Anderson, R. 1999. Disturbance as a factor in the distribution of sugar maple and the invasion of Norway maple into a modified woodland. *Rhodora* 101:264 – 73.

[21] Anderson, R., and D. Asquin. 1986. *Culvert Sizing for Stream Crossings: A Handbook of Three Common Methods.* Edmonton, Alberta: Forestry, Land, and Wildlife.

[22] Andrews, A. 1990. Fragmentation of habitat by roads and utility corridors: A review. *Australian Zoologist* 26:130 – 42.

[23] Angold, P G. 1997. The impact of road upon adjacent heathland vegetation: Effects on plant species composition. *Journal of Applied Ecology* 34:409 – 17.

[24] Appleyard, D., K. Lynch, and J. R. Myer. 1964. *The View from the Road.* Cambridge: MIT Press.

[25] Apps, C. D. 1999. Space-use, diet, demographics, and topographic associations of lynx in the southern Canadian Rocky Mountains: A study. In *Ecology and Conservation of Lynx in the United States*, edited by L. F. Ruggiero, K. B. Aubry, S. W. Buskirk, G. M. Koehler, C. J. Krebs, K. S. McKelvey, and J. R. Squires, 351 – 72. General Technical R eport RMRS-GTR-30WWW. Fort Collins, Colo. : USDA Forest Service.

[26] Areendran, G., and M. K. S. Pasha. 2000. *Gauer Ecology Project.* Dehradun, India: Wildlife Institute of India.

[27] Arendt, R. G. 1996. *Conservation Design for Subdivisions: A Practical Guide to Creating Open Space Networks.* Washington, D. C. : Island Press.

[28] Arnold, C. L., Jr., and C. J. Gibbons. 1996. Impervious surface coverage: The emergence of a key environmental indicator. *Journal of the American Planning Association* 62:243 – 58.

[30] Ashley, E. P., and J. T. Robinson. 1996. Road mortality of amphibians, reptiles and other wildlife on the Long Point Causeway, Lake Erie, Ontario. *Canadian Field-Naturalist* 110:404 – 12.

[31] Ashley, M., and C. Wills. 1987. Analysis of mitochondrial DNA polymorphisms among Channel

Island deer mice. *Evolution* 41:854 - 63.

[32] Auerbach, N. A., M. D. Walker, and D. A. Walker. 1997. Effects of roadside disturbance on substrate and vegetation properties in arctic tundra. *Ecological Applications* 7:218 - 35.

[33] Bache, D. H., and I. A. MacAskill. 1984. *Vegetation in Civil and Landscape Engineering*. London: Granada.

[34] Backman, L., and L. Folkeson. 1995. The influence of de-icing salt on vegetation, groundwater and soil along highways E20 and 48 in Skaraborg County during 1994. *VTI meddelande Nr* 775A:45.

[35] Bagley, S. 1998. *The Road-Ripper's Guide to Wildland Road Removal.* Missoula, Mont.: Wildlands Center for Preventing Roads.

[36] Bagnold, R. A. 1954. *The Physics of Blown Sand and Desert Dunes.* London: Methuen.

[37] Baker, H. G. 1986. Patterns of plant invasion in North America. In *Ecology of Biological Invasions of North America and Hawaii*, edited by H. A. Mooney and J. A. Drake, 43 - 57. New York: Springer-Verlag.

[38] Baker, L. A., A. T. Herlihy, P. R. Kaufmann, and J. M. Eilers. 1991. Acid lakes and streams in the United States: The role of acidic deposition. *Science* 252:1151 - 54.

[39] Baker, R. H. 1998. Are man-made barriers influencing mammalian speciations? *Journal of Mammalogy* 79:370 - 71.

[40] Bakowski, C., and M. Kozakiewicz. 1988. The effect of forest road on bank vole and yellow-necked mouse populations. *Acta Theriologica* 33:345 - 53.

[41] Ballon, P. 1985. Premières observations sur l' efficacité des passages à gibier sur l' autoroute A36. In *Routes et faune sauvage*, 311 - 16. Bagneaux, France: Service d' Etudes Techniques de Routes et Autoroutes.

[42] Bangs, E. E., T. N. Bailey, and M. F. Portner. 1989. Survival rates of adult female moose on the Kenai Peninsula, Alaska. *Journal of Wildlife Management* 53:557 - 63.

[43] Banks, J. E. 1997. Do imperfect trade-offs affect the extinction debt phenomenon? *Ecology* 78:1597 - 1601.

[44] Bannister, D. 2001. Transport planning. In *Handbook of Transport Systems and Traffic Control*, edited by K. J. Button and D. A. Hensher, 9 - 20. NewYork: Pergamon.

[45] Barbosa, A. E., and T. Hvitved-Jacobsen. 1999. Highway runoff and potential for removal of heavy metals in an infiltration pond in Portugal. *Science and the Total Environment* 235:151 - 59.

[46] Barbour, E. H. 1895. Bird fatality along Nebraska railroads. *Auk* 12:187.

[47] Barker, J. R., and D. T. Tingey, eds. 1991. *Air Pollution Effects on Biodiversity.* New York: Van Nostrand R einhold.

[48] Barnett, J. L., R. A. How, and W. F. Humphreys. 1978. The use of habitat components by small mammals in eastern Australia. *Australian Journal of Ecology* 3:277 - 85.

[50] Barret, M. E., R. D. Zuber, E. R. Collins, J. F. Malina, R. J. Charbeneau, and G. H. Ward.

1993. *A Review and Evaluation of Literature Pertaining to the Quantity and Control of Pollution from Highway Runoff and Construction.* Austin: Center for Research in Water Resources, Bureau of Engineering Research, University of Texas.

[51] Bartoldus, C. C., and E. W. Garbish. 1994. *Evaluation for Planned Wetlands (EPW): A Procedure for Assessing Wetland Functions and a Guide to Functional Design.* St. Michaels, Md.: Environmental Concern Inc.

[52] Bashore, T. L., W. M. Tzilkowski, and E. D. Bellis. 1985. Analysis of deer-vehicle collision sites in Pennsylvania. *Journal of Wildlife Management* 49:769 – 74.

[53] Batanouny, K. H. 1979. Vegetation along the Jeddah-Mecca road: Pattern and process as affected by human impact. *Journal of Arid Environments* 2:21 – 30.

[54] Bates, G. H. 1937. The vegetation of wayside and hedgerow. *Journal of Ecology* 25:469 – 81.

[55] Baumgartner, F. M. 1934. Bird mortality on the highways. *Auk* 51:537 – 38.

[56] Baur, A., and B. Baur. 1990. Are roads barriers to dispersal in the land snail *Arianta arbustorum*? *Canadian Journal of Zoology* 68:613 – 17.

[57] Bauske, B., and D. Goetz. 1993. Effects of de-icing salts on heavy metal mobility. *Acta Hydrochimica et Hydrobiologica* 21:38 – 42.

[58] Bayley, P. B. 1995. Understanding large river-floodplain ecosystems. *BioScience* 45:153 – 58.

[59] Bazzaz, F. A. 1996. *Plants in Changing Environments: Linking Physiological, Population, and Community Ecology.* NewYork: Cambridge University Press.

[60] Beatley, T. 2000. *Green Urbanism: Learning from European Cities.* Washington, D. C.: Island Press.

[61] Beier, P., and R. H. Barrett. 1991. *The Cougar in the Santa Ana Mountain Range, California. Final Report.* Berkeley, Calif.: Orange County Co-operative Mountain Lion Study. Department of Forestry and Resource Management.

[62] Beier, P., and S. Loe. 1992. A checklist for evaluating impacts to wildlife movement corridors. *Wildlife Society Bulletin* 20:434 – 40.

[63] Bekker, H., B. van den Hengel, H. van Bohemen, and H. van der Sluijs. 1995. *Natuur over Wegen* (Nature across motorways). Delft, Netherlands: Ministry of Transport, Public Works and Water Management.

[64] Bekker, H. G. J., and K. Canters. 1997. The continuing story of badgers and their tunnels. In *Habitat Fragmentation & Infrastructure*, edited by K. Canters, 344 – 53. Delft, Netherlands: Ministry of Transport, Public Works and Water Management.

[65] Bellis, E. D., and H. B. Graves. 1971. Deer mortality on a Pennsylvania interstate highway. *Journal of Wildlife Management* 35:232 – 37.

[66] Bender, D. J., T. A. Contreras, and L. Fahrig. 1998. Habitat loss and population decline: A meta-analysis of the patch size effect. *Ecology* 79:517 – 33.

[67] Benfenati, E., S. Valzacchi, G. Maniani, L. Airoldi, and R. Farnelli. 1992. PCDD, PCDF, PCB, PAH, cadmium and lead in roadside soil: Relationship between road distance and concentra-

tion. *Chemosphere* 24:1077 - 83.

[68] Benfield, F. K., M. D. Raimi, and D. D. T. Chen. 1999. *Once There Were Greenfields.* NewYork: Natural Resources Defense Council.

[70] Benfield, F. K., J. Terris, and N. Vorsangeret. 2001. *Solving Sprawl: Models of Smart Growth in Communities across America.* New York: Natural Resources Defense Council.

[71] Bennett, A. F. 1988. Roadside vegetation: A habitat for mammals at Naringal, southwesternV-ictoria. *Victorian Naturalist* 105:106 - 13.

[72] ——. 1991. Roads, roadsides and wildlife conservation: A review. In *Nature Conservation 2: The Role of Corridors*, edited by D. A. Saunders and R. J. Hobbs, 99 - 117. Chipping Norton, Australia: Surrey Beatty.

[73] ——. 1999. *Linkages in the Landscape: The Role of Corridors and Connectivity in Wildlife Conservation.* Gland, Switzerland and Cambridge, U. K.: IUCN - The World Conservation Union.

[74] Bennett, S. L. 2000. Dust: Invisible, dangerous, avoidable. *Erosion Control Magazine*, March, 42 - 50.

[75] Berger, T. R. 1977. *Northern Frontier, Northern Homeland: The Report of the Mackenzie Valley Pipeline Inquiry*, Vols. 1 and 2. Ottawa: Supply and Services Canada.

[76] Bergerud, A. T., R. D. Jakimchuk, and D. R. Carruthers. 1984. The buffalo of the North: Caribou (*Rangifer tarandus*) and human developments. *Arctic* 37:7 - 22.

[77] Bergin, T. M., L. B. Best, K. E. Freemark, and K. J. Koehler. 2000. Effects of landscape structure on nest predation in roadsides of a midwestern agroecosystem: A multiscale analysis. *Landscape Ecology* 15:131 - 43.

[78] Beringer, J. J., S. G. Seibert, and M. R. Pelton. 1990. Incidence of road crossing by black bears on Pisgah National Forest, North Carolina. *International Conference on Bear Research and Management* 8:85 - 92.

[79] Bernardino, F. S., Jr., and G. H. Dalrymple. 1992. Seasonal activity and road mortality of the snakes of the Pa-hay-okee wetlands of the Everglades National Park, USA. *Biological Conservation* 72:71 - 75.

[80] Bertwistle, J. 1999. The effects of reduced speed zones on reducing bighorn sheep and elk collisions with vehicles on the Yellowhead highway in Jasper National Park. In *Proceedings of the Third International Conference on Wildlife Ecology and Transportation*, edited by G. L. Evink, P. Garrett, and D. Zeigler, 89 - 97. FL - ER - 73 - 99. Tallahassee: Florida Department of Transportation.

[81] Beschta, R. L. 1978. Long-term patterns of sediment production following road construction and logging in the Oregon Coast Range. *Water Resources Research* 14:1011 - 16.

[82] Bevers, M., and C. H. Flather. 1999. Numerically exploring habitat fragmentation effects on populations using cell-based coupled map lattices. *Theoretical Population Biology* 55:61 - 76.

[83] Bider, J. R. 1968. Animal activity in uncontrolled terrestrial communities as determined by a

sand transect technique. *Ecological Monographs* 38:274 - 91.

[84] Bilby, R. E. 1985. Contributions of road surface sediment to a western Washington stream. *Forest Science* 31:827 - 38.

[85] Bilby, R. E., K. Sullivan, and S. H. Duncan 1979. The generation and fate of road-related sediment in forested watersheds in southwestern Washington. *Forest Science* 35:453 - 68.

[86] Bilodeau, A., and M. Malhotra. 2000. High-volume fly ash system: Concrete solution for sustainable development. *ACI Mater Journal* 97:41 - 48.

[87] Binford, M. W., and M. J. Buchenau. 1993. Riparian greenways and water resources. In *Ecology of Greenways: Design and Function of Linear Conservation Areas*, edited by D. S. Smith and P. C. Hellmund, 69 - 104. Minneapolis: University of Minnesota Press.

[88] Bird, D., D. Varland, and J. Negro. 1996. *Raptors in Human Landscapes: Adaptations to Built and Cultivated Environments.* San Diego, Calif.: Academic Press.

[90] Bishop, S. C., and F. S. Chapin. 1989. Patterns of natural vegetation on abandoned gravel pads in arctic Alaska. *Journal of Applied Ecology* 26:1073 - 81.

[91] Bisson, P. A., R. E. Bilby, M. D. Bryant, C. A. Dolloff, R. A. House, M. L. Murphy, K. V. Koski, and J. R. Sedell. 1987. Large woody debris in forested streams in the Pacific Northwest: Past, present, and future. In *Streamside Management and Fishery Interactions*, edited by E. O. Salo and T. W. Cundy, 143 - 90. Seattle: Institute of Forest Resources, University of Washington.

[92] Bissonette, J. A., and M. Hammer. 2000. Effectiveness of earthen return ramps in reducing big game highway mortality in Utah. *UTCFWRU Report Series 2000* no. 1: 1 - 29.

[93] Bissonette, J. A., and I. Storch, eds. 2002. *Landscape Theory and Resource Management: Linking Theory to Management.* Washington, D. C.: Island Press.

[94] Blais, J. M., R. L. France, L. E. Kimpe, and R. J. Cornett. 1998. Climatic changes in northwestern Ontario have had a greater effect on erosion and sediment accumulation than logging and fire: Evidence from ^{210}Pb chronology in lake sediments. *Biogeochemistry* 43:235 - 52.

[95] Bliss, L. C. 1983. Modern human impacts in the Arctic. In *Man's Impact on Vegetation*, edited by W. Holzner, M. Werger, and I. Ikusima, ch. 13. London: Dr. W. Junk Publishers.

[96] ——. 1995. Industrial development, Arctic. *Encyclopedia of Environmental Biology* 2:277 - 88.

[97] Bliss, L. C., and E. B. Peterson. 1973. *The Ecological Impact of Northern Petroleum Development.* Fifth International Conference on Arctic Oil and Gas. Le Havre, France: Fondation Française d'Etudes Nordiques.

[98] Blocher, A. 1926. More fatalities. *Oölogist* 43:66 - 67.

[99] ——. 1927. A summer's record of the automobile. *Oölogist* 44:96.

[100] ——. 1936. Fatalities. *Oölogist* 53:19 - 22.

[101] Blomqvist, G., and E. - L. Johansson. 1999. Airborne spreading and deposition of de-icing salt—a case study. *Science and the Total Environment* 235:161 - 68.

[102] Bonnett, X., N. Guy, and R. Shine. 1999. The dangers of leaving home: Dispersal and mortality

in snakes. *Biological Conservation* 89:39 – 50.

[103] Bormann, F. H., and G. E. Likens. 1979. *Pattern and Process in a Forested Ecosystem.* New York: Springer-Verlag.

[104] Bormann, F. H., D. Balmori, and G. T. Geballe. 1993. *Redesigning the American Lawn.* New Haven, Conn.: Yale University Press.

[105] Bowles, A. E. 1997. Responses of wildlife to noise. In *Wildlife and Recreationists: Coexistence through Management and Research*, edited by R. L. Knight and K. J. Gutzwiller, 109 – 56. Washington, D. C.: Island Press.

[106] Bowling, L. C., and D. P. Lettenmaier. 1997. *Evaluation of the Effects of Forest Roads on Streamflow in Hard and Ware Creeks, Washington.* Water Resources Series Technical Report 155, Department of Civil Engineering. Seattle: University of Washington.

[107] Brandenburg, D. M. 1996. Effects of roads on behavior and survival of black bears in coastal North Carolina. Master's thesis, University of Tennessee, Knoxville.

[108] Brandes, D. 1983. Flora und Vegetation deer bahnhofe Mitteleuropas. *Phytocoenologia* 11: 31 – 115.

[110] Brandle, J. R., D. L. Hintz, and J. W. Sturrock, eds. 1988. *Windbreak Technology.* Amsterdam: Elsevier. Reprinted from *Agriculture, Ecosystems and Environment* 22/23 (1988).

[111] Braudel, F. 1981. *Civilization and Capitalism 15th-18th Century.* Vol. 1, *The Structures of Everyday Life: The Limits of the Possible.* NewYork: Harper and Row.

[112] Brett, M. T., and D. C. Mueller-Navarra. 1997. The role of highly unsaturated fatty acids in aquatic food-web processes. *Freshwater Biology* 38:483 – 99.

[113] Breuste, J., H. Feldmann, and O. Uhlmann, eds. 1998. *Urban Ecology.* NewYork: Springer-Verlag.

[114] Brocke, R. H., J. P. O'Pezio, and K. A. Gustafson. 1990. A forest management scheme mitigating impact of road networks on sensitive wildlife species. In *Is Forest Fragmentation a Management Issue in the Northeast?* 13 – 17. General Technical Report NE – 140. Radnor, Pa.: USDA Forest Service.

[115] Brody, A. J., and M. R. Pelton. 1989. Effects of roads on black bear movements in western North Carolina. *Wildlife Society Bulletin* 17:5 – 10.

[116] Brothers, T. S. 1997. Deforestation in the Dominican Republic: A village-level view. *Environmental Conservation* 24:213 – 23.

[117] Bryens, O. M. 1931. A recovery and a return from the highway. *Bird-Banding* 2:85 – 86.

[118] Bubeck, R. C., W. H. Diment, B. L. Deck, A. L. Baldwin, and S. D. Lipton. 1971. Runoff of deicing salt: Effect on Irondequoit Bay, Rochester, NewYork. *Science* 172:1128 – 32.

[119] Buchanan, B. W. 1993. Effects of enhanced lighting on the behaviour of nocturnal frogs. *Animal Behaviour* 43:893 – 99.

[120] Buchanan, J. B. 1987. Seasonality in the occurrence of long-tailed weasel roadkills. *Murrelet* 68:67 – 68.

[121] Buckler, D., and G. Granato. 1999. *Assessing Biological Effects from Highway-Runoff Constituents.* Northborough, Mass. : U. S. Department of Interior, Geological Survey.

[122] Buell, L. 2001. *Writing for an Endangered World: Literature, Culture, and Environment in the U. S. and Beyond.* Cambridge: Belknap Press of Harvard University Press.

[123] Bugg, R. L., C. S. Brown, and J. H. Anderson. 1997. Restoring native perennial grasses to rural roadsides in the Sacramento Valley of California: Establishment and evaluation. *Restoration Ecology* 5:214 - 28.

[124] Buhlmann, K. A. 1995. Habitat use, terrestrial movements, and conservation of the turtle, *Deirochelys reticularia*, in Virginia. *Journal of Herpetology* 29:173 - 81.

[125] Bunyan, R. 1990. *Monitoring Program of Wildlife Mitigation Measures: Trans-Canada Highway Twinning—Phase II.* Final Report to Parks Canada, Banff National Park.

[126] Bureau of Transportation Statistics. 1999. *National Transportation Statistics 1999.* Publication BTS99 - 04. Washington, D. C. : U. S. Department of Transportation.

[127] ——. 2001. *National Transportation Statistics 2000.* Publication BTS01 - 01. Washington, D. C. : U. S. Department of Transportation.

[128] Burel, F., and J. Baudry. 1990. Hedgerow network patterns and processes in France. In *Changing Landscapes: An Ecological Perspective*, edited by I. S. Zonneveld and R. T. T. Forman, 99 - 120. NewYork: Springer - Verlag.

[129] ——. 1999. *Ecologie du paysage: Concepts, méthodes et applications.* Paris: Editions TEC & DOC.

[130] Burnham, K. P., and D. R. Anderson. 1998. *Model Selection and Interference: A Practical Information Theoretic Approach.* NewYork: Springer.

[131] Button, K., P H. Nijkamp, and H. Priemus, eds. 1998. *Transport Networks in Europe: Concepts, Analysis and Policies.* Cheltenham, U. K. : Edward Elgar.

[132] Byrd, D. S., J. T. Gilmore, and R. H. Lea. 1983. Effect of decreased use of lead in gasoline on the soil of a highway. *Environmental Science and Technology* 17:121 - 23.

[133] Cale, P., and R. J. Hobbs. 1991. Condition of roadside vegetation in relation to nutrient status. In *Nature Conservation 2: The Role of Corridors*, edited by D. A. Saunders and R. J. Hobbs, 353 - 62. Chipping Norton, Australia: Surrey Beatty.

[134] Calvo, R., and N. Silvy. 1996. Key deer mortality, U. S. Highway 1 in the Florida Keys. In *Trends in Addressing Transportation Related Wildlife Mortality*, edited by G. L. Evink, P. Garrett, D. Zeigler, and J. Berry, 287 - 296. Report FL - ER - 58 - 96. Tallahassee: Florida Department of Transportation.

[135] Camby, A., and C. Maizeret. 1985. Perméabilité des routes et autoroutes vis-à-vis des mammifères carnivores: exemple des études menées dans les Landes de Gascogne par radiopoursuite. In *Routes et faune sauvage*, 183 - 96. Bagneaux, France: Service d'Etudes Techniques des Routes et Autoroutes.

[136] Cameron, R., D. J. Reed, J. R. Dau, and W. T. Smith. 1992. Redistribution of calving caribou

in response to oil field development on the arctic slope of Alaska. *Arctic* 45:338 – 42.

[137] Camp, M., and L. B. Best. 1994. Nest density and nesting success of birds in roadsides adjacent to rowcrop fields. *American Midland Naturalist* 131:347 – 58.

[138] Campbell, C. S., and M. H. Ogden. 1999. *Constructed Wetlands in the Sustainable Landscape.* NewYork: John Wiley.

[139] Canters, K., ed. 1997. *Habitat Fragmentation & Infrastructure*. Delft, Netherlands: Ministry of Transport, Public Works and Water Management.

[140] Cantwell, M. D., and R. T. T. Forman. 1994. Landscape graphs: Ecological modeling with graph theory to detect configurations common to diverse landscapes. *Landscape Ecology* 8: 239 – 55.

[141] Capel, S. W. 1988. Design of windbreaks for wildlife in the Great Plains of North America. *Agriculture, Ecosystems and Environment* 22/23:337 – 47. (Reprinted in J. R. Brandle, D. L. Hintz, and J. W. Sturrock, eds., *Windbreak Technology*, Amsterdam: Elsevier, 1988.)

[142] Carbaugh, B. J., J. P. Vaughan, E. D. Bellis, and H. B. Graves. 1975. Distribution and activity of white-tailed deer along an interstate highway. *Journal of Wildlife Management* 39: 570 – 81.

[143] Carr, L. W., and L. Fahrig. 2001. Impact of road traffic on two amphibian species of different vagility. *Conservation Biology* 15:1071 – 78.

[144] Carr, L. W., L. Fahrig, and S. E. Pope. 2002. Impacts of landscape transformation by roads. In *Applying Landscape Ecology in Biological Conservation*, edited by K. J. Gutzwiller, 225 – 43. NewYork: Springer.

[145] Carsignol, J. 1993. *Passages pour la grande faune.* Bagneaux, France: Service d'Etudes Techniques des Routes et Autoroutes, Centre de la Sécurité et des Techniques Routières.

[146] Carvalho, G., A. C. Barros, P. Moutinho, and D. C. Nepstad. 2001. Sensitive development could protect the Amazon instead of destroying it. *Nature* 409:131.

[147] Case, R. M. 1978. Interstate highway road-killed animals: A data source for biologists. *Wildlife Society Bulletin* 6:8 – 13.

[148] Caughley, G., andA. R. E. Sinclair. 1994. *Wildlife Ecology and Management.* Cambridge, Mass.: Blackwell Science.

[149] Center for Energy and Environmental Policy. 2000. *Delaware Climate Change Action Plan.* Newark: University of Delaware.

[150] Center for Transportation and the Environment. 2002. *International Conference on Ecology and Transportation 2001.* Proceedings: *A Time for Action.* North Carolina State University, Raleigh.

[151] Center for Watershed Protection. 1998. *Rapid Watershed Planning Handbook: A Comprehensive Guide for Managing Urbanizing Watersheds.* Ellicot City, Md.: Center for Watershed Protection.

[152] Chadwick, D. H., and R. Gehman. 2000. *National Geographic Destinations: Yellow-stone to*

Yukon. Washington, D. C.: National Geographic Society.

[153] Chapin, F. S., and G. R. Shaver. 1981. Changes in soil properties and vegetation following disturbance of Alaskan arctic tundra. *Journal of Applied Ecology* 18:605 – 17.

[154] Chen, J., J. F. Franklin, and T. A. Spies. 1992. Vegetation responses to edge environments in old-growth Douglas-fir forests. *Ecological Applications* 2:387 – 96.

[155] ——. 1995. Growing-season microclimatic gradients from clearcut edges into old-growth Douglas-fir forests. *Ecological Applications* 5:74 – 86.

[156] Chepil, W. S., and N. P. Woodruff. 1963. The physics of wind erosion and its control. *Advances in Agronomy* 15:211 – 302.

[157] Chollar, B. H. 1990. An overview of deicing research in the United States. In *The Environmental Impact of Highway Deicing*, edited by C. R. Goldman and G. J. Malyj, 1 – 6. Institute of Ecology Publication No. 33. Davis: University of California.

[158] Chomitz, K. M., and D. A. Gray. 1996. Roads, land use, and deforestation: A spatial model applied to Belize. *World Bank Economic Review* 10:487 – 512.

[159] Chu, E. W., and J. R. Karr. 2001. Environmental impact, concept and measurement of. *Encyclopedia of Biodiversity* 2:557 – 77.

[160] Clark, C. F., P. G. Smith, G. Neilson, et al. 2000. Chemical characterisation and legal classification of sludges from road sweepings. *Journal of Chart Institute Water E* 14:99 – 102.

[161] Clark, D. R. 1979. Lead concentrations: Bats vs. terrestrial small mammals collected near a major highway. *Environmental Science and Technology* 13:338 – 40.

[162] Clark, W. D., and J. R. Karr. 1979. Effect of highways on red-winged blackbird and horned lark populations. *Wilson Bulletin* 91:143 – 45.

[163] Clarke, G. P., P. C. L. White, and S. Harris. 1998. Effects of roads on badger *Meles meles* populations in south-west England. *Biological Conservation* 86:117 – 24.

[164] Clarke, H. 1930. Birds killed by automobiles. *Bird-Banding* 32:271.

[165] Clevenger, A. P. 1998. Permeability of the Trans-Canada Highway to wildlife in Banff National Park: Importance of crossing structures and factors influencing their effectiveness. In *Proceedings of the International Conference on Wildlife Ecology and Transportation*, edited by G. L. Evink, P. Garrett, D. Zeigler, and J. Berry, 109 – 119. FL – ER – 69 – 98. Tallahassee: Florida Department of Transportation.

[166] Clevenger, A. P. 2001. *Highway Effects of Wildlife*. Progress Report 6 prepared for Parks Canada. Banff, Alberta.

[167] Clevenger, A. P., and N. Waltho. 1999. Dry drainage culvert use and design considerations for small-and medium-sized mammal movement across a major transportation corridor. In *Proceedings of the Third International Conference on Wildlife Ecology and Transportation*, edited by G. L. Evink, P. Garrett, and D. Zeigler, 263 – 77. FL – ER – 73 – 99. Tallahassee: Florida Department of Transportation.

[168] ——. 2000. Factors influencing the effectiveness of wildlife underpasses in Banff National

Park, Alberta, Canada. *Conservation Biology* 14:47 – 56.

[169] Clevenger, A. P., B. Chruszcz, and K. Gunson. 2001a. Drainage culverts as habitat linkages and factors affecting passage by mammals. *Journal of Applied Ecology* 38:1340 – 49.

[170] ——. 2001b. Highway mitigation fencing reduces wildlife-vehicle collisions. *Wildlife Society Bulletin* 29:646 – 53.

[171] Clevenger, A. P., F. J. Purroy, and M. A. Campos. 1997. Habitat assessment of a relict brown bear *Ursus arctos* population in northern Spain. *Biological Conservation* 80:17 – 22.

[172] Clevenger, A. P., J. Wierzchowski, B. Chruszcz, and K. Gunson. 2002. GISgenerated expert based models for identifying wildlife habitat linkages and mitigation passage planning. *Conservation Biology* 16:503 – 14.

[173] Clifford, H. T. 1959. Seed dispersal by motor vehicles. *Journal of Ecology* 47:311 – 15.

[174] *Climate Change Impacts on the United States: The Potential Consequences of Climate Variability and Change.* 2001. Report of National Assessment Synthesis Team, U. S. Global Change Research Program. NewYork: Cambridge University Press.

[175] Coghlan, G., and R. Sowa. 1998. *National Forest Road System and Use.* Washington, D. C.: USDA Forest Service.

[176] Coker, J. E. 2000. Optical water quality of Lake Tahoe. Master's thesis, University of California, Davis.

[177] Cole, C. A., R. P. Brooks, and D. H. Wardrop. 1998. Building a better wetland response to Linda Zug. *Wetland Journal* 10(2):8 – 11.

[178] Cole, M. A., A. J. Rayner, and J. M. Bates. 1997. The environmental Kuznets curve: An empirical analysis. *Environment and Development Economics* 2:401 – 16.

[179] Coleman, J. S., and J. D. Fraser. 1989. Habitat use and home ranges of Black and Turkey Vultures. *Journal of Wildlife Management* 53:782 – 92.

[180] Comins, H. N., W. D. Hamilton, and R. M. May. 1980. Evolutionary stable dispersal strategies. *Journal of Theoretical Biology* 82:205 – 30.

[181] Conover, M. R. 1997. Monetary and intangible valuation of deer in the United States. *Wildlife Society Bulletin* 25:298 – 305.

[182] Conover, M. R., W. C. Pitt, K. K. Kessler, T. J. DuBow, and W. A. Sanborn. 1995. Review of human injuries, illnesses, and economic losses caused by wildlife in the United States. *Wildlife Society Bulletin* 23:407 – 14.

[183] Cordone, A. J., and D. W. Kelly. 1961. The influence of sediment on aquatic life in streams. *California Department of Fish and Game Journal* 47:1047 – 80.

[184] Costa, J. E., and V. R. Baker. 1981. *Surficial Geology: Building with the Earth.* New York: John Wiley.

[185] Cowlishaw, G. 1999. Predicting the pattern of decline of African primate diversity: An extinction debt from historical deforestation. Conservation Biology 13:1183 – 93.

[186] Craul, P. J. 1992. *Urban Soil in Landscape Design.* NewYork: JohnWiley.

[187] Cronin, M. A., S. C. Amstrup, G. M. Durner, L. E. Noel, T. L. McDonald, and W. B. Ballard. 1998. Caribou distribution during the post-calving period in relation to infrastructure in the Prudhoe Bay oil field, Alaska. *Arctic* 51:85 – 93.

[188] Cronon, W. 1991. *Nature's Metropolis: Chicago and the Great West.* NewYork: Norton.

[189] Cruden, D. M., and D. J. Varnes. 1996. Landscape types and processes. In *Land-slides: Investigation and Mitigation*, edited by A. N. Turner and R. L. Schuster, 36 – 75. National Research Council Special Report 247. Washington, D. C.: Transportation Research Board.

[190] Cummins, K. W. 1992. Invertebrates. In *The River Handbook. I. Hydrological and Ecological Principles*, edited by P. Calow and G. E. Pitts, 234 – 50. Philadelphia: W. B. Saunders.

[191] Cuperus, R., M. G. G. J. Bakermans, H. A. Udo de Haes, and K. J. Canters. 2001. Ecological compensation in Dutch highway planning. *Environmental Management* 27:75 – 89.

[192] Cuperus, R., K. J. Canters, and A. A. G. Piepers. 1996. Ecological compensation of the impacts of a road. Preliminary method for the A50 road link (Eindhoven-Oss, Netherlands). *Ecological Engineering* 7:327 – 49.

[193] Cuperus, R., K. J. Canters, H. A. Udo de Haes, and D. S. Friedman. 1999. Guide-lines for ecological compensation associated with highways. *Biological Conservation* 90:41 – 51.

[194] Curatolo, J. A., and S. M. Murphy. 1986. The effects of pipelines, roads, and traffic on the movements of caribou, *Rangifer tarandus. Canadian Field-Naturalist* 100:218 – 24.

[195] Dale, V. H., S. Brown, R. A. Haeuber, N. T. Hobbs, N. Huntly, R. J. Naiman, W. E. Riebsame, M. G. Turner, and T. J. Valone. 2000. Ecological principles and guidelines for managing the use of land. *Ecological Applications* 10:639 – 70.

[196] Dale, V H., R. V. O'Neill, M. A. Pedlowski, and F. Southworth. 1993. Causes and effects of land-use change in central Rondonia, Brazil. *Photogrammetric Engineering and Remote Sensing* 59:997 – 1005.

[197] Dale, V. H., R. V. O'Neill, F. Southworth, and M. Pedlowski. 1994a. Modeling effects of land management in the Brazilian Amazonian settlement of Rondonia. *Conservation Biology* 8: 196 – 206.

[198] Dale, V. H., S. M. Pearson, H. L. Offerman, and R. V. O'Neill. 1994b. Relating patterns of land-use change to faunal biodiversity in the Central Amazon. *Conservation Biology* 8: 1027 – 36.

[199] Dale, V. H., and R. A. Haeuber, eds. 2001. *Applying Ecological Principles to Land Management.* NewYork: Springer-Verlag.

[200] Daly, H. E. 1991. *Steady-State Economics.* Washington, D. C.: Island Press.

[201] D'Antonio, C. 1993. Mechanisms controlling invasion of coastal plant communities by the alien succulent, *Carpobrotus edulis. Ecology* 74:83 – 95.

[202] Dargay, J., and D. Gately. 1997. Vehicle ownership to 2015: Implications for energy use and emissions. *Energy Policy* 25:14 – 15.

[203] Davis, M. B. 1975. Erosion rates and land use history in southern Michigan. *Environmental*

Conservation 3:139 – 48.

[204] Davis, S. 2000. *Transportation Energy Data Book, Edition 20*. Report ORNL – 6959. Oak Ridge, Tenn.: Center for Transportation Analysis, U. S. Department of Energy, Oak Ridge National Laboratory.

[205] Davis, S., L. Truett, and P. Hu. 1999. *Fuel Used for Off-Road Recreation*. Report ORNL/TM-1999/100. Oak Ridge, Tenn.: Oak Ridge National Laboratory.

[206] Davis, W. H. 1934. The automobile as a destroyer of wild life. *Science* 79:504 – 05.

[207] Dawson, B. L. 1991. South African road reserves: valuable conservation areas? In *Nature Conservation 2: The Role of Corridors*, edited by D. A. Saunders and R. J. Hobbs, 119 – 29. Chipping Norton, Australia: Surrey Beatty.

[208] Deakin, E. A. 1990. Jobs, housing, and transportation: Theory and evidence on interactions between land use and transportation. In *Transportation, Urban Form, and the Environment*, 25 – 39. Washington, D. C.: National Research Council.

[210] Dearing, J. A. 1991. Lake sediment records of erosional processes. *Hydrobiologia* 214:99 – 106.

[211] Decker, D. J., K. M. Loconti Lee, and N. A. Connelly. 1990. *Incidence and Cost of Deer-related Vehicular Accidents in Tompkins County, NewYork*. Human Dimensions Research Group 89 – 7. NewYork: Cornell University.

[212] DeFerrari, C. M., and R. J. Naiman. 1994. A multi-scale assessment of the occurrence of exotic plants on the Olympic Peninsula, Washington. *Journal of Vegetation Science* 5:247 – 58.

[213] Delumyea, R., and R. Petal. 1977. *Atmospheric Input of Phosphorus to Southern Lake Huron April-October 1975*. Washington, D. C.: Office of Research and Development, U. S. Environmental Protection Agency.

[214] DeMaynadier, P. G., and M. L. Hunter Jr. 1995. The relationship between forest management and amphibian ecology: A review of the North American literature. *Environmental Review* 3: 230 – 61.

[215] DeMers, M. N. 1993. Roadside ditches as corridors for range expansion of the western harvester ant (*Pogonomyrmex occidentalis* Cresson). *Landscape Ecology* 8:93 – 102.

[216] Dhindsa, M. S., J. S. Sandhu, P. S. Sandhu, and H. S. Toor. 1988. Roadside birds in Punjab (India): Relation to mortality from vehicles. *Environmental Conservation* 15:303 – 10.

[217] Diamond, H. L., and P. F. Noonan. 1996. *Land Use in America*. Washington, D. C.: Island Press.

[218] Diamond, J. 1999. *Guns, Germs, and Steel: The Fates of Human Societies*. NewYork: Norton.

[219] Dickerson, L. M. 1939. The problem of wildlife destruction by automobile traffic. *Journal of Wildlife Management* 2:104 – 16.

[220] Diemand, D., R. Alger, and V. Klokov. 1996. Snow road enhancement. *Transportation Research Record* 1534:1 – 4.

[221] Dionne, M., F. T. Short, and D. M. Burdick. 1998. Fish return quickly to restored salt marshes. *Coastlines* 10:35 – 38.

[222] Doncaster, C. P. 1999. Can badgers affect the use of tunnels by hedgehogs? A review of the literature. *Lutra* 42:59 – 64.

[223] Dorrance, M. F., P. J. Savage, and D. E. Huff. 1975. Effects of snowmobiles on white-tailed deer. Journal of Wildlife Management 39:563 – 69.

[224] Douglas, I. 1969. Man, vegetation and the sediment yield of rivers. *Nature* 215:925 – 28.

[225] Downes, S. J., A. Handasyde, and M. A. Elgar. 1997. The use of corridors by mammals in fragmented Australian eucalypt forests. *Conservation Biology* 11:718 – 26.

[226] Dramstad, W., J. D. Olson, and R. T. T. Forman. 1996. *Landscape Ecology Principles in Landscape Architecture and Land-Use Planning.* Washington, D. C.: Harvard University Graduate School of Design, American Society of Landscape Architects, and Island Press.

[227] Drapper, D., R. Tomlinson, and P. Williams. 2000. Pollutant concentrations in road runoff: Southeast Queensland case study. *Journal of Environmental Engineering* 126:313 – 20.

[228] Dreyer, W. A. 1935. The question of wildlife destruction by the automobile. *Science* 82:439 – 40.

[230] Driscoll, E., P. E. Shelley, and E. W. Strecker. 1990. *Pollutant Loadings and Impacts from Highway Stormwater Runoff.* Vols. 1 – 4. FHWA/RD – 88 – 006 – 9. Oakland, Calif.: Federal Highway Administration and Woodward-Clyde Consultants.

[231] Dunne, T., and L. B. Leopold. 1978. *Water in Environmental Planning.* San Francisco: W. H. Freeman.

[232] Dunning, J. B., B. J. Danielson, and H. R. Pulliam. 1992. Ecological processes that affect populations in complex landscapes. *Oikos* 65:169 – 75.

[233] Dyer, S. J., J. P. O'Neill, S. M. Wasel, and S. Boutin. 2001. Avoidance of industrial development by woodland caribou. *Journal of Wildlife Management* 65:531 – 42.

[234] Eaglin, G. S., and W. A. Hubert. 1993. Effects of logging and roads on substrate and trout in streams of the Medicine Bow National Forest, Wyoming. *North American Journal of Fisheries Management.* 13:844 – 46.

[235] Easterling, W. E., L. O. Mearns, C. J. Hays, and D. Marx. 2001. Comparison of agriculture impacts of climate change calculated from high and low resolution climate change scenarios. Part Ⅱ. Accounting for adaptation and carbon dioxide direct effects. *Climate Change* 51: 173 – 97.

[236] Easterlings, K. 1999. *Organizational Space: Landscapes, Highways, and Houses in America.* Cambridge: MIT Press.

[237] Eaton, M. M. 1997. The beauty that requires health. In *Placing Nature: Culture and Landscape Ecology*, edited by J. I. Nassauer, 85 – 106. Washington, D. C.: Island Press.

[238] Edge, W. D., and C. L. Marcum. 1985. Movements of elk in relation to logging disturbances. *Journal of Wildlife Management* 49:926 – 30.

[239] Ehmann, H., and H. G. Cogger. 1985. Australia's endangered herpetofauna: A review of criteria and policies. In *The Biology of Australasian Frogs and Reptiles*, edited by G. Grigg, R. Shine, and H. Ehmann, 435 – 447. Sydney, Australia: Surrey Beatty and Royal Zoological

Society of New South Wales.

[240] Ellenberg, H. 1986. *Vegetation Ecology of Central Europe.* 4th ed. Cambridge: Cambridge University Press.

[241] Ellenberg, H., K. Muller, and T. Stottele. 1981. Strassen-OKologie: Auswirkungen von Autobahnen und Strasse auf OKosysteme deutscher Landschaften. In *Okologie und Strasse*, 19 - 122. Bonn, Germany: Broschurenreihe der Deutschen Strassenliga, Ausgabe 3.

[242] Environmental Protection Agency. 1993. *Guidance Specifying Management Measures for Sources of Nonpoint Source Pollution in Coastal Waters.* Office of Water, Report 840 - B - 92 - 002. Washington, D. C.: U. S. Environmental Protection Agency.

[243] ——. 1995. *Controlling Nonpoint Source Runoff Pollution from Roads, Highways, and Bridges.* Report EPA - 841 - F - 95 - 008a. Washington, D. C.: U. S. Environmental Protection Agency.

[244] ——. 2001. *National Air Quality and Emissions Trend Report 1999.* EPA454/R - 01 - 004. Research Triangle Park, N. C.: U. S. Environmental Protection Agency.

[245] Esswein, H., J. Jaeger, H. - G. Schwarz-von Raumer, and M. Muller. 2002. Land-schaftszerschneidung in Baden-Wurttemberg: Zerschneidungsanalyse zur aktuellen Situation und zur Entwicklung der letzten 70 Jahre mit der effektiven Maschenweite. Nr. 214. Stuttgart, Germany: Akademie fur Technikfolgenab-schatzung in Baden-Wurttemberg.

[246] Eversham, B. C., and M. G. Telfer. 1994. Conservation value of roadside verges for stenotopic heathland *Carabidae*: Corridors or refugia? *Biodiversity and Conservation* 3:538 - 45.

[247] Evink, G. L. 1996. Florida Department of Transportation initiatives related to wildlife mortality. In *Trends in Addressing Transportation Related Wildlife Mortality*, edited by G. L. Evink, P. Garrett, D. Zeigler, and J. Berry, 278 - 86. Publication FL - ER - 58 - 96. Tallahassee: Florida Department of Transportation.

[248] Evink, G. L., P. Garrett, and D. Zeigler, eds. 1999. *Proceedings of the Third International Conference on Wildlife Ecology and Transportation.* Publication FL - ER - 73 - 99. Tallahassee: Florida Department of Transportation.

[250] Evink, G. L., P. Garrett, D. Zeigler, and J. Berry, eds. 1996. *Trends in Addressing Transportation Related Wildlife Mortality.* Publication FL - ER - 58 - 96. Tallahassee: Florida Department of Transportation.

[251] ——. 1998. *Proceedings of the International Conference on Wildlife Ecology and Transportation.* Publication FL - ER - 69 - 98. Tallahassee: Florida Department of Transportation.

[252] Ewel, J. J. 1986. Invasibility: Lessons from South Florida. In *Ecology of Biological Invasions of North America and Hawaii*, edited by H. A. Mooney and J. A. Drake, 214 - 30. NewYork: Springer-Verlag.

[253] Fahrig, L. 1991. Simulation models for developing general landscape-level hypotheses of single species dynamics. In *Quantitative Methods in Landscape Ecology*, edited by M. G. Turner and R. H. Gardner, 417 - 42. NewYork: Springer-Verlag.

[254] ——. 1997. Relative effects of habitat loss and fragmentation on species extinction. *Journal of Wildlife Management* 61:603 - 10.

[255] Fahrig, L., J. H. Pedlar, S. E. Pope, P D. Taylor, and J. F. Wegner. 1995. Effect of road traffic on amphibian density. *Biological Conservation* 74:177 - 82.

[256] Falk, N. W., H. B. Graves, and E. D. Bellis. 1978. Highway right-of-way fences as deer deterrents. *Journal of Wildlife Management* 42:646 - 50.

[257] Farina, A. 2000. *Principles and Methods in Landscape Ecology.* Boston and Dordrecht: Kluwer.

[258] Farmer, A. M. 1993. The effects of dust on vegetation: A review. *Environmental Pollution* 79: 63 - 75.

[259] Fay, R. R. 1988. *Hearing in Vertebrates: A Psychophysics Databook.* Winnetka, Ill.: Hill-Fay Associates.

[260] Fearnside, P., and D. Ferreira. 1984. Roads in Rondonia—highway construction and the farce of unprotected reserves in Brazil's Amazonian forest. *Environmental Conservation* 11: 358 - 60.

[261] Fearnside, P. M. 2001. Land-tenure issues as factors in environmental destruction in Brazilian Amazonia: The case of southern Para. *World Development* 29:1361 - 72.

[262] Federal Highway Administration. 1979. *America's Highways 1776—1976: A History of the Federal Aid Program.* Washington, D. C.: U. S. Department of Transportation.

[263] ——. 1990. *Fish Passage through Culverts.* Publication FHWA - FL - 90 - 006. Washington, D. C.: U. S. Department of Transportation.

[264] ——. 1995a. *Highway Traffic Noise Analysis and Abatement Policy and Guidance.* Washington, D. C.: FHWA Office of Environment and Planning.

[265] ——. 1995b. *Our Nation's Highways: Selected Facts and Figures.* Publication FHWA - PL - 95 - 028. Washington, D. C.: U. S. Department of Transportation.

[266] ——. 1995c. *Environmental Policy Statement 1994: A Framework to Strengthen the Linkage Between Environmental and Highway Policy.* Publication FHWA - PD - 95 - 006. Washington, D. C.: U. S. Department of Transportation.

[267] ——. 1995d. *Best Management Practices for Erosion and Sediment Control.* Report FHWA - FLP - 94 - 005. Washington, D. C.: U. S. Department of Transportation.

[268] ——. 1996a. *Evaluation and Management of Highway RunoffWater Quality.* Publication FHWA - PD - 96 - 032. Washington, D. C.: U. S. Department of Transportation.

[270] ——. 1996b. *Highway Snowstorm Countermeasure Manual: Snowbreak Forest Book* (translated from the Japanese original). Publication FHWA - PL - 97 - 010. Washington, D. C.: U. S. Department of Transportation.

[271] ——. 1996c. *Highway Statistics 1995.* Publication FHWA - PL - 96 - 017. Washington, D. C.: U. S. Department of Transportation.

[272] ——. 1996d. *Highway Traffic Noise Barrier Construction Trends.* Washington, D. C.: Office of Environment and Planning Noise Team, U. S. Department of Transportation.

[273] ——. 1997a. *Highway Statistics Summary to 1995*. Publication FHWA – PL – 97 – 009. Washington, D. C. : U. S. Department of Transportation.

[274] ——. 1997b. *Pavement Recycling Guidelines for State and Local Governments: Participant's Reference Book*. Publication FHWA – SA – 98 – 042. Washington, D. C. : U. S. Department of Transportation.

[275] ——. 1998. *TEA – 21 Transportation Equity Act for the 21st Century: Key Information*. Publication FHWA – PL – 98 – 043. Washington, D. C. : U. S. Department of Transportation.

[276] ——. 2000a. *Our Nation's Highways*. Publication FHWA – PL – 00 – 014. Washington, D. C. : U. S. Department of Transportation.

[277] ——. 2000b. *Recycled Materials in European Highway Environments: Uses, Technologies, and Policies*. Publication FHWA – PL – 00 – 025. Washington, D. C. : U. S. Department of Transportation.

[278] ——. 2000c. *1999 Status of the Nation's Highways, Bridges, and Transit: Conditions and Performance*. Publication FHWA – PL – 00 – 017. Washington. D. C. : U. S. Department of Transportation.

[279] ——. 2000d. *Critter Crossings: Linking Habitats and Reducing Roadkill*. Publication FHWA – EP – 00 – 004. Washington, D. C. : U. S. Department of Transportation.

[280] ——. 2002. *Our Nation's Highways*. Publication FHWA – PL – 00 – 014. Washington, D. C. : U. S. Department of Transportation.

[281] Federal Highway Administration and Federal Transit Administration. 1997. *Transportation Conformity: A Basic Guide for State and Local Officials*. Washington, D. C. : U. S. Department of Transportation.

[282] Feldhammer, G. A., J. E. Gates, D. M. Harman, A. J. Loranger, and K. R. Dixon. 1986. Effects of interstate highway fencing on white-tailed deer activity. *Journal of Wildlife Management* 50:497 – 503.

[283] Ferguson, B. K. 1994. *Stormwater Infiltration*. NewYork: Lewis Publishing.

[284] Ferreras, P., J. J. Aldama, J. F. Beltran, and M. Delibes. 1992. Rates and causes of mortality in a fragmented population of Iberian lynx *Felis pardini* Temminck, 1824. *Biological Conservation* 61:197 – 202.

[285] Ferris, C. R. 1979. Effects of Interstate 95 on breeding birds in northern Maine. *Journal of Wildlife Management* 43:421 – 27.

[286] Fiedler, P., and P. M. Kareiva, eds. 1998. *Conservation Biology for the Coming Decade*. New York: Chapman and Hall.

[287] Findlay, C. S., and J. Bourdages. 2000. Response time of wetland biodiversity to road construction on adjacent lands. *Conservation Biology* 14:86 – 94.

[288] Findlay, C. S., and J. Houlahan. 1997. Anthropogenic correlates of species richness in southeastern Ontario wetlands. *Conservation Biology* 11:1000 – 1009.

[290] Finnis, R. G. 1960. Road casualties among birds. *Bird Study* 7:21 – 32.

[291] Fisher, G. L., A. G. H. Locke, and B. C. Northey. 1985. *Stream Crossing Guidelines: Operational Guidelines for Industry.* Edmonton: Alberta Department of Energy and Natural Resources.

[292] Flint, W. P. 1926. The automobile and wild life. *Science* 63:426 – 27.

[293] Florida Department of Environmental Protection. 1996. *Surface Water Quality Standards: Florida Administrative Code, Chapter 62 – 302.* Tallahassee: Florida Department of Environmental Protection.

[294] Foppen, R., and R. Reijnen. 1994. The effect of car traffic on breeding bird populations in woodland. Ⅱ. Breeding dispersal of male willow warblers (*Phylloscopus trochilus*) in relation to the proximity of a highway. *Journal of Applied Ecology* 31:95 – 101.

[295] Forbes, B. C. 1992. Tundra disturbance studies, I: Long-term effects of vehicles on species richness and biomass. *Environmental Conservation* 19:48 – 58.

[296] Forbes, B. C., and R. L. Jefferies. 1999. Revegetation of disturbed arctic sites: Constraints and applications. *Biological Conservation* 88:15 – 24.

[297] Forbes, B. C., J. J. Ebersole, and B. Strandberg. 2001. Anthropogenic disturbance and patch dynamics in circumpolar ecosystems. *Conservation Biology* 15:954 – 69.

[298] Forcella, F., and S. J. Harvey. 1983a. Eurasion weed infestation in western Montana in relation to vegetation and disturbance. *Madrono* 30:102 – 09.

[299] Forman, R. T. T. 1979a. The New Jersey Pine Barrens, an ecological mosaic. In *Pine Barrens: Ecosystem and Landscape*, edited by R. T. T. Forman, 569 – 85. NewYork: Academic Press.

[300] ——, ed. 1979b. *Pine Barrens: Ecosystem and Landscape.* NewYork: Academic Press. (Reprint, New Brunswick, N. J.: Rutgers University Press, 1998.)

[301] ——. 1989. Landscape ecology plans for managing forests. In *Proceedings of the Society of American Foresters 1988 National Convention*, 131 – 36. Bethesda, Md.: Society of American Foresters. (Reprinted 1990 in *Is Forest Fragmentation a Management Issue in the Northeast?*, compiled by R. M. DeGraaf and W. H. Healy, 27 – 32. General Technical Report NE – 140. Radnor, Penn.: U. S. Forest Service.)

[302] ——. 1995. *Land Mosaics: The Ecology of Landscapes and Regions.* NewYork and Cambridge, England: Cambridge University Press.

[303] ——. 1998. Road ecology: A solution for the giant embracing us. *Landscape Ecology* 13(4): iii – v.

[304] ——. 1999a. Spatial models as an emerging foundation of road system ecology and a handle for transportation planning and policy. In *Proceedings of the Third International Conference on Wildlife Ecology and Transportation*, edited by G. L. Evink, P. Garrett, and D. Zeigler, 118 – 23. Publication FL – ER – 73 – 99. Tallahassee: Florida Department of Transportation.

[305] ——. 1999b. Horizontal processes, roads, suburbs, societal objectives, and landscape ecology. In *Landscape Ecological Analysis: Issues and Applications*, edited by J. M. Klopatek and R. H. Gardner, 35 – 53. NewYork: Springer-Verlag.

[306] ——. 2000. Estimate of the area affected ecologically by the road system in the United States. *Conservation Biology* 14:31 – 35.

[307] ——. 2002a. Roadsides and vegetation. In *Proceedings of the Fourth International Conference on Ecology and Transportation: A Time for Action*, 7 – 8. Raleigh, N. C.: Center for Transportation and the Environment, North Carolina State University.

[308] ——. 2002b. The missing catalyst: Design and planning with ecology roots. In *Ecology and Design: Frameworks for Learning*, edited by B. R. Johnson and K. Hill, 85 – 109. Washington, D. C.: Island Press.

[310] Forman, R. T. T., and L. E. Alexander. 1998. Roads and their major ecological effects. *Annual Review of Ecology and Systematics* 29:207 – 31.

[311] Forman, R. T. T., and J. Baudry. 1984. Hedgerows and hedgerow networks in landscape ecology. *Environmental Management* 8:495 – 510.

[312] Forman, R. T. T., and S. K. Collinge. 1995. The "spatial solution" to conserving biodiversity in landscapes and regions. In *Conservation of Faunal Diversity in Forested Landscapes*, edited by R. M. DeGraaf and R. I. Miller, 537 – 68. NewYork and London: Chapman Hall.

[313] ——. 1997. Nature conserved in changing landscapes with and without spatial planning. *Landscape and Urban Planning* 37:129 – 35.

[314] Forman, R. T. T., and R. D. Deblinger. 1998. The ecological road-effect zone for transportation planning, and a Massachusetts highway example. In *Proceedings of the International Conference on Wildlife Ecology and Transportation*, edited by G. L. Evink, P. Garrett, D. Zeigler, and J. Berry, 78 – 96. Publication FL – ER – 69 – 98. Tallahassee: Florida Department of Transportation.

[315] ——. 2000. The ecological road-effect zone of a Massachusetts (USA) suburban highway. *Conservation Biology* 14:36 – 46.

[316] Forman, R. T. T., and M. Godron. 1981. Patches and structural components for a landscape ecology. *BioScience* 31:733 – 40.

[317] ——. 1986. *Landscape Ecology.* NewYork: John Wiley.

[318] Forman, R. T. T., and A. M. Hersperger. 1996. Road ecology and road density in different landscapes, with international planning and mitigation solutions. In *Trends in Addressing Transportation Related Wildlife Mortality*, edited by G. L. Evink, P. Garrett, D. Zeigler, and J. Berry, 1 – 22. Publication FL – ER – 58 – 96. Tallahassee: Florida Department of Transportation.

[319] Forman, R. T. T., and A. D. Mellinger. 1999. Road networks and forest spatial patterns: Comparing cutting-sequence models for forestry and conservation. In *Nature Conservation 5: Nature Conservation in Production Environments: Managing the Matrix*, edited by J. L. Craig, N. Mitchell, and D. A. Saunders, 71 – 80. Chipping Norton, Australia: Surrey Beatty.

[320] Forman, R. T. T., D. S. Friedman, D. Fitzhenry, J. D. Martin, A. S. Chen, and L. E. Alexander. 1997. Ecological effects of roads: Toward three summary indices and an overview for North

America. In *Habitat Fragmentation & Infrastructure*, edited by K. Canters, 40 - 54. Delft, Netherlands: Ministry of Transport, Public Works and Water Management.

[321] Forman, R. T. T., A. E. Galli, and C. F. Leck. 1976. Forest size and avian diversity in New Jersey woodlots with some land-use implications. *Oecologia* 26: 1 - 8.

[322] Forman, R. T. T., B. Reineking, and A. M. Hersperger. 2002. Road traffic and nearby grassland bird patterns in a suburbanizing landscape. *Environmental Management* 29: 782 - 800.

[323] Foster, D. R. 1999. *Thoreau's Country: Journey through a Transformed Landscape*. Cambridge: Harvard University Press.

[324] Foster, M. L., and S. R. Humphrey. 1995. Use of highway underpasses by Florida panthers and other wildlife. *Wildlife Society Bulletin* 23: 95 - 100.

[325] Foufopoulos, J., and A. R. Ives. 1999. Reptile extinctions on land-bridge islands: Life-history attributes and vulnerability to extinction. *American Naturalist* 153: 1 - 25.

[326] Fowle, S. C. 1990. The painted turtle in the Mission Valley of western Montana. Master's thesis, University of Montana, Missoula.

[327] Fox, J., D. M. Truong, A. T. Rambo, N. P. Tuyen, C. T. Cuc, and S. Leisz. 2000. Shifting agriculture: A new paradigm for managing tropical forests. *BioScience* 50: 521 - 28.

[328] France, R. L. 2002a. Factors influencing sediment transport from logging roads near boreal trout lakes (Ontario, Canada). In *Handbook of Water Sensitive Planning and Design*, edited by R. L. France, 635 - 44. Boca Raton, Fla.: Lewis Publishers.

[330] ——. 2002b. *Creating Wetlands: Design Principles and Practices for Landscape Architects and Land-Use Planners*. NewYork: Norton.

[331] Franklin, J. F., and C. T. Dyrness. 1988. *Natural Vegetation of Oregon and Washington*. Corvallis: Oregon State University Press.

[332] Franklin, J. F., and R. T. T. Forman. 1987. Creating landscape patterns by forest cutting: Ecological consequences and principles. *Landscape Ecology* 1: 5 - 18.

[333] Franklin, W. 1988. Boats, trains, cars and the popular eye. *The North American Review*, March, 15 - 19.

[334] Fraser, D., and E. R. Thomas. 1982. Moose-vehicle accidents in Ontario: Relation to highway salt. *Wildlife Society Bulletin* 10: 261 - 65.

[335] Freemark, K., D. Bert, and M. - A. Villard. 2002. Patch - , Landscape - , and Regional-Scale Effects on Biota. In *Applying Landscape Ecology in Biological Conservation*, edited by K. J. Gutzwiller, 58 - 83. NewYork: Springer.

[336] Freeze, R. A., and J. A. Cherry. 1979. *Groundwater*. Englewood Cliffs, N. J.: Prentice-Hall.

[337] Frenkel, R. E. 1970. *Ruderal Vegetation along Some California Roadsides*. Berkeley: University of California Press.

[338] Freund, P., and G. Martin. 1993. *The Ecology of the Auto*. NewYork: Black Rose Books.

[339] Friedman, D. S. 1997. *Nature as Infrastructure: The National Ecological Network and Wildlife-Crossing Structures in The Netherlands*. Report 138. Wageningen, Netherlands: DLO

Winand Staring Centre.

[340] Fuller, T. 1989. Population dynamics of wolves in north-central Minnesota. *Wildlife Monographs* 105:1 -41.

[341] Garland, T., Jr., and W. G. Bradley. 1984. Effects of highway on Mojave desert rodent populations. *American Midland Naturalist* 111:47 -56.

[342] Gaston, K. J., and T. M. Blackburn. 1995. Birds, body-size and the threat of extinction. *Philosophical Transactions of the Royal Society of London, Series B—Biological Sciences* 347: 205 -12.

[343] Geiger, R. 1965. *The Climate near the Ground.* Cambridge: Harvard University Press.

[344] Gere, W. M. 1977. South Dakota's harvesting of crops in highway rights-of-way. *Transportation Research Record* 647:25 -26.

[345] Gerlach, G., and K. Musolf. 2000. Fragmentation of landscape as a cause for genetic subdivision in blank roles. *Conservation Biology* 14:1066 -74.

[346] Gese, E. M., O. J. Rongstad, and W. R. Mytton. 1989. Changes in coyote movements due to military activity. *Journal of Wildlife Management* 53:334 -39.

[347] Getz, L. L., F. R. Cole, and D. L. Gates. 1978. Interstate roadsides as dispersal routes for *Microtus pennsylvanicus. Journal of Mammalogy* 59:208 -13.

[348] Getz, L. L., L. Verner, and M. Prather. 1977. Lead concentrations in small mammals living near highways. *Environmental Pollution* 13:151 -57.

[349] Gibbs, J. P. 1998. Distribution of woodland amphibians along a forest fragmentation gradient. *Landscape Ecology* 13:263 -68.

[350] Gibeau, M. L. 2000. A conservation biology approach to management of grizzly bears in Banff National Park, Alberta. Ph. D. dissertation, University of Calgary, Alberta.

[351] Gibeau, M. L., and S. Herrero. 1998. Roads, rails and grizzly bears in the Bow River Valley, Alberta. In *Proceedings of the International Conference on Wildlife Ecology and Transportation*, edited by G. L. Evink, P. Garrett, D. Zeigler, and J. Berry, 104 -08. Publication FL - ER -69 -98. Tallahassee: Florida Department of Transportation.

[352] Gibeau, M. L., A. P. Clevenger, S. Herrero, and J. Wierzchowski. 2002. Grizzly bear response to human development and activities in the Bow River watershed, Alberta. *Biological Conservation* 103:227 -36.

[353] Gifford, J. L. 2002. *Flexible Urban Transportation.* Oxford, England: Elsevier.

[354] Gilbert, J., D. L. Danielopol, and J. A. Stanford. 1994. *Groundwater Ecology.* San Diego, Calif.: Academic Press.

[355] Gilbert, J. J., and D. C. Froehlich. 1987. *Simulation of the Effect of U. S. Highway 90 on Pearl River Floods of April 1980 and April 1983 near Slidell, Louisiana.* U. S. G. S. Water-Resources Investigations Report 85 -4286. Baton Rouge, La.: U. S. Geological Survey.

[356] Gilbert, O. L. 1991. *The Ecology of Urban Habitats.* London: Chapman and Hall.

[357] Gilfedder, L., and J. B. Kirkpatrick. 1993. Germinable soil seed and competitive relationships

between a rare native species and exotics in a semi-natural pasture in the Midlands, Tasmania. *Biological Conservation* 64:540 - 51.

[358] Gilliam, R. S., and W. J. Platt. 1999. Effects of long-term fire exclusion on tree species composition and stand structure in an old-growth *Pinus palustris* (longleaf pine) forest. *Plant Ecology* 140:15 - 26.

[359] Gloyne, C. C., and A. P. Clevenger. 2001. Cougar use of wildlife crossing structures on the Trans-Canada Highway in Banff National Park, Alberta. *Wildlife Biology* 7:117 - 24.

[360] Gobster, P. H. 1999. An ecological aesthetic for forest landscape management. *Landscape Journal* 18:54 - 64.

[361] Goff, K. 1999. Fugitive dust. *Erosion Control Magazine*, March, 86 - 95.

[362] Goldman, C. R. 1960. Molybdenum as a factor limiting primary productivity in Castle Lake, California. *Science* 132:1016 - 17.

[363] ——. 2000. Baldi lecture. Four decades of change in two subalpine lakes. *Verh. Internat. Verein. Limnol.* 27:7 - 26.

[364] Goldman, C. R., and G. J. Malyj. 1990. *The Environmental Impact of Highway Deicing*. Institute of Ecology Publication 33. Davis: University of California.

[365] Goldman, C. R., F. Lubnow, and J. Elser. 1990. Environmental effect of calcium magnesium acetate on natural phytoplankton populations in ten Sierra Nevada and Klamath mountain lakes. In *The Environmental Impact of Highway Deicing*, edited by C. R. Goldman and G. J. Malyj, 9 - 19. Institute of Ecology Publication 33. Davis: University of California.

[366] Goldsmith, C. D., and P. F. Scanlon. 1977. Lead levels in small animals and selected invertebrates associated with highways of different traffic densities. *Bulletin of Environmental Contamination and Toxicology* 17:311 - 16.

[367] Goodman, S. W. 1996. Ecosystem management at the Department of Defense. *Ecological Applications* 6:706 - 7.

[368] Goodwin, C. R. 1987. *Tidal-Flow, Circulation, and Flushing Changes Caused by Dredge and Fill in Tampa Bay, Florida.* U. S. G. S. Water-Supply Paper 2282. Washington, D. C.: U. S. Geological Survey.

[370] Gover, A., J. M. Johnson, and L. J. Kuhns. 2001. *Roadside Vegetation Management Research Report—Fourteenth Year Report.* Report No. PA 00 - 4620 and 85 - 08. University Park: Pennsylvania Department of Transportation and Pennsylvania State University.

[371] Green, R. E., G. A. Tyler, and C. G. R. Bowden. 2000. Habitat selection, ranging behaviour and diet of the stone curlew (*Burhinus oedicnemus*) in southern England. *Journal of Zoology, London* 250:161 - 83.

[372] Greenberg, C. H., S. H. Crownover, and D. R. Gordon. 1997. Roadside soils: A corridor for invasion of xeric scrub by nonindigenous plants. *Natural Areas Journal* 17:99 - 109.

[373] Gregory, S. V., F. J. Swanson, W. A. McKee, and K. W. Cummins. 1991. An ecosystem perspective of riparian zones. *BioScience* 41:540 - 51.

[374] Grover, K. E., and M. J. Thompson. 1986. Factors influencing spring feeding site selection by elk in the Elkhorn Mountains, Montana. *Journal of Wildlife Management* 50:466 – 70.

[375] Grue, C. E., D. J. Hoffman, W. N. Beyer, and L. P. Franson. 1986. Lead concentrations and reproductive success in European starlings *Sturnus vulgaris* nesting within highway roadside verges. *Environmental Pollution* (Series A) 42:157 – 82.

[376] Gucinski, H., M. J. Furniss, R. R. Ziemer, and M. H. Brookes. 2001. *Forest Roads: A Synthesis of Scientific Information.* General Technical Report PNW – GTR – 509. Portland, Ore.: USDA Forest Service.

[377] Gunther, K. A., M. J. Biel, and H. L. Robison. 1998. Factors influencing the frequency of road-killed wildlife in Yellowstone National Park. In *Proceedings of the International Conference on Wildlife Ecology and Transportation*, edited by G. L. Evink, P. Garrett, D. Zeigler, and J. Berry, 32 – 42. Publication FL – ER – 69 – 98. Tallahassee: Florida Department of Transportation.

[378] Gustafson, E. J., and N. Diaz. 2002. Landscape pattern, timber extraction, and biological conservation. In *Applying Landscape Ecology in Biological Conservation*, edited by K. J. Gutzwiller, 244 – 65. NewYork: Springer.

[379] Gutzwiller, K. J., ed. 2002. *Applying Landscape Ecology in Biological Conservation.* NewYork: Springer.

[380] Guyot, G., and J. Clobert. 1997. Conservation measures for a population of Hermann's tortoise, *Testudo hermanni*, in southern France bisected by a major highway. *Biological Conservation* 79:251 – 56.

[381] Hadley, A. H. 1927. Wild life and automobiles. *Bird-Lore* 32:391.

[383] Hansen, A. J., and J. J. Rotella. 2001. Nature reserves and land use: Implications of the "place" principle. In *Applying Ecological Principles to Land Management*, edited byV. H. Dale and R. A. Haeuber, 54 – 72. NewYork: Springer.

[384] Hansen, K., and J. Jensen. 1972. The vegetation on roadsides in Denmark: Qualitative and quantitative composition. *Dansk Botanisk Arkiv* 28(2):1 – 61.

[385] ——. 1974. Edaphic conditions and plant-soil relationships on roadsides in Denmark. *Dansk Botanisk Arkiv* 28, no. 3: 1 – 143.

[386] Hanski, I., and M. Kuussaari. 1995. Butterfly metapopulation dynamics. In *Population Dynamics: New Approaches and Synthesis*, edited by N. Capuccino and P. W. Price, 149 – 71. San Diego, Calif.: Academic Press.

[387] Hanski, I., A. Moilanen, and M. Gyllenberg. 1996a. Minimum viable metapopulation size. *American Naturalist* 147:527 – 41.

[388] Hanski, I., A. Moilanen, T. Pakkala, and M. Kuussaari. 1996b. The quantitative incidence function model and persistence in an endangered butterfly metapopulation. *Conservation Biology* 10:578 – 90.

[389] Hanski, I., T. Pakkala, M. Kuussaari, and G. Lei. 1995. Metapopulation persistence of an en-

dangered butterfly in a fragmented landscape. *Oikos* 72:21 – 28.

[391] Harmon, J. M., and J. F. Franklin. 1995. *Seed Rain and Seed Bank of Third-and Fifth-Order Streams on the Western Slope of the Cascade Range.* Research Paper PNW – RP – 480. Portland, Ore. : USDA Forest Service.

[392] Harms, B., and P. Opdam. 1990. Woods as habitat patches for birds: Application in landscape planning in The Netherlands. In *Landscape Change: An Ecological Perspective*, edited by I. S. Zonneveld and R. T. T. Forman, 73 – 97. NewYork: Springer – Verlag.

[393] Harper – Lore, B., ed. 1999. *Roadside Use of Native Plants.* Washington, D. C. : U. S. Federal Highway Administration and Island Press.

[394] Harrington, J. A. 1991. Survey of landscape use of native vegetation on Midwest highway rights-of-way. *Transportation Research Record* 1326:19 – 30.

[395] ——. 1994. Roadside landscapes: Prairie species take hold in Midwest rights-of-way. *Restoration and Management Notes* 12:8 – 15.

[396] Harris, L. D. 1984. *The Fragmented Forest: Island Biogeography Theory and the Preservation of Biotic Diversity.* Chicago: University of Chicago Press.

[397] ——. 1988. Edge effects and conservation of biotic diversity. *Conservation Biology* 2:330 – 39.

[398] Harris, L. D., and K. Atkins. 1991. Faunal movement corridors in Florida. In *Landscape Linkages and Biodiversity*, edited by W. E. Hudson, 117 – 34. Washington, D. C. : Island Press.

[399] Harris, L. D., and J. Scheck. 1991. From implications to applications: The dispersal corridor principle applied to the conservation of biological diversity. In *Nature Conservation 2: The Role of Corridors*, edited by D. A. Sannders and R. J. Hobbs, 189 – 220. Chipping Norton, Australia: Surrey Beatty.

[400] Harris, L. D., T. S. Hoctor, and S. E. Gergel. 1996. Landscape processes and their significance to biodiversity conservation. In *Population Dynamics in Ecological Space and Time*, edited by O. Rhodes Jr., R. Chesser, and M. Smith, 319 – 47. Chicago: University of Chicago Press.

[401] Harrison, S. 1994. Metapopulations and conservation. In *Large-Scale Ecology and Conservation Biology*, edited by P. J. Edwards, R. M. May, and N. R. Webb, 111 – 28. London: Blackwell Scientific Publications.

[402] Harrison, S., and L. Fahrig. 1995. Landscape pattern and population conservation. In *Mosaic Landscapes and Ecological Processes*, edited by L. Hansson, L. Fahrig, and G. Merriam, 293 – 308. London: Chapman and Hall.

[403] Haugen, A. O. 1944. Highway mortality of wildlife in southern Michigan. *Journal of Mammalogy* 25:177 – 84.

[404] Hautala, E. – L., R. Rekila, J. Tarhanen, and J. Ruuskanen. 1995. Deposition of motor vehicle emissions and winter maintenance along roadside assessed by snow analyses. *Environmental Pollution* 87:45 – 49.

[405] Havlick, D. G. 2002. *No Place Distant.* Washington, D. C. : Island Press.

[406] Haxton, T. 2000. Road mortality of snapping turtles, *Chelydra serpentina*, in central Ontario

during their nesting period. *Canadian Field-Naturalist* 114:106 – 10.

[407] Heath, B. A., J. A. Maughan, A. A. Morrison, I. W. Eastwood, I. B. Drew, and M. Lofkin. 1999. The influence of wooded shelterbelts on the deposition of copper, lead and zinc at Shakerley Mere, Cheshire, England. *Science and the Total Environment* 235:415 – 17.

[408] Heck, W. W., O. C. Taylor, and D. T. Tingey, eds. 1988. *Assessment of Crop Loss from Air Pollutants*. NewYork: Elsevier.

[410] Heindl, B., and I. Ullmann. 1991. Roadside vegetation in mediterranean France. *Phytocoenologia* 20:111 – 43.

[411] Heisler, G. M., and D. R. DeWalle. 1988. Effects of windbreak structure on wind flow. *Agriculture, Ecosystems and Environment* 22/23: 41 – 69. (Reprinted in J. R. Brandle, D. L. Hintz, and J. W. Sturrock, eds., *Windbreak Technology*, Amsterdam: Elsevier, 1988.)

[412] Hels, T., and E. Buchwald. 2001. The effect of road kills on amphibian populations. *Biological Conservation* 99:331 – 40.

[413] Herben, T., H. Rydin, and L. Söderström. 1991. Spore establishment probability and the persistence of the fugitive invading moss, *Orthodontium lineare*: A spatial simulation model. *Oikos* 60:215 – 21.

[414] Hewitt, D. G., A. Cain, V. Tuovila, D. B. Shindle, and M. E. Tewes. 1998. Impacts of an expanded highway on ocelots and bobcats in southern Texas and their preferences for highway crossings. In *Proceedings of the International Conference on Wildlife Ecology and Transportation*, edited by G. L. Evink, P. Garrett, D. Zeigler, and J. Berry, 126 – 34. Publication FL – ER – 69 – 98. Tallahassee: Florida Department of Transportation.

[415] Hicks, B. 1996. *A Historic Look at the Federal Government's Involvement in Highway Infrastructure*. Paper No. TP – 12799E. Ottawa: Transport Canada.

[416] Higashi, M., and T. P. Burns, eds. 1991. *Theoretical Studies of Ecosystems: The Network Approach*. Cambridge, England: Cambridge University Press.

[417] Hobbs, R. J. 2002. Habitat networks and biological conservation. In *Applying Landscape Ecology in Biological Conservation*, edited by K. J. Gutzwiller, 150 – 170. NewYork: Springer.

[418] Hodson, N. L., and D. W. Snow. 1965. The road deaths enquiry, 1960 – 61. *Bird Study* 12: 90 – 99.

[419] Hofstra, G., and R. Hall. 1971. Injury on roadside trees: Leaf injury on pine and white cedar in relation to foliar levels of sodium and chloride. *Canadian Journal of Botany* 49:613 – 22.

[420] Hoffman, R. W., C. R. Goldman, S. Paulson, and G. R. Winters. 1981. Aquatic impacts of deicing salts in the central Sierra Nevada mountains, California. *Water Resources Bulletin* 17: 280 – 85.

[421] Hole, F. D., and J. B. Campbell. 1985. *Soil Landscape Analysis*. Totowa, N. J.: Rowman and Allanheld.

[422] Holzapfel, C., and W. Schmidt. 1990. Roadside vegetation along transects in the Judean desert. *Israel Journal of Botany* 39:263 – 70.

[423] Horne, A. J., and C. R. Goldman. 1994. *Limnology.* NewYork: McGraw-Hill.

[424] Horner, R. R., J. J. Skupien, E. H. Livingstone, and H. E. Shaver. 1994. *Fundamentals of Urban Runoff: Technical and Institutional Issues*. Washington, D. C.: Terrene Institute.

[425] Hornig, D., ed. 1994. *State of the Cape 1994: Progress Toward Preservation.* Boston: Association for the Preservation of Cape Cod.

[426] Horvath, A., and C. Hendrickson. 1999. Comparison of environmental implications of asphalt and steel-reinforced concrete pavements. *Transportation Research Record* 1626:105 – 13

[427] Hough, M. 1984. *City Form and Natural Processes: Towards an Urban Vernacular.* NewYork: Van Nostrand Reinhold.

[428] Houghton, J. T., Y. Ding, D. J. Griggs, M. Noguer, P. J. van der Linden, X. Dai, K. Maskell, and C. A. Johnson, eds. 2001. *Climate Change* 2001: *The Scientific Basis.* Contribution of Working Group I to the Third Assessment Report of the Intergovernmental Panel on Climate Change. NewYork: Cambridge University Press.

[429] Houghton, R. A. 1999. The annual net flux of carbon to the atmosphere from changes in land use 1850 – 1990. *Tellus B* 51:298 – 313.

[430] Hubbard, M. W., B. J. Danielson, and R. A. Schmitz. 2000. Factors influencing the location of deer-vehicle accidents in Iowa. *Journal of Wildlife Management* 64:707 – 12.

[431] Huey, L. M. 1941. Mammalian invasion via the highway. *Journal of Mammalogy* 22:383 – 85.

[432] Huijser, M. P., and P. J. M. Bergers. 2000. The effect of roads and traffic on hedgehog (*Erinaceus europaeus*) populations. *Biological Conservation* 95:111 – 16.

[433] Hunt, A., H. J. Dickens, and R. J. Whelan. 1987. Movement of mammals through tunnels under railway lines. *Australian Zoologist* 24:89 – 93.

[434] Hunter, M. L. Jr. 1990. *Wildlife, Forests, and Forestry.* Englewood Cliffs, N. J.: Prentice Hall.

[435] Husakova, J., and M. Guzikowa. 1979. Flora and vegetation of road-side in western part of the Czech Krkonose (Giant Mountains). *Opera Corcontica* 16:87 – 112.

[436] Hutchinson, G. E., and U. Cowgill. 1970. An account of the history and development of the Lago di Monterosi, Latium, Italy. XII. The history of the lake: a synthesis. *Transactions of the American Philosophical Society* 60(4):163 – 70.

[437] Hvitved-Jacobsen, T., N. B. Johansen, and Y. A. Yousef. 1994. Treatment systems for urban and highway runoff in Denmark. *Science and the Total Environment* 146/147:499 – 506.

[438] Hynes, H. B. N. 1970. *The Ecology of Running Waters*. Liverpool: University of Liverpool Press.

[439] Imbernon, J. 2000. Deforestation and population pressure in the state of Rondonia, Brazil. *Bois et Forêts de Tropiques* 266:23 – 33.

[440] Inbar, M., and R. T. Mayer. 1999. Spatio-temporal trends in armadillo diurnal activity and road-kills in central Florida. *Wildlife Society Bulletin* 27:865 – 72.

[441] Ingegnoli, V. 2002. *Landscape Ecology: A Widening Foundation.* New York: Springer-

Verlag.

[442] Ingersoll, C. A., and M. V. Wilson. 1990. Buried propagules in an old-growth forest and their response to experimental disturbances. *Canadian Journal of Botany* 68:1290 – 92.

[443] Iverson, A. L., and L. R. Iverson. 1999. Spatial and temporal trends of deer harvest and deer-vehicle accidents in Ohio. *Ohio Journal of Science* 99(4):84 – 94.

[444] Iverson, R. M., B. S. Hinckley, and R. M. Webb. 1981. Physical effects of vehicular disturbances on arid landscapes. *Science* 212:915 – 17.

[445] Jackson, S. D. 1996. Underpasses for amphibians. In *Trends in Addressing Transportation Related Wildlife Mortality*, edited by G. L. Evink, P. Garrett, D. Zeigler, and J. Berry, 240 – 44. Publication FL – ER – 58 – 96. Tallahassee: Florida Department of Transportation.

[446] ——. 1999. Overview of transportation related wildlife problems. In *Proceedings of the Third International Conference on Wildlife Ecology and Transportation*, edited by G. L. Evink, P. Garrett, and D. Zeigler, 1 – 4. Publication FL – ER – 73 – 99. Tallahassee: Florida Department of Transportation.

[447] Jackson, S. D., and T. Tyning. 1989. Effectiveness of drift fences and tunnels for moving spotted salamanders *Ambystoma maculatum* under roads. In *Amphibians and Roads*, edited by T. E. S. Langton, 93 – 100. Shefford, Bedfordshire, England: ACO Polymer Products.

[448] Jacobson, R. B., and K. A. Oberg. 1997. *Geomorphic Changes on the Mississippi River Floodplain at Miller City, Illinois, as a Result of the Flood of 1993.* U. S. G. S. Circular 1120 – J. Washington, D. C.: U. S. Geological Survey.

[450] Jaeger, J. A. G. 2000. Landscape division, splitting index, and effective mesh size: New measures of landscape fragmentation. *Landscape Ecology* 15:115 – 30.

[451] James, A. R. C., and A. K. Stuart-Smith. 2000. Distribution of caribou and wolves in relation to linear corridors. *Journal of Wildlife Management* 64:154 – 59.

[452] Jassby, A. D., C. R. Goldman, J. E. Reuter, R. C. Richards, and A. C. Heyvaert. 2001. Lake Tahoe: diagnosis and rehabilitation of a large mountain lake. In *The Great Lakes of the World (GLOW): Food-web, Health, and Integrity*, edited by M. Munawar and R. E. Hecky, 431 – 54. Leiden, Netherlands: Backhuys Publishers.

[453] Jassby, A. D., J. E. Reuter, R. P. Axler, C. R. Goldman, and S. H. Hackley. 1994. Atmospheric deposition of nitrogen and phosphorus in the annual nutrient load of Lake Tahoe (California-Nevada). *Water Resources Research* 30:2207 – 16.

[454] Jeffries, D. J., and M. C. French. 1972. Lead concentrations in small mammals trapped on roadside verges and field sites. *Environmental Pollution* 3: 147 – 56.

[455] Jenny, H. 1980. *The Soil Resource: Origin and Behavior.* New York: Springer-Verlag.

[456] Jensen, W. F., T. K. Fuller, and W. L. Robinson. 1986. Wolf, *Canis lupus*, distribution on the Ontario-Michigan border near Sault Ste. Marie. *Canadian Field-Naturalist* 100:363 – 66.

[457] Jimba, K., H. Adhikarey, P. D. Wangdi, L. Sherpa, P. Tshering, and D. Dorji. 1998. *Dakpai—Buli Road: Environmental Impact Assessment Report.* Zhemgang, Bhutan: ISDP.

[458] Johnson, B. R., and K. Hill, eds. 2002. *Ecology and Design: Frameworks for Learning*. Washington, D. C.: Island Press.

[459] Johnson, L. A. 1981. *Revegetation and Selected Terrain Disturbances along the Trans-Alaska Pipeline*, 1975 - 1978. Report 81 - 12. Hanover, N. H.: Cold Regions Research and Engineering Laboratory.

[460] Johnson, P. R., and C. M. Collins. 1980. *Snow Pads for Pipeline Construction in Alaska*, 1976. Report 80 - 17. Hanover, N. H.: Cold Regions Research and Engineering Laboratory.

[461] Jones, J. A. 2000. Hydrologic processes and peak discharge response to forest removal, regrowth, and roads in 10 small experimental basins, western Cascades, Oregon. *Water Resources Research* 36:2621 - 42.

[462] Jones, J. A., and G. E. Grant. 1996. Peak flow responses to clearcutting and roads in small and large basins, Western Cascades, Oregon. *Water Resources Research* 32:959 - 74.

[463] Jones, J. A., F. J. Swanson, B. C. Wemple, and K. U. Snyder. 2000. Effects of roads on hydrology, geomorphology, and disturbance patches in stream networks. *Conservation Biology* 14: 76 - 85.

[464] Jonsen, I. D., and P. D. Taylor. 2000. Fine-scale movement behaviors of calopterygid damselflies are influenced by landscape structure: An experimental manipulation. *Oikos* 88: 553 - 62.

[465] Joselow, M. M., E. Tobias, R. Koehler, S. Coleman, J. Bogden, and D. Gause. 1978. Manganese pollution in the city environment and its relationship to traffic density. *American Journal of Public Health* 68:557 - 60.

[466] Joyce, T. L., and S. P. Mahoney. 2001. Spatial and temporal distributions of moose-vehicle collisions in Newfoundland. *Wildlife Society Bulletin* 29:281 - 91.

[467] Judd, J. H. 1976. Lake stratification caused by runoff from street deicing. *Water Research* 4: 521 - 32.

[468] Junk, W. J., P. B. Bayley, and R. E. Sparks. 1989. The flood pulse concept in river-floodplain systems. *Canadian Special Publication of Fisheries and Aquatic Sciences* 106:110 - 27.

[469] Kameyama, A. 1977. Succession of the slope vegetation of expressways. *Journal of the Japan Institute of Landscape Architects* 41:23 - 33.

[470] Karr, J. R., and E. W. Chu. 1999. *Restoring Life in Running Waters: Better Biological Monitoring*. Washington, D. C.: Island Press.

[471] Karthikeyan, V., S. P. Vijay Kumar, and N. M. Ishwar. 1999. *Western Ghat Habitat Fragmentation Project.* Dehradun, India: Wildlife Institute of India.

[472] Keeley, B., and M. Tuttle. 1999. Bats in American bridges. In *Proceedings of the Third International Conference on Wildlife Ecology and Transportation*, edited by G. L. Evink, P. Garrett, and D. Zeigler, 167 - 72. FL - ER - 73 - 99. Tallahassee: Florida Department of Transportation.

[473] Keen, C. L., and B. Lonnerdal. 1986. Manganese toxicity in man and experimental animals. In

Manganese in Metabolism and Enzyme Function, edited by V. L. Schramm and F. C. Wedler, 35 - 49. NewYork: Academic Press.

[474] Keller, V. 1999. *The Use of Wildlife Overpasses by Mammals: Results from Infira-Red Video Surveys in Switzerland, Germany, France and The Netherlands.* Report to Infra Eco Network Europe (IENE), Fifth IENE Meeting. Budapest, Hungary.

[475] Keller, V., and H. P. Pfister. 1997. Wildlife passages as a means of mitigating effects of habitat fragmentation by roads and railway lines. In *Habitat Fragmentation & Infrastructure*, edited by K. Canters, 70 - 80. Delft, Netherlands: Ministry of Transport, Public Works and Water Management.

[476] Keller, V., H. - G. Bauer, H. - W. Ley, and H. P. Pfister. 1996. Bedeutung von Grunbrucken uber Autobahnen fur Vogel. *Der Ornithologische Beobachter* 93:249 - 58.

[477] Keller, V. E. 1991. The effect of disturbance from roads on the distribution of feeding sites of geese (*Anser brachyrhynchus*, *A. anser*), wintering in north-east Scotland. *Ardea* 79: 229 - 32.

[478] Kelley, D. W., and E. A. Nater. 2000. Historical sediment flux from three watersheds into Lake Pepin, Minnesota. *Journal of Environmental Quality* 29:561 - 68.

[479] Kellman, M. 1974. Preliminary seed budgets for two plant communities in coastal British Columbia. *Journal of Biogeography* 1:123 - 33.

[480] Kelsey, P. D., and R. G. Hootman. 1992. Deicing salt dispersion and effects on vegetation along highways, case study: Deicing salt deposition on the Morton Arboretum. In *Chemical Deicers and the Environment*, edited by F. M. D'Itri, 253 - 81. Lewis, Mich: Chelsea.

[481] Kent, R. L. 1993. Determining scenic quality along highways: A cognitive approach. *Landscape and Urban Planning* 27:29 - 45.

[482] Kerri, K. D., J. A. Racin, and R. B. Howell. 1985. Forecasting pollutant loads from highway runoff. *Transportation Research Record* 1017:39 - 46.

[483] Kershaw, K. A., and J. H. H. Looney. 1985. *Quantitative and Dynamic Plant Ecology.* London: Edward Arnold.

[484] Kertell, K. 2000. Pacific loon. In *The Natural History of an Arctic Oil Field: Development and the Biota*, edited by J. C. Truett and S. R. Johnson, 181 - 96. San Diego, Calif.: Academic Press.

[485] Kiester, A. R. 1995. Aesthetics of biological diversity. *Human Ecology Review* 3:151 - 63.

[486] King, R. S., K. T. Nunnery, and C. J. Richardson. 2000. Macroinvertebrate assemblage response to highway crossings in forested wetlands: Implications for biological assessment. *Wetlands Ecology and Management* 8:243 - 56.

[487] Kivilaan, A., and R. S. Bandurski. 1981. The one-hundred-year period for Dr. Beal's seed viability experiment. *American Journal of Botany* 68:1290 - 92.

[488] Kiviniemi, K., and O. Eriksson. 1999. Dispersal, recruitment and site occupancy of grassland plants in fragmented habitats. *Oikos* 86:241 - 53.

[490] Kjensmo, J. 1997. The influence of road salts on the salinity and the meromictic stability of Lake Svinsjoen, Norway. *Oecologia* 347:151 – 58.

[491] Klein, D. R. 1971. Reaction of reindeer to obstructions and disturbance. *Science* 173:393 – 98.

[492] Kline, N. C., and D. E. Swann. 1998. Quantifying wildlife road mortality in Saguaro National Park. In *Proceedings of the International Conference on Wildlife Ecology and Transportation*, edited by G. L. Evink, P. Garrett, D. Zeigler, and J. Berry, 23 – 31. Publication FL – ER – 69 – 98. Tallahassee: Florida Department of Transportation.

[493] Klinkhamer, P. G., T. J. de Jong, J. A. J. Metz, and J. Val. 1987. Life history tactics of annual organisms: The joint effects of dispersal and delayed germination. *Theoretical Population Biology* 32:127 – 56.

[494] Knaapen, J. P., M. Scheffer, and B. Harms. 1992. Estimating habitat isolation in landscape planning. *Landscape and Urban Planning* 23:1 – 16.

[495] Knight, R. L., and K. J. Gutzwiller, eds. 1995. *Wildlife and Recreationists: Coexistence through Management and Research.* Washington, D. C.: Island Press.

[496] Knight, R. L., and J. Y. Kawashima. 1993. Responses of raven and red-tailed hawk populations to linear right-of-ways. *Journal of Wildlife Management* 57:266 – 70.

[497] Knobloch, W. 1939. Death on the highway. *Journal of Mammalogy* 20:508.

[498] Knutson, M. G., D. J. Leopold, and R. C. Smardon. 1993. Selecting islands and shoals for conservation based on biological and aesthetic criteria. *Environmental Management* 17: 199 – 210.

[499] Kobringer, N. P 1984. *Sources and Migration of Highway Runoff Pollutants—Executive Summary.* Vol. 1. FHWA/RD – 84/057. Milwaukee, Wis.: Federal Highway Administration and Rexnord EnviroEnergy Technology Center.

[500] Koehler, G. M., and J. D. Brittell. 1990. Managing spruce-fir habitat for lynx and snowshoe hares. *Journal of Forestry* 88:10 – 14.

[501] Koelman, M., V. D. Janssen, W. Laak, and H. Ietswaart. 1999. Dispersion of PAH and heavy metals along motorways in The Netherlands: An overview. *Science and the Total Environment* 235:347 – 49.

[502] Koford, E. J. 1993. Assessment and mitigation for endangered vernal pool invertebrates. In *Conference Proceedings for the 20th Anniversary Conference on Water Management in the 90's*, 839 – 41. NewYork: Water Resource Planning and Management of Urban Water Resources, ASCE.

[503] Komura, J., and M. Sakamoto. 1991. Short-term oral administration of several manganese compounds in mice: Physiological and behavioral alterations caused by different forms of manganese. *Bulletin of Environmental Contamination and Toxicology* 46:921 – 28.

[504] Kopecky, K. 1988. Einfluss der Strassen auf die Synanthropisierung der Flora und Vegetation nach Beobachtungen in der Tschechoslowakei. *Folia Geobotanica et Phytotaxonomica* 23: 145 – 71.

[505] Kozel, R. M., and E. D. Fleharty. 1979. Movement of rodents across roads. *Southwestern Naturalist* 24:239 - 48.

[506] Kreithen, M. L., and D. B. Quine. 1979. Infrasound detection by the homing pigeon: A behavioral audiogram. *Journal of Comparative Physiology* (Series A) 129:1 - 4.

[507] Krieger, A., D. Cobb, and A. Turner, eds. 2001. *Mapping Boston.* Cambridge: MIT Press.

[508] Krummel, J. R., R. H. Gardner, G. Sugihara, R. V. O'Neill, and P. R. Coleman. 1987. Landscape patterns in a disturbed environment. *Oikos* 48:321 - 24.

[510] Kruse, J. 1998. Remove it and they will disappear: Why building new roads isn't always the answer. *New England Planning* (June 1998): 1, 4, and 8.

[511] Kucera, T. E., and R. H. Barrett. 1993. The Trailmaster camera system for detecting wildlife. *Wildlife Society Bulletin* 23:110 - 13.

[512] Kuemmel, D. A., R. C. Sonntag, J. Crovetti, Y. Becket, J. R. Jaeckel, and A. Satanovsky. 2000. *Noise and Texture on PCC Pavements—Results of a Multi-state Study.* Madison: Wisconsin Department of Transportation.

[513] Kuennen, T. 1989. New Jersey's 1 - 78 preserves mountain habitat. *Roads and Bridges* (February 1989): 69 - 73.

[514] Kuitunen, M., E. Rossi, and A. Stenroos. 1998. Do highways influence density of land birds? *Environmental Management* 22:297 - 302.

[515] Kusler, J. A., D. E. Willard, and H. C. Hull. 1998. *Wetlands and Watershed Management: Science Applications and Public Policy.* Berne, N. Y.: Association of State Wetland Management.

[516] Lal, R., ed. 1994. *Soil Erosion: Research Methods.* Ankeny, Iowa: Soil and Water Conservation Society.

[517] La Marche, J. L., and D. P. Lettenmaier. 2001. Effects of forest roads on flood flows in the Deschutes River, Washington. *Earth Surface Processes and Landforms* 26:115 - 34.

[518] Land, D., and M. Lotz. 1996. Wildlife crossing designs and use by Florida panthers and other wildlife in Southwest Florida. In *Trends in Addressing Transportation Related Wildlife Mortality*, edited by G. L. Evink, D. Zeigler, P. Garrett, and J. Berry, 323 - 28. Publication FL - ER - 58 - 96. Tallahassee: Florida Department of Transportation.

[519] Lande, R. 1987. Extinction thresholds in demographic models of territorial populations. *American Naturalist* 130:624 - 35.

[520] ——. 1988. Genetics and demography in biological conservation. *Science* 241:1455 - 60.

[521] Lane, D. 1976. The vegetation of roadsides and adjacent farmland of the Mornington Peninsula, Victoria, Australia. *Weed Research* 16:385 - 89.

[522] Langton, T. E. S., ed. 1989. *Amphibians and Roads.* Shefford, Bedfordshire, England: ACO Polymer Products.

[523] Laurance, W. F. 1991. Edge effects in tropical forest fragments: application of a model for the design of nature reserves. *Biological Conservation* 57:205 - 19.

[524] ——. 2000. Mega-development trends in the Amazon: Implications for global change. *Environmental Monitoring and Assessment* 61:113 – 22.

[525] Laurance, W. F., A. K. M. Albernaz, and C. Da Costa. 2001a. Is deforestation accelerating in the Brazilian Amazon? *Environmental Conservation* 28:305 – 11.

[526] Laurance, W. F., A. K. M. Albernaz, G. Schroth, P.M. Fearnside, S. Bergen, E. M. Venticinque, and C. Da Costa. 2002. Predictors of deforestation in the Brazilian Amazon. *Journal of Biogeography*. 29:737 – 48.

[527] Laurance, W. F., M. A. Cochrane, S. Bergen, P. M. Fearnside, P. Delamonica, C. Barber, S. D'Angelo, and T. Fernandes. 2001b. The future of the Brazilian Amazon. *Science* 291:438 – 39.

[528] Laursen, K. 1981. Birds on roadside verges and the effect of mowing on frequency and distribution. *Biological Conservation* 20:59 – 68.

[530] Lausi, D., and P. L. Nimis. 1985. Roadside vegetation in boreal South Yukon and adjacent Alaska. *Phytocoenologia* 13:103 – 38.

[531] Lawson, D. E. 1986. Response of permafrost terrain to disturbance: A synthesis of observations from Northern Alaska, U. S. A. *Arctic and Atpine Research* 18:1 – 17.

[532] Lay, M. G. 1992. *Ways of the World*. New Brunswick, N. J.: Rutgers University Press.

[533] Lee, C. S. Y., and G. G. Fleming. 1996. *Measurement of Highway – Related Noise*. Report FHWA – PD – 96 – 046. Washington, D. C.: Federal Highway Administration, U. S. Department of Transportation.

[534] Lee, C. S. Y., G. G. Fleming, and J. Burstein. 1998. *FHWA Traffic Noise Model: Look – Up Tables*. Report FHWA – PD – 98 – 047. Washington, D. C.: U. S. Department of Transportation, Federal Highway Administration.

[535] Leeson, B. 1996. Highway conflicts and resolutions in Banff National Park, Alberta. In *Trends in Addressing Transportation Related Wildlife Mortality*, edited by G. L. Evink, P. Garrett, D. Zeigler and J. Berry, 91 – 96. Report FL – ER – 58 – 96. Tallahassee: Florida Department of Transportation.

[536] Legret, M., and C. Pagotto. 1999. Evaluation of pollutant loadings in the runoff waters from a major rural highway. *Science and the Total Environment* 235:143 – 50.

[537] Leharne, S., D. Charlesworth, and B. Chowdhry. 1992. A survey of metal levels in street dusts in an inner London neighborhood. *Environment International* 18:263 – 70.

[538] Lehnert, M. E., and J. A. Bissonette. 1997. Effectiveness of highway crosswalk structures at reducing deer-vehicle collisions. *Wildlife Society Bulletin* 25:809 – 18.

[539] Lehnert, M. E., J. A. Bissonette, and J. W. Haefner. 1998. Deer (Cervidae) highway mortality: Using models to tailor mitigative efforts. *Gibier Faune Sauvage, Game Wildlife* 15 (Hors Série Tome 3):835 – 41.

[540] Leopold, A. 1933. *Game Management*. New York: Charles Scribner's Sons.

[541] ——. 1949. *A Sand County Almanac and Sketches Here and There*. NewYork: Oxford University Press.

[542] Lerdau, M. T., J. W. Munger, and D. J. Jacob. 2000. The NO_2 conundrum. *Science* 289:2291 - 93.

[543] *Les Bocages: Histoire, Ecologie, Economie.* 1976. Rennes, France: Institut National de la Recherche Agronomique, Centre National de la Recherche Scientifique, et Université de Rennes.

[544] Leslie, M., G. K. Meffe, J. L. Hardesty, and D. L. Adams. 1996. *Conserving Biodiversity on Military Lands: A Handbook for Natural Resources Managers.* Arlington, Va.: The Nature Conservancy.

[545] Leung, P. L., and R. M. Harrison. 1999. Roadside and in-vehicle concentrations of monoaromatic hydrocarbons. *Atmosphere and Environment* 33:191 - 204.

[546] Levin, S. A., D. Cohen, and A. Hastings. 1984. Dispersal strategies in patchy environments. *Theoretical Population Biology* 26:165 - 91.

[547] Liddle, M. 1997. *Recreation Ecology: The Ecological Impact of Outdoor Recreation and Ecotourism.* NewYork and London: Chapman and Hall.

[548] Likens, G. E., and F. H. Bormann. 1974. Linkages between terrestrial and aquatic ecosystems. *BioScience* 24:447 - 56.

[550] Likens, G. E., F. H. Bormann, R. S. Pierce, J. S. Eaton, and N. M. Johnson. 1977. *Biogeochemistry of a Forest Ecosystem.* New York: Springer-Verlag.

[551] Likens, G. E., C. T. Driscoll, and D. C. Buso. 1996. Long-term effects of acid rain: Response and recovery of a forest ecosystem. *Science* 272:244 - 46.

[552] Lima, S. L., and P. A. Zollner. 1996. Towards a behavioral ecology of ecological landscapes. *Trends in Ecology and Evolution* 11:131 - 35.

[553] Ling, P. 1990. *America and the Automobile: Technology Reform and Social Change.* Manchester, England: Manchester University Press.

[554] Ling, R. W., J. P. Van Amberg, and J. K. Werner. 1986. Pond acidity and its relationship to larval development of *Ambystoma maculatum* and *Rana sylvatica* in Upper Michigan. *Journal of Herpetology* 20:230 - 36.

[555] Linsdale, J. M. 1929. Roadways as they affect bird life. *Condor* 31:143 - 45.

[556] Linsley, R. K., Jr., M. A. Kohler, and J. L. H. Paulkus. 1975. *Hydrology for Engineers.* NewYork: McGraw-Hill.

[557] Little, S. J., R. G. Harcourt, and A. P. Clevenger. 2002. Do wildlife passages act as prey-traps? *Biological Conservation* 107:135 - 45.

[558] Liu, B. 1997. Route finding by using knowledge about the road network. *IEEE Transactions on Systems, Man and Cybernetics, Part A-Systems and Humans* 27(4):436 - 48.

[559] Liu, D. S., L. R. Iverson, and S. Brown. 1993. Rates and patterns of deforestation in the Philippines: Application of geographic information systems analysis. *Forest Ecology Management* 57:1 - 16.

[560] Liu, J., and W. W. Taylor, eds. 2002. *Integrating Landscape Ecology into Natural Resource Management.* NewYork and Cambridge: Cambridge University Press.

[561] Liu, M. 2002. Atmospheric Deposition of Phosphorus and Particles to Lake Tahoe, California-Nevada. Master's thesis, University of California, Davis.

[562] Loehle, C., and B. L. Li. 1996. Habitat destruction and the extinction debt revised. *Ecological Applications* 6:784 - 89.

[563] Lonsdale, W. M., and A. M. Lane. 1994. Tourist vehicles as vectors of weed seeds in Kakadu National Park, Northern Australia. *Biological Conservation* 69:277 - 83.

[564] Lopez, B. 1998. *About This Life: Journeys on the Threshold of Memory.* NewYork: Vintage Books.

[565] Lovallo, M. J., and E. M. Anderson. 1996. Bobcat movements and home ranges relative to roads in Wisconsin. *Wildlife Society Bulletin* 24:71 - 76.

[566] Lovich, J. E., and D. Bainbridge. 1999. Anthropogenic degradation of the southern California desert ecosystem and prospects for natural recovery and restoration. *Environmental Management* 24:309 - 26.

[567] Loving, B. L., K. M. Waddell, and C. W. Miller. 2000. *Water and Salt Balance of Great Salt Lake, Utah, and Simulation of Water and Salt Movement through the Causeway, 1987 - 98.* U. S. G. S. Water Resources Investigations Report 00 - 4221. Salt Lake City, Utah: U. S. Geological Survey.

[568] Lowe, J. C., and S. Moryadas. 1975. *The Geography of Movement.* Boston: Houghton-Mifflin.

[570] Ludwig, J., and T. Bremicker. 1983. Evaluation of 2.4 m fences and one-way gates for reducing deer-vehicle collisions in Minnesota. *Transportation Research Record* 913:12 - 22.

[571] Ludwig, J., D. Tongway, D. Freudenberger, J. Noble, and K. Hodgkinson, eds. 1997. *Landscape Ecology Function and Management: Principles from Australia's Rangelands.* Collingwood, Victoria, Australia: CSIRO Publishing.

[572] Luey, J. E., and I. R. Adelman. 1980. Downstream natural areas as refuges for fish in drainage development watersheds. *Transactions of the American Fisheries Society* 109:332 - 35.

[573] Lugo, A. E., and H. Gucinski. 2000. Function, effects, and management of forest roads. *Forest Ecology and Management* 133:249 - 62.

[574] Lyles, L. 1988. Basic wind erosion processes. *Agriculture, Ecosystems and Environment* 22/23:91 - 101. (Reprinted in J. R. Brandle, D. L. Hintz, and J. W. Sturrock, eds., *Windbreak Technology*, Amsterdam: Elsevier, 1988.)

[575] Lynam, D. R., G. D. Pfeifer, B. F. Fort, and A. A. Gelbcke. 1990. Environmental assessment of MMT fuel additive. *Science and the Total Environment* 93:107 - 14.

[576] Lynch, K., and G. Hack. 1996. *Site Planning*. Cambridge: MIT Press.

[577] Lytle, C. M., B. N. Smith, and C. Z. McKinnon. 1995. Manganese accumulation along Utah roadways: A possible indication of motor vehicle exhaust pollution. *Science and the Total Environment* 162:105 - 9.

[578] MacDonald, L. H., R. W. Sampson, and D. M. Anderson. 2001. Runoff and road erosion at the plot and road segment scales, St. John, U. S. Virgin Islands. *Earth SurFace Processes and*

Landforms 26:251 – 72.

[579] Mace, R. D., J. S. Waller, T. L. ManLey, L. J. Lyon, and H. Zuuring. 1996. Relation ships among grizzly bears, roads and habitat in the Swan Mountains, Montana. *Journal of Applied Ecology* 33:1395 – 1404.

[580] Macek-Rowland, K. M., M. J. Barr, and G. B. Mitton. 2001. *Peak Discharges and Flow Volumes for Streams in the Northern Plains 1996 – 97.* U. S. G. S. Circular 1185 – B. Washington, D. C.: U. S. Geological Survey.

[581] Mack, R. N. 1981. Invasion of *Bromus tectorum* L. into western North America: An ecological chronicle. *Agro-Ecosystems* 7:145 – 65.

[582] Madej, M. A. 2001. Erosion and sediment delivery following removal of forest roads. *Earth Surface Processes and Landforms.* 26:175 – 90.

[583] Mader, H. – J. 1984. Animal habitat isolation by roads and agricultural fields. *Biological Conservation* 29:81 – 96.

[584] Mader, H. – J., C. Schell, and P. Kornacker. 1990. Linear barriers to arthropod movements in the landscape. *Biological Conservation* 54:209 – 22.

[585] Maehr, D. S., E. D. Land, and M. E. Roelke. 1991. Mortality patterns of panthers in Southwest Florida. *Proceedings of the Annual Conference of Southeastern Association Fish and Wildlife Agencies* 45:201 – 7.

[586] Maki, S., R. Kalliola, and K. Vuorinen. 2001. Road construction in the Peruvian Amazon: Process, causes and consequences. *Environmental Conservation* 20:199 – 214.

[587] Malanson, G. P. 1993. *Riparian Landscapes.* NewYork: Cambridge University Press.

[588] Malingreau, J. P., and C. J. Tucker. 1988. Large-scale deforestation in the southeastern Amazon Basin of Brazil. *Ambio* 17(1):49 – 55.

[590] Maltby, L. A., B. A. Boxall, D. M. Farrow, P. Calow, and C. I. Betton. 1995. The effects of motorway runoff on freshwater ecosystems. 2. Identifying major toxicants. *Environmental Toxicology and Chemistry* 14:1093 – 1101.

[591] Mansergh, I. M., and D. J. Scotts. 1989. Habitat-continuity and social organization of the mountain pygmy-possum restored by tunnel. *Journal of Wildlife Management* 53:701 – 7.

[592] Mansfield, T. M., and B. D. Miller. 1975. *Highway Deer-Kill District 02 Regional Study.* Internal report. Sacramento: California Department of Transportation.

[593] Marino, F., A. Ligero, and D. J. Diaz Cosin. 1992. Heavy metals and earthworms on the border of a road next to Santiago (Galicia, Northwest of Spain): Initial results. *Soil Biology and Biochemistry* 24:1705 – 9.

[594] Marland, G., R. J. Andres, T. Boden, C. Johnston, and A. Brenkert. 1999. *Global, Regional, and National CO_2 Emission Estimates from Fossil-Fuel Burning, Cement Production, and Gas Flaring: 1751 – 1996.* Report NDP – 030. Oak Ridge, Tenn.: Carbon Dioxide Information Analysis Center, Oak Ridge National Laboratory.

[595] Marland, G., T. A. Boden, and R. J. Andres. 2001. Global, regional, and national fossil fuel

CO_2 emissions. In *Trends: A Compendium of Data on Global Change*. Oak Ridge, Tenn.: Carbon Dioxide Information Analysis Center, Oak Ridge National Laboratory.

[596] Maron, J., and R. Jefferies. 2001. Restoring enriched grasslands: Effects of mowing on species richness, productivity, and nitrogen retention. *Ecological Applications* 11:1088 - 1100.

[597] Marsh, P. C., and J. E. Luey. 1982. Oases for aquatic life within agricultural watersheds. *Fisheries* 7 (6): 16 - 19, 24.

[598] Marshik, J., L. P. Renz, J. L. Sipes, D. Becker, and D. Paulson. 2002. Preserving a spirit of place: U. S. Highway 93 on the Flathead Indian Reservation. In *International Conference on Ecology and Transportation 2001 Proceedings: A Time for Action*, 244 - 56. Center for Transportation and the Environment. Raleigh: North Carolina State University.

[599] Martin, R. J. 1939. Highway toll. *Michigan Conservation* 9:2.

[600] Massachusetts EOEA (Executive Office of Environmental Affairs). 1995. *Phragmites—Controlling the All-too-common Reed.* Boston: Commonwealth of Massachusetts.

[601] ——. 1998. *Neponset River Watershed Restoration Plan.* Boston: Commonwealth of Massachusetts.

[602] Matson, P. A., W. H. McDowell, A. R. Townsend, and P. M. Vitousek. 1999. The globalization of N deposition: Ecosystem consequences in tropical environments. *Biogeochemistry* 46: 67 - 83.

[603] Maurer, M. E. 1999. Development of a community-based, landscape-level terrestrial mitigation decision support system for transportation planners. In *Proceedings of the Third International Conference on Wildlife Ecology and Transportation*, edited by G. L. Evink, P. Garrett, D. Zeigler, and J. Berry, 99 - 109. FL - ER - 73 - 99. Tallahassee: Florida Department of Transportation.

[604] May, S. A., and T. W. Norton. 1996. Influence of fragmentation and disturbance on the potential impact of feral predators on native fauna in Australian forest ecosystems. *Wildlife Research* 23:387 - 400.

[605] McBean, E., and S. Al-Nassri. 1987. Migration pattern of de-icing salts from roads. *Journal of Environmental Management* 25:231 - 38.

[606] McCarthy, J. J., O. F. Canziani, N. A. Leafy, D. J. Dokken, and K. S. White, eds. 2001. *Climate Change 2001: Impacts, Adaptation, and Vulnerability.* Contribution of Working Group II to the Third Assessment Report of the Intergovernmental Panel on Climate Change. New York: Cambridge University Press.

[607] McClaran, M. P., and T. T. Van Devender. 1995. *The Desert Grassland.* Tucson: University of Arizona Press.

[608] McClure, H. L. 1951. An analysis of animal victims on Nebraska's highways. *Journal of Wildlife Management* 15:410 - 20.

[610] McDonnell, M. J., and E. W. Stiles. 1983. The structural complexity of old field vegetation and the recruitment of bird-dispersed plant species. *Oecologia* 56:109 - 16.

[611] McGuire, T. M., and J. F. Morrall. 2000. Strategic highway improvements to minimize environmental impacts within the Canadian Rocky Mountain national parks. *Canadian Journal of Civil Engineering* 27:523 – 32.

[612] McHarg, I. 1969. *Design with Nature*. New York: Doubleday.

[613] McIntyre, S., and S. Lavorel. 1994. Predicting richness of native, rare, and exotic plants in response to habitat and disturbance variables across a variegated landscape. *Conservation Biology* 8:521 – 31.

[614] McKelvey, K. S., Y. K. Ortega, G. Koehler, K. Aubry, and D. Brittell. 1999. Canada lynx habitat and topographic use patterns in north central Washington: A reanalysis. In *Ecology and Conservation of Lynx in the United States*, edited by L. F. Ruggiero, K. B. Aubry, S. W. Buskirk, G. M. Koehler, C. J. Krebs, K. S. McKelvey, and J. R. Squires, 307 – 36. General Technical Report RMRS – GTR – 30WWW. Fort Collins, Colo.: USDA Forest Service.

[615] McLellan, B. N., and D. M. Shackleton. 1988. Grizzly bears and resource-extraction industries: Effects of roads on behavior, habitat use and demography. *Journal of Applied Ecology* 25:451 – 60.

[616] McNaughton, K. G. 1988. Effects of windbreaks on turbulent transport and microclimate. *Agriculture, Ecosystems and Environment* 22/23:17 – 39. (Reprinted in J. R. Brandle, D. L. Hintz, and J. W. Sturrock, eds., *Windbreak Technology*, Amsterdam: Elsevier, 1988.)

[617] Mech, L. D. 1970. *The Wolf: The Ecology and Behavior of an Endangered Species.* St. Paul: University of Minnesota Press.

[618] Mech, L. D., S. H. Fritts, G. L. Raddle, and W. J. Paul. 1988. Wolf distribution and road density in Minnesota. *Wildlife Society Bulletin* 16:85 – 87.

[619] Meehan, W. R., ed. 1991. *Influences of Forest and Rangeland Management on Salmonid Fishes and Their Habitats.* Special Publication 19. Bethesda, Md.: American Fisheries Society.

[620] Meffe, G. K., C. R. Carroll, and contributors. 1997. *Principles of Conservation Biology.* Sunderland, Mass.: Sinauer Associates.

[621] Megahan, W. F., M. Wilson, and S. B. Monson. 2001. Sediment production from granitic cutslopes on forest roads in Idaho, USA. *Earth Surface Processes and Land forms* 26:153 – 63.

[622] Melman, P. J. M., and H. J. Verkaar. 1991. Layout and management of herbaceous vegetation in road verges. In *Nature Engineering and Civil Engineering Works*, edited by P. Aanen, W. Alberts, et al., 62 – 78. Wageningen, Netherlands: Pudoc.

[623] Mena, I. 1980. Manganese. In *Metals in the Environment*, edited by H. A. Waldron, 199 – 220. NewYork: Academic Press.

[624] Merriam, G. 1990. Ecological processes in the time and space of farmland mosaics. In *Changing Landscapes: An Ecological Perspective*, edited by I. S. Zonneveld and R. T. T. Forman, 121 – 33. NewYork: Springer-Verlag.

[625] ——. 1991. Corridors and connectivity: Animal populations in heterogeneous environments. In *Nature Conservation 2: The Role of Corridors*, edited by D. A. Saunders and R. J. Hobbs,

133 – 42. Chipping Norton, Australia: Surrey Beatty.

[627] ——. 1998. Important concepts from landscape ecology for game biologists. In *Twenty-Third Congress of the International Union of Game Biologists*, edited by P. Havet, E. Taran, and J. C. Berthos. *Gibier, Faune Sauvage* 15 (Hors série Tome 2): 525 – 31.

[628] Merriam, G., and A. Lanoue. 1990. Corridor use by small mammals: Field measurement for three experimental types of *Peromyscus leucopus*. *Landscape Ecology* 4: 123 – 31.

[630] Merriam, G., K. Michal, E. Tsuchiya, and K. Hawley. 1989. Barriers as boundaries for metapopulations and demes of *Peromyscus leucopus* in farm landscapes. *Landscape Ecology* 29: 227 – 35.

[631] Merrill, L. 1998. Making the dust go away. *Erosion Control Magazine*, July/August, 26 – 32.

[632] Messmer, T. A., C. W. Hendricks, and P. W. Klimack. 2000. Modifying human behavior to reduce wildlife-vehicle collisions using temporary signing. In *Wildlife and Highways: Seeking Solutions to an Ecological and Socio-economic Dilemma*, edited by T. A. Messmer and B. West, 125 – 39. Nashville, Tenn.: The Wildlife Society.

[633] Meunier, F. D., C. Verheyden, and P. Jouventin. 2000. Use of roadsides by diurnal raptors in agricultural landscapes. *Biological Conservation* 92: 291 – 98.

[634] Milberg, P., and B. B. Lamont. 1995. Fire enhances weed invasion of roadside vegetation in Southwestern Australia. *Biological Conservation* 73: 45 – 49.

[635] Milberg, P., and T. Persson. 1994. Soil seed bank and species recruitment in road verge grassland vegetation. *Annales Botanica Fennoscandia* 31: 155 – 62.

[636] Milchunas, D. G., K. A. Schulz, and R. B. Shaw. 1999. Plant and environmental interactions: Plant community responses to disturbance by mechanized military maneuvers. *Journal of Environmental Quality* 28: 1533 – 47.

[637] Ministry of Transport, Public Works and Water Management. 1994a. *Towards Sustainable Verge Management in The Netherlands.* No. 59. Delft, Netherlands: Ministerie vanVerkaar en Waterstaat.

[638] ——. 1994b. *Managing Roadside Flora in The Netherlands.* No. 60. Delft, Netherlands: Ministerie van Verkaar en Waterstaat.

[639] ——. 1994c. *The Chemical Quality of Verge Grass in The Netherlands.* No. 62. Delft, Netherlands: Dienst Weg-en Waterbouwkunde, Ministerie vanVerkaar en Waterstaat.

[640] ——. 2000. *National Highway Verges... National Treasures!* Delft, Netherlands: Ministerie van Verkaar en Waterstaat.

[641] Mitch, W. J., and J. G. Gosselink. 2000. *Wetlands.* NewYork: Van Nostrand Reinhold.

[642] Mitchell, J. H. 1984. *Ceremonial Time: Fifteen Thousand Years on One Square Mile.* New York: Addison-Wesley.

[643] Mladenoff, D. J., T. A. Sickley, R. G. Haight, and A. P. Wydeven. 1995. A regional landscape analysis of favorable gray wolf habitat in the northern Great Lakes region. *Conservation Biology* 9: 279 – 94.

[644] Mladenoff, D. J., T. A. Sickley, and A. P. Wydeven. 1999. Predicting gray wolf landscape recolonization: Logistic regression models vs. new field data. *Ecological Applications* 9:37 – 44.

[645] Mobley, C. D. 1994. *Light and Water: Radiative Transfer in Natural Waters*. NewYork: Academic Press.

[646] Montgomery, D. R., K. Sullivan, and H. M. Greenberg. 1998. Regional test of a model of shallow landsliding. *Hydrological Processes* 12:943 – 55.

[647] Montgomery, D. R. 1994. Road surface drainage, channel initiation, and slope stability. *Water Resources Research* 30:1925 – 32.

[648] Mooney, H. A., and J. A. Drake, eds. 1986. *Ecology of Biological Invasions of North America and Hawaii*. NewYork: Springer-Verlag.

[650] Moran, J. M., and M. D. Morgan. 1994. *Meteorology: The Atmosphere and the Science of Weather*. NewYork: Macmillan.

[651] Morawska, L., S. Thomas, D. Gilbert, C. Greenaway, and E. Rijnders. 1999. A study of the horizontal and vertical profile of submicrometer particles in relation to a busy road. *Atmosphere and Environment* 33:1261 – 74.

[652] Morel, G. A., and B. P. M. Specken. 1992. Versnippering van de ecologische hoofdstructuur door de natte infrastructuur. *Proiect Versnippering Deel 4* (H. Duel, schrijver). Delft, Netherlands: Directoraat-Generaal Rijkswaterstaat, Dienst Weg-en Waterbouwkunde (Ministry of Transport, Public Works and Water Management).

[653] Morin, P. J. 1999. *Community Ecology*. Malden, Mass.: Blackwell Science.

[654] Morrall, J. F., and T. M. McGuire. 2000. Sustainable highway development in a national park. *Transportation Research Record* 1702:3 – 10.

[655] Morrison, D. 1981. Utilization of prairie plants on disturbed sites. *Transportation Research Record* 822:10 – 17.

[656] Mowat, G., K. G. Poole, and M. O'Donoghue. 1999. Ecology of lynx in northern Canada and Alaska. In *Ecology and Conservation of Lynx in the United States*, edited by L. F. Ruggiero, K. B. Aubry, S. W. Buskirk, G. M. Koehler. C. J. Krebs, K. S. McKelvey, and J. R. Squires, 265 – 306. General Technical Report RMRS-GTR-30WWW. Fort Collins, Colo.: USDA Forest Service.

[657] Mueller, D. S. 2000. *National Bridge Scour Program – Measuring Scour of the Streambed at Highway Bridges*. U. S. G. S. Fact Sheet FS 107 – 00. Louisville, Ken.: U. S. Geological Survey.

[658] Mueller-Navarra, D. C., M. T. Brett, A. M. Liston, and C. R. Goldman. 2000. A highly unsaturated fatty acid predicts carbon transfer between primary producers and consumers. *Nature* 403:74 – 77.

[659] Muller, F. 1997. State-of-the-art in ecosystem theory. *Ecological Modelling* 100:135 – 61.

[660] Mumme, R. L., S. J. Schoech, G. E. Woolfenden, and J. W. Fitzpatrick. 2000. Life and death in the fast lane: Demographic consequences of road mortality in the Florida scrub-jay. *Con-*

servation Biology 14:501 – 12.

[661] Munguira, M. L., and J. A. Thomas. 1992. Use of road verges by butterfly and burnet populations, and the effect of roads on adult dispersal and mortality. *Journal of Applied Ecology* 29: 316 – 29.

[662] Murphy, S. M., and J. A. Curatolo. 1987. Activity budgets and movement rates of caribou encountering pipelines, roads and traffic in northern Alaska. *Canadian Journal of Zoology* 65: 2483 – 90.

[663] Murphy, T. J., and P. V. Doskey. 1976. Inputs of phosphorus from precipitation to Lake Michigan. *Journal of Great Lakes Research* 2:60 – 70.

[664] Muskett, C. J., and M. P. Jones. 1980. The dispersal of lead, cadmium and nickel from motor vehicles and effects on roadside invertebrate macrofauna. *Environmental Pollution* (Series A) 23:231 – 42.

[665] Nagler, A., W. Schmidt, and T. Stottele. 1989. DieVegetation an Autobahnen und Strassen in Sudhessen. *Tuexenia* 9:151 – 82.

[666] Naiman, R. J., T. J. Beechie, L. E. Benda, et al. 1992. Fundamental elements of ecologically healthy watershed in the Pacific Northwest Coastal region. In *Watershed Management: Balancing Sustainability and Environmental Chance*, edited by R. J. Naiman, 127 – 88. NewYork: Springer – Verlag.

[667] Naiman, R. J., R. E. Bilby, and P. A. Bisson. 2000. Riparian ecology and management in the Pacific Coastal rain forest. *BioScience* 50:996 – 1011.

[668] Nakamura, F., F. J. Swanson, and S. M. Wondzell. 2000. Disturbance regimes of stream and riparian systems – a disturbance – cascade perspective. *Hydrological Processes* 14:2849 – 60.

[670] Nassauer, J. I., ed. 1997. *Placing Nature: Culture and Landscape Ecology*. Washington, D. C.: Island Press.

[671] Nassauer, J. I., and R. Westmacott. 1987. Progressiveness among farmers as a factor in heterogeneity of farmed landscapes. In *Landscape Heterogeneity and Disturbance*, edited by M. G. Turner, 199 – 210. NewYork: Springer-Verlag.

[672] National Council for Air and Stream Improvement. 1992. *Status of the NCASI Cumulative Watershed Effects Program and Methodology*. Technical Bulletin 634. Washington, D. C.

[673] National Research Council. 1995. *Expanding Metropolitan Highways: Implications for Air Quality and Energy Use*. Washington, D. C.: National Academy Press.

[674] ——. 1997. *Toward a Sustainable Future: Addressing the Long-Term Effects of Motor Vehicle Transportation on Climate and Ecology*. Washington, D. C.: National Academy Press.

[675] ——. 2002. *Surface Transportation Environmental Research: A Long-Term Strategy*. Special Report 268. Washington, D. C.: Transportation Research Board.

[676] Nellemann, C., and R. D. Cameron. 1996. Effects of petroleum development on terrain preferences of calving caribou. *Arctic* 49:23 – 28.

[677] ——. 1998. Cumulative impacts of an evolving oil-field complex on the distribution of calving

caribou. *Canadian Journal of Zoology* 76:1425 – 30.

[678] Nellemann, C., I. Vistnes, P. Jordhoey, and O. Strand. 2001. Winter distribution of wild reindeer in relation to power lines, roads and resorts. *Biological Conservation* 101:351 – 60.

[679] Nepstad, D., G. Carvalho, A. C. Barros, A. Alencar, J. Capobianco, J. Bishop, P. Moutinho, P. Lefebvre, and U. Silva Jr. 2001. Road paving, fire regime feedbacks, and the future of Amazon forests. *Forest Ecology and Management* 154:295 – 407.

[680] Nepstad, D. C., A. Verissimo, A. Alencar, C. Nobre, E. Lima, P. Lefebre, P. Schlesinger, C. Potter, P. Moutinho, E. Mendoza, M. Cochrane, and V. Brooks. 1999. Large-scale impoverishment of Amazonian forests by logging and fire. *Nature* 398:505 – 08.

[681] *New York Times*. 1998. 1999 *Almanac*. NewYork: Penguin Reference Books.

[682] Newton, I., I. Wyllie, and A. Asher. 1991. Mortality causes in British barn owls *Tyto alba*, with a discussion of aldrin-dieldrin poisoning. *Ibis* 133:162 – 69.

[683] Nieuwenhuizen, W., and R. C. van Apeldoorn. 1995. *Mammal Use of Fauna Passages on National Road A1 near Oldenzaal*. Report P-DWW-95-737. Delft, Netherlands: Ministry of Transport, Public Works and Water Management.

[684] Norton, D. A., R. J. Hobbs, and L. Atkins. 1995. Fragmentation, disturbance, and plant distribution: Mistletoes in woodland remnants in the Western Australian wheatbelt. *Conservation Biology* 9:426 – 38.

[685] Noss, R. F. 1991. Landscape connectivity: Different functions at different scales. In *Landscape Linkages and Biodiversity*, edited by W. E. Hudson, 27 – 39. Washington, D. C.: Island Press.

[686] Noss, R. F., H. B. Quigley, M. G. Hornocker, T. Merrill, and P. C. Paquet. 1996. Conservation biology and carnivore conservation in the Rocky Mountains. *Conservation Biology* 10: 949 – 63.

[687] Nowland, A. 1997. *Sustainable Management Strategy for Travelling Stock Routes and Reserves in Central Western New South Wales*. New South Wales, Australia: Condobolin, Coonabarabran, Coonamble, Dubbo, Forbes, Molong, and Nyngan Rural Lands Protection Boards.

[688] Oberts, G. L. 1986. Pollutants associated with sand and silt applied to roads in Minnesota. *Water Resources Bulletin* 22:479 – 83.

[690] O'Neill, R. V., D. L. DeAngelis, J. B. Waide, and T. F. H. Allen, eds. 1986. *A Hierarchical Concept of Ecosystems*. Princeton, N. J.: Princeton University Press.

[691] Odum, E. P. 1971. *Fundamentals of Ecology*. Philadelphia: Saunders.

[692] Odum, H. T. 1983. *Systems Ecology: An Introduction*. NewYork JohnWiley.

[693] Oetting, R. B., and J. F. Cassel. 1971. Waterfowl nesting on interstate highway right-of-way in North Dakota. *Journal of Wildlife Management* 35:774 – 81.

[694] Ontario Ministry of Natural Resources. 1995. *Environmental Guidelines for Access Roads and Water Crossings*. Toronto: Ontario Ministry of Natural Resources.

[695] Opdam, P. 1991. Metapopulation theory and habitat fragmentation: A review of holarctic

breeding bird studies. *Landscape Ecology* 5:93 – 106.

[696] Opdam, P. F. M. 1997. How to choose the right solution for the right fragmentation problem? In *Habitat Fragmentation & Infrastructure*, edited by K. Canters, 55 – 60. Delft, Netherlands: Ministry of Transport, Public Works and Water Management.

[697] Opdam, P. 2002. Assessing the conservation potential of habitat networks. In *Applying Landscape Ecology in Biological Conservation*, edited by K. J. Gutzwiller, 381 – 404. New York: Springer.

[698] Oris, J. T., A. Hatch, J. Weinstein, R. Findlay, P. McGinn, S. Diamond, R. Garrett, W. Jackson, G. A. Burton, and B. Allen. 1998. *Toxicity of Ambient Levels of Motorized Watercraft Emissions to Fish and Zooplankton in Lake Tahoe, California/Nevada, USA*. Poster 3E – P005. 8th annual meeting SETAC-Europe (European Society of Environmental Toxicology and Chemistry), Bordeaux, France.

[699] Ortega, Y. K., and D. E. Capen. 1999. Effects of forest roads on habitat quality for ovenbirds in a forested landscape. *Auk* 116:937 – 46.

[700] Oxley, D. J., M. B. Fenton, and G. R. Carmody. 1974. The effects of roads on populations of small mammals. *Journal of Applied Ecology* 11:51 – 59.

[701] Panetta, F. D., and A. J. M. Hopkins. 1991. Weeds in corridors: Invasion and management. In *Nature Conservation 2: The Role of Corridors*, edited by D. A. Saunders and R. J. Hobbs, 341 – 51. Chipping Norton, Australia: Surrey Beatty.

[702] Parendes, L. A. 1997. Spatial patterns of invasion by exotic plants in a forested landscape. Ph. D. dissertation, Oregon State University, Corvallis.

[703] Parendes, L. A., and J. A. Jones. 2000. Role of light availability and dispersal in exotic plant invasion along roads and streams in the H. J. Andrews Experimental Forest, Oregon. *Conservation Biology* 14:64 – 75.

[704] Park, G. 1995. *Nga Uruora: Ecology and History in a New Zealand Landscape*. Wellington, New Zealand: Victoria University Press.

[705] Parker, G. R. 1981. Winter habitat use and hunting activities for lynx (*Lynxcanadensis*) on Cape Breton Island, Nova Scotia. In *Worldwide Furbearer Conference Proceedings*, edited by J. A. Chapman and D. Pursley, 221 – 48. Frostburg: University of Maryland.

[706] Parker River Clean Water Association. 1996. *Tidal Crossing Inventory and Assessment. Summary Report: Upper North Shore, Massachusetts*. Newburyport, Mass.: Parker River Clean Water Association.

[707] Parr, T. W., and J. M. Way. 1988. Management of roadside vegetation: The long term effects of cutting. *Journal of Applied Ecology* 25:1073 – 87.

[708] Parsons, R. 1995. Conflict between ecological sustainability and environmental aesthetics: Conundrum, canard or curiosity. *Landscape and Urban Planning* 32:227 – 44.

[710] Paterson, A. M., B. F. Cumming, J. P. Smol, J. M. Blais, and R. L. France. 1998. Assessment of the effects of logging, forest fires and drought on lakes in northwestern Ontario: A 30-year

paleolimnological perspective. *Canadian Journal of Forest Research* 28:1546 - 56.

[711] ——. 2000. A paleolimnological assessment of the effects of logging on two lakes in northwestern Ontario, Canada. *Verh. Internat. Verein. Limnol.* 27:1214 - 19.

[712] Patric, J. H., J. O. Evans, and J. D. Helvey. 1984. Summary of sediment yield data from forested land in the United States. *Journal of Forestry* 76:101 - 04.

[713] Patten, B. C. 1992. Energy, emergy, and environs. *Ecological Modelling* 62:29 - 70.

[714] Patterson, P. 2000. *Explaining VMT Growth.* Washington, D. C.: Office of Technology Transfer, U. S. Department of Energy.

[715] Peiser, R. 2001. Decomposing urban sprawl. *Town Planning Review* 72:275 - 98.

[716] Perdikaki, K., and C. F. Mason. 1999. Impact of road run-off on receiving streams in Eastern England. *Water Research* 33:1627 - 33.

[717] Perring, F. H. 1967. Verges are vital: A botanist looks at our roadsides. *Journal of the Institute of Highway Engineers* 14:13 - 16.

[718] Perrins, J., A. Fitter, and M. Williamson. 1993. Population biology and rates of invasion of three introduced Impatiens species in the British Isles. *Journal of Biogeography* 20:33 - 44.

[719] Peterken, G. F. 1993. *Woodland Conservation and Management.* New York and London: Chapman and Hall.

[720] ——. 1996. *Natural Woodland: Ecology and Conservation in Northern Temperate Regions.* New York: Cambridge University Press.

[721] Peters, N. E., and J. T. Turk. 1981. Increases in sodium and chloride in the Mohawk River, New York, from the 1950s to the 1970s attributed to road salt. *Water Resources Bulletin* 17: 586 - 98.

[722] Pfister, H. P., V. Keller, H. Reck, and B. Georgii. 1997. *Bio-okologische Wirksamkeit von Grunbrucken uber Verkehrswege* (Bio-ecological effectiveness of wildlife overpasses or "green bridges" over roads and railway lines). Bonn-Bad Godesberg, Germany: Herausgegeben vom Bundesministerium fur Verkehr Abeteilung Strassenbau.

[723] Pickett, S. T. A., and M. J. McDonnell. 1989. Changing perspectives in community dynamics: A theory of successional forces. *Trends in Ecology and Evolution* 4:241 - 45.

[724] Pickett, S. T. A., and P. S. White, eds. 1985. *The Ecology of Natural Disturbance and Patch Dynamics.* NewYork: Academic Press.

[725] Piepers, A. A. G., ed. 2002. *Infrastructure and nature: fragmentation and defragmentation.* Dutch State of the Art Report for COST Activity 341. Report P - DWW-2000-41. Delft, Netherlands: Ministry of Transport, Public Works and Water Management.

[726] Pimentel, D., ed. 1993. *World Soil Erosion and Conservation.* NewYork and Cambridge: Cambridge University Press.

[727] Pimm, S. L., J. H. Lawton, and J. E. Cohen. 1991. Food web patterns and their consequences. *Nature* 350:669 - 74.

[728] Pisarski, A. E. 1996. *Commuting in America II: The Second National Report on Commuting*

Patterns and Trends. Washington, D. C. : Eno Transportation Foundation.

[730] ——. 2001. US roads. In *Millennium Book*, 52 – 79. Paris: International Road Federation.

[731] Platt, D. D., ed. 1998. *Rim of the Gulf: Restoring Estuaries in the Gulf of Maine*. Rockland, Maine: Island Institute.

[732] Platt, R. H., R. A. Rowntree, and P. C. Muick. 1994. *The Ecological City: Preserving and Restoring Urban Biodiversity*. Amherst: University of Massachusetts Press.

[733] Poff, N. L., J. D. Allan, M. B. Bain, J. R. Karr, K. L. Prestegaard, B. D. Richter, R. E. Sparks, and J. C. Stromberg. 1997. The natural flow regime. *BioScience* 47:769 – 84.

[734] Pollard, E., M. D. Hooper, and N. W. Moore. 1974. *Hedges*. London: W. Collins.

[735] Pollock, S. 1990. *Mitigating Highway Deicing Salt Contamination of Private Water Supplies in Massachusetts*. Wellesley: Research and Materials Section, Massachusetts Department of Public Works (reprinted in C. Goldman and G. Malyj, 1990).

[736] Pope, S. E., L. Fahrig, and H. G. Merriam. 2000. Landscape complementation and metapopulation effects on leopard frog populations. *Ecology* 81:2498 – 508.

[737] Port, G. R., and J. R. Thompson. 1980. Outbreaks of insect herbivores on plants along motorways in the United Kingdom. *Journal of Applied Ecology* 17:649 – 56.

[738] Pratt, D. W., R. A. Black, and B. A. Zamora. 1984. Buried viable seed in a ponderosa pine community. *Canadian Journal of Botany* 62:44 – 52.

[739] President's Council on Sustainable Development. 1996. *Sustainable America: A New Consensus for Prosperity, Opportunity, and a Healthy Environment for the Future*. Washington, D. C. : President's Council on Sustainable Development.

[740] Prince George's County. 1999. *Low-Impact Development Design Strategies: An Integrated Design Approach*. Prince George's County, Md. : Prince George's County Department of Environmental Resources.

[741] Puglisi, M. J., J. S. Lindzey, and E. D. Bellis. 1974. Factors associated with highway mortality of white-tailed deer. *Journal of Wildlife Management* 38:799 – 807.

[742] Pulliam, H. R. 1988. Sources, sinks, and population regulation. *American Naturalist* 132: 652 – 61.

[743] Purinton, T. 1998. Restoring tidal flow to salt marshes. *Coastal Monitor* 8:16 – 18.

[744] Putman, R. J. 1997. Deer and road traffic accidents: Options for management. *Journal of Environmental Management* 51:43 – 57.

[745] Quarles, H. D., R. B. Hanawalt, and W. E. Odum. 1974. Lead in small mammals, plants, and soil at varying distances from a highway. *Journal of Applied Ecology* 11:937 – 49.

[746] Rabenold, K. N., P. T. Fauth, B. W. Goodner, J. A. Sadowski, and P. G. Parker. 1998. Response of avian communities to disturbance by an exotic insect in spruce-fir forests of the Southern Appalachians. *Conservation Biology* 12:177 – 89.

[747] Race, M. S., and M. S. Fonseca. 1995. Fixing compensatory mitigation: What will it take? *Ecological Applications* 6:94 – 101.

[748] Racin, J. A., R. B. Howell, G. R. Winters, and E. C. Shirley. 1982. *Estimating Highway Runoff Quality*. FHWA/CA/TL - 82/11. Sacramento: Federal Highway Administration and California Department of Transportation.

[750] Rajvanshi, A., V. B. Mathur, G. C. Teleki, and S. K. Mukherjee. 2001. *Roads, Sensitive Habitats and Wildlife: Environmental Guideline for India and South Asia*. Dehradun, India: Wildlife Institute of India.

[751] Randall, J. M., and J. Marinelli, eds. 1996. *Invasive Plants: Weeds of the Global Garden*. NewYork: Brooklyn Botanic Garden.

[752] Ranney, J. W., M. C. Bruner, and J. B. Levenson. 1981. The importance of edge in the structure and dynamics of forest islands. In *Forest Island Dynamics in Man-Dominated Landscapes*, edited by R. L. Burgess and D. M. Sharpe, 67 - 92. New York: Springer-Verlag.

[753] Raty, M. 1979. Effect of highway traffic on tetraonid densities. *Ornis Fennica* 56:169 - 70.

[754] Reck, H., and G. Kaule. 1992. *Strassen und Lebensraume: Ermittlung und Beurteilung strassenbedingter Auswirkungen auf Pflanzen, Tiere und ihre Lebensraume*. Bonn-Bad Godesberg, Germany: Forschung Strasssenbau und Strassenverkehrstechnik, Heft 654, Herausgegeben vom Bundesminister fur Verkehr.

[755] Reed, D. F. 1981. Effectiveness of highway lighting in reducing deer-vehicle collisions. *Journal of Wildlife Management* 45:721 - 26.

[756] Reed, D. F., and A. L. Ward. 1985. Efficacy of methods advocated to reduce deervehicle accidents: Research and rationale in the USA. In *Routes et faune sauvage* 285 - 93. Bagneaux, France: Service d'Etudes Techniques des Routes et Autoroutes.

[757] Reed, D. F., T. M. Pojar, and T. N. Woodard. 1974. Use of one-way gates by mule deer. *Journal of Wildlife Management* 38:9 - 15.

[758] Reed, D. F., T. N. Woodard, and T. M. Pojar. 1975. Behavioral response of mule deer to a highway underpass. *Journal of Wildlife Management* 39:361 - 67.

[759] Reed, D. M., and J. A. Schwarzmeier. 1978. The prairie corridor concept: Possibilities for planning large-scale preservation and restoration. In *Proceedings of the Fifth Midwest Prairie Conference*, edited by Lewin and Landers, 158 - 65. Ames: Iowa State University.

[760] Reed, R. A., J. Johnson-Barnard, and W. L. Baker. 1996. Contribution of roads to forest fragmentation in the Rocky Mountains. *Conservation Biology* 10:1098 - 106.

[761] Reeve, A. F. 1988. *Vehicle-Related Mortality of Mule Deer in Nugget Canyon, Wyoming*. Laramie: Wyoming Cooperative Fisheries and Wildlife Research Unit.

[762] Reeve, A. F., and S. H. Anderson. 1993. Ineffectiveness of Swareflex reflectors at reducing deer-vehicle collisions. *Wildlife Society Bulletin* 21:127 - 32.

[763] Regional Ecosystem Office. 1995. *Ecosystem Analysis at the Watershed Scale, Version* 2.2. Washington, D. C.: U. S. Government Printing Office.

[764] Reh, W. 1989. Investigations into the influence of roads in the genetic structure of populations of the common frog *Rana temporaria*. In *Amphibians and Roads*, edited by T. E. S. Lang-

ton, 101 - 03. Shefford, Bedforshire, England: ACO Polymer Products.

[765] Reh, W., and A. Seiz. 1990. The influence of land use on the genetic structure of populations of the common frog *Rana temporaria*. *Biological Conservation* 54:239 - 49.

[766] Reid, L. M., and T. Dunne. 1984. Sediment production from forest road surfaces. *Water Resources Research* 20:1753 - 61.

[767] Reijnen, M. J. S. M., G. Veenbaas, and R. P. B. Foppen. 1995. *Predicting the Effects of Motorway Traffic on Breeding Bird Populations.* Delft, Netherlands: Ministry of Transport, Public Works and Water Management.

[768] Reijnen, R., and R. Foppen. 1994. The effects of car traffic on breeding bird populations in woodland. I. Evidence of reduced habitat quality for willow war-blers (*Phylloscopus trochilus*) breeding close to a highway. *Journal of Applied Ecology* 31:85 - 94.

[769] ——. 1995. The effects of car traffic on breeding bird populations in wood-land. IV. Influence of population size on the reduction of density close to a highway. *Journal of Applied Ecology* 32:481 - 91.

[770] Reijnen, R., R. Foppen, and H. Meeuwsen. 1996. The effects of car traffic on the density of breeding birds in Dutch agricultural grasslands. *Biological Conservation* 75:255 - 60.

[771] Reijnen, R., R. Foppen, C. ter Braak, and J. Thissen. 1995. The effects of car traffic on breeding bird populations in woodland. Ⅲ. Reduction of density in relation to the proximity of main roads. *Journal of Applied Ecology* 32:187 - 202.

[772] Reiner, E. 1999. *Salt Marsh Restoration in Massachusetts.* Boston: Association of Conservation Commissions.

[773] Richardson, C. J., and K. Nunnery. 2001. Ecological functional assessment (EFA): A new approach to determining wetland health. In *Transformations of Nutrients in Natural and Constructed Wetlands*, edited by J. Vymazal, 95 - 111. Leiden, Netherlands: Backhuys Publishers.

[774] Richardson, J. H., R. F. Shore, and J. R. Treweek. 1997. Are major roads a barrier to small mammals? *Journal of Zoology* (London) 243:840 - 46.

[775] Richman, T., J. Worth, P. Dawe, J. Aldrich, and B. Ferguson. 1997. *Start at the Source: Residential Site Planning and Design Guidance Manual for Stormwater Quality Protection.* Los Angeles: Bay Area Stormwater Management Agency Association.

[776] Ricklefs, R. E., and G. L. Miller. 2000. *Ecology*. NewYork: Freeman.

[777] Ries, L., D. M. Debinski, and M. L. Wieland. 2001. Conservation value of roadside prairie restoration to butterfly communities. *Conservation Biology* 15:401 - 11.

[778] Riffell, S. K. 1999. Road mortality of dragonflies (Odonata) in a Great Lakes coastal wetland. *Great Lakes Entomologist* 32:63 - 73.

[779] Roach, G. L., and R. D. Kirkpatrick. 1985. Wildlife use of roadside woody plantings in Indiana. *Transportation Research Record* 1016:11 - 15.

[780] Roberston, S. B. 1989. Technical comments: Impacts of petroleum development in the Arc-

tic. *Science* 25:764 – 65.

[781] Rodríguez, A., G. Crema, and M. Delibes. 1996. Factors affecting crossing of red foxes and wildcats through non-wildlife passages across a high speed railway. *Ecography* 20:287 – 94.

[782] ——. 1997. Use of non-wildlife passages across a high speed railway by terrestrial vertebrates. *Journal of Applied Ecology* 33:1527 – 40.

[783] Rolley, R. E., and L. E. Lehman. 1992. Relationship among raccoon road-kill surveys, harvests, and traffic. *Wildlife Society Bulletin* 20:313 – 18.

[784] Romin, L. A. 1994. Factors associated with the highway mortality of mule deer at Jordanelle Reservoir, Utah. Master's thesis, Utah State University, Logan.

[785] Romin, L. A., and J. A. Bissonette. 1996a. Deer-vehicle collisions: Status of state monitoring activities and mitigation efforts. *Wildlife Society Bulletin* 24:276 – 83.

[786] ——. 1996b. Temporal and spatial distribution of highway mortality of mule deer on newly constructed roads at Jordanelle Reservoir, Utah. *Great Basin Naturalist* 56:1 – 11.

[787] Romin, L., and L. B. Dalton. 1992. Lack of response by mule deer to wildlife warning whistles. *Wildlife Society Bulletin* 20:382 – 84.

[788] Romme, W. H. 1997. Creating pseudo-rural landscapes in the Mountain West. In *Placing Nature: Culture and Landscape Ecology*, edited by J. I. Nassauer, 139 – 61. Washington, D. C.: Island Press.

[790] Roof, J., and J. Wooding. 1996. Evaluation of the S. R. 46 wildlife crossing in Lake County, Florida. In *Trends in Addressing Transportation Related Wildlife Mortality*, edited by G. L. Evink, P. Garrett, D. Zeigler, and J. Berry, 329 – 36. Publication FL-ER-58-96. Tallahassee: Florida Department of Transportation.

[791] Rosell, C., J. Parpal, R. Campeny, S. Jove, A. Pasquina, and J. M. Velasco. 1997. Mitigation of barrier effect on linear infrastructures on wildlife. In *Habitat Fragmentation & Infrastructure*, edited by K. Canters, 367 – 72. Delft, Netherlands: Ministry of Transport, Public Works and Water Management.

[792] Rosell Papes, C., and J. M. Velasco Rivas. 1999. Manual de prevencio i correccio dels impactes de les infraestructures viaries sobre la fauna. Departament de Medi Ambient, Numero 4. Barcelona, Spain: Generalitat de Catalunya.

[793] Rosen, P. C., and C. H. Lowe. 1994. Highway mortality of snakes in the Sonoran Desert of southern Arizona. *Biological Conservation* 68:143 – 48.

[794] Rosenberg, N. J., B. L. Blad, and S. B. Verma. 1983. *Microclimate: The Biological Environment*. New York: John Wiley.

[795] Rosenberry, D. O., P. A. Bukaveckas, D. C. Buso, G. E. Likens, A. M. Shapiro, and T. C. Winter. 1999. Movement of road salt to a small New Hampshire lake. *Water, Air, and Soil Pollution* 109:179 – 206.

[796] Ross, S. M. 1986. Vegetation change on highway verges in south-east Scotland. *Journal of Biogeography* 13:109 – 13.

[797] Rost, G. R., and J. A. Bailey. 1979. Distribution of mule deer and elk in relation to roads. *Journal of Wildlife Management* 43:634 – 41.

[798] Rothwell, R. L. 1983. Erosion and sediment control at road-stream crossings. *Forestry Chronicle* 59:62 – 66.

[799] Royal Commission on Environmental Pollution. 1994. *Transport and the Environment.* London: Stationery Office.

[800] Royal Commission on National Passenger Transportation. 1992. *Directions: The Final Report of the Royal Commission on National Passenger Transportation.* Ottawa: Supply and Services Canada.

[801] Rudolph, C., S. Burgdorf, R. Conner and R. Schaefer. 1999. Preliminary evaluation of the impact of roads and associated vehicular traffic on snake populations in eastern Texas. In *Proceedings of the Third International Conference on Wildlife Ecology and Transportation*, edited by G. L. Evink, P. Garrett, and D. Zeigler, 129 – 36. Publication FL-ER-73-99. Tallahassee: Florida Department of Transportation.

[802] Ruediger, B. 1996. The relationship between rare carnivores and highways. In *Trends in Addressing Transportation Related Wildlife Mortality*, edited by G. L. Evink, P. Garrett, D. Zeigler, and J. Berry, 24 – 38. Publication FL-ER-58-96. Tallahassee: Florida Department of Transportation.

[803] Ruediger, B., J. Claar, and J. Gore. 1999. Restoration of carnivore habitat connectivity in the Northern Rockies. In *Proceedings of the Third International Conference on Wildlife Ecology and Transportation*, edited by G. L. Evink, P. Garrett, and D. Zeigler, 5 – 20. Publication FL-ER-73-99. Tallahassee: Florida Department of Transportation.

[804] Russell, E. W. B. 2001. Applications of historical ecology to land-management decisions in the northeastern United States. In *Applying Ecological Principles to Land Management*, edited by V. H. Dale and R. A. Haeuber, 119 – 35. NewYork: Springer.

[805] Russell, H. N., and D. Amadon. 1938. A note on highway mortality. *Wilson Bulletin* 50:205 – 06.

[806] Russell, W. H., and C. Jones. 2001. The effects of timber harvesting on the structure and composition of adjacent old-growth coast redwood forest, California, USA. *Landscape Ecology* 16: 731 – 41.

[807] Ruthsatz, B., and A. Otte. 1987. Kleinstrukturen im Raum Ingolstadt: Schutz und Zeigerwert. Teil Ⅲ. Feldwegrander und Ackerraine. *Tuexenia* 7:139 – 63.

[808] Ryden, K. C. 2001. *Landscape with Figures: Nature & Culture in New England.* Iowa City: University of Iowa Press.

[810] Safford, H. D., and S. P. Harrison. 2001. Grazing and substrate interact to affect native vs. exotic diversity in roadside grasslands. *Ecological Applications* 11:1112 – 22.

[811] Salvesen, D. 1994. *Wetlands: Mitigating and Regulating Development Impacts.* Washington, D. C.: Urban Land Institute.

[812] Samson, F. B., and F. L. Knopf, eds. 1996. *Prairie Conservation: Preserving North America's*

Most Endangered Ecosystem. Washington, D. C. : Island Press.

[813] Sandova, M. 1979. Indikationseigenschaften der Vegetation am Beisdpiel der Pflanzengesellschaften der Strasse Susice-Modrava (Bohmerwald). *Folia Museu Rer Natura Bohemia Occidentalis Botanica* 13:1 - 35.

[814] Santelmann, M. V., and E. Gorham. 1988. The influence of airborne road dust on the chemistry of *Sphagnum* mosses. *Journal of Ecology* 76:1219 - 31.

[815] Saunders, D. A., and R. J. Hobbs, eds. 1991. *Nature Conservation 2: The Role of Corridors*. Chipping Norton, Australia: Surrey Beatty.

[816] Saunders, D. A., G. W. Arnold, A. A. Burbidge, and A. J. M. Hopkins, eds. 1987. *Nature Conservation: The Role of Remnants of Native Vegetation*. Chipping Norton, Australia: Surrey Beatty.

[817] Saunders, S. C., M. R. Mislivets, J. Chen, and D. T. Cleland. 2002. Effects of roads on landscape structure within nested ecological units of the Northern Great Lakes Region, USA. *Biological Conservation* (in press).

[818] Sawchuk, W. 2001. *Ice Road Technology in the Murphy Oil Chicken Creek B-94-B/94-G-6 Natural Gas Drilling Project*. Chetwynd, B. C. : A review by the Chetwynd Environmental Society.

[819] Schafer, J. A., and S. T. Penland. 1985. Effectiveness of Swareflex reflectors in reducing deer-vehicle accidents. *Journal of Wildlife Management* 49:774 - 76.

[820] Schaffers, A. P., M. C. Vesseur, and K. V. Sykoia. 1998. Effects of delayed hay removal on the nutrient balance of roadside plant communities. *Journal of Applied Ecology* 35:349 - 64.

[821] Schloss, J. A. 2002. GIS watershed mapping: Developing and implementing a watershed natural resources inventory (New Hampshire). In *Handbook of Water Sensitive Planning and Design*, edited by R. L. France. Boca Raton, Fla. : Lewis Publishers.

[822] Schmidt, W. 1989. Plant dispersal by motor cars. *Vegetatio* 80:147 - 52.

[823] Schonewald-Cox, C., and M. Buechner. 1992. Park protection and public roads. In *Conservation Biology: The Theory and Practice of Nature Conservation, Preservation and Management*, edited by P. L. Fiedler and S. L. Jain, 373 - 95. NewYork: Chapman and Hall.

[824] Schroeder, H. W., and T. C. Daniel. 1980. Predicting the scenic quality of forest road corridors. *Environment and Behavior* 12:349 - 66.

[825] Schueler, T. 1995. *Site Planning for Urban Stream Protection*. Ellicot City, Md. : Center for Watershed Protection.

[826] Schulze, E. D., O. L. Lange, and R. Oren, eds. 1989. *Forest Decline and Air Pollution: A Study of Spruce* (Picea abies) *on Acid Soils*. New York: Springer-Verlag.

[827] Schwartz, M. W., ed. 1997. *Conservation in Highly Fragmented Landscapes*. New York and London: Chapman & Hall.

[828] Scott, N. E., and A. W. Davison. 1985. The distribution and ecology of coastal species on roadsides. *Vegetatio* 62:433 - 40.

[830] Scott, T. G. 1938. Wildlife mortality on Iowa highways. *American Midland Naturalist* 20: 527 – 39.

[831] Scott, W. S., and N. P. Wylie. 1980. The environmental effects of snow dumping—a literature review. *Journal of Environmental Management* 10: 219 – 40.

[832] Scottish Natural Heritage. 1997. *Scotland's Wildlife: Otters*. Edinburgh, Scotland: Scottish Natural Heritage.

[833] Seabrook, W. A., and E. B. Dettmann. 1996. Roads as activity corridors for cane toads in Australia. *Journal of Wildlife Management* 60: 363 – 68.

[834] Seddon, G. 1997. *Landprints: Reflections on Place and Landscape*. NewYork: Cambridge University Press.

[835] Sedinger, J. S., and A. A. Stickney. 2000. Black brant. In *The Natural History of an Arctic Oil Field: Development and the Biota*, edited by J. C. Truett and S. R. Johnson, 221 – 32. San Diego, Calif.: Academic Press.

[836] Semlitsch, R. D. 2000. Principles for management of aquatic-breeding amphibians. *Journal of Wildlife Management* 64: 615 – 31.

[837] Shaver, G. R., J. Canadell, F. S. Chapin Ⅲ, J. Gurevitch, J. Harte, G. Henry, P. Ineson, S. Jonasson, J. Melillo, L. Pitelka, and L. Rustad. 2000. Global warming and terrestrial ecosystems: A conceptual framework for analysis. *BioScience* 50: 871 – 82.

[838] Shaw, D. L. 1988. The design and use of living snowfences in North America. *Agriculture, Ecosystems and Environment* 22/23: 351 – 62. (Reprinted in J. R. Brandle, D. L. Hintz, and J. W. Sturrock, eds., *Windbreak Technology*, Amsterdam: Elsevier, 1988.)

[839] Shen, J. X. 1983. A behavioral study of vibrational sensitivity in the pigeon (*Columba livia*). *Journal of Comparative Physiology* 152: 251 – 55.

[840] Shiffer, M. 1994. *Taking Charge: The Electric Automobile in America*. Washington, D. C.: Smithsonian Institution Press.

[841] Shroba, R. R., P. W. Schmidt, E. J. Crosby, and W. R. Hansen. 1979. Storm and flood of July 31 – August 1, 1976, in the Big Thompson River and Cache la Poudre River basins, Larimer and Weld Counties, Colorado. In *Part B, Geologic and Geomorphic Effects in the Big Thompson Canyon Area, Larimer County*, 87 – 148. U. S. Geological Survey Professional Paper 1115. Washington, D. C.: U. S. Geological Survey.

[842] Shutes, R. B. E., D. M. Revitt, I. M. Lagerberg, and V. C. E. Barraud. 1999. The design of vegetative constructed wetlands for the treatment of highway runoff. *Science and the Total Environment* 235: 189 – 97.

[843] Sidle, R. C., A. J. Pearce, and C. L. O'Loughlin. 1985. *Hillslope Stability and Land Use*. Water Resources Monograph No. 11. Washington, D. C.: American Geophysical Union.

[844] Singer, F. J., and J. B. Beattie. 1986. The controlled traffic system and associated wildlife responses in Denali National Park. *Arctic* 39: 195 – 203.

[845] Singer, F. J., and J. L. Doherty. 1985. Managing mountain goats at a highway crossing. *Wildlife*

Society Bulletin 13:469 – 77.

[846] Singleton, P. H., and J. F. Lehmkuhl. 1999. Assessing wildlife habitat connectivity in the Interstate 90 Snoqualmie Pass corridor, Washington. In *Proceedings of the Third International Conference on Wildlife Ecology and Transportation*, edited by G. L. Evink, P. Garrett, and D. Zeigler, 75 – 84. Publication FL – ER – 73 – 99. Tallahassee: Florida Department of Transportation.

[847] Skidmore, E. L., and L. J. Hagen. 1977. Reducing wind erosion with barriers. *Transactions of the American Society of Agricultural Engineers* 20:911-15.

[848] Skole, D., and C. J. Tucker. 1993. Tropical deforestation and habitat fragmentation in the Amazon: Satellite data from 1978 to 1988. *Science* 260:1905 – 10.

[850] Smardon, R. C. 1988. Perception and aesthetics of the urban environment: A review of the role of vegetation. *Landscape and Urban Planning* 15:85 – 106.

[851] Smith, D. 1999. Identification and prioritization of ecological interface zones on state highways in Florida. In *Proceedings of the Third International Conference on Wildlife Ecology and Transportation*, edited by G. L. Evink, P. Garrett, and D. Zeigler, 209 – 29. Publication FL – ER – 73 – 99. Tallahassee: Florida Department of Transportation.

[852] Smith, D. L. 1977. Wildlife considerations in managing highway rights-of-way. *Transportation Research Record* 647:23 – 25.

[853] Smith, D. S., and P. C. Hellmund, eds. 1993. *Ecology of Greenways: Design and Function of Linear Conservation Areas*. Minneapolis: University of Minnesota Press.

[854] Smith, J. 1999. Wetlands health assessments in Massachusetts. *Coastlines* (Spring 1999):6.

[855] Smith, M. A., M. G. Turner, and D. H. Rusch. 2002. The effect of military training activity on eastern lupine and the Karner blue butterfly at Fort McCoy, Wisconsin, USA. *Environmental Management* 29:102 – 15.

[856] Smith, R. L. 1996. *Ecology and Field Biology*. NewYork: HarperCollins.

[857] Smith, W. H. 1990. *Air Pollution and Forests: Interaction between Air Contaminants and Forest Ecosystems*. NewYork: Springer-Verlag.

[858] Smith, W. T., and R. D. Cameron. 1985. Reactions of large groups of caribou to a pipeline corridor on the arctic coastal plain of Alaska. *Arctic* 38:53 – 57.

[859] Snow, W. 1959. *The Highway and the Landscape*. New Brunswick, N. J.: Rutgers University Press.

[860] Soil Conservation Service. 1975a. *Soil Taxonomy: A Basic System for Making and Interpreting Soil Surveys*. Agriculture Handbook 436. Washington, D. C.: U. S. Department of Agriculture.

[861] ——. 1975b. *Urban Hydrology for Small Watersheds*. Technical Release 55. Washington, D. C.: U. S. Department of Agriculture.

[862] Spellerberg, I. F. 1998. Ecological effects of roads and traffic: A literature review. *Global Ecology and Biogeography Letters* 7:317 – 33.

[863] Spellerberg, I. F., and M. J. Gaywood. 1993. *Linear Features: Linear Habitats and Wildlife*

Corridors. Research Report 63. Peterborough, England: English Nature.

[864] Spencer, C. N., and C. L. Schelske. 1998. Impact of timber harvest on sediment deposition in surface waters in northwest Montana over the last 150 years: A paleolimnological study. In *Forest-Fish Conference: Land Management Practices Affecting Aquatic Ecosystems*, edited by M. K. Brewin and D. M. Monita, 187 – 201. Ottawa: Canadian Forest Service.

[865] Sperling, D. 1995. *Future Drive: Electric Vehicles and Sustainable Transportation*. Washington, D. C.: Island Press.

[866] Sperling, D. 1998. *New Transportation Fuels: A Strategic Approach to Technological Change*. Berkeley: University of California Press.

[867] Sperling, D., and D. Salon. 2002. *Developing Countries and Global Climate Change: Transportation Strategies and Policies*. Arlington, Va.: Pew Center for Climate Change.

[868] Spillios, L. C., and R. L. Rothwell. 1998. Freeze-core sampling for sediment intrusion from road stream crossings in Alberta's foothills: A preliminary discussion. In *Forest-Fish Conference: Land Management Practices Affecting Aquatic Ecosystems*, edited by M. K. Brewin and D. M. Monita, 445 – 50. Ottawa: Canadian Forest Service.

[870] Spirn, A. W. 1984. *The Granite Garden: Urban Nature and Human Design*. New York: Basic Books.

[871] Stamps, J. A., M. Buechner, and V. V. Krishman. 1987. The effects of edge permeability and habitat geometry on emigration from patches of habitat. *American Naturalist* 129:533 – 52.

[872] Stanford, J. A., and J. V. Ward. 1988. The hyporheic habitat of river ecosystems. *Nature* 335: 64 – 66.

[873] Starrett, W. C. 1938. Highway casualties in Central Illinois during 1937. *Wilson Bulletin* 50: 193 – 96.

[874] Stedman, S. – M., and J. Hanson. 1997. *Wetlands, Fisheries, and Economics in the New England Coastal States: Habitat Connections*. Vol. 1. 3. Boston: National Oceanic and Atmospheric Administration.

[875] Steedman, R. J., and R. L. France. 2000. Origin and transport of aeolian sediment from new clearcuts into boreal lakes, northwestern Ontario, Canada. *Water, Air, and Soil Pollution* 122: 139 – 52.

[876] Steiner, F. 2002. *Human Ecology*. Washington, D. C.: Island Press.

[877] Steinitz, C. 1990. Toward a sustainable landscape with high visual preference and high ecological integrity: The Loop Road in Acadia National Park, U. S. A. *Landscape and Urban Planning* 19:213 – 50.

[878] Stevenson, D. 1991. Is lead's replacement really safer? *Canadian Consumer* 21:4 – 5.

[879] Stiles, E. W. 1980. Patterns of fruit presentation and seed dispersal in birddisseminated woody plants in the eastern deciduous forest. *American Naturalist* 116:670 – 88.

[880] Stoker, Y. E. 1996. *Effectiveness of a Stormwater Collection and Detention System for Reducing Constituent Loads from Bridge Runoff in Pinellas County, Florida*. U. S. G. S. Open-File Re-

port 96 – 484. Tampa, Fla. : U. S. Geological Survey.

[881] Stoms, D. M. 2000. GAP management status and regional indicators of threats to biodiversity. *Landscape Ecology* 15:21 – 33.

[882] Stoner, D. 1925. The toll of the automobile. *Science* 61:56 – 57.

[883] ——1936. Wildlife casualties on the highways. *Wilson Bulletin* 48:276 – 83.

[884] Stottele, T. 1995. *Vegetation und Flora am Strassennetz Westdeutschlands. Stuttgart*, Germany: J. Cramer.

[885] Strahler, A. N. 1957. Quantitative analysis of watershed geomorphology. *American Geophysical Union Transactions* 38:913 – 20.

[886] Straker, A. 1998. Management of roads as biolinks and habitat zones in Australia. In *Proceedings of the International Conference on Wildlife Ecology and Transportation*, edited by G. L. Evink, P. Garrett, D. Zeigler, and J. Berry, 181 – 88. Publication FL – ER – 69 – 98. Tallahassee: Florida Department of Transportation.

[888] Strategic Highway Research Program. 1991. *Snow Fence Guide*. Washington, D. C. : National Research Council.

[890] Sukopp, H., N. Numata, and A. Huber, eds. 1995. *Urban Ecology as the Basis of Urban Planning*. The Hague, Netherlands: SPB Academic Publishing.

[891] Swanson, F. J., and C. T. Dyrness. 1975. Impact of clear-cutting and road construction on soil erosion by landslides in the western Cascade Range, Oregon. *Geology* 3:393 – 96.

[892] Swanson, F. J., S. L. Johnson, S. V. Gregory, and S. A. Acker. 1998. Flood disturbance in a forested mountain landscape. *BioScience* 48:681 – 89.

[893] Swanson, G. A., T. C. Winter, V. A. Adomaitis, and J. W. LaBaugh. 1988. *Chemical Characteristics of Prairie Lakes in South-Central North Dakota, Their Potential for Influencing Use by Fish and Wildlife*. Technical Report 18. Washington, D. C. : U. S. Fish and Wildlife Service.

[894] Swap, R., M. Garstang, and S. Greco. 1992. Saharan dust in the Amazon Basin. *Tellus* 44B: 133 – 49.

[895] Swift, T. J. 2001. Determinants of optical characteristics of Lake Tahoe, CA – NV. Ph. D. dissertation, University of California, Davis.

[896] Swihart, R. K., and N. A. Slade. 1984. Road crossing in *Sigmodon hispidus* and *Microtus ochrogaster*. *Journal of Mammalogy* 65:357 – 60.

[897] Sykora, K. V., L. J. de Nijs, and T. A. H. M. Pelsma. 1993. *Plantengemeenschappen van Nederlandse wegbermen*. Utrecht, Netherlands: Stichting Uitgeverij Koninklijke Nederlandse Natuurhistorische Vereniging.

[898] Taaffe, E. J., and H. L. Gauthier Jr. 1973. *Geography of Transportation*. Englewood Cliffs, N. J. : Prentice – Hall.

[899] Taaffe, E. J., R. L. Morrill, and P. R. Gould. 1963. Transport expansion in under developed countries: A comparative analysis. *Geophysical Review* 53:503 – 29.

[900] Tabler, R. D. 1974. New engineering criteria for snow fence systems. *Transportation Research*

Record 506:65 – 84.

[901] Tabor, R. 1974. Earthworms, crows, vibrations and motorways. *New Scientist* 62:482 – 83.

[902] Tamm, C. O., and T. Troedsson. 1955. An example of the amounts of plant nutrients supplied to the ground in road dust. *Oikos* 6:61 – 70.

[903] Tanghe, M. 1986. Approche floristique et phytosociologique des espaces verts autoroutiers de la moyernne Belgique (Brabant – Hainaut). *Bulletin de la Société Royale de Botanique de Belgique* 119:22 – 34.

[904] Taskula, T. 1997. The moose ahead. *Traffic Technology International* 42:170 – 73.

[905] Taylor, P. D., L. Fahrig, K. Henein, and G. Merriam. 1993. Connectivity is a vital element of landscape structure. *Oikos* 68:571 – 73.

[906] Ter Haar, G. L., M. E. Griffing, M. Brandt, D. G. Oberding, and M. Kapron. 1975. Methylcyclopentadienyl manganese tricarbonyl as an antiknock: Composition and fate of manganese exhaust products. *Journal of Air Pollution Control Association* 25:858 – 60.

[907] Terrene Institute. 1994. *Urbanization and Water Quality: A Guide to Protecting the Urban Environment.* Washington, D. C.: Terrene Institute.

[908] Thiel, R. P. 1985. Relationship between road densities and wolf habitat suitability in Wisconsin. *American Midland Naturalist* 113:404 – 07.

[910] Thompson, J. R., A. J. Rutter, and P. S. Ridout. 1986. The salinity of motorway soils. 2. Distance from the carriageway and other local sources of variation in salinity. *Journal of Applied Ecology* 23:269 – 80.

[911] Thompson, K., and J. P. Grime. 1979. Seasonal variation in the seed banks of herbaceous species in ten contrasting habitats. *Journal of Ecology* 67:893 – 921.

[912] Thoreau, H. D. 1849. *A Week on the Concord and Merrimack Rivers.* Sentry Edition. Boston: Houghton Mifflin.

[913] Thurber, J. M., R. O. Peterson, T. D. Drummer, and S. A. Thomasma. 1994. Gray wolf response to refuge boundaries and roads in Alaska. *Wildlife Society Bulletin* 22:61 – 68.

[914] Tibke, G. 1988. Basic principles of wind erosion control. *Agriculture, Ecosystems and Environment* 22/23:103 – 22. (Reprinted in J. R. Brandle, D. L. Hintz, and J. W. Sturrock, eds., *Windbreak Technology*, Amsterdam: Elsevier, 1988.)

[915] Tiemann, K. H. 1971. Die Auswirkungen des Strassenverkehrs auf Boden, Pflanzen und Wasser. *Wasserbau TU Hannover* 21:157 – 225.

[916] Tikka, P. M., H. Hogmander, and P. S. Koski. 2001. Road and railway verges serve as dispersal corridors for grassland plants. *Landscape Ecology* 16:659 – 66.

[917] Tilman, D., R. M. May, C. L. Lehman, and M. A. Nowak. 1994. Habitat destruction and the extinction debt. *Nature* 371:65 – 66.

[918] Tinker, D. B., C. A. C. Resor, G. P. Beauvais, K. F. Kipfmueller, C. I. Fernandes, and W. L. Baker. 1998. Watershed analysis of forest fragmentation by clearcuts and roads in a Wyoming forest. *Landscape Ecology* 13:149 – 65.

[919] Tischendorf, L., and L. Fahrig. 2000a. On the usage and measurement of landscape connectivity. *Oikos* 90:7 – 19.

[920] ——. 2000b. How should we measure landscape connectivity? *Landscape Ecology* 15:633 – 41.

[921] Tivy, J. 1990. *Agricultural Ecology*. Harlow, Essex, England: Longman.

[922] Tong, S. T. Y. 1990. Roadside dusts and soils contamination in Cincinnati, Ohio, USA. *Environmental Management* 14:107 – 14.

[923] Townsend, C. R., J. L. Harper, and M. Begon. 2000. *Essentials of Ecology*. Malden, Mass.: Blackwell Science.

[924] Transport Association of Canada. 1995. *Transportation in Canada: A Statistical Overview*. Ottawa: Transport Association of Canada.

[925] Transportation Association of Canada. 2000. *Transportation in Canada* 2000. Ottawa: Transportation Association of Canada.

[926] Transportation Research Board. 1991. *Highway Deicing: Comparing Salt and Calcium Magnesium Acetate*. Special Report 235. Washington, D. C.: National Research Council.

[927] Transportation Research Board. 1993. *Stormwater Management for Transportation Facilities*. NCHRP Synthesis 174. Washington, D. C.: National Research Council.

[928] Treweek, J., and N. Veitch. 1996. The potential application of GIS and remotely sensed data to the ecological assessment of proposed new road schemes. *Global Ecology and Biogeography Letters* 5:249 – 57.

[930] Trombulak, S. C., and C. A. Frissell. 2000. Review of ecological effects of roads on terrestrial and aquatic communities. *Conservation Biology* 14:18 – 30.

[931] Truett, J. C., and S. R. Johnson, eds. 2000. *The Natural History of an Arctic Oil Field: Development and the Biota*. San Diego, Calif.: Academic Press.

[932] Turner, A. K., and R. L. Schuster, eds. 1996. *Landslides: Investigation and Mitigation*. Transportation Research Board Special Report 247. Washington, D. C.: National Academy Press.

[934] Turner, M. G. 1989. Landscape ecology: The effect of pattern on process. *Annual Review of Ecology and Systematics* 20:171 – 97.

[935] Turner, M. G., R. H. Gardner, and R. V. O'Neill. 2001. *Landscape Ecology in Theory and Practice: Pattern and Process*. New York: Springer – Verlag.

[936] Turtle, S. L. 2000. Embryonic survivorship of the spotted salamander (*Ambystoma maculatum*) in roadside and woodland vernal pools in southeastern New Hampshire. *Journal of Herpetology* 34:60 – 67.

[937] Tyser, J. W., and C. A. Worley. 1992. Alien flora in grasslands adjacent to road and trail corridors in Glacier National Park, Montana (USA). *Conservation Biology* 6:253 – 62.

[938] Ujvari, M., H. J. Baagoe, and A. B. Madsen. 1998. Effectiveness of wildlife warning reflectors in reducing deer – vehicle collisions: A behavioral study. *Journal of Wildlife Management* 62:1094 – 99.

[939] Ulanowicz, R. E. 1997. *Ecology, the Ascendent Perspective*. New York: Columbia University Press.

[940] Ullmann, I., and B. Heindl. 1989. Geographical and ecological differentiation of roadside vegetation in temperate Europe. *Botanica Acta* 102: 261 – 340.

[941] Ullmann, I., P. Bannister, and J. B. Wilson. 1995. The vegetation of roadside verges with respect to environmental gradients in southern New Zealand. *Journal of Vegetation Science* 6: 131 – 42.

[942] ——. 1998. Lateral differentiation and the role of exotic species in roadside vegetation in southern New Zealand. *Flora* 193: 149 – 64.

[943] Ullmann, I., B. Heindl, and B. Schug. 1990. Naturraumliche Gliederung derVegetation auf Strassenbegleit – flachen im westlichen Unterfranken. *Tuexenia* 10: 197 – 222.

[944] Underhill, J. E., and P. G. Angold. 2000. Effects of roads on wildlife in an intensively modified landscape. *Environmental Review* 8: 21 – 39.

[945] USDA Forest Service. 1999. *Roads Analysis: Informing Decisions about Managing the National Forest Transportation System*. Miscellaneous Report FS – 643. Washington, D. C.: U. S. Department of Agriculture.

[946] U. S. Department of Transportation. 1999. *Transportation Equity Act for the 21st Century*. Washington, D. C.: Federal Highway Administration.

[947] U. S. Department of Transportation and Environmental Protection Agency Joint Report. 1993. *Clean Air through Transportation: Challenges in Meeting National Air Quality Standards*. Washington, D. C.

[948] U. S. Fish and Wildlife Service. 1981. *Standards for the Development of Suitability Index Models*. Ecological Services Manual 103. Washington, D. C.: U. S. Department of Interior.

[950] ——. 2001. *Karner Blue Butterfly* (Lycaeides melissa samuelis) *Recovery Plan*. Technical Agency Draft. Fort Snelling, Minn.: U. S. Fish and Wildlife Service.

[951] van Bohemen, H., C. Padmos, and H. deVries. 1994. Versnippering – ontsnippering: Beleid en onderzoek bij verkeer en waterstaat. *Landschap* 1994, no. 3: 15 – 25.

[952] van Bohemen, H. D. 1996. Mitigation and compensation of habitat fragmentation caused by roads: Strategy, objectives and practical measures. *Transportation Research Record* 1475: 133 – 37.

[953] ——. 1998. Habitat fragmentation, infrastructure and ecological engineering. *Ecological Engineering* 11: 199 – 207.

[954] van der Sluijs, J., and P. J. M. Melman. 1991. Layout and management of planted road and canal verges. In *Nature Engineering and Civil Engineering Works*, edited by P. Aanen, W. Alberts, G. J. Bekker, et al., 79 – 85. Wageningen, Netherlands: Pudoc.

[955] van der Sluijs, J., and H. D. van Bohemen. 1991. Green elements of civil engineering works and their (potential) ecological importance. In *Nature Engineering and Civil Engineering Works*, edited by P. Aanen, W. Alberts, G. J. Bekker, et al., 21 – 32. Wageningen, Nether-

lands: Pudoc.

[956] van der Zande, A. N., W. J. Ter Keurs, and W. J. van der Weijden. 1980. The impact of roads on the densities of four bird species in an open field habitat: Evidence of a long - distance effect. *Biological Conservation* 18:299 - 321.

[957] VanderZanden, M. J., G. Cabana, and J. B. Rasmussen. 1999. Stable isotope evidence for food web consequences of species invasions in lakes. *Nature* 401:464 - 67.

[958] van der Zee, F. F., J. Wiertz, C. J. F. Ter Braak, and R. C. Apeldoorn. 1992. Landscape change as a possible cause of the badger *Meles meles* L. decline in The Netherlands. *Biological Conservation* 61:17 - 22.

[959] van Dorp, D., P. Schippers, and J. M. van Groenendael. 1997. Migration rates of grassland plants along corridors in grassland landscapes assessed with a cellular automation model. *Landscape Ecology* 12:39 - 50.

[960] van Dyke, F. B., R. H. Brocke, H. G. Shaw, B. B. Ackerman, T. P. Hemker, and F. G. Lindzey. 1986. Reactions of mountain lions to logging and human activity. *Journal of Wildlife Management* 50:95 - 102.

[961] van Eimern, J., R. Karschon, L. A. Razumova, and G. W. Robertson. 1964. *Windbreaks and Shelterbelts*. Technical Note 59. Geneva: World Meteorological Organization.

[962] Vankat, J. L., and D. G. Roy. 2002. Landscape invasibility by exotic species. In *Applying Landscape Ecology in Biological Conservation*, edited by K. J. Gutzwiller, 170 - 91. New York: Springer.

[963] Vannote, R. L., G. W. Minshall, K. W. Cummins, J. R. Sedell, and C. E. Cushing. 1980. The river continuum concept. *Canadian Journal of Fisheries and Aquatic Science* 37:130 - 37.

[964] Vassant, J., S. Brandt, and J. M. Jullien. 1993a. Influence du passage de l'autoroute A5 sur les populations cert et sanglier du Massif d'Arc - en - Banois: lèr partie. *Bulletin de l'Office National de la Chasse* 183:15 - 25.

[965] ——. 1993b. Influence du passage de l'autoroute A5 sur les populations cert et sanglier du Massif d'Arc - en - Banois: 2ème partie. *Bulletin de l'Office National de la Chasse* 184: 24 - 33.

[966] Vavrek, M. C., N. Fetcher, J. B. McGraw, G. R. Shaver, F. S. Chapin Ⅲ, and B. Bovard. 1999. Recovery of productivity and species diversity in tussock tundra following disturbance. *Arctic, Antarctic, and Alpine Research* 31:254 - 58.

[967] Veen, J. 1973. De verstoring van weidevogelpopulaties. *Stedeb. en Volkshuisv* 53:16 - 26.

[968] Veenbaas, G., and G. J. Brandjes. 1999. The use of fauna passages along waterways under motorways. In *Key Concepts in Landscape Ecology*, edited by J. W. Dover and R. G. H. Bunce, 315 - 20. Preston, England: International Association for Landscape Ecology.

[970] Venier, L., and L. Fahrig. 1996. Habitat availability causes the species abundancedistribution relationship. *Oikos* 76:564 - 70.

[971] Verkaar, H. J., and G. J. Bekker. 1991. The significance of migration to the ecological quality

of civil engineering works and their surroundings. In *Nature Engineering and Civil Engineering Works*, edited by P. Aanen, W. Alberts, G. J. Bekker, et al., 44 - 61. Wageningen, Netherlands: Pudoc.

[972] Verkaar, H. J., P. Aanen, and C. F. van de Watering. 1991. Theoretical background to the application of nature engineering knowledge. In *Nature Engineering and Civil Engineering Works*, edited by P. Aanen, W. Alberts, G. J. Bekker. et al., 33 - 43. Wageningen, Netherlands: Pudoc.

[973] Vermeulen, H. J. W. 1994. Corridor function of a road verge for dispersal of stenotopic heathland ground beetles (Carabidae). *Biological Conservation* 69: 339 - 49.

[974] Vermeulen, H. J. W., and P. F. M. Opdam. 1995. Effectiveness of roadside verges as dispersal corridors for small ground - dwelling animals: A simulation study: *Landscape and Urban Planning* 31: 233 - 48.

[975] Vermuelen, J., and T. Whitten, eds. 1999. *Conservation of Biodiversity and Cultural Property in the Exploitation of Limestone: Lessons from East Asia*. World Bank Technical Paper (prepublication draft). Washington, D. C.: World Bank.

[976] Vigier, F. 1987. Housing in Tunis. Cambridge, Mass.: Graduate School of Design, Harvard University.

[977] Vileisis, A. 1997. *Discovering the Unknown Landscape: A History of America's Wetlands*. Washington, D. C.: Island Press.

[978] Vitousek, P. M., and R. W. Howarth. 1991. Nitrogen limitation on land and in the sea: How can it occur? *Biogeochemistry* 13: 87 - 115.

[979] Vitousek, P. M., J. D. Aber, R. W. Howarth, G. E. Likens, P. A. Matson, D. W. Schindler, W. H. Schlesinger, and D. G. Tilman. 1997. Human alteration of the global nitrogen cycle: Sources and consequences. *Ecological Applications* 7: 737 - 50.

[980] Voorhees, A. M. 1956. *A General Theory of Traffic Flow*. 1955 Proceedings. New Haven, Conn.: Institute of Traffic Engineers.

[981] Vos, C. C. 1997. Effects of road density: A case study of the moor frog. In *Habitat Fragmentation & Infrastructure*, edited by K. Canters, 93 - 97. Delft, Netherlands: Ministry of Transport, Public Works and Water Management.

[982] Vos, C. C., and J. P. Chardon. 1998. Effects of habitat fragmentation and road density on the distribution pattern of the moor frog *Rana arvalis*. *Journal of Applied Ecology* 35: 44 - 56.

[983] Vos, C. C., H. Baveco, and C. J. Grashof - Bokdam. 2002. Corridors and species dispersal. In *Applying Landscape Ecology in Biological Conservation*, edited by K. J. Gutzwiller, 84 - 104. NewYork: Springer.

[984] Wace, N. 1977. Assessment of dispersal of plant species: The car - borne flora in Canberra. *Proceedings of the Ecological Society of Australia* 10: 167 - 86.

[985] ——. 2000. The botany of the motor car. In *The Best of the Science Show*, edited by R. Williams, 70 - 79. Sydney, Australia: Nelson.

[986] Wade, K. J., J. T. Flanagan, A. Currie, and D. J. Curtis. 1980. Roadside gradients of lead and zinc concentrations in surface - dwelling invertebrates. *Environmental Pollution* (Series B) 1:87 - 93.

[987] Wales, B. A. 1972. Vegetation analysis of northern and southern edges in a mature oak - hickory forest. *Ecological Monographs* 42:451 - 71.

[988] Walker, D. A. 1996. Disturbance and recovery of arctic Alaskan vegetation. In *Landscape Function and Disturbance in Arctic Tundra*, edited by J. F. Reynolds and J. D. Tenhunen, 35 - 71. New York and Berlin: Springer - Verlag.

[990] Walker, D. A., and K. R. Everett. 1987. Road dust and its environmental impact on Alaskan taiga and tundra. *Arctic and Alpine Research* 19:479 - 89.

[991] Walker, D. A., and M. D. Walker. 1991. History and pattern of disturbance in Alaskan arctic terrestrial ecosystems: A hierarchical approach to analyzing landscape change. *Journal of Applied Ecology* 28:244 - 76.

[992] Walker, D. A., D. Cate, J. Brown, and C. Racine. 1987a. *Disturbance and Recovery of Arctic Alaskan Tundra Terrain: A Review of Recent Investigations*. Report 87 - 11. Hanover, N. H.: Cold Regions Research and Engineering Laboratory.

[993] Walker, D. A., P. J. Webber, E. F. Binnian, K. R. Everett, N. D. Lederer, E. A. Norstrand, and M. D. Walker. 1987b. Cumulative impacts of oil fields on northern Alaskan landscapes. *Science* 338:757 - 61.

[994] Walling, E. 1985. *Country Roads: The Australian Roadside*. Lilydale, Victoria, Australia: Pioneer Design Studio.

[995] Wallis, M. 2001. *Route* 66: *The Mother Road*. New York: St. Martin's Griffin.

[996] Walter, K. 2000. Ecosystem effects of the invasion of Eurasian watermilfoil (*Myriophyllum spicatum*) at Lake Tahoe. Master's thesis, University of California, Davis.

[997] Ward, A. L. 1982. Mule deer behavior in relation to fencing and underpasses on Interstate 80 in Wyoming. *Transportation Research Record* 859:8 - 13.

[998] Ward, J. V. 1989. The four dimensional nature of lotic ecosystems. *Journal of the North American Benthological Society* 8:2 - 8.

[999] Waring, G. H., J. L. Griffis, and M. E. Vaughn. 1991. White - tailed deer roadside behavior, wildlife warning reflectors, and highway mortality. *Applied Animal Behavior Science* 29: 215 - 23.

[1000] Warner, R. E., G. B. Joselyn, and S. L. Etter. 1987. Factors affecting roadside nesting by pheasants in Illinois. *Wildlife Society. Bulletin* 15:221 - 28.

[1001] Warren, E. R. 1936. Casualties among animals on mountain roads. *Science* 83:14.

[1002] Warren, M. L., and M. G. Pardew. 1998. Road crossings as barriers to smallstream fish movement. *Transactions of the American Fisheries Society* 127:637 - 44.

[1003] Washington Forest Practices Board. 1995. *Standard Methodology for Conducting Watershed Analysis under Chapter* 222 - 22 *WAC, Version 3.0*. Olympia, Wash.: Department of Natural Resources, Forest Practices Division.

[1004] Wasser, S. K., K. Bevis, G. King, and E. Hanson. 1997. Noninvasive physiological measures of disturbance in the northern spotted owl. *Conservation Biology* 11:1019 – 22.

[1005] Waters, D. 1988. *Monitoring Program Mitigative Measures: Trans – Canada Highway Twinning*. Final Report to Parks Canada. Alberta, Canada: Banff National Park.

[1006] Watson, R. T., I. R. Noble, B. Bolin, N. H. Ravindranath, D. J. Verardo, and D. J. Dokken. 2000. *Land Use, Land – Use Change, and Forestry*. Special Report of the Intergovernmental Panel on Climate Change (IPCC). New York and Cambridge: Cambridge University Press.

[1007] Watts, M. T. 1975. *Reading the Landscape of America*. NewYork: Macmillan.

[1008] Way, J. M. 1977. Roadside verges and conservation in Britain: A review. *Biological Conservation* 12:65 – 74.

[1009] Wayne, R. K., S. B. George, D. Gilbert, P. W. Collins, S. D. Kovach, D. Girman, and N. Lehman. 1991. A morphologic and genetic study of the island fox *Urocyon littoralis*. *Evolution* 45:1849 – 68.

[1010] Weathers, K. C., M. L. Cadenasso, and S. T. A. Pickett. 2001. Forest edges as nutrient and pollutant concentrators: Potential synergisms between fragmentation, forest canopies, and the atmosphere. *Conservation Biology* 15:1506 – 14.

[1011] Weaver, T., and D. Dale. 1978. Trampling effects of hikers, motorcycles and horses in meadows and forest. *Journal of Applied Ecology* 15:451 – 57.

[1012] Webb, R. H. 1982. Off – road motorcycle effects on a desert soil. *Environmental Conservation* 9:197 – 208.

[1013] Webb, R. H., and H. G. Wilshire, eds. 1983. *Environmental Effects of Off – Road Vehicles: Impact and Management in Arid Regions*. NewYork: Springer – Verlag.

[1014] Webber, M. 1992. The joys of automobility. In *The Car and the City: The Automobile, the Built Environment and Daily Life*, edited by M. Wachs and M. Crawford, 274 – 84. Ann Arbor: University of Michigan Press.

[1015] Webster's Third New International Dictionary: The English Language Unabridged. 1986. Springfield, Mass.: Merriam – Webster.

[1016] Weiner, E. 1997. *Urban Transportation Planning in the United States: An Historical Overview*. Publication DOT – T – 97 – 20. Washington, D. C.: U. S. Department of Transportation.

[1017] Wemple, B. C., J. A. Jones, and G. E. Grant. 1996. Channel network extension by logging roads in two basins, western Cascades, Oregon. *Water Resources Bulletin* 32:1195 – 1207.

[1018] Wemple, B. C., F. J. Swanson, and J. A. Jones. 2001. Forest roads and geomorphic process interactions, Cascade Range, Oregon. *Earth Surface Processes and Landforms* 26:191 – 204.

[1019] West, G. B., J. H. Brown, and B. J. Enquist. 1997. A general model for the origin of allometric scaling laws in biology. *Science* 276:122 – 26.

[1020] Wester, L., and J. O. Juvik. 1983. Roadside plant communities on Mauna Loa, Hawaii. *Jour-*

nal of Biogeography 10:307 – 16.

[1021] Westhoff, V., P. A. Bakker, C. G. van Leeuwen, and E. E. van der Maarel. 1970. *Wilde planten: Flora en vegetatie in onze natuurgebieden*. Amsterdam: Vereniging tot Behoud van Natuurmonumenten.

[1022] Wetzel, R. G., and G. E. Likens. 1991. *Limnological Analysis*. Philadelphia: W. B. Saunders.

[1023] White, F. B. 1927. Birds and motor cars. *Auk* 44:265 – 66.

[1024] ——. 1929. Birds and motor cars. *Auk* 50:236.

[1025] Whitney, G. G., and W. C. Davis. 1986. From primitive woods to cultivated woodlots: Thoreau and the forest history of Concord, Massachusetts. *Journal of Forest History* 30:70 – 81.

[1026] Whittaker, R. H. 1975. *Communities and Ecosystems*. NewYork: Macmillan.

[1027] Whitten, K., and R. D. Cameron. 1983. Movements of collared caribou, *Rangifer tarandus*, in relation to petroleum development on the Arctic Slope of Alaska. *Canadian Field – Naturalist* 97:143 – 46.

[1028] Whyte, W. H. 1980. *The Solial Life of Small Urban Spaces*. Washington, D. C.: Conservation Foundation.

[1030] Wiche, G. J., R. M. Lent, W. F. Rannie, and A. V. Vecchia. 1997. A history of lakelevel fluctuations for Devils Lake, North Dakota, since the early 1800s. In *Proceedings of the 89th Annual Meeting*, 34 – 39. Grand Forks: North Dakota Academy of Science.

[1031] Wiche, G. J., A. V. Vecchia, L. Osborne, C. M. Wood, and J. T. Fay. 2000. *Climatology, Hydrology, and Simulation of an Emergency Outlet, Devils Lake Basin, North Dakota*. U. S. G. S. Water Resources Investigations Report 00 – 4174. Bismarck, N. D.: U. S. Geological Survey.

[1032] Wiens, J. A. 1996. Wildlife in patchy environments: Metapopulations, mosaics, and management. In *Metapopulations and Wildlife Conservation*, edited by D. R. McCullough, 53 – 84. Washington, D. C.: Island Press.

[1033] ——. 2002. Central concepts and issues of landscape ecology. In *Applying Landscape Ecology in Biological Conservation*, edited by K. J. Gutzwiller, 3 – 21. New York: Springer.

[1034] Wiggins, G. B., R. J. Mackay, and I. M. Smith. 1980. Evolutionary and ecological strategies of animals in annual temporal pools. *Archives fur Hydrobiologia Supplement* 58:97 – 206.

[1035] Wilcox, B. A., and D. D. Murphy. 1985. Conservation strategy: The effects of fragmentation on extinction. *American Naturalist* 125:879 – 87.

[1036] Wilcox, D. A. 1989. Migration and control of purple loosestrife (*Lythrum salicaria* L.) along highway corridors. *Environmental Management* 13:365 – 70.

[1037] Wilder, T. 1995. *Fort McCoy Karner Blue Butterfly Conservation Plan*. Fort McCoy, Wis.: Directorate of Public Works, Environmental and Natural Resources Division.

[1038] Wilkins, K. T. 1982. Highways as barriers to rodent dispersal. *Southwestern Naturalist* 27: 459 – 60.

[1039] Williams, P. J. 1995. Permafrost and climate change: Geotechnical considerations. *Philosophical Transactions: Physical Sciences and Engineering* 3:56 – 60.

[1040] Williamson, P., and P. R. Evans. 1972. Lead: Levels in roadside invertebrates and small mammals. *Bulletin of Environmental Contamination and Toxicology* 8:280 – 88.

[1041] Wilson, E. O. 1984. *Biophilia*. Cambridge: Harvard University Press.

[1042] ——. 1996. *The Diversity of Life*. Cambridge: Belknap Press of Harvard University Press.

[1043] Wilson, J. B., G. L. Rapson, M. T. Sykes, A. J. Watkins, and P. A. Williams. 1992. Distributions and climatic correlations of some exotic species along roadsides in South Island, New Zealand. *Journal of Biogeography* 19:183 – 94.

[1045] Winner, W. E. 1994. Mechanistic analysis of plant responses to air pollution. *Ecological Applications* 4:651 – 61.

[1046] Winter, T. C. 2001. The concept of hydrologic landscapes. *Journal of the American Water Resources Association* 37:335 – 49.

[1047] Winter, T. C., J. W. Harvey, O. L. Franke, and W. M. Alley. 1998. *Ground Water and Surface Water: A Single Resource*. Circular 1139. Reston, Va.: U. S. Geological Survey.

[1048] Wisconsin Department of Transportation. 1995. FHWA/NEPA Project Development Process. Unpublished report. Madison: Wisconsin Department of Transportation.

[1050] Wisdom, M. J., R. S. Holthausen, and B. K. Wales. 2000. *Source Habitats for Terrestrial Vertebrates of Focus in the Interior Columbia Basin: Broad – Scale Trends and Management Implications*. General Technical Report PNW GTR – 485. Portland, Ore.: USDA Forest Service.

[1051] With, K. A., and A. W. King. 1999. Extinction thresholds for species in fractal landscapes. *Conservation Biology* 13:314 – 26.

[1052] Wohlgemuth, N. 1997. World transport energy demand modeling: Methodology and elasticities. *Energy Policy* 25:1109 – 19.

[1053] Wolska, L., W. Wardencki, M. Wiergowski, et al. 1999. Evaluation of pollution degree of the Odra river basin with organic compounds after the 1997 summer flood: General comments. *Acta Hydrochimica et Hydrobiologica* 27:343 – 49.

[1054] Woods, J. G. 1990. *Effectiveness of Fences and Underpasses on the Trans – Canada Highway and Their Impact on Ungulate Populations*. Report to Banff National Park Warden Service. Banff, Alberta.

[1055] Woodward, S. M. 1990. Population density and home range characteristics of woodchucks, *Marmota monax*, at expressway interchanges. *Canadian Field – Naturalist* 104: 421 – 28.

[1056] World Commission on Environment and Development. 1987. *Our Common Future*. New York: Oxford University Press.

[1057] World Health Organization. 1981. Manganese. In *Environmental Health Criteria* 17. Geneva: World Health Organization.

[1058] Wyatt, R. 1996. More on the southward spread of common milkweed, *Asclepias syriaca* L. *Bulletin of the Torrey Botanical Club* 123:68 – 69.

[1059] Wyatt, R., A. Stoneburner, S. B. Broyles, and J. R. Allison. 1993. Range extension southward in common milkweed, *Asclepias syriaca* L. *Bulletin of the Torrey Botanical Club* 120:177 – 79.

[1060] Yanes, M., J. Velasco, and F. Suárez. 1995. Permeability of roads and railways to vertebrates: The importance of culverts. *Biological Conservation* 71:217 – 22.

[1061] Yost, A. C., and R. G. Wright. 2001. Moose, caribou, and grizzly bear distribution in relation to road traffic in Denali National Park, Alaska. *Arctic* 54:41 – 48.

[1062] Young, A., and N. Mitchell. 1994. Microclimate and vegetation edge effects in a fragmented podocarp – broadleaf forest in New Zealand. *Biological Conservation* 67:63 – 72.

[1063] Young, G. K., S. Stein, P. Cole, T. Kammer, F. Graziano, and F. Bank. 1996. *Evaluation and Management of Highway Runoff Water Quality*. Publication FHWA – PD – 96 – 032. Washington, D. C.: Federal Highway Administration, U. S. Department of Transportation.

[1064] Young, W. C. 1968. Ecology of roadside treatment: To successfully treat a roadside with vegetation, one need only follow basic ecological principles and simulate nature's way of revegetating a disturbed site. *Journal of Soil and Water Conservation* 23:47 – 50.

[1065] Zachar, D. 1982. *Soil Erosion*. Amsterdam: Elsevier.

[1066] Zacks, J. L. 1986. Do white – tailed deer see red? Premise underlying the design of Swareflex wildlife reflectors. *Transportation Research Record* 1075:35 – 43.

[1067] Zembrzuski, T. J., Jr., and M. L. Evans. 1989. *Flood of April* 4 – 5, 1987, *in Southeastern New York State, with Flood Profiles of Schoharie Creek*. U. S. G. S. Water Resources Investigations Report 89 – 4084. Albany, N. Y.: U. S. Geological Survey.

[1068] Ziegler, A. D., R. A. Sutherland, and T. W. Giambelluca. 2001. Interstorm surface preparation and sediment detachment by vehicle traffic on unpaved mountain roads. *Earth Surface Processes and Landforms* 26:235 – 50.

[1070] Zielinski, J. A. 2002. Open spaces and impervious surfaces: Model development principles and benefits. In *Handbook of Water Sensitive Planning and Design*, edited by R. L. France, 49 – 64. Boca Raton, Fla.: Lewis Publishers.

[1071] Zimmerman, R. 2002. Global warming, infrastructure, and land use in the metropolitan NewYork area: Prevention and response. In *Global Climate Change and Transportation: Coming to Terms*, 55 – 64. Washington, D. C.: Eno Transportation Foundation.

[1072] Zimmerman, R., and M. Cusker. 2001. Institutional decision – making. In *Climate Change and a Global City: The Potential Consequences of Climate Variability and Change—Metro East Coast*, chapter 9. Report for the U. S. Global Change Research Program, National Assessment of the Potential Consequences of Climate Variability and Change for the United States. New York: Columbia Earth Institute.

[1073] Zobel, D. B., L. F. Roth, and G. M. Hawk. 1985. *Ecology, Pathology and Management of Port – Orford Cedar* (Chamaecyparis lawsoniana). General Technical Report PNW – TER – 184. Portland, Ore.: USDA Forest Service.

[1074] Zonneveld, I. S., and R. T. T. Forman, eds. 1990. *Changing Landscapes: An Ecological Perspective*. NewYork: Springer – Verlag.

[1075] Zug, L. S. 1997. Habitat, water quality, and wetland preservation: U. S. Route 220 (I – 99) replacement wetlands, Blair County, Pennsylvania. *Wetland Journal* 9(4): 3 – 7.

[1076] Zwaenepoel, A. 1996. Wegbermen in Vlaanderen: Een refugium voor botanische zeldzaamheden. *Dumortiera* 64/65: 25 – 35.

[1077] Zwaenepoel, A. 1997. Floristic impoverishment by changing unimproved roads into metalled roads. In *Habitat Fragmentation & Infrastructure*, edited by K. Canters, 127 – 137. Delft, Netherlands: Ministry of Transport, Public Works and Water Management.

[1078] ——. 1998. *Werk aan de berm! Handboek botanishch bermbeheer*. Antwerp, Belgium: Stichting Leefmilieu.

关于作者

Richard T. T. Forman 是哈佛大学景观生态学佩斯(PAES)教授,在研究生设计学院和哈佛学院教授生态学课程。研究和论文涵盖景观和区域生态学、道路生态学、土地利用规划和保育、空间栅格性质以及人类与土地镶嵌体。他在地面交通和环境领域服务于两所国家级科学院委员会,在 1996 年开始发表道路生态学论文。他的著作包括《土地马赛克:景观和区域生态学》(Land Mosaics:The Ecology of Landscapes and Regions)(剑桥大学出版社,1995),《景观设计以及土地利用规划中的景观生态学原理》(岛屿出版社,1996)。他是美国科学促进会(AAAS)成员,曾担任美国生态学会及国际景观生态学会副主席;获得过来自包括意大利、澳大利亚、法国、捷克、中国和英国的许多奖项和荣誉,被评为杰出景观生态学家(美国),他还收到过林德贝克基金(Lindback Foundation Award)颁发的杰出教学奖。早年在哈佛福德学院获得理学学士学位,在美国宾夕法尼亚大学获得哲学博士,并从迈阿密大学、哈佛大学、佛罗里达国际大学获得若干荣誉学位,曾任教于威斯康星大学、罗格斯大学,以及中南美地区。地址:Harvard University,Harvard Design School,Cambridge,Massachusetts,02138,USA。

Daniel Sperling 是美国加州大学戴维斯分校土木工程和环境科学与政策领域的教授,任该分校交通研究所(ITS – Davis)创始主任。他被认为是交通技术评估、交通能源和环境、交通运输政策方面最重要的国际专家。他曾发表或合著过 140 篇技术论文和 6 部著作,是《交通研究 D 类》(*Transportation Research D*(*Environment*))副主编,目前任 4 个学术期刊的编委会成员,7 个国家科学院委员会在运输和环境方面的成员,创办并主持美国交通研究会(U. S. Transportation Research Board)替代燃料委员会。他无数次为美国国会和美国政府多个机构提供佐证。1993 年他获得了 Gilbert F. White 未来资源奖学金,1996 年获得美国加州大学戴维斯分校杰出公共服务奖,1997 年获得萨克拉门托美国肺脏协会清洁空气奖,2002 年获得清洁空气协会 Carl Moyer 科学成就奖。地址:Institute of Transportation Studies, One Shields Avenue,University of California,Davis,California,95616,USA。

John A. Bissonette 是美国地质调查局的研究员。他领导犹他州鱼类和野生动物合作研究机构(Utah Cooperative Fish and Wildlife Research Unit),其研究兴趣包括景观对野生动物物种的影响。另外,他还对景观生态学的概念构建以及如何在现实生活中加以应用饶有兴趣。他完成了 3 部著作,包括《为可持续未来整合人与野生动物》(Integrating People and Wildlife for a Sustainable Future)(野生动物协会,1995);《野生动物与景观生态:格局和尺度影响》(Wildlife and Landscape Ecology:Effects of Pattern and Scale)(Springer,1997),以及《景观生态与资源管理:理论联系实际》(Ecology and Resource Management:Linking Theory with Practice)(岛屿出版社,2002)。他曾应邀在澳大利亚、德国和葡萄牙作主题演讲,2002 年慕尼黑工业大学高级富布莱特学者。在工作之余或不出差时，他会在犹他州的山中骑马。地址：USGS Utah Cooperative Fish and Wildlife Research Unit, College of Natural Resources, Utah State University, Logan, Utah, 84322, USA。

Anthony P. Clevenger 是一位研究野生动物的生态学家，目前受聘于加拿大联邦公园部，从事对班夫山谷以及周边国家级和省级公园中道路对野生动物种群影响的研究。在这方面，其研究主要集中在对哺乳动物通过排水涵洞和野生动物通道的影响因子研究上，并开发了基于地理信息系统的建模方法，来识别道路沿线缓解措施的实施地点，并开展了影响野生动物死亡率的空间格局和因素的调查。他作为野生动物方面的生物学家，曾经为世界自然基金国际协会（瑞士格兰德）、法国环境部（图卢兹）、美国林务局以及美国国家公园服务中心服务。Clevenger博士毕业于美国加州大学伯克利分校，从田纳西大学获得野生动物生态学硕士学位，在西班牙莱昂大学获得动物学博士学位，他从 1989 年起就成为田纳西大学兼任助理教授，1998 后服务于卡尔加里大学。地址：3 – 625 Fourth Street, Canmore, Alberta T1W 267, Canada。

Carol D. Cutshall 是威斯康星州交通部环境局局长。她曾负责审批该部环境影响报表。她的工作人员在历史、考古、空气和噪声分析、濒危物种、水质、湿地、土地利用与社会经济因素方面提供技术援助。该部门中的石油类污染场址的清洁项目以及湿地缓解筑坝计划都归在该局。Cutshall 全面负责该局环保政策和行政规章的制定。她在美国国家公路和运输官员协会环境常务委员会非常活跃。还担任着运输研究委员会主席职务，负责交通环境分析。她在威斯康星 – 麦迪逊大学获得其城市和区域规划硕士学位。地址：Bureau of Environment, Wisconsin Department of Transportation, P. O. Box 7965, Madison, Wisconsin, 53707, USA。

Virginia H. Dale 是一位生态学家，主要为土地利用变化、森林扰动后发育、景观生态、环境决策等问题寻求解决方法。她在华盛顿大学获得数学生态学博士学位。现在美国田纳西州橡树岭国家实验室环境科学部担任合作研究员，而她自 1984 年以来就一直是那里的工作人员。她从事资源管理，植被扰动恢复，大气污染和气候变化对森林、热带毁林影响方面的建模工具和指标开发，并在土地利用的变化中结合了社会经济和生态模型。她还从事过土地利用变化对热带拉丁美洲的影响、军事保留区稀有物种管理和圣海伦斯火山在 1980 年遭受扰动后的生态恢复等课题研究。她还是环境保护署、大自然保护基金会、国家科学院、环境问题科学委员会以及大峡谷监测和研究中心咨询委员会的成员。她亦是《环境管理》（Environmental Management）杂志社的主编。地址：Environmental Sciences Division, P. O. Box 2008, Oak Ridge National Laboratory, Oak Ridge, Tennessee, 37831, USA。

Lenore Fahrig 是加拿大渥太华卡尔顿大学生物学教授。Fahrig 博士研究景观结构对野生动物种群的影响。她利用空间仿真建模，用各种各样的生物，包括植物、昆虫、两栖类、哺乳类和鸟类来开展预测并实施检验。她目前在道路系统生态学方面的工作包括道路对小型哺乳动物和两栖类动物种群和运动的影响，以及种群对道路网响应方面的广义仿真建模的实证研究。Fahrig 博士已发表了 50 多篇景观生态学方面的论文。她最近的许多论文着眼于道路的生态影响方面。她目前是美国国家科学院道路密度的生态影响专业委员会的成员。地址：Carleton University,Department of Biology,Ottawa,Ontario,K1S 5B6,Canada。

Robert France 是哈佛大学设计学院副教授,教授流域管理、城市雨水设计和环境理论课程。他是专门从事生态恢复的 W. D. N. R. G. Limnetics 公司的总裁。他开展水生生态(湖沼学)对河岸带毁林的影响研究。发表过 100 多篇科学论文,重点涉及加拿大北极地区的水陆互动、稳定同位素、生物多样性、污染物和冰间湖。他撰写和编辑的书籍包括了《水敏感规划及设计手册》(Lewis Publishing,2002)。他还主编了一套题为《水资源管理和土地开发的综合研究》的系列丛书,并由刘易斯出版社(Lewis Publishing)出版。France 博士在马尼托巴大学获得理学学士学位;在温尼伯淡水研究所获得硕士学位;在多伦多大学获得博士学位。曾经从事研究并任教于麦吉尔大学。地址:Harvard University, Harvard Design School, Cambridge, Massachusetts,02138,USA。

Charles R. Goldman 是加州大学戴维斯分校环境科学和政策系的湖沼学教授。他曾担任加州大学戴维斯分校环境研究部主席和生态研究所创始所长,目前他担任 Tahoe 研究团队的负责人。长达 40 多年对加州 Tahoe 湖的研究中涉及湖泊动力学、富营养化、发展人工湿地、公路除冰剂,以及与俄罗斯贝加尔湖的对比分析和世界范围的水电蓄水。Goldman 博士在伊利诺伊州大学获得学士和硕士学位,并在密歇根大学获得湖沼渔业博士学位。他的奖项包括意大利的古根海姆奖学金、拉普兰美国国家科学基金会(NSF)资深博士后奖学金,国会南极服务奖章,南斯拉夫富布赖特奖学金以及爱因斯坦世界科学奖。他担任美国生态学会副主席,美国湖沼学和海洋学学会主席。他已出版 4 本专著,并发表了 400 多篇论文,他的研究结果也经常被州、联邦甚至国际上所应用,作为决策依据,包括保护和合理使用所有大陆上的水生资源。地址:University of California, Department of Environmental Science and Policy, Davis, California, 95616,USA。

Kevin Heanue 在美国联邦公路局服务 40 年后,曾经从事过交通运输规划咨询、环境分析、组织发展以及其他相关工作。他的咨询实践也包括参与了 ENO 运输基金会(Eno Transportation Foundation)、美国公路使用者联盟(American Highway Users Alliance)、运输研究委员会(Transportation Research Board)以及联邦公路局(FHWA)的许多项目。在他的联邦生涯中,有长达 8 年的时间担任环境与规划办公室主任,管理全州的多式联运、城市规划和环境项目。他在运输研究委员会非常活跃,目前作为专职小组主席负责可持续环境中的交通运输项目。在 1970 年至 1971 年,他为联合国计划开发署在爱尔兰都柏林指导一项运输研究项目。他曾经为世界银行在中国开展咨询服务,并参与世行国际督导小组的工作,开展城市交通战略审查。他在塔夫茨大学(Tufts University)获得土木工程学士学位,并在佐治亚理工学院获得土木工程硕士学位。地址:610 Pullman Place, Alexandria, Virginia,22305,USA。

Julia A. Jones 是俄勒冈州立大学地球科学系教授,她在那里教授与空间统计、景观生态、流域动力学和地理分析有关的研究生和本科生课程。她的研究兴趣包括全国林地路网水文效应、路边植物、物理溪流过程以及在景观到区域尺度上生态和物理过程的时空分析。Jones博士获得罕布什尔大学(Hampshire College)经济发展学学士,并在美国约翰·霍普金斯大学(Johns Hopkins University)获得国际关系硕士以及地理和环境工程博士学位。她曾在华盛顿特区担任"未来资源"(Resource for the Future)研究助理,并在加利福尼亚大学圣巴巴拉分校(University of California, Santa Barbara)担任地理与环境研究方面的副教授。地址:Oregon State University, Department of Geosciences, Corvallis, Oregon, 97331, USA。

Frederick J. Swanson是美国农业部林务局位于俄勒冈Corvallis太平洋西北研究站(Pacific Northwest Research Station)的一名地质学研究员,并担任林务局位于俄勒冈州Cascade山区Andrews试验林场(H. J. Andrews Experimental Forest in the Oregon Cascade Range)的生态系统研究小组首席科学家。自1980年以来,他就一直是美国国家科学基金会赞助的设在Andrews林区的生态研究长期计划的领导者。在30年的职业生涯中,Swanson博士的研究着重于山地景观下森林与溪流生态系统的地球物理过程在自然条件和土地管理影响下的相互作用,也包括道路。他所感兴趣的科学和政策的互动内容部分已反映在了他与其他人员联合编辑的《生物区域评估:科学在管理和政策的十字路口》(岛屿出版社,1999)当中。他从宾夕法尼亚州立大学获得学士学位,在俄勒冈大学获得博士学位,并同为地质专业。地址:USDA Forest Service, 3200 Jefferson Way, Corvallis, Oregon, 97331, USA。

Thomas Turrentine是在秘鲁安第斯山的村子里开始他有关文化变迁的人类学职业研究的。在过去的12年里,他一直同美国加州大学戴维斯分校交通研究所一起研究消费者和公民对清洁汽车技术和政策的响应问题。Turrentine博士一直致力于戴维斯分校跨学科研究中心的发展和筹资上,使得中心侧重点在于了解脆弱环境下相关的交通运输问题。目前,他正在从事燃料电池汽车的市场策略。他在加州大学戴维斯分校获得人类学博士学位,并获得过魁北克拉瓦尔大学(University of Laval, Quebec)博士后奖学金。他曾经在秘鲁、玻利维亚、智利、加拿大、新西兰、美国开展各种研究;曾服务于经合组织的一个小组(OECD panel),帮助寻求解决汽车使用带来的负面影响的方案。目前为美国国家公园服务,解决汽车使用给国家公园带来的环境影响问题。地址:Institute of Transportation Studies, One Shields Avenue, University of California, Davis, California, 95616, USA。

Thomas C. Winter是设在科罗拉多州丹佛的美国地质调查局的一位高级水文学研究员。他在明尼苏达大学获得地质学学士、硕士和水文学博士学位。从1961年至1972年他一直在明尼苏达州进行地质和水资源研究,1968年到1972年负责美国地质调查局(USGS)地下水研究工作。他开展的湖泊和湿地的水文研究,重点放在与地下水和蒸发的互动关系上。20世纪70年代末,他帮助建立了四处长期实验研究场所,并在那里担任首席调查员:新罕布什尔州镜湖(Mirror Lake)流域;明尼苏达州"圣篝碧"(Shingobee)河源地区;北达科他州棉花湖(Cottonwood Lake)湿地;内布拉斯加州月牙湖国家野生动物避难所岛上湖(Island Lake)地区。他也一直在华盛顿州、加利福尼亚州、科罗拉多州、威斯康星州、马萨诸塞州和佛罗里达州参与与湖泊和湿地相关的各种研究。他曾经获得由美国内务部颁发的杰出服务奖,全国地下水协会颁发的哈伯特奖(M · King Hubbert Award),美国水资源协会颁发的博格斯奖(W. R. Boggess Award),湿地科学家协会颁发的终生成就奖以及美国地质学会颁发的迈因策尔奖(O. E. Meinzer Award)。地址:U. S. Geological Survey, Mail Stop 413, Denver Federal Center, Denver, Colorado, 80225, USA。

索　引

F

G

M

N

P

Q

R

S

Z

郑重声明